Daumke/Keßler/Perbey · Der GmbH-Geschäftsführer

Zusätzliche digitale Inhalte für Sie!

Zu diesem Buch stehen Ihnen kostenlos folgende digitale Inhalte zur Verfügung:

- Online-Version ✓
- Online-Training
- Aktualisierung im Internet
- Zusatz-Downloads
- App
- Digitale Lernkarten
- WissensCheck

Schalten Sie sich das Buch inklusive Mehrwert direkt frei.

Scannen Sie den QR-Code **oder** rufen Sie die Seite www.nwb.de auf. Geben Sie den Freischaltcode ein und folgen Sie dem Anmeldedialog. Fertig!

Ihr Freischaltcode

GJNK-YKHO-BSHQ-PJVU-RTQF-K

www.nwb.de

Der GmbH-Geschäftsführer

- Zivilrecht
- Steuerrecht
- Sozialversicherungsrecht
- Haftung

Von
Michael Daumke, Ltd. Regierungsdirektor a. D.,
Prof. Dr. Jürgen Keßler und
Uwe Perbey, Dipl.-Finanzwirt, StOAR

6., überarbeitete Auflage

Bearbeitervermerk:

Teile 1 – 8:	Keßler
Teile 9.1 – 9.6, 9.9, 9.14, 10 – 11:	Daumke
Teile 9.7, 9.8, 9.10 – 9.13:	Perbey

ISBN 978-3-482-**45426**-3
6. Auflage 2020
© NWB Verlag GmbH & Co. KG, Herne 1999
  www.nwb.de
Alle Rechte vorbehalten.
Dieses Buch und alle in ihm enthaltenen Beiträge und Abbildungen sind urheberrechtlich geschützt. Mit Ausnahme der gesetzlich zugelassenen Fälle ist eine Verwertung ohne Einwilligung des Verlages unzulässig.
Satz: Griebsch & Rochol Druck GmbH, Hamm
Druck: Elanders GmbH, Waiblingen

VORWORT

Das Werk „Der GmbH-Geschäftsführer" erscheint nunmehr in der 6. Auflage. Seine übersichtliche Konzeption und die verständliche Aufbereitung von mitunter schwierigen Rechtsfragen des GmbH-Rechts hat sich bewährt, da sie den Bedürfnissen der Praxis entgegenkommt, wie uns immer wieder bestätigt wird. Soweit es die Auswertung der Rechtsprechung und der einschlägigen Literatur betrifft, befindet es sich nunmehr auf dem Stand von Juli 2019.

Bestanden infolge der grundlegenden Reform des GmbH-Rechts durch das MoMiG vom 23. 10. 2008 (BGBl. I 2008, S. 2016) noch erhebliche Unsicherheiten, wie die Gerichte mit den Neuregelungen verfahren würden, so sind zwischenzeitlich die meisten Fragen durch Leitentscheidungen des Bundesgerichtshofs (BGH) geklärt, wenn auch nicht immer zugunsten der Geschäftsführer und Gesellschafter. Dies hat im Einzelfall zu einer spürbaren Verschärfung der haftungsrechtlichen Einstandspflicht der Unternehmensleiter geführt. Insofern stehen Fragen der Haftungsvorsorge und Haftungsvermeidung nach wie vor im Mittelpunkt des gesellschaftsrechtlichen Teils unseres Vademekums.

Zugleich galt es, den zunehmenden Bestrebungen des Europäischen Gerichtshofs (EuGH) sowie der Rechtsprechung des Bundesarbeitsgerichts (BAG) Rechnung zu tragen, die dienstvertragliche Stellung des Geschäftsführers dem Schutzbereich des Arbeitsrechts anzunähern. Auch wenn man dieser Entwicklung kritisch gegenübersteht, erweist sich die vertragliche Absicherung des Geschäftsführers als besonders beratungsintensiv, so dass diesem Aspekt im Rahmen der Darstellung die gebührende Aufmerksamkeit gewidmet wird.

Im steuerrechtlichen Teil wurden u. a. die Ausführungen zur Pkw-Nutzung, zu verdeckten Gewinnausschüttungen und zu den Arbeitszeitkonten umfassend überarbeitet. Mit diesem Buch wird seinen Lesern somit auch ein umfassendes Kompendium hinsichtlich aller steuerrelevanten Fragen an die Hand gegeben. Dies ist umso bedeutsamer, als auch die (zivil-) vertraglichen Gestaltungsformen – nicht zuletzt, soweit es die Vergütung des Geschäftsführers und sonstige geldwerte Leistungen (Dienstwagen etc.) der Gesellschaft betrifft – weitgehend durch die Vorgaben des Steuerrechts geprägt sind.

Für Anregungen und Verbesserungsvorschläge (gerne an service@nwb.de) sind Verfasser und Verlag nach wie vor dankbar.

Berlin/Herne im Oktober 2019,
Verfasser und Verlag

INHALTSVERZEICHNIS

Vorwort		V
Literaturverzeichnis		XV
Abkürzungsverzeichnis		XVII

		Rz.	Seite
1.	**WIRTSCHAFTLICHE UND RECHTLICHE GRUNDLAGEN: EIN ÜBERBLICK**		
1.1	Die wirtschaftliche Bedeutung und Risiken der GmbH	1	1
1.2	Die rechtliche Verfassung der GmbH	16	6
	1.2.1 Die Rechtsnatur der GmbH	16	6
	1.2.2 Der Gesellschaftsvertrag	31	8
	1.2.3 Die Gründung der GmbH im Überblick	56	16
	1.2.4 Die Organe der GmbH	71	21
	1.2.5 Die Kapitalaufbringung bei der GmbH	81	23
	1.2.6 Die Kapitalerhaltung bei der GmbH	141	46
	1.2.7 Die Insolvenzantragspflicht	161	53
	1.2.8 Gesellschafterdarlehen	191	63
2.	**STELLUNG UND FUNKTION DES GESCHÄFTSFÜHRERS**		
2.1	Der Geschäftsführer als zwingendes Handlungsorgan	221	69
2.2	Die persönlichen Voraussetzungen	231	71
	2.2.1 Gesetzliche Ausschlusstatbestände	231	71
	2.2.2 Satzungsmäßige Anforderungen	246	75
3.	**DIE BESTELLUNG DES GESCHÄFTSFÜHRERS**		
3.1	Bestellung und Anstellungsvertrag	261	78
3.2	Die Bestellungskompetenz	266	80
3.3	Der Bestellungsakt	276	82
	3.3.1 Die Bestellung in der Satzung	276	82

VERZEICHNIS Inhalt

			Rz.	Seite
3.3.2	Die Bestellung durch Gesellschafterbeschluss		281	83
3.3.3	Die Dauer der Bestellung		291	86
3.3.4	Die Durchführung der Bestellung		301	87
3.3.5	Der Widerruf der Bestellung		306	87
3.3.6	Die Abberufung aus wichtigem Grund		331	94
3.3.7	Die Amtsniederlegung		346	96
3.3.8	Die Bestellung des Notgeschäftsführers		351	98

4. DER ANSTELLUNGSVERTRAG

4.1	Bedeutung und Regelungsgehalt		371	101
4.2	Die Rechtsnatur des Anstellungsvertrags		381	102
4.3	Der Anstellungsvertrag mit einem (früheren) Arbeitnehmer		396	108
4.4	Der Abschluss des Anstellungsvertrags mit der Gesellschaft		406	111
4.5	Der Abschluss des Anstellungsvertrags mit Dritten		416	113
4.6	Die Rangordnung des Anstellungsvertrags		421	114
4.7	Der fehlerhafte Anstellungsvertrag		431	115
4.8	Der Inhalt des Anstellungsvertrags		436	116
	4.8.1	Der Vergütungsanspruch	436	116
	4.8.2	Die Höhe der Vergütung	446	118
	4.8.3	Die Anpassung der Vergütung	456	120
	4.8.4	Das Ruhegehalt und die Hinterbliebenenversorgung	466	122
	4.8.5	Ersatz von Auslagen	476	123
	4.8.6	Der Urlaubsanspruch	481	124
	4.8.7	Das Wettbewerbsverbot	486	125
	4.8.8	Das nachvertragliche Wettbewerbsverbot	501	128
4.9	Die Beendigung des Anstellungsvertrags		521	131
	4.9.1	Die Beendigungsgründe	521	131
	4.9.2	Die ordentliche Kündigung des Anstellungsvertrags	526	132
	4.9.3	Die fristlose Kündigung des Anstellungsvertrags	536	135
	4.9.4	Die Rechtsfolgen der Kündigung des Anstellungsvertrags	556	140

		Rz.	Seite
5.	**DIE VERTRETUNGS- UND GESCHÄFTSFÜHRUNGSBEFUGNIS DES ORGANWALTERS**		
5.1	Die Vertretungsbefugnis	571	141
5.2	Die Geschäftsführungsbefugnis	611	148
6.	**EINBERUFUNG UND DURCHFÜHRUNG DER GESELLSCHAFTERVERSAMMLUNG**		
6.1	Die Einberufung der Gesellschafterversammlung	641	155
6.2	Die Form der Einberufung	651	159
6.3	Die Durchführung der Gesellschafterversammlung	661	163
6.4	Die Beschlussfassung	671	166
6.5	Fehlerhafte Gesellschafterbeschlüsse	691	173
	6.5.1 Nichtige Gesellschafterbeschlüsse	691	173
	6.5.2 Anfechtbare Gesellschafterbeschlüsse	701	176
7.	**DAS AUSKUNFTSRECHT DER GESELLSCHAFTER**		
7.1	Voraussetzungen und Ausübung des Auskunftsrechts	731	183
7.2	Die Auskunftsverweigerung	746	187
7.3	Das Auskunftserzwingungsverfahren	751	189
8.	**DIE HAFTUNG DES GESCHÄFTSFÜHRERS**		
8.1	Zur Systematik der Haftungstatbestände	761	190
8.2	Die Binnenhaftung gem. § 43 GmbHG	771	194
	8.2.1 Grundlagen des Haftungstatbestandes	771	194
	8.2.2 Die Verletzung der Leitungspflicht	786	197
	8.2.3 Die Verletzung von Treuepflichten	811	206
	8.2.4 Die Pflicht zur Sicherung des Haftungsfonds	821	208
	8.2.5 Freistellung durch Gesellschafterweisung	826	209
	8.2.6 Die Entlastung	831	211
	8.2.7 Die gesellschaftsvertragliche Haftungsbeschränkung	846	214
	8.2.8 Die Darlegungs- und Beweislast	856	216

			Rz.	Seite
	8.2.9	Die Verjährung	866	218
8.3	Die Außenhaftung des Geschäftsführers		871	220
	8.3.1	Gründerhaftung und Handelndenhaftung gem. § 11 Abs. 2 GmbHG	871	220
	8.3.2	Die Verletzung der Insolvenzantragspflicht	896	229
	8.3.3	Die Haftung aus Verschulden bei Vertragsschluss	931	240
	8.3.4	Die Haftung wegen Verletzung von Organisationspflichten	941	242
	8.3.5	Die Haftung des Geschäftsführers für Sozialabgaben der Arbeitnehmer	956	246
	8.3.6	Die umweltrechtliche Verantwortung	971	250
8.4	Die versicherungstechnische Abdeckung von Haftungsrisiken		981	252

9. DER GMBH-GESCHÄFTSFÜHRER IM EINKOMMEN- UND KÖRPERSCHAFTSTEUERRECHT

				Rz.	Seite
9.1	Einkunftsart des GmbH-Geschäftsführers			1011	259
9.2	Umfang des Arbeitslohnes			1028	266
	9.2.1	Allgemeines		1028	266
	9.2.2	Gestellung eines Kraftfahrzeuges durch den Arbeitgeber		1032	270
	9.2.3	Zufluss von Arbeitslohn beim Gesellschafter-Geschäftsführer (hier: Weihnachtsgeld)		1071	290
	9.2.4	Nutzung von Fernsprechanlagen (Telekommunikationsgeräten)		1076	292
	9.2.5	Freie oder verbilligte Zurverfügungstellung von Wohnung oder Unterkunft durch den Arbeitgeber		1091	294
	9.2.6	Lohnsteuerliche Behandlung der D&O-Versicherung		1111	296
9.3	Das Arbeitszimmer des GmbH-Geschäftsführers			1116	298
	9.3.1	Neuere gesetzliche Entwicklung		1116	298
	9.3.2	„Neue" Rechtslage ab VZ 2007		1121	299
		9.3.2.1	Allgemeines	1121	299
		9.3.2.2	Definition des häuslichen Arbeitszimmers	1123	300
	9.3.3	Gestaltungsüberlegungen		1131	303

			Rz.	Seite
9.4	Steuerfreiheit von Zuschlägen für Sonntags-, Feiertags- oder Nachtarbeit/Vergütung von Überstunden		1161	307
	9.4.1	Überstundenvergütungen bei Gesellschafter-Geschäftsführern	1162	308
9.5	Steuerfreiheit von Zukunftssicherungsleistungen für Gesellschafter-Geschäftsführer		1181	310
	9.5.1	Bindung der Finanzbehörden an die sozialversicherungsrechtliche Beurteilung von Arbeitsverhältnissen	1191	311
	9.5.2	Wegfall der vermeintlichen Sozialversicherungspflicht bei beherrschenden Gesellschafter-Geschäftsführern	1201	312
9.6	Abfindungen		1211	314
	9.6.1	Rechtslage bis einschließlich VZ 2005	1211	314
	9.6.2	Rechtslage ab VZ 2006	1221	315
9.7	Verdeckte Gewinnausschüttung		1236	319
	9.7.1	Allgemeines	1236	319
		9.7.1.1 Arten der Gewinnausschüttung	1236	319
		9.7.1.2 Begriff vGA	1241	321
		9.7.1.3 VGA und Abgeltungsteuer/Teileinkünfteverfahren	1246	323
	9.7.2	Praxisproblem: Änderbarkeit der ESt-Bescheide – noch korrigierbar?	1251	329
		9.7.2.1 Hinweise	1251	329
		9.7.2.2 Die Änderungsnorm § 32a KStG	1261	331
	9.7.3	Private Nutzung eines betrieblichen Pkws und vGA	1301	341
	9.7.4	Nahe stehenden Personen	1316	348
	9.7.5	Wirksamkeitsvoraussetzungen des Anstellungsvertrages	1326	349
	9.7.6	Höhe der Gesamtausstattung und die regelmäßige Zahlung	1341	354
	9.7.7	VGA als freigebige Zuwendung	1371	366
	9.7.8	Befreiung vom Selbstkontrahierungsverbot	1376	369
	9.7.9	Gehaltsstundung und Gehaltsverzicht	1386	370
	9.7.10	Tantieme	1401	373
		9.7.10.1 Umsatztantiemen	1401	373
		9.7.10.2 Gewinntantiemen	1411	378
	9.7.11	Wettbewerbsverbot	1431	388

		Rz.	Seite
9.7.12 Pensionszusage		1451	394
9.7.12.1	Allgemeines	1451	395
9.7.12.2	Formelle Voraussetzungen für die Bildung einer Pensionszusage	1460	396
9.7.12.3	Checkliste: Erlaubt die Pensionszusage die Bildung einer Rückstellung (§ 6a EStG)?	1476	402
9.7.12.4	Weitere Voraussetzungen für die Erteilung der Pensionszusage	1477	404
9.7.12.5	Weitere BFH-Rechtsprechungen zur Finanzierbarkeit von Pensionszusagen	1511	415
9.7.12.6	Einheitlichkeit der Pensionszusage	1516	417
9.7.12.7	Bilanzsprungrisiken	1521	417
9.7.12.8	Prüfungszeitpunkte	1526	417
9.7.12.9	Verzicht auf eine Pensionszusage	1551b	421
9.7.12.10	Rechtsfolgen bei der Verletzung der Regeln für die Erteilung einer Pensionszusage	1556	426
9.7.12.11	Checkliste für Pensionszusagen an Gesellschafter-Geschäftsführer	1566	427
9.8 Darlehensgewährung der GmbH an den Gesellschafter-Geschäftsführer		1601	428
9.9 GmbH-Geschäftsführer und Arbeitszeitkonten		1616	431
9.10 Abgeltungsteuer		1646	436
9.10.1	Allgemeines	1646	436
9.10.2	Erweiterung des § 20 EStG	1648	437
9.10.3	§ 32d EStG – die Zentralnorm für die Abgeltungsteuer	1650	437
9.10.4	Ausnahmen von der Abgeltungsteuer	1658	439
9.10.5	Günstigerprüfung	1662	440
9.10.6	Teileinkünfteverfahren	1664	440
9.10.7	GmbH Gesellschafter-Geschäftsführer und Abgeltungsteuer	1666	441
9.11 GmbH-Geschäftsführer und § 17 EStG		1691	445
9.11.1	Allgemeines	1691	445
9.11.2	Anschaffungskosten bei § 17 EStG	1696	446
9.12 Rangrücktrittsvereinbarung		1716	446
9.13 Veräußerung von GmbH-Anteilen		1751	457
9.14 Steuerrechtliche Haftung des GmbH-Geschäftsführers		1761	458

10. GMBH-GESCHÄFTSFÜHRER UND UMSATZSTEUER

		Rz.	Seite
10.1	GmbH-Geschäftsführer als Unternehmer	1791	468
10.2	BFH-Rechtsprechung	1804	470
10.2.1	GmbH-Geschäftsführer und Vorsteuerabzug bei Pkw-Vermietung	1804	470
10.2.2	BFH begrenzt Vorsteuerabzug für Unternehmensgründer	1806	471

11. DER GMBH-GESCHÄFTSFÜHRER UND SOZIALVERSICHERUNG

		Rz.	Seite
11.1	Allgemeines	1811	473
11.2	Verlautbarungen der Sozialversicherung	1821	474
11.3	Fallgruppen: GmbH-Geschäftsführer	1826	476
11.3.1	Fallgruppe: Geschäftsführer mit Mehrheitsbeteiligung	1827	476
11.3.2	Fallgruppe: Geschäftsführer mit Minderheitsbeteiligung	1841	478
11.3.3	Fallgruppe: Geschäftsführer ohne Kapitalbeteiligung	1881	490
11.4	Statusfeststellungsverfahren	1896	491
11.5	Neuere Rechtsprechung	1911	495
11.6	Exkurs: Unfallversicherung und Künstlersozialversicherung	1918	499
11.6.1	Unfallversicherung	1918	499
11.6.2	Künstlersozialversicherung	1926	501

Stichwortverzeichnis 511

LITERATURVERZEICHNIS

In diesem Literaturverzeichnis sind Kommentare und Monographien, die mehrfach zitiert werden, aufgeführt. Weiterführende Literatur ist vor den entsprechenden Ausführungen angegeben.

B

Bartl/Bartl/Beine/Koch/Schlarb/Schmitt, Heidelberger Kommentar zum GmbH-Recht, 8. Aufl., Heidelberg 2019

Baumbach/Hueck, GmbH-Gesetz – Beckscher Kurz-Kommentar, 22. Aufl., München 2019 (zitiert: B/H/Bearbeiter)

Klein/Müller, Praxishandbuch der GmbH, 4. Aufl., Herne 2017

Britz, Die Haftung des Geschäftsführers für Steuerschulden der GmbH, 2. Aufl., Herne/Berlin 2002

Bunjes, Kommentar zum Umsatzsteuergesetz, 18. Aufl., München 2019

D

Dötsch/Pung/Möhlenbrock, Die Körperschaftsteuer, Kommentar (Loseblatt) Stuttgart

F

Fleischer/Goette, Münchener Kommentar zum GmbHG, 3. Aufl. 2018

Forster, Festschrift Kropff, Düsseldorf 1997 (zitiert: FS Kropff)

Frotscher/Drüen, Kommentar zum Körperschaftsteuergesetz, (Loseblatt) Freiburg

Fritz/Herzberg/Kühnberger, Festschrift Jürgen Keßler, Hamburg 2015

H

Hillebrand/Keßler, Berliner Kommentar zum Genossenschaftsgesetz, 3. Aufl. Hamburg 2019

Hüffer, Aktiengesetz, 13. Aufl., München 2018

VERZEICHNIS Literatur

J

Janssen, Verdeckte Gewinnausschüttungen, 12. Aufl., Herne 2017

K

Küffner/Stöcker/Zugmaier, Umsatzsteuer - Kommentar, (Loseblatt) Herne

L

Lademann, Kommentar zum Körperschaftsteuergesetz, (Loseblatt) Stuttgart

Lutter/Hommelhoff, GmbH-Gesetz - Kommentar, 20. Aufl., Köln 2020 (zitiert: L/H)

Lutter/Ulmer/Zöllner, Festschrift 100 Jahre GmbH, Köln 1992 (zitiert: FS 100 Jahre GmbH)

M

Mössner/Seeger/Oellerich, Körperschaftsteuergesetz - Kommentar, Herne 4. Aufl. 2019

P

Pradl, Pensionszusagen an GmbH-Geschäftsführer, 4. Aufl., Herne 2019

Pradl/Uckermann, Die steuerliche Behandlung von Zeitwertkonten, GStB 2009, S. 16 ff.

R

Raiser/Veil/Jacobs, Mitbestimmungsgesetz, 6. Aufl., München 2015

Roth/Altmeppen, GmbH-Kommentar, 9. Aufl., München 2019 (zitiert: R/A/Bearbeiter)

S

Scholz, Kommentar zum GmbH-Gesetz, 12. Aufl., Köln 2018

U

Ulmer/Habersack/Löbbe, GmbHG-Gesetz betreffend die Gesellschaften mit beschränkter Haftung, Großkommentar, Tübingen

W

Westermann/Roserer, Festschrift Quack, Berlin/New York 1991 (zitiert: FS Quack)

ABKÜRZUNGSVERZEICHNIS

A

a. A.	anderer Auffassung
a. a. O.	am angegebenen Ort
a. E.	am Ende
a. F.	alte Fassung
Abs.	Absatz
Abschn.	Abschnitt
AEUV	Vertrag über die Arbeitsweise der Europäischen Union
AFG	Arbeitsförderungsgesetz
AG	Aktiengesellschaft
AGG	Allgemeines Gleichbehandlungsgesetz
AktG	Aktiengesetz
Alg.	Arbeitslosengeld
AmtshilfeRLUmsG	Gesetz zur Umsetzung der Amtshilferichtlinie sowie zur Änderung steuerlicher Vorschriften
AnfG	Gesetz betreffend die Anfechtung von Rechtshandlungen eines Schuldners außerhalb des Konkursverfahrens
Anh.	Anhang
Anm.	Anmerkung
AO	Abgabenordnung
ArbGG	Arbeitsgerichtsgesetz
ArbZG	Arbeitszeitgesetz
Art.	Artikel
Aufl.	Auflage
AusländerG	Ausländergesetz
AVB	Allgemeine Versicherungsbedingungen
AVB-AVG	Allgemeine Versicherungsbedingungen für die Vermögensschaden-Haftpflichtversicherung von Aufsichtsräten, Vorständen und Geschäftsführern
AZ	Arbeitszimmer

B

BAG	Bundesarbeitsgericht
BAGE	Sammlung der Entscheidungen des Bundesarbeitsgerichts
BAT	Bundesangestelltentarifvertrag
BayObLG	Bayerisches Oberstes Landesgericht
BB	Betriebsberater (Zeitschrift)
BBG	Bundesbeamtengesetz
BDSG	Bundesdatenschutzgesetz
BErzGG	Bundeserziehungsgeldgesetz
BetrAVG	Gesetz zur betrieblichen Altersversorgung

BetrVerfG	Betriebsverfassungsgesetz
BFH	Bundesfinanzhof
BGB	Bürgerliches Gesetzbuch
BGBl.	Bundesgesetzblatt
BGH	Bundesgerichtshof
BGHZ	Sammlung der Entscheidungen des Bundesgerichtshofs in Zivilsachen
BRAO	Bundesrechtsanwaltsordnung
BSG	Bundessozialgericht
BStBl.	Bundessteuerblatt
BT-Drucks.	Bundestags-Drucksache
Buchst.	Buchstabe
BUrlG	Bundesurlaubsgesetz
BV	Besloten Vennootschap
bzw.	beziehungsweise

C

cic	culpa in contrahendo

D

d. h.	das heißt
DB	Der Betrieb (Zeitschrift)
DöV	Die öffentliche Verwaltung
DRB	Deutsche Rentenversicherung Bund
DrittelbG	Gesetz über die Drittelbeteiligung der Arbeitnehmer im Aufsichtsrat (Drittelbeteiligungsgesetz)
DStR	Deutsches Steuerrecht (Zeitschrift)

E

e G	eingetragene Genossenschaft
e.T.	erste Tätigkeitsstätte
e.V.	eingetragener Verein
EFG	Entscheidungen der Finanzgerichte (Zeitschrift)
EFZG	Entgeltfortzahlungsgesetz
EHUG	Gesetz über elektronische Handelsregister und Genossenschaftsregister sowie das Unternehmensregister
EU	Europäische Union
EuGH	Europäischer Gerichtshof
EuZW	Europäische Zeitschrift für Wirtschaftsrecht

F

f. (ff.)	fortfolgend(e)
FGG	Gesetz über die freiwillige Gerichtsbarkeit
FS	Festschrift

G

GBO	Grundbuchordnung
GbR	Gesellschaft bürgerlichen Rechts
gem.	gemäß
GenG	Genossenschaftsgesetz
GewO	Gewerbeordnung
GF	Geschäftsführer
GG	Grundgesetz
GmbH	Gesellschaft mit beschränkter Haftung
GmbHG	GmbH-Gesetz
GmbHR	GmbH-Rundschau (Zeitschrift)
GRUR	Gewerblicher Rechtsschutz und Urheberrecht (Zeitschrift)
GS	Großer Senat
GVG	Gerichtsverfassungsgesetz
GWB	Gesetz gegen Wettbewerbsbeschränkungen
GWR	Gesellschafts- und Wirtschaftsrecht (Zeitschrift)

H

h. M.	herrschende Meinung
HFR	Höchstrichterliche Finanzrechtsprechung (Zeitschrift)
HGB	Handelsgesetzbuch

I

i. H. v.	in Höhe von
i. S. d.	im Sinne des
i. S. v.	im Sinne von
i. V. m.	in Verbindung mit

J

JW	Juristische Wochenschrift (Zeitschrift)
JZ	Juristenzeitung

K

KapGes	Kapitalgesellschaft
KG	1. Kommanditgesellschaft, 2. Kammergericht
KGJ	Jahrbuch für Entscheidungen des Kammergerichts in Sachen der freiwilligen Gerichtsbarkeit in Kosten-, Stempel- und Strafsachen (1.1881–53.1922)
KO	Konkursordnung
KSA	Künstlersozialabgabe
KSchG	Kündigungsschutzgesetz
KSK	Künstlersozialkasse
KSVG	Künstlersozialversicherungsgesetz

VERZEICHNIS Abkürzungen

L

LBG	Landesbeamtengesetz
LG	Landgericht
LLC	Limited Liability Companies
LZ	Leipziger Zeitschrift für Deutsches Recht (1.1907–27.1933)

M

m. E.	meines Erachtens
MitbestG	Mitbestimmungsgesetz
MoMiG	Gesetz zur Modernisierung des GmbH-Rechts und zur Bekämpfung von Missbräuchen
MontanMitbestG	Gesetz zur Ergänzung des Montan-Mitbestimmungsgesetzes

N

NJW	Neue Juristische Wochenschrift (Zeitschrift)
NJW-RR	Neue Juristische Wochenschrift Rechtsprechungsreport (Zeitschrift)
Nr.	Nummer
nsA	nichtselbständige Arbeit
NWB	Neue Wirtschafts-Briefe (Zeitschrift)
NWB DokID	NWB Dokumenten-Identifikationsnummer Online-Datenbank (www.nwb.de)
NZA	Neue Zeitschrift für Arbeitsrecht
NZG	Neue Zeitschrift für Gesellschaftsrecht

O

oHG	Offene Handelsgesellschaft
OLG	Oberlandesgericht
o. V.	ohne Verfasser

P

pVV	positive Vertragsverletzung

R

RG	Reichsgericht
RGZ	Sammlung der Entscheidungen des Reichsgerichts in Zivilsachen
rkr.	rechtskräftig
Rz.	Randziffer

S

S.	Seite
s.	siehe
SachBezV	Sachbezugsverordnung
SARL	Société aresponsabilité limitée
SchwbG	Schwerbehindertengesetz
Slg.	Sammlung der Entscheidungen des EuGH
sog.	so genannt(e)

Abkürzungen VERZEICHNIS

SPE	Societas Privata Europaea - Europäische Privatgesellschaft
StBW	Steuerberater Woche (Zeitschrift)
StGB	Strafgesetzbuch
StKRep	Steuerberaterkongress-Report

U

UMAG	Gesetz zur Unternehmensintegrität und Modernisierung des Anfechtungsrechts
UmwG	Umwandlungsgesetz
u.U.	unter Umständen

V

vGA	verdeckte Gewinnausschüttung
vgl.	vergleiche
VVG	Versicherungsvertragsgesetz
VersR	Versicherungsrecht (Zeitschrift)
VorstAG	Gesetz zur Angemessenheit der Vorstandsvergütung

W

WährG	Währungsgesetz
WM	Wertpapiermitteilungen (Zeitschrift)
WPg.	Die Wirtschaftsprüfung (Zeitschrift)

Z

ZGR	Zeitschrift für Unternehmens- und Gesellschaftsrecht
ZHR	Zeitschrift für das gesamte Handels- und Wirtschaftsrecht
ZinsO	Zeitschrift zum Insolvenzrecht
ZIP	Zeitschrift für Wirtschaftsrecht
ZPO	Zivilprozessordnung
Zzgl.	zuzüglich

1. Wirtschaftliche und rechtliche Grundlagen: ein Überblick

1.1 Die wirtschaftliche Bedeutung und Risiken der GmbH

Literatur: *Lutter*, Die Entwicklung der GmbH in Europa und der Welt, FS GmbHG 1993, S. 49 ff.; *Lutter*, Zur Entwicklung der GmbH in Europa und der Welt; GmbHR 2005, S. 1 ff.; *Goette*, Chancen und Risiken der GmbH-Novelle, WPg 2008, S. 231 ff.; *Hirte*, Die „Große GmbH-Reform" – Ein Überblick über das Gesetz zur Modernisierung des GmbH-Rechts und zur Bekämpfung von Missbräuchen (MoMiG), NZG 2008, S. 761 ff.; *K. Schmidt*, GmbH-Reform auf Kosten der Geschäftsführer? Zum (Un-)Gleichgewicht zwischen Gesellschafterrisiko und Geschäftsführerrisiko im Entwurf eines MoMiG und in der BGH-Rechtsprechung, GmbHR 2008, S. 449 ff.; *Wedemann*, Das neue GmbH-Recht, WM 2008, S. 1381 ff.; *Fleischer*, 100 Jahre GmbH-Reform und 100 Jahre GmbH-Rundschau, GmbHR 2009, S. 1 ff.; *Schall*, Kapitalaufbringung nach dem MoMiG, ZGR 2009, S. 126 ff.; *Aeschlimann*, Zur Entstehung und Entwicklung der schweizerischen GmbH, 2012; *Freitag/Korsch*, Gedanken zum Brexit – Mögliche Auswirkungen im Internationalen Gesellschaftsrecht, ZIP 2016, S. 1361 ff.; *Armour/Fleicher/Knapp/Winner*, Brexit and Corporate Citizenship, EBOR 18(2017), 225; *Knaier*, Das Brexit-Übergangsgesetz (BrexitÜG) kommt, GmbHR 2019, R 84 f.; *Kornblum*, Bundesweite Rechtstatsachen zum Unternehmens- und Gesellschaftsrecht (Stand 1. 1. 2019), GmbHR 2019, S. 689 ff.

Die Gesellschaft mit beschränkter Haftung ist – von den Einzelunternehmen und der Gesellschaft bürgerlichen Rechts (GbR oder BGB-Gesellschaft) abgesehen – **die am weitesten verbreitete Unternehmensform der deutschen Rechtsordnung**. Dies gilt vor allem für den Bereich kleiner und mittelständischer Unternehmen. Am 1. 1. 2019 betrug die Gesamtzahl von Gesellschaften in der Rechtsform der GmbH 1.289.037, davon 143.561 UG (haftungsbeschränkt). Dem entsprechen 272.735 Kommanditgesellschaften, überwiegend in der Form der GmbH & Co. KG, 23.325 OHG, 14.566 Aktiengesellschaften und ca. 9.500 Unternehmen in der Rechtsform der eG.[1]

Was die GmbH von den „konkurrierenden" Rechtsformen der Personengesellschaften (GbR, oHG, KG) unterscheidet, ist vor allem das **„Privileg der beschränkten Haftung"**. Nach der insofern grundlegenden Regelung des § 13 Abs. 2 GmbHG haftet den Gläubigern der Gesellschaft nur das Gesellschaftsvermögen. Eine Einstandspflicht der sonstigen Beteiligten – seien es Gesellschafter oder Geschäftsführer – scheidet nach dem Gesetz regelmäßig aus. Eben dies bestimmt aus Sicht der Anteilseigner und Organwalter die Beliebt-

1

---

1 Siehe hierzu: *Kornblum*, GmbHR 2019, S. 689 ff.

heit der GmbH als Unternehmensträger, begründet jedoch aus Sicht der Gläubiger mitunter auch ihr zuweilen „zweifelhaftes" Ansehen. Immerhin führt die GmbH gemeinsam mit der – wirtschaftlich insofern vergleichbaren – GmbH & Co. KG mit ca. 39,3 % (2018) aller Unternehmensinsolvenzen mit deutlichem Abstand die Insolvenzstatistik an. Der Anteil der UG haftungsbeschränkt lag dabei bei 12,4 %. Insbesondere neu gegründete Gesellschaften erweisen sich in den ersten Jahren ihrer Existenz als besonders insolvenzanfällig. Berücksichtigt man, dass gegenwärtig noch immer fast 40 % der Insolvenzanträge „mangels einer die Kosten des Verfahrens deckenden Masse" (§ 26 Abs. 1 InsO) abgelehnt werden, so spiegelt sich hierin die Ursache jenes Vertrauensverlustes wider, den die GmbH und insbesondere die UG haftungsbeschränkt zum Teil erfahren haben.

2   Es wundert kaum, dass sich diese Entwicklung auch in der Rechtsordnung niederschlägt. Allerdings ist dies für die Gesellschafter und Geschäftsführer nur begrenzt sichtbar! Der Grund liegt in der eigenartigen Natur des deutschen GmbH-Rechts. Im Gegensatz zu den Rechtsformen des Personengesellschaftsrechts (GbR, oHG, KG), aber auch der Aktiengesellschaft (AG) und der eingetragenen Genossenschaft (eG), die durch die kaufmännische Praxis entwickelt und erst nachträglich zum Gegenstand der Gesetzgebung wurden, ist die GmbH als „künstliches Geschöpf" eine eigenständige Leistung des (deutschen) Gesetzgebers – ohne vergleichbares Vorbild. Vielmehr hat das GmbH-Gesetz vom 20.4.1892 selbst **Leitbildfunktion** für andere Rechtsordnungen gewonnen. Dies gilt sowohl für die französische „Société à responsabilité limitée" (SARL) als auch die niederländische „Besloten Vennootschap" (BV) sowie die Entwicklung der „Limited Liability Companies" (LLC) im Recht der Einzelstaaten der USA.

Entscheidend ist, dass die gesetzliche Regelung in den ersten 110 Jahren ihres Bestehens – von der „verunglückten" kleinen Novelle des Jahres 1980, die durch das MoMiG mit Wirkung vom 1.11.2008 weitgehend konterkariert wurde, abgesehen – kaum Veränderungen seitens des Gesetzgebers erfahren hatte. Hier liegt der entscheidende Unterschied zum Aktienrecht als Feld ständiger gesetzgeberischer Reformbemühungen. So nimmt es denn nicht wunder, dass die großen Reformvorhaben des Gesellschaftsrechts, wie das „Gesetz zur Kontrolle und Transparenz im Unternehmensbereich (KonTraG)" sowie das „Transparenz- und Publizitätsgesetz (TransPuG)", aber auch das für die Organhaftung und damit die Einstandspflicht der Geschäftsführer durchaus fruchtbare „Gesetz zur Unternehmensintegrität und Modernisierung des Anfechtungsrechts (UMAG)" den „sichtbaren" Bestand des GmbH-Rechts fast unberührt ließen.

Die Anpassung des GmbH-Rechts an die veränderten wirtschaftlichen und sozialen Rahmenbedingungen erfolgte vielmehr weitgehend – außerhalb des Gesetzes – durch die Rechtsprechung, insbesondere des II. (gesellschaftsrechtlichen) Zivilsenats des Bundesgerichtshofs (BGH). So ist denn der „Informationswert" der gesetzlichen Regelung – nicht nur aus Sicht der Praxis – von eher begrenzter Natur. Wer die „Wirklichkeit" der GmbH, ihr „Funktionieren" im realen Wirtschaftsleben erfassen will, tut – sei es als Gesellschafter oder Geschäftsführer, sei es als Gläubiger – gut daran, **die Vorgaben und Leitlinien der Rechtsprechung** sowie die Gestaltungsformen der **Kautelarjurisprudenz**, d.h. der notariellen Vertragspraxis, in seine Überlegungen einzubeziehen.

Immerhin hat die neuere Entwicklung eine entscheidende Änderung, wenn auch keineswegs einen Systembruch, bewirkt. Mit dem am 1.11.2008 in Kraft getretenen MoMiG hat der Gesetzgeber die umfassendste Reform des GmbHG seit 110 Jahren ins Werk gesetzt und dabei tief in die überkommenen Strukturen der normativen Vorgaben eingegriffen. Dies betrifft insbesondere die nunmehr mögliche Gründung einer „**Ein-Euro-GmbH**" in der Sonderform der „**Unternehmergesellschaft (haftungsbeschränkt)**" bzw. „**UG (haftungsbeschränkt)**" als in der deutschen Rechtsordnung gründende Alternative zur englischen Limited (Ltd.), deren Bedeutung in Deutschland nunmehr auf weniger als 10.000 Unternehmen geschrumpft ist.[1]

3

Zwar handelt es sich auch bei der „Unternehmergesellschaft" der Rechtsform nach **um eine GmbH**, doch unterliegt diese – innerhalb gewisser Grenzen – eigenständigen Vorgaben. Darüber hinaus sah sich die Legislative bemüht, mit der – nunmehr ausschließlich insolvenzrechtlichen – **Neugestaltung des Eigenkapitalersatzrechts** die durch die „kleine GmbH-Novelle" des Jahres 1980 sowie die – zumindest partiell sonderbare – Reaktion der Rechtsprechung bedingten Irrungen und Wirrungen zugunsten eines transparenten und funktionalen Konzepts wieder zu beseitigen. **Insbesondere aus Sicht der GmbH-Geschäftsführer dürfte dies aus Praktikabilitätsgründen zu begrüßen sein**, wenn auch die Neuregelung – wie noch zu zeigen sein wird – auch ihre „Schattenseiten" aufweist. Gleiches gilt für die nunmehr erfolgte „Bereinigung" des durch die Rechtsprechung zunehmend komplizierten Rechts der „**verdeckten oder verschleierten" Sacheinlagen** sowie des „**Cash-Pooling**". Allerdings verbleibt selbst hier im Lichte eines mitunter widersprüchlichen und inkonsistenten Regelungsbestandes ein erhebliches „Restrisiko" für die mit der Geschäftsführung betrauten Organwalter.

---

[1] *Kornblum*, GmbHR 2015, S. 687 ff., 695.

4   Sieht man von den modifizierten gesetzlichen Vorgaben ab, so hat sich – soweit es die rechtliche Stellung des GmbH-Geschäftsführers betrifft – wenig geändert. Nicht nur hinsichtlich der Organpflichten und der hieraus folgenden Haftungsrisiken erweist sich die GmbH – nach wie vor – als Wirkungsdomäne der Rechtsprechung. Die nunmehr erfolgte Deregulierung der gesetzlichen Bestimmungen und die teils vage Begrifflichkeit der Neuregelungen dürften der Bedeutung des Richterrechts weiterhin Vorschub leisten. Auch wenn einzelne Weiterungen der Rechtsprechung korrigiert wurden, eröffnet das GmbH-Recht nach wie vor einen weiten Gestaltungsspielraum **richterlicher Rechtsfortbildung**. Immerhin hat die (höchst-)richterliche Rechtsprechung in den vergangenen sieben Jahren zahlreiche mit der Novelle verbundene Zweifelsfragen einer Klärung zugeführt.

5   Als Domäne des Richterrechts erweist sich nach wie vor allem das Haftungsrecht. Im Lichte der Insolvenzstatistik, aber auch hinsichtlich der nach dem Gesetz oft aussichtslosen Lage der Gesellschaftsgläubiger, hat die höchstrichterliche Rechtsprechung den Grundsatz der beschränkten Haftung (§ 13 Abs. 2 GmbHG) an vielen Stellen durchbrochen. Ob an zu vielen, hängt entscheidend vom Standpunkt des Betrachters ab! Die Haftungsdurchbrechung betrifft einerseits die **Gesellschafter**, erfasst jedoch in erster Linie jene Funktionsträger, welche die GmbH gegenüber der Öffentlichkeit und den Vertragspartnern weit sichtbarer repräsentieren: die **Geschäftsführer**. So hat sich mittlerweile ein eigenständiges Haftungsrecht des GmbH-Geschäftsführers entwickelt, welches im Gesetz – wenn überhaupt – nur spärlichen Anklang findet (vgl. §§ 11 Abs. 2, 9a Abs. 1 GmbHG). Gerade die jüngste Reform durch das MoMiG zeichnet sich durch die im Lichte der wirtschaftlichen Kräfteverteilung kaum nachvollziehbare und zu rechtfertigende Tendenz aus, **die Haftungsentlastung der Anteilseigner im Wege der Erweiterung der Organhaftung der Geschäftsführer zu bewirken**.

6   Ohnedies sind die Regelungen über die Rechtsstellung, Kompetenz und Verantwortlichkeit des GmbH-Geschäftsführers im Gesetz allenfalls fragmentarisch ausgestaltet. Dies gründet zunächst in dem Umstand, dass der Gesetzgeber den Gründern und Gesellschaftern der GmbH als „personalistischer Kapitalgesellschaft" einen weiten Gestaltungsspielraum eröffnen wollte. Im Gegensatz zum Recht der AG und der eG bestehen bei der Ausgestaltung des Gesellschaftsvertrags (der Satzung) der GmbH – ähnlich wie bei den Personengesellschaften – erhebliche Freiräume, die es ermöglichen, den wirtschaftlichen Interessen der Beteiligten und den Besonderheiten des Gesellschaftszwecks umfassend Rechnung zu tragen (siehe hierzu § 45 GmbHG). So weist die GmbH in der Wirtschaftspraxis ein vielfältig differenziertes Gepräge auf: von

der mittelständischen Verbindung weniger Mitunternehmer über die Tochtergesellschaft eines internationalen Konzerns oder das Gemeinschaftsunternehmen (joint venture) bis hin zur – immer stärker verbreiteten – „Einmann-GmbH". Die nunmehr im Rahmen des MoMiG erfolgte Deregulierung des GmbH-Rechts hat die Gestaltungsspielräume der Beteiligten erneut beträchtlich erweitert. Dies insbesondere mit dem – zwischenzeitlich weitgehend erreichten – Ziel, **die Wettbewerbsfähigkeit der GmbH gegenüber dem – eher liberalen Konzept – der englischen Limited (Ltd.) zu stärken**. Dennoch waren am 1.1.2019. noch insgesamt 9.596 Rechtsformen ausländischen Rechts im Handelsregister eingetragen.[1]

Dass die ökonomische Zwecksetzung notwendig mit Rückwirkungen auf die (Organ-)Stellung des Geschäftsführers verbunden ist, liegt auf der Hand. Darüber hinaus verweist das Gesetz, was die inhaltlichen Anforderungen an die Ausgestaltung des „Geschäftsführervertrags" betrifft, durchweg auf die „allgemeinen Regelungen" des bürgerlichen (Dienst-)Vertragsrechts (§§ 611 ff. BGB) und eröffnet damit erneut ein hohes Maß an Gestaltungsfreiheit. Gerade hier – bei der Gestaltung des Anstellungsvertrags und dessen „Verzahnung" mit den Bestimmungen des Gesellschaftsvertrags – besteht bei den Kontrahenten häufig eine erhebliche Unsicherheit. 7

Letztlich gilt es zu bedenken, dass die Pflichtenbindungen des Geschäftsführers keineswegs einzig in den Regelungen des GmbH-Rechts selbst gründen. Angesichts der erkennbaren „Lückenhaftigkeit" der gesetzlichen Regelung bedient sich die Rechtsprechung – je nachdem, ob es mehr den „**personalistischen**" oder eher den „**kapitalistischen**" Charakter der GmbH betrifft – zahlreicher „Anleihen" im Recht der Personengesellschaften bzw. im Recht der AG. Darüber hinaus sind die Regelungen des öffentlichen (Verwaltungs-)Rechts von erheblichem Einfluss auf die Leitungspflichten des Geschäftsführers. Dies ist offensichtlich für das Steuer- und Sozialversicherungsrecht sowie das Strafrecht, betrifft jedoch in zunehmendem Maße auch den ständig wachsenden Bestand umweltrechtlicher Normen. 8

(Einstweilen frei) 9–15

---

[1] *Kornblum*, GmbHR 2019, S. 689 ff.

1.2 Die rechtliche Verfassung der GmbH

1.2.1 Die Rechtsnatur der GmbH

16 Die GmbH ist eine **juristische Person** (§ 13 Abs. 1 GmbHG). Sie ist folglich wie eine natürliche Person – beispielsweise ein Einzelkaufmann – selbständige Trägerin von Rechten und Pflichten und rechts- und parteifähig (§ 50 ZPO). Als durch die Rechtsordnung geschaffenes „künstliches Gebilde" bedarf die GmbH zur Gewährleistung ihrer Handlungsfähigkeit dabei notwendig der Mitwirkung „natürlicher Personen", d. h. ihrer Organwalter: der Geschäftsführer. Diese führen die Geschäfte der Gesellschaft nach innen und vertreten die GmbH bei der Abgabe von Willenserklärungen, insbesondere beim Abschluss von Verträgen, gerichtlich und außergerichtlich (§ 35 GmbHG). Für zum Schadensersatz verpflichtende Handlungen ihrer Organmitglieder hat die GmbH gem. § 31 BGB ohne Entlastungsmöglichkeit gegenüber Dritten einzustehen (vgl. Rz. 941 ff.).

17 Im Übrigen gilt es, streng zwischen den Rechten und Pflichten der GmbH und solchen der Gesellschafter bzw. der Geschäftsführer zu unterscheiden (Trennungsprinzip!). Die GmbH – nicht die Gesellschafter – ist Eigentümerin des Gesellschaftsvermögens. Sie wird im Grundbuch eingetragen. Rechtsgeschäftliche Erklärungen der Geschäftsführer binden die Gesellschaft, nicht ihre Gesellschafter oder Organwalter. **Für die Verbindlichkeiten der GmbH haftet den Gläubigern ausschließlich das Gesellschaftsvermögen** (§ 13 Abs. 2 GmbHG). Eine Haftung der Gesellschafter oder der Geschäftsführer kommt i. d. R. nicht in Betracht (zu den Ausnahmen in Form der „Durchgriffshaftung" vgl. Rz. 81 ff.). Zur Zwangsvollstreckung in das Gesellschaftsvermögen bedarf es daher stets eines vollstreckbaren Titels gegen die Gesellschaft. Als juristische Person ist die GmbH gem. § 50 Abs. 1 ZPO parteifähig. Sie kann (und muss) folglich unter ihrer Firma (§ 17 HGB, § 4 GmbHG) klagen und verklagt werden.

18 Die GmbH ist zudem als Handelsgesellschaft (Form-)**Kaufmann** (§ 6 HGB, § 13 Abs. 3 GmbHG). Sie unterliegt folglich unabhängig von ihrem Geschäftsgegenstand den für Kaufleute geltenden **Bestimmungen des Handelsgesetzbuchs (HGB)**. Auch hierbei muss allerdings das Trennungsprinzip beachtet werden. Kaufmann ist ausschließlich die GmbH. Die Kaufmannseigenschaft erfasst weder die Gesellschafter noch die Geschäftsführer. Eine mündliche Bürgschaftserklärung, die der Geschäftsführer einer GmbH abgibt, ist folglich nur wirksam, wenn er dies im Namen der Gesellschaft tut (§ 766 BGB, §§ 350, 351 HGB), nicht wenn er sich selbst als „Privatmann" verpflichtet.

Die GmbH ist eine **Kapitalgesellschaft**. Als solche verfügt sie über einen im Gesellschaftsvertrag festgeschriebenen „Haftungsfonds", das **Stammkapital**. Jede Änderung des Stammkapitals setzt somit notwendig eine Satzungsänderung und die Eintragung im Handelsregister voraus. Das Stammkapital (§ 5 Abs. 1 GmbHG) beträgt mindestens 25.000 €. Die im Rahmen des MoMiG ursprünglich geplante Absenkung des Mindeststammkapitals auf 10.000 € ist nicht Gesetz geworden. Das Stammkapital setzt sich zusammen aus den **Geschäftsanteilen** (früher Stammeinlagen) der Gesellschafter. Deren Nennbetrag liegt seit dem Inkrafttreten des MoMiG nur noch bei mindestens 1 €. 19

Eine Einschränkung gilt insofern für die durch das MoMiG neu eingeführte Sonderform der GmbH, die „**Unternehmergesellschaft (haftungsbeschränkt)**" (§ 5a GmbHG). Abweichend von § 5 Abs. 1 GmbHG liegt ihr gesetzliches Mindeststammkapital unter 25.000 € und **muss lediglich mindestens 1 € betragen**. Um die geringere Kapitalausstattung und die hieraus fließenden möglichen Gefährdungen gegenüber den – potenziellen – Gesellschaftsgläubigern in transparenter Weise zu verdeutlichen, muss die Gesellschaft in ihrer Firma zwingend die Bezeichnung „Unternehmergesellschaft (haftungsbeschränkt)" oder – abgekürzt – „UG (haftungsbeschränkt)" tragen (§ 5a Abs. 1 GmbHG). 20

Die GmbH ist zudem als **Körperschaft** eine besondere Erscheinungsform des (wirtschaftlichen) Vereins (§§ 21 ff. BGB). Sie ist daher in ihrem Bestand unabhängig von der konkreten Zusammensetzung des Gesellschafterkreises. Der Ein- und Austritt sowie der Tod eines Gesellschafters berührt die Existenz der Gesellschaft grundsätzlich nicht. 21

Allerdings sind die kapitalistische sowie die körperschaftliche Natur der GmbH weit weniger deutlich ausgeprägt als dies bei der AG der Fall ist. Die GmbH ist anders als die Publikumsgesellschaft AG auf einen **engen, überschaubaren Gesellschafterkreis** zugeschnitten. So haben denn auch ca. 80 % der bestehenden Gesellschaften nicht mehr als zwei Gesellschafter. Über 40 % der Neuanmeldungen zu den Handelsregistern betreffen „Einmann-GmbHs". Insofern erweist sich die GmbH in ihrer „androgynen" Struktur letztlich als „mixtum compositum" einer „**personalistischen Kapitalgesellschaft**": Im Außenverhältnis juristische Person und Kapitalgesellschaft weist sie hinsichtlich ihrer „Binnenstruktur" einen weitgehend „personalistischen" Charakter auf. So erfolgen zwar Abstimmungen in der Gesellschafterversammlung im Regelfall mit der Mehrheit der nach der Höhe der Kapitalbeteiligung berechneten Stimmen (§ 47 Abs. 2 GmbHG), doch ist diese Regelung nicht zwingend. Vielmehr kann der Gesellschaftsvertrag – vergleichbar den gesetzlichen Vorgaben für Per- 22 sonengesellschaften (vgl. § 119 HGB) – eine „Abstimmung nach Köpfen" sowie gegebenenfalls das Einstimmigkeitsprinzip vorsehen (§ 45 GmbHG).

23 Darüber hinaus ist im Verhältnis zur AG die Übertragung der Gesellschaftsanteile deutlich erschwert. Sowohl das schuldrechtliche Verpflichtungsgeschäft, beispielsweise der Kaufvertrag, als auch die Abtretung der Anteile (§§ 398, 413 BGB) bedürfen der notariellen Beurkundung (§ 15 Abs. 3, 4 GmbHG). Zudem ist bei der GmbH die gem. § 15 Abs. 5 GmbHG zulässige Vinkulierung der Geschäftsanteile die Regel. Deren Übertragung bedarf folglich nach der Satzung im Allgemeinen der Genehmigung seitens der Gesellschaft bzw. der Mitgesellschafter.

24–30 *(Einstweilen frei)*

1.2.2 Der Gesellschaftsvertrag

31 Der Gesellschaftsvertrag (die Satzung) ist zusammen mit den normativen Vorgaben des GmbHG die rechtliche Grundlage der Gesellschaft. Er beinhaltet zunächst die schuldrechtliche Einigung der Gründer. Insofern ist er in gewisser Hinsicht **Schuldvertrag**. So sind die Vertragsparteien gehalten, alles zu tun, damit es zur Eintragung und somit zur Entstehung der Gesellschaft als juristische Person kommt, sowie alle Maßnahmen zu unterlassen, die der Eintragung entgegenwirken. Doch weist die Bedeutung des Gesellschaftsvertrags deutlich darüber hinaus. Er ist zugleich „**Organisationsvertrag**" und schafft somit ein neues „Zurechnungssubjekt" von Rechten und Pflichten, **einen** „**Rechtsträger**", eben **die Gesellschaft**. Dies betrifft nicht lediglich das Außenverhältnis zu den Marktpartnern (Gläubigern), sondern gilt gleichermaßen im Verhältnis zu den gegenwärtigen und künftigen Gesellschaftern. Deren Rechte in den Angelegenheiten der Gesellschaft bestimmen sich folglich zuerst nach dem Gesellschaftsvertrag (vgl. § 45 Abs. 1 GmbHG).

32 Angesichts der körperschaftlichen Struktur der GmbH bindet der Gesellschaftsvertrag als „**Organisationsverfassung**" der Gesellschaft nicht nur deren gegenwärtige, sondern auch die künftigen Mitglieder und Organwalter. Sie ist daher „objektiv", d. h. aus sich heraus auszulegen. Das Ergebnis der Auslegung unterliegt seinerseits der unbeschränkten Nachprüfung durch das Revisionsgericht.[1] Bei der Interpretation einzelner Vertragsbestimmungen darf folglich nur auf den Gesellschaftsvertrag und allgemein zugängliche Unterlagen – wie

---

1 BGH v. 29.1.1969, BGHZ 36, S. 296 ff.; BGHZ 63, S. 282, 290; BGHZ 106, S. 67, 71 (zum Vereinsrecht); BGHZ 123, S. 347, 350.

die Registerakten – zurückgegriffen werden.[1] Außerhalb und neben der Satzung getroffene Abreden der Gründer, die im Vertrag selbst keinen Niederschlag gefunden haben, bleiben außer Betracht. Etwas anderes gilt allenfalls bei einem Auslegungsstreit unter den Gründungsgesellschaftern, soweit noch kein Wechsel im Gesellschafterbestand stattgefunden hat.[2]

Der Gesellschaftsvertrag bedarf ebenso wie jede nachfolgende Änderung der **notariellen Beurkundung** (§ 2 Abs. 1, § 53 Abs. 2 GmbHG). Dies gilt auch, wenn die Gesellschafter von der gem. § 2 Abs. 1a GmbHG eröffneten Möglichkeit Gebrauch machen, die Gesellschaft, sofern diese nicht mehr als drei Gesellschafter und einen Geschäftsführer hat, unter Verwendung des in der Anlage 1 zum GmbHG enthaltenen Musterprotokolls im „vereinfachten Verfahren" zu gründen. Die im Regierungsentwurf ursprünglich vorgesehene Möglichkeit, in diesem Falle die Schriftform genügen zu lassen, ist nicht Gesetz geworden. Die zunächst umstrittene Frage, ob nach dem Inkrafttreten des MoMiG die bisherige Rechtsprechung des BGH[3] aufrecht erhalten werden kann, nach der auch eine Beurkundung durch einen ausländischen Notar den gesetzlichen Anforderungen entspricht, sofern diese der deutschen gleichwertig ist, hat der II. Zivilsenat in seiner Entscheidung vom 17.12.2013[4] bejaht. Dies gelte jedenfalls für einen Notar mit Sitz in Basel/Schweiz. Dieser sei zudem berechtigt, die Gesellschafterliste zum Registergericht einzureichen.

33

Hinsichtlich der Gestaltung des Gesellschaftsvertrags besteht auf Seiten der (Gründungs-)Gesellschafter bezüglich der internen Kompetenzabgrenzung, aber auch soweit es die sonstige Ausgestaltung des Binnengefüges betrifft, weitgehende Gestaltungsfreiheit. Das MoMiG vom 23.10.2008 hat im Rahmen seines Deregulierungskonzepts durch die Abschaffung bisher zwingender Vorgaben, beispielsweise hinsichtlich der (Mindest-)Stammeinlagen, die Gestaltungsmöglichkeiten nochmals erweitert. Im Gegensatz zur Rechtslage bei der AG (vgl. § 23 Abs. 5 AktG) ist die „Binnenstruktur" der GmbH nicht zwingend vorgegeben (§ 45 GmbHG). Dies betrifft insbesondere die Zuständigkeitsverteilung und Kompetenzabgrenzung zwischen dem Geschäftsführer und den Gesellschaftern sowie – gegebenenfalls – weiteren Gesellschaftsorganen, also beispielsweise einem – fakultativen – Aufsichtsrat oder Beirat.

33a

Eine Verpflichtung zur Bildung eines Aufsichtsrats besteht hinsichtlich der GmbH nur unter den Voraussetzungen des DrittelbG, d.h., wenn sie i.d.R.

---

1 BGHZ 14, S. 25, 36 = NJW 1954, S. 1401; BGH v. 11.10.1993, ZIP 1993, S. 1709 ff., 1711.
2 BGH v. 16.10.1989, WM 1990, S. 13 ff.
3 BGH v. 16.2.1981, BGHZ 80, S. 76 = ZIP 1981, S. 402.
4 BGH v. 17.12.2013, ZIP 2014, S. 317 ff.

mehr als 500 Arbeitnehmer beschäftigt (§ 1 Abs. 1 Nr. 3 DrittelbG). Ist dies der Fall, so muss der Aufsichtsrat zu einem Drittel aus Arbeitnehmervertretern bestehen (§ 4 Abs. 1 DrittelbG) Hat die Gesellschaft mehr als 2.000 Beschäftigte, so ist gemäß dem MitbestG ein Aufsichtsrat zu bilden, der zur Hälfte aus Arbeitnehmervertretern nach Maßgabe von § 7 MitbestG besteht. Handelt es sich um kommunale Unternehmen in der Rechtsform der GmbH, so ist nach den Kommunalverfassungen der Länder ebenfalls ein Aufsichtsrat einzurichten, dessen Zusammensetzung durch die Kommunalparlamente bestimmt wird.

Im Übrigen steht es den Gesellschaftern frei, die Aufgabenzuweisung zwischen den Entscheidungsebenen im Gesellschaftsvertrag den jeweiligen wirtschaftlichen und personellen Erfordernissen anzupassen und – bei Bedarf – mit satzungsändernder Mehrheit (§ 53 Abs. 2 GmbHG) zu korrigieren. Dabei gilt es allerdings zu beachten, dass Satzungsänderungen vor ihrer Eintragung im Handelsregister keine Außenwirkung entfalten (§ 54 Abs. 3 GmbHG). Soweit es das **Innenverhältnis der Gesellschafter untereinander** oder zwischen den Organen (Geschäftsführer, Aufsichtsrat etc.) betrifft, sind die Beteiligten jedoch nach zutreffender – wenn auch nicht unbestrittener – Auffassung[1] bereits **vor der Eintragung** an die Änderung gebunden.

34 Was die gesetzlichen Mindestanforderungen an den Gesellschaftsvertrag betrifft, so beschränkt sich der Gesetzgeber auf wenige Vorgaben. Dies betrifft gem. § 3 Abs. 1 GmbHG:

- ▶ die Firma und den Sitz der Gesellschaft,
- ▶ den Gegenstand des Unternehmens,
- ▶ den Betrag des Stammkapitals sowie
- ▶ die Zahl und die Nennbeträge der Geschäftsanteile, die jeder Gesellschafter gegen Einlage auf das Stammkapital (Stammeinlage) übernimmt.

35 Hinsichtlich der Ausgestaltung der Firma (§§ 17 ff. HGB) hat sich mit dem Inkrafttreten des Handelsrechtsreformgesetzes vom 22.6.1998[2] der Gestaltungsspielraum der Gesellschafter maßgeblich erweitert. Die ursprüngliche Bindung an die Ausgestaltung als Personen- oder Sachfirma gem. § 5 Abs. 1 Satz 1 GmbHG a. F. ist entfallen. Nunmehr sind auch reine Fantasiebezeichnungen zulässig, sofern diese Kennzeichnungs- und Unterscheidungskraft besitzen (§ 18 Abs. 1 HGB) und nicht geeignet sind, die angesprochenen Verkehrskreise

---

[1] Vgl. *L/H/Bayer*, GmbHG § 54, Anm. 20.
[2] BGBl. 1998 I S. 1474.

irrezuführen (§ 18 Abs. 2 Satz 1 HGB). An der Kennzeichnungskraft und Unterscheidbarkeit fehlt es i. d. R., wenn die Firma nur aus Ziffern und dem Rechtsformzusatz besteht.[1] Im (Eintragungs-) Verfahren vor dem Registergericht wird die Eignung zur Irreführung zudem nur insoweit berücksichtigt, wie diese ersichtlich ist, d. h. deutlich hervortritt (§ 18 Abs. 2 Satz 2 HGB). Zudem muss sich jede neue Firma von allen am selben Ort oder in derselben Gemeinde bereits bestehenden und in das Handelsregister eingetragenen Firmen deutlich unterscheiden (§ 30 Abs. 1 HGB). Gegebenenfalls bedarf es bei Namensgleichheit der **Aufnahme unterscheidungskräftiger Zusätze.** Hier empfiehlt es sich folglich, vor der Anmeldung der GmbH zur Eintragung im Handelsregister **die Zulässigkeit der Firma mit der örtlich zuständigen Industrie- und Handelskammer (IHK) abzustimmen**, um so Verzögerungen im Eintragungsverfahren zu vermeiden.

Wichtig und von haftungsrechtlicher Relevanz ist die Bestimmung des § 4 GmbHG. Die Firma muss in **allen Fällen** die zusätzliche Bezeichnung „**mit beschränkter Haftung**" enthalten und auch im Geschäftsverkehr so geführt werden (vgl. für die erforderlichen Angaben auf Geschäftsbriefen § 35a Abs. 1 GmbHG). Für die GmbH & Co. KG folgt eine entsprechende Offenlegungspflicht bezüglich der Haftungsverhältnisse aus § 19 Abs. 2 HGB, §§ 177a, 125a HGB. Der Hinweis auf die Haftungsbeschränkung kann auch in abgekürzter Form („**mbH**") geschehen. Fehlt es hieran, so haftet der für die Gesellschaft auftretende Vertreter, d. h. der **Geschäftsführer** oder der **Angestellte**, der durch Weglassen des GmbH-Zusatzes den Eindruck erweckt, Firmeninhaber sei möglicherweise eine natürliche Person, welche für die Verbindlichkeiten des Unternehmens unbeschränkt mit ihrem Privatvermögen haftet, aus Rechtsscheingesichtspunkten dem Gläubiger neben der Gesellschaft **persönlich** für die so entstandene Verbindlichkeit,[2] und zwar auch dann, wenn aus dem Handelsregister die tatsächlichen Rechtsverhältnisse ersichtlich sind. Dies gilt selbst bei der Verwendung einer Sachfirma ohne Hinweis auf eine bestimmte Person.[3] Allerdings greift diese Rechtsscheinhaftung grundsätzlich nur bei **schriftlichen Erklärungen**, also beispielsweise bei Angaben auf **Geschäftsbriefen** oder **Bestellscheinen**. Nach der Rechtsprechung des BGH[4] sind mündliche Verlautbarun-

36

---

1 KG Berlin v. 17.5.2013, ZIP 2013, S. 1769 ff.
2 BGH v. 5.2.2007, DB 2007, S. 963 f. (zur niederländischen BV); BGH v. 15.1.1990, NJW 1990, S. 2678 f. = GmbHR 1990, S. 212; BGH v. 24.6.1991, NJW 1991, S. 2627 f. mit Anm. *Canaris*; BGH v. 5.9.2007, NJW 2007, S. 1529 ff., 1531.
3 BGH v. 24.6.1991, a. a. O., S. 2627.
4 Entscheidung v. 8.7.1996, NJW 1996, S. 2645 = ZIP 1996, S. 1511 f., 1512.

gen der Unternehmensvertreter regelmäßig nicht geeignet, eine entsprechende Einstandspflicht zu begründen.

37 Eine firmenrechtliche Besonderheit gilt zudem für die durch § 5a GmbHG eröffnete Sonderform der „Unternehmergesellschaft". Diese muss zum Schutze des Rechtsverkehrs gem. § 5a Abs. 1 GmbHG – abweichend von § 4 GmbHG – stets die Bezeichnung „**Unternehmergesellschaft (haftungsbeschränkt)**" oder – abgekürzt – „**UG (haftungsbeschränkt)**" führen. Eine Abkürzung des Zusatzes „haftungsbeschränkt" scheidet demgegenüber aus Gründen der gebotenen Transparenz ebenso wie die Firmierung unter der Bezeichnung „GmbH" aus. Auch abweichende Abkürzungen sind unzulässig. Unterbleibt im geschäftlichen Verkehr der gebotene Rechtsformzusatz oder wird dieser falsch oder in missverständlich verkürzter Weise verwendet, so dass der Rechtsschein entsteht, es handele sich um eine „reguläre GmbH", so haftet nach der Rechtsprechung des BGH der hierfür verantwortliche Geschäftsführer oder Angestellte gegenüber einem auf den Rechtsschein vertrauenden Dritten persönlich.[1] Offen gelassen hat der BGH hierbei, ob die Haftung insofern auf die Differenz zwischen dem satzungsgemäßen Stammkapital der UG (haftungsbeschränkt) und dem Mindeststammkapital einer GmbH begrenzt ist.[2]

38 **Statuarischer Sitz** der Gesellschaft (§ 3 Abs. 1 Nr. 1 GmbHG) ist der Ort, den der Gesellschaftsvertrag bestimmt. Dieser muss – entsprechend § 4a GmbHG – zwingend **im Inland** liegen. Er bestimmt die örtliche Zuständigkeit des Registergerichts sowie den allgemeinen Gerichtsstand der Gesellschaft (§ 17 ZPO). Sieht man hiervon ab, so sind die Gesellschafter in der Wahl des – tatsächlichen – **(Verwaltungs-)Sitzes** frei. Nach der Aufhebung des früheren § 4a Abs. 2 GmbHG a.F. durch das MoMiG kommt es folglich nicht mehr darauf an, ob die Gesellschaft an ihrem Satzungssitz eine Betriebsstätte bzw. ihren Verwaltungssitz unterhält oder ob sie im Inland überhaupt geschäftliche Aktivitäten entfaltet. Damit zieht der Gesetzgeber die Konsequenz aus der Rechtsprechung des EuGH zur Niederlassungsfreiheit im Europäischen Binnenmarkt und ermöglicht es den Gesellschaftern, **den Sitz der Hauptverwaltung der GmbH unabhängig vom Satzungssitz festzulegen** und sich somit im Ausland – auch über die Grenzen der Europäischen Union hinaus – niederzulassen. Der in diesem Zusammenhang seitens der Rechtsprechung früher vertretenen Auffassung, wonach sich das auf die GmbH anzuwendende Recht nach ihrem – tat-

---

1 Vgl. hierzu BGH v. 12.6.2012, DB 2012, S. 1916 ff. Rz. 13 = NJW 2012, S. 2871.
2 BGH, a.a.O., S. 1919 Rz. 27; einschränkend: LG Düsseldorf v. 16.10.2013, ZIP 2014, S. 1174 ff.

sächlichen – Verwaltungssitz bestimmt, ist damit die rechtliche Grundlage entzogen (vgl. Rz. 40 ff.).

Im Gegenzug ist die Gesellschaft gem. § 8 Abs. 4 Nr. 1 GmbHG verpflichtet, eine **inländische Geschäftsanschrift** zur Eintragung in das Handelsregister anzumelden und aufrechtzuerhalten. Diese wird im Regelfalle mit der Anschrift der Hauptverwaltung übereinstimmen. Befindet sich der Sitz des Managements über eine Zweigniederlassung im Ausland, so kommt alternativ auch die Eintragung der inländischen Wohnanschrift eines Geschäftsführers oder eines Gesellschafters bzw. eines als Zustellungsbevollmächtigter eingesetzten Vertreters, beispielsweise eines Steuerberaters oder Rechtsanwalts, in Betracht. Unter dieser – nach der Eintragung auch online einsehbaren – Adresse kann an den oder die gesetzlichen Vertreter der Gesellschaft wirksam zugestellt werden. Gemäß § 31 HGB haben die Geschäftsführer oder Liquidatoren (§ 78 GmbHG) auch jede Änderung der Geschäftsanschrift zur Eintragung in das Handelsregister anzumelden. Hierzu sind sie vom Registergericht ggf. durch Festsetzung eines Zwangsgeldes anzuhalten (§ 79 GmbHG). Im Übrigen gilt es auf Seiten der Geschäftsführer und Gesellschafter zu beachten, dass für den Fall, dass unter der im Handelsregister eingetragenen Geschäftsanschrift eine Zustellung nicht möglich ist, die Möglichkeit einer erleichterten „öffentlichen Zustellung" im Wege der öffentlichen Bekanntmachung eröffnet ist (§ 185 Nr. 2 ZPO). 39

Eine Verlegung des statuarischen Sitzes im Inland ist jederzeit durch **satzungsändernden Beschluss** (§ 53 GmbHG) möglich. Dieser bedarf der Eintragung in das Handelsregister. Das (Anmelde-)Verfahren bestimmt sich dabei nach § 13h HGB. Von der Verlagerung des im Gesellschaftsvertrag bestimmten – statuarischen – Sitzes ist **die tatsächliche Verlagerung der Geschäftsleitung** (Hauptverwaltung) zu unterscheiden. Diese berührt den rechtlichen Sitz des Unternehmens und damit den Gerichtsstand nicht und steht zur freien Disposition der Gesellschafter. Einer Anpassung des Gesellschaftsvertrags bedarf es in diesem Falle nicht. 40

Die Befugnis zur Verlagerung des Verwaltungssitzes schließt auch die Sitzverlegung im Wege der Gründung einer Zweigniederlassung in das europäische und außereuropäische Ausland ein. Auf den Bestand und die für das Innenverhältnis der Gesellschaft maßgebliche Rechtsordnung, insbesondere die Kompetenzen sowie die Rechte und Pflichten der Gesellschaftsorgane, bleibt die Sitzverlegung ohne Auswirkungen. Insofern gelten weiter die Vorgaben des GmbHG sowie des Gesellschaftsvertrags, ungeachtet des Umstands, dass die Gesellschaft im Rahmen ihres rechtsgeschäftlichen und tatsächlichen Han- 41 delns selbstverständlich der Rechtsordnung des Gastlandes unterliegt. Den Interessen inländischer Gläubiger und sonstiger „Stakeholder" ist durch die Anmeldung und Eintragung einer inländischen Geschäftsanschrift im elektronischen Handelsregister (§ 8 Abs. 4 Nr. 1 GmbHG), unter der Zustellungen an die Vertreter der Gesellschaft bewirkt werden können, ausreichend Rechnung getragen.

42 Das Erfordernis, den **Unternehmensgegenstand** in der Satzung offenzulegen (§ 3 Abs. 1 Nr. 2 GmbHG), dient einerseits der Publizität gegenüber dem Rechtsverkehr und damit den Marktpartnern der Gesellschaft, bezweckt jedoch darüber hinaus eine interne Begrenzung der Geschäftsführungsbefugnis des Geschäftsführers zum Schutze der Gesellschafter (vgl. Rz. 611 ff.). Allerdings kommt der Bindung keine Außenwirkung zu. Die in Überschreitung der durch die Satzung eingeräumten Kompetenz getätigten Rechtsgeschäfte sind im Verhältnis zu den Vertragspartnern wirksam, verpflichten den Geschäftsführer gem. § 43 Abs. 2 GmbHG jedoch ggf. zum Schadensersatz gegenüber der Gesellschaft (vgl. ausführlich Rz. 786 ff.). Die Erweiterung oder Änderung des Unternehmensgegenstandes setzt notwendig eine Satzungsänderung voraus.

43 Die Angabe des Unternehmensgegenstandes muss daher geeignet sein, die ihr zugedachte Informations- und Schutzfunktion zu erfüllen. Völlig inhaltsleere und unbestimmte Angaben (Produktion, An- und Verkauf von Waren jeglicher Art) genügen regelmäßig nicht. Stets ist eine gewisse Konkretisierung erforderlich. Entsprechend § 23 Abs. 3 Nr. 2 AktG ist namentlich bei Industrie- und Handelsunternehmen *„die Art der Erzeugnisse und Waren, die hergestellt oder gehandelt werden sollen, näher anzugeben"*. Allerdings dürfen hierbei keine übertriebenen Anforderungen gestellt werden, um die Geschäftsentwicklung nicht durch zu enge Satzungsvorgaben zu beeinträchtigen.[1] Entsprechend empfiehlt es sich, bei der Abfassung des Gesellschaftsvertrags den Unternehmensgegenstand nicht über Gebühr einzuschränken und dadurch die künftige Entwicklung der Gesellschaft an das Erfordernis einer Satzungsänderung zu binden. Entsteht die GmbH zunächst ohne einen bestimmten Verwendungszweck im Wege der sog. „**Vorrats- oder Mantelgründung**", so ist dies zwar zulässig, jedoch in der Satzung offenzulegen,[2] beispielsweise durch den Hinweis, Gegenstand des Unternehmens sei *„die Verwaltung eigenen Vermögens"* (vgl. auch Rz. 63 ff.). Fehlt es an einer ausreichenden Bestimmtheit des Unterneh-

---

1 OLG Frankfurt/M. v. 12.11.1986, DB 1987, S. 38; BGH v. 3.11.1980, DB 1981, S. 466 f.
2 BGH v. 16.3.1992, DB 1992, S. 1228 ff., 1230 f.

mensgegenstandes, so ist das Registergericht gem. § 9c GmbHG befugt, die Eintragung zu verweigern.

Die Höhe des Stammkapitals (§ 3 Abs. 1 Nr. 3 GmbHG) muss grundsätzlich in einem festen Betrag in Euro angegeben sein. Das Mindeststammkapital beträgt gem. § 5 Abs. 1 GmbHG – nach wie vor – **25.000 €**. Die noch im Regierungsentwurf zum MoMiG vorgesehene Herabsetzung des Mindeststammkapitals auf 10.000 € ist nicht Gesetz geworden. Etwas anderes gilt nur hinsichtlich der GmbH-rechtlichen „Sonderform", der „Unternehmergesellschaft (haftungsbeschränkt)". Hier liegt das Mindeststammkapital **lediglich bei 1 €**. Darüber hinaus bedarf es einer Festsetzung der Zahl und der Nennbeträge der Geschäftsanteile (§ 3 Abs. 1 Nr. 4 GmbHG), die jeder Gesellschafter gegen Einlage auf das Stammkapital (Stammeinlage) übernimmt, also des Betrags, mit dem sich die Gesellschafter aus Anlass der Gründung, sei es in Form von Bar- oder Sacheinlage, an der Gesellschaft beteiligen. Der Nennbetrag eines jeden Geschäftsanteils muss dabei gem. § 5 Abs. 2 Satz 1 GmbHG **auf volle Euro lauten**. Er beträgt folglich mindestens 1 €. Nach den Änderungen seitens des MoMiG ist es abweichend von der früheren Rechtslage zulässig, dass ein Gesellschafter im Rahmen der Gründung **mehrere Geschäftsanteile**, ggf. **zu unterschiedlichen Nennwerten**, übernimmt (vgl. § 5 Abs. 2 Satz 2 GmbHG).

44

Zwar kommt seit dem 1.1.2002 die Neugründung einer GmbH nur noch im Rahmen eines in Euro festgesetzten Stammkapitals in Betracht, doch genießen „Altgesellschaften", die vor dem 1.1.1999 in das Handelsregister eingetragen oder zumindest bis zu diesem Zeitpunkt zur Eintragung in das Handelsregister angemeldet und bis zum 31.12.2001 eingetragen wurden, unter Umständen einen umfassenden Bestandsschutz. Sie dürfen ihr Stammkapital in DM auf Dauer beibehalten, ohne eine Überleitung auf den Euro durchführen zu müssen (§ 1 EGGmbHG). Eine freiwillige Umstellung auf Euro ist selbstverständlich jederzeit möglich. Allerdings entfällt der Bestandsschutz, sofern nach dem 31.12.2001 eine Änderung des Stammkapitals erfolgt. Eine Eintragung der Änderung im Handelsregister erfolgt dann nur, wenn gleichzeitig eine Umstellung auf Euro erfolgt. Bis zur Vornahme der Umstellung besteht eine zwingende **Registersperre**.[1]

45

Entscheiden sich die Gesellschafter für eine einfache Umrechnung der bisherigen DM-Beträge bezüglich des Stammkapitals und der Stammeinlagen (50.000 DM = 25.564,59 €), so handelt es sich lediglich um eine „redaktionelle"

46

---

[1] Vgl. zum Umrechnungsverfahren und der Satzungsgestaltung ausführlich *Schneider*, NJW 1998, S. 3158 ff.; *Geyrhalter*, ZIP 1998, S. 1608 ff.

Anpassung des Gesellschaftsvertrags. Hierfür genügt ein mit **einfacher Mehrheit** gefasster Gesellschafterbeschluss. Eine notarielle Beurkundung ist – anders als im Rahmen materieller Satzungsänderungen – nicht erforderlich. Die Anmeldung zum Handelsregister kann zudem „formlos" erfolgen (§ 1 Abs. 3 EGGmbHG).

Allerdings erscheint es fraglich, ob die einfache Umrechnung der Stammeinlagen auf Dauer ein praktikabler Weg ist. Die hierdurch entstehenden „krummen" Euro-Beträge erschweren mitunter die Berechnung des Abstimmungsergebnisses in der Gesellschafterversammlung (vgl. § 47 Abs. 2 GmbHG), wenn auch durch die im Rahmen des MoMiG erfolgte Änderung der §§ 5 Abs. 1 und 2, 47 Abs. 2 GmbHG und die Absenkung des Mindestnennwertes des Geschäftsanteils auf 1 € die Problematik etwas an Bedeutung verloren hat. Hier erscheint es gegebenenfalls vorzugswürdig, die Beträge – nach Möglichkeit verhältniswahrend – zu glätten. Allerdings darf hierdurch das Stammkapital nicht unter den Mindestbetrag von 25.000 € sinken. Dabei gilt es zu bedenken, dass eine „Glättung" stets eine materielle Satzungsänderung darstellt. Der zugrunde liegende Gesellschafterbeschluss bedarf folglich einer „**qualifizierten Dreiviertel-Mehrheit**" sowie der notariellen Beurkundung.

47–55   *(Einstweilen frei)*

1.2.3 Die Gründung der GmbH im Überblick

56   Die GmbH kann **zu jedem gesetzlich zulässigen Zweck** durch eine oder mehrere natürliche oder juristische Personen des privaten oder öffentlichen Rechts sowie durch Personengesellschaften (oHG, KG) einschließlich der GbR[1] gegründet werden (§ 1 GmbHG). Hierfür kommen sowohl erwerbswirtschaftliche als auch ideelle, beispielsweise gemeinnützige Zwecksetzungen i. S. d. AO in Betracht. Zwar handelt es sich bezüglich der Gemeinnützigkeit um einen Begriff des Steuerrechts (vgl. §§ 51 ff. AO), doch hängt die Zuerkennung des gemeinnützigen Status nicht nur davon ab, dass die Gesellschaft tatsächlich gemeinnützige Aufgaben wahrnimmt; erforderlich ist vielmehr, dass sich die gemeinnützige Zweckbindung bereits aus der Satzung ergibt. Die Rechtsform der GmbH ist somit keineswegs auf den Betrieb eines Handelsgewerbes beschränkt. Entgegen den ursprünglich restriktiven Bestrebungen in weiten Be-

---

1   BGH v. 3.11.1980, DB 1981, S. 466 f., 467.

reichen des überkommenen Standesrechts der „freien Berufe" steht die GmbH nunmehr auch (Zahn-)Ärzten[1] und Rechtsanwälten[2] offen (vgl. §§ 59c ff. BRAO).[3] Demgegenüber ist der Betrieb einer Apotheke in der Rechtsform der GmbH – nach der europarechtlich fragwürdigen Regelung des § 8 ApothekenG – zurzeit noch ausgeschlossen.[4] Gleiches gilt für das Versteigerungsgewerbe (§ 34b Abs. 3 Satz 1 GewO), Bausparkassen, Hypothekenbanken und Versicherungsgesellschaften.

Allerdings genügt zur Gründung der GmbH nicht der Abschluss des notariell beurkundeten Gesellschaftsvertrags (§ 2 Abs. 1 Satz 1 GmbHG) zwischen den Gesellschaftern. Es bedarf vielmehr notwendig – auch hinsichtlich der Wirksamkeit nachfolgender Satzungsänderungen (§ 54 Abs. 3 GmbHG) – der **Eintragung ins Handelsregister** (§ 11 Abs. 1 GmbHG). Üblicherweise unterscheidet man hinsichtlich der zeitlichen Abfolge des Gründungsprozesses zwei Abschnitte: 57

- den Abschluss des notariell beurkundeten Gesellschaftsvertrags und damit die „**Errichtung**" der GmbH sowie
- die Eintragung der Gesellschaft in das zuständige Handelsregister, d. h. die „**Entstehung**" der Gesellschaft als haftungsbeschränkte juristische Person.

Vor der Eintragung besteht die GmbH folglich „*als solche nicht*" (§ 11 Abs. 1 GmbHG). Dies ist nun keineswegs dahingehend zu verstehen, als sei die Eintragung „**Wirksamkeitsvoraussetzung**" bezüglich des Gesellschaftsvertrags und damit des Zusammenschlusses der Gesellschafter. Eine wirksame Gesellschaft besteht vielmehr **vom Zeitpunkt der notariellen Beurkundung** an. Diese ist auch bereits rechts- und parteifähig und damit eigenständige Trägerin von Rechten und Pflichten. Nur ist sie – jedenfalls im Außenverhältnis, also gegenüber den Gläubigern – insofern **keine „perfekte" GmbH**, als es der Gesellschaft (noch) **am Privileg der Haftungsbeschränkung mangelt**. Bezüglich der Gesellschafter findet folglich § 13 Abs. 2 GmbHG, wonach sich die Haftung gegenüber den Gläubigern auf das Gesellschaftsvermögen beschränkt, somit bis zur Eintragung (noch) keine Anwendung. Vielmehr trifft die Gründungsgesellschafter – wenn auch in einer gegenüber den Personengesellschaften modifizierten Form – eine **persönliche Einstandspflicht** für die Gesellschaftsverbindlichkeiten. Darüber hinaus bestimmt § 11 Abs. 2 GmbHG eine weitgehende 58

---

[1] BGH v. 25.11.1993, ZIP 1994, S. 381 ff.
[2] So bereits frühzeitig: BayObLG v. 24.11.1994, NJW 1995, S. 199 ff.; BayObLG v. 28.8.1996, ZIP 1996, S. 1706 ff.
[3] Vgl. nunmehr §§ 59c ff. BRAO; hierzu *Henssler*, NJW 1999, S. 241 ff.
[4] Siehe aber jetzt zurückhaltend EuGH v. 19.5.2009, WRP 2009, S. 797 ff.

„Handelndenhaftung" des **Geschäftsführers** für rechtsgeschäftliche Verbindlichkeiten aus dem Gründungsstadium (vgl. ausführlich Rz. 871 ff.).

59 Ihre Rechtfertigung findet die Versagung der Haftungsbeschränkung im Zeitraum vor der Eintragung in den zwingenden Anforderungen der GmbH-rechtlichen „Normativbestimmungen" (vgl. insbesondere §§ 5, 7, 8, 9 ff., 19 GmbHG). Diese tragen – zumindest im Ansatz – den Geboten eines funktionalen Gläubigerschutzes Rechnung. Mit anderen Worten: Der Gesetzgeber knüpft die Gewährung des Haftungsprivilegs zwingend an die – zumindest partielle (vgl. § 7 Abs. 2 GmbHG) – **Aufbringung des Haftungsfonds**, d. h. des **Stammkapitals**, als rudimentäre „Seriositätsgarantie" der Gründer. Nur um den Preis, dass die im Gesellschaftsvertrag versprochenen Einlagen „*sich endgültig in der freien Verfügung der Geschäftsführer befinden*" (§ 8 Abs. 2 Satz 1 GmbHG) und damit – jedenfalls potenziell – dem Zugriff der Gläubiger zur Verfügung stehen, kommt eine **Haftungsbeschränkung auf das Gesellschaftsvermögen** in Betracht.

Die verfahrensmäßige Sicherung der Kapitalaufbringung liegt dabei in den Händen des Registergerichts. Dieses verfügt im Rahmen der gesetzlichen „Normativbestimmungen" nach einer (formellen) Prüfung der Eintragungsvoraussetzungen (vgl. § 9c GmbHG) die Registereintragung. Darüber hinaus übernimmt der **Geschäftsführer** durch seine gegenüber dem Registergericht abzugebende Versicherung (§ 8 Abs. 2 Satz 1 GmbHG), „*dass die in § 7 Abs. 2 und 3 bezeichneten Leistungen auf die Geschäftsanteile bewirkt sind und dass der Gegenstand der Leistungen sich endgültig in (seiner) freien Verfügung befindet*", **die zivilrechtliche (§ 9a Abs. 1 GmbHG) und strafrechtliche (§ 82 Abs. 1 Nr. 1 GmbHG) Mitverantwortung hinsichtlich der Kapitalaufbringung**.

60 Die fehlende Haftungsbeschränkung im Gründungsstadium ist dabei streng von der Frage der **Rechtsfähigkeit der Gesellschaft** zu trennen. Auch die GmbH in Gründung (künftig: Vor-GmbH oder **Vor-Gesellschaft**) kann bereits Trägerin von Rechten und Pflichten sein.[1] Sie kann unter ihrem Namen als Eigentümerin im Grundbuch eingetragen werden,[2] ein Konto unterhalten,[3] Scheck- oder Wechselverbindlichkeiten eingehen[4] oder die Funktion einer persönlich haftenden Gesellschafterin in einer KG übernehmen.[5] Sie ist folglich in vollem Um-

---

[1] BGH v. 14.7.1980, BGHZ 80, S. 129 ff.
[2] BGH v. 2.5.1966, BGHZ 45, S. 339 ff., 348 f.; BayObLG v. 6.11.1985, DB 1986, S. 106 f.
[3] BGH v. 2.5.1966, a.a.O., S. 347.
[4] BGH v. 28.11.1997, ZIP 1998, S. 109 ff., 110.
[5] BGH v. 14.7.1980, a.a.O., S. 132; vgl. ausführlich: *Scholz/Karsten Schmidt*, GmbHG § 11, Anm. 32 ff.

fange rechtsfähig. Darüber hinaus kommt ihr in prozessualer Hinsicht sowohl die aktive[1] als auch die passive Parteifähigkeit[2] sowie die Insolvenzfähigkeit[3] zu. Sie kann folglich unter ihrer (künftigen) Firma vor Gericht klagen und verklagt werden und Gemeinschuldnerin eines Insolvenzverfahrens sein. All dies gilt auch, soweit es sich um eine UG (haftungsbeschränkt) handelt.

Demgegenüber bestimmt sich das „Innenverhältnis" der „Vor-Gesellschaft" oder „Vor-GmbH" bereits weitgehend nach den **Bestimmungen des Gesellschaftsvertrags**. Dies gilt jedenfalls insofern, als sich die Gesellschafter bereits vor Eintragung über die **Aufnahme der Geschäfte** verständigen (vgl. Rz. 871 ff.). 61

Was die rechtliche und praktische Ausgestaltung des Gründungsverfahrens betrifft, so gilt es in systematischer Sicht zwischen der **Bar- und der Sachgründung** zu unterscheiden. Während im Rahmen der Bargründung die seitens der Gesellschafter geschuldeten Einlagen **in Geld** (nicht notwendig Bargeld, eine Gutschrift auf dem Konto der Vor-Gesellschaft genügt) aufgebracht werden, handelt es sich bei allen (Einlage-)Leistungen, **die nicht in Geld bestehen** (vgl. § 27 Abs. 1 Satz 1 AktG), begrifflich um **Sacheinlagen**. Diese unterliegen einem von den Bareinlagen gesonderten Regelungsstatut einschließlich der damit verbundenen registergerichtlichen Kontrolle. Der ausschlaggebende Grund für diese „Vorsichtsmaßnahme" des Gesetzgebers liegt auf der Hand: 62

Die Frage, ob der eingebrachte Gegenstand oder das eingebrachte Recht dem Betrag der seitens des Gesellschafters geschuldeten Stammeinlage, d. h. dem Nennbetrag des Geschäftsanteils, entspricht, wirft regelmäßig erhebliche Bewertungsprobleme auf. Da die Aufbringung des Stammkapitals eine notwendige Vorbedingung hinsichtlich der normativen Haftungsbeschränkung (§ 13 Abs. 2 GmbHG) darstellt (vgl. Rz. 81 ff.), kommt den gesetzlichen Regelungsmechanismen der Sachgründung im Lichte des gebotenen **Gläubigerschutzes** eine entscheidende Bedeutung zu. Der Gesetzgeber hat sich dabei ungeachtet der mitunter schwierigen Einzelbewertung des Einlagegegenstandes für eine streng formale Ausgestaltung der Sachgründung entschieden. Gemäß § 5 Abs. 4 Satz 1 GmbHG „müssen der Gegenstand der Sacheinlage und der Nennbetrag des Geschäftsanteils, auf den sich die Sacheinlage bezieht, **im Gesellschaftsvertrag festgesetzt werden**". Zudem haben die Gesellschafter „*in einem Sachgründungsbericht* die für die Angemessenheit der Leistungen für Sacheinla-

---

1 BGH v. 28.11.1997, ZIP 1998, S. 109 ff., 110.
2 BAG v. 8.11.1962, GmbHR 1963, S. 109 ff., 110.
3 BayObLG v. 23.7.1965, NJW 1965, S. 2254 ff., 2257.

gen wesentlichen Umstände darzulegen und beim Übergang eines Unternehmens auf die Gesellschaft die Jahresergebnisse der beiden letzten Geschäftsjahre anzugeben" (§ 5 Abs. 4 Satz 2 GmbHG).

63 Umstritten war lange Zeit die Zulässigkeit der **Vorrats- oder Mantelgründung** einer (Vorrats-)GmbH ohne eigenen wirtschaftlichen Geschäftsbetrieb sowie insbesondere die nachträgliche Verwertung des so geschaffenen Rechtsträgers im Wege des **Mantelkaufs**. Entsprechende Möglichkeiten („GmbH-Mäntel") werden potenziellen Gründern seitens der Beratungspraxis vielfältig offeriert, um so den mit der (Neu-)Gründung verbundenen Zeitaufwand zu verkürzen und in der – allerdings meist trügerischen – Hoffnung, die mit einer „regulären" Gründung für die Gesellschafter und die Geschäftsführer verbundenen Haftungsrisiken nach Möglichkeit zu vermeiden. An der Zulässigkeit der Mantelgründung einer Kapitalgesellschaft bestehen heute keine Zweifel mehr, sofern der Umstand, dass die Gesellschaft (zunächst) keine wirtschaftlichen Aktivitäten entfaltet, durch eine entsprechende Verdeutlichung des Gesellschaftszwecks („Verwaltung eigenen Vermögens") **im Gesellschaftsvertrag offengelegt wird**[1] (vgl. bereits Rz. 31 ff.).

Gleiches gilt auch für die Zulässigkeit der Verwertung des „Mantels" im Wege des Verkaufs und der Übertragung der Geschäftsanteile an einen „Gründer". Ein Mantelkauf liegt vor, wenn eine Vorrats-GmbH **ohne eigenen Geschäftsbetrieb** durch Kauf der Gesellschaftsanteile seitens des „Gründers" erworben wird, um die Gesellschaft – im Regelfall im Anschluss an eine Satzungsänderung – einer neuen, nunmehr werbenden Tätigkeit zuzuführen. Auf diese Weise ist es möglich, das zeitaufwendige und mit Risiken befrachtete Verfahren einer Neugründung zu vermeiden und die Geschäftstätigkeit – unabhängig von der – früher langwierigen – Prüfung seitens des Registergerichts und der Eintragung im Handelsregister – unmittelbar zu beginnen.

64 Grundsätzlich ist eine solche Vorgehensweise zulässig. Die hiergegen vorgebrachten Bedenken[2] überzeugen nicht. Allerdings finden auf die Verwertung des Mantels einer auf Vorrat gegründeten GmbH nach der – nunmehr bestätigten – Rechtsprechung des BGH die der Sicherung der Kapitalausstattung dienenden **Gründungsvorschriften des GmbHG** einschließlich der mit der Gründung verbundenen registerrechtlichen Kontrolle **entsprechende Anwendung**.[3] Gleiches gilt erst recht dort, wo es um die „Wiederverwendung" des

---

1 BGH v. 16.3.1992, DB 1992, S. 1228 ff.
2 Zutreffend: OLG Frankfurt/M. v. 14.5.1991, DB 1991, S. 2328.
3 BGH v. 9.12.2002, BGHZ 153, S. 158 = NJW 2003, S. 892.

„gebrauchten Mantels" einer früher tätigen, jetzt aber unternehmenslosen GmbH im Rahmen der Einbringung eines neuen Geschäftsbetriebs zu tun ist.[1] Der GmbH-Geschäftsführer hat folglich bei der Anmeldung der Satzungsänderung der „aktivierten" oder „reaktivierten" Gesellschaft entsprechend § 8 Abs. 2 und 3 GmbHG zu versichern, dass die in § 7 Abs. 2 und 3 GmbHG bezeichneten Leistungen auf die Geschäftsanteile bewirkt sind und dass der Gegenstand der Leistung sich **(weiterhin oder wieder) in seiner freien Verfügung befindet.** Hierfür hat er auch haftungsrechtlich gem. § 9a Abs. 1 GmbHG gegenüber der Gesellschaft einzustehen.

Handelt es sich um einen „gebrauchten" GmbH-Mantel, so ist dieser Umstand gegenüber dem Registergericht offenzulegen. Darüber hinaus trifft die Gesellschafter bei der Aktivierung einer Vorratsgesellschaft ebenso wie bei der Verwertung eines gebrauchten GmbH-Mantels, vergleichbar einer Neugründung (vgl. Rz. 871 ff.), eine auf den **Stichtag der Offenlegung** gegenüber dem Registergericht bezogene **Unterbilanzhaftung.**[2] Zudem kommt auch eine persönliche **Handelndenhaftung des Geschäftsführers** gem. § 11 Abs. 2 GmbHG (s. Rz. 871 ff.) in Betracht, wenn dieser vor Offenlegung der wirtschaftlichen Neugründung die Geschäfte aufnimmt, ohne dass alle Gesellschafter zustimmen.[3]

(Einstweilen frei) 65–70

1.2.4 Die Organe der GmbH

Das GmbHG sieht nur zwei zwingende Organe der Gesellschaft vor: den Geschäftsführer sowie die **Gesellschafter(-Versammlung).** Die Bildung eines **Aufsichtsrats** ist demgegenüber in das Ermessen der (Gründungs-)Gesellschafter gestellt (§ 52 GmbHG). Anders verhält es sich lediglich bei mitbestimmten Gesellschaften gem. § 1 Abs. 1 Nr. 3 DrittelbG; § 1 Abs. 1 Nr. 1 MitbestG. Anstelle eines Aufsichtsrats besteht nach näherer Bestimmung des Gesellschaftsvertrags auch die Möglichkeit, einen **Beirat** einzusetzen. Funktion und Aufgabenstellung von Aufsichtsrat oder Beirat und ihre Kompetenzabgrenzung zu den „Pflichtorganen" bestimmen sich – mangels gesetzlicher Vorgaben – weitgehend nach dem Gesellschaftsvertrag (vgl. § 52 Abs. 1 GmbHG). 71

Abweichend von AG und eG kennt das GmbHG – von den Regelungen der Mitbestimmung abgesehen – keinen obligatorischen Aufsichtsrat. Allerdings kann der Gesellschaftsvertrag die Bildung eines Aufsichtsrats vorsehen. Was 72

---

1 BGH v. 7.7.2003, BGHZ 155, S. 318 = NJW 2003, S. 3198.
2 BGH v. 6.3.2012, GmbHR 2012, S. 630 ff. mit Anm. *Giedinghagen/Rulf.*
3 BGH v. 7.7.2003, BGHZ 155, S. 318 = NJW 2003, S. 3198.

die satzungsrechtliche Kompetenz dieses „**fakultativen**" **Aufsichtsrats** betrifft, so bestehen im Lichte des Gesellschaftsrechts erhebliche Gestaltungsspielräume. Nur soweit die Satzung keine abweichende Regelung enthält, gelangen zum Teil die Kompetenzvorgaben des Aktienrechts zur Anwendung (vgl. § 52 Abs. 1 GmbH). Es steht daher weitgehend im Ermessen der Gesellschafter, im Rahmen der Satzungsgestaltung die Zuständigkeit und die Mitwirkungsbefugnis des Aufsichtsrats im Vergleich zum aktienrechtlichen Referenzmodell zu erweitern oder zu verengen. Folglich ist es im Rahmen einer Satzungsregelung möglich, den Geschäftsführer an Weisungen des Aufsichtsrats zu binden oder einzelne Geschäftsführungsmaßnahmen von der vorherigen Zustimmung des Aufsichtsrats abhängig zu machen (§ 52 Abs. 1 GmbHG, § 111 Abs. 4 Satz 2 AktG).

Allerdings besteht Einigkeit, dass die Sachkompetenz des Aufsichtsrats entsprechend § 111 Abs. 1 AktG – zwingend und unabdingbar – die **Überwachung der Geschäftsführer** umfasst. Dies folgt notwendig aus der mit der Einrichtung des Kontrollorgans verbundenen – mittelbaren – Gewährsübernahme gegenüber den Gesellschaftsgläubigern. Die entsprechende Verlautbarung der Satzung schafft im Rahmen der Registerpublizität einen Vertrauenstatbestand, dem seitens der Gesellschafter angemessen Rechnung zu tragen ist. Wird den Mitgliedern des Aufsichtsrats im Rahmen der statuarischen Begründung ihrer Organstellung zugleich die Überwachungsfunktion entzogen, so stellt sich die entsprechende Satzungsbestimmung insofern regelmäßig als **rechtsmissbräuchlich** dar (§ 242 BGB).

73 Im Übrigen unterscheidet sich die Organverfassung der GmbH deutlich von den Vorgaben des AktG sowie des Genossenschaftsgesetzes (GenG), und dies gleich in zweifacher Hinsicht: So leitet der Vorstand der AG ebenso wie derjenige der Genossenschaft die Gesellschaft unter eigener Verantwortung (§ 76 Abs. 1 AktG; § 27 Abs. 1 GenG). Weder der Aufsichtsrat (§ 111 Abs. 4 Satz 1 AktG) noch die Hauptversammlung (§ 119 Abs. 2 AktG) sind befugt, dem Vorstand bezüglich der Geschäftsführung der AG Weisung zu erteilen. Dies gilt im Kern auch für die Genossenschaft im Verhältnis von Vorstand, Aufsichtsrat und Generalversammlung. Diese Kompetenzverteilung ist zudem „satzungsfest" und kann folglich in der Satzung nicht abweichend ausgestaltet werden (vgl. für die AG: § 23 Abs. 5 AktG; für die eG: § 18 Satz 2 GenG).

74 **Demgegenüber sind die Geschäftsführer der GmbH nach dem gesetzlichen Leitbild grundsätzlich an die Beschlüsse der Gesellschafterversammlung bzw. die Weisungen des Alleingesellschafters gebunden** (§ 37 Abs. 1 GmbHG). Ihnen fehlt damit – von Ausnahmen abgesehen – ein gesetzlich verbürgter Bereich eigenständiger, d.h. weisungsunabhängiger Leitungsautonomie. Allerdings ist

diese Vorgabe nicht zwingend; **die Organkompetenz kann vielmehr im Gesellschaftsvertrag abweichend ausgestaltet werden (§ 45 GmbHG).** So ist es durchaus möglich, die Stellung des Geschäftsführers durch Satzungsregelung derjenigen des Aktienvorstandes anzunähern oder gar darüber hinaus zu verstärken. Gerade diese Flexibilität im Innenverhältnis der Organe zueinander prägt die Wettbewerbsvorteile der GmbH im Bereich kleiner und mittelständischer Unternehmen.

Leitungsstruktur der GmbH 75

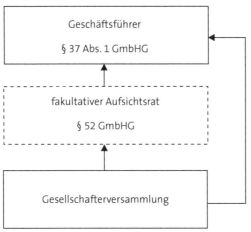

(Einstweilen frei) 76–80

1.2.5 Die Kapitalaufbringung bei der GmbH

Literatur: *Keßler*, Die Durchgriffshaftung der GmbH-Gesellschafter wegen „existenzgefährdender" Eingriffe – Zur dogmatischen Konzeption des Gläubigerschutzes in der GmbH, GmbHR 2002, S. 945 ff.; *Bormann*, Die Kapitalaufbringung nach dem Regierungsentwurf des MoMiG, GmbHR 2007, S. 897 ff.; *Hölzle*, Existenzvernichtungshaftung als Fallgruppe des § 826 BGB – Alte Haftung in neuem Gewand?, DZWIR 2007, S. 397 ff.; *Hölzle*, Gesellschafterfremdfinanzierung und Kapitalerhaltung im Regierungsentwurf des MoMiG, GmbHR 2007, S. 729 ff.; *Jakob*, Konzeption der Existenzvernichtungshaftung vor dem Hintergrund des MoMiG-Entwurfs, GmbHR 2007, S. 796 ff.; *Schaefer/Steinmetz*, Neue Haftungsgrundlage für den existenzvernichtenden Eingriff, WM 2007, S. 2265 ff.; *Wellwer*, Die Neuausrichtung der Existenzvernichtungshaftung durch den BGH und ihre Implikationen für die Praxis, ZIP 2007, S. 1681 ff.; *Wirsch*, Die Legalisierung verdeckter Sacheinlagen – Das Ende der präventiven Wertkontrolle?, GmbHR 2007, S. 736 ff.; *Habersack*, Trihotel – Das Ende der Debatte? Überlegungen zur Haftung für schädigende Einflussnahme im Aktien- und GmbH-Recht, ZGR 2008, S. 533 ff.; *Herrler*, Kapitalaufbringung nach dem MoMiG – Verdeckte Sacheinlagen und Hin- und Herzahlen, DB 2008, S. 2347 ff.; *Pape*, Zahlungsunfähigkeit in der Gerichtspraxis, WM 2008, S. 1949 ff.; *K. Schmidt*, GmbH-Reform auf Kosten der Geschäftsführer? – Zum (Un-)Gleichgewicht zwischen Gesellschafterrisiko und Geschäftsführerrisiko im Entwurf eines MoMiG und in der BGH-Rechtsprechung, GmbHR 2008, S. 449 ff.; *Schall*, Kapitalaufbringung nach dem MoMiG, ZGR 2009, S. 126 ff.; *Theusinger*, Barkapitalerhöhung im Cash-Pool nach MoMiG, NZG 2009, S. 1017; *Ulmer*, Die „Anrechnung" (MoMiG) des Wertes verdeckter Sacheinlagen auf die Bareinlagenforderung der GmbH, ZIP 2009, S. 293 ff.; *Wirsch*, Kapitalaufbringung und Cash Poll in der GmbH, 2009; *Wachter*, Leitlinien der Kapitalaufbringung in der neueren Rechtsprechung des Bundesgerichtshofs, DStR 2010, S. 1240; *Ekkenga*, Vom Umgang mit überwertigen Sacheinlagen im Allgemeinen und mit gemischten (verdeckten) Sacheinlagen im Besonderen, ZIP 2013, S. 541 ff.

81 Für die Verbindlichkeiten der GmbH haftet deren Gläubigern ausschließlich das (gesamte) Gesellschaftsvermögen. Insofern trifft die Gesellschaft selbst gerade mehr als eine nur „beschränkte Haftung". Demgegenüber scheidet eine Haftung der Gesellschafter oder der Geschäftsführer im Regelfall aus (§ 13 Abs. 2 GmbHG; vgl. Rz. 16 ff.; zur sog. „**Durchgriffshaftung**" vgl. Rz. 85 ff.). Um die Gläubiger, d. h. die Kreditgeber, Lieferanten und Arbeitnehmer der Gesellschaft, nicht rechtlos zu stellen, obliegt es folglich den (zwingenden) Bestimmungen der GmbH-Finanzverfassung, dafür Sorge zu tragen, dass der seitens des Gesetzgebers vorgeschriebene „**Haftungsfonds**", d. h. das Stammkapital, von den Gesellschaftern tatsächlich **aufgebracht wird**. Die Gesellschaft soll im Rahmen der gesetzlichen Vorgaben (§ 5 Abs. 1 GmbHG) – zumindest im Zeitpunkt ihrer Eintragung – über eine Mindestausstattung mit Eigenmitteln (Eigenkapital) in Höhe des satzungsmäßigen Stammkapitals verfügen.

82 Zwar handelt es sich hinsichtlich des gesetzlich vorgeschriebenen „Mindeststammkapitals" von 25.000 € (§ 5 Abs. 1 GmbHG) angesichts des tatsächlichen Finanzbedarfs einer werbenden Gesellschaft und der Einstandspflichten gegenüber den Gesellschaftsgläubigern meist nur um eine *„quantité négligeable"*, welche – bei wirtschaftlicher Betrachtungsweise – nicht annähernd geeignet ist, die möglichen Haftungsrisiken auch nur rudimentär abzudecken. Doch stellt die Verpflichtung der Gesellschafter zur Kapitalaufbringung als finanzielle „Zugangsschranke" zumindest eine gewisse „**Seriositätsgarantie**" zugunsten des Rechtsverkehrs dar. Hier galt es folglich seitens des Gesetzgebers bei der Festsetzung der Kapitalausstattung zwischen den **Belangen des Verkehrsschutzes** einerseits und dem **Zugang zu einer haftungsbeschränkenden Rechtsform auch und gerade für kleinere und mittlere Unternehmen** andererseits abzuwägen. Im Interesse der Reputation der GmbH hat der Gesetzgeber im Rahmen des MoMiG folglich zu Recht davon abgesehen, das Mindeststammkapital – wie noch im Regierungsentwurf vorgesehen – auf 10.000 €

abzusenken. Zugleich stellt er mit der „**Unternehmergesellschaft (haftungsbeschränkt)**" eine Sonderform der GmbH, insbesondere für Existenzgründer und für Dienstleistungsunternehmen mit geringem Kapitalbedarf, zur Verfügung, welche die finanziellen Zugangsschwellen deutlich absenkt und zugleich durch ihre Firmierung in transparenter Weise den Belangen der potenziellen Vertragspartner an einer Offenlegung der abweichenden Finanzausstattung Rechnung trägt.

So sichern die umfassenden Bestimmungen des Gründungsrechts im Wesentlichen die **Kapitalaufbringung** zugunsten des „Garantiefonds". Dies gilt insbesondere für die detaillierte Regelung der „**Sachgründung**" (vgl. §§ 5 Abs. 4; 7 Abs. 3; 8 Abs. 1 Nr. 5; 19 Abs. 4 GmbHG), also jene Fallgestaltungen, bei denen das Stammkapital **nicht in Form von Geldeinlagen** aufgebracht wird. Hier ergeben sich – im Lichte des gebotenen Gläubigerschutzes – mitunter erhebliche Bewertungsprobleme. Letztlich dient auch das „Eintragungserfordernis" (vgl. Rz. 56 ff.) der Sicherung des „Haftungsfonds", obliegt doch dem Registergericht maßgeblich die Aufgabe, zumindest in formaler Sicht die **Aufbringung des Stammkapitals** zu überwachen (§ 9c GmbHG). Allerdings hat das MoMiG im Interesse einer beschleunigten Eintragung des Gründungsvorgangs die ursprüngliche „Prüfungsdichte" insofern abgesenkt, als gem. § 9c Abs. 1 Satz 2 GmbHG eine Ablehnung der Eintragung seitens des Registergerichts nur noch in Betracht kommt, wenn Sacheinlagen „**nicht unwesentlich**" überbewertet worden sind. Im Übrigen ist es **Aufgabe des Geschäftsführers**, durch eine entsprechende „Versicherung" gegenüber dem Registergericht die Ordnungsmäßigkeit und Vollständigkeit der Kapitalaufbringung – mit entsprechenden haftungs- und strafrechtlichen Konsequenzen (§§ 9a; 82 Abs. 1 Nr. 1 GmbHG) – zu bestätigen (§ 8 Abs. 2 Satz 1 GmbHG). 83

Das Mindeststammkapital beträgt somit gem. § 5 Abs. 1 GmbHG nach wie vor **25.000 €**. Eine weitergehende Verpflichtung der Gesellschafter, die Gesellschaft über die gesetzlichen Vorgaben hinaus mit angemessenen Eigenmitteln auszustatten oder im Laufe der Geschäftstätigkeit „verlorenes" Eigenkapital auszugleichen, besteht **nicht**. Die GmbH kennt gerade **keine gesetzliche „Nachschusspflicht"** der Gesellschafter im Innenverhältnis. Eine solche kann allerdings im Gesellschaftsvertrag als „beschränkte" oder „unbeschränkte" Nachschusspflicht vereinbart werden (§ 26 GmbHG). Sieht die Satzung eine entsprechende Regelung vor, so sind die Anteilseigner nach einem entsprechenden „Einforderungsbeschluss" der Gesellschafterversammlung[1] verpflich- 84

---

1 RG v. 1.2.1909, RGZ 70, S. 330.

tet, die nunmehr fälligen Nachschüsse an die Gesellschaft zu leisten. Allerdings können sie sich im Falle der unbeschränkten Nachschusspflicht durch „Preisgabe" (Abandon) ihres Geschäftsanteils von der Leistungspflicht befreien (§ 27 GmbHG). Dennoch kommt der Begründung einer satzungsgemäßen Nachschusspflicht in der Praxis nur geringe Bedeutung zu; geht hierdurch doch – aus Sicht der Gesellschafter – ein wesentlicher Vorteil der GmbH – der von Anfang an beschränkte Haftungsbeitrag – zumindest teilweise verloren.

85 Eine weitergehende Verpflichtung der Gesellschafter zur Kapitalausstattung ihrer GmbH kann sich – nach zum Teil vertretener Auffassung – in engen Grenzen (ausnahmsweise!) unter dem Aspekt der **„materiellen Unterkapitalisierung"** ergeben. Eine solche liegt vor, wenn die Höhe des Eigenkapitals gemessen am Tätigkeitsbereich der GmbH und den hieraus folgenden Haftungsrisiken völlig unzureichend ist, die vorhandenen Mittel – seien dies auch Gesellschafterdarlehen oder sonstige „Kapitalersatzleistungen" (vgl. Rz. 161 ff.) – somit bereits im Ansatz eine angemessene Berücksichtigung der Gläubigerinteressen vermissen lassen. Fehlt es im Lichte dieser Vorgaben an einer hinreichenden Kapitalausstattung der GmbH, so trifft die Gesellschafter nach verbreiteter Auffassung in Durchbrechung des „Trennungsgrundsatzes" (§ 13 Abs. 2 GmbHG) eine unbeschränkte Außenhaftung (**Durchgriffshaftung**) für die Gesellschaftsverbindlichkeiten. Sie haften folglich wie die persönlich haftenden Gesellschafter einer oHG oder KG mit ihrem Privatvermögen. Nach dieser Auffassung kommt es alleine auf das „objektive" Missverhältnis zwischen Unternehmensrisiko und Kapitalausstattung an, ein weitergehendes „Verschulden" der Gesellschafter ist nach überwiegender Auffassung nicht erforderlich.[1]

86 Allerdings bestehen gegenüber dieser Rechtsansicht durchgreifende Bedenken. So fehlt es bisher an betriebswirtschaftlich und juristisch operationalen Kriterien zur Feststellung einer „Unterkapitalisierung". Eine normative Verpflichtung der Gesellschafter zur **Erhaltung des Stammkapitals** in Höhe der für die Gründung vorgegebenen Mindestkapitalausstattung besteht – wie die vorstehenden Erörterungen zur Nachschusspflicht zeigen – gerade nicht. Entsprechend hat der Gesetzgeber auch im Rahmen des MoMiG bewusst darauf verzichtet, den Gesellschaftern die **„angemessene"** Ausstattung ihrer Gesellschaft mit Eigenkapital vorzugeben. Vielmehr galt es – wie die Inauguration der „Unternehmergesellschaft" (haftungsbeschränkt) zeigt –, im Interesse kleiner und

---

[1] BSG v. 7.12.1983, NJW 1984, S. 2117, 2118 f.; s. zuletzt: OLG Naumburg v. 9.4.2008, DB 2008, S. 2300 ff.; zu Recht kritisch: *R/A/Altmeppen*, GmbHG § 13, Anm. 107 ff.

mittelständischer Unternehmen den Zugang zur GmbH durch eine Absenkung der **„Mindestkapitalschwelle"** zu erleichtern.

Der II. Zivilsenat des BGH hat daher – unter ausdrücklichem Bezug auf den Entwurf des MoMiG – einen auf die „objektive" Unterkapitalisierung der Gesellschaft gestützten Haftungsdurchgriff zulasten der Gesellschafter nunmehr mit überzeugenden Gründen deutlich abgelehnt.[1] Nach der gesetzlichen Ausgestaltung der GmbH wäre eine über die Aufbringung des gesetzlichen Mindeststammkapitals von 25.000 € hinausgehende sowie eine auch die Aufrechterhaltung einer entsprechenden Kapitalausstattung umfassende „Finanzausstattungspflicht" der Gesellschafter systemwidrig und würde letztlich die GmbH als Gesellschaftsform selbst in Frage stellen. **Das GmbHG wolle nicht die Lebensfähigkeit einer jeden GmbH sicherstellen, sondern nur einen generellen Mindestschutz der Gläubiger gewähren.** Vorzugswürdig sei somit allenfalls der Ansatz einer **„subjektiven Durchgriffslehre"** im Rahmen der deliktsrechtlichen Generalklausel des § 826 BGB unter dem Gesichtspunkt der Verletzung gläubigerbezogener Verkehrspflichten.[2] Zwar setzt die Haftung gem. § 826 BGB grundsätzlich Vorsatz voraus, doch genügt insofern bedingt vorsätzliches Handeln. Es reicht folglich aus, wenn die Gesellschafter durch die unzureichende Kapitalausstattung der GmbH im Zeitpunkt der Begründung des Schuldverhältnisses die – sich deutlich abzeichnende – Schädigung einzelner Gläubiger zwar nicht beabsichtigen, diese jedoch billigend in Kauf nehmen.

Ein Haftungsdurchgriff zulasten der Gesellschafter kann sich im Übrigen auch dort ergeben, wo diese in schädigender Weise auf das Haftungssubstrat Gesellschaft einwirken und diese dadurch in ihrem Bestand gefährden.[3] Zwar sind im Recht der GmbH – anders als im Rahmen der Vorgaben des Aktien- und Genossenschaftsrechts (vgl. §§ 57, 311 AktG) – Beeinträchtigungen des Gesellschaftsvermögens seitens der Gesellschafter nicht generell untersagt,[4] jedoch gilt dies nur soweit, wie hierdurch die **Existenz der Gesellschaft** und damit deren Fähigkeit, **die Forderungen ihrer Gläubiger zu erfüllen**, nicht spürbar beeinträchtigt wird. Beabsichtigen die Gesellschafter, die GmbH zu liquidieren, so steht ihnen hierfür ausschließlich das Liquidationsverfahren gem. §§ 66 ff. GmbHG oder das Insolvenzverfahren zur Verfügung. Es geht folglich nicht an,

87

---

1 BGH v. 28.4.2008, ZIP 2008, S. 1232 = DB 2008, S. 1423 ff, BGHZ 176, S. 204., hierzu: *Altmeppen*, ZIP 2008, S. 1201 ff.; *Heeg/Kehbel*, DB 2008, S. 1787 ff.
2 Siehe hierzu auch: OLG Naumburg v. 9.4.2008, DB 2008, S. 2300 ff.
3 BGH v. 17.9.2001, BGHZ 149, S. 10, 16 = GmbHR 2001, S. 1036 ff. „Bremer Vulkan".
4 OLG Frankfurt/M. v. 7.2.1997, ZIP 1997, S. 199 f.

die Gesellschaft **durch Entzug unabdingbarer Ressourcen** ihrer Lebensfähigkeit zu berauben und das hieraus folgende Ausfallrisiko einseitig den Gesellschaftsgläubigern zuzuordnen, so dass diesen letztlich nur noch die „leere Hülle" der Gesellschaft als Vollstreckungsobjekt verbleibt. Allerdings folgt hieraus nicht die unmittelbare persönliche Haftung der Gesellschafter gegenüber den Gesellschaftsgläubigern.

88 *(Einstweilen frei)*

89 Mit seiner Grundsatzentscheidung vom 16.7.2007[1] hat der BGH die Haftung der Gesellschafter bei „existenzvernichtenden Eingriffen" vielmehr zutreffend als deliktsrechtliche „Innenhaftung" gegenüber der Gesellschaft ausgestaltet. Gemäß § 826 BGB **seien diese in Höhe des durch den Eingriff in kausaler Weise entstandenen Vermögensnachteils zum Schadensausgleich verpflichtet.** Im Interesse einer **gleichmäßigen Befriedigung der Gläubiger** sei der Anspruch grundsätzlich **seitens des Insolvenzverwalters** geltend zu machen. Eine unmittelbare Außenhaftung der Gesellschafter gegenüber den Gesellschaftsgläubigern kommt demnach nur insofern in Betracht, wie die Eröffnung des Insolvenzverfahrens mangels einer die Kosten des Verfahrens deckenden Masse gem. § 26 Abs. 1 InsO seitens des Gerichts abgelehnt wird. Hier wäre es unverhältnismäßig und praktisch kaum durchführbar, die Gläubiger zunächst auf die Pfändung und Überweisung der Innenhaftungsansprüche der – insolventen und weitgehend vermögenslosen – Gesellschaft gegenüber ihren Gesellschaftern zu verweisen. Hier sollten folglich die seitens der Rechtsprechung für die Gründerhaftung entwickelten Regeln[2] entsprechende Anwendung finden (vgl. Rz. 871 ff.).

90 Sieht man von der „**Existenzvernichtungshaftung**" ab, so fordert die Anerkennung der „normativen Haftungstrennung" zwischen der Gesellschaft und dem Privatvermögen der Gesellschafter auch von Seiten der Anteilseigner eine **klare Trennung der Vermögenssphären**. Wird durch eine unrichtige oder unvollständige Buchführung die Zuordnung einzelner Vermögensgegenstände zum Gesellschafts- oder Privatvermögen des Gesellschafters unmöglich gemacht, so versagen letztlich die Kapitalerhaltungsvorschriften. Dies kann es im Einzelfall rechtfertigen, den Gesellschaftsgläubigern neben dem nicht mehr gesicherten Haftungsfonds den **Zugriff auf das Privatvermögen** der hierfür verant-

---

1 BGHZ 173, S. 246 ff. = DB 2007, S. 1802 ff. = ZIP 2007, S. 1552; s. jetzt auch BGH v. 9.2.2009, ZIP 2009, S. 802 ff.
2 BGH v. 21.1.1997, BGHZ 134, S. 333 ff. = NJW 1997, S. 1507; s. auch: *Habersack*, ZGR 2008, S. 533 ff., 548.

wortlichen Gesellschafter zu eröffnen.[1] Dies gilt jedoch nur für solche (Mehrheits-)Gesellschafter, denen aufgrund ihrer Beteiligung ein maßgeblicher Einfluss auf die Gesellschaftsangelegenheiten zukommt.

Wie bereits angesprochen (vgl. Rz. 56 ff.), ist hinsichtlich des Gründungsverfahrens der GmbH und der hierbei anzuwendenden gesetzlichen Bestimmungen deutlich zwischen Bar- und Sachgründung zu unterscheiden, je nach der Art und Weise, in welcher die Gesellschafter ihre Stammeinlagen erbringen. Eine Sacheinlage liegt entsprechend § 27 Abs. 1 Satz 1 AktG dabei insoweit vor, wie die Gesellschafter ihrer Einlageverpflichtung **nicht durch Einzahlung des Nennbetrages ihrer Geschäftsanteile** (§ 5 Abs. 2 GmbHG) nachkommen. Entsprechend §§ 3 Abs. 1 Nr. 4, 14, 19 GmbHG sind die Gesellschafter nach Maßgabe des Gesellschaftsvertrags verpflichtet, die vertraglich festgesetzte Zahl von Geschäftsanteilen zu übernehmen und die dem Nennbetrag entsprechenden Einlagen zu leisten (Stammeinlagen). Die Summe der Nennbeträge aller Geschäftsanteile muss mit dem Stammkapital übereinstimmen (§ 5 Abs. 3 Satz 2 GmbHG). Gemäß § 5 Abs. 2 Satz 1 GmbHG muss der Nennbetrag jedes Geschäftsanteils auf volle Euro lauten. Die zwingende Untergrenze des Nennbetrags eines Geschäftsanteils beträgt folglich 1 €; eine Begrenzung der gesellschaftsvertraglichen Gestaltungsfreiheit nach oben besteht demgegenüber nicht. Für die jeweiligen Gesellschafter kann dabei die Höhe der Stammeinlage verschieden bestimmt werden (§ 5 Abs. 3 Satz 1 GmbHG). Infolge der Neuregelung seitens des MoMiG sind die Gesellschafter nunmehr zudem – abweichend vom früheren Rechtszustand – befugt, bereits im Zeitpunkt der Gründung mehrere Geschäftsanteile zu übernehmen.

91

Die Sicherung der Aufbringung der Stammeinlagen und damit des Stammkapitals stellt das tragende Element des normativen Gläubigerschutzes im System der GmbH dar. Die Gewährleistung des Haftungsfonds erweist sich darüber hinaus als materielle Rechtfertigung des Haftungsprivilegs (§ 13 Abs. 2 GmbHG) gegenüber den Gläubigern. Dies gebietet es seitens des Gesetzgebers sowie der Rechtsprechung durch entsprechende Vorkehrungen sicherzustellen, dass der Gesellschaft die mit der Übernahme der Geschäftsanteile verbundenen Einlagen der Gesellschafter **tatsächlich in Höhe des jeweiligen Nennbetrags zufließen** und so als Haftungsfonds zugunsten der Gläubiger zur Verfügung stehen. Aus dem hier zu Tage tretenden Grundsatz der „**realen Eigenkapitalaufbringung**" folgt zunächst das zwingende **Verbot einer „Unterpari-Emission"**: Zu einem geringeren Betrag als dem satzungsmäßigen Nennbetrag

91a

---

1 BGH v. 16.9.1985, BGHZ 95, S. 330 ff., 333 f.; BGH v. 13.4.1994, NJW 1994, S. 1801 ff., 1802.

kommt die Übernahme eines Geschäftsanteils folglich nicht in Betracht. Demgegenüber kann die Satzung vorsehen, dass die Gründer für ihren Geschäftsanteil zusätzlich ein die Stammeinlage überschreitendes „Aufgeld" (Agio) zu zahlen haben. Von der Verpflichtung zur Leistung ihrer Einlage können die Gesellschafter dabei weder ganz noch teilweise befreit werden (§ 19 Abs. 2 Satz 1 GmbHG).

92 Allerdings müssen im Rahmen der **Bargründung** die aus den Geschäftsanteilen folgenden Zahlungspflichten der Gründer vor der Anmeldung der Gesellschaft zum Handelsregister **nicht in voller Höhe** erfüllt werden. Die Gesellschafter sind lediglich zur Leistung der „**Pflichteinlagen**" verpflichtet. Diese betragen jeweils ein Viertel des Nennbetrags des Geschäftsanteils (§ 7 Abs. 2 Satz 1 GmbHG), also bei einem Nennbetrag des Geschäftsanteils von 100 € mindestens 25 €. Der hierdurch erbrachte Gesamtbetrag muss mindestens die Hälfte des gesetzlichen Mindeststammkapitals (§ 5 Abs. 1 GmbHG), d. h. 12.500 € betragen (§ 7 Abs. 2 Satz 2 GmbHG). Beide Bedingungen müssen stets **kumulativ erfüllt** sein (§ 7 Abs. 2 Satz 1 und 2 GmbHG). Es müssen folglich auch bei der – weit verbreiteten – 25.000 €-GmbH Mindesteinzahlungen auf die Geschäftsanteile im Wert von 12.500 € erbracht werden.

Andererseits kann auch eine Gesellschaft mit bis zu 50.000 € Stammkapital mit Pflichteinlagen im Gesamtwert von 12.500 € errichtet werden, da auch hier die Anmeldevoraussetzungen erfüllt sind. Über die Einforderung der über die Pflichteinlagen hinausgehenden Einlagen entscheiden die Gesellschafter – mangels einer entgegenstehenden Regelung des Gesellschaftsvertrags – durch (Mehrheits-)Beschluss (§ 46 Nr. 2 GmbHG). Erfolgt die Einforderung in der Insolvenz seitens des Insolvenzverwalters, so ist allerdings ein Beschluss entbehrlich. Der Verwalter ist folglich stets berechtigt, ausstehende Einlagen – unter Einschluss eines Agios – einzufordern und diese damit fällig zu stellen.[1]

Nach der durch das „*Gesetz zur Anpassung der Verjährungsvorschriften an das Gesetz zur Modernisierung des Schuldrechts*" vom 9.12.2004[2] eingefügten Regelung des § 19 Abs. 6 Satz 1 GmbHG verjährt der Anspruch auf Leistung der Einlagen in zehn Jahren von seiner Entstehung an. Maßgeblich für den Verjährungsbeginn ist insoweit eine entsprechende Satzungsregelung oder der Beschluss der Gesellschafterversammlung, mit dem die Einlageforderung fällig gestellt wurde.[3] Wird das Insolvenzverfahren über das Vermögen der Gesell-

---

[1] BGH v. 15.10.2007, DB 2007, S. 2826 ff., 2827; OLG Jena v. 8.6.2007, DB 2007, S. 1581 ff.
[2] BGBl 2014 I S. 3214.
[3] *Scholz/Uwe H. Schneider*, GmbHG § 19, Anm. 13 a. E.

schaft eröffnet, so tritt die Verjährung – sofern sie noch nicht erfolgt ist – nicht vor Ablauf von sechs Monaten ab dem Zeitpunkt der Eröffnung ein (§ 19 Abs. 6 Satz 2 GmbHG).

Die **Beweislast** für die Leistung der Einlagen trifft in jedem Falle **den Gesellschafter**, der sich auf die Erfüllung seiner Einlagepflicht beruft. Erforderlich ist in aller Regel die Vorlage von Kontoauszügen und/oder Überweisungsbelegen. Dies gilt selbst dann, wenn zwischen der Leistung der Einlage und der Forderung des Nachweises ein längerer Zeitraum liegt.[1] Nur bei extrem langen Zeiträumen von 20 Jahren und mehr kommt ggf. Beweiserleichterung zugunsten des Gesellschafters in Betracht, wenn und soweit sich dieser erfolglos bemüht hat, entsprechende Belege zu erhalten.[2] Bei unstreitiger oder bewiesener Einlageleistung auf ein Konto der Gesellschaft ist regelmäßig von der Erfüllung der Einlagepflicht auszugehen, solange nicht der Insolvenzverwalter anhand konkreter Anhaltspunkte darlegt, dass die Gesellschaft daran gehindert war, über den eingezahlten Betrag zu verfügen. Kommt dieser seiner Vortragslast nach, so verbleibt die Beweislast bei dem Gesellschafter.[3]

93

Handelt es sich um eine „**Unternehmergesellschaft (haftungsbeschränkt)**", so sind – abweichend von dieser Regelung – das Stammkapital und damit die Nennbeträge der Geschäftsanteile gem. § 5a Abs. 2 Satz 1 GmbHG vor der Anmeldung **in voller Höhe einzuzahlen**. Sacheinlagen sind demgegenüber zwingend ausgeschlossen (§ 5a Abs. 2 Satz 2 GmbHG).

94

Sacheinlagen sind vor der Anmeldung der Gesellschaft zum Handelsregister stets vollständig zu leisten (vgl. Rz. 100 ff.). Erfüllt der Gesellschafter seine Einlageverpflichtung zum Teil durch Bar-, zum anderen Teil durch Sacheinlagen (sog. gemischte Einlage), so ist die Sacheinlage vor der Anmeldung vollständig, die verbleibende Bareinlage zu einem Viertel zu leisten. Ist der Gesellschafter neben der Einlage zur Zahlung eines „Aufgeldes" (Agio) verpflichtet, so bestimmt sich dessen Fälligkeit nicht nach § 7 Abs. 2 GmbHG, sondern alleine nach dem Gesellschaftsvertrag.

95

BEISPIEL: Nennwert des Geschäftsanteils: 12.500 €, Wert der Sacheinlage: 2.500 €, verbleibende Bareinlage 10.000 € = Pflichtinlage (ein Viertel): 2.500 €.

Die **Bareinlagen sind stets in Geld zu erbringen**, und zwar so, „dass sie endgültig zur freien Verfügung der Geschäftsführer stehen" (§ 7 Abs. 3 GmbHG). Dem steht die **Gutschrift auf einem Konto der Vor-Gesellschaft** oder einem

96

---

1 BGH v. 17.9.2013, ZIP 2014, S. 261 ff.; s. a. OLG Hamm v. 16.4.2013, ZIP 2013, S. 2258 f.
2 Vgl. OLG Brandenburg v. 5.4.2006, DB 2006, S. 996 ff., 997.
3 BGH v. 17.9.2013, ZIP 2014, S. 261 ff., 262.

Treuhandkonto des Geschäftsführers gleich. An der „freien Verfügung" fehlt es notwendig, wenn der auf die Einlage geleistete Betrag – beispielsweise zum Erwerb eines Vermögensgegenstandes – aufgrund einer zuvor getroffenen Abrede an **den Gesellschafter zurückfließt**.[1] Ein Erlass scheidet gem. § 19 Abs. 2 Satz 1 GmbHG ebenso wie eine Aufrechnung seitens des Einlageschuldners grundsätzlich aus.[2] Eine Aufrechnung gegenüber der Einlageforderung der Gesellschaft mit einer Forderung des Gesellschafters aus der Überlassung, beispielsweise dem Verkauf oder der Verpachtung von Vermögensgegenständen, kommt demgegenüber gem. § 19 Abs. 2 Satz 2 GmbHG ausnahmsweise in Betracht, wenn die hierin liegende „**Sachübernahme**" gem. § 5 Abs. 4 GmbHG **im notariell beurkundeten Gesellschaftsvertrag** ausdrücklich vereinbart und insofern im Rahmen der Anmeldung der Kontrolle seitens des Registergerichts unterworfen ist. Gleiches gilt auch für sonstige Verrechnungsabreden.

97 Auch eine Aufrechnung seitens der Gesellschaft kommt nur in Betracht, sofern die Gegenforderung des Gesellschafters im Zeitpunkt der Aufrechnungserklärung **in vollem Umfange werthaltig** und durchsetzbar ist. Hieran fehlt es, wenn ihr Einwendungen entgegenstehen oder ihr Bestand bei objektiver Betrachtungsweise in Zweifel steht. Zudem ist es erforderlich, dass die Gesellschaft im Zeitpunkt der Aufrechnung in der Lage ist, ihre Verbindlichkeiten einschließlich der in die Aufrechnung einbezogenen Gegenforderung zu erfüllen. Folglich scheidet eine Aufrechnung seitens der Gesellschaft notwendig aus, wenn **diese zahlungsunfähig oder überschuldet ist**.[3]

Die Beweislast für die Vollwertigkeit der Gegenforderung liegt insoweit bei dem Gesellschafter, der sich auf die Tilgung seiner Einlageverbindlichkeit durch die Aufrechnung seitens der Gesellschaft beruft.[4] Schecks oder Wechseln kommt nur dann eine Erfüllungswirkung zu, wenn diese **endgültig und vorbehaltlos dem Konto der Gesellschaft gutgeschrieben sind**. Etwas anderes gilt nur für bestätigte Bundesbankschecks. Dabei ist es gleichgültig, ob der Gesellschafter seine Einlageverpflichtung mit eigenen oder mit Fremdmitteln erfüllt.

Allerdings kommt der Leistung des Gesellschafters dort keine befreiende Wirkung zu, wo er die Einlage aus Mitteln der GmbH selbst erbringt.[5] Dies ist auch dort der Fall, wo die Gesellschaft ihrerseits Sicherheit für die in Anspruch

---

1 BGH v. 17.9.2001, ZIP 2001, S. 1197 f.
2 *L/H/Bayer*, GmbHG § 19, Anm. 24.
3 BGH v. 21.2.1994, NJW 1994, S. 1477 ff., 1479.
4 BGH v. 15.6.1992, NJW 1992, S. 2229 ff., 2231.
5 BGH v. 5.4.1993, NJW 1993, S. 1983 ff., 1984 f.

genommenen Fremdmittel leistet.[1] Demgegenüber schadet die **Einzahlung der Pflichteinlagen auf ein debitorisches (überzogenes) Bankkonto** – entgegen einer mitunter geäußerten Auffassung – grundsätzlich nicht, da sich hierdurch der Verfügungsrahmen der Gesellschaft insgesamt erhöht.[2] Anders verhält es sich nur, wenn der Kredit bereits gekündigt ist oder der Kreditrahmen seitens der Bank auf einen verminderten Saldo beschränkt wurde, so dass seitens der GmbH keine Möglichkeit besteht, über die zugeflossenen Mittel zu verfügen.[3]

Auch sonstige schuldrechtliche Verfügungsbeschränkungen, die dem Geschäftsführer aufgeben, die zugeflossenen Mittel in einer bestimmten Art und Weise zugunsten der Gesellschaft zu verwenden, hindern nicht das Erlöschen der Einlageverpflichtung des leistenden Gesellschafters, sofern die Verwendungsabsprache nicht dazu führt, dass die Einlage unmittelbar oder mittelbar an den Leistenden selbst zurückfließt.[4]

Die bisher gem. § 7 Abs. 2 Satz 2, § 8 Abs. 2 Satz 2, § 19 Abs. 4 GmbHG a. F. bestehenden – strengeren – Sonderregelungen für **Einmann-Gesellschaften** im Zusammenhang mit der Kapitalaufbringung und der Leistung der Einlagen sind durch das MoMiG aufgehoben worden, so dass es hier nunmehr zu Recht bei der Anwendung der **allgemeinen Bestimmungen** verbleibt.

Sieht man von der bereits angesprochenen Frage der Transparenz der Sacheinlage durch das zwingende Gebot einer entsprechenden Satzungsregelung ab (§ 5 Abs. 4 Satz 1 GmbHG; vgl. Rz. 56 ff. sowie Rz. 107 ff., so stehen hinsichtlich einer möglichen Sacheinlage zunächst zwei Aspekte im Vordergrund: 98

▶ die generelle **Einlagefähigkeit eines Vermögensgegenstandes** sowie
▶ die konkrete **Bewertung des eingebrachten Wirtschaftsgutes**.

Beide Gesichtspunkte offenbaren einen engen Zusammenhang mit den Regelungsmechanismen des Gläubigerschutzes oder genauer: ihrer konkreten Ausprägung durch den Grundsatz der **realen Eigenkapitalaufbringung**. Es gilt somit zu gewährleisten, dass durch die Erbringung der Sacheinlage die Gesellschaft einen von Seiten des Gesellschafters unentziehbaren Vermögenszuwachs erfährt. Dies macht es notwendig, die Gesellschaft hinsichtlich des übertragenen Wirtschaftsgutes weitgehend von Vermögensgefährdungen aus der Sphäre des Gesellschafters freizustellen. Diesen Leitlinien hat sich die Beantwortung der hiermit verbundenen Einzelfragen unterzuordnen. 99

---

[1] OLG Köln v. 18.11.1983, WM 1984, S. 740 ff.
[2] BGH v. 24.9.1990, NJW 1991, S. 226 ff., 227.
[3] BGH v. 8.11.2004, DB 2005, S. 155 f.; BGH v. 24.9.1990, NJW 1991, S. 226 ff., 227.
[4] BGH v. 24.9.1990, a. a. O.

100 **Sacheinlagen** sind vor der Anmeldung zum Handelsregister **vollständig zu leisten** (§ 7 Abs. 3 GmbHG), und zwar so, dass sie endgültig zur freien Verfügung der Geschäftsführer stehen. Dies setzt regelmäßig den Abschluss des **dinglichen Übertragungsakts, d. h. der Übereignung bzw. Übertragung des Wirtschaftsgutes an die Gesellschaft** voraus. Allerdings genügt bei der Übertragung von Grundstücken angesichts der Dauer des Eintragungsverfahrens bei den Grundbuchämtern auch die **Auflassung** und die Erteilung einer **Eintragungsbewilligung** gem. §§ 19, 20 GBO. Als Objekt einer Sacheinlage kommen alle Vermögensgegenstände in Betracht, denen aus Sicht der Gesellschaft ein **bestimmbarer Vermögenswert** zukommt.

Dies betrifft zunächst bewegliche und unbewegliche Sachen (Maschinen, Fahrzeuge, Grundstücke, Eigentumswohnungen) sowie beschränkte dingliche Rechte (z. B. Grundschulden, Erbbaurechte), sofern die jeweiligen Gegenstände spätestens im Zeitpunkt der Anmeldung zum Handelsregister bereits existieren (§ 7 Abs. 3 GmbHG). Auf einen Zusammenhang zwischen dem Gebrauchszweck der überlassenen Wirtschaftsgüter und dem Geschäftsgegenstand der Gesellschaft kommt es nicht an. Zudem ist nicht in allen Fällen zwingend die Eigentumsübertragung an den eingebrachten Gegenständen zugunsten der Gesellschaft erforderlich.

Nach überwiegender Auffassung kommen auch die **Gebrauchsüberlassung** an **Grundstücken** und **sonstigen Gegenständen des Anlagevermögens** sowie die Einräumung von **Nutzungslizenzen** an gewerblichen Schutzrechten (Patenten, Marken etc.) in Betracht,[1] selbst wenn das zugrunde liegende dingliche Recht (Eigentum, gewerbliche Schutzrechte) dem Gesellschafter selbst zusteht. Dies erscheint nicht unproblematisch, bedenkt man, dass nicht alle Nutzungsrechte gegenüber Risiken aus der Gesellschaftersphäre „bestandsfest" sind.[2] Es besteht somit die Gefahr, dass der Gesellschafter sein „Stammrecht" – beispielsweise das Eigentum an dem überlassenen Grundstück – und die Gesellschaft hierdurch ihre Nutzungsmöglichkeit verliert. Hier wird man zumindest eine Vertragsgestaltung verlangen müssen, die so weit wie möglich Einwirkungs- und Kündigungsmöglichkeiten seitens des „Eigentümer-Gesellschafters" oder seiner Gläubiger ausschließt.

Entsprechend verlangt denn auch der BGH hinsichtlich der Sacheinlagefähigkeit obligatorischer Nutzungsrechte, dass deren Nutzungsdauer in Form einer

---

[1] BGH v. 15.5.2000, BGHZ 144, S. 290, 294 = ZIP 2000, S. 1162 ff., 1164; BGH v. 14.6.2004, ZIP 2004, S. 1642 = NZG 2004, S. 910, 911 = NJW-RR 2004, S. 1341.
[2] Eher zurückhaltend: *R/A*, GmbHG § 5, Anm. 39; eher großzügig, *L/H/Bayer*, GmbHG § 5, Anm. 22; BGH v. 15.5.2000, BGHZ 144, S. 290, 294.

festen Laufzeit oder als konkret bestimmte Mindestdauer feststeht.[1] Immerhin bleibt auch hier das – unvermeidliche – Risiko, dass der (Privat-)Gläubiger des Gesellschafters oder ein Dritter das der Gesellschaft überlassene Grundstück im Wege einer Zwangsversteigerung erwirbt und danach das Nutzungsverhältnis kündigt. Wie § 57a Zwangsversteigerungsgesetz (ZVG) zeigt, sind beispielsweise Ansprüche aus Miet- und Pachtverträgen nicht „ersteigerungsfest". Zwar betont *Bayer*[2] zu Recht, das verbleibende Verwertungsrisiko sei im Rahmen der Bewertung zu berücksichtigen, doch verbleiben auch in diesem Falle erhebliche Unwägbarkeiten, die im Ergebnis möglicherweise zulasten der Gesellschaftsgläubiger gehen. Insgesamt vermag die h. M. nicht voll zu überzeugen, zumal ein gewisser Widerspruch zur durchweg verneinten Einlagefähigkeit von Forderungen gegenüber einem Gesellschafter (vgl. Rz. 102 f.) allzu offenkundig ist.

Sieht man von der Einbringung einzelner Vermögensgegenstände ab, so sind auch **Sachgesamtheiten** einlagefähig. § 5 Abs. 4 Satz 2 GmbHG spricht selbst von der **Einbringung eines Unternehmens**. Allerdings ist hierbei dem sachenrechtlichen Spezialitätsprinzip Rechnung zu tragen. Die einzelnen Vermögensgegenstände sind nach den jeweils geltenden Vorschriften getrennt an die Gesellschaft zu übertragen. Bewegliche Sachen sind folglich gem. §§ 929 ff. BGB zu übereignen; bei Grundstücken bedarf der Eigentumsübergang der Auflassung sowie der Eintragung im Grundbuch (§§ 873, 925 BGB); der Übergang von Forderungen („Außenständen") oder sonstigen Rechten (Patenten, Marken etc.) bedarf stets eines Abtretungsvertrags zwischen dem Gesellschafter und der GmbH (§§ 398, 413 BGB).

101

Handelt es sich um die Einbringung eines Unternehmens, so treten in der Regel allerdings zeitbezogene Bewertungsprobleme auf, da zwischen dem Abschluss des Gesellschaftsvertrags und der Einbringung des Unternehmens oder Unternehmensteils sowie der Eintragung im Handelsregister ein längerer Zeitraum liegt. Hier bietet es sich an, zunächst einen Bewertungsstichtag und den maßgeblichen Anrechnungsbetrag festzulegen. Ergeben sich am Bewertungsstichtag Differenzen zum vereinbarten Anrechnungsbetrag, so sind diese durch Ausgleichszahlungen des Inferenten an die Gesellschaft oder der Gesellschaft an den Inferenten auszugleichen.[3]

---

1 BGH v. 14.6.2004, DB 2004, S. 1985 ff., 1986.
2 *L/H/Bayer*, GmbHG § 5, Anm. 22.
3 *Priester*, BB 1980, S. 19, 20; MüKoGmbHG/*Schwandtner*, § 5 Rz. 150.

102 Einlagefähig sind darüber hinaus auch **Forderungen ("Außenstände")** des einbringenden Gesellschafters gegenüber Dritten, soweit diese unbedingt sind. Dass eine Forderung bestritten ist, schließt ihre Einlagefähigkeit demgegenüber nicht zwingend aus, sondern beeinflusst lediglich den Wertansatz. Dabei ist es grundsätzlich gleichgültig, worauf die Forderung gerichtet ist, **doch kommen Ansprüche auf Dienstleistungen (z. B. Geschäftsführung, Beratung etc.) entsprechend § 27 Abs. 2 AktG als Einlagegegenstand nicht in Betracht.**[1]

103 Nicht einlagefähig sind demgegenüber **Forderungen gegenüber dem einlagepflichtigen Gesellschafter** selbst – und zwar völlig unabhängig von ihrem Inhalt und ihrem Entstehungsgrund – es sei denn, dass diese dinglich, beispielsweise durch Hypotheken, Grundschulden, Pfandrechte oder im Wege der Sicherungsübereignung, abgesichert oder mit der Besitzverschaffung an einer zu nutzenden Sache verbunden sind.[2] Eine andere Betrachtungsweise würde der Verpflichtung des § 7 Abs. 3 GmbHG, wonach Sacheinlagen vor der Anmeldung zum Handelsregister seitens des Gesellschafters vollständig zu leisten sind, widersprechen. Es ist somit nicht möglich, anstelle der Einbringung eines Wirtschaftsgutes die Verpflichtung zur Einbringung des Wirtschaftsgutes als Sacheinlage in die Gesellschaft einzubringen. Allerdings ist zu konstatieren, dass die überwiegende Auffassung hier in einen gewissen Widerspruch zu sich selbst gerät, soweit sie die Einlagefähigkeit von Nutzungsrechten auch soweit anerkennt, wie das Eigentum an dem eingebrachten Gegenstand dem Gesellschafter zusteht (vgl. Rz. 100).

104 Die Bestimmungen über Sacheinlagen finden gem. § 19 Abs. 2 Satz 2 GmbHG im Übrigen über die unmittelbare Einbringung von Forderungen hinaus auch insofern Anwendung, als eine Aufrechnung mit einer *"für die Überlassung von Vermögensgegenständen zu gewährenden Vergütung"* erfolgt. Eine solche Aufrechnung ist zulässig, wenn und soweit der Gesellschaftsvertrag selbst eine entsprechende Ermächtigung enthält (§ 19 Abs. 2 Satz 2 GmbHG).

105 Ausschlaggebend für die Bewertung der eingebrachten Gegenstände sind ausschließlich **objektive Gesichtspunkte** (vgl. § 8 Abs. 1 Nr. 5, § 9c GmbHG). Den Gesellschaftern kommt insofern kein Bewertungsspielraum zu; eine zulässige Überbewertung ist damit ausgeschlossen. Demgegenüber stehen einer Unterbewertung keine rechtlichen Hindernisse entgegen. Maßgeblicher Stichtag ist der **Zeitpunkt der Anmeldung zum Handelsregister** (§ 9 Abs. 1 GmbHG). Entscheidend ist folglich der auf den Stichtag bezogene Zeitwert des Vermögens-

---

1 *Scholz/H. Winter/H.P. Westermann*, § 5 Rz. 52.
2 *Scholz/H. Winter/H.P. Westermann*, § 5 Rz. 49; *L/H/Bayer*, GmbHG § 5, Anm. 14.

gegenstandes. Soweit ein **Marktpreis** besteht, ist dieser maßgeblich. Im Übrigen kommt es darauf an, was die Gesellschaft bei Beschaffung des Einlagegegenstandes von einem gesellschaftsunabhängigen Dritten aufzuwenden hätte. Ist der eingebrachte Gegenstand hinsichtlich dieser Vorgaben überbewertet, so sind die betroffenen Gesellschafter verpflichtet, die Wertdifferenz durch bare Zuzahlung auszugleichen (sog. Differenzhaftung, § 9 Abs. 1 GmbHG). Dieser Anspruch verjährt zehn Jahre seit der Eintragung der Gesellschaft in das Handelsregister (§ 9 Abs. 2 GmbHG).

Hinsichtlich des bei der **Sachgründung** zu beachtenden Verfahrens gelten die strengen Vorgaben des § 5 Abs. 4 GmbHG (vgl. bereits Rz. 62 ff.). Dies betrifft zunächst die Ausgestaltung des Gesellschaftsvertrags: 106

Der **Gegenstand der Sacheinlage** muss daher **im notariell beurkundeten Gesellschaftsvertrag so genau bezeichnet sein**, dass er individualisiert werden kann und seine Bewertung somit einer objektiven Nachprüfung durch Dritte, insbesondere durch das Registergericht (vgl. § 9c GmbHG), zugänglich ist. Wird ein Unternehmen insgesamt eingebracht, so genügt allerdings im Regelfall die Angabe der Firma sowie der Handelsregisternummer.[1] 107

Anzugeben ist zudem die Person des einbringenden Gesellschafters, d. h. des „Inferenten".

Darüber hinaus bedarf es stets der Angabe desjenigen Betrags, zu dem die Sacheinlage auf die Stammeinlage des Gesellschafters angerechnet wird.

Zudem haben die Gründer einen **Sachgründungsbericht** zu erstellen und zum Handelsregister einzureichen, in dem sie in nachvollziehbarer Weise die **maßgeblichen Gesichtspunkte hinsichtlich der Bewertung** des eingebrachten Wirtschaftsguts darlegen (§ 5 Abs. 4 Satz 2 GmbHG). Dabei können sie ihrerseits auf schriftliche Unterlagen wie (zeitnahe) Rechnungen, Preislisten, Sachverständigengutachten,[2] öffentlich zugängliche Verzeichnisse („Schwacke-Liste") etc. Bezug nehmen. Bei der Einbringung eines Unternehmens sind die Jahresergebnisse der beiden letzten Geschäftsjahre anzugeben. Der Bericht selbst bedarf lediglich der Schriftform und unterliegt nicht der Verpflichtung zur notariellen Beurkundung. Entspricht der Sachgründungsbericht nicht den gesetzlichen Anforderungen, so muss das Registergericht die Eintragung verweigern (§ 9c Abs. 1 Satz 1 GmbHG). 108

---

1 *B/H/Fastrich*, GmbHG § 5, Anm. 45; weitergehend *L/H/Bayer*, GmbHG § 5, Anm. 31 – „Beifügung einer Bilanz".
2 BayObLG v. 2.11.1994, BB 1995, S. 117 f.

109 In Ergänzung zum Sachgründungsbericht sind bei der **Anmeldung der Gesellschaft** zum Handelsregister **Unterlagen beizufügen**, die den Wert der erbrachten Sacheinlagen belegen (§ 8 Abs. 1 Nr. 5 GmbHG). Insofern kommen die gleichen Unterlagen in Betracht, die auch im Rahmen des Sachgründungsberichts einbezogen werden.

110 Die Bestimmungen über Sacheinlagen finden nach Sinn und Zweck der Regelung uneingeschränkt Anwendung auf sog. „**Sachübernahmen**". Hierunter versteht man eine „formelle" Bargründung verbunden mit der Verpflichtung der Gesellschaft, **bestimmte Vermögensgegenstände von ihrem Gesellschafter zu erwerben und den dabei zu entrichtenden Erwerbspreis mit der geschuldeten Bareinlage zu verrechnen** (vgl. § 27 Abs. 1 Satz 1 AktG). Durch die Verrechnungsabrede fehlt es im Verhältnis zur Gesellschaft an der effektiven Zuführung von Barmitteln. Auch hier bedarf es folglich stets einer entsprechenden gesellschaftsvertraglichen „Ermächtigung" und damit der Offenlegung der vereinbarten „Übernahmeverpflichtung" im Gesellschaftsvertrag, insbesondere zur Unterrichtung des Registergerichts (§ 19 Abs. 2 Satz 2 GmbHG).

111 Häufiger als die Frage im Gesellschaftsvertrag ausdrücklich vereinbarter „Sachübernahmen" stellt sich in der Praxis das Problem „**verdeckter" oder „verschleierter" Sacheinlagen**. Dabei handelt es sich im Ergebnis um eine **unzulässige Umgehung** der zwingenden Sachgründungsvorschriften des GmbHG durch Verzicht auf die seitens des Gesetzgebers geforderte – gesellschaftsvertragliche – Publizität der Sachgründung (vgl. § 5 Abs. 4 GmbHG). Eine solche Umgehung liegt zunächst grundsätzlich vor, wenn die Gesellschaft im unmittelbaren zeitlichen Zusammenhang mit der erfolgten (Bar-)Gründung oder einer nachfolgenden Kapitalerhöhung Gegenstände **des Anlagevermögens oder Waren von ihren Gesellschaftern oder diesen nahe stehenden Dritten (vgl. unten) gegen Zahlung einer Vergütung erwirbt**, ohne dass der Gesellschaftsvertrag diese (Sach-)Übernahme gem. § 5 Abs. 4, § 19 Abs. 4 GmbHG ausdrücklich vorsieht. Dabei ist nicht erforderlich, dass das „Umgehungsgeschäft" im Zeitpunkt der Anmeldung der Gesellschaft oder der Kapitalerhöhung schon vollzogen wurde. Entscheidend ist vielmehr, dass nach Lage der Dinge zwischen der Gesellschaft und ihrem Gesellschafter eine Abrede dahingehend bestand, anstelle der Bareinlage eine Sachleistung zu erbringen.[1] Demgegenüber finden die Grundsätze der verdeckten Sacheinlage auf Dienstleistungen keine Anwendung.[2]

---

1 BGHZ 180, S. 38 Rz. 8 = NZG 2009, S. 463; BGHZ 185, S. 44 Rz. 11.
2 BGH v. 16.2.2009, ZIP 2009, S. 713 ff.

Dabei ist es grundsätzlich gleichgültig, ob – wie im „klassischen" Ausgangsfall – der Kaufpreisanspruch des Gesellschafters – vereinbarungsgemäß – mit dessen Bareinlagepflicht gegenüber der Gesellschaft **verrechnet wird** oder der Kaufpreis und die Bareinlage – ohne eine ausdrückliche Verrechnungsabrede – „faktisch" **hin- und hergezahlt werden**. Ohnedies kommt es auf eine Umgehungsabsicht oder ein sonstiges „Verschulden" der Beteiligten **nicht** an. Vielmehr genügt es, wenn und soweit der Leistungsaustausch – mangels einer abweichenden Regelung des Gesellschaftsvertrags – „objektiv" gegen das „Baraufbringungsgebot" verstößt, sofern der enge **zeitliche und sachliche Zusammenhang** zwischen der Bareinlage und der „Gegenleistung" der Gesellschaft eine dahingehende „Absprache" vermuten lassen.[1]

112

Dies ist jedenfalls dort der Fall, wo der Zeitabstand zwischen beiden Leistungen **sechs Monate** nicht überschreitet.[2] Gleiches gilt dort, wo es – insbesondere im Zusammenhang mit Kapitalerhöhungen – zu einer **Verrechnung der Einlageverpflichtung mit sonstigen (Alt-)Forderungen der Gesellschafter**, gleich aus welchem Rechtsgrund, kommt, die bereits im Zeitpunkt der Begründung der Einlageschuld bestanden.[3] Entscheidend für den Tatbestand der verdeckten Sacheinlage ist nach der Rechtsprechung des BGH, dass deren Gegenstand sacheinlagefähig ist.[4] Ebenso verhält es sich hinsichtlich der Verrechnung mit (Neu-)Forderungen, die im Zeitpunkt der Kapitalerhöhung zwar noch nicht bestanden, deren künftige Entstehung jedoch für die Beteiligten bereits absehbar war, wenn der enge zeitliche Zusammenhang zwischen der Kapitalerhöhung und der Verrechnung eine entsprechende Abrede vermuten lässt. Dies ist nach Auffassung des BGH[5] allerdings dann nicht mehr der Fall, wenn zwischen dem Kapitalerhöhungsbeschluss und der Verrechnungsabrede mehr als acht Monate verstrichen sind.

Der Sachverhalt der „verdeckten" Sacheinlage erfasst im Rahmen einer Kapitalerhöhung darüber hinaus grundsätzlich auch die Erfüllung der Bareinlageverpflichtung aus „**stehen gelassenen**" oder im zeitlichen Zusammenhang mit dem Erhöhungsbeschluss ausgezahlten Gewinnen (sog. „**Schütt-aus-hol-zurück-Verfahren**"). Allerdings bedarf die Zulässigkeit dieses Verfahrens nicht

113

---

1 BGH v. 21.2.1994, DB 1994, S. 1025 ff., 1026; OLG Brandenburg v. 1.7.1998, ZIP 1998, S. 1838 f.
2 OLG Köln v. 2.2.1999, ZIP 1999, S. 399 f., 400 = NZG 1999, S. 459 = NJW-RR 1999, S. 1262; *Baumbach/Huck/Fastrich*, § 19 Rz. 49a.
3 BGH v. 2.12.2002, BGHZ 153, S. 107 = NJW 2003, S. 825 ff. = DB 2003, S. 387 ff.
4 BGHZ 165, S. 113 = NZG 2006, S. 24, 25; BGHZ 165, S. 352 = NZG 2006, S. 227, 228; BGHZ 180, S. 38, 42 = NZG 2009, S. 463; BGHZ 184, S. 158, 164 f. = NJW 2010, S. 1747; Joost ZIP 1990, S. 549, 557.
5 BGH v. 16.9.2002, BGHZ 152, S. 37 = NJW 2002, S. 3774 ff. = DB 2002, S. 2367 ff.

notwendig der förmlichen Festsetzung der Sacheinlagemittel im Kapitalerhöhungsbeschluss.[1] Vielmehr ist es im Regelfall ausreichend, wenn die gewählte Vorgehensweise gegenüber dem Registergericht in transparenter Weise offengelegt und hierbei das **Verfahren der Kapitalerhöhung aus Gesellschaftsmitteln** sinngemäß beachtet wird.[2]

114 Wirtschaftlich führen die vorstehenden Gestaltungsformen im Ergebnis zu einer (Teil-)Rückgewähr der Bareinlage und deren „Substitution" durch die seitens des Gesellschafters erbrachte Gegenleistung, also eine **„unbare" Sachleistung**. Nun liegt wie bereits ausgeführt die maßgebliche Intention der gesetzlichen Bestimmungen gerade in der Offenlegung der Sachgründung gegenüber dem Registergericht sowie – als Folge des unbeschränkten Einsichtsrechts in das Handelsregister (§ 9 Abs. 1 HGB) – gegenüber der Öffentlichkeit, insbesondere den Gesellschaftsgläubigern. Für den angesprochenen Adressatenkreis muss daher der Umstand einer anfänglichen Sacheinlage oder nachträglichen Sachübernahme unmittelbar und eindeutig aus dem Gesellschaftsvertrag erkennbar sein. Dies ist angesichts des hier vorliegenden Austauschs einer Bar- durch eine Sachleistung gerade nicht der Fall. Die Gesellschafter müssen sich folglich bereits im Rahmen der Vertragsgestaltung vergewissern, ob und in welchem Umfang sie in absehbarer Zeit Wirtschaftsgüter aus ihrem sonstigen Vermögen in das Vermögen der Gesellschaft überführen wollen. Dabei kommt es – was den Tatbestand der „verdeckten Sachgründung" betrifft – zunächst nicht darauf an, ob die „eingebrachte" Sachleistung angemessen bewertet ist. Entscheidend ist vielmehr ausschließlich das Fehlen einer entsprechenden Regelung im Gesellschaftsvertrag.

115 Lediglich die Verrechnung im Rahmen alltäglicher „Umsatzgeschäfte" innerhalb des laufenden Geschäftsverkehrs, die zum „Kernbereich" der gewerblichen Tätigkeit eines Gesellschafters gehören, bedurfte im Verhältnis zur Gesellschaft nach bisher überwiegender Auffassung – ausnahmsweise – keiner Ermächtigung durch die Satzung. Die hierbei zu beachtenden Grenzen waren dabei sowohl qualitativer als auch quantitativer Natur. Betriebsnotwendige Gegenstände des Anlagevermögens blieben auf jeden Fall außer Betracht. Zudem schied eine Verrechnung jedenfalls dort aus, wo die Gesellschaft ihrerseits zur Erfüllung der geschuldeten Leistung außerstande ist. Die Beweislast

---

[1] So aber noch BGH v. 18.2.1991, BGHZ 113, S. 335 ff.
[2] BGH v. 16.3.1998, NJW 1998, S. 1951 ff.

lag insoweit stets auf Seiten des Gesellschafters.[1] Allerdings hat der BGH[2] in seiner neueren Judikatur auch dieser Ausnahme die Geltung versagt.

Im Übrigen kann der Tatbestand der „verdeckten Sacheinlage" auch bei der „Zwischenschaltung" Dritter gegeben sein, sofern das zwischen Gesellschaft und Drittem durchgeführte Rechtsgeschäft **dem Gesellschafter zuzurechnen ist.** Dies betrifft zunächst solche Fallgestaltungen, in denen der Dritte für Rechnung des Gesellschafters handelt,[3] also insbesondere bei **Treuhand- oder Strohmannverhältnissen.** Eine Zurechnung kommt darüber hinaus auch dort in Betracht, wo der Gesellschafter ein **von ihm beherrschtes (abhängiges) Unternehmen** in den Leistungsaustausch mit der Gesellschaft einschaltet.[4] 116

Die Rechtsfolgen einer „verdeckten Sacheinlage" bestimmen sich nunmehr nach § 19 Abs. 4 GmbHG, der im Rahmen des MoMiG seitens des Gesetzgebers gegenüber der bisher geltenden Regelung des § 19 Abs. 5 GmbHG a. F. einer umfassenden Revision unterzogen wurde. Grund für die Neuausrichtung der gesetzlichen Vorgaben war der Umstand, dass die bisherige Regelung hinsichtlich ihrer drastischen und mitunter „ruinösen" Rechtsfolgen für die Gesellschafter allgemein als wenig interessengerecht angesehen wurde. Da die „verdeckte Sacheinlage" gem. § 19 Abs. 5 GmbHG a. F. als **„Umgehungsgeschäft"** grundsätzlich verboten war, wurde entsprechend § 27 Abs. 3 Satz 1 AktG sowohl die Unwirksamkeit des schuldrechtlichen Verpflichtungsgeschäfts als auch diejenige des dinglichen Erfüllungsgeschäfts angenommen, **so dass der Einlageanspruch der Gesellschaft gegenüber dem Anteilseigner nicht erlosch und – mangels Erfüllung – in voller Höhe weiterbestand.** 117

Auch wenn und soweit der im Wege der verdeckten Sachgründung eingebrachte Vermögensgegenstand werthaltig war, bestand folglich die ursprüngliche Einlageverpflichtung des Gesellschafters unverändert fort, so dass dieser in der Insolvenz der GmbH seine Einlage – nunmehr durch Barleistung – grundsätzlich **noch einmal erbringen musste.** Zwar kam ihm seinerseits regelmäßig ein Anspruch auf Rückgewähr seiner „Sachleistung" gegenüber der Gesellschaft zu, doch war dieser als „einfache" Insolvenzforderung im Regelfalle nicht durchsetzbar und daher wertlos.

Noch im Regierungsentwurf des MoMiG hatte der Gesetzgeber in § 19 Abs. 4 GmbHG daher vorgesehen, dass eine „verdeckte" Sacheinlage *„der Erfüllung* 118

---

1 Vgl. hierzu recht weitgehend: OLG Karlsruhe v. 29.11.1990, DB 1991, S. 32.
2 Vom 18.2.2008, DB 2008, S. 920 ff.
3 BGH v. 15.1.1990, NJW 1990, S. 982 ff., 986 f.
4 BGH v. 19.9.1988, NJW 1988, S. 3143 ff., 3145.

der Einlageschuld nicht entgegen(steht)". Vielmehr treffe den Gesellschafter entsprechend § 9 GmbHG lediglich eine **Differenzhaftung**, „*wenn der Wert des Vermögensgegenstandes im Zeitpunkt der Anmeldung der Gesellschaft zur Eintragung in das Handelsregister... nicht den entsprechenden Betrag der übernommenen Stammeinlage erreiche*". Die nunmehr Gesetz gewordene Fassung hat von dieser „**Erfüllungslösung**" wieder Abstand genommen und stattdessen in Anlehnung an einen Vorschlag des Handelsrechtsausschusses des Deutschen Anwaltsvereins eine – in ihren rechtlichen Konsequenzen deutlich abweichende – **Anrechnungslösung** eingeführt.

Gemäß § 19 Abs. 4 Satz 1 GmbHG befreien „verdeckte" Sacheinlagen den Gesellschafter – nach wie vor – **nicht** von seiner Einlagepflicht. Allerdings sind die Verträge über die Sacheinlage und die Rechtshandlungen zu ihrer Ausführung künftig nicht mehr unwirksam (§ 19 Abs. 4 Satz 2 GmbHG). Zugleich wird der – **tatsächliche** – Wert der verdeckt eingebrachten Sacheinlage **im Zeitpunkt der Anmeldung** der Gesellschaft zur Eintragung im Handelsregister oder im Zeitpunkt der Überlassung an die Gesellschaft, wenn diese später erfolgt, **von Gesetzes wegen – automatisch – auf die Bareinlagepflicht des Gesellschafters angerechnet** (§ 19 Abs. 4 Satz 3 GmbHG), **sobald die Gesellschaft eingetragen ist** (§ 19 Abs. 4 Satz 4 GmbHG). Von diesem Zeitpunkt an trifft die Gesellschafter nur noch eine Bareinzahlungspflicht in Höhe des **Differenzbetrags** zwischen dem Wert der „Sachleistung" und der gesellschaftsvertraglich geschuldeten Einlage. Dabei tragen die Gesellschafter gem. **§ 19 Abs. 4 Satz 5 GmbHG die Beweislast für die Werthaltigkeit des eingebrachten Vermögensgegenstandes.**

119 Der Unterschied zwischen der „Anrechnung" und der ursprünglich angestrebten „**Erfüllungslösung**" zeigt sich vor allem auf Seiten des Geschäftsführers. Da die Anrechnung erst im **Zeitpunkt der Eintragung der Gesellschaft** stattfindet, kann und darf der Geschäftsführer gegenüber dem Registergericht nicht die gem. § 8 Abs. 2 GmbHG erforderliche Versicherung abgeben, „*dass die in § 7 Abs. 2 und 3 bezeichneten Leistungen auf die Geschäftsanteile bewirkt sind und dass der Gegenstand der Leistung sich endgültig in der freien Verfügung der Geschäftsführer befindet*", wenn und soweit er damit rechnet, dass in engem zeitlichen Zusammenhang mit der Gründung – absprachegemäß – auch Rechtsgeschäfte zwischen der Gesellschaft und einzelnen Gesellschaftern abgeschlossen werden. Denn geschuldet ist – mangels Erfüllungswirkung – nach wie vor eine Bareinlage. Gibt der Geschäftsführer die Versicherung nicht ab, oder weist er wahrheitsgemäß auf die verdeckte Sachgründung hin, so kommt eine Eintragung der Gesellschaft gem. § 9c Abs. 1 GmbHG allerdings nicht in Betracht.

Versichert der Geschäftsführer – wahrheitswidrig – dennoch die Leistung der „Bareinlage", so macht er sich gem. § 82 Abs. 1 GmbHG strafbar. Zudem haftet er gem. § 9a Abs. 1 Satz 2 GmbHG neben den Gesellschaftern für die sich ergebende Wertdifferenz. Insofern stellt die **„Anrechnungslösung"** eine deutliche **Verschlechterung der Position des Geschäftsführers** dar, da dieser zwischen dem Drängen der Gesellschafter auf rasche Eintragung mit der Folge der Anrechnung und der Wahrheitspflicht gegenüber dem Registergericht in eine problematische „Zwickmühle" gerät.[1]

Ganz ohne Auswirkungen auch auf die Gesellschafter bleibt die seitens des Gesetzgebers bevorzugte „Anrechnungslösung" im Übrigen nicht. Nach der Rechtsprechung des BGH[2] finden die Bestimmungen der §§ 30, 31 GmbHG hinsichtlich der Kapitalerhaltung nur unter der Voraussetzung eines „*ordnungsgemäß abgeschlossenen Kapitalaufbringungsvorgangs*" Anwendung. Ist dieser noch nicht abgeschlossen, so gelten die – strengeren – Regeln der Kapitalaufbringung. Die Kapitalaufbringung ist jedenfalls nicht abgeschlossen, wenn zwischen der Leistung der Einlage seitens des Gesellschafters und der Leistung der Gesellschaft aufgrund des mit diesem vorgenommenen Rechtsgeschäfts ein enger zeitlicher Zusammenhang besteht. Dies kann zur Folge haben, dass die Gesellschaft auf längere Zeit im Stadium der Kapitalaufbringung verharrt und die Rechtsbeziehungen zwischen ihr und den Gesellschaftern ausschließlich nach den Kapitalaufbringungsregelungen zu beurteilen sind.

120

Im Übrigen sind die Gesellschafter ausweislich der Regierungsbegründung zum MoMiG nicht gehindert, die verdeckte Sachgründung – in Übereinstimmung mit der bisherigen Rechtsprechung – nachträglich einer Heilung zuzuführen, auch wenn dieser Möglichkeit aufgrund der nunmehr erfolgenden „Anrechnung", jedenfalls nach der Eintragung, kaum noch eine Bedeutung zukommen dürfte. Dass eine solche „Nachbesserung" grundsätzlich in Betracht kommt, hat der BGH ausdrücklich anerkannt.[3]

121

Der Wechsel von der Bar- zur Sacheinlage erfolgt angesichts der zwingenden Vorgaben der §§ 5 Abs. 4, 19 Abs. 4 GmbHG notwendig im Wege der Satzungsänderung. Diese bedarf im Falle der Kapitalerhöhung zunächst eines Gesellschafterbeschlusses mit qualifizierter Mehrheit (§ 53 Abs. 2 Satz 1 GmbHG). Ob darüber hinaus zur Heilung „verdeckter Sacheinlagen" im Rahmen der

---

1 *Baumbach/Hueck/Fastrich* § 19 Rz. 47; *Lutter/Hommelhoff/Bayer* § 19 Rz. 86; MüKo/GmbHG/ *Schwandtner* § 19 Rz. 264.
2 Vom 17.9.2001, NJW 2001, S. 3781 ff. = DB 2001, S. 2437 ff.; BGH v. 10.12.2007, DB 2008, S. 173 ff.
3 BGH v. 4.3.1996, NJW 1996, S. 1473 ff., 1475 f.

Neugründung ein einstimmiger Beschluss aller Gesellschafter erforderlich ist, ist strittig,[1] aber im Verhältnis zum Registergericht wohl empfehlenswert. Dabei besteht auf Seiten der Gesellschafter im Hinblick auf die gesellschaftsrechtliche Treuepflicht regelmäßig eine Verpflichtung zur Zustimmung.

Gegenstand der nunmehr satzungsgemäßen Sacheinlage ist entweder das ursprünglich eingebrachte Wirtschaftsgut oder der Bereicherungsanspruch des Gesellschafters. Maßgeblich ist insofern der Zeitwert im Zeitpunkt der Anmeldung der Satzungsänderung. Eine eventuell zwischenzeitlich eingetretene Wertminderung ist im Wege einer Zuzahlung in Geld auszugleichen (§ 9 GmbHG). Die von der Änderung betroffenen Gesellschafter sowie die Geschäftsführer haben in einem Bericht die maßgeblichen Bewertungskriterien offenzulegen. Um Zweifel an der Bewertung auszuräumen, empfiehlt sich im Regelfall die Durchführung einer Gründungsprüfung durch unabhängige Prüfer. Erfolgt die nachträgliche Sacheinlage im Wege der Verrechnung mit Forderungen der Gesellschafter gegen die Gesellschaft, so bedarf es stets einer zeitnahen testierten Bilanz eines Wirtschaftsprüfers.[2]

122 *„Ist vor der Einlage eine Leistung an den Gesellschafter vereinbart worden, die wirtschaftlich einer Rückzahlung der Einlage entspricht und die nicht als verdeckte Sacheinlage i. S. v. § 19 Abs. 4 GmbHG zu beurteilen ist, so befreit dies gem. § 19 Abs. 5 GmbHG den Gesellschafter von seiner Einlageverpflichtung nur dann, wenn die Leistung durch einen vollwertigen Rückgewähranspruch gedeckt ist, der jederzeit fällig ist oder durch fristlose Kündigung fällig gestellt werden kann. Eine solche Leistung oder die Vereinbarung einer solchen Leistung ist bei der Anmeldung nach § 8 GmbHG anzugeben."*

Die mit dem MoMiG eingeführte Regelung zielt nach der erklärten Intention des Gesetzgebers vor allem auf die Erleichterung der Kapitalaufbringung im Rahmen des **Cash-Pooling**, insbesondere i. V. m. einer Kapitalerhöhung. Soweit die tatbestandlichen Voraussetzungen der Vorschrift erfüllt sind, wird der Gesellschafter von seiner Einlagepflicht somit auch dann befreit, wenn ihm die Einlage von der Gesellschaft vorübergehend – etwa im Rahmen eines konzerninternen „Cash Management" – im Rahmen des Liquiditätsausgleichs zur Verfügung gestellt wird. Die Bestimmung findet – wie sich aus ihrem Wortlaut ergibt – allerdings **keine Anwendung, soweit eine „verdeckte Sacheinlage" i. S. v. § 19 Abs. 4 GmbHG** vorliegt (vgl. Rz. 111 ff.). Dieser kommt folglich der

---

[1] Vgl. *R/A/Altmeppen*, GmbHG § 19, Anm. 90 ff.; *L/H/Bayer*, GmbHG § 19, Anm. 95 ff.
[2] BGH v. 4.3.1996, a. a. O., S. 1477.

Vorrang gegenüber § 19 Abs. 5 GmbHG zu. Voraussetzung für die wirksame Tilgung der Einlageverpflichtung des Gesellschafters ist folglich:[1]

- die rechtswirksame Leistung der Bareinlage,
- die Rückzahlung der Einlage an den Gesellschafter,
- das Vorliegen einer noch vor der Einlageleistung getroffenen Rückzahlungsvereinbarung zwischen der GmbH und dem Gesellschafter,
- ein vollwertiger und jederzeit fälliger Anspruch der GmbH gegen den Gesellschafter auf Rückgewähr der Bareinlage,
- die Offenlegung der Abrede im Rahmen der Anmeldung gegenüber dem Registergericht.

Voraussetzung ist somit zunächst, dass die Bareinlage seitens des Gesellschafters zunächst erbracht wurde und somit der Gesellschaft – wenn auch nur für einen kurzen Zeitraum – tatsächlich zur Verfügung stand. Besteht zwischen der Einlageleistung und der Rückgewähr ein enger zeitlicher Zusammenhang, so ist das Bestehen einer entsprechenden Abrede in der Regel zu vermuten.[2] Eine Rückgewähr der Einlage an den Gesellschafter i.S.v. § 19 Abs. 5 GmbHG liegt dabei nur dann vor, wenn und soweit die Rückgewähr **nur auf Zeit** und nicht endgültig, beispielsweise zur Abgeltung einer Leistung des Gesellschafters an die Gesellschaft, erfolgt.[3] Der Rückgewähranspruch der Gesellschaft gegenüber ihrem Gesellschafter ist i.S.v. § 19 Abs. 5 Satz 1 GmbHG vollwertig, wenn dessen Vermögen im Zeitpunkt der Rückgewähr der geleisteten Einlage an ihn zur Deckung sämtlicher Verbindlichkeiten ausreicht. Ist dies der Fall, so ist eine zusätzliche Besicherung nicht geboten.[4]

123

Allerdings bedingt das Erfordernis der jederzeitigen Fälligkeit auch eine Liquiditätsprognose hinsichtlich der absehbaren Entwicklung, da nur so sichergestellt ist, dass die Rückerstattung zugunsten der Gesellschaft gegenüber dem Gesellschafter auch durchgesetzt werden kann. Der Geschäftsführer der Gesellschaft ist somit verpflichtet, sich während der Dauer des Rückgewährzeitraums regelmäßig über die Liquidität des Gesellschafters zu unterrichten, um gegebenenfalls die Rückgewähr der Einlage rechtzeitig geltend zu machen.[5] Wird die Rückzahlungsvereinbarung erst nach der Eintragung der Gesellschaft oder der Kapitalerhöhung getroffen, so ist die Regelung des § 19

---

1 *L/H/Bayer*, GmbHG § 19, Anm. 106.
2 *B/H/Fastrich*, § 19, Rz. 73; *L/H/Bayer*, GmbHG § 19, Rz. 108.
3 BGH v. 10.7.2012, NJW 2012, S. 3035 ff. Rz. 18.
4 BGH v. 1.12.2008, BGHZ 179, S. 71 ff. Rn. 12 = NJW 2009, S. 850 ff.
5 Siehe hierzu BGH v. 1.12.2008, BGHZ 179, S. 71 ff. Rz. 14 = NJW 2009, S. 850 ff.

Abs. 5 GmbHG allerdings nicht anwendbar, die Rechtsfolgen der Rückzahlung der Bareinlage bestimmen sich somit ausschließlich nach § 30 Abs. 1 Satz 2 GmbHG (s. hierzu Rz. 142 ff.). Im Übrigen kommt nach der Rechtsprechung des BGH das Erlöschen der Einlageverpflichtung des Gesellschafters nicht in Betracht, wenn die Rückgewährabrede bei der Anmeldung der Gesellschaft oder der Kapitalerhöhung gegenüber dem Registergericht nicht offengelegt wurde. Insofern steht und fällt die Tilgungswirkung zugunsten der Einlageverpflichtung des Gesellschafters mit der – insofern konstitutiven – Offenlegung.[1]

124–140   *(Einstweilen frei)*

1.2.6 Die Kapitalerhaltung bei der GmbH

141 Die Kapitalerhaltung der „werbenden" GmbH bestimmt sich in erster Linie nach der Regelung des § 30 GmbHG. Danach ist das Gesellschaftsvermögen und damit das Eigenkapital soweit der Verfügungsbefugnis der Gesellschafter entzogen, als es zur Abdeckung des im Gesellschaftsvertrag festgesetzten (§ 3 Abs. 1 Nr. 3 GmbHG) Stammkapitals und damit des gläubigersichernden Haftungsfonds benötigt wird. Das in der Satzung festgeschriebene und in der Bilanz passivierte Stammkapital wirkt damit im Ergebnis als gesetzliche „**Ausschüttungssperre**". Solange das Gesellschaftsvermögen nicht den Betrag des satzungsgemäßen Stammkapitals erreicht, darf es weder unmittelbar noch mittelbar an die Gesellschafter ausgezahlt werden (vgl. Rz. 145 ff.). Dies gilt auch im Falle des Ausscheidens aus der Gesellschaft.[2] Aus dem zur Deckung des Stammkapitals erforderlichen Vermögen können folglich **keine Gewinnausschüttungen** vorgenommen werden.

Eventuell geleistete Zahlungen sind der Gesellschaft von den Empfängern gem. § 31 Abs. 1 GmbHG zu erstatten. Dies erfasst über den Betrag des Stammkapitals hinaus auch eine durch den Auszahlungsvorgang begründete Überschuldung der Gesellschaft, d. h. **den gesamten nicht durch Eigenkapital gedeckten Fehlbetrag**. Insofern ist die Haftung des Empfängers keineswegs auf den Ausgleich einer Unterbilanz beschränkt,[3] sondern weist deutlich darüber hinaus.

---

1 BGH v. 16.2.2009, BGHZ 180, S. 38 ff. Rz. 16 – „Qivive"; BGH v. 20.7.2009, BGHZ 182, S. 103 ff. Rz. 25 – „Cash-Pool II".
2 OLG Hamburg v. 27.7.2012, ZIP 2013, S. 74 ff.
3 BGH v. 24.9.1990, DB 1990, S. 2212; BGH v. 3.12.1990, DB 1991, S. 691; s. zur Kapitalerhaltung in der Liquidation der GmbH jetzt BGH v. 2.3.2009, ZIP 2009, S. 1111 ff., 1114.

Ist die Erstattung von den Empfängern nicht zu erlangen, so haften hierfür auch die übrigen Gesellschafter nach dem Verhältnis ihrer Stammeinlagen (§ 31 Abs. 3 Satz 1 GmbHG). Allerdings beschränkt sich – anders als hinsichtlich der Haftung des Empfängers selbst – die Einstandspflicht der Mitgesellschafter auf den Nennbetrag des Geschäftsanteils.[1] Sind einzelne Anteilseigner nicht leistungsfähig, so erhöht sich der Haftungsanteil der verbleibenden Gesellschafter entsprechend (§ 31 Abs. 3 Satz 2 GmbHG). Daneben haften die Geschäftsführer der Gesellschaft persönlich mit ihrem Privatvermögen (§ 43 Abs. 3 GmbHG) für verbotene Rückzahlungen. Den Gesellschaftern, die entsprechend § 31 Abs. 3 GmbHG im Wege der Ausfallhaftung zu Erstattungsleistungen herangezogen werden, steht ihrerseits der Rückgriff auf diejenigen Geschäftsführer zu, *„welchen in Betreff der geleisteten Zahlungen ein Verschulden zur Last fällt"* (§ 31 Abs. 6 GmbHG). Die Geschäftsführer haften insoweit als Gesamtschuldner.

Allerdings greift die Kapitalbindung gem. § 30 Abs. 1 Satz 2 GmbHG nicht bei solchen Leistungen der GmbH zugunsten ihres Gesellschafters, die im Rahmen eines Beherrschungs- oder Gewinnabführungsvertrags (§ 291 AktG) erfolgen oder durch einen **vollwertigen Gegenleistungs- und Rückgewähranspruch gegen die Gesellschafter** gedeckt sind. Diese durch das MoMiG eingeführte Neuregelung bezweckt – ausweislich der Regierungsbegründung – vor allem, die durch die Entscheidung des BGH vom 24.11.2003[2] bedingte Unsicherheit über Möglichkeiten und Grenzen eines konzerninternen **Cash-Pooling** zu konterkarieren und es den Gesellschaften zu erleichtern, *„mit ihren Gesellschaftern – vor allem im Konzern – alltägliche und wirtschaftlich sinnvolle Leistungsbeziehungen zu unterhalten und abzuwickeln"*.

142

In seiner – bewusst als Grundsatzurteil konzipierten – Entscheidung hatte der BGH betont, eine Kreditgewährung an Gesellschafter, die nicht aus Rücklagen oder Gewinnvorträgen, sondern zulasten des durch das gesellschaftsvertragliche Stammkapital gebundenen Vermögens der GmbH erfolge, sei auch dann grundsätzlich als gem. § 30 Abs. 1 GmbHG verbotene Auszahlung von Gesellschaftsvermögen zu bewerten, wenn der Rückzahlungsanspruch gegen den Gesellschafter im Einzelfall vollwertig sei.

Mit seiner Abkehr von einer bilanziellen Betrachtungsweise hatte der BGH im Ergebnis den Schutzbereich des § 30 Abs. 1 GmbHG von einem – so der Wortlaut der Norm – Schutz des *„zur Erhaltung des Stammkapitals* **erforderlichen**

---

[1] BGH v. 25.2.2002, DB 2002, S. 995 ff., 996 f.
[2] BGHZ 157, S. 72 = NJW 2004, S. 1111 ff. = DB 2004, S. 371 ff. = ZIP 2004, S. 263 ff.

Vermögens" zu einem gegenständlichen Schutz konkreter Vermögensgüter erweitert und damit die Zulässigkeit von Darlehen und anderen Leistungen mit Kreditcharakter der GmbH an ihre Gesellschafter – sog. „upstream-loans" – im Allgemeinen sowie insbesondere das in Konzernen weit verbreitete „Cash-Pooling", im Sinne eines den Unternehmensverbund übergreifenden Finanzmanagements, unter Berücksichtigung der hiermit verbundenen Haftungsrisiken, insbesondere für den Geschäftsführer, fast unmöglich gemacht. Die Neuregelung kehrt nunmehr wieder zu der gebotenen **bilanziellen Betrachtung** zurück.

143 Danach stellt eine Leistung zugunsten eines Gesellschafters, insbesondere einer Konzerngesellschaft, die durch einen vollwertigen und damit durchsetzbaren Gegenleistungs- oder Rückerstattungsanspruch der GmbH gedeckt ist, **lediglich einen Aktivtausch dar und verletzt damit die Ausschüttungssperre des § 30 Abs. 1 Satz 1 GmbHG nicht**. Diese Voraussetzungen hat der Geschäftsführer im Zeitpunkt der Leistung unter Einbeziehung aller verfügbarer bzw. in zumutbarer Weise zu beschaffenden Informationen **zu prüfen** und dabei ggf. für die Verletzung seiner Prüfpflicht gegenüber der Gesellschaft haftungsrechtlich einzustehen (§ 43 Abs. 3 GmbHG). Allerdings kommt ihm insofern, entsprechend § 93 Abs. 1 Satz 2 AktG, ein unternehmerischer Beurteilungsspielraum einschließlich der damit verbundenen Einschätzungsprärogative zu (business-judgement-rule).[1] Demgegenüber sind spätere, nicht vorhersehbare negative Entwicklungen der Forderung gegen den Gesellschafter und ihre bilanziellen Auswirkungen **nicht geeignet**, im Nachhinein den Tatbestand einer verbotenen Kapitalrückzahlung zu begründen. **Nichtsdestotrotz trifft insbesondere den Geschäftsführer eine nachträgliche Beobachtungspflicht**. Verschlechtert sich die finanzielle Lage des Schuldners in nachhaltiger Weise, so darf er die Forderung nicht stehen lassen, wenn die Möglichkeit besteht, diese einzufordern[2] (siehe bereits Rz. 121). Hierfür haftet er ggf. gegenüber der Gesellschaft (§ 43 Abs. 2 GmbHG).

144 Im Bereich der Aufbringung (vgl. §§ 8 Abs. 2 Satz 1, 9a, 57 GmbHG) und Erhaltung (§§ 30, 43 Abs. 3 GmbHG) des normativen Haftungsfonds treffen den Geschäftsführer folglich eigenständige und unabdingbare Sorgfalts- und Einstandspflichten gegenüber der Gesellschaft (vgl. bereits Rz. 81 ff.). Diese bestehen vor allem im Interesse der Allgemeinheit sowie der Gesellschaftsgläubiger. Üblicherweise spricht man insofern von der **Sicherung oder Erhaltung des Stammkapitals**, doch ist diese Bezeichnung irreführend oder zumindest unge-

---

1 Siehe hierzu: BGH v. 14.7.2008, ZIP 2008, S. 1675.
2 Siehe hierzu BGH v. 1.12.2008, BGHZ 179, S. 71 ff. Rz. 14 = NJW 2009, S. 850 ff.

nau, handelt es sich doch bezüglich des Stammkapitals lediglich um eine im Gesellschaftsvertrag (§ 3 Abs. 1 Nr. 3 GmbHG) und im Handelsregister (§ 10 Abs. 1 Satz 1 GmbHG) ausgewiesene und stets feststehende Rechnungsziffer (vgl. Rz. 56 ff.) bzw. eine gleichbleibende Bilanzposition (gezeichnetes Kapital; vgl. § 272 Abs. 1 HGB) und nicht um die Widerspiegelung realer Vermögenswerte der Gesellschaft. So bestimmt denn auch § 30 GmbHG zutreffend, *„das zur Erhaltung des Stammkapitals erforderliche* **Vermögen**" dürfe nicht *„an die Gesellschafter ausgezahlt werden"*.

Das satzungsgemäße Stammkapital steht somit – wie der Wortlaut zeigt – allenfalls in einem mittelbaren Zusammenhang mit dem tatsächlich vorhandenen Gesellschaftsvermögen; es dient vielmehr – seiner Funktion entsprechend – ausschließlich als **rechnerische Vergleichsgröße** im Rahmen des gesetzlichen Systems der Kapitalsicherung. Sofern das tatsächlich vorhandene Gesellschaftsvermögen unter Beachtung der Wertansätze der Handelsbilanz (vgl. Rz. 147 ff.) den in der Satzung festgesetzten Betrag des Stammkapitals unterschreitet, also eine sog. **Unterbilanz besteht**, unterliegt es einer strengen Vermögensbindung zugunsten der Gesellschaft und damit der zwingenden Ausschüttungssperre des § 30 GmbHG. Mit anderen Worten: Die Auszahlung des Gesellschaftsvermögens an die Anteilseigner – gleich in welcher Form – ist, soweit nicht die Voraussetzungen von § 30 Abs. 1 Satz 2 GmbHG vorliegen (vgl. Rz. 141 ff.) – unstatthaft, **wenn infolge des Auszahlungsvorgangs eine Unterbilanz begründet oder eine bereits bestehende Unterbilanz vertieft wird**. Die Überwachung und Sicherung dieser unabdingbaren Kapitalbindung gehört zu den **organschaftlichen „Kardinalpflichten"** in der autonomen Eigenverantwortung des Geschäftsführers. 145

Entgegenstehenden Weisungen der Gesellschafter kommt insofern gegenüber dem Organwalter **keine** Verbindlichkeit zu (vgl. § 43 Abs. 3 Satz 3 GmbHG) und dürfen folglich von Seiten des Geschäftsführers nicht befolgt werden. Vielmehr haftet dieser der Gesellschaft persönlich für unter Verstoß gegen § 30 GmbHG erfolgte Kapitalrückzahlungen (vgl. Rz. 141).

Maßgeblicher Stichtag einer zum Zwecke der Feststellung einer Unterbilanz vorzunehmenden Bilanzierung ist dabei der Zeitpunkt der **tatsächlichen Auskehrung des Gesellschaftsvermögens** an den Gesellschafter, also die Vornahme des Erfüllungsgeschäfts. 146

Die konkrete Reichweite dieser Kapitalbindung ergibt sich im Einzelfall durch eine bilanzielle Gegenüberstellung des Gesellschaftsvermögens und des satzungsmäßigen Stammkapitals. Dabei finden – anders als bei der Ermittlung des Überschuldungsstatus (vgl. Rz. 896 ff.) – durchgängig die allgemeinen Bi- 147 lanzierungsgrundsätze Anwendung. Die vorhandenen Aktiva sind folglich mit den – ggf. fortgeschriebenen – Buchwerten des letzten Jahresabschlusses in Ansatz zu bringen. Eine Auflösung der stillen Reserven zur Erhöhung des Ausschüttungspotenzials kommt somit nicht in Betracht. Es gilt vielmehr auch hier das Prinzip der **Bewertungsstetigkeit**. Die Gesellschaft bleibt folglich grundsätzlich an ihre einmal ausgeübten Bilanzierungswahlrechte gebunden. Gehören eigene Anteile der GmbH zum Gesellschaftsvermögen, so bleiben diese allerdings außer Ansatz. Sie werden insofern durch die Rücklage gem. § 272 Abs. 4 HGB kompensiert. Auf der Passivseite sind alle bestehenden Verbindlichkeiten in Höhe ihres aktuellen Nennwerts anzusetzen. Gesellschafterdarlehen sind – wie andere Forderungen – bei der Feststellung einer Unterbilanz auch dann zu passivieren, wenn eine ausdrückliche Rangrücktrittserklärung seitens des Anteilseigners vorliegt.[1]

148 Allerdings steht nach der im Rahmen des MoMiG erfolgten Neuregelung gem. § 30 Abs. 1 Satz 3 GmbHG – in deutlicher Abweichung von der bisher bestehenden Wertung – § 30 Abs. 1 GmbHG der Rückgewähr von Gesellschafterdarlehen künftig nicht mehr entgegen. Gemäß § 30 Abs. 1 Satz 3 GmbHG erfasst die Ausschüttungssperre gem. § 30 Abs. 1 Satz 1 GmbHG gerade nicht *„die Rückgewähr eines Gesellschafterdarlehens und Leistungen auf Forderungen aus Rechtshandlungen, die einem Gesellschafterdarlehen gleichstehen"*. Der Geschäftsführer ist folglich nicht nur berechtigt, sondern – bei Vorliegen der Fälligkeitsvoraussetzungen – auf Verlangen der Gesellschafter **auch verpflichtet**, das Darlehen an diese zurückzuzahlen. Eine Haftung des Geschäftsführers gem. § 43 Abs. 3 GmbHG für die Darlehensrückgewähr kommt **mangels eines Pflichtenverstoßes** nicht in Betracht.

Die Verpflichtung der Gesellschafter zur Erstattung eventueller Tilgungsleistungen in der Insolvenz der Gesellschaft bestimmt sich ausschließlich nach §§ 129, 135, 143 InsO und erfasst nur solche Handlungen, *„die im letzten Jahr vor dem Eröffnungsantrag oder nach diesem Antrag"* vorgenommen worden sind. Ob und in welchem Umfange dem Gesellschafterdarlehen eine „eigenkapitalersetzende" Funktion zukommt, ist dabei gleichgültig. Vielmehr erfasst der durch den Insolvenzverwalter geltend zu machende Erstattungsanspruch – über die bisherige Regelung hinaus – alle Gesellschafterdarlehen und vergleichbare Leistungen der Anteilseigner im maßgeblichen Zeitraum.

---

1 BGH v. 29.9.2008, DB 2008, S. 2584 ff., 2585 f.

Im Übrigen gilt es zu beachten, dass nach der neueren Rechtsprechung des BGH[1] ein wegen Verstoßes gegen § 30 GmbHG einmal entstandener Erstattungsanspruch gem. § 31 Abs. 1 GmbHG **auch dann nicht erlischt**, wenn das Gesellschaftskapital zwischenzeitlich anderweitig – beispielsweise durch die Thesaurierung von Gewinnen – bis zur Höhe des Stammkapitals nachhaltig wiederhergestellt wird. Vielmehr hat von Seiten des Empfängers die Rückzahlung „*ohne Wenn und Aber*" zu erfolgen. Allerdings steht es im Ermessen der Gesellschafter, nach der tatsächlichen und nachweisbaren (!) Rückführung des Erstattungsbetrags an die Gesellschaft diese Mittel (erneut) für Ausschüttungsleistungen zu verwenden, soweit hierdurch nicht wiederum eine Unterbilanz begründet wird. Eine Aufrechnung seitens des Gesellschafters gegen den Zahlungsanspruch der Gesellschaft kommt allerdings nicht in Betracht.[2] Demgegenüber steht es der Gesellschaft frei, ihrerseits gegenüber dem Gesellschafter die Aufrechnung zu erklären. Möglich bleibt auch eine einverständliche Verrechnungsvereinbarung, so dass umständliche „Hin- und Herzahlungen" vermieden werden können.

149

Zudem erfasst § 30 GmbHG entsprechend seiner gläubigersichernden Funktion nicht nur einseitige Zahlungsvorgänge, beispielsweise im Rahmen der Gewinnausschüttung, sondern auch sonstige Leistungen der Gesellschaft gegenüber einem Gesellschafter, die bei **wirtschaftlicher Betrachtungsweise** einer Auszahlung im Ergebnis gleichkommen („verdeckte Gewinnausschüttung").[3] Dies gilt auch hinsichtlich der Beurteilung sog. Drittgeschäfte, bei denen ein Anteilseigner der Gesellschaft als Vertragspartner wie ein Außenstehender gegenübertritt, also beispielsweise bei Kauf-, Werk- oder Dienstverträgen zwischen der GmbH und ihrem Gesellschafter (vgl. im Übrigen zum Anstellungsvertrag des Gesellschafter-Geschäftsführers Rz. 381 ff.).

150

Zwar ist die Gesellschaft im Lichte eines effizienten Gläubigerschutzes nicht gehindert, in vertragliche Austauschbeziehungen zu ihren Gesellschaftern zu treten, doch kommt es hier im Interesse einer gläubigersichernden Kapitalerhaltung entscheidend darauf an, **ob die Gesellschaft den Vertrag zu vergleichbaren Konditionen auch mit gesellschaftsfremden Dritten geschlossen hätte**. Mit anderen Worten: Die rechtliche Bewertung des Rechtsgeschäfts bestimmt sich vor allem nach dem Umstand, ob die seitens der Gesellschaft erbrachte Leistung ihren Grund in einer **äquivalenten (Gegen-)Leistung des Gesellschafters** findet. Maßgeblich ist damit vor allem, inwiefern die GmbH sei-

---

[1] BGH v. 18.6.2007, DB 2007, S. 1969 ff., 1970; BGH v. 29.5.2000, BGHZ 144, S. 336 ff., 340 ff.
[2] BGH v. 27.11.2000, BGHZ 146, S. 105 ff., 107 f.
[3] BGH v. 14.12.1959, BGHZ 31, S. 276 ff.; BGH v. 1.12.1986, NJW 1987, S. 1194 ff., 1195.

tens des Anteilseigners einen vollwertigen, d. h. marktüblichen Ausgleich erhält.[1] Fehlt es hieran, so besteht die begründete Vermutung, dass die Gewährung der – überhöhten – Gegenleistung ihren tragenden Grund nicht in dem vertraglichen Austauschverhältnis zwischen den Parteien, **sondern in der Gesellschafterstellung des Begünstigten findet.** Eine solche „verdeckte Gewinnausschüttung" verletzt – soweit die Leistung der Gesellschaft zum Entstehen einer Unterbilanz führt – das zwingende Gebot der normativen Kapitalbindung gem. § 30 GmbHG.

151 Im Übrigen erfasst § 30 GmbHG auch **Leistungen der Gesellschaft gegenüber Dritten,** sofern diese im Ergebnis einem Gesellschafter zuzurechnen sind. Dies gilt insbesondere im Rahmen von Treuhand- und Strohmannverhältnissen sowie bei Leistungen an mit dem Gesellschafter verbundene Unternehmen (§§ 15 ff. AktG) oder ihm nahe stehende Personen, beispielsweise an Angehörige,[2] soweit diese seitens des Gesellschafters veranlasst wurden. Allerdings spricht für eine entsprechende Veranlassung regelmäßig eine tatsächliche Vermutung, da kaum angenommen werden kann, dass die Gesellschaft einem Dritten ohne die „Nähe" zu einem Gesellschafter eine überhöhte Leistung zuwenden würde.[3] Es ist folglich Angelegenheit des betreffenden Gesellschafters, den indizierten Kausalzusammenhang schlüssig zu widerlegen. Dabei treffen den mit der Durchführung des Auszahlungsvorgangs betrauten **Geschäftsführer** zur Vermeidung einer persönlichen Haftung eingehende Prüfungs- und Dokumentationspflichten.

152 Nach der Bestimmung des § 43a GmbHG schützt der Gesetzgeber das gem. § 30 GmbHG gebundene Gesellschaftsvermögen darüber hinaus auch vor Verfügungen zugunsten der Organwalter. Geschäftsführern und anderen gesetzlichen Vertretern (Liquidatoren) sowie Prokuristen und zum gesamten Geschäftsbetrieb ermächtigten Handlungsbevollmächtigten dürfen aus dem zur Erhaltung des Stammkapitals erforderlichen Vermögen **keine Kredite gewährt werden.** Dies gilt auch dort, wo der Gesellschaft ausreichende Sicherheiten eingeräumt werden.[4] Soweit entgegen der Bestimmung gegenüber dem erfassten Personenkreis Auszahlungen zulasten der Gesellschaft erfolgen, steht der GmbH gegenüber dem Empfänger ein sofortiger Erstattungsanspruch zu

---

1 BGH v. 1. 12. 1986, NJW 1987, S. 1194 ff.; OLG Celle v. 18.8.1992, NJW 1993, S. 739 f.
2 Vgl. umfassend: *R/A/Altmeppen*, GmbHG § 30, Anm. 23 ff.; *B/H/Fastrich*, GmbHG § 30, Anm. 24 ff., 26.
3 So zutreffend: *R/A/Altmeppen*, GmbHG § 30, Anm. 28.
4 *L/H/Kleindiek*, GmbHG § 43a, Anm. 6; *R/A/Altmeppen*, GmbHG § 43a, Anm. 5; *B/H/Zöllner/Noack*, GmbHG § 43a, Anm. 2; a. A. *Scholz/Schneider*, GmbHG § 43a, Anm. 40 f.

(§ 43a Satz 2 GmbHG). Im Übrigen haften Geschäftsführer, die an der Darlehensgewährung – und sei es auch nur durch Duldung – mitgewirkt haben, neben dem Empfänger in entsprechender Anwendung von § 43 Abs. 3 GmbHG ergänzend auf Schadensersatz.[1] Dieser Ersatzanspruch wird auch nicht dadurch ausgeschlossen, dass die Gesellschafterversammlung der Kreditgewährung zugestimmt hat (§ 43 Abs. 3 Satz 3 GmbHG), da § 43a GmbHG ebenso wie § 30 GmbHG den Schutz der Gesellschaftsgläubiger und nicht den Schutz der Gesellschafter bezweckt.

(Einstweilen frei) 153–160

1.2.7 Die Insolvenzantragspflicht

Literatur: *Bork*, Wie erstellt man eine Fortbestehensprognose?, ZIP 2000, S. 1709 ff.; *Freitag*, Finanzverfassung und Finanzierung von GmbH und AG nach dem Regierungsentwurf des MoMiG, WM 2007, S. 1681 ff.; *Meyer*, Die Verantwortlichkeit des Geschäftsführers für Gläubigerinteressen – Veränderungen durch das MoMiG, BB 2008, S. 1742 ff.; *Pape*, Zahlungsunfähigkeit in der Gerichtspraxis, WM 2008, S. 1949 ff.; *Pfeifer*, Die Pflichtenstellung des Alleingesellschafters gegenüber der GmbH, GmbHR 2008, S. 1074 ff; *K. Schmidt*, Überschuldung und Unternehmensfortführung, ZIP 2013, S. 485 ff.

Allerdings kann das Rückzahlungsverbot des § 30 GmbHG kaum verhindern, dass das zur Absicherung des Stammkapitals benötigte Vermögen der GmbH durch geschäftliche Misserfolge aufgezehrt wird. Hier gilt es folglich, eine durch die Aufzehrung des Haftungsfonds drohende Gefährdung der aktuellen und künftigen Gläubiger zu vermeiden. Zunächst liegt es in der Hand der Gesellschafter, die Gesellschaft durch entsprechende Maßnahmen zu sanieren. 161

Ergibt eine Bilanz, dass das Gesellschaftsvermögen nicht ausreicht, das Stammkapital zumindest zur Hälfte durch reale Vermögenswerte abzudecken, so haben die Geschäftsführer zu diesem Zwecke unverzüglich eine Gesellschafterversammlung einzuberufen (§ 49 Abs. 3 GmbHG). Maßgeblich sind insofern wiederum die (fortgeschriebenen) Wertansätze der Handelsbilanz im Rahmen des Jahresabschlusses.

Handelt es sich um eine „UG (haftungsbeschränkt)", so ist abweichend von § 49 Abs. 3 GmbHG die Gesellschafterversammlung bereits im Falle einer drohenden Zahlungsunfähigkeit (§ 18 InsO – s. Rz. 165 ff.) unverzüglich einzuberufen. Allerdings sind die Gesellschafter in beiden Fällen **nicht verpflichtet**, der

---

[1] B/H/Zöllner/Noack, GmbHG § 43a, Anm. 7; vgl. auch BGH v. 24.11.2003, NJW 2004, S. 1111, 1112.

GmbH neues Kapital zuzuführen. **Diesen steht es vielmehr frei, die Gesellschaft gem. §§ 60 ff. GmbHG oder im Rahmen eines Insolvenzverfahrens zu liquidieren.** Eine Nachschusspflicht besteht nur in den seltenen Fällen, in denen der Gesellschaftsvertrag dies ausdrücklich vorsieht (§§ 27, 28 GmbHG; vgl. Rz. 81 ff.).

Nehmen die Anteilseigner von einer Sanierung Abstand und kann der Haftungsfonds seine gläubigerschützende Funktion nicht mehr erfüllen, so muss die Gesellschaft ihre marktbezogene Tätigkeit beenden und ihre Vermögenslage offenbaren: Ist das zur Deckung des Stammkapitals benötigte Vermögen aufgezehrt, übersteigen folglich die Schulden das Aktivvermögen der Gesellschaft, so ist die GmbH überschuldet (§ 19 InsO). Die Geschäftsführer oder Liquidatoren sind nunmehr verpflichtet, unverzüglich beim zuständigen Insolvenzgericht die Eröffnung des Insolvenzverfahrens über die Gesellschaft zu beantragen. Das MoMiG hat die ursprünglich in § 64 Abs. 1 GmbHG a. F. verortete Insolvenzantragspflicht nunmehr in die Insolvenzordnung verlagert, um so auch in Deutschland „ansässige" ausländische juristische Personen, beispielsweise in der Rechtsform einer englischen „Limited", die ihren Verwaltungssitz oder Betrieb im Geltungsbereich der InsO haben, einer entsprechenden Verpflichtung zu unterwerfen (vgl. § 15a Abs. 1 InsO). Ob dies mit den Vorgaben des Unionsrechts, insbesondere der Niederlassungsfreiheit für juristische Personen im Binnenmarkt, zu vereinbaren ist (Art. 43, 48 AEUV), bedarf noch einer Klärung seitens des EuGH.

Die Antragspflicht besteht gem. § 15a Abs. 1 InsO auch im Falle der Zahlungsunfähigkeit. Die Insolvenzantragspflicht trifft zunächst ausnahmslos **jeden Geschäftsführer** (auch Stellvertreter!); auf den Umfang der organschaftlichen Vertretungsbefugnis oder die Geschäftsverteilung im Innenverhältnis kommt es insofern nicht an. Im Übrigen handelt es sich hinsichtlich der Insolvenzantragspflicht um eine originäre gesetzliche Verpflichtung der Organwalter selbst. Diese unterliegen insofern folglich **nicht der Weisungsbefugnis der Gesellschafterversammlung** oder des Alleingesellschafters.

162 Sieht man hiervon ab, so hat der Gesetzgeber im Rahmen des MoMiG die Insolvenzantragspflicht für den Fall der Führungslosigkeit der Gesellschaft, also bei Fehlen des erforderlichen Geschäftsführers (§ 35 Abs. 1 Satz 2 GmbHG), auch **auf die Gesellschafter der GmbH ausgeweitet**. Damit trägt er dem Umstand Rechnung, dass die GmbH in der Krise nicht selten ohne Geschäftsführer ist, da die Organwalter zur Vermeidung ihrer Antragspflicht, meist im Einvernehmen mit den Gesellschaftern, ihr Amt niederlegen. Zwar schützt dies die Geschäftsführer nicht vor ihrer persönlichen Haftung wegen Insolvenzver-

schleppung, doch machte die Amtsniederlegung die GmbH nach früherer Rechtslage insofern handlungsunfähig, als bisher die Befugnis zur Stellung des Insolvenzantrags ausschließlich auf die Geschäftsführer beschränkt war (vgl. § 64 Abs. 1 GmbHG a. F.). § 15a Abs. 3 InsO bestimmt nunmehr, dass *„im Falle der Führungslosigkeit einer Gesellschaft mit beschränkter Haftung… auch jeder Gesellschafter … zur Stellung des Insolvenzantrags verpflichtet (ist), es sei denn, diese Person hat von der Zahlungsunfähigkeit und der Überschuldung oder der Führungslosigkeit keine Kenntnis".*

Die **Beweislast** für die fehlende Kenntnis der Insolvenzantragsgründe bzw. der Führungslosigkeit liegt somit bei den Gesellschaftern. Hat der Gesellschafter Kenntnis vom Vorliegen eines Insolvenzgrundes (Überschuldung oder Zahlungsunfähigkeit), so ist er verpflichtet, sich zu vergewissern, weshalb der Geschäftsführer keinen Insolvenzantrag stellt. Dabei wird die Führungslosigkeit der Gesellschaft für ihn kaum unerkannt bleiben.[1] Weiß er um das Fehlen eines Geschäftsführers, so ist er umgekehrt verpflichtet nachzuforschen, wie es um die Vermögenslage der Gesellschaft bestellt ist. Dabei hängen Intensität und Umfang der Prüfungspflichten eines Gesellschafters regelmäßig vom Umfang seiner Beteiligung an der Gesellschaft ab. Kleinbeteiligte Gesellschafter, die – unmittelbar oder mittelbar – lediglich einen Anteil von 10 % oder weniger an der GmbH halten, treffen jedenfalls dann nur „reduzierte Nachforschungspflichten", wenn und soweit **Mehrheitsgesellschafter mit erheblichem Einfluss** auf die Geschäftsführung vorhanden sind.[2]

163

Im Übrigen bedeutet Kenntnis i. S. v. § 15a Abs. 3 InsO stets **positive Kenntnis**. Das „Kennenmüssen" der wirtschaftlichen und tatsächlichen Verhältnisse der Gesellschaft genügt somit grundsätzlich nicht, die Insolvenzantragspflicht des Gesellschafters zu begründen. Anders verhält es sich lediglich, wenn und soweit sich ein Anteilseigner der Kenntnis der maßgeblichen Umstände bewusst verschließt und diese schlicht nicht zur Kenntnis nehmen will. Dies kommt im Ergebnis der positiven Kenntnis gleich.[3]

Für die Verletzung ihrer Insolvenzantragspflicht haben die Gesellschafter – wie die Geschäftsführer – haftungsrechtlich (§ 15a InsO, § 823 Abs. 2 BGB) gegenüber den Gläubigern (s. Rz. 896 ff.) sowie strafrechtlich (§ 15a Abs. 4 i. V. m. Abs. 1 und 3 InsO) einzustehen.

164

---

1 Regierungsbegründung, BT-Drucks. 16/6140 zu § 15a Abs. 3 InsO.
2 Regierungsbegründung, a. a. O.
3 Regierungsbegründung, a. a. O.

165 Die GmbH ist zahlungsunfähig, wenn sie voraussichtlich **auf Dauer** nicht in der Lage ist, ihre **fälligen Verbindlichkeiten** zu erfüllen (§ 17 Abs. 2 Satz 1 InsO). Im Gegensatz zur früheren Rechtslage vor Inkrafttreten der InsO (§ 63 Abs. 1 GmbHG a. F.) kommt es dabei **nicht** entscheidend darauf an, ob die Liquiditätslücke einen „wesentlichen" Teil der Gesellschaftsverbindlichkeiten erfasst. **Lediglich völlig geringfügige Zahlungsrückstände** bleiben außer Betracht. Allerdings sind – entgegen einer verbreiteten Auffassung – dabei nur solche Verbindlichkeiten zu berücksichtigen, deren Erfüllung der Gläubiger ernsthaft verlangt.[1] An das Erfüllungsverlangen sind allerdings keine strengen Anforderungen zu stellen. Die Übersendung einer Rechnung reicht grundsätzlich aus. Auf die gerichtliche Durchsetzung der Forderung, gar ihre Geltendmachung im Wege der Zwangsvollstreckung, kommt es folglich nicht an.[2]

166 **Vorübergehende Zahlungsstockungen** begründen demgegenüber **keine Zahlungsunfähigkeit**. Allerdings ist hierbei ein strenger Maßstab zugrunde zu legen. Eine über mehrere Wochen bestehende Illiquidität rechtfertigt grundsätzlich die Annahme einer **dauernden Zahlungsunfähigkeit**. Mit der Neuregelung der Zahlungsunfähigkeit kam es dem Gesetzgeber gerade darauf an, im Interesse eines funktionalen Gläubigerschutzes **den Zeitpunkt der Eröffnung des Insolvenzverfahrens vorzuverlegen**.

In seiner Entscheidung vom 24.5.2005[3] hat der BGH die Abgrenzung der (vorübergehenden) Zahlungsstockung von der Zahlungsunfähigkeit näher objektiviert und zugleich in quantitativer Hinsicht präzisiert. Eine bloße Zahlungsstockung sei anzunehmen, wenn der Zeitraum nicht überschritten werde, den eine **kreditwürdige Person** benötige, um sich die benötigten Mittel zu beschaffen. In Anlehnung an die normative Wertung des § 64 Abs. 1 Satz 1 a. F. GmbHG (nunmehr § 15a Abs. 1 Satz 1 InsO) **erscheine hier ein Zeitraum von drei Wochen erforderlich, aber auch ausreichend**. Betrage die innerhalb von drei Wochen nicht zu beseitigende Liquiditätslücke der Gesellschaft **weniger als 10 % der Gesamtverbindlichkeiten**, so sei i. d. R. nicht von einer bestehenden Zahlungsunfähigkeit auszugehen, es sei denn, es sei bereits absehbar, dass in Kürze die 10 %-Grenze überschritten werde. Betrage die Liquiditätslücke auch nach Ablauf der Dreiwochenfrist demgegenüber **10 % oder mehr**, so **liege i. d. R. Zahlungsunfähigkeit vor**, sofern nicht ausnahmsweise mit an Sicherheit grenzender Wahrscheinlichkeit zu erwarten sei, dass die Liquiditäts-

---

[1] BGH v. 19.7.2007, BGHZ 173, S. 286, 289 f.
[2] Siehe jetzt BGH v. 14.5.2009, ZIP 2009, S. 1235 ff.
[3] BGH v. 24.5.2005, BGHZ 163, S. 134, 145 ff. = NJW 2005, S. 3062 = ZIP 2005, S. 1426, s. hierzu: Hölzle, ZIP 2006, S. 101 ff.; s. auch BGH v. 12.10.2006, ZIP 2006, S. 2222, 2223 ff.

lücke demnächst vollständig oder fast vollständig beseitigt werde und den Gläubigern ein Zuwarten nach den besonderen Umständen des Einzelfalls zuzumuten sei.

Auswirkungen zeitigt diese Vermutungsregelung vor allem hinsichtlich der Beweislast. Beträgt die Liquiditätslücke 10 % oder mehr der Gesamtverbindlichkeiten, so obliegt es dem Geschäftsführer – bzw. im Rahmen von § 15a Abs. 3 InsO dem Gesellschafter – darzulegen und zu beweisen, dass (ausnahmsweise) keine Zahlungsunfähigkeit gegeben ist. Zur Feststellung der – zeitraumbezogenen – Liquiditätslücken ist dabei die Erstellung einer Liquiditätsbilanz, in der die im maßgeblichen Zeitraum zur Verfügung stehenden oder innerhalb von drei Wochen zu beschaffenden Mittel den im gleichen Zeitraum fälligen Verbindlichkeiten gegenübergestellt werden, in jedem Falle ausreichend.[1] Allerdings kann die Zahlungsunfähigkeit auch in anderer Weise, beispielsweise bei Vorliegen von Steuer- und Sozialversicherungsrückständen oder durch die Häufung von Mahnbescheiden festgestellt werden.[2]

167 Eine Zahlungsunfähigkeit liegt gem. § 17 Abs. 2 Satz 2 InsO stets vor, wenn die Gesellschaft ihre Zahlungen eingestellt hat. Dies ist jedenfalls dann der Fall, wenn sich nach dem **äußeren Verhalten der Gesellschaft** für die **beteiligten Verkehrskreise** der Eindruck aufdrängt, dass die GmbH nicht mehr in der Lage ist, ihre fälligen Zahlungspflichten zu erfüllen. Anders als die „allgemeine" Zahlungsunfähigkeit gem. § 17 Abs. 2 Satz 1 InsO stellt der Begriff der „Zahlungseinstellung" folglich auf die Erkennbarkeit der **Liquiditätskrise aus Sicht der Gläubiger** und des Rechtsverkehrs ab.

168 Eine Zahlungseinstellung ist insbesondere anzunehmen bei Vorliegen von Wechselprotesten oder Scheckrückgaben, bei Nichtabführung der Gesamtsozialversicherungsbeiträge, mehreren fruchtlosen Pfändungen seitens des Gerichtsvollziehers, der Nichtzahlung von Energiekosten, Mieten und Arbeitslöhnen sowie bei der Einstellung des Geschäftsbetriebs ohne ordentliche Abwicklung.[3]

169 Gemäß § 18 InsO ist das Insolvenzverfahren zudem zu eröffnen, wenn der Geschäftsführer dies wegen „drohender Zahlungsunfähigkeit" beantragt. Dabei ist abweichend von § 15a Abs. 1 Satz 1 InsO der Antrag grundsätzlich durch sämtliche Geschäftsführer zu stellen, es sei denn, der Antragsteller ist alleine zur Vertretung der Gesellschaft befugt (§ 18 Abs. 3 InsO). Anders als im Rah-

---

1 BGH v. 24.5.2005, BGHZ 163, S. 134, 138.
2 *Pape*, WM 2008, S. 1949, 1951.
3 Siehe ausführlich *Pape*, WM 2008, S. 1949, 1956.

men der gesetzlichen Insolvenzantragspflicht gem. § 15a InsO sind die Geschäftsführer insofern an Weisungen der Gesellschafterversammlung gebunden. Die Zahlungsunfähigkeit droht, wenn die Gesellschaft „voraussichtlich nicht in der Lage sein wird, die bestehenden Zahlungspflichten im Zeitpunkt der Fälligkeit zu erfüllen". Dabei sind auch solche Verbindlichkeiten zu berücksichtigen, die schon bestehen, jedoch noch nicht fällig sind. Ziel der durch die InsO eingeführten Neuregelung ist es, durch frühzeitige Eröffnung des Insolvenzverfahrens das Vermögen der GmbH der Einzelzwangsvollstreckung seitens ihrer Gläubiger zu entziehen und somit – unter der Aufsicht des Insolvenzverwalters – eine eventuelle Sanierung zu ermöglichen.

170 Streit bestand lange Zeit hinsichtlich der Frage, wie die Überschuldung zu ermitteln ist. Normativer Ausgangspunkt ist – insoweit besteht Einigkeit – eine bilanzielle Betrachtungsweise. In einem Vermögensstatus (einer „Überschuldungsbilanz") sind Vermögen und Schulden der Gesellschaft einander gegenüberzustellen. Hinsichtlich der Bewertung einzelner Vermögensgegenstände sind dabei jedoch nicht die (fortgeschriebenen) Wertansätze des Jahresabschlusses, d.h. der Handelsbilanz, zugrunde zu legen. Vielmehr kommt es – im Lichte einer funktionalen Betrachtungsweise – darauf an, den „wahren" Wert des seitens der Gesellschaft betriebenen Unternehmens zu ermitteln und so festzustellen, ob der Liquidationserlös voraussichtlich ausreichen wird, die Gläubiger der Gesellschaft zu befriedigen. Maßgeblich sind folglich die im Falle einer Veräußerung zur erzielenden **Verkehrs- oder Marktwerte. Stille Reserven sind hierbei offenzulegen**.

Nach dem bisher in der Rechtsprechung vorherrschenden „zweistufigen" Überschuldungsbegriff[1] war das Vermögen grundsätzlich zu Liquidationswerten in Ansatz zu bringen. Die sich hieraus möglicherweise ergebende **rechnerische Überschuldung** der Gesellschaft genügte jedoch für sich betrachtet **nicht** den Erfordernissen des Überschuldungstatbestandes. Eine **rechtliche Überschuldung** lag vielmehr nur vor, soweit aufgrund der Finanzkraft oder sonstiger objektiver Anhaltspunkte keine überwiegende Wahrscheinlichkeit gegeben war, der Fortbestand der Gesellschaft sei zumindest mittelfristig gewährleistet.[2]

---

1 Vgl. zuletzt: BGH v. 13.7.1992, BGHZ 119, S. 201, 214 = NJW 1992, S. 2891 = ZIP 1992, S. 1382 sowie BGH v. 6.6.1994, BGHZ 126, S. 181 ff., 199 = NJW 1994, S. 2220 = ZIP 1994, S. 1103.
2 BGH v. 13.7.1992, BGHZ 119, S. 201 ff., 213 ff.

Der Gesetzgeber war mit der Einführung der InsO der „zweistufigen" Konzeption des BGH nicht gefolgt, sondern hatte diese **ausdrücklich verworfen**.[1] Gemäß § 19 Abs. 2 Satz 1 a. F. InsO lag seit dem Inkrafttreten der InsO Überschuldung stets vor, *„wenn das Vermögen des Schuldners die bestehenden Verbindlichkeiten nicht mehr deckt"*. Lediglich **bei der Bewertung des Vermögens des Schuldners** *„war die Fortführung des Unternehmens zugrunde zu legen, wenn dies nach den Umständen überwiegend wahrscheinlich ist"* (§ 19 Abs. 2 Satz 2 InsO). Die Fortbestehensprognose war somit lediglich eine Frage des **bilanziellen Wertansatzes** im Rahmen der Überschuldungsprüfung. Ergab ein Vermögensstatus zu Fortführungswerten eine rechnerische Überschuldung, so war die Insolvenzreife der Gesellschaft **in jedem Falle** gegeben. Auch eine noch so günstige Zukunftsprognose vermochte hieran **nichts** zu ändern.

171

Mit dem im Kontext der Finanzmarktkrise verabschiedeten Finanzmarktstabilisierungsgesetz (FMStG) vom 17.10.2008[2] war der Gesetzgeber – zunächst **vorübergehend** – zum zweistufigen Überschuldungsbegriff zurückgekehrt, um das *„ökonomisch völlig unbefriedigende Ergebnis (zu) vermeiden, dass auch Unternehmen, bei denen die überwiegende Wahrscheinlichkeit besteht, dass sie weiter erfolgreich am Markt operieren können, zwingend ein Insolvenzverfahren zu durchlaufen haben"*. Deshalb gelte es, im Rahmen von § 19 Abs. 2 InsO „wieder an den sog. zweistufigen modifizierten Überschuldungsbegriff (anzuknüpfen), wie er vom Bundesgerichtshof bis zum Inkrafttreten der Insolvenzordnung vertreten wurde". Entsprechend bestimmte § 19 Abs. 2 InsO in der Fassung von Art. 5 des FMStG: *„Überschuldung liegt vor, wenn das Vermögen des Schuldners die bestehenden Verbindlichkeiten nicht mehr deckt,* **es sei denn, die Fortführung des Unternehmens ist nach den Umständen überwiegend wahrscheinlich."**

172

Entsprechend Art. 6 des FMStG sollte die – vorübergehende – Änderung des § 19 Abs. 2 InsO mit Ablauf des 31.12.2010 wieder außer Kraft treten und ab dem 1.1.2011 erneut durch die im Rahmen der Insolvenzordnung geschaffene Fassung ersetzt werden. Mit Gesetz vom 24.9.2009[3] wurde die ursprüngliche Befristung zunächst bis zum 31.12.2013 verlängert und durch das Gesetz vom 5.12.2012 endgültig entfristet, so dass nunmehr nach einem etliche Jahre währenden „Verwirrspiel" der Überschuldungsbegriff des § 19 Abs. 2 InsO wie-

---

1 Vgl. die Empfehlung des Rechtsausschusses, BT-Drucks. 12/7302, sowie die Begründung zum Regierungsentwurf, BT-Drucks. 12/2443, S. 115; dem folgend: BGH v. 9.10.2006, ZIP 2006, S. 2171.
2 BGBl 2008 I S. 1982. Siehe hierzu auch den Gesetzentwurf der Fraktionen der CDU/CSU und SPD mit Begründung v. 14.10.2008, BT-Drucks. 16/10600, sowie die Beschlussempfehlung des Haushaltsausschusses v. 17.10.2008, BT-Drucks. 16/10651.
3 BGBl 2009 I S. 3151.

der in seiner auf *K. Schmidt*[1] und den BGH zurückgehenden Ursprungsfassung aus der Zeit vor dem Inkrafttreten der Insolvenzordnung Geltung beansprucht. § 19 Abs. 2 Satz 1 InsO bestimmt daher: „*Überschuldung liegt vor, wenn das Vermögen des Schuldners die bestehenden Verbindlichkeiten nicht mehr deckt, es sei denn, die Fortführung des Unternehmens ist nach den Umständen überwiegend wahrscheinlich.*"

173   Gegenstand der Fortbestehensprognose ist die mittelfristige Zahlungsfähigkeit der Gesellschaft. Der hierbei zugrunde liegende Prognosezeitraum erfasst zumindest einen **Zeithorizont von zwölf Monaten**, bei einem Stichtag innerhalb eines Geschäftsjahrs mindestens jedoch **bis zum Ende des nachfolgenden Geschäftsjahrs**.[2] Die erforderlichen Feststellungen haben auf der Grundlage einer **nach betriebswirtschaftlichen Grundsätzen durchzuführenden Ertrags- und Finanzplanung** zu erfolgen. Dies bedingt zunächst die Erstellung eines aussagekräftigen Unternehmenskonzepts, basierend auf einer realistischen Krisenanalyse. Dabei sind insbesondere die finanzwirtschaftlichen Faktoren, wie die noch vorhandenen finanziellen Ressourcen und der Zugang zu weiteren Finanzierungsquellen, leistungswirtschaftliche Kriterien, wie Einkauf, Produktion und Absatz, sowie die rechtlichen Rahmenbedingungen, insbesondere mögliche Rechtsstreitigkeiten, angemessen zu berücksichtigen. In einem zweiten Schritt bedarf es zudem der Erstellung eines Finanzplans, d. h. einer systematischen Gegenüberstellung der geplanten und zu erwartenden Einnahmen und Ausgaben. Nur wenn diese sich innerhalb des Prognosezeitraums im Ausgleich befinden, kommt eine positive Fortbestehensprognose in Betracht.[3]

174   Statt eine – mitunter schwierige – Fortbestehensprognose zugrunde zu legen, kann der Geschäftsführer auch eine Überschuldungsbilanz (einen Vermögensstatus) zu **Liquidationswerten** erstellen. Ist nach dem sich dabei abzeichnenden Ergebnis eine Überschuldung zu verneinen, so ist eine Fortbestehensprognose entbehrlich. Eine Überschuldung liegt auf keinen Fall vor; eine Insolvenzantragspflicht kommt folglich nicht in Betracht.[4]

175   Das bisherige Recht der – eigenkapitalersetzenden – Gesellschafterdarlehen und -leistungen hat im Rahmen des MoMiG insofern eine umfassende Änderung erfahren, als die im Rahmen der „kleinen GmbH-Novelle" durch Gesetz

---

[1] Siehe hierzu: *K. Schmidt*, ZIP 2013, S. 485 ff.
[2] Vgl. FAR/NIDW, Wpg 1997, S. 22 ff., 24.
[3] Vgl. ausführlich *Bork*, ZIP 2000, S. 1709 ff.; *Groß/Amen*, WPg 2002, S. 225, 433 und WPg 2003, 67; *Luttermann/Vahlenkamp*, ZIP 2003, S. 1629.
[4] *L/H/Kleindiek*, GmbHG § 64, Rz. 17.

vom 4.7.1980[1] geschaffenen gesetzlichen Regelungen der §§ 32a und 32b GmbHG und die seitens der Rechtsprechung entwickelten „Ergänzungen" im Rahmen von § 30 GmbHG (Rechtsprechungsregeln) seitens des Gesetzgebers **ausdrücklich aufgehoben** wurden (vgl. Rz. 191 ff.). Künftig unterfallen **Gesellschafterdarlehen** – unabhängig von ihrem eigenkapitalersetzenden Charakter – ausschließlich der insolvenzrechtlichen Bestimmung des § 135 InsO. Heftig umstritten war während des Gesetzgebungsverfahrens die Frage, ob und unter welchen Voraussetzungen Gesellschafterdarlehen im Rahmen des Verschuldungsstatus berücksichtigt werden sollen, d. h. **ob diese in der Überschuldungsbilanz zu passivieren sind**, mit der Folge, dass sie selbst mit zur Überschuldung beitragen und somit im Ergebnis den für die Stellung des Insolvenzantrags maßgeblichen Zeitpunkt „vorverlagern".

Nach der im Vorfeld der Reform ergangenen Rechtsprechung des BGH[2] waren eigenkapitalersetzende Gesellschafterdarlehen in der Überschuldungsbilanz **grundsätzlich zu passivieren** und trugen folglich ihrerseits zur „Vorverlagerung" des Überschuldungszeitpunkts bei. Dies folgte im Übrigen bereits aus § 39 Abs. 1 Nr. 5 InsO, der Eigenkapitalersatzleistungen ausdrücklich als – wenn auch nachrangige – Insolvenzverbindlichkeiten anerkannte. Wollten die Gesellschafter die hieraus folgenden Konsequenzen vermeiden, so blieb ihnen nur die ausdrückliche Abgabe einer „qualifizierten Rangrücktrittserklärung", nach der die ihnen zustehenden Rückzahlungsansprüche *„erst nach Befriedigung sämtlicher Gesellschaftsgläubiger und – bis zur Abwendung der Krise – auch nicht vor, sondern nur zugleich mit den Einlagerückgewähransprüchen ihrer Mitgesellschafter befriedigt werden sollen".*[3] Die Gesellschafter hatten es folglich in der Hand, im Wege des „qualifizierten Rangrücktritts" ihre Darlehensforderung dem Überschuldungsstatus zu entziehen. Dies entspricht durchweg den Geboten materieller Gerechtigkeit, entlastet es doch den Geschäftsführer von der für ihn haftungs- und strafrechtlich relevanten Entscheidung, ob dem Gesellschafterdarlehen eine eigenkapitalersetzende Funktion zukommt und dieses folglich bei der Feststellung der Überschuldung zu berücksichtigen ist.

176

Der Regierungsentwurf zum MoMiG hatte ursprünglich in § 19 Abs. 2 InsO vorgesehen, auch ohne Rangrücktrittserklärung Gesellschafterdarlehen nicht mehr als Passivposten in der Überschuldungsbilanz zu erfassen.[4] Die ver-

177

---

1 BGBl 1980 I S. 836.
2 Urteil v. 8.1.2001, BGHZ 146, S. 264 ff., 269 ff. = DB 2001, S. 373 = AG 2001, S. 303 ff.
3 BGH, a. a. O., S. 271.
4 Siehe BT-Drucks. 16/6140 zu § 19 Abs. 2.

abschiedete Gesetzesfassung hat diese Konzeption mit guten Gründen wieder aufgegeben. Mit der – gegebenenfalls nach Aufforderung durch den Geschäftsführer erfolgten – Erklärung des Rangrücktritts seitens der Gesellschafter sei eine Warnfunktion verbunden, „die sich bewährt hat". Durch die erfolgte Rangrücktrittserklärung sei „die Entscheidung, ob die Forderung zu passivieren ist, künftig für den Geschäftsführer sehr einfach und rechtssicher zu treffen". „Nur Forderungen, die mit einem ausdrücklichen Rangrücktritt versehen sind", dürfe er „in der Überschuldungsbilanz außer Betracht lassen."[1] Im Interesse einer klaren Entscheidungsorientierung und einer Verminderung der Haftungsrisiken auf Seiten des Geschäftsführers ist diese Regelung zu begrüßen.

178 Entsprechend bestimmt § 19 Abs. 2 Satz 3 InsO nunmehr, „Forderungen auf Rückgewähr von Gesellschafterdarlehen oder aus Rechtshandlungen, die einem solchen Darlehen wirtschaftlich entsprechen", seien in der Überschuldungsbilanz der Gesellschaft dann nicht zu berücksichtigen, wenn für diese „gemäß § 39 Abs. 2 zwischen Gläubiger(Gesellschafter) und Schuldner(Gesellschaft) der Nachrang im Insolvenzverfahren hinter den in § 39 Abs. 1 Nr. 1 bis 5 bezeichneten Forderungen vereinbart worden ist".

179 Insofern ist der Inhalt der Rangrücktrittserklärung künftig durch die Auslegungsregel des § 39 Abs. 2 InsO in Verbindung mit § 39 Abs. 1 Nr. 5, § 19 Abs. 2 Satz 3 InsO vorgegeben. Erforderlich ist folglich, dass der Gesellschafter seinen Rangrücktritt noch hinter die gesetzlich nachrangigen Ansprüche des § 39 Abs. 1 Nr. 1 bis 5 InsO erklärt. Der Gesellschafter findet mit seinen Darlehensrückforderungsansprüchen folglich erst nach solchen Gesellschaftern-Kreditgebern Berücksichtigung, die ihrerseits keine Rangrücktrittserklärung abgegeben haben (vgl. § 39 Abs. 1 Nr. 5 InsO).

180 Ist die Gesellschaft überschuldet oder zahlungsunfähig, so haben die Geschäftsführer bzw. im Falle der Führungslosigkeit der Gesellschaft die Gesellschafter ohne schuldhaftes Zögern, spätestens jedoch innerhalb von drei Wochen, die Eröffnung des Insolvenzverfahrens zu beantragen (§ 15a Abs. 1 Satz 1 InsO). Versäumen sie dies, so droht ihnen über die Strafbarkeit (§ 15a Abs. 4 InsO) und die Ersatzpflicht gegenüber der Gesellschaft hinaus (§ 64 Abs. 2 GmbHG) die unmittelbare persönliche Haftung gegenüber den geschädigten Gläubigern (vgl. Rz. 896 ff.).

181–190 *(Einstweilen frei)*

---

1 Beschlussempfehlung und Bericht des Rechtsausschusses, BT-Drucks. 16/9737 v. 24.6.2008 zu § 19 Abs. 2 InsO.

1.2.8 Gesellschafterdarlehen

Literatur zum alten Recht: *Keßler,* Zivilrechtliche Haftungsrisiken der Betriebsaufspaltung, GmbHR 1993, S. 541 ff.; *Goette,* Die höchstrichterliche Rechtsprechung zur Behandlung eigenkapitalersetzender Leistungen im GmbH-Recht, DStR 1997, S. 2027 ff.; *ders.,* Einige Aspekte zum Eigenkapitalersatz aus richterlicher Sicht, ZHR 1998 (162), S. 223 ff.; *Habersack,* Eigenkapitalersatz im Gesellschaftsrecht, ZHR 1998 (162), S. 201; *Hey,* Eigenkapitalersetzender Charakter der stillen Einlage des GmbH-Gesellschafters, GmbHR 2001, S. 1100 ff.; *Hommelhoff/Goette,* Eigenkapitalersatzrecht in der Praxis, 2. Aufl., Köln, 2001; zum neuen Recht: *Hirte,* Die Neuregelung des Rechts der (früher: kapitalersetzenden) Gesellschafterdarlehen durch das „Gesetz zur Modernisierung des GmbH-Rechts und zur Bekämpfung von Missbräuchen (MoMiG)", WM 2008, S. 1429 ff.; *K. Schmidt,* Nutzungsüberlassung nach der GmbH-Reform – Der neue § 135 Abs. 3 InsO: Rätsel oder des Rätsels Lösung, DB 2008, S. 1727 ff.; *Wünschmann,* Eigenkapitalausschüttung zwischen Gesellschafts- und Insolvenzrecht, NZG 2017, S. 51.

Die Finanzierung der Gesellschaft erfolgt – soweit die Gesellschafter kein Eigenkapital, sei es in Form von Stammeinlagen oder zusätzlichen Leistungen, zur Verfügung stellen – durch Fremdmittel, seien dies Kredite, stille Beteiligungen, die Überlassung von Wirtschaftsgütern oder ähnliche Gestaltungsformen. Dabei bestimmt sich die Kreditwürdigkeit des Unternehmens bei der Beschaffung von Fremdmitteln nicht zuletzt nach der vorhandenen Eigenkapitalausstattung. So können Grundstücke oder andere Gegenstände des Anlagevermögens zur Besicherung der aufgenommenen Kredite dienen.

191

Gesetzliche Vorschriften hinsichtlich der Eigenkapitalausstattung bestehen nur bezüglich des Mindeststammkapitals von 25.000 €. Die Gesellschafter sind darüber hinaus weder verpflichtet, die Gesellschaft mit angemessenen Eigenmitteln zu versehen, noch „verlorenes" Eigenkapital auszugleichen. Eine gesetzliche „Nachschusspflicht" besteht gerade nicht (vgl. Rz. 81 ff.). Es steht den Gesellschaftern folglich frei, ihrer Gesellschaft anstelle des möglicherweise benötigten weiteren Eigenkapitals Fremdmittel zuzuführen, indem sie selbst in die Funktion des Kreditgebers oder stillen Teilhabers eintreten. Diese Gestaltungsweise erweist sich aus Sicht der Gesellschafter und Kapitalgeber insoweit als vorteilhaft, als die „Drittmittel" nicht der strengen Kapitalbindung des § 30 GmbHG unterliegen und somit flexibel den wechselnden Bedürfnissen der Gesellschaft angepasst werden können. Zudem können die Fremdkapitalzinsen und sonstigen Kreditkosten regelmäßig als Betriebsausgaben der Gesellschaft steuermindernd geltend gemacht werden, sofern die Konditionen einem „Drittvergleich" standhalten.

Eine erhebliche Einschränkung erfuhr der Gestaltungsspielraum der Gesellschafter in der Vergangenheit durch die gesetzlichen Vorgaben der §§ 32a,

192

32b GmbHG a. F. sowie die – ergänzenden – Rechtsprechungsregeln des BGH hinsichtlich **"eigenkapitalersetzender Gesellschafterdarlehen"**. Dabei handelte es sich durchweg um solche (Fremd-)Mittel, die ein Gesellschafter der GmbH **anstelle einer wirtschaftlich gebotenen Eigenkapitalzufuhr** zu einem Zeitpunkt gewährt(e) (vgl. § 32a Abs. 1 Satz 1 a. F. GmbHG): *"in dem ihr die Gesellschafter als ordentliche Kaufleute Eigenkapital zugeführt hätten (Krise der Gesellschaft)"*. Die Finanzierungsfolgeverantwortung der Anteilseigner gebiete es – so der BGH[1] –, der Gesellschaft die Darlehensmittel zumindest so lange zu belassen, bis die Sanierung – endgültig – gelungen sei.

193 Mit dem Inkrafttreten des MoMiG zum 1.11.2008 hat der Gesetzgeber die mit zunehmender Komplexität und erheblichen Anwendungsschwierigkeiten in der Praxis befrachteten Eigenkapitalersatzregeln der §§ 32a und 32b GmbHG a. F. unter Einbeziehung der aus § 30 GmbHG entwickelten „Rechtsprechungsregeln" mit Wirkung für die Zukunft nicht nur – ersatzlos – **aufgehoben**, sondern sich vom Begriff und der dogmatischen Konzeption der „**eigenkapitalersetzenden** Gesellschafterleistungen" zugleich **vollständig verabschiedet**. Allerdings finden gem. § 103d EGInsO die bisherigen Bestimmungen der §§ 32a, 32b GmbHG a. F. sowie die seitens des BGH entwickelten Rechtsprechungsregelungen auf „Altfälle", in denen das Schuldverhältnis vor Inkrafttreten des MoMiG am 1.11.2008 begründet wurde, weiterhin Anwendung.[2] Stattdessen wurde die Regelung der mit Gesellschafterdarlehen verbundenen insolvenzrechtlichen Probleme ausschließlich in der Insolvenzordnung verortet (vgl. § 39 Abs. 1 Nr. 5; Abs. 4 und 5; § 44a, § 135 InsO). Auf die – bisher erforderliche – Qualifizierung der Gesellschafterdarlehen als „**kapitalsetzend**" wurde dabei vollständig verzichtet.

Es gibt nach dem neuen Konzept folglich **keine „kapitalsetzenden Gesellschafterdarlehen"** mehr. Dies bedeutet zugleich *„eine erhebliche Vereinfachung des Rechts der GmbH, das sich an die mittelständische Wirtschaft richtet und folglich vor allem einfach und leicht handhabbar sein soll."*[3] Grundgedanke der (Neu-)Regelung ist es, *„dass die Organe und Gesellschafter der gesunden GmbH einen einfachen und klaren Rechtsrahmen vorfinden."*[4] Rückzahlungen auf Gesellschafterdarlehen werden somit künftig aus Sicht der Gesell-

---

1 BGH v. 19.9.1988, BGHZ 105, S. 168 ff., 175 f.; BGH v. 19.9.1996, NJW 1996, S. 3203 ff.
2 BGH v. 26.1.2009, ZIP 2009, S. 615 ff.; s. jetzt auch BGH v. 6.4.2009, ZIP 2009, S. 1273 ff., 1274.
3 Regierungsbegründung zur Aufhebung von §§ 32a und 32b.
4 Regierungsbegründung, a. a. O.

schafter oder Geschäftsführer „*überhaupt erst ein Jahr vor und in der Insolvenz der Gesellschaft kritisch.*"[1]

Entsprechend § 39 Abs. 1 Nr. 5 InsO ist künftig **jedes Gesellschafterdarlehen** nach Eintritt der Insolvenz erst **nachrangig** zu bedienen. Im Lichte ihrer tatbestandlichen Voraussetzungen finden die Regelungen über Gesellschafterdarlehen somit nur insofern Anwendung, wie dem Kreditgeber im Zeitpunkt der Kreditvergabe oder der Prolongation des Darlehens die Stellung eines **Gesellschafters** zukommt. Demgegenüber ist das nachträgliche Ausscheiden aus der Gesellschaft **nicht geeignet**, den Charakter eines Gesellschafterdarlehens – quasi rückwirkend – zu beseitigen.[2] Die Regeln für Gesellschafterdarlehen gelten gem. § 39 Abs. 1 Nr. 5 2. Alt. InsO darüber hinaus „*für (solche) Forderungen aus Rechtshandlungen, die einem solchen Darlehen wirtschaftlich entsprechen*". Wie bereits bisher gem. § 32a Abs. 3 Satz 1 GmbHG a. F. werden damit Handlungen seitens eines Gesellschafters oder Dritter, die nach ihrer Ausgestaltung in sachlicher oder personeller Sicht einem Gesellschafterdarlehen gleichkommen, im Rahmen eines funktionalen Auffangtatbestandes erfasst. Der Gesetzgeber hat insofern zunächst berücksichtigt, dass sich die Zwischenschaltung Dritter von Fall zu Fall als probater Weg erweisen mag, die Bindungen des „Rechts der Gesellschafterdarlehen" auf bequeme Weise abzustreifen.

194

Einen spezifischen Sonderfall regelt insofern bereits der Tatbestand des § 44a InsO. Hat ein Dritter – beispielsweise eine Bank – der Gesellschaft ein Darlehen gewährt und der Gesellschafter sich seinerseits für die Rückzahlung dieses Darlehens verbürgt oder eine Sicherheit bestellt, so muss der Kreditgeber – entgegen der schuldrechtlichen Vereinbarung – im Falle der Insolvenz **zunächst auf den Bürgen** Zugriff nehmen oder die Sicherheit verwerten. Ein Zugriff auf das Vermögen der **Hauptschuldnerin**, d. h. der Gesellschaft, ist dem Kreditgeber nur insoweit gestattet, wie dieser gegenüber dem Bürgen oder bei der Verwertung der Sicherheit ausfällt.

195

Sieht man von der Sonderregelung des § 44 InsO ab, so kann im Einzelfall auch das Verhalten eines Dritten dem Gesellschafter zurechenbar und daher gleich einem Gesellschafterdarlehen zu behandeln sein. Allerdings reicht es hierfür nicht aus, dass beispielsweise die Ehe- oder Lebenspartnerin des Gesellschafters als Kreditgeberin in Erscheinung tritt. Hier verbietet insbesondere die wertsetzende Bedeutung von Art. 6 GG die „automatische" Begründung einer

196

---

1 Regierungsbegründung, a. a. O.
2 BGH v. 13.7.1981, BGHZ 81, S. 252 ff., 258.

Zurechnungsgemeinschaft.[1] Anders mag sich die Rechtslage dort darstellen, wo im Rahmen eines Unternehmensverbundes, bei dem die Ehepartner in unterschiedlichen Gesellschaften in unterschiedlicher Weise die Gesellschafterstellung innehaben, der jeweils andere Partner als Kreditgeber in Erscheinung tritt. Dies spricht zumindest indiziell zugunsten eines bewussten und gewollten Zusammenwirkens bei der Finanzierung des Unternehmensverbundes. Gleichermaßen erfolgt die Zurechnung auch dort, wo der nichtbeteiligte Ehepartner das Darlehen aus Mitteln zur Verfügung stellt, die ihm von seinem gesellschaftsrechtlich beteiligten Ehegatten überlassen wurden.

197 Die häufigsten Konstellationen einer Zurechnung ergeben sich allerdings dort, wo im Rahmen einer vertraglichen oder faktischen Konzernierung die Ausreichung des Kredites nicht durch die gesellschaftsrechtlich beteiligte Muttergesellschaft erfolgt, sondern das Darlehen durch eine „Schwestergesellschaft" im Rahmen des konzerninternen Finanzierungsverbundes aufgebracht wurde. Hier ist der Kredit notwendig der Muttergesellschaft zuzurechnen[2] und somit als Gesellschafterdarlehen einzustufen.

198 Mit der (Ausnahme-)Regelung des § 39 Abs. 5 InsO hat der Gesetzgeber in Anlehnung an § 32a Abs. 3 Satz 2 GmbHG a. F. zudem solche Gesellschafter von den Beschränkungen des Kapitalersatzrechts befreit, die lediglich mit einem Anteil von 10 % oder in geringerem Umfange an der GmbH beteiligt sind und nicht die Organstellung eines Geschäftsführers innehaben (Kleinbeteiligte). Beide Voraussetzungen müssen kumulativ vorliegen. Allerdings gilt es auch insofern, dem Umgehungsverbot des § 39 Abs. 1 Nr. 5 2. Alt. InsO Rechnung zu tragen. Teilt beispielsweise der Gesellschafter seinen Anteil dergestalt auf Familienangehörige auf, dass jeder für sich betrachtet die 10 %-Grenze nicht überschreitet, ohne dass die Beteiligten eigene Mittel aufwenden, so wird man die gesplitteten Anteile weiterhin dem ursprünglichen Gesellschafter zurechnen müssen.

199 Keine Anwendung finden die Regelungen über Gesellschafterdarlehen gem. § 39 Abs. 4 Satz 2 InsO auch dort, wo ein Gläubiger der Gesellschaft bei drohender oder eingetretener Zahlungsunfähigkeit der Gesellschaft oder bei Überschuldung Geschäftsanteile zum Zwecke der Sanierung übernimmt (Sanierungsprivileg). Dies gilt sowohl hinsichtlich der vor der Krise gewährten Altkredite als auch für neugewährte Darlehen. Anders als nach früherer Rechtslage (vgl. § 32a Abs. 3 Satz 3 GmbHG a. F.) erfasst die Regelung nach dem Wil-

---

1 Vgl. BGH v. 18.12.1991, ZIP 1991, S. 366.
2 BGH v. 27.11.2000, ZIP 2001, S. 115 ff.; BGH v. 21.6.1999, ZIP 1999, S. 1314.

len des Gesetzgebers auch den Zuerwerb durch Kleinbeteiligte i. S. v. § 39 Abs. 5 InsO, die zuvor nicht den Bestimmungen über Gesellschafterdarlehen unterfielen. Allerdings muss die Übernahme des Gesellschaftsanteils zum Zwecke der Sanierung erfolgen, die Gesellschaft folglich bei objektiver Betrachtungsweise zumindest sanierungsfähig sein.[1]

Mit der Verlagerung des Rechts der Gesellschafterdarlehen in den Anwendungsbereich der InsO sind notwendig weitere dogmatische Konsequenzen verbunden. So stellt § 30 Abs. 1 Satz 3 GmbHG nunmehr – abweichend von der früheren Rechtslage – klar, dass *„die Rückgewähr eines Gesellschafterdarlehens und Leistungen auf Forderungen aus Rechtshandlungen, die einem Gesellschafterdarlehen entsprechen,"* nicht dem Ausschüttungsverbot des § 30 Abs. 1 Satz 1 GmbHG unterliegen. **Die Rückzahlung eines Gesellschafterdarlehens kann somit seitens des Geschäftsführers weder mit Hinweis auf § 30 GmbHG verweigert werden, noch läuft der Geschäftsführer Gefahr, wegen der Auszahlung des Rückforderungsbetrags gem. § 43 Abs. 3 GmbHG persönlich in die Haftung genommen zu werden.**

200

Allerdings ist er gem. § 64 Satz 3 GmbHG stets verpflichtet zu prüfen, ob durch die Zahlung an den Gesellschafter möglicherweise die **Zahlungsunfähigkeit der Gesellschaft herbeigeführt wird**. Ist Letzteres der Fall, so darf er die Auszahlung **nicht** vornehmen, da ihn sonst gem. §§ 64 Satz 4, 43 Abs. 3 und 4 GmbHG eine **persönliche Einstandspflicht** trifft. Dabei liegt es im Zweifelsfalle an dem Geschäftsführer, darzulegen und zu beweisen, dass die durch Rückführung des Gesellschafterdarlehens bedingte Zahlungsunfähigkeit der Gesellschaft für ihn auch bei Beachtung der Sorgfalt eines ordentlichen Geschäftsmannes nicht erkennbar war.

Erfolgt die Rückgewähr des Gesellschafterdarlehens innerhalb des letzten Jahres vor Stellung des Insolvenzantrags über das Vermögen der Gesellschaft oder nach Antragsstellung, so unterliegt die Rückzahlung – ohne dass es auf den „eigenkapitalersetzenden Charakter" der Darlehensgewährung ankommt – darüber hinaus gem. § 135 Abs. 1 Nr. 3 InsO in jedem Falle **der Anfechtung (§ 129 InsO) seitens den Insolvenzverwalters** und ist folglich vom Empfänger zur Insolvenzmasse zurückzugewähren. Kommt es – mangels einer die Kosten des Verfahrens deckenden Masse (§ 26 Abs. 1 InsO) – nicht zur Insolvenzeröffnung, so ist der **Gläubiger** befugt, die Rückgewähr gem. § 6 Abs. 1 Nr. 2 AnfechtG anzufechten. Unterbleibt die Stellung eines Insolvenzantrags, so er-

201

---

1 *L/H/Kleindiek*, GmbHG Anhang § 64, Anm. 128 ff.

fasst die Anfechtung alle Rückzahlungen im letzten Jahr vor der Erlangung des vollstreckbaren Schuldtitels oder danach.

202 Überlässt ein Gesellschafter der Gesellschaft einen Gegenstand zum Gebrauch oder zur Ausübung, so kann er den ihm zukommenden Aussonderungsanspruch (§ 47 InsO) in der Insolvenz der GmbH während der Dauer des Insolvenzverfahrens, höchstens aber für eine Zeit von einem Jahr ab der Insolvenzeröffnung, nicht geltend machen, wenn der Gegenstand **für die Fortführung des Unternehmens der Gesellschaft von erheblicher Bedeutung** ist (§ 135 Abs. 3 InsO). Dies betrifft insbesondere die Überlassung betriebsnotwendigen Anlagevermögens **im Rahmen einer Betriebsaufspaltung.**

Erfasst werden somit diejenigen Gestaltungen, bei denen die Gesellschafter das Anlagevermögen (Betriebsgrundstücke, Maschinen, Büroeinrichtung etc.) der GmbH **nicht als Eigentum, sondern im Wege einer rechtsgeschäftlichen Gebrauchsüberlassung** (Miete, Pacht, Leasing, Leihe etc.) zur Verfügung stellen. Insofern knüpft die Regelung – zumindest teilweise – an der in § 32a Abs. 3 Satz 1 GmbHG a. F. gründenden Rechtsprechung des BGH zur „eigenkapitalersetzenden Nutzungsüberlassung" an,[1] allerdings – entsprechend dem veränderten dogmatischen Konzept – unter Verzicht auf das Tatbestandsmerkmal des Kapitalersatzes. So betont denn auch der Gesetzgeber, entgegen der bislang bestehenden Annahme der Rechtsprechung könne künftig eine Verpflichtung des Gesellschafters, der Gesellschaft auch nach Eröffnung des Insolvenzverfahrens das Wirtschaftsgut für die Dauer des vertraglichen Zeitraums unentgeltlich zu überlassen, nicht mehr anerkannt werden.[2] Entsprechend billigt § 135 Abs. 3 Satz 2 InsO dem Gesellschafter als Eigentümer des Wirtschaftsgutes einen Ausgleich für die – zwangsweise – Nutzungsüberlassung zu, der sich „*nach dem Durchschnitt der im letzten Jahr vor der Verfahrenseröffnung geleisteten Vergütung, bei kürzerer Dauer der Überlassung (nach dem) Durchschnitt während dieses Zeitraums*" bestimmt.

203–220 *(Einstweilen frei)*

---

[1] Vgl. BGH v. 16.10.1989, BGHZ 109, S. 55 ff.; BGH v. 14.12.1992, BGHZ 121, S. 31 ff.; BGH v. 11.7.1994, BGHZ 127, S. 1 ff.; und BGHZ 127, S. 17 ff.; sowie BGH v. 16.6.1997, ZIP 1997, S. 1375 ff.
[2] Regierungsbegründung zu § 135 Abs. 3, BT-Drucks. 16/9737, S. 101 f.

2. Stellung und Funktion des Geschäftsführers

2.1 Der Geschäftsführer als zwingendes Handlungsorgan

Der Geschäftsführer führt nach Maßgabe des Gesetzes, der Satzung und der Gesellschafterbeschlüsse (§ 37 Abs. 1 GmbHG) die Geschäfte der Gesellschaft und vertritt die GmbH gerichtlich und außergerichtlich (§ 35 Abs. 1 GmbHG; zum Umfang der Geschäftsführungs- und Vertretungsbefugnis vgl. Rz. 571 ff. unten 5). Er ist neben der Gesellschafterversammlung oder dem Alleingesellschafter **ein unabdingbares Organ der GmbH**. Dies folgt unmittelbar aus § 6 Abs. 1 GmbHG: „Die *Gesellschaft muss einen oder mehrere Geschäftsführer haben.*" Dabei steht die genaue Zahl der Organwalter im freien Ermessen der (Gründungs-)Gesellschafter. Das Gesetz enthält insofern keine verbindlichen Vorgaben. Etwas anderes gilt nur im Falle der „mitbestimmten" GmbH (vgl. unten). Angesichts des gem. § 33 Abs. 1 MitbestG; § 13 MontanMitbestG und § 13 MontanMitbestErgG zwingend vorgeschriebenen Arbeitsdirektors *„als gleichberechtigtem Mitglied des zur gesetzlichen Vertretung des Unternehmens befugten Organs"* bedarf es hier stets mindestens zweier Geschäftsführer. Demgegenüber genügt im Anwendungsbereich des Drittelbeteiligungsgesetzes vom 18.5.2004[1] – wie im Regelfall – ein einziger Organwalter.

221

Im Übrigen besteht bezüglich der Vorgaben des Gesellschaftsvertrags weitgehende Gestaltungsfreiheit. So kann die Satzung einerseits die genaue Zahl der Geschäftsführer festlegen, sich jedoch auch darauf beschränken, Mindest- oder Höchstzahlen vorzuschreiben. Darüber hinaus besteht die Möglichkeit, die Bestimmung der Zahl der Geschäftsführer an ein anderes Gesellschaftsorgan zu delegieren („Die Anzahl der Geschäftsführer obliegt der Bestimmung durch den Aufsichtsrat"). Fehlt eine entsprechende Regelung im Gesellschaftsvertrag, so erfolgt die Festlegung der Zahl der Geschäftsführer im Zweifel durch einen (einfachen) Gesellschafterbeschluss entweder gleichzeitig mit der Bestellung[2] oder getrennt von dieser.[3]

222

---

1 BGBl 2004 I S. 974.
2 OLG Hamm v. 7.1.1985, ZIP 1985, S. 742.
3 OLG Stuttgart v. 28.12.1998, GmbHR 1999, S. 537 f., 538.

223 Werden mehr Geschäftsführer bestellt als seitens der Satzung vorgesehen, so kann der der Bestellung zugrunde liegende (Gesellschafter-)Beschluss wegen Verstoßes gegen den Gesellschaftsvertrag angefochten werden.

224 Fällt ein durch Gesetz oder die Satzung vorgeschriebener Geschäftsführer weg, so bleibt hiervon zunächst der Bestand der Gesellschaft unberührt. Allerdings hat das Bestellungsorgan – im Regelfall die Gesellschafterversammlung – für unverzügliche Abhilfe zu sorgen und einen Nachfolger zu bestellen. Eine Vertretung durch Prokuristen (§§ 48 ff. HGB) und (Handlungs-) Bevollmächtigte (§ 54 HGB) sowie die Geschäftsführung durch sonstige Arbeitnehmer der Gesellschaft kommt allenfalls als vorübergehende Überbrückungsmaßnahme in Betracht (zu Fragen der Vertretungsmacht bei Wegfall eines notwendigen Geschäftsführers vgl. unten). Insbesondere treten auch nicht die Gesellschafter an die Stelle des fehlenden Geschäftsführers. Folglich kann jeder (Minderheits-)Gesellschafter die Beschlussfassung über die Bestellung eines vorgeschriebenen Geschäftsführers unter den Voraussetzungen des § 50 GmbHG erzwingen. Erweist sich die Neubestellung auch auf längere Sicht als undurchführbar, so bleibt letztlich lediglich die Auflösungsklage aus wichtigem Grund gem. § 61 Abs. 1 GmbHG. In diesem Fall stehen dem Registergericht und den Gläubigern gegenüber den insoweit säumigen Gesellschaftern keine Zwangsmittel zu Gebote. So scheidet insbesondere die Verhängung eines Zwangsgeldes aus. Im Übrigen kommt in dringenden Fällen entsprechend § 29 BGB die Bestellung eines „Notgeschäftsführers" auf Antrag eines Beteiligten in Betracht (vgl. Rz. 351 ff.).

225 Die nach Gesetz oder Satzung vorgeschriebene Zahl von (Gründungs-)Geschäftsführern muss **bereits vor der Anmeldung der Gesellschaft** zum Handelsregister bestellt werden. Es ist gerade die Aufgabe der Geschäftsführer als „gesetzliche Vertreter" der GmbH, die seitens der Gesellschafter noch vor der Anmeldung (vgl. § 7 Abs. 2, 3 GmbHG) zu leistenden Geld- oder Sacheinlagen für die GmbH entgegenzunehmen und deren ordnungsmäßige und vollständige Aufbringung gegenüber dem Registergericht zu versichern (§ 8 Abs. 2 GmbHG). Zudem liegt die Anmeldung der Gesellschaft zum Handelsregister gem. § 7 Abs. 1, 8 GmbHG zwingend in der Hand aller im Amt befindlichen Geschäftsführer und kann nicht durch die Gesellschafter bewirkt werden. Fehlt es an der erforderlichen Zahl von Organträgern oder ist deren Amtsstellung bereits vor der Eintragung durch Amtsniederlegung oder Widerruf des Bestellungsaktes (vgl. Rz. 222) wieder entfallen, so ist das Registergericht verpflichtet, die Anmeldung zurückzuweisen (§ 9c GmbHG).

Hinsichtlich der „Amtsbezeichnung" des Geschäftsführers können die Gesellschafter frei entscheiden. So ist es durchaus möglich, in Abweichung von der gesetzlichen Terminologie die Organwalter als „Geschäftsleiter" oder „Direktoren" zu bezeichnen. Ob auch die Benennung als „Vorstand" möglich ist, scheint im Hinblick auf die damit verbundene Irreführungsgefahr (§ 5 UWG) bezüglich der AG zumindest fraglich. Die Eintragung im Handelsregister erfolgt in jedem Fall ausschließlich unter der Bezeichnung Geschäftsführer. Diese ist auch gem. § 35a GmbHG auf den Geschäftsbriefen der Gesellschaft zu verwenden. Darüber hinaus sieht das Gesetz die Möglichkeit vor, einzelne Geschäftsführer als **Stellvertreter** zu bestellen. Diese „Einschränkung" ist auch bei entsprechender Antragstellung **nicht im Handelsregister einzutragen**.[1] Darüber hinaus bleibt der Vermerk ohne Wirkung auf die Vertretungsbefugnis (vgl. Rz. 571 ff.). Im Außenverhältnis unterscheidet sich die Rechtsstellung des Stellvertreters folglich nicht von derjenigen der übrigen Organwalter. Nach zutreffender Auffassung ist er darüber hinaus auch im Innenverhältnis vollwertiges Mitglied der Geschäftsleitung,[2] doch kann der Gesellschaftsvertrag oder eine interne Geschäftsordnung seine Geschäftsführungsbefugnis auf den Fall der Verhinderung des „Hauptgeschäftsführers" beschränken. 226

(Einstweilen frei) 227–230

2.2 Die persönlichen Voraussetzungen

2.2.1 Gesetzliche Ausschlusstatbestände

Literatur: *Melchior*, Ausländer als GmbH-Geschäftsführer, DB 1997, S. 413; *Wachter*, Ausländer als GmbH-Gesellschafter und -Geschäftsführer, ZIP 1999, S. 1577 ff.; *Lutter*, Anwendbarkeit der Alterbestimmungen des AGG auf Organpersonen, BB 2008, S. 725 ff.; *Ries*, Der ausländische Geschäftsführer, NZG 2010, S. 298; *Bauer/Arnold*, Altersdiskriminierung von Organmitgliedern, ZIP 2012, S. 597; *Kothe-Heggemann*, Diskriminierungsschutz für GmbH-Geschäftsführer, GmbHR 2012, R 197; *Schneider/Schneider*, Die persönliche Haftung der GmbH-Gesellschafter bei Überlassung der Geschäftsführung an Personen, die nicht Geschäftsführer sein können, GmbHR 2012, S. 365.

„Geschäftsführer kann nur eine natürliche, unbeschränkt geschäftsfähige Person sein", so § 6 Abs. 2 Satz 1 GmbHG. Dabei ist es gleichgültig, **ob es sich um Gesellschafter oder gesellschaftsfremde Dritte handelt** (§ 6 Abs. 3 GmbHG). Es gilt somit im Gegensatz zu den Personengesellschaften (oHG, KG) und der eG der Grundsatz der „Fremd-" oder „Drittorganschaft". Eine besondere Qualifika- 231

---

1 BGH v. 10.11.1997, ZIP 1998, S. 152 f.
2 *L/H/Kleindiek*, GmbHG § 44, Anm. 2; a. A. *B/H/Zöllner/Noack*, GmbHG § 44, Anm. 4.

tion als Amtsvoraussetzung verlangt das Gesetz nicht. Entsprechende Anforderungen ergeben sich allenfalls mittelbar infolge der „Ausstrahlungen" des Haftungsrechts (vgl. § 43 GmbHG sowie Rz. 233). Demgegenüber kommen weder juristische Personen (GmbH, AG, e.V.) noch Personengesellschaften (GbR, oHG) oder Gesamthandsgemeinschaften, beispielsweise Erbengemeinschaften, für das Amt in Betracht. Darüber hinaus sind Minderjährige zwingend von der Organstellung ausgeschlossen. Sie können insofern auch nicht gem. §§ 112, 113 BGB durch ihre gesetzlichen Vertreter bzw. das Vormundschaftsgericht zur Übernahme der Geschäftsführerstellung ermächtigt werden.[1] Dies gilt auch für Personen, die gem. § 1903 BGB als „Betreute" einem Einwilligungsvorbehalt unterliegen (§ 6 Abs. 2 Satz 2 Nr. 1 GmbHG).

232 Gemäß § 6 Abs. 2 Satz 2 Nr. 2 GmbHG sind solche Personen vom Amt des GmbH-Geschäftsführers ausgeschlossen, gegen die aufgrund eines gerichtlichen Urteils oder einer vollziehbaren Entscheidung einer Verwaltungsbehörde ein Berufs- oder Gewerbeverbot (vgl. § 70 StGB, § 35 Abs. 1, Abs. 8 GewO) besteht, sofern der Unternehmensgegenstand der GmbH ganz oder teilweise mit dem Gegenstand des Verbots übereinstimmt. Soweit es ein behördliches Verbot betrifft, fehlt es dem (vorgesehenen) Organwalter an der Amtsfähigkeit, sobald die behördliche Anordnung vollziehbar ist. Das setzt nicht notwendig die Unanfechtbarkeit (Bestandskraft) des zugrunde liegenden Verwaltungsaktes voraus, sondern ist bereits dann der Fall, wenn einem Rechtsmittel keine aufschiebende Wirkung mehr zukommt. Hinsichtlich der Dauer der Ausschlusswirkung kommt es auf den Inhalt der Verfügung an. Es kommt folglich auch ein zeitlich unbegrenztes Verbot in Betracht.

233 Darüber hinaus führt gem. § 6 Abs. 2 Satz 2 Nr. 3 GmbHG auch die – **rechtskräftige** – Verurteilung wegen **bestimmter vorsätzlich begangener (Wirtschaft-)Straftaten** zum Ausschluss vom Amt des Geschäftsführers. Das am 1.11.2008 in Kraft getretene MoMiG hat den Katalog der Straftaten, welche die Amtsunfähigkeit des Geschäftsführers begründen, deutlich erweitert. Neben den – bereits bisher geltenden – Ausschlusstatbestand der Verurteilung wegen einer **Insolvenzstraftat** nach den §§ 283 bis 283d StGB (Bankrott, Verletzung der Buchführungspflicht, Gläubigerbegünstigung und Schuldnerbegünstigung) treten nunmehr gem. § 6 Abs. 2 Satz 2 Nr. 3 Buchst. a, c bis e GmbHG die Verurteilung wegen **Insolvenzverschleppung**, wegen falscher Angaben gem. § 82 GmbHG oder § 399 AktG, wegen unrichtiger Darstellung nach § 400 AktG, § 331 HGB, § 313 UmwG oder § 17 PublG oder wegen der

---

[1] OLG Hamm v. 13.4.1992, GmbHR 1992, S. 671.

2.2 Die persönlichen Voraussetzungen

§§ 263 bis 264a StGB (Betrug, Computerbetrug, Subventionsbetrug, Kapitalanlagebetrug) bzw. §§ 265b bis 266a StGB (Kreditbetrug, Untreue, Vorenthalten und Veruntreuung von Arbeitsentgelt). Soweit es eine Verurteilung wegen der §§ 263 bis 264a sowie §§ 265b bis 266a StGB betrifft, ist zudem erforderlich, dass eine Freiheitsstrafe von mindestens einem Jahr verhängt wurde.

Sieht man von den ausdrücklichen Regelungen des GmbHG ab, so gilt es, in Ausnahmefällen weitere gesetzliche Hinderungsgründe zu beachten. Nach dem geltenden Dienstrecht bedürfen Beamte zu ihrer Bestellung zum Geschäftsführer der Genehmigung der obersten Dienstbehörde (vgl. § 65 Abs. 1 Nr. 3 Bundesbeamtengesetz – BBG –; § 76 Abs. 1 Nr. 3 Landesbeamtengesetz – LBG – Nordrhein-Westfalen). Allerdings ist das Vorliegen der öffentlich-rechtlichen Genehmigung keine Wirksamkeitsvoraussetzung der Bestellung und daher vom Registergericht nicht von Amts wegen zu prüfen. Eine unter Verstoß gegen das Beamtenrecht erfolgte Bestellung ist folglich im Handelsregister einzutragen. Dies betrifft auch den Unvereinbarkeitstatbestand des § 7 Nr. 8 Bundesrechtsanwaltsordnung (BRAO). Darüber hinaus sind die Mitglieder der Bundesregierung (Art. 66 GG), der Bundespräsident (Art. 55 Abs. 2 GG) sowie nach den Bestimmungen der Landesverfassungen im Regelfall auch die Mitglieder der Landesregierungen von der Amtsübernahme ausgeschlossen. Ihre Bestellung ist unwirksam, es sei denn, die Gesellschaft übt bei inhaltlicher Betrachtungsweise keine gewerbliche Tätigkeit aus. Geschäftsführer einer Rechtsanwalts-GmbH kann gem. § 59f Abs. 2 BRAO nur sein, wer zur Ausübung eines in § 59e Abs. 1 Satz 1 BRAO Berufs berechtigt ist. Entsprechendes gilt für Geschäftsführer von Wirtschaftsprüfungs- und Steuerberatungsgesellschaften (§ 28 Abs. 2 WPO und, § 50 Abs. 2 StBerG).

234

Die gleichzeitige Mitgliedschaft im Aufsichtsrat ist mit der Stellung eines Geschäftsführers nicht zu vereinbaren. Dies gilt unbestritten für die Mitglieder eines durch Gesetz vorgeschriebenen Aufsichtsrats,[1] sofern nicht die Ausnahmeregelung des § 105 Abs. 2 AktG greift. Danach können Mitglieder des Aufsichtsrats für einen begrenzten Zeitraum, höchstens für ein Jahr, zu Stellvertretern von fehlenden oder verhinderten Geschäftsführern bestellt werden. In diesem Falle ruht das Aufsichtsratsmandat für die Dauer der Geschäftsführertätigkeit des Aufsichtsratsmitglieds (§ 105 Abs. 2 Satz 3 AktG). Darüber hinaus ist die Regelung des § 105 Abs. 1 AktG trotz ihrer rechtsformspezifischen Verankerung Ausdruck eines allgemeinen Rechtsgrundsatzes, der aus Gründen eines offensichtlichen Interessenkonflikts den Kontrollierten (Geschäftsführer)

235

---

1 Vgl. § 4 DrittelbG, § 6 MitbestG, § 3 MontanMitbestG, § 105 Abs. 1 AktG.

zwingend von der Mitwirkung im Kontrollorgan (Aufsichtsrat) ausschließt. Die Funktionsfähigkeit des Überwachungsgremiums bedingt es notwendig, dass dessen Mitglieder nicht „als Richter in eigener Sache" tätig werden. Insofern ist die Unvereinbarkeit von Aufsichtsratsmandat und Geschäftsführerstellung „satzungsfest" und steht nicht zur Disposition der Gesellschafter.[1] Die Inkompatibilität erfasst somit auch die Mitgliedschaft in einem durch die Satzung festgesetzten „fakultativen" Aufsichtsrat. Erfolgt unter Verstoß gegen § 105 Abs. 1 AktG die Bestellung eines Aufsichtsratsmitglieds zum Geschäftsführer, so ist der Bestellungsakt unheilbar nichtig.

236 Demgegenüber sind Ausländer nicht gehindert, das Amt des Geschäftsführers einer deutschen GmbH auszuüben.[2] Das Gesetz verlangt von Seiten der Organwalter weder die deutsche Staatsangehörigkeit noch einen inländischen Wohnsitz. Entscheidend ist lediglich, dass der Geschäftsführer jederzeit in der Lage ist, die ihm obliegenden unabdingbaren rechtlichen Verpflichtungen zu erfüllen.

237 Dies betrifft insbesondere die Buchführungspflicht (§ 41 GmbHG), die Sicherung des Haftungsfonds (§ 43 Abs. 3 GmbHG) sowie die Insolvenzantragspflicht (§ 15a InsO). Umstritten ist, ob die Erfüllbarkeit dieses Pflichtenkanons es erforderlich macht, dass der Geschäftsführer bei der Anmeldung gegenüber dem Registergericht eine **Aufenthaltsgenehmigung** gem. § 7 Ausländergesetz bzw. Aufenthaltserlaubnis EU nachweist.[3] Soweit es EU-Bürger betrifft, die jederzeit einreisen können, sind diese bei Erfüllung der persönlichen Voraussetzungen ohne weitere Überprüfung seitens des Registergerichts einzutragen.

Demgegenüber wurde in der Vergangenheit meist angenommen, sonstige Ausländer kämen für das Amt des Geschäftsführers nur insoweit in Betracht, wie sie sich zur Ausübung ihrer „Kernfunktionen" jederzeit im Inland aufhalten dürfen.[4] Eine „Fernsteuerung" der GmbH durch Telefon, Telefax oder E-Mail vom ausländischen Aufenthaltsort des Geschäftsführers aus genüge den im öffentlichen Interesse bestehenden Buchführungs- und Kapitalerhaltungspflichten des Organwalters grundsätzlich nicht. Dies habe das Registergericht

---

1 Zutreffend: OLG Frankfurt/M. v. 21.11.1986, DB 1987, S. 85; *B/H/Zöllner/Noack*, GmbHG § 52, Anm. 28, 39; *L/H/Lutter*, GmbHG § 52, Anm. 11; *K. Schmidt*, GesR § 36 IV S. 1104; a. A. *Scholz/ Schneider*, GmbHG § 52, Anm. 256; *Hachenburg/Mertens*, GmbHG § 35, Anm. 15.
2 OLG Hamm, NJW-RR 1992, S. 1523 mit zust. Anm. *Demharter*, EWIR 1992, S. 1089.
3 Bejahend: LG Köln v. 16.3.1981, GmbHR 1983, S. 48; v. 7.10.1983, GmbHR 1984, S. 157; ablehnend: LG Berlin v. 4.5.2004, GmbHR 2004, S. 951; OLG Frankfurt/M. v. 14.3.1977, DB 1977, S. 817; LG Braunschweig v. 7.2.1983, DB 1983, S. 706; *B/H/Fastrich*, GmbHG § 6, Anm. 9.
4 Wie hier: *Scholz/Uwe H. Schneider*, § 6 Rz. 18 f.; a.A. jetzt ausdrücklich OLG Düsseldorf v. 16.4.2009, ZIP 2009, S. 1074 f.

von Amts wegen zu berücksichtigen und bei Fehlen einer Aufenthaltserlaubnis die Eintragung des Geschäftsführers zurückzuweisen.[1] Entfalle – z. B. nach einer Ausweisung – die Aufenthaltsmöglichkeit nachträglich, so erlösche gleichzeitig die Organstellung des Geschäftsführers. Dem ist nicht zu folgen. Erkennt das GmbHG in der Fassung des MoMiG gem. § 4a einen ausländischen Verwaltungssitz der Gesellschaft ausdrücklich an, so sind keine tragenden Gründe ersichtlich, Ausländern – unabhängig vom Vorliegen einer Aufenthaltserlaubnis – die Ausübung der Geschäftsführerfunktion zu verwehren.[2]

Fehlt es in der Person des Geschäftsführers an einer für das Amt zwingenden gesetzlichen Voraussetzung, so ist ihre Bestellung unwirksam. Entfällt die Voraussetzung zu einem späteren Zeitpunkt, so endet gleichzeitig die Organstellung. Überlassen die Gesellschafter vorsätzlich oder grob fahrlässig einer Person, die nicht Geschäftsführer sein kann, die Führung der Geschäfte der Gesellschaft, so haften diese gem. § 6 Abs. 6 GmbHG als Gesamtschuldner (solidarisch) für den Schaden, der dadurch entsteht, dass diese Person die ihr gegenüber der Gesellschaft bestehenden Pflichten verletzt.

(Einstweilen frei) 238–245

2.2.2 Satzungsmäßige Anforderungen

Sieht man von den gesetzlichen Ausschlusstatbeständen ab, so bleibt es den (Gründungs-)Gesellschaftern unbenommen, **zusätzliche Anforderungen** an die Person des Geschäftsführers in der Satzung niederzulegen. Insofern besteht im Innenverhältnis der GmbH eine weitgehende Gestaltungsfreiheit. Dies betrifft etwa die Vorbildung oder die Gesellschafterstellung oder die Zugehörigkeit zu einem bestimmten Gesellschafterstamm, beispielsweise einer Familie. Demgegenüber ist es im Hinblick auf die Bestimmungen des Allgemeinen Gleichbehandlungsgesetzes (AGG), die gem. § 6 Abs. 3 AGG auch auf Geschäftsführer einer GmbH Anwendung finden, unzulässig, eine bestimmte Geschlechtszugehörigkeit oder ein Höchstalter unter 58 Jahren festzusetzen.[3] Andererseits ist die Festsetzung eines Höchstalters für die Übernahme des Geschäftsführeramtes gem. § 10 Satz 3 Nr. 2 AGG grundsätzlich zulässig. Soweit

246

---

[1] OLG Hamm v. 9.8.1999, ZIP 1999, S. 1919 ff.; OLG Köln v. 30.9.1998, DB 1999, S. 38 ff.; v. 26.10.1998, BB 1999, S. 493 = NZG 1999, S. 269; a. A. OLG Dresden v. 5.11.2002, GmbHR 2003, S. 537.

[2] OLG München v. 17.12.2009, GmbHR 2010, S. 210 f.; OLG Düsseldorf v. 16.4.2009, NZG 2009, S. 678; OLG Zweibrücken v. 9.9.2010, NZG 2010, S. 1347; *B/H/Fastrich*, GmbHG § 6, Anm. 9; *L/H/Kleindiek*, GmbHG § 6, Anm. 15, wohl auch: MüKoGmbHG/*W.Goette*, § 6 Rz. 22.

[3] *Lutter*, BB 2007, S. 725, 729 f.

das satzungsgemäße Höchstalter seitens des Bewerbers nicht überschritten wird, stellt es allerdings eine unzulässige Altersdiskriminierung dar, wenn dem bisherigen Geschäftsführer nach Ablauf seiner Amtszeit die Wiederbestellung nur im Hinblick auf sein Alter verweigert wird.[1]

247 Fraglich ist, ob und in welchem Umfang der hier eröffnete Bereich autonomer Gestaltung auch die mitbestimmte GmbH erfasst. Dabei ergeben sich für die Mitbestimmung im Rahmen des DrittelbG insofern keine Besonderheiten, als die Mitwirkung der Arbeitnehmer im Aufsichtsrat der Gesellschaft nicht die Bestellung der Geschäftsführer umfasst. Hier bleibt es vielmehr bei der Regelkompetenz der Gesellschafterversammlung. Anders verhält es sich im Rahmen der „paritätischen" Mitbestimmung nach dem MitbestG oder dem MontanMitbestG. Diese ordnen die Bestellungskompetenz nicht der Gesellschafterversammlung, sondern dem Verantwortungsbereich des mitbestimmten Aufsichtsrates zu (§ 31 MitbestG, § 12 MontanMitbestG). Dessen Personalkompetenz läuft allerdings weitgehend leer, wenn die (Gründungs-)Gesellschafter durch detaillierte Einzelregelungen im Gesellschaftsvertrag den für das Amt des Geschäftsführers in Betracht kommenden Personenkreis allzu sehr einengen. Zum Teil wird daher angenommen, im Rahmen der paritätischen Mitbestimmung seien Satzungsregelungen, die Qualifikationsanforderungen für die Geschäftsführer aufstellen, generell unwirksam.

Doch erscheint eine solche Beschränkung des Gestaltungsspielraums der Gesellschafter als zu weitgehend. Vielmehr wird man solche Vorgaben des Gesellschaftsvertrags als mit Geist und Buchstaben der Mitbestimmungsgesetze vereinbar ansehen müssen, die – orientiert am Gegenstand des Unternehmens (§ 3 Abs. 1 Nr. 2 GmbHG) sowie dessen Größe – auch aus der Sicht Dritter als „sachangemessen" erscheinen, ohne gleichzeitig die personellen Auswahlmöglichkeiten des Aufsichtsrats unverhältnismäßig zu verkürzen. Dies betrifft beispielsweise die Ausbildung und den beruflichen Werdegang des (potenziellen) Geschäftsführers sowie – im Rahmen der Vorgaben des AGG – die Festlegung von „Altersschranken". Demgegenüber scheidet auch bei der „personalistischen" GmbH im Anwendungsbereich der Mitbestimmungsgesetze die Bindung der Geschäftsführerstellung an die Zugehörigkeit zu einer bestimmten Gesellschaftergruppe oder an die Gesellschafterstellung durchweg aus.[2]

---

[1] BGH v. 23.4.2012, BGHZ 193, S. 110 = NJW 2012, S. 2346 ff.; MüKoBGB/*Thüsing*, § 6 AGB Rz. 11.

[2] So im Ergebnis zutreffend: *B/H/Zöllner/Noack*, GmbHG § 35, Anm. 25; *Hachenburg/Mertens*, GmbHG § 35, Anm. 20; einschränkend: MüKoGmbHG/*Spindler*, § 52 Rz. 15.

Eine unter Verletzung statuarischer Anforderungen erfolgte Bestellung zum Geschäftsführer ist wirksam. Der der Bestellung zugrunde liegende (Gesellschafter-)Beschluss kann jedoch wegen des Satzungsverstoßes in entsprechender Anwendung von § 243 AktG angefochten werden. Demgegenüber ist das Registergericht nicht befugt, die Anmeldung des GmbH-Geschäftsführers wegen der Abweichung vom Gesellschaftsvertrag zurückzuweisen. Fällt eine satzungsmäßige Voraussetzung in der Person des Geschäftsführers im Nachhinein weg, so stellt dies für sich genommen noch keinen wichtigen Grund im Sinne des § 38 Abs. 2 GmbHG dar, welcher die Abberufung des Geschäftsführers per se rechtfertigt. Diese kommt vielmehr nur in Betracht, wenn der Gesellschaft die Weiterführung der Organstellung des Geschäftsführers nicht zuzumuten ist.[1]

248

Handelt es sich um einem fakultativen Aufsichtsrat, so kommen gemäß § 52 Abs. 1 GmbHG die in Bezug genommenen Bestimmungen des AktG nur insoweit zur Anwendung, soweit nicht im Gesellschaftsvertrag etwas anderes bestimmt ist. Handelt es sich bei dem Gesellschafter um eine Kommune, so ist es nach der Rechtsprechung des BVerwG zulässig, die Aufsichtsratsmitglieder im Rahmen der Vorgaben der Kommunalverfassung an Weisungen des kommunalen Gesellschafters zu binden.[2]

249

(Einstweilen frei) 250–260

---

[1] Vgl. *Hachenburg/Mertens*, GmbHG § 35, Anm. 21.
[2] OVG Münster, ZIP 2009, S. 1718; BVerwG, ZIP 2011, S. 2054.

3. Die Bestellung des Geschäftsführers

3.1 Bestellung und Anstellungsvertrag

Literatur: *Meier/Pech,* Bestellung und Anstellung von Vorstandsmitgliedern in Aktiengesellschaften und Geschäftsführern einer GmbH, DStR 1995, S. 1195 ff.; *Bauer/Gragert,* Der GmbH-Geschäftsführer zwischen Himmel und Hölle, ZIP 1997, S. 2177 ff.; *Kitzinger,* Der GmbH-Geschäftsführer zwischen Arbeits- und Gesellschaftsrecht, 2001; *Fischer,* die Fremdgeschäftsführerin und andere Organvertreter auf dem Weg zur Arbeitnehmereigenschaft, NJW 2011, S. 2329 ff.; *Lunk/Rodenbusch,* Der unionsrechtliche Arbeitnehmerbegriff und seine Auswirkungen auf das deutsche Recht – Eine Prognose am Beispiel des GmbH-Geschäftsführers, GmbHR 2012, S. 188 ff.; *Röhrbor,* Eigenkündigung des GmbH-Geschäftsführers bei Abberufung aus dem Amt, BB 2014, S. 1978 ff.; *Dimsic/Link,* Bestandsschutzstreitigkeiten von Geschäftsführern, BB 2015, S. 3063 ff.; *Forst,* GmbH-Geschäftsführer als Arbeitnehmer im Sinne des Unionsrechts, EuZW 2015, S. 664 ff.; *Harbarth,* Gesellschaftsrechtliche Anforderungen an die Kündigung von Geschäftsführerverträgen, BB 2015, S. 707; *Lunk,* Der GmbH-Geschäftsführer und die Arbeitsgerichtsbarkeit – Das BAG mach den Weg frei, NJW 2015, S. 528 ff.; *ders.,* Der EuGH und die deutschen GmbH-Geschäftsführer – Auf dem Weg zum Arbeitnehmerstatus, NZA 2015, S. 917 ff.; *Stagat,* Der Rechtsweg des GmbH-Geschäftsführers zum Arbeitsgericht – Änderung der Rechtsprechung und Folgen für die Praxis, NZA 2015, S. 193; *Stenslik,* Der Fremd-Geschäftsführer als Arbeitnehmer i. S. d. Unionsrechts, DStR 2015, S. 2334 ff.; *Werner,* Abberufung des Gesellschafter-Geschäftsführers aus wichtigem Grund, GmbHR 2015, S. 1185 ff.; *ders.* Koppelungsklauseln in Geschäftsführerdienstverträgen und ihre rechtlichen Rahmenbedingungen, NZA 2015, S. 1234 ff.

261 Hinsichtlich der Rechtsverhältnisse zwischen der GmbH und ihrem Geschäftsführer gilt es streng zwischen der **organschaftlichen Bestellung** und dem **schuldrechtlichen Anstellungsvertrag** zu unterscheiden. Betrifft der erste Aspekt das „Ob" der Geschäftsführerstellung, so bezieht sich die zweite Komponente auf das „Wie" bei der Ausgestaltung des Dienstvertrages zwischen der Gesellschaft und ihrem Organwalter. Das GmbH-Gesetz selbst betont diese Differenzierung, wenn es darauf verweist, die Bestellung des Geschäftsführers sei „*zu jeder Zeit widerruflich, unbeschadet der Entschädigungsansprüche aus bestehenden Verträgen*" (§ 38 Abs. 1 GmbHG). Organstellung und Anstellungsvertrag können folglich ein unterschiedliches Schicksal nehmen.

Bestimmt sich die Abberufung des Geschäftsführers nach § 38 GmbHG, so gelten demgegenüber für die Kündigung des Anstellungsvertrags die Bestimmungen des bürgerlichen Dienstvertragsrechts (§§ 611 ff. BGB, insbesondere §§ 621 ff.; vgl. Rz. 521 ff.). Dies kann im Einzelfall dazu führen, dass der Geschäftsführer aufgrund der Abberufung sein Amt verliert, ohne dass der Geschäftsführervertrag seinerseits mit sofortiger Wirkung beendet werden kann. Im Gegensatz zur freien Widerruflichkeit der Organstellung (§ 38 Abs. 1

GmbHG) setzt die fristlose Kündigung des Anstellungsvertrages zwingend das **Vorliegen eines wichtigen Grundes** voraus (vgl. § 626 BGB). In diesem Falle besteht der Vergütungsanspruch des Geschäftsführers zunächst weiter. Aber selbst dort, wo die Abberufung des Geschäftsführers nach der Satzung ihrerseits einen wichtigen Grund bedingt (§ 38 Abs. 2 GmbHG), sind bei der „Konkretisierung" der insofern maßgebenden Widerrufsgründe zum Teil andere Wertungsmaßstäbe zugrunde zu legen, als im Rahmen einer fristlosen Kündigung des Anstellungsvertrags.

Gilt es bei der Abberufung vor allem dem evidenten Interesse der Gesellschaft Rechnung zu tragen, die Leitung des Unternehmens nicht in den Händen eines Organwalters zu belassen, **dem die Gesellschafter in ihrer Mehrheit das Vertrauen entzogen haben**, so kommt bei der Kündigung des Geschäftsführervertrags dem sozialen Bestandsschutzinteresse des betroffenen Organwalters ein entscheidendes Gewicht zu. Nicht jeder die Abberufung tragende „wichtige Grund" wird folglich eine fristlose Kündigung des Anstellungsvertrags rechtfertigen.[1]

Der hier zutage tretende „Trennungsgrundsatz" gilt gleichermaßen für den Bestellungsakt. So bestimmt sich die Wirksamkeit der Organstellung grundsätzlich unabhängig von der Gültigkeit des Anstellungsvertrags. Insbesondere stellen Bestellung und Anstellungsvertrag kein einheitliches Rechtsgeschäft i. S. d. § 139 BGB dar, so dass die Nichtigkeit des einen Teils nicht zwangsläufig diejenige des anderen herbeiführt. Allerdings ist es den Parteien möglich, beide Rechtsgeschäfte in gewissem Umfang miteinander zu verknüpfen. Folgerichtig kann die organschaftliche Bestellung durch den wirksamen Abschluss des Anstellungsvertrags aufschiebend bedingt werden (§ 158 Abs. 1 BGB). Zudem darf die erforderliche Zustimmung des Geschäftsführers zu seiner Bestellung ihrerseits unter der aufschiebenden Bedingung eines wirksam geschlossenen Anstellungsvertrags erfolgen.

262

Im Übrigen steht dem Geschäftsführer auch bei unbedingter Bestellung ein – satzungsfestes – Recht auf Amtsniederlegung zu, wenn es nicht in einem zumutbaren Zeitraum zum Abschluss eines Anstellungsvertrags kommt (zur Amtsniederlegung vgl. ausführlich Rz. 346 ff.). Darüber hinaus kann der Anstellungsvertrag bestimmen, dass in dem Abberufungsbeschluss der Gesellschafterversammlung stets gleichzeitig eine Kündigung des Anstellungsvertrags gegenüber dem Geschäftsführer liegt. **Möglich ist es auch, den Anstellungsver-**

---

1 Vgl. BGH v. 20.10.1954, BGHZ 15, S. 71 ff.; *Hachenburg/Stein*, GmbHG § 38, Anm. 57.

trag durch die Abberufung aus der Organstellung auflösend zu bedingen.[1] Die Verknüpfung beider Rechtsverhältnisse findet allerdings dort ihre zwingende Grenze, wo es der spezifischen Schutzfunktion des Anstellungsvertrags Rechnung zu tragen gilt. So ist eine Regelung des Geschäftsführervertrags grundsätzlich unwirksam, die bezüglich des – abhängigen – (Fremd-)Geschäftsführers bestimmt, dass der Widerruf der Bestellung aus wichtigem Grund stets die fristlose Kündigung des Anstellungsvertrages aus wichtigem Grund rechtfertigt.[2]

Angesichts der sozialen Schutzfunktion der Kündigungsbestimmungen bedarf es stets einer an Sinn und Zweck der Norm orientierten Einzelfallprüfung, ob ein wichtiger Grund gem. § 626 Abs. 1 BGB vorliegt. Insofern gilt es, die unterschiedliche Funktion von § 38 Abs. 2 GmbHG und § 626 BGB (vgl. Rz. 261) bei der Bestimmung des „wichtigen Grunds" angemessen zu berücksichtigen (vgl. zur Kündigung des Anstellungsvertrags ausführlich Rz. 526 ff.). Demgegenüber ist es zulässig, für den Fall des Widerrufs der Bestellung zugleich die ordentliche (fristgemäße) Kündigung unter Einhaltung der Mindestkündigungsfrist gem. § 622 BGB des Anstellungsvertrags vorzusehen.

263–265 *(Einstweilen frei)*

3.2 Die Bestellungskompetenz

Literatur: *Beuthien/Gätsch*, Einfluss Dritter auf die Organbesetzung und Geschäftsführung bei Vereinen, Kapitalgesellschaften und Genossenschaften, ZHR 1993, S. 483 ff.; *Jungkurth*, Konzernleitung bei der GmbH, 2000; *Schwedhelm*, Vermeidung verdeckter Gewinnausschüttungen bei der Gestaltung von GmbH-Geschäftsführer-Verträgen, GmbHR 2006, S. 281 ff.; *Kreklau*, Abberufung des Gesellschafter-Geschäftsführers der GmbH – Problem auch für jeden Investor?, GmbHR 2007, S. 365 ff.

266 Grundsätzlich liegt die Bestellungskompetenz bezüglich des Geschäftsführers in den **Händen der Gesellschafter(-Versammlung)**. Allerdings kann der **Gesellschaftsvertrag** die Zuständigkeit jederzeit auf ein anderes Organ übertragen.[3] Dies betrifft beispielsweise den (fakultativen) Aufsichtsrat, einen Beirat oder auch einen einzelnen Gesellschafter.

267 Umstritten ist, ob insofern auch eine Delegation **auf einen außerhalb der Gesellschaft stehenden Entscheidungsträger** in Betracht kommt. Hierfür besteht

---

1 BGH v. 21.6.1999, NJW 1999. S. 3263, 3264.
2 So zutreffend: OLG München v. 8.6.1994, DB 1994, S. 1972; *Werner*, NZA 2015, S. 1234 ff., 1235; a. A. *B/H/Zöllner*, GmbHG § 35, Anm. 37; BGH, NZG 2011, S. 112, 113.
3 BGH v. 24.2.1954, BGHZ 12, S. 337 ff., 340.

3.2 Die Bestellungskompetenz

– beispielsweise bei (kommunalen) Unternehmen der öffentlichen Hand oder „Konzerntöchtern" – mitunter ein praktisches Bedürfnis. Die überwiegende Auffassung in Rechtsprechung[1] und Literatur[2] bejaht daher die Möglichkeit einer entsprechenden „Auslagerung"; allerdings werden zum Teil auch gesellschaftsrechtliche Bedenken geltend gemacht.[3] Nach zutreffender Ansicht steht die Rechtsordnung der GmbH der – vorsichtigen – Übertragung von Organkompetenzen auf Dritte nicht entgegen.[4] Zunächst kennt das GmbH-Recht im Gegensatz zur AG und eG nicht den Grundsatz der formellen Satzungsstrenge (vgl. § 23 Abs. 5 AktG, § 18 Satz 2 GenG einerseits, § 45 Abs. 2 GmbHG andererseits).

Die innere Kompetenzordnung unterliegt somit der Dispositionsbefugnis der Gesellschafter. Zum anderen unterliegt der Dritte, so ihm kraft des Gesellschaftsvertrags Organstellung zukommt, den Bindungen der gesellschaftsbezogenen Treuepflicht. Er macht sich folglich bei Verletzung des Gesellschaftsinteresses gegenüber der Gesellschaft schadensersatzpflichtig. Letztlich bleibt bei Verlagerung der Bestellungskompetenz auf ein externes Organ die Befugnis der Gesellschafterversammlung zur Abberufung des Geschäftsführers aus wichtigem Grund unberührt. Diese Zuständigkeit kann zwar einem anderen Gesellschaftsorgan (Aufsichtsrat, Beirat), jedoch nicht mit verdrängender Wirkung einem externen Entscheidungsträger zugeordnet werden.[5]

268

Unterliegt somit die Bestellungskompetenz bezüglich der Geschäftsführer im Regelfall der Gestaltung durch den Gesellschaftsvertrag, so gilt dies nicht im Bereich der paritätischen Mitbestimmung. Allerdings bleibt im Anwendungsbereich des **DrittelbG** die alleinige Befugnis der Gesellschafter, den Geschäftsführer zu bestellen, unberührt. Soll hier die Bestellungskompetenz auf den mitbestimmten Aufsichtsrat übertragen werden, so bedarf es einer **ausdrücklichen Regelung in der Satzung**. Anders verhält es sich im Anwendungsbereich des MitbestG sowie der Montanmitbestimmung. Gemäß § 31 MitbestG, § 12 MontanMitbestG sowie § 13 MontanMitbestErgG obliegt hier die Bestellung der Geschäftsführer unabdingbar dem Aufsichtsrat. Dessen Zuständigkeit erfasst darüber hinaus auch den Abschluss des Anstellungsvertrags.[6] Der Bestel-

269

---

1 KG v. 5.2.1925, JW 1926, S. 598.
2 *B/H/Hueck/Fastrich*, GmbHG § 6, Anm. 30; zweifelnd: *L/H/Bayer*, GmbHG § 46, Anm. 23.
3 *Scholz/Karsten Schmidt*, GmbHG § 46, Anm. 72.
4 Vgl. eingehend: *Beuthien/Gätsch*, ZHR 1993, S. 483 ff.
5 So zutreffend: *B/H/Zöllner/Noack*, GmbHG § 38, Anm. 24; *Scholz/Uwe H. Schneider*, GmbHG § 38, Anm. 25; BGH, DB 2008, S. 2641, 2642 für Generalbevollmächtigen eines Alleingesellschafters.
6 BGH v. 14.11.1983, BGHZ 89, S. 48 ff., 52.

lungsbeschluss ist gem. § 25 Abs. 1 Nr. 2 MitbestG, § 107 Abs. 3 Satz 2 AktG notwendig dem Gesamtaufsichtsrat (Plenum) vorbehalten. Gleiches gilt seit der Einführung des VorstAG vom 31.7.2009 für die Festsetzung der Geschäftsführervergütung, da § 107 Abs. 3 Satz 3 AktG ausdrücklich auf § 87 Abs. 1 AktG verweist. Angesichts des zwingend vorgeschriebenen Arbeitsdirektors bedarf es zudem stets mindestens zweier Geschäftsführer (vgl. Rz. 221 f.). Im Geltungsbereich des MontanMitbestG kann der Arbeitsdirektor darüber hinaus nicht gegen die Stimmen der Arbeitnehmer- und Gewerkschaftsvertreter im Aufsichtsrat bestellt werden (§ 13 MontanMitbestG).

270 Unterfällt die GmbH nach der Bestellung der Geschäftsführer – beispielsweise wegen Überschreitung der Beschäftigungsgrenze – erstmals den Regelungen des MitbestG, so bleiben die bisherigen Geschäftsführer zunächst bis zum Ablauf ihrer Amtszeit im Amt. Allerdings ist der mitbestimmte Aufsichtsrat befugt, die Bestellung nach Ablauf einer Frist von fünf Jahren (vorzeitig) zu widerrufen (§ 37 Abs. 3 MitbestG).

271–275 *(Einstweilen frei)*

3.3 Der Bestellungsakt

3.3.1 Die Bestellung in der Satzung

276 Die Bestellung kann sowohl **im Gesellschaftsvertrag** (§ 6 Abs. 3 Satz 2 GmbHG) als auch durch **einfachen Gesellschafterbeschluss** (§ 46 Nr. 5 GmbHG) erfolgen. Erfolgt sie im Gesellschaftsvertrag, so kommt der Bestimmung im Zweifel nicht der Charakter einer „materiellen" Satzungsregelung zu. Die Abberufung des Geschäftsführers und die Neubestellung eines Nachfolgers sind somit **auch ohne vorherige Satzungsänderung** mit einfacher Mehrheit zulässig.[1] Wollen die (Gründungs-)Gesellschafter – ausnahmsweise – die Ausgestaltung des Bestellungsaktes als Satzungsregelung (sog. **„kleines Sonderrecht"**), so müssen sie dies im Gesellschaftsvertrag unzweideutig zum Ausdruck bringen. In diesem Falle bedarf die (spätere) Abberufung des Gesellschafter-Geschäftsführers der qualifizierten Mehrheit einer Satzungsänderung (§ 53 GmbHG). Allerdings kann hierdurch die „außerordentliche" **Abberufung eines Geschäftsführers aus wichtigem Grund** weder ausgeschlossen[2] noch an eine andere als die einfache Mehrheit gebunden werden.[3]

---

[1] BGH v. 29.9.1955, BGHZ 18, S. 205; BGH v. 16.2.1981, GmbHR 1982, S. 129.
[2] RGH v. 7.6.1929, RGZ 124, S. 379; BGH v. 21.4.1969, NJW 1969, S. 1483.
[3] BGH v. 20.12.1982, BGHZ 86, S. 177; BGH v. 9.11.1987, WM 1988, S. 23; a. A. *B/H/Zöllner/Noack*, GmbHG § 38, Rz. 8, 30.

Hiervon abgesehen ist es den Beteiligten möglich, das Amt des (Mit-)Geschäftsführers im Gesellschaftsvertrag als **„großes"** **Sonderrecht** eines Gesellschafters auszugestalten, welches dem Berechtigten nur mit seiner Zustimmung entzogen werden kann (vgl. § 35 BGB). Die Aufhebung der Begünstigung bedarf in diesem Falle neben einer Satzungsänderung (§ 53 GmbHG) der Zustimmung des Sonderrechtsinhabers. Allerdings bleibt auch hier die Abberufung des Geschäftsführers dort jederzeit möglich, wo ein in seiner Person liegender wichtiger Grund dies rechtfertigt (§ 38 Abs. 2 GmbHG; vgl. Rz. 306 ff.). Insofern gelten die gleichen Grundsätze wie hinsichtlich des „kleinen Sonderrechts". 277

Ob die Satzung die Geschäftsführerstellung als – großes oder kleines – Sonderrecht ausgestaltet hat, ist durch Auslegung des Gesellschaftsvertrags zu ermitteln. Dies ist insbesondere dort der Fall, wo die Bestellung auf Lebenszeit oder für die Dauer der Gesellschaftsmitgliedschaft erfolgt.[1] Demgegenüber genügt das Vorliegen einer Mehrheitsbeteiligung[2] oder die Bestellung zum ersten Geschäftsführer im Gesellschaftsvertrag alleine nicht, die Vermutung für ein unentziehbares Sonderrecht des Organwalters zu begründen. Im Übrigen können entsprechende Sonderrechte nur zugunsten von Gesellschaftern, nicht jedoch gegenüber Fremdgeschäftsführern begründet werden.[3] 278

(Einstweilen frei) 279–280

3.3.2 Die Bestellung durch Gesellschafterbeschluss

Soweit die Bestellung des Geschäftsführers durch Gesellschafterbeschluss erfolgt, genügt hierfür – soweit die Satzung keine abweichende Bestimmung trifft – die **einfache Mehrheit der abgegebenen (gültigen) Stimmen** (§ 47 Abs. 1 GmbHG). Stimmenthaltungen und ungültige Stimmen sind dabei nicht mitzurechnen.[4] Die einfache Mehrheit genügt dabei auch für die Erstbestellung vor der Eintragung in das Handelsregister.[5] 281

Bewirbt sich ein Gesellschafter um das Amt des Geschäftsführers, so ist er von der Ausübung seines Stimmrechts im Rahmen des Bestellungsaktes **nicht** ausgeschlossen. Er ist folglich nicht daran gehindert, sich selbst zu wählen. Die 282

---

[1] Vgl. BGH v. 4.11.1968, DB 1968, S. 2166; BGH v. 16.2.1981, WM 1981, S. 438; *B/H/Zöllner/ Noack*, GmbHG § 38, Anm. 9 f.
[2] RGH v. 26.5.1908, LZ 1909, S. 75 f.
[3] *Scholz/Uwe H. Schneider*, GmbHG § 6, Anm. 47.
[4] BGH v. 25.1.1982, BGHZ 83, S. 35.
[5] BGH v. 23.3.1981, BGHZ 80, S. 212.

Regelung des § 47 Abs. 4 GmbHG findet auf die Bestellung von Organmitgliedern keine Anwendung.[1] Zwar handelt es sich bei der Bestellung um ein Rechtsgeschäft, doch bedarf die Vorschrift nach Sinn und Zweck der Regelung einer einschränkenden Interpretation bei Akten der körperschaftsrechtlichen Willensbildung (Sozialakten). So geht es nicht an, die betroffenen Gesellschafter von der Mitwirkung bei der Gestaltung der innergesellschaftlichen Verhältnisse, insbesondere der personellen Besetzung von Gesellschaftsorganen, ganz oder teilweise auszuschließen.

Ein Stimmrechtsausschluss kommt folglich nur dort in Betracht, wo der Abstimmende quasi als „Richter in eigener Sache" tätig wird und damit der von § 47 Abs. 4 GmbHG erfasste Interessenkonflikt mit der gebotenen Deutlichkeit zu Tage tritt. Dies ist beispielsweise bei der Abberufung „aus wichtigem Grund" der Fall (vgl. Rz. 331 ff.). Auch der **Alleingesellschafter** ist ungeachtet der Bestimmungen der § 35 Abs. 4 GmbHG, § 181 BGB **nicht** gehindert, sich selbst zum Geschäftsführer zu bestellen. Einer Befreiung vom Verbot des Selbstkontrahierens bedarf es diesbezüglich nicht.[2] Etwas anderes gilt allerdings dort, wo sich ein Gesellschafter, der von anderen Gesellschaftern zu ihrer Vertretung bevollmächtigt ist, mit den Stimmen seiner Vollmachtgeber selbst zum Geschäftsführer der Gesellschaft bestellt.[3]

283 Grundsätzlich sind die Gesellschafter bei der Wahl des Geschäftsführers frei, jedoch kann der **Gesellschaftsvertrag**, was den in Frage kommenden Personenkreis betrifft, Einschränkungen treffen (vgl. Rz. 246 ff.). Darüber hinaus können sich die Gesellschafter untereinander, aber auch gegenüber Dritten hinsichtlich der Stimmabgabe **rechtsgeschäftlich verpflichten** (vgl. Rz. 671 ff.). Dies gilt auch für **Stimmbindungen** gegenüber dem (künftigen) Geschäftsführer. Solche Vereinbarungen sind weitgehend zulässig,[4] soweit sie nicht gegen das Gesetz, die Sittenordnung (§ 138 BGB) sowie die Gebote von Treu und Glauben (§ 242 BGB) verstoßen oder die Umgehung eines zwingenden Stimmverbots (§ 47 Abs. 4 GmbHG) bezwecken. Eine Stimmrechtsbindung zugunsten des Geschäftsführers ist somit insbesondere dort unwirksam, wo dieser infolge eines Interessenkonflikts selbst von der Stimmabgabe ausgeschlossen ist. Dies ist

---

[1] BGH v. 29.9.1955, BGHZ 18, S. 205, 210; BGH v. 9.12.1968, BGHZ 51, S. 209, 215.
[2] BGH v. 6.10.1960, BGHZ 33, S. 189, 191; *B/H/Zöllner/Noack*, GmbHG § 35, Anm. 138; *L/H/Kleindiek*, GmbHG § 6, Anm. 38.
[3] BGH v. 24.9.1990, BGHZ 112, S. 339.
[4] BGH v. 29.5.1967, BGHZ 48, S. 163; OLG Köln v. 16.3.1988, GmbHR 1989, S. 76 ff., 78.

bezüglich der Beschlussfassung über die Bestellung jedoch gerade nicht der Fall (vgl. Rz. 282).[1]

Im Übrigen entfaltet die Vereinbarung **nur eine schuldrechtliche Wirkung** zwischen den Parteien des Stimmrechtsbindungsvertrags. Eine entgegen der Absprache abgegebene Stimme ist somit uneingeschränkt wirksam. Etwas anderes gilt ausnahmsweise dort, wo alle Gesellschafter durch einen Stimmbindungsvertrag verpflichtet sind. Haben sich die Gesellschafter außerhalb des Gesellschaftsvertrags untereinander auf ein bestimmtes Abstimmungsverhalten verständigt, so kann ein abredewidriger Beschluss wie bei einem Verstoß gegen den Gesellschaftsvertrag durch den übervorteilten Gesellschafter angefochten werden.[2] Dieser ist folglich nicht darauf angewiesen, im Klageweg gegen die einzelnen Mitgesellschafter vorzugehen, sondern kann vermittels der Anfechtungsklage entsprechend § 243 AktG unmittelbar den Beschluss angreifen.

284

Darüber hinaus bleibt den Berechtigten eines Stimmbindungsvertrags nur die Möglichkeit, das vertraglich geschuldete Abstimmungsverhalten bei drohenden Verletzungshandlungen im Wege des einstweiligen Rechtsschutzes zu sichern. Zwar sind Urteile aus Stimmbindungsverträgen nach Auffassung des BGH gem. § 894 ZPO vollstreckbar,[3] doch kommt eine solche Vollstreckung wegen der darin liegenden Vorwegnahme der Hauptsache im Verfahren der einstweiligen Verfügung (§ 935 ZPO) grundsätzlich nicht in Frage.[4] Soweit hieraus jedoch gefolgert wird, im Bereich der Stimmbindungsverträge scheide eine einstweilige Verfügung generell aus,[5] wird diese Auffassung den berechtigten Interessen der Gläubiger nicht gerecht, zumal das Hauptsacheverfahren nur selten rechtzeitig zum Erfolg führt. Demzufolge kommt nach zutreffender Auffassung jedenfalls der Ausspruch eines Verbotes, von dem Stimmrecht in bestimmter Weise Gebrauch zu machen, in Betracht.[6] Lehnt man dies ab, so bleibt der Begünstigte eines Stimmbindungsvertrags nach dem Grundsatz „dulde und liquidiere" letztlich einzig darauf angewiesen, bei schuldhafter Verletzung der Vereinbarung die Beeinträchtigung seiner Interessen im Wege

285

---

[1] Siehe aber BGH v. 24.9.1990, BGHZ 112, S. 339.
[2] BGH v. 20.1.1983, NJW 1983, S. 1910; BGH v. 27.10.1986, NJW 1987, S. 1890.
[3] BGH v. 29.5.1967, BGHZ 48, S. 163, 170; *L/H/Bayer*, GmbHG § 47, Anm. 18 ff.
[4] OLG Stuttgart v. 18.2.1997, GmbHR 1997, S. 312; OLG Frankfurt/M. v. 15.12.1981, BB 1982, S. 274; *B/H/Zöllner*, GmbHG § 47, Anm. 120.
[5] So *B/H/Zöllner*, GmbHG § 47, Anm. 120.
[6] OLG Koblenz v. 27.2.1968, GmbHR 1986, S. 428; v. 25.10.1990, GmbHR 1991, S. 21; zweifelnd: *Scholz/Uwe H. Schneider*, GmbHG § 47, Anm. 59; weitergehend: *L/H/Bayer*, GmbHG § 47, Anm. 19.

der (nachträglichen) Schadensersatzklage geltend zu machen. Insoweit empfiehlt sich, zur Vermeidung von Beweisschwierigkeiten, die Absicherung der Stimmvereinbarung durch ein Vertragsstrafeversprechen.

286–290 *(Einstweilen frei)*

3.3.3 Die Dauer der Bestellung

291 Das GmbHG enthält **keine Bestimmungen** hinsichtlich der Dauer der Bestellung. Insofern ist das zuständige Bestellungsorgan (vgl. Rz. 266 ff.) – soweit die Satzung keine verbindliche Regelung trifft – frei. Anders verhält es sich lediglich im Falle der paritätischen Mitbestimmung. § 31 MitbestG und § 12 MontanMitbestG verweisen diesbezüglich auf die Vorschrift des § 84 Abs. 1 Satz 1 AktG. Danach bestellt der Aufsichtsrat die *„Mitglieder des zur gesetzlichen Vertretung des Unternehmens befugten Organs"* auf höchstens fünf Jahre. Eine wiederholte Bestellung ist zulässig; sie bedarf jedoch in jedem Falle eines erneuten Aufsichtsratsbeschlusses (§ 84 Abs. 1 Satz 3 AktG).

292 Sieht man hiervon ab, so kann die Bestellung **befristet** oder **unbefristet** ausgestaltet werden. Im letzten Falle ist der Bestellungsakt spätestens mit Ablauf der Frist erneut vorzunehmen. Unterbleibt dies, so endet die Amtsstellung des Geschäftsführers von selbst. Eine Gefährdung Dritter ist damit grundsätzlich nicht verbunden, da diese durch die negative Publizität des Handelsregisters (§ 15 Abs. 1 HGB) in ihrem Vertrauen auf die Registereintragung umfassend geschützt sind. Bei dem Widerruf der Bestellung handelt es sich ebenso wie bei der Bestellung selbst um eine „eintragungspflichtige Tatsache" (§ 39 Abs. 1 GmbHG). Diese kann Dritten – vom schwer zu beweisenden Fall positiver Kenntnis einmal abgesehen – so lange nicht entgegengehalten werden, wie *„sie nicht eingetragen und bekanntgemacht ist"*. Bis zu diesem Zeitpunkt gilt die unbeschränkte Vertretungsmacht (§ 37 Abs. 2 GmbHG) des Geschäftsführers gegenüber den Gläubigern als fortbestehend.

293 Im Übrigen kann – über den wirksamen Abschluss des Anstellungsvertrags hinaus (vgl. Rz. 406 ff.) – die Bestellung des Geschäftsführers gem. § 158 BGB auch unter einer aufschiebenden oder auflösenden Bedingung erfolgen.[1] Tritt die auflösende Bedingung ein, so endet die Organstellung automatisch, ohne dass es einer weiteren Erklärung bedarf.

294–300 *(Einstweilen frei)*

---

1 BGH v. 24.10.2005, DB 2006, S. 41 ff., 42 f.

3.3.4 Die Durchführung der Bestellung

In jedem Falle bedarf die Bestellung der (rechtsgeschäftlichen) **Annahmeerklärung durch den Geschäftsführer**. Diese erfordert ungeachtet der Art und Weise des Bestellungsaktes keine bestimmte Form. Erfolgt die Bestellung im Gesellschaftsvertrag, so genügt die Unterzeichnung der Satzung durch den Gesellschafter-Geschäftsführer. Handelt es sich um einen Fremdgeschäftsführer oder erfolgt die Bestellung durch Gesellschafterbeschluss, so ist ein gesonderter Erklärungsakt erforderlich. Dieser kann konkludent in der Anmeldung zum Handelsregister oder der Aufnahme der Geschäftsführertätigkeit liegen. Zuständig für die Entgegennahme der Erklärung sind nicht etwaige noch vorhandene (Mit-)Geschäftsführer, sondern ausschließlich die **Gesellschafter in ihrer Gesamtheit**. Diese können jedoch einzelne von ihnen oder einen Geschäftsführer zum Empfang der Annahmeerklärung bevollmächtigen.

301

(Einstweilen frei) 302–305

3.3.5 Der Widerruf der Bestellung

Literatur: *Damm*, Einstweiliger Rechtsschutz im Gesellschaftsrecht, ZHR 1990, S. 413 ff.; *Littbarski*, Maßnahmen des einstweiligen Rechtsschutzes zum Zweck der Abberufung eines GmbH-Geschäftsführers, DStR 1994, S. 906 ff.; *Vorwerk*, Rechtsschutz bei der Abberufung des GmbH-Geschäftsführers, GmbHR 1995, S. 266 ff.; *Haertlein*, Abberufung eines GmbH-Geschäftsführers aus wichtigem Grund, FS Schwark 2009 S. 157 ff.; *Freund*, Abberufung und außerordentliche Kündigung des GmbH-Geschäftsführers, GmbHR 2010, S. 117 ff.; ; *Kubis*, Geklärte und ungeklärte Fragen bei der Geschäftsführer-Abberufung aus wichtigem Grund, Liber amicorum für Martin Winter, 2011, S. 387 ff.; *von Schnurbein*, Die fristlose Abberufung und Kündigung eines Geschäftsführers mit Minderheitsbeteiligung, BB 2011, S. 585 ff.; *Dimsic/Link*, Bestandsschutzstreitigkeiten von GmbH-Geschäftsführern, BB 2015, S. 3063 ff.; *Werner*, Abberufung des Gesellschafter-Geschäftsführers aus wichtigem Grund, GmbHR 2015, S. 1185.

Mangels einer entgegenstehenden Bestimmung des Gesellschaftsvertrages ist die Bestellung zum Geschäftsführer **jederzeit frei widerruflich** (§ 38 Abs. 1 GmbHG). Allerdings kann die Satzung die Zulässigkeit des Widerrufs vom Vorliegen eines *„wichtigen Grundes"* abhängig machen. Bei der mitbestimmten GmbH kommt im Rahmen des MontanMitbestG, des MontanMitbestErgG sowie des MitbestG ohnehin nur die Abberufung aus „wichtigem Grund" in Betracht (§ 84 Abs. 3 AktG). Sieht man hiervon ab, so bedarf die Abberufung des Organwalters **weder eines rechtfertigenden Grundes noch einer formalen oder inhaltlichen Begründung**. Sie steht vielmehr **im freien Ermessen des Bestellungsorgans** (vgl. Rz. 266 ff.), also regelmäßig der Gesellschafterversammlung, sofern nicht der Gesellschaftsvertrag die Zuständigkeit eines anderen Or-

306

gans – beispielsweise des Aufsichtsrats – begründet. Eine vorherige Anhörung des Geschäftsführers ist nicht erforderlich. Rechtlich handelt es sich bei der Abberufung um ein einseitiges Rechtsgeschäft, **welches keiner Mitwirkung des Geschäftsführers – etwa in Form einer Annahme – bedarf**. Mit Zugang der Widerrufserklärung gegenüber dem Organwalter endet dessen Amtsstellung unmittelbar. Zwar bedarf der Widerruf gem. § 39 Abs. 1 GmbHG der Eintragung im Handelsregister, doch kommt diesem nur deklaratorische (rechtsbekundende) Bedeutung zu. Sie ist folglich ebenso wenig wie hinsichtlich der Bestellung Wirksamkeitserfordernis.

307 Mit der Amtsstellung endet auch die **organschaftliche Vertretungsbefugnis** des Geschäftsführers für die GmbH. Dritte, die von dem Widerruf nichts wissen, unterliegen hinsichtlich ihres Vertrauens auf die Registereintragung dem Schutz der negativen Publizität des Handelsregisters (§ 15 Abs. 1 HGB). Die GmbH muss sich folglich, sofern sie nicht die Kenntnis des Vertragspartners vom Widerruf nachweist, bis zum Zeitpunkt der Eintragung und Bekanntmachung so behandeln lassen, als bestünde die Vertretungsmacht des Organwalters fort.

308 Liegt die Bestellungskompetenz bei der Gesellschafterversammlung, so bedarf die Abberufung stets eines wirksamen Gesellschafterbeschlusses. Fehlt es hieran, so ist der Widerruf der Bestellung unwirksam. In der Einladung zur Gesellschafterversammlung ist gem. § 51 Abs. 2 GmbHG der entsprechende Tagesordnungspunkt zu bezeichnen. Allerdings bedarf es keines Hinweises, dass die Abberufung aus „wichtigem Grund" erfolgen soll.[1]

309 Für die Abberufung genügt ebenso wie für die Bestellung – mangels einer entgegenstehenden Satzungsregelung – die **einfache Mehrheit der abgegebenen gültigen Stimmen** (§ 47 Abs. 1 GmbHG). Soweit der Gesellschaftsvertrag das Erfordernis einer qualifizierten Mehrheit bestimmt, gilt dies nicht für die Abberufung aus „wichtigem Grund". Diese darf seitens der Satzung – auch sofern seitens des Gesellschafter-Geschäftsführers ein Sonderrecht auf die Geschäftsführung besteht (vgl. Rz. 276 f.) – nicht über die Bestimmung des § 38 Abs. 2 GmbHG hinaus erschwert werden.[2]

310 Grundsätzlich kommt auch dem Gesellschafter-Geschäftsführer bei der Entscheidung hinsichtlich seiner Abberufung ein Stimmrecht zu.[3] Erfolgt der Wi-

---

[1] BGH v. 30.11.1961, NJW 1962, S. 393 f., 394.
[2] BGH v. 20.12.1982, BGHZ 86, S. 177 ff., 179; BGH v. 22.3.1982, NJW 1982, S. 2495 ff., 2496; OLG Düsseldorf v. 7.1.1994, GmbHR 1994, S. 884.
[3] BGH v. 26.3.1984, BGHZ 91, S. 217 ff., 218; BGH v. 27.10.1986, NJW 1987, S. 1890 ff., 1891.

derruf der Bestellung aus „**wichtigem Grund**", so bleibt er jedoch gem. § 47 Abs. 4 GmbHG **vom Stimmrecht ausgeschlossen**.[1] Stimmt er dennoch ab, so darf seine Stimme nicht mitgezählt werden. Allerdings steht ihm auch in diesem Falle das Teilnahme-, Rede- und Antragsrecht in der Gesellschafterversammlung zu. Er ist folglich **ordnungsgemäß zu laden**.[2] Eine Abstimmung per Textform (§ 126b BGB) ohne Gesellschafterversammlung (§ 48 Abs. 2 GmbHG) – beispielsweise per E-Mail – kommt nur mit seiner Zustimmung in Betracht.[3]

Hängt somit das Stimmrecht des Gesellschafter-Geschäftsführers beim Widerruf der Bestellung entscheidend vom Vorliegen eines „wichtigen Grundes" ab, so offenbart dies gleichzeitig den Kristallisationspunkt eines in der Praxis recht häufigen **Gesellschafterstreits**. Während die die Abberufung betreibenden Gesellschafter einmütig einen „wichtigen Grund" behaupten, bestreitet der Betroffene ebenso nachhaltig dessen Voraussetzungen. Was die rechtliche Bewertung betrifft, so mischen sich in der komplexen und differenzierten Argumentation – wie häufig – Aspekte der materiellen Gerechtigkeit und der formalen Rechtssicherheit. Kommt es für die Beurteilung der Wirksamkeit des Stimmrechtsausschlusses und der Abberufung aus der Organstellung auf die tatsächliche Rechtslage bei objektiver Betrachtungsweise an,[4] so bringt erst eine rechtskräftige Entscheidung Klarheit darüber, ob der Geschäftsführer noch im Amt ist oder nicht. Entscheidet demgegenüber die subjektive Sichtweise des mit der Feststellung des Beschlussergebnisses betrauten Versammlungsleiters, bzw. bei dessen Fehlen die Sichtweise der (übrigen) Gesellschafter, so haben es diese zunächst in der Hand, mit der bloßen Behauptung eines wichtigen Grundes den Organwalter vom Stimmrecht auszuschließen[5] und die Abberufung – zumindest vorläufig – durchzusetzen. Dabei verbietet sich eine schematische Lösung, vielmehr gilt es, nach typisierten Fallgruppen einen differenzierten Ausgleich der widerstreitenden Interessen herbeizuführen.

311

Handelt es sich um einen **Fremdgeschäftsführer** und ist dessen Abberufung an das Vorliegen eines wichtigen Grundes geknüpft (§ 38 Abs. 2 GmbHG), so ist der Widerruf der Bestellung mit Zugang der Erklärung gegenüber dem Organwalter entsprechend § 84 Abs. 3 Satz 4 AktG wirksam[6] und in das Handelsre-

312

---

1 BGH v. 20.12.1982, BGHZ 86, S. 177 ff., 178; BGH v. 24.2.1992, NJW-RR 1992, S. 993.
2 OLG Düsseldorf v. 13.7.1989, GmbHR 1989, S. 468 ff., 469.
3 OLG Düsseldorf v. 13.7.1989, a. a. O.
4 OLG Stuttgart v. 13.4.1994, GmbHR 1995, S. 228; in diesem Sinne *R/A/Altmeppen*, GmbHG § 38, Anm. 48 ff.
5 So ausdrücklich *L/H/Kleindiek*, GmbHG § 38, Anm. 17.
6 So im Ergebnis wohl BGH v. 20.12.1982, BGHZ 86, S. 177 ff., 180 f.; *L/H/Kleindiek*, GmbHG § 38, Anm. 27.

gister einzutragen. Ein eigenständiges Anfechtungsrecht steht dem Fremdgeschäftsführer mangels Gesellschafterstellung **nicht** zu. Zur Anfechtung befugt sind vielmehr lediglich die Gesellschafter. Auch dort, wo diese Anfechtungsklage erheben, kommt dem abberufenen Fremdgeschäftsführer nicht die Befugnis zu, einstweiligen Rechtsschutz zu beantragen. Der entsprechende Verfügungsanspruch nach §§ 916, 940 ZPO liegt wiederum ausschließlich in der Hand der Gesellschafter. Etwas anderes gilt nur, soweit der Abberufungsbeschluss nichtig ist. Dies ist beispielsweise der Fall, wenn nicht sämtliche Gesellschafter eingeladen wurden, die nach § 16 GmbHG in die Gesellschafterliste eingetragen sind, oder wenn nicht alle der Beschlussfassung in Textform (§ 48 Abs. 2 GmbHG) zugestimmt haben. Hier ist auch der Geschäftsführer befugt, die Nichtigkeit des Abberufungsbeschlusses im Wege der Feststellungsklage (§ 256 ZPO) geltend zu machen.

313 Betrifft die Abberufung aus wichtigem Grund einen **Gesellschaftergeschäftsführer**, so scheidet dieser mit Zugang der Widerrufserklärung aus seiner Organstellung aus. Auch hier findet § 84 Abs. 3 Satz 4 AktG entsprechende Anwendung.[1] Der Verlust der Geschäftsführerstellung ist im Handelsregister zu verlautbaren. Allerdings ist der Organwalter kraft seiner Gesellschafterstellung berechtigt, den zugrunde liegenden Beschluss der Gesellschafterversammlung analog § 243 AktG anzufechten. Greift die Anfechtungsklage durch und erklärt das Gericht den Beschluss gem. § 241 Nr. 5 AktG für nichtig, so ist die Abberufung als von Anfang an unwirksam anzusehen. Der Geschäftsführer hat sein Amt in Wahrheit nie verloren. Bereits vor und während des Anfechtungsprozesses ist der Gesellschafter berechtigt, einstweiligen Rechtsschutz zu beantragen. Allerdings scheidet eine Anfechtung des Abberufungsbeschlusses nach Ablauf der Anfechtungsfrist (s. Rz. 701 ff.) aus. Mit Ablauf der Frist wird die Abberufung bestandskräftig; ihre Unwirksamkeit kann auch nicht mehr mit der allgemeinen Feststellungsklage (§ 256 ZPO) geltend gemacht werden, es sei denn, der Beschluss ist ausnahmsweise nichtig.[2]

314 Steht dem Gesellschafter-Geschäftsführer ein Sonderrecht bezüglich der Geschäftsführung zu (vgl. Rz. 276 f.), so scheidet der Betroffene in entsprechender Anwendung von §§ 117, 127 HGB erst mit der rechtskräftigen Entscheidung über das Vorliegen eines wichtigen Grundes aus der Organstellung aus.[3] Eine vorherige Eintragung im Handelsregister kommt wegen des mit der Abberu-

---

1 BGH v. 20.12.1982, BGHZ 86, S. 177 ff., 180 f.
2 BGH v. 11.2.2008, DB 2008, S. 754 ff.
3 *L/H/Kleindiek*, GmbHG § 38, Anm. 34; *Scholz/Uwe H. Schneider*, GmbHG § 38, Anm. 66; *R/A/Altmeppen*, GmbHG § 38, Anm. 61.

fung verbundenen Eingriffs in das Mitgliedschaftsrecht des Gesellschafters nicht in Betracht.[1]

Besondere Komplikationen ergeben sich hinsichtlich der **Zweimann-GmbH**, insbesondere dort, wo – wie im Regelfall – beide Gesellschafter zu Geschäftsführern bestellt sind. Hier besteht die kaum zu leugnende Gefahr, dass einer der Gesellschafter mit der Behauptung, in der Person des Mitgeschäftsführers liege ein „wichtiger Grund" vor, der dessen sofortige Abberufung rechtfertige, das Stimmrecht des anderen Gesellschafters ausschaltet und diesen aus dem Amt abberuft. Im Gegenzug steht dem Mitgesellschafter die Möglichkeit offen, seinerseits den noch verbleibenden Geschäftsführer ebenfalls aus wichtigem Grund abzuberufen. Geht man auch hier entsprechend § 84 Abs. 3 Satz 4 AktG von einer vorläufigen Wirksamkeit der Abberufung bis zu einer rechtskräftigen Entscheidung des Gerichts aus, so führt dies zwangsläufig zu einer – mitunter über Jahre andauernden – Lähmung des gesellschaftlichen Leitungs- und Vertretungsorgans. Die Bestellung eines Notgeschäftsführers gem. § 29 BGB vermag hier angesichts des Weisungsrechts der zerstrittenen Gesellschafterversammlung kaum Abhilfe zu schaffen.

315

Der BGH[2] geht daher zutreffend davon aus, dass sich die Wirksamkeit einer Abberufung aus „wichtigem Grund" in der Zweimann-GmbH **ausschließlich nach der materiellen Rechtslage** gem. § 38 Abs. 2 GmbHG bestimmt. Mit anderen Worten: Liegt bei **objektiver Betrachtung im Zeitpunkt der Beschlussfassung** ein die Abberufung rechtfertigender „wichtiger Grund" vor, so ist der Geschäftsführer vom Stimmrecht ausgeschlossen und hat mit Zugang der Abberufungserklärung sein Amt verloren. Fehlt es hieran, so ist die Abberufung unwirksam. Der Gesellschafter hat nach wie vor seine Organstellung inne. Die Crux dieses Lösungsmodells gründet in dem praktisch prekären Umstand, dass angesichts der mitunter komplexen und verworrenen Rechtslage für die Beteiligten und ihre Berater bis zu einer – mitunter Jahre dauernden – rechtskräftigen Entscheidung eine erhebliche Unsicherheit besteht, welcher der Kontrahenten als Geschäftsführer zu organschaftlichem Handeln befugt ist.

Zwar ist das seitens des BGH vorgezeichnete Lösungsmodell geeignet, dem Missbrauch des Abberufungsrechts in der Zweimann-GmbH Schranken aufzuzeigen, doch befrachtet es in der Folge das Binnenverhältnis der Gesellschaft mit einem erheblichen Maß an Unsicherheit. Demgegenüber sind die Gläubiger der Gesellschaft – von der wirtschaftlichen Gefährdung des Unternehmens

316

---

[1] *L/H/Kleindiek*, a. a. O.
[2] Urteil v. 20.12.1982, BGHZ 86, S. 177 ff., 181 ff.

durch den Gesellschafterstreit abgesehen – durchgängig geschützt. Angesichts der unklaren Rechtslage wird das Registergericht zumeist nicht in der Lage sein, die Wirksamkeit der Abberufung zu klären und daher die Eintragung im Handelsregister verweigern.[1] Dann bleibt es beim Schutz des Rechtsverkehrs durch die negative Publizität des Handelsregisters (§ 15 Abs. 1 HGB; vgl. Rz. 307).

317 Was die Bewältigung des Regelungskonflikts unter den Gesellschaftern selbst betrifft, so bleibt bis zur rechtskräftigen Entscheidung des Prozessgerichts nur die Möglichkeit, **im Wege des einstweiligen Rechtsschutzes** eine vorläufige Klärung einzelner Konfliktfelder herbeizuführen.[2] Die Voraussetzungen bestimmen sich nach § 940 ZPO.[3] So kann die Gesellschaft beantragen, dem Geschäftsführer bis zur Klärung der Wirksamkeit seiner Abberufung **die Geschäftsführungs- und Vertretungsbefugnis vorläufig zu entziehen**[4] oder ihm die **Ausübung seiner Amtsgeschäfte zu untersagen**.[5] Allerdings kommt bei der paritätischen Zweimann-GmbH ein umfassendes Tätigkeitsverbot zu Lasten eines Geschäftsführers nur in eng begrenzten Ausnahmefällen in Betracht.[6] In diesem Falle ist das Erlöschen der Vertretungsmacht von Amts wegen im Handelsregister einzutragen.[7]

Darüber hinaus kommen auch partielle Tätigkeitsverbote, das Verbot, die Geschäftsräume zu betreten oder Einsicht in geschäftliche Unterlagen zu nehmen, sowie die Verpflichtung, geschäftliche Unterlagen herauszugeben, in Betracht.[8] Die Vertretung der Gesellschaft im einstweiligen Verfügungsverfahren erfolgt entweder durch den verbleibenden oder neu bestellten Geschäftsführer, durch einen Notgeschäftsführer gem. § 29 BGB oder durch einen von der Gesellschafterversammlung bestellten besonderen Prozessvertreter gem. § 46 Nr. 9 GmbHG.[9] Wird der Geschäftsführer durch den Aufsichtsrat bestellt, so vertritt dieser die Gesellschaft im Prozess (§ 52 GmbHG i.V.m. § 112 AktG). Bei der Zweimann-GmbH und gegenüber dem Mehrheitsgesellschafter sind darü-

---

1 BGH v. 20.12.1982, a.a.O.
2 BGH v. 20.12.1982, a.a.O.
3 Vgl. ausführlich *Damm*, ZHR 1990, S. 413 ff.
4 OLG Frankfurt/M. v. 31.7.1979, GmbHR 1980, S. 32.
5 OLG Hamm v. 7.10.1992, GmbHR 1993, S. 743 ff., 745 f.; OLG Karlsruhe v. 4.12.1992, NJW-RR 1993, S. 1505 f., 1506; OLG Jena, NZG 2014, S. 391.
6 OLG Stuttgart v. 26.10.2005, DB 2007, S. 48 ff., 51.
7 BayObLG v. 23.3.1989, GmbHR 1989, S. 370 ff.
8 Vgl. *Hachenburg/Stein*, GmbHG § 38, Anm. 125; *R/A/Altmeppen*, GmbHG § 38, Anm. 66 ff.
9 A.A.: *Scholz/Uwe H. Schneider*, GmbHG § 38, Anm. 69: im Regelfall besonderer Prozessvertreter.

ber hinaus auch die übrigen Gesellschafter im Namen der Gesellschaft antrags- und klagebefugt.[1]

Der abberufene Geschäftsführer kann seinerseits einstweiligen Rechtsschutz mit dem Ziel beantragen, es den verbleibenden Gesellschaftern zu untersagen, ihn bei der Ausübung seiner Geschäftsführung zu behindern[2] oder seine Abberufung zum Handelsregister anzumelden.[3] 318

Im Übrigen führt der Widerruf des Bestellungsaktes keineswegs notwendig zur Kündigung des zugrunde liegenden Anstellungsvertrages (s. Rz. 261 ff.). Somit besteht der Vergütungsanspruch des (ehemaligen) Organwalters regelmäßig bis zur Beendigung des Dienstverhältnisses – entweder durch Fristablauf oder im Wege einer ordentlichen oder außerordentlichen Kündigung – (vgl. Rz. 521 ff.) fort. Zwar wird dem Geschäftsführer die Leistung seiner im Anstellungsvertrag geschuldeten Dienste aufgrund Abberufung unmöglich (§ 275 Abs. 1 BGB), doch ist dies regelmäßig seitens der Gesellschaft zu vertreten (§ 326 Abs. 2 BGB). Allerdings muss er sich seinerseits dasjenige anrechnen lassen, was er infolge der Befreiung von der Leistung erspart oder durch anderweitige Verwendung seiner Arbeitskraft erwirbt oder zu erwerben böswillig unterlässt (§ 326 Abs. 2 Satz 2 BGB). Der Geschäftsführer muss folglich mit der gebotenen Sorgfalt prüfen, ob er bis zur Beendigung des Dienstverhältnisses eine von der Gesellschaft angebotene Beschäftigung „unterhalb" der Geschäftsführerebene annimmt. Verweigert er dies pflichtwidrig, so setzt er sich nicht lediglich der Gefahr der Anrechnung fiktiver Einkünfte aus, ihm droht darüber hinaus auch die fristlose Kündigung des Anstellungsvertrags (§ 626 BGB) wegen Arbeitsverweigerung. 319

Ob in der Übergangszeit eine abweichende Beschäftigung in Betracht kommt, bestimmt sich nach dem **Kriterium der Zumutbarkeit**. Hat der Geschäftsführer durch sein Verhalten oder personenbedingte Leistungsmängel Anlass zum Widerruf des Bestellungsaktes gegeben, so ist er regelmäßig verpflichtet, eine solche – leitende – Tätigkeit anzunehmen, die den Befugnissen und der Stellung eines Geschäftsführers nahe kommt.[4] Maßgebend sind insofern stets die Umstände des Einzelfalls.[5]

(Einstweilen frei) 320–330

---

1 Scholz/Uwe H. Schneider, GmbHG § 38, Anm. 71.
2 OLG Düsseldorf v. 30.6.1988, NJW 1989, S. 172.
3 OLG Düsseldorf v. 30.6.1988, a. a. O.; s. ausführlich *Hachenburg/Stein*, GmbHG § 38, Anm. 126.
4 BGH v. 14.7.1966, GmbHR 1966, S. 277; siehe hierzu auch *Röhrborn*, BB 2014, S. 1978 ff., 1979.
5 Vgl. OLG Karlsruhe v. 25.8.1995, GmbHR 1996, S. 208.

3.3.6 Die Abberufung aus wichtigem Grund

331 Der Gesellschaftsvertrag kann auch in genereller Weise die (vorzeitige) Abberufung des Geschäftsführers an das **Erfordernis eines wichtigen Grundes** knüpfen. Dies ist stets dort der Fall, wo die Bestellung auf Lebenszeit des Geschäftsführers oder mit einer ausdrücklichen Befristung erfolgt. Die Abberufung aus wichtigem Grund kann nicht ausgeschlossen werden und bleibt auch dort möglich, wo bezüglich eines Gesellschafters ein Sonderrecht zur Geschäftsführung besteht (vgl. Rz. 276 ff.). Im Rahmen der mitbestimmten GmbH ist die Abberufung – vom DrittelbG abgesehen – von Gesetzes wegen auf den Nachweis eines wichtigen Grundes beschränkt (§ 84 Abs. 3 AktG). Im Übrigen ist das Vorliegen eines wichtigen Grundes von entscheidender Bedeutung für das Stimmrecht des Gesellschaftergeschäftsführers bei der Beschlussfassung über seine Abberufung (vgl. ausführlich Rz. 306 ff.).

332 Ob ein die Abberufung rechtfertigender wichtiger Grund vorliegt, ist im Wege einer **umfassenden Interessenabwägung** anhand aller Umstände des Einzelfalls zu entscheiden.[1] Es kommt dabei maßgeblich darauf an, inwieweit der Gesellschaft der Verbleib des Geschäftsführers in seiner Organstellung bis zum Ablauf seiner Amtszeit **zugemutet** werden kann. Dabei gilt es zu bedenken, dass an das Verhalten des Geschäftsführers kraft seiner **treuhänderischen Stellung als Verwalter des Gesellschaftsvermögens** und seiner Funktion als organschaftlicher Vertreter und Repräsentant der Gesellschaft im geschäftlichen Verkehr grundsätzlich strenge Anforderungen zu stellen sind.

Im Regelfall kommt den Interessen der Gesellschaft gegenüber den Belangen des Geschäftsführers ein gewisser Vorrang zu.[2] Eine unbillige Benachteiligung des Geschäftsführers ist damit nicht verbunden, da die Entscheidung hinsichtlich der Abberufung die Frage, ob auch der Anstellungsvertrag aus wichtigem Grund gekündigt werden kann, keineswegs präjudiziert. Vielmehr gelten in beiden Rechtsverhältnissen partiell **unterschiedliche Wertungskriterien** (vgl. bereits Rz. 261 ff.). So ist es – anders als im Rahmen von § 626 BGB (vgl. Rz. 536 ff.) – nicht erforderlich, dass der den Widerruf des Bestellungsaktes rechtfertigende „wichtige Grund" notwendig in der Person des Organwalters gründet. Allerdings genügt der Vertrauensentzug durch die Gesellschafterversammlung, beispielsweise die Verweigerung der Entlastung – anders als im Aktienrecht (§ 84 Abs. 3 Satz 2 AktG) –, im Regelfall alleine nicht, die Abberu-

---

1 Siehe hierzu umfassend, *Werner*, GmbHR 2015, S. 1185 ff., 1186.
2 *Scholz/Schneider*, GmbHG § 38, Anm. 43.

fung des Geschäftsführers aus wichtigem Grund zu rechtfertigen.[1] Angesichts der abweichenden Organstruktur der GmbH liefe dies im Ergebnis und abweichend von Sinn und Zweck der Satzungsregelung auf eine freie Widerrufbarkeit des Bestellungsaktes hinaus. Es bedarf somit stets einer **Prüfung im Einzelfall**, ob der Entzug des Vertrauens durch sachliche Gründe gerechtfertigt ist.

Ein Verschulden des Geschäftsführers oder ein Schaden der Gesellschaft ist für die vorzeitige Abberufung **nicht** erforderlich. Wie der Wortlaut des § 38 Abs. 2 Satz 2 GmbHG zeigt, genügt vielmehr die **objektive Unfähigkeit** zur ordnungsgemäßen Geschäftsführung, beispielsweise aufgrund mangelhafter Geschäftskenntnisse oder einer lang anhaltenden Krankheit.[2] Kommt es zu einem unheilbaren Zerwürfnis unter mehreren Geschäftsführern, so sind die Gesellschafter grundsätzlich berechtigt, einzelne oder mehrere Organwalter unabhängig davon abzuberufen, ob sie schuldhaft zur Entstehung des Streits beigetragen haben.[3]

Darüber hinaus rechtfertigen selbstverständlich (schuldhafte) Verletzungen der Leitungs- und Vermögensbetreuungspflichten seitens des Geschäftsführers je nach ihrer Schwere den Widerruf der Bestellung aus wichtigem Grund. Dies gilt beispielsweise für erhebliche Verstöße gegen das Wettbewerbsverbot (vgl. Rz. 486 ff.), die Annahme von Bestechungsgeldern,[4] der selbstverschuldete Verdacht strafbarer Handlungen[5] oder ein wiederholter Verstoß gegen Weisungen der Gesellschafterversammlung bzw. des Alleingesellschafters.[6] Gleiches gilt hinsichtlich der Durchführung unseriöser Spekulationsgeschäfte,[7] der Fälschung von Abrechnungsunterlagen,[8] einer unzureichenden Buchführung[9] oder der Duldung pflichtwidriger Handlungen anderer Geschäftsführer oder von Unternehmensmitarbeitern bzw. deren unzureichender Beaufsichtigung und Kontrolle.

Besondere Zurückhaltung ist bei der nicht seltenen – meist wechselseitigen – Abberufung von Gesellschafter-Geschäftsführern in der **Zweimann-GmbH** ge-

---

1 BGH v. 29.5.1989, NJW 1989, S. 2683 f.
2 *Hachenburg/Stein*, GmbHG § 38, Anm. 49.
3 BGH v. 12.1.2009, ZIP 2009, S. 513 ff.; BGH v. 24.2.1992, NJW-RR 1992, S. 993 f., 994.
4 OLG Hamm v. 7.5.1984, GmbHR 1985, S. 119 f.
5 OLG Düsseldorf v. 8.12.1983, ZIP 1984, S. 86 ff., 87.
6 *L/H/Kleindiek*, GmbHG § 38, Anm. 21; vgl. zur Kasuistik umfassend: *Hachenburg/Stein*, GmbHG § 38, Anm. 47 ff.
7 RG v. 10.1.1903, RGZ 53, S. 266.
8 OLG Hamm v. 7.5.1984, GmbHR 1985, S. 119.
9 BGH v. 12.1.2009, ZIP 2009, S. 513 ff.

boten (vgl. bereits Rz. 315 f.). Um die Obstruktion der Geschäftsführung durch querulatorische Gesellschafter zu verhindern, sind hier an das Vorliegen eines wichtigen Grundes im Regelfall strenge Anforderungen zu stellen.[1]

336 Eine bestimmte Frist ist bei der Abberufung aus wichtigem Grund anders als bei der fristlosen Kündigung des Anstellungsvertrags (§ 626 Abs. 2 BGB; vgl. Rz. 346 f.) nicht zu beachten. Die Geltendmachung eines länger zurückliegenden Grundes kann allerdings unter dem Aspekt der Verwirkung (§ 242 BGB) ausgeschlossen sein.[2]

337 Im Übrigen kann die Gesellschaft die Abberufung ihres Geschäftsführers zunächst auf bestimmte Gründe beschränken und – wenn sich im Rahmen eines Rechtsstreits abzeichnet, dass das Gericht die Gründe nicht als ausreichend erachtet – weitere Gründe nachschieben. Hier bedarf es dann allerdings eines ergänzenden Beschlusses der Gesellschafterversammlung.[3] Demgegenüber ist bei der Zweimann-GmbH eine erneute Beschlussfassung verzichtbar, wenn der Gesellschafter, der den Abberufungsbeschluss gefasst hat, zugleich die Gesellschaft im Rechtsstreit um die Wirksamkeit der Abberufung vertritt.

338–345 *(Einstweilen frei)*

3.3.7 Die Amtsniederlegung

Literatur: *Trölitzsch*, Die Amtsniederlegung von Geschäftsführern in der Krise der GmbH, GmbHR 1995, S. 857 ff.; *Schuhmann*, Amtsniederlegung des GmbH-Geschäftsführers, GmbHR 2007, S. 305 ff.; *v. Venroy*, Der amtsunwillige GmbH-Geschäftsführer, GmbHR 2011, S. 283 ff.; *Stenzel/Lühr*, Zum richtigen Erklärungsempfänger der Amtsniederlegung eines Geschäftsführers bei einem Gesellschafterwechsel, NZG 2015, S. 743 ff.

346 Der Geschäftsführer kann seine Organstellung jederzeit durch einseitige Erklärung gegenüber der GmbH beenden. Mit Zugang der Erklärung gegenüber dem Bestellungsorgan scheidet er aus dem Amt des Geschäftsführers aus. Dabei genügt – mangels einer entgegenstehenden Satzungsregelung oder einer abweichenden Vereinbarung im Anstellungsvertrag – grundsätzlich die Erklärung gegenüber einem einzelnen Mitglied des Bestellungsorgans.[4] Nicht ausreichend ist demgegenüber der Zugang gegenüber einem Mitgeschäftsführer.[5]

---

1 BGH v. 14.10.1991, NJW-RR 1992, S. 292 ff., 294.
2 BGH, WM 1991, S. 2140, 2144.
3 BGH v. 29.3.1973, BGHZ 60, S. 333 ff., 335 f.
4 BGH v. 17.9.2001, ZIP 2001, S. 2227 f.; BGH v. 8.2.1993, BGHZ 121, S. 257 ff., 260, zum Fall des Gesellschafterwechsels siehe: *Stenzel/Lühr*, NZG 2015, S. 743, 748 ff.
5 OLG Düsseldorf v. 3.6.2005, DB 2005, S. 1451.

§ 35 Abs. 2 Satz 3 GmbHG findet insofern entsprechende Anwendung. Die Amtsniederlegung ist weder fristgebunden,[1] noch bedarf sie eines wichtigen Grundes[2] oder einer bestimmten Form.[3] Der Organwalter ist auch nicht verpflichtet, in seiner Erklärung eine Begründung anzugeben.[4] Im Regelfall wird die Amtsniederlegung dahingehend auszulegen sein, **dass auch der Anstellungsvertrag mit sofortiger Wirkung beendet wird**.[5] Ob dies ohne Einhaltung einer Frist möglich ist, bestimmt sich im Regelfall nach § 626 BGB. Fehlt es an einem wichtigen Grund, so verletzt der Geschäftsführer seine vertraglichen Verpflichtungen und macht sich gegenüber der Gesellschaft schadensersatzpflichtig.[6]

Allerdings wird zum Teil die Auffassung vertreten, eine **zur Unzeit erfolgte** oder rechtsmissbräuchliche Amtsniederlegung sei nichtig und könne folglich vom Registergericht zurückgewiesen werden.[7] Dies gelte insbesondere, wenn der Alleingesellschafter und Geschäftsführer sein Amt niederlege, ohne für die Bestellung eines Nachfolgers Sorge zu tragen[8]. Dem kann nicht gefolgt werden. Die sofortige und unbedingte Wirksamkeit der Amtsniederlegung erfüllt vor allem den Zweck, hinsichtlich der Person des Organwalters Rechtssicherheit zu schaffen. Zwar ist die Zwecksetzung der Gegenauffassung, insbesondere die Erfüllung öffentlich-rechtlicher und gläubigerbezogener Pflichten durch den Geschäftsführer zu gewährleisten, verständlich, doch bedarf es hierfür nicht des Festhaltens an der Organstellung. Vielmehr liegt in der Amtsniederlegung selbst eine rechtswidrige, zum Schadensersatz verpflichtende Handlung, wenn der scheidende Organwalter in seiner Funktion als Gesellschaftergeschäftsführer nicht im Rahmen der Zumutbarkeit für die Bestellung eines Nachfolgers sorgt.[9]

347

---

1 BGH v. 14.7.1980, BGHZ 78, S. 82 ff., 85.
2 BGH v. 14.7.1980, a. a. O.; BGH v. 26.6.1995, NJW 1995, S. 2850 f.
3 BGH v. 8.2.1993, BGHZ 121, S. 257 ff., 262.
4 BGH v. 8.2.1993, a. a. O., S. 257, 261 f.
5 Sowohl *L/H/Kleindiek*, GmbHG § 38, Anm. 46.
6 BGH v. 14.7.1980, BGHZ 78, S. 82 ff., 92 f.
7 OLG Düsseldorf v. 6.12.2000, ZIP 2001, S. 25 f.; BayObLG v. 25.6.1992, GmbHR 1992, S. 672 ff.; so auch OLG Frankfurt v. 11.11.2014 – 20 W 317/11, NWB VAAAE-88743; *Scholz/Schneider*, GmbHG § 38, Anm. 84; im Ergebnis zustimmend: *L/H/Kleindiek*, GmbHG § 38, Anm. 44; insoweit offen BGH v. 8.2.1993, BGHZ 121, S. 257 ff., 272; zweifelnd auch *B/H/Zöllner/Noack*, GmbHG § 38, Anm. 89.
8 OLG Düsseldorf v. 10.6.2015 – I-25Wx 18/15.
9 So im Ergebnis *B/H/Zöllner/Noack*, GmbHG § 38, Anm. 89; wohl auch: *R/A/Altmeppen*, GmbHG § 38, Anm. 78 f.; a. A *L/H/Kleindiek*, GmbHG § 38, Rz. 43 f.

Im Übrigen gehört es zu den unabdingbaren Organisationspflichten der (Mehrheits-)Gesellschafter, im Interesse des geschäftlichen Verkehrs und der Erfüllung der die Gesellschaft treffenden öffentlich-rechtlichen Pflichten für die Besetzung des Geschäftsführungs- und Vertretungsorgans Sorge zu tragen (vgl. auch: § 35 Abs. 1 Satz 2 GmbHG; § 15a Abs. 3 InsO). Verletzen sie diese Pflicht, so stellt dies einen eigenständigen haftungsrechtlichen Anknüpfungspunkt dar.[1]

348–350 *(Einstweilen frei)*

3.3.8 Die Bestellung des Notgeschäftsführers

Literatur: *Gustavus*, Probleme mit der GmbH ohne Geschäftsführer, GmbHR 1992, S. 15 ff.; *H.P. Westermann*, Der Notgeschäftsführer der GmbH – der Mann zwischen den Fronten, FS Kropff, 1997, S. 682 ff.; *Kutzer*, Prozesspfleger statt Notgeschäftsführer – ein praktikabler Ausweg im Verfahren gegen organlose Kapitalgesellschaften, ZIP 2000, S. 654 ff.; *Helmschrott*, Der Notgeschäftsführer – eine notleitende Regelung, ZIP 2001, S. 636.

351 Fehlt es der GmbH an einem erforderlichen Geschäftsführer, so kommt in dringenden Fällen entsprechend § 29 BGB ein Antrag auf Bestellung eines **Notgeschäftsführers** beim zuständigen Registergericht am Sitz der Gesellschaft in Betracht. Dies ist insbesondere dort der Fall, wo eine Einigung des zuständigen Bestellungsorgans nicht zustande kommt. Allerdings scheidet die Bestellung aus, soweit feststeht, dass der seitens der Gesellschafterversammlung bestellte Geschäftsführer nicht wirksam abberufen wurde.[2]

Antragsberechtigt sind außer den Gesellschaftern und den übrigen Geschäftsführern sowie den Mitgliedern eines eventuellen Aufsichtsrats auch Gläubiger der Gesellschaft oder eine Verwaltungsbehörde.[3] Die Antragsteller können dem Gericht hinsichtlich der Person des Notgeschäftsführers Vorschläge unterbreiten, doch ist dieses bei seiner Entscheidung nicht daran gebunden. Grundsätzlich kommen nur solche Personen in Betracht, welche die gesetzlichen und nach Möglichkeit auch die satzungsrechtlichen Voraussetzungen erfüllen.[4] Dabei können die Gesellschafter auch gegen ihren Willen zum Geschäftsführer berufen werden.[5] Allerdings ist das Registergericht nicht gehin-

---

1 *Hachenburg/Stein*, GmbHG § 38, Anm. 142.
2 BayObLG v. 14.9.1999, ZIP 1999, S. 1845.
3 Vgl. *Scholz/Schneider*, GmbHG § 6, Anm. 42.
4 BayObLG v. 7.10.1980, NJW 1981, S. 995 f., 996.
5 *Gustavus*, GmbHR 1992, S. 15 ff., 18 f.

dert, die Bestellung vom Einverständnis des Betroffenen abhängig zu machen.[1] Gegen die Entscheidung des Gerichts ist die Beschwerde zulässig. Soweit lediglich die Vertretung der GmbH in einem Rechtsstreit in Frage steht, kommt auf Antrag des Klägers auch die Bestellung eines **Prozesspflegers** durch den Vorsitzenden des Prozessgerichts in Betracht (§ 57 ZPO). Dies schließt allerdings die Bestellung eines Notgeschäftsführers nicht aus. Gemäß § 4 InsO, § 57 ZPO kommt die Bestellung eines Prozesspflegers dabei auch durch das Insolvenzgericht auf Antrag eines Gläubigers im Rahmen des Eröffnungsverfahrens in Betracht.[2]

Die Vertretungsbefugnis des Notgeschäftsführers ist nach Maßgabe von § 37 Abs. 2 GmbHG unbeschränkt und unbeschränkbar. Das Registergericht kann den Notgeschäftsführer für den Einzelfall auch vom Verbot des Selbstkontrahierens (§ 181 BGB) befreien.[3] 352

Der Notgeschäftsführer ist ebenso wie ein Geschäftsführer an die **Weisungen der Gesellschafterversammlung gebunden.** Maßgeblich ist insofern der Gesellschaftsvertrag. Allerdings steht den Gesellschaftern nicht das Recht zu, ihn abzuberufen. Zuständig für die Abberufung aus wichtigem Grund bleibt vielmehr das **Registergericht.**[4] Dabei kommt ein Widerruf der Bestellung zum Notgeschäftsführer allein wegen des Zeitablaufs seit der Bestellung nicht in Betracht.[5] Erforderlich ist stets eine Pflichtverletzung oder die Unfähigkeit zur ordnungsmäßigen Geschäftsführung. Darüber hinaus endet das Amt des Notgeschäftsführers mit der Bestellung des fehlenden Organwalters.[6] Im Übrigen hat der Notgeschäftsführer gegenüber der GmbH einen Anspruch **auf Vergütung und Auslagenersatz** (vgl. hierzu Rz. 476), da mit der Bestellung durch das Gericht auch ein **Anstellungsvertrag** zwischen der Gesellschaft und dem Geschäftsführer zustande kommt. Mangels einer entgegenstehenden Vereinbarung bestimmt sich die Höhe der Vergütung nach § 612 BGB. Demgegenüber ist das Gericht nach überwiegender Auffassung nicht berechtigt, die Höhe der Vergütung festzusetzen.[7] 353

---

1 OLG Frankfurt v. 9.1.2001, GmbHR 2001, S. 437.
2 *Kutzer*, a.a.O.
3 OLG Düsseldorf v. 12.11.2001, DB 2002, S. 576 f., 577.
4 OLG München v. 30.6.1993, GmbHR 1994, S. 259; OLG Düsseldorf v. 12.11.2001, DB 2002, S. 576 ff.
5 OLG Düsseldorf v. 18.4.1997, ZIP 1997, S. 846 f., 847.
6 *L/H/Kleindiek*, GmbHG Vor § 35, Anm. 25.
7 BayObLG v. 28.7.1988, GmbHR 1988, S. 436 ff., 439 f.

Dies erscheint fragwürdig. Nach richtiger Ansicht findet vielmehr die Bestimmung des § 85 Abs. 3 Satz 2 AktG auf die Bestellung des Notgeschäftsführers entsprechende Anwendung.[1] Im Übrigen ist der Organwalter auch dort berechtigt, die Verbindlichkeit der Gesellschaft durch Auszahlung an sich selbst zu befriedigen, wo er nicht durch die Satzung vom Verbot des § 181 BGB befreit ist (vgl. § 181 BGB 2. Halbsatz).

354–370 *(Einstweilen frei)*

---

1 *H.P. Westermann*, FS Kropff, 1997, S. 682 ff., 689.

4. Der Anstellungsvertrag

Literatur: *Goette*, Der Geschäftsführervertrag zwischen Gesellschafts- und Arbeitsrecht in der Rechtsprechung des Bundesgerichtshofs, in FS Wiedemann, 2002, S. 873 ff.; *Kamanabrou*, Der Anstellungsvertrag des GmbH-Geschäftsführers im Lichte der neueren Rechtsprechung, DB 2002, S. 146 ff.; *Grobys*, Das Anstellungsverhältnis von Vorständen und Geschäftsführern, NJW-Spezial 2005, S. 513 ff.; *Stück*, Der GmbH-Geschäftsführer zwischen Gesellschafts- und Arbeitsrecht im Spiegel aktueller Rechtsprechung; GmbHR 2006, S. 1009 ff.; *Sasse/Schnitger*, Das ruhende Arbeitsverhältnis des GmbH-Geschäftsführers, BB 2007, S. 154 ff.; *Freckmann*, Der GmbH-Geschäftsführer im Arbeits- und Sozialversicherungsrecht – Ein Überblick unter Berücksichtigung der neuesten Rechtsprechung, DStR 2008, S. 52 ff.; *Reichold/Heinrich*, Zum Diskriminierungsschutz des GmbH-Geschäftsführers, FS Westermann, 2008, S. 1315 ff.; *Fischer*, Die Fremdgeschäftsführerin und andere Organvertreter auf dem Weg zur Arbeitnehmereigenschaft, NJW 2011, S. 2329 ff.; *Junker*, Auswirkungen der neuen EuGH-Rechtsprechung auf das deutsche Arbeitsrecht, NZA 2011, S. 950 ff.; *Melot de Beauregard*, Das Anstellungsverhältnis des GmbH-Geschäftsführers, 2011; *Reiserer*, Arbeitnehmerschutz für Geschäftsführer, DB 2011, S. 2262 ff.; *Grimm*, Sozialversicherungspflicht des GmbH-Geschäftsführers und AG-Vorstands?, DB 2012, S. 175 ff.; *Lunk/Rodenbusch*, Der unionsrechtliche Arbeitnehmerbegriff und seine Auswirkungen auf das deutsche Recht – Eine Prognose am Beispiel des GmbH-Geschäftsführers, GmbHR 2012, S. 188 ff.; *Schiefer/Worzalla*, Der Anstellungsvertrag des GmbH-Geschäftsführers, ZfA 2013, S. 41; *Röhrbor*, Eigenkündigung des GmbH-Geschäftsführers bei Abberufung aus dem Amt, BB 2014, S. 1978 ff.; *Forst*, GmbH-Geschäftsführer als Arbeitnehmer im Sinne des Unionsrechts, EuZW 2015, S. 664 ff.; *Harbarth*, Gesellschaftsrechtliche Anforderungen an die Kündigung von Geschäftsführerverträgen, BB 2015, S. 707; *Lunk*, Der GmbH-Geschäftsführer und die Arbeitsgerichtsbarkeit – Das BAG mach den Weg frei, NJW 2015, S. 528 ff.; *ders.*, Der EuGH und die deutschen GmbH-Geschäftsführer – Auf dem Weg zum Arbeitnehmerstatus, NZA 2015, S. 917 ff.; *Stagat*, Der Rechtsweg des GmbH-Geschäftsführers zum Arbeitsgericht – Änderung der Rechtsprechung und Folgen für die Praxis, NZA 2015, S. 193; *Stenslik*, Der Fremd-Geschäftsführer als Arbeitnehmer i. S. d. Unionsrechts, DStR 2015, S. 2334 ff.; *Werner*, Abberufung des Gesellschafter-Geschäftsführers aus wichtigem Grund, GmbHR 2015, S. 1185 ff.; *ders.* Koppelungsklauseln in Geschäftsführerdienstverträgen und ihre rechtlichen Rahmenbedingungen, NZA 2015, S. 1234 ff.; *Grimm.*, Arbeitnehmerschutz für Geschäftsführer? – EUGH und BAG leisten Schützenhilfe, BB 2016, S. 1141 ff.; *Jaeger*, Der Anstellungsvertrag des GmbH-Geschäftsführers, 6. Aufl. 2016;

4.1 Bedeutung und Regelungsgehalt

Die rechtlichen Bindungen des Geschäftsführers zu seiner Gesellschaft finden ihre Grundlagen im Gesetz, der Satzung sowie dem Anstellungsvertrag. Mit der Übernahme der Organstellung gewinnen die Vorgaben des Gesellschaftsvertrags für den Geschäftsführer rechtliche Verbindlichkeit. Allerdings enthält der Gesellschaftsvertrag nur selten materielle Vorgaben hinsichtlich der Aus-

371

gestaltung der „Binnenbeziehungen" zwischen Geschäftsführer und GmbH. Dies gilt insbesondere für die seitens der Gesellschaft zu erbringenden Gegenleistungen, wie die Vergütung, die Urlaubsregelung oder eine eventuelle Pensionszusage. Solche Regelungsinhalte werden üblicherweise dem **Anstellungsvertrag** zugeordnet. Ihre Ursache findet diese „Verweisungstechnik" in der gegenüber dem Gesellschaftsvertrag **erhöhten Gestaltungsflexibilität** des Anstellungsvertrags. So vermeidet die Verlagerung von Regelungsinhalten in den Anstellungsvertrag bei (Gesellschafter-) Geschäftsführern den anfälligen Streit, ob und inwiefern einzelnen Zusagen der Charakter einer „materiellen Satzungsregelung" (vgl. Rz. 276 ff.) zukommt. Zudem scheuen die Vertragsparteien meist die mit einer gesellschaftsvertraglichen Regelung notwendig verbundene „**Binnen**"- und „**Außenpublizität**" der Anstellungsbedingungen gegenüber den Mitgeschäftsführern sowie gesellschaftsfremden Dritten. So ist gem. § 8 Abs. 1 Nr. 1 GmbHG der Gesellschaftsvertrag zum Handelsregister einzureichen und kann dort von jedermann eingesehen werden (§ 9 Abs. 1 HGB).

372 Allerdings darf nicht übersehen werden, dass das „Nebeneinander" von Gesellschafts- und Anstellungsvertrag für die Beteiligten auch mit Komplikationen verbunden ist. Dies gilt vor allem für die in der Praxis nicht selten anzutreffenden Fälle, in denen der Anstellungsvertrag des Geschäftsführers von den Vorgaben des Gesellschaftsvertrags abweicht; sei es, dass er den Handlungsspielraum des Geschäftsführers über das vom Gesellschaftsvertrag zugelassene Maß hinaus erweitert, sei es, dass die Anstellungsbedingungen die Befugnisse des Organwalters gegenüber der Satzung enger fassen (vgl. im Einzelnen Rz. 421 f.).

373 Im Übrigen gilt es, zwischen der in der **Bestellung** liegenden Verleihung von Organkompetenz und dem **schuldrechtlichen Anstellungsvertrag** deutlich zu trennen. Beide Rechtsverhältnisse sind in ihrer Begründung, ihrem Bestand und ihrer Entwicklung weitgehend unabhängig (vgl. Rz. 261 ff.).

374–380 *(Einstweilen frei)*

4.2 Die Rechtsnatur des Anstellungsvertrags

381 Seiner Funktion entsprechend handelt es sich bei dem Anstellungsvertrag um ein **Geschäftsbesorgungsverhältnis** (§ 675 BGB) mit **Dienstvertragscharakter** (§§ 611 ff. BGB). Demgegenüber ist der Geschäftsführervertrag nach überwie-

gender und zutreffender Auffassung **kein Arbeitsvertrag**.[1] Dies gilt auch dort, wo es sich bei dem Organwalter um einen **Fremdgeschäftsführer** handelt oder um einen Gesellschafter, der lediglich eine (geringfügige) **Minderheitsbeteiligung** hält.[2]

Allerdings ist der Gegenauffassung[3] zuzugestehen, dass die soziale Schutzbedürftigkeit des (abhängigen) Geschäftsführers (vgl. Rz. 382) im Einzelfall der eines Arbeitnehmers gleichkommen kann; doch bedarf es zur sachgerechten Bewältigung dieses Konfliktes nicht der pauschalen Unterstellung des Geschäftsführervertrags unter die materiellen Vorgaben des Arbeitsrechts. Eine solche Vorgehensweise verkennt die in vieler Hinsicht deutlich abweichende wirtschaftliche Funktion und rechtliche Gestaltungsbefugnis, wie sie aus der Organstellung des Geschäftsführers fließt (vgl. Rz. 385 f.). Hier genügt es im Regelfall, zur Konfliktlösung einzelne (Schutz-)Bestimmungen des Arbeitsrechts entsprechend zur Anwendung kommen zu lassen.[4] Der immer wieder beschworene Rückgriff auf die Weisungsbefugnisse der Gesellschafterversammlung legitimiert keine umfassende Anwendung des Arbeitnehmerbegriffs auf die Rechtsstellung des Organwalters. Vielmehr offenbart sich bei differenzierter Betrachtungsweise ein ambivalentes Bild, welches zudem entscheidend durch die rechtstatsächliche Gestalt der Gesellschaft bestimmt wird.

Allerdings hat der EuGH in seiner Entscheidung vom 11.11.2010[5] den unionsrechtlichen Arbeitnehmerstatus einer schwangeren Geschäftsführerin i. S. d. (Mutterschutz-)Richtlinien 95/85/EWG und 89/391/EWG bejaht. Danach ist eine Geschäftsführerin jedenfalls dann Arbeitnehmerin i. S. v. Art. 16 Abs. 1 RL 89/391/EWG, wenn diese ihre *„Tätigkeit für eine bestimmte Zeit **nach der Weisung oder unter der Aufsicht eines anderen Organs dieser Gesellschaft ausübt** und als Gegenleistung für die Tätigkeit ein Entgelt erhält"*. Damit unterfallen zumindest Fremdgeschäftsführer und wohl auch Gesellschafter-Geschäftsführer, die lediglich eine geringfügige Minderheitsbeteiligung halten, dem unionsrechtlichen Arbeitnehmerbegriff. Das betrifft nicht nur – wie im Rahmen des Mutterschutzes – weibliche Organmitglieder, sondern erstreckt sich im

---

1 BGH v. 8.1.2007, ZIP 2007, S. 910, 911; LAG Berlin, GmbHR 1998, S. 888 f.; s. aber zugunsten eines Arbeitsverhältnisses BAG v. 6.5.1999, ZIP 1999, S. 1456.
2 Zutreffend: *L/H/Kleindiek*, GmbHG Anh. § 6, Anm. 3; *Hachenburg/Stein*, GmbHG § 35, Anm. 170; zweifelnd: *Scholz/Schneider*, GmbHG § 35, Anm. 161; so jetzt auch: BGH, NZG 2019, S. 621, 622 f.
3 Vgl. *Kamanabrou*, DB 2002, S. 146 ff.
4 Wie hier *L/H/Kleindiek*, GmbHG Anh. § 6, Anm. 3.
5 NJW 2011, S. 2343 ff., „Danosa".

Lichte anderer Vorgaben des sekundären Unionsrechts, wie der Urlaubsrichtlinie, der Arbeitszeitrichtlinie, der Betriebsübergangsrichtlinie, auch auf männliche Organwalter.[1]

Hier eröffnen sich folglich im Rahmen der richtlinienkonformen Interpretation des deutschen Umsetzungsrechts deutlich erweiterte Schutzvorgaben zugunsten abhängiger GmbH-Geschäftsführer (zur Abhängigkeit alsbald unten: Rz. 383). Nunmehr hat der EuGH auf Vorlage des ArbG Verden[2] in seiner Entscheidung v. 9.7.2015[3] im Hinblick Art. 1 Abs. 1 Buchst. a der Massenentlassungsrichtlinie 98/59/EG v. 20.7.1998 erneut betont, der Arbeitnehmerbegriff der RL könne nicht im Hinblick auf die Rechtsordnung der Mitgliedstaaten ausgelegt werden, sondern unterliege als autonomer Begriff des Unionsrechts einer einheitlichen Interpretation durch die europäische Rechtsprechung. Entscheidend sei die im Einzelfall zu prüfende Weisungsgebundenheit, die jedenfalls i.d.R. bei **einem GmbH-Fremdgeschäftsführer** vorliege, der jederzeit von der Gesellschafterversammlung abberufen werden könne und an deren Vorgaben hinsichtlich seiner Geschäftsführung gebunden sei. Lediglich der Gesellschafter-Geschäftsführer mit mindestens 50% stimmberechtigter Gesellschaftsanteile dürfte demnach dem unionsrechtlichen Arbeitnehmerbegriff entzogen sein.

382 Üblicherweise erfasst der Begriff des Arbeitnehmers ausschließlich solche Personen, die aufgrund eines privatrechtlichen (Dienst-)Vertrags eine **fremdbestimmte** und damit **weisungsgebundene** Tätigkeit im Rahmen eines **sozialen Abhängigkeitsverhältnisses** verrichten. Es ist somit das Merkmal der „Weisungsgebundenheit", welches nach der Rechtsprechung des Bundesarbeitsgerichts (BAG) den „freien" Dienstvertrag vom Arbeitsvertrag unterscheidet.[4] Doch bedarf es insofern stets einer „generalisierenden" Betrachtungsweise des gesamten Vertragsverhältnisses einschließlich der diesem zugeordneten Rechte und Befugnisse.[5]

383 Grundsätzlich ist die Stellung des Geschäftsführers insoweit fremdbestimmt, als dieser dem **Weisungsrecht der Gesellschafterversammlung** unterliegt (§ 37 Abs. 1 GmbHG). Dies gilt jedoch faktisch nur für solche Organwalter, die nicht **kraft ihrer Gesellschafterstellung** selbst entscheidenden Einfluss in der Gesell-

---

1 Siehe hierzu *Fischer*, NJW 2011, S. 2329; *Reiserer*, DB 2011, S. 2262 ff.; *Reiserer*, BB 2016, S. 1141.
2 NZA 2014, S. 665.
3 NJW 2015, S. 2481 = ZIP 2015, S. 1555 „Balkaya"; s. hierzu *Stagat*, NZA 2015, S. 917 ff., 918 f.; *Forst*, EuZW 2015, S. 2334 ff.
4 BAG v. 15.3.1978, BAGE 30, S. 163.
5 *B/H*, GmbHG Anh. § 6, Anm. 3 – vgl. unten.

schafterversammlung ausüben (abhängige Geschäftsführer). Die dabei zugrunde zu legenden Abschichtungskriterien entsprechen im Wesentlichen den seitens der Rechtsprechung des Bundessozialgerichts (BSG) entwickelten Bestimmungsgrößen für die Sozialversicherungspflicht des Geschäftsführers (vgl. hierzu die Ausführungen und die Übersicht unter Rz. 1811 ff.). Als grundsätzlich abhängig erweist sich somit im Regelfall der **Fremdgeschäftsführer**, der weder unmittelbar noch mittelbar am Willensbildungsprozess der Gesellschafter teilnimmt.[1] Darüber hinaus steht auch der **Gesellschaftergeschäftsführer** in einem abhängigen Beschäftigungsverhältnis, soweit er aufgrund seines Gesellschaftsanteils oder seines Stimmrechts nicht in der Lage ist, entscheidenden Einfluss auf die Unternehmenspolitik der GmbH auszuüben.[2] Hierbei kommt es nicht alleine auf die „absolute" Höhe der Beteiligung an, entscheidend ist darüber hinaus die relative Bedeutung des Anteils im Verhältnis zu den Mitgesellschaftern.

Allerdings ist die Regelung des § 37 Abs. 1 GmbHG – wie dessen Wortlaut zeigt – nicht zwingend und kann in der Satzung, möglicherweise auch im Anstellungsvertrag, modifiziert oder abbedungen werden. So ist es ohne weiteres möglich, die Stellung des GmbH-Geschäftsführers hinsichtlich ihrer Befugnisse und Kompetenzen derjenigen des Aktienvorstandes anzugleichen. Leitet infolge einer entsprechenden Vertragsgestaltung der (Fremd-)Geschäftsführer die Gesellschaft „*unter eigener Verantwortung*" (vgl. § 76 Abs. 1 AktG), so entfällt notwendig der Abhängigkeitstatbestand. 384

Darüber hinaus ordnet das Gesetz dem Geschäftsführer bestimmte Pflichtenbereiche – unabdingbar – zur **eigenverantwortlichen Entscheidung** zu und stellt ihn insofern vom Direktionsrecht der Gesellschafter frei. Dies betrifft die Verantwortung für **Buchführung** (§ 41 GmbHG) und **Bilanzierung** (§§ 264, 242 HGB), die **Pflicht zur Erhaltung des Stammkapitals** (§§ 30, 43 Abs. 3 GmbHG) sowie die **Insolvenzantragspflicht** (§ 15a InsO). Im Übrigen nimmt der Geschäftsführer als organschaftlicher Vertreter der GmbH in deren Namen die Funktion des Arbeitgebers (Prinzipals) gegenüber den Beschäftigten und den Tarifpartnern der Gesellschaft wahr. Dies gilt sowohl im Individualarbeitsrecht – also bezüglich des Direktionsrechts des Prinzipals – als auch im Betriebsverfassungs- und Tarifrecht gegenüber dem Betriebsrat oder bei Abschluss eines „Haustarifvertrags". Die ihm vermittels dieses rechtlichen und tatsächlichen Rahmens zukommende – wenn auch gegenüber der AG oder der eG deutlich 385

---

1 BSG v. 22.8.1973, NJW 1974, S. 207.
2 BSG v. 28.1.1992, GmbHR 1992, S. 810.

eingeschränkte – **unternehmerische Leitungsbefugnis** schließt – prima vista – die Einstufung des Geschäftsführers als Arbeitnehmer zumindest im alleinigen Anwendungsbereich der deutschen Rechtsordnung aus.

386 Sieht man von der systematischen Einstufung des Geschäftsführervertrags ab, so gilt es zu beachten, dass einzelne arbeitsrechtliche Bestimmungen bereits nach den Vorgaben des Gesetzgebers auf die Mitglieder von Organen juristischer Personen **keine Anwendung** finden. Dies betrifft beispielsweise das **Arbeitsgerichtsgesetz** (vgl. § 5 Abs. 1 Satz 3 ArbGG), das **Betriebsverfassungsgesetz** (vgl. § 5 Abs. 2 Nr. 1 BetrVG) und das **Kündigungsschutzgesetz** (vgl. § 17 Abs. 5 KSchG). Darüber hinaus haben nach Sinn und Zweck der Regelung auch das **Bundeserziehungsgeldgesetz** (BErzGG) und das **Schwerbehindertengesetz** (SchwbG)[1] keine Geltung im Bereich des Geschäftsführervertrags. Demgegenüber kommt hinsichtlich des **Arbeitszeitgesetzes** (entgegen § 18 Abs. 1 Nr. 1 ArbZG) sowie des **Mutterschutzgesetzes** (MuSchG) und des **Bundesurlaubsgesetzes** (BUrlG) ebenso wie hinsichtlich der Regelungen des Betriebsübergangs (§ 613a BGB) nach der Entscheidung des EuGH v. 11.11.2010[2] im Lichte des unionsrechtlichen Arbeitnehmerbegriffs eine entsprechende Anwendung auf den abhängigen GmbH-Geschäftsführer in Betracht.

Allerdings hat das BAG jüngst in seinem Beschluss v. 22.10.2014[3] im Hinblick auf den Zuständigkeitsausschluss der Arbeitsgerichte für Organmitglieder juristischer Personen (§ 5 Abs. 1 Satz 3 ArbGG) betont, sei der Geschäftsführer abberufen worden, so richte sich die Zuständigkeit der Gerichte nach dem Wegfall der Organstellung nicht mehr nach der Fiktion des § 5 Abs. 1 Satz 3 ArbGG, sondern nach den allgemeinen Grundsätzen und damit nach dem ursprünglichen Vorliegen einer weisungsgebundenen Tätigkeit. Dies gelte auch dann, wenn die Abberufung erst nach der Klageerhebung aber noch vor einer rechtskräftigen Entscheidung über die Rechtswegzuständigkeit erfolge. Trägt man dem Rechnung, so könnten nach verbreiteter Auffassung[4] der Fremdgeschäftsführer oder der Gesellschaftergeschäftsführer, der lediglich über eine Minderheitsbeteiligung verfügt, bis zur bindenden Entscheidung über den Rechtsweg, jederzeit unter Behauptung eines der Bestellung zugrundeliegenden Arbeitsverhältnisses das kostengünstigere und schnellere Verfahren der Arbeitsgerichtsbarkeit wählen. Dem ist nicht zu folgen. Vielmehr führt nach Auffassung des BAG die Abberufung aus dem Geschäftsführeramt oder die

---

1 BGH v. 9.2.1978, NJW 1978, S. 1435 ff., 1437.
2 NJW 2011, S. 2343 ff.
3 NJW 2015, S. 570.
4 *Lunk*, NJW 2015, S. 528; *Stagat*, NZA 2015, S. 193, 197 f.

Amtsniederlegung des Geschäftsführers lediglich zum Wegfall der **Sperrwirkung** des § 5 Abs. 1 Satz 3 ArbGG. Eine damit verbundene Rechtswegzuständigkeit der Arbeitsgerichte ist nicht ersichtlich, da diese gem. § 2 Abs. 1 Nr. 3 Buchst. b ArbGG nur in Betracht kommt, soweit es um die Feststellung des Fortbestehens eines Arbeitsverhältnisses geht.[1]

Im Übrigen war auch nach der bisherigen Rechtsprechung im Einzelfall die entsprechende Anwendung arbeitsrechtlicher Schutzbestimmungen auf solche Geschäftsführer eröffnet, die als **Fremdgeschäftsführer** oder **Minderheitsgesellschafter** in der vorstehend beschriebenen Weise in einem „arbeitnehmerähnlichen" **Abhängigkeitsverhältnis** stehen. Dies gilt zunächst hinsichtlich der Verweisungsregel von § 17 Abs. 1 Satz 2 des **Gesetzes zur Verbesserung der betrieblichen Altersversorgung** (BetrAV), die insofern den (abhängigen) GmbH-Geschäftsführer in den Schutzbereich der Norm einbezieht[2] (vgl. Rz. 469). Zwar findet das **Bundesurlaubsgesetz** (BUrlG) nach der bisherigen Rechtsprechung deutscher Provenienz auf den Geschäftsführer keine Anwendung, doch kommt diesem auch ohne vertragliche Regelung ein angemessener Urlaubsanspruch zu.[3]

Dies gilt auch bezüglich der Gehaltsfortzahlung bei krankheitsbedingter Verhinderung. Hier folgt der Anspruch unmittelbar aus § 616 BGB. Dabei kann die Sechswochenfrist des § 3 Abs. 1 Satz 1 Entgeltfortzahlungsgesetzes (EFZG) als Orientierungsgröße für die Dauer der Lohnfortzahlung dienen, doch kommt einem langjährigen Geschäftsführer gegebenenfalls auch ein verlängerter Fortzahlungszeitraum zugute.[4]

Was die Kündigungsfrist bei Beendigung des Anstellungsvertrags betrifft (vgl. unten), so bestimmt sich diese im Falle der Abhängigkeit des Geschäftsführers nicht nach § 621 BGB, sondern nach der für Arbeitnehmer geltenden Bestimmung des § 622 BGB.[5] Dies gilt auch hinsichtlich der Verlängerung der Kündigungsfrist entsprechend der Dauer der Geschäftsführertätigkeit (§ 622 Abs. 2 BGB). Auch diese Regelung ist zwingend und kann im Sinne eines funktionalen

387

---

1 *Grobys*, GmbHR 2015, S. 1211, 1213; zustimmend: MüKoGmbHG/*Jaeger/Steinbrück*, § 35 Rz. 282a.
2 Vgl. BGH v. 29.12.1979, BGHZ 77, S. 96 ff.; OLG Köln v. 22.9.1988, ZIP 1989, S. 182.
3 BGH v. 3.12.1962, LM Nr. 5 zu § 35 GmbHG; *B/H/Zöllner/Noack*, GmbHG § 35, Anm. 177.
4 *Hachenburg/Stein*, GmbHG § 35, Anm. 207.
5 *B/H/Zöllner/Noack*, GmbHG § 35, Anm. 243; für die frühere Fassung der Norm: BGH v. 29.1.1981, BGHZ 79, S. 291; ausdrücklich auch für den Gesellschafter-Geschäftsführer mit Minderheitsbeteiligung: BGH v. 26.3.1984, BGHZ 91, S. 217; OLG Düsseldorf v. 10.10.2003, NZG 2004, S. 478, 481.

Sozialschutzes des abhängigen Geschäftsführers nicht abbedungen werden.[1] Folgerichtig führt auch eine Vereinbarung im Anstellungsvertrag, wonach ein Widerruf der Bestellung stets einen wichtigen Grund für die Beendigung des Dienstverhältnisses darstellt, nur zur Möglichkeit der Kündigung des Anstellungsvertrags unter Beachtung der Fristvorgaben von § 622 BGB.[2] Gleiches gilt auch in den Fällen, in welchen der Dienstvertrag durch den Widerruf der Organstellung auflösend bedingt ist.[3]

388–395 *(Einstweilen frei)*

4.3 Der Anstellungsvertrag mit einem (früheren) Arbeitnehmer

Literatur: *Reinecke*, Klagen von Geschäftsführern und Vorstandsmitgliedern vor den Arbeitsgerichten, ZIP 1997, S. 1525 ff.; *Reiserer*, Die ordentliche Kündigung des Dienstvertrags des GmbH-Geschäftsführers, DB 1994, S. 1822 ff.; *Sasse/Schnitger*, Das ruhende Arbeitsverhältnis des GmbH-Geschäftsführers, BB 2007, S. 154 ff.; *Bauer/Arnold*, Kein Kündigungsschutz für „Arbeitnehmer-Geschäftsführer" – oder doch?, DB 2008, S. 350 ff.; *Moll*, Arbeitsverhältnis nach „Beförderung" zum Organmitglied, GmbHR 2008, S. 1024 ff.

396 Handelt es sich bei dem Geschäftsführervertrag somit grundsätzlich nicht um ein Arbeitsverhältnis, so können sich dennoch dort „Überlagerungen" von arbeits- und organrechtlichen Bindungen ergeben, wo ein **früherer Arbeitnehmer** zum Geschäftsführer einer Gesellschaft bestellt wird, die zum „Unternehmensverbund" seines Arbeitgebers gehört. Dies geschieht nicht selten bei der Ausgliederung einer bisher unselbständigen Abteilung in Form einer rechtlich selbständigen „Tochter-GmbH" oder beim „Aufstieg" eines leitenden Angestellten, beispielsweise eines Prokuristen, in die Unternehmensleitung. Häufig fehlt es insofern an eindeutigen Vereinbarungen zwischen den Vertragsparteien.[4]

397 Zweifelsfrei ist die Rechtslage nur dort, wo im Zusammenhang mit dem Abschluss des Geschäftsführervertrags der bisherige Arbeitsvertrag aufgehoben oder dessen (nachrangige) Weitergeltung vereinbart wird. Fehlt es an einer entsprechenden Vereinbarung, so liegt in der Begründung der Organstellung nicht zwangsläufig die Beendigung des bisherigen Arbeitsverhältnisses. Es

---

1 L/H/Kleindiek, GmbHG Anhang § 6, Anm. 54; a. A. B/H/Zöllner/Noack, GmbHG § 35, Anm. 244.
2 OLG München v. 8.6.1994, DB 1994, S. 1972.
3 BGH v. 29.5.1989, GmbHR 1989, S. 415.
4 BAG v. 3.2.2009, NJW 2009, S. 2078 f.

4.3 Der Anstellungsvertrag mit einem (früheren) Arbeitnehmer

kann vielmehr dem Willen der Parteien entsprechen, für die Dauer der Übertragung von Organfunktionen lediglich das „Ruhen" des bisherigen Arbeitsverhältnisses zu bewirken, mit der Folge, dass dieses bei Beendigung des Geschäftsführeramtes wieder auflebt.

Die ältere Rechtsprechung des BAG[1] ging hier im Zweifel vom Fortbestehen eines (ruhenden) Arbeitsverhältnisses aus. Dies galt jedenfalls dort, wo die Vertragsbedingungen (Vergütung, Alterssicherung, Urlaubsregelung etc.) im Wesentlichen unverändert vom Arbeitsvertrag in den Geschäftsführervertrag übernommen wurden. Es könne nicht davon ausgegangen werden, dass der bisherige Arbeitnehmer ohne Gegenleistung zum Verzicht auf seinen Kündigungsschutz (vgl. §§ 1, 14 Abs. 1 Nr. 1 KSchG) bereit sei. Anders verhalte es sich dort, wo die „Kautelen" des Geschäftsführervertrags in Bezug auf das frühere Arbeitsverhältnis deutlich günstiger ausgestaltet seien. 398

Allerdings zeichnet sich in der neueren Rechtsprechung des BAG eine vorsichtige Modifikation dieser Haltung ab: Solle der Arbeitnehmer zunächst während einer Probezeit hinsichtlich seiner Eignung als Geschäftsführer erprobt werden und werde der Geschäftsführervertrag erst nach Ablauf der Probezeit abgeschlossen, so ende das Arbeitsverhältnis regelmäßig mit der Berufung zum Organwalter.[2] Gleiches gelte auch, wenn ein bisheriger leitender Angestellter Geschäftsführer einer neu gegründeten GmbH werde, die wesentliche Teilaufgaben des Betriebs seines bisherigen Arbeitgebers übernehme.[3] Für eine Aufhebung des bisherigen Vertragsverhältnisses spreche es insbesondere, wenn der Arbeitsvertrag nicht nur ergänzt, sondern ein **völlig neuer Vertrag** geschaffen werde.[4] Ob damit auch darüber hinaus eine völlige Umkehr der bisherigen Beweislastregel verbunden ist, worauf die neuere Rechtsprechung des BAG hindeutete,[5] war anfänglich unsicher. Nunmehr hat das BAG klargestellt, dass bei Abschluss eines schriftlichen Geschäftsführervertrags **eine Vermutung dahingehend bestehe, dass das bisherige Arbeitsverhältnis einvernehmlich und formwirksam beendet werde**, wenn und soweit nicht ausdrücklich eine abweichende Vereinbarung getroffen werde.[6]

---

1 Vgl. BAG v. 9.5.1985, DB 1986, S. 1474; BAG v. 12.3.1987, DB 1987, S. 2659.
2 BAG v. 7.10.1993, DB 1994, S. 428.
3 BAG v. 8.6.2000, DB 2000, S. 1918 ff., 1919 f.
4 BAG v. 28.9.1995, NZA 1996, S. 143 ff., 144.
5 BAG v. 14.6.2006, GmbHR 2006, S. 1101, 1103.
6 BAG v. 15.3.2011, GmbHR 2011, S. 867 f.; BAG v. 3.2.2009, NJW 2009, S. 2078 f.; BAG v. 5.6.2008, NJW 2008, S. 3514 ff. mit Anm. *Dzida*; BAG v. 19.7.2007, NJW 2007, S. 3228.

399 Allerdings gilt es zu berücksichtigen, dass nach der Einführung des § 623 BGB und der hierdurch zwingend vorgeschriebenen **Schriftform für die Kündigung und Aufhebung von Arbeitsverhältnissen** im Rahmen von Geschäftsführerverträgen, die nach dem 1.5.2000 abgeschlossen wurden, eine Aufhebung des früheren Arbeitsverhältnisses nur (noch) dann angenommen werden kann, wenn der Geschäftsführeranstellungsvertrag **schriftlich abgeschlossen** wurde und entweder eine ausdrückliche Aufhebung vorsieht oder sich im Rahmen der Auslegung der Vertragsbestimmungen **ein für beide Seiten erkennbarer Wille** zur Beendigung des bisherigen Arbeitsvertrags ergibt.[1] Hier ist im Interesse des Schutzzwecks von § 623 BGB und der betroffenen Arbeitnehmer deutliche Zurückhaltung geboten.

Findet sich innerhalb des Geschäftsführervertrags keine ausdrückliche oder im Wege der Auslegung zu ermittelnde Regelung hinsichtlich der Aufhebung des Arbeitsvertrags, so ist **im Zweifel lediglich vom Ruhen des bisherigen Arbeitsverhältnisses** auszugehen.[2] Insofern verkennt das BAG die Schutzfunktion des § 623 BGB, wenn dieses – entgegen der gesetzlichen Wertung – zulasten des Geschäftsführers annimmt, dass mit Abschluss des Geschäftsführervertrags das bisherige Arbeitsverhältnis **im Zweifel einvernehmlich beendet wird**, da dem Schriftformerfordernis des § 623 BGB für den Auflösungsvertrag durch den schriftlichen Geschäftsführervertrag genügt werde, weil sich hieraus die Beendigung des Arbeitsverhältnisses mit hinreichender Deutlichkeit ergebe, **soweit nicht seitens der Parteien klar und eindeutig etwas anderes vereinbart werde**.[3] Mit Sinn und Zweck von § 623 BGB und den Geboten einer teleologischen Norminterpretation ist dieses Ergebnis kaum zu vereinbaren.

400 Lebt das alte Arbeitsverhältnis nach der Abberufung des Organwalters und der Kündigung des Anstellungsvertrags erneut auf, so kann der „wiederbelebte" Arbeitsvertrag nur unter den Voraussetzungen des für Arbeitnehmer geltenden KSchG ordentlich beendet werden. Allerdings ist dessen Schutzwirkung gegenüber „leitenden" Angestellten insofern eingeschränkt (§ 14 Abs. 2 KSchG), als hier der Antrag des Arbeitgebers, das Arbeitsverhältnis aufzulösen, keiner Begründung bedarf. Hier bleibt es letztlich bei einer Abfindungsregelung zugunsten des Gekündigten. Im Übrigen bleibt die Befugnis zur außerordentlichen Kündigung „aus wichtigem Grund" selbstverständlich unberührt. Bei Rechtsstreitigkeiten zwischen der GmbH und ihrem gekündigten Ge-

---

1 LAG Stuttgart v. 16.11.2006, GmbHR 2007, S. 707.
2 In diesem Sinne auch; *Scholz/Uwe H. Schneider/Sethe*, GmbHG § 35, Anm. 172.
3 BAG v. 19.7.2007, DB 2007, S. 2093 ff. = NJW 2007, S. 3220 ff.; so jetzt deutlich auch in BAG v. 3.2.2009, NJW 2009, S. 2078 f., 2079.

schäftsführer gilt es zu unterscheiden: Soweit es die Beendigung der Organstellung und die Kündigung des Anstellungsvertrags betrifft, ergibt sich die **Zuständigkeit der ordentlichen Gerichtsbarkeit** (vgl. § 5 Abs. 1 Satz 3 ArbGG) und zwar nach dem Gerichtsverfassungsgesetz (GVG) regelmäßig der Kammer für Handelssachen (§ 95 Abs. 1 Nr. 4a GVG) des zuständigen LG. Soweit es um die – ordentliche oder außerordentliche – Kündigung des „reaktivierten" Arbeitsverhältnisses geht, fällt der Rechtsstreit in die **ausschließliche Zuständigkeit der Arbeitsgerichte**.[1]

(Einstweilen frei) 401–405

4.4 Der Abschluss des Anstellungsvertrags mit der Gesellschaft

Der Anstellungsvertrag wird regelmäßig zwischen der Gesellschaft und dem Geschäftsführer geschlossen. Einer besonderen Form bedarf es insoweit nicht, doch empfiehlt sich aus Beweisgründen die schriftliche Niederlegung des Vereinbarten. Das Schriftformerfordernis des § 623 BGB findet auf den Anstellungsvertrag des GmbH-Geschäftsführers, mangels des Bestehens eines Arbeitsverhältnisses, weder unmittelbare noch mittelbare Anwendung (s. aber zur Aufhebung eines früheren Arbeitsverhältnisses Rz. 396 ff.). Soweit der Gesellschaftsvertrag keine abweichende Bestimmung trifft, liegt die Kompetenz für Abschluss und Änderung des Anstellungsvertrags **ausschließlich bei der Gesellschafterversammlung**. Dies folgt aus der entsprechenden Anwendung des § 46 Nr. 6 GmbHG. Die Befugnis, den Geschäftsführer zu bestellen, schließt insoweit die **Zuständigkeit für den Abschluss und die Änderung des Geschäftsführervertrags** ein. Die rechtsgeschäftliche Vertretung der Gesellschaft erfolgt durch alle Gesellschafter. Es besteht diesbezüglich keine Vertretungsmacht der (Mit-)Geschäftsführer.[2] Diese sind weder befugt, den Vertrag eines Mitgesellschafters zu ändern, noch gar ihre eigenen Anstellungsbedingungen zu verbessern. Dies gilt auch dort, wo sie vom Verbot des Selbstkontrahierens (§ 181 BGB) befreit sind, da eine entsprechende Satzungsregelung zwar die Beschränkung des § 181 BGB beseitigt, nicht jedoch zur **Verlagerung der Anstellungskompetenz** von der Gesellschafterversammlung auf den Geschäftsführer führt. Die Anstellungskompetenz verbleibt in der Mehrpersonen-Gesellschaft nach wie vor bei der Gesellschafterversammlung.

406

---

1 § 2 Abs. 1 Nr. 3b ArbGG; a. A. ohne überzeugende Begründung: *R/A/Altmeppen*, GmbHG § 6, Anm. 113.
2 BGH v. 13.5.1968, WM 1968, S. 1328.

407 Demgegenüber ist der Gesellschafter einer **Einmann-GmbH** grundsätzlich befugt, den Anstellungsvertrag mit sich selbst abzuschließen. Anders als bei der Bestellung (vgl. Rz. 281 ff.) bedarf es insofern jedoch einer Befreiung vom Verbot des Selbstkontrahierens (§ 35 Abs. 4 GmbHG, § 181 BGB). Die Gegenauffassung[1] übersieht, dass es hierbei nicht zuletzt im **Interesse der Gläubiger** um eine mittelbare Angemessenheitskontrolle der Geschäftsführerbezüge geht.[2] Die Gläubiger sollen auf die Gefahr von „Insichgeschäften" in der gebotenen Deutlichkeit hingewiesen werden. Legt man diese Intention der Norm zugrunde, so ist nicht ersichtlich, inwiefern der Abschluss des Anstellungsvertrags aus dem Anwendungsbereich des § 35 Abs. 4 GmbHG ausgenommen werden kann.

408 Hiervon abgesehen ist die Vorschrift des § 46 GmbHG, wie sich aus § 45 Abs. 2 GmbHG ergibt, dispositiver Natur. Der Gesellschaftsvertrag kann folglich die Anstellungskompetenz durch entsprechende Satzungsgestaltung einem anderen Gesellschaftsorgan – beispielsweise dem (fakultativen) Aufsichtsrat oder einem Beirat, aber auch den (Mit-)Geschäftsführern – übertragen. Unabhängig vom Bestehen einer Satzungsregelung kann das nach dem Gesellschaftsvertrag zuständige Organ – **im Einzelfall** – einzelne seiner Mitglieder oder die Geschäftsführer zum Abschluss des Anstellungsvertrags **bevollmächtigen**.

409 Anders stellt sich die Kompetenzordnung dar, soweit die Gesellschaft der **paritätischen Mitbestimmung** unterfällt. Sowohl im Geltungsbereich der Montanmitbestimmung (§ 12 MontanMitbestG, § 13 MontanMitbestErgG) als auch nach dem MitbestG (§ 31 MitbestG) liegt die Befugnis zum Abschluss des Anstellungsvertrags entsprechend § 84 AktG zwingend beim – mitbestimmten – Aufsichtsrat (Annexkompetenz).[3] Dieser vertritt die Gesellschaft gegenüber dem Geschäftsführer bei Abschluss, Änderung und Beendigung des Anstellungsvertrags. Gemäß § 25 Abs. 1 Nr. 2 MitbestG findet auf mitbestimmte Gesellschaften in der Rechtsform der GmbH § 107 AktG uneingeschränkt Anwendung. Nach Maßgabe des durch das VorstAG geänderten § 107 Abs. 3 Satz 3 AktG kann die Regelung der Geschäftsführervergütung folglich nicht einem Aufsichtsratsausschuss übertragen werden, sondern liegt zwingend in den Händen des Gesamtorgans. Zwar hat der Gesetzgeber die in § 87 AktG verorteten „Grundsätze für die Bezüge der Vorstandsmitglieder" nicht auf die GmbH

---

1 *B/H/Zöllner/Noack*, GmbHG § 35, Anm. 165.
2 So im Ergebnis *Scholz/Uwe H. Schneider*, GmbHG § 35, Anm. 121 ff.
3 Vgl. BGH v. 14.11.1983, BGHZ 89, S. 48 ff.

erstreckt, doch ändert dies nichts an der zwingenden Kompetenzzuweisung zugunsten des Aufsichtsratsplenums.[1] Eine Übertragung der Anstellungsbefugnis auf einzelne Aufsichtsratsmitglieder, beispielsweise den Aufsichtsratsvorsitzenden, scheidet ohnedies zwingend aus.

(Einstweilen frei) 410–415

4.5 Der Abschluss des Anstellungsvertrags mit Dritten

Literatur: *Schneider*, Der Anstellungsvertrag des Geschäftsführers einer GmbH im Konzern, GmbHR 1993, S. 10 ff.; *Bauer/Arnold*, Kein Kündigungsschutz für „Arbeitnehmer-Geschäftsführer" – oder doch?, DB 2008, S. 350 ff.

Der Anstellungsvertrag muss nicht zwingend zwischen der Gesellschaft und dem Geschäftsführer geschlossen werden. Grundsätzlich ist es auch möglich, **einen Dritten** als Vertragspartner des Organwalters zu benennen. So wird insbesondere bei der GmbH & Co. KG gelegentlich **die KG** als „Dienstherr" i. S. d. § 611 BGB benannt. Zudem werden Anstellungsverträge mit dem Geschäftsführer einer abhängigen GmbH nicht selten mit der „Konzernobergesellschaft" vereinbart. Rechtliche Bedenken bestehen hiergegen nicht.[2] In diesem Falle ist es zudem möglich, dass ausnahmsweise ein Arbeitsverhältnis vorliegt, wenn beispielsweise einem Arbeitnehmer der Konzernmutter im Rahmen seines Arbeitsverhältnisses die Leitung einer Tochtergesellschaft übertragen wird.[3] Kommt es aus dem Vertrag zu Streitigkeiten, so ergibt sich die Zuständigkeit des Arbeitsgerichts. § 5 Abs. 1 Satz 3 ArbGG gilt insofern nicht.[4] Dessen ungeachtet findet auch in diesem Falle das KSchG keine Anwendung.[5] Allerdings ist umstritten, ob es bezüglich der „Drittanstellung" einer **Zustimmung der Gesellschafterversammlung** bedarf.[6] Angesichts des nicht auszuschließenden **Interessenkonflikts** zwischen „Dritten" und der Gesellschaft erweist sich deren vorherige Zustimmung oder nachträgliche Genehmigung als zwingende Wirksamkeitsvoraussetzung. Fehlt es hieran, so ist der Anstellungsvertrag zunächst

416

---

1 So zutreffend: MüKoGmbHG/*Jaeger*, § 35 Rz. 258 f.; *Gaul/Janz*, NZA 2009, S. 809, 813; *Bauer/Arnold*, AG 2009, S. 717, 731; a. A. *Seibert*,WM 2009, S. 1489, 1490.
2 So zutreffend: L/H/*Kleindiek*, GmbHG Anh. § 6, Anm. 9; *Scholz/Uwe H. Schneider*, GmbHG § 35, Anm. 190 ff.
3 BAG v. 25.10.2007, DB 2008, S. 355 f.; BAG v. 20.10.1995, GmbHR 1996, S. 289; BAG v. 24.8.1972, DB 1972, S. 2358.
4 OLG Frankfurt/M. v. 5.6.1997, DB 1997, S. 1812.
5 BAG v. 25.10.2007, DB 2008, S. 355 f.
6 Bejahend: L/H/*Kleindiek*, GmbHG Anh. § 6, Anm. 9; B/H/*Zöllner/Noack*, § 35, Anm. 165 verneinend: *Scholz/Schneider*, GmbHG § 35, Anm. 193.

"schwebend" unwirksam. Im Übrigen bleibt die gegenüber der Gesellschaft und Gläubigern bestehende Verantwortlichkeit des Geschäftsführers (§§ 43, 64 GmbHG; § 15a InsO) auch im Falle der „Drittanstellung" unberührt. Diese folgt einzig aus der **tatsächlichen Übernahme der Organstellung** und setzt das Bestehen eines wirksamen Anstellungsvertrags mit der GmbH gerade **nicht** voraus.

417–420 *(Einstweilen frei)*

4.6 Die Rangordnung des Anstellungsvertrags

421 Die „Feinabstimmung" des Anstellungsvertrags mit den Vorgaben der Satzung und den Regelungen des (dispositiven) Gesetzesrechts erweist sich in der Praxis nicht selten als unzureichend. So wird bei der Abfassung des Geschäftsführervertrags die „ältere" und damit länger zurückliegende Regelung des Gesellschaftsvertrags häufig zu wenig beachtet. Sei es, dass man die Bestimmungen des Gesellschaftsvertrags völlig negiert, sei es, dass man diese im Anstellungsvertrag ausdrücklich „verdrängt". Die Folge sind – meist vermeidbare – Rechtsstreitigkeiten zwischen der Gesellschaft und ihrem Organwalter. Hier ist von Anfang an eine enge Koordination der unterschiedlichen Regelungsebenen geboten.

422 Stehen einzelne Bestimmungen des Anstellungsvertrags in **inhaltlichem Widerspruch** zu den Vorgaben des Gesetzes oder der Satzung, so haben im gesellschaftsrechtlichen Gefüge die Regelungen des Anstellungsvertrags gegenüber dem dispositiven Gesetzesrecht und dem Gesellschaftsvertrag zurückzutreten.[1] Dies folgt notwendig aus der seitens des Gesetzgebers **abgestuften Kompetenzordnung**.[2] So wird der Anstellungsvertrag zwischen der Gesellschaft und dem Geschäftsführer geschlossen. Demgegenüber liegt die Zuständigkeit für die Satzung einschließlich der – zulässigen – Abweichungen vom Gesetz ausschließlich in den Händen der Gesellschafter. Zwar entscheiden diese auch über die Anstellungsbedingungen, doch genügt insofern die einfache Mehrheit der abgegebenen Stimmen. Demgegenüber erfordern Satzungsänderungen **eine qualifizierte Mehrheit** von drei Vierteln der abgegebenen Stimmen. Im Übrigen bedürfen Änderungen der gesetzlichen oder statuarischen Kompetenzordnung im Interesse neueintretender Gesellschafter **der Transparenz durch Aufnahme in den Gesellschaftsvertrag** (§ 54 Abs. 3 GmbHG). Materielle Abweichungen des Anstellungsvertrags von den Vor-

---

[1] *L/H/Kleindiek*, GmbHG Anh. § 6, Anm. 13.
[2] So zutreffend: *Scholz/Uwe H. Schneider*, GmbHG § 35, Anm. 156 ff.

gaben der Satzung und des (dispositiven) Gesetzesrechts sind daher sowohl organisationsrechtlich als auch schuldrechtlich **unwirksam**.[1] Es fehlt diesbezüglich an der **Vertretungsmacht der Gesellschafter**, soweit sie ihre durch die Satzung oder das Gesetz festgelegte Befugnis überschreiten.

Allerdings wird zum Teil angenommen, ein Verzicht der Gesellschafter auf ihre Befugnis zu Einzelweisungen gegenüber dem Geschäftsführer (§ 37 Abs. 1 GmbHG) könne auch im Anstellungsvertrag in wirksamer Weise erfolgen.[2] Dem kann nicht zugestimmt werden. Satzungsdurchbrechende Abreden im Anstellungsvertrag sind grundsätzlich unwirksam.[3] Gerade das Recht, dem Geschäftsführer in den Angelegenheiten der Gesellschaft jederzeit eine für diesen **verbindliche Einzelweisung** zu erteilen, gehört zu den prägenden Bestandteilen der innergesellschaftlichen Kompetenzordnung im Recht der GmbH. Änderungen bedürfen somit zwingend einer satzungsrechtlichen Ermächtigung. Ein Verzicht der Gesellschafter auf ihre Weisungsbefugnis im Anstellungsvertrag genügt demgegenüber nicht.

423

(Einstweilen frei) 424–430

4.7 Der fehlerhafte Anstellungsvertrag

Ist der Anstellungsvertrag aufgrund eines Mangels unwirksam oder anfechtbar, so gelten bis **zur Aufnahme der Amtstätigkeit des Geschäftsführers** die allgemeinen Regeln des Vertragsrechts. Beide Seiten können sich jederzeit auf die Unwirksamkeit berufen oder die Anfechtung gegenüber dem Vertragspartner (§ 143 Abs. 1 BGB) erklären. Erfüllungsansprüche bestehen nicht. Anders verhält es sich, nachdem der Organwalter seine Dienstgeschäfte mit Wissen des Anstellungsorgans oder eines seiner Mitglieder aufgenommen hat. Eine rückwirkende Geltendmachung des Nichtigkeits- oder Anfechtungsgrundes (vgl. § 142 Abs. 1 BGB) scheidet nunmehr aus. Für die Dauer der erfolgten Organtätigkeit ist der Vertrag mit dem Geschäftsführer mit allen Rechten und Pflichten als voll wirksam zu behandeln.[4] Die Gehaltsansprüche des Geschäftsführers bestimmen sich folglich **nach Maßgabe der im Anstellungsvertrag getroffenen Vereinbarung**. Eine Rückabwicklung nach den Bestimmungen des Bereicherungsrechts (§§ 812 ff. BGB) kommt nicht in Betracht. Der Vertrag

431

---

1 Wie hier *Hachenburg/Stein*, GmbHG § 35, Anm. 16; differenzierend: *Scholz/Uwe H. Schneider*, GmbHG § 35, Anm. 158 ff.
2 *L/H/Kleindiek*, GmbHG Anh. § 6, Anm. 14.
3 *Scholz/Uwe H. Schneider*, GmbHG § 37, Anm. 55 f.
4 BGH v. 6.4.1964, BGHZ 41, S. 282, 287 f.

kann jedoch von beiden Seiten **jederzeit** durch einseitige Erklärung **mit Wirkung für die Zukunft** beendet werden. Dabei gilt es jedoch zu beachten, dass eine Anfechtung nach Ablauf der hierfür vorgesehenen Frist (§§ 121, 124 BGB) notwendig ausscheidet. Allerdings bleibt dem Geschäftsführervertrag die Wirksamkeit dort versagt, wo dies – wie im Falle der Geschäftsunfähigkeit des Organwalters – im Lichte übergeordneter Interessen geboten erscheint.

432–435 *(Einstweilen frei)*

4.8 Der Inhalt des Anstellungsvertrags

4.8.1 Der Vergütungsanspruch

Literatur: *Bauer/Göpfert/Siegrist*, Abberufung von Organmitgliedern: Wegfall der variablen Vergütung?, DB 2006, S. 1774 ff.

436 Wesentlicher Regelungsinhalt des Anstellungsvertrags sind die **Bezüge des Geschäftsführers**. Fehlt es ausnahmsweise an einer diesbezüglichen Vereinbarung, so ist gem. § 612 Abs. 1, 2 BGB die übliche Vergütung geschuldet. Dabei ist zugunsten eines **Fremdgeschäftsführers** regelmäßig davon auszugehen, dass dieser nur entgeltlich tätig wird.[1] Dies gilt auch hinsichtlich eines Gesellschafter-Geschäftsführers ohne maßgebliche Beteiligung. Hierbei gilt es zu berücksichtigen, dass Gesellschafter einer Kapitalgesellschaft grundsätzlich nicht zur unentgeltlichen Übernahme des Geschäftsführeramtes verpflichtet sind.[2] Anders verhält es sich hinsichtlich des **beherrschenden Gesellschafter-Geschäftsführers**; hier besteht keine Vermutung bezüglich der Entgeltlichkeit der Geschäftsführung,[3] zumal aufgrund des maßgeblichen Einflusses des Organwalters in der Gesellschafterversammlung jederzeit die Möglichkeit besteht, eine entsprechende Vergütungsregelung herbeizuführen.

437 Die Vergütung setzt sich regelmäßig aus dem **(Fest-)Gehalt**, einer – erfolgsabhängigen – **Tantieme**, möglichen **Sonderleistungen (Gratifikationen)** und **Sachbezügen** (Geschäftswagen zur privaten Mitnutzung etc.) zusammen (zur Besteuerung vgl. Rz. 1038 ff.). Ein Anspruch auf eine Tantieme besteht **nur bei ausdrücklicher Vereinbarung**. Die Berechnung erfolgt entweder aufgrund des Gewinns oder des Umsatzes. Allerdings sind umsatzabhängige Vergütungsbestandteile aus Sicht der Gesellschaft nicht unproblematisch. Hier besteht

---

1 OLG Frankfurt/M. v. 10.6.1992, GmbHR 1993, S. 358 f.
2 BGH v. 22.10.1984, NJW 1985, S. 637.
3 OLG Frankfurt/M. v. 10.6.1992, GmbHR 1993, S. 358 f.; a. A. *L/H/Kleindiek*, GmbHG Anh. § 6, Anm. 31.

die nicht zu leugnende Gefahr, dass der Organwalter dem eigenen finanziellen Interesse den Vorrang gegenüber der Rentabilität der Gesellschaft einräumt. Dessen ungeachtet ist die Umsatztantieme rechtlich zulässig; dies gilt selbst dort, wo die Gesellschaft eine Unterbilanz aufweist.[1] Allerdings bedarf es in diesem Fall einer strengen Angemessenheitskontrolle (vgl. Rz. 446 ff.). Empfehlenswert ist die Umsatztantieme vor allem bei neu gegründeten Unternehmen, bei denen aufgrund der zu erwartenden Anlaufverluste eine Gewinnbeteiligung des Geschäftsführers nicht durchführbar erscheint.

Die **Berechnung der Gewinntantieme** erfolgt im Zweifel aufgrund der Handelsbilanz.[2] Entscheidend ist der volle Jahresgewinn. Die Tantieme des Geschäftsführers selbst und Rücklagen sind dabei nicht in Abzug zu bringen.[3] Dies widerspräche der von den Vertragsparteien gewollten „Anreizfunktion". Soweit der Anstellungsvertrag die Steuerbilanz als Bezugsgröße vorsieht, erfasst dies mangels einer entgegenstehenden Vereinbarung den Gewinn vor Abzug der Körperschaftsteuer.[4] Sieht der Anstellungsvertrag darüber hinaus eine „**Fixtantieme**" als neben dem Grundgehalt zu leistende Mindestzahlung vor, so ist diese auf die erfolgsabhängige Vergütung anzurechnen. Sie ist darüber hinaus auch dann geschuldet, wenn der bestimmte Geschäftserfolg ausbleibt.[5] Scheidet der Geschäftsführer im Laufe des Geschäftsjahres aus, so bestimmt sich seine Tantieme nach einem entsprechenden Anteil am Jahresgewinn, nicht nach dem Abschnitt seiner leitenden Tätigkeit.[6] Für die Berechnung der Umsatztantieme lassen sich angesichts der vielfältigen Gestaltungsformen kaum allgemeine Auslegungsgrundsätze angeben. Hier bedarf es stets einer genauen Festlegung der für die Umsatzberechnung maßgeblichen Bezugsgrößen im Anstellungsvertrag. 438

Der Anspruch auf Gewinnbeteiligung entsteht grundsätzlich **am Ende des Geschäftsjahres**. Seine Fälligkeit tritt jedoch erst mit **Feststellung des Jahresabschlusses** ein. Etwas anderes gilt nur dort, wo das zuständige Organ die Feststellung entgegen den Geboten von Treu und Glauben verschleppt.[7] Entscheidend ist insofern die gesetzliche Frist des § 42 Abs. 2 GmbHG. Dabei ist – soweit es einen Gesellschaftergeschäftsführer betrifft – aus steuerlichen 439

---

1 BGH v. 15.6.1992, ZIP 1992, S. 1152, 1154; *L/H/Kleindiek*, GmbHG Anh. § 6, Anm. 32.
2 BGH v. 4.1.1965, GmbHR 1965, S. 94.
3 So zutreffend: BGH v. 4.10.1976, WM 1976, S. 1226 ff.; *Scholz/Uwe H. Schneider*, GmbHG § 35, Anm. 184; a. A.: *B/H/Zöllner/Noack*, GmbHG § 35, Anm. 188.
4 BGH v. 3.12.1962, GmbHR 1963, S. 26.
5 OLG München v. 15.7.1998, DB 1999, S. 327 ff.
6 OLG Hamm v. 7.11.1985, GmbHR 1985, S. 157.
7 OLG Köln v. 27.11.1992, GmbHR 1993, S. 157 f.

Gründen zur Vermeidung einer verdeckten Gewinnausschüttung darauf zu achten, dass die Auszahlung der Tantieme in engem zeitlichen Zusammenhang mit der Bilanzfeststellung erfolgt (vgl. hierzu ausführlich Rz. 1236 ff.). Die Verjährung bestimmt sich – wie bei allen Vergütungsansprüchen des Geschäftsführers – nach § 195 BGB.[1] Die Frist beträgt somit drei Jahre; ihr Beginn richtet sich nach § 199 BGB.

440 Nach zutreffender Auffassung genießen die Vergütungsansprüche des Geschäftsführers **Pfändungsschutz** gem. § 850 Abs. 2 ZPO. Dies gilt **unabhängig** von dem Umstand, ob es sich um einen Fremdgeschäftsführer oder einen beherrschenden Gesellschafter handelt.[2] Demgegenüber können seit Inkrafttreten der Insolvenzordnung rückständige Bezüge nicht mehr als (vorrangige) Masseforderungen geltend gemacht werden. Andererseits besteht seitens des abhängigen Geschäftsführers ein Anspruch auf Insolvenzgeld (vgl. §§ 183 ff. SGB III).

441–445 *(Einstweilen frei)*

4.8.2 Die Höhe der Vergütung

446 Gesetzliche Vorgaben bezüglich der Höhe der Vergütung bestehen nicht. Die Bestimmung des § 87 AktG und deren Verschärfung im Rahmen des VorstAG vom 31.7.2009, wonach die Bezüge der Vorstandsmitglieder in einem „angemessenen Verhältnis zu den Aufgaben und Leistungen des Vorstandsmitglieds und zur Lage der Gesellschaft stehen" müssen und die übliche Vergütung nicht ohne besondere Gründe übersteigen dürfen, ist auf Geschäftsführer einer GmbH auch nicht entsprechend anwendbar.[3] Etwas anderes gilt allenfalls für die Organzuständigkeit bei mitbestimmten Gesellschaften im Rahmen der paritätischen Mitbestimmung nach dem MitbestG (s. o. Rz. 409).[4] Allerdings lassen sich aus einzelnen Bestimmungen des Gesetzes vergleichbare Grenzen hinsichtlich der konkreten Ausgestaltung der Vergütungsregelung gewinnen.

447 So gilt es bezüglich der **Gesellschafter-Geschäftsführer**, zunächst das Gebot der **Kapitalerhaltung** gem. § 30 GmbHG zu beachten (vgl. ausführlich Rz. 141 ff.). Danach darf das zur Erhaltung des Stammkapitals erforderliche Vermögen nicht an die Gesellschafter zurückgewährt werden. Zwar verbietet

---

1 BGH v. 14.5.1964, WM 1964, S. 675 ff.
2 BGH v. 24.11.1980, NJW 1981, S. 2465 f.; *B/H/Zöllner/Noack*, GmbHG § 35, Anm. 183; *L/H/Kleindiek*, GmbHG Anh. § 6, Anm. 35.
3 *L/H/Kleindiek*, GmbHG Anh. § 6, Anm. 31.
4 *L/H/Kleindiek*, a. a. O.

§ 30 GmbHG auch in der Krise der Gesellschaft nicht die Zahlung des Geschäftsführergehalts, doch bedarf es im Falle der Unterbilanz sowie der Überschuldung (vgl. zu diesen Begriffen Rz. 161 ff.) einer eingehenden Prüfung, ob die seitens des Geschäftsführers erbrachte Gegenleistung im Verhältnis zu der gewährten Vergütung **angemessen** ist.[1] Kontrollmaßstab ist insofern das Gehalt, welches ein an der Gesellschaft nicht beteiligter **Fremdgeschäftsführer** für die gleiche Tätigkeit erhalten hätte.[2] Dies gilt in gleichem Umfang für die Gewährung einer gewinnabhängigen Vergütung (Tantieme; vgl. Rz. 436 ff.). Erweist sich die Vergütung als unangemessen, so ist der Gesellschafter-Geschäftsführer gem. § 31 GmbHG verpflichtet, den das zulässige Maß übersteigenden Betrag der Gesellschaft zurückzuerstatten. Zudem sind alle Fremd- und Gesellschafter-Geschäftsführer gem. § 43 Abs. 3 GmbHG verpflichtet, die Auszahlung einer überhöhten Vergütung zu verweigern. Für die Verletzung dieser Verpflichtung haften sie der Gesellschaft gegenüber persönlich.

Darüber hinaus verletzt die Zahlung einer unangemessenen Vergütung an den Gesellschafter-Geschäftsführer – auch soweit das zur Erhaltung des Stammkapitals erforderliche Vermögen nicht angegriffen wird – den für die Gesellschafter geltenden **Gleichbehandlungsgrundsatz**.[3] Dies gilt jedenfalls insoweit, als nicht alle Gesellschafter der festgesetzten Vergütung zugestimmt haben. Die Vergütung darf folglich nicht in einem **Missverhältnis zur Leistung des Geschäftsführers** stehen. Bezugsgröße ist auch insofern die Vergütung, die ein Fremdgeschäftsführer in der vergleichbaren Situation erhalten hätte. Allerdings steht den Gesellschaftern hinsichtlich der Prüfung der Angemessenheit ein gewisser Ermessensspielraum zu, der nur einer eingeschränkten gerichtlichen Nachprüfung unterliegt. Dabei gilt es seitens des Anstellungsorgans, die jeweiligen Besonderheiten des betroffenen Unternehmens und die Qualifikation des (künftigen) Geschäftsführers umfassend zu berücksichtigen. Dies betrifft einerseits Art, Größe und Leistungsfähigkeit des Unternehmens sowie Alter, Ausbildung, Berufserfahrung und Fähigkeiten des Geschäftsführers einschließlich Umfang und Bedeutung seiner Tätigkeit. Soweit die Vergütungsregelung sich somit als Verletzung des Gleichbehandlungsgrundsatzes darstellt, kann der zugrunde liegende Gesellschafterbeschluss wegen der darin liegenden Verletzung der gesellschaftsrechtlichen Treuepflicht angefochten werden.

448

---

1 Vgl. BGH v. 15.6.1992, NJW 1992, S. 2894 ff.
2 Vgl. auch BGH v. 14.5.1990, NJW 1990, S. 2625 ff.
3 BGH v. 14.5.1990, NJW 1990, S. 2625; *B/H/Zöllner/Noack*, GmbHG § 35, Anm. 100; *L/H/Kleindiek*, GmbHG Anh. § 6, Anm. 31a.

449 Steuerrechtlich stellen überhöhte Geschäftsführerbezüge an geschäftsführende Gesellschafter eine verdeckte Gewinnausschüttung dar (vGA). Soweit die Vergütung das angemessene Maß übersteigt, kommt eine Abzugsfähigkeit als Betriebsausgaben nicht in Betracht.[1] Dies hat regelmäßig eine höhere Körperschaftsteuerbelastung der Gesellschaft zur Folge (s. ausführlich Rz. 1236 ff.).

450–455 *(Einstweilen frei)*

4.8.3 Die Anpassung der Vergütung

456 Kommt es zu einer wesentlichen Verschlechterung der wirtschaftlichen Situation der Gesellschaft, so kann die Gesellschaft von dem Geschäftsführer ggf. entsprechend § 87 Abs. 2 AktG die **Zustimmung zur Anpassung seiner Vergütung** verlangen,[2] wobei im Falle des Gesellschafter-Geschäftsführers dessen Bezüge mit denen eines Fremdgeschäftsführers vergleichbar sein müssen.[3] Allerdings ist dabei das Bestandsschutzinteresse des Organwalters angemessen zu berücksichtigen. Eine Absenkung der Bezüge kommt somit nur dort in Betracht, wo die Gesellschaft durch die unveränderte Weiterzahlung des Gehalts in ihrer Existenz gefährdet ist. Hierfür trägt sie die Darlegungs- und Beweislast.[4]

457 Auch der Geschäftsführer hat unter bestimmten Voraussetzungen Anspruch auf die Anpassung seiner Bezüge. Dies gilt zunächst und selbstverständlich bei Vereinbarung einer vertraglichen Anpassungsklausel. Handelt es sich hierbei um eine „**Wertsicherungsabrede**", welche die Einkünfte des Organwalters mit dem **Lebenshaltungsindex** verknüpft, so bedarf die Klausel gem. § 2 Abs. 1 Preisangaben- und Preisklauselgesetz (PaPkG) der Genehmigung durch das Bundesministerium für Wirtschaft. Dies gilt nicht für Verträge mit ausländischen Gesellschaften. Bezieht sich die Vergütungsabrede auf die Dauer von mindestens zehn Jahren, so wird die Genehmigung grundsätzlich erteilt. Bis zu ihrer Erteilung ist die Vereinbarung schwebend unwirksam. Wird die Genehmigung verweigert, so sind die Parteien nach Treu und Glauben verpflichtet, im Interesse der sozialen Sicherung des Geschäftsführers die nunmehr unwirksame Vereinbarung durch eine genehmigungsfähige oder genehmigungsfreie Regelung zu ersetzen.[5] Als genehmigungsfreie Vereinbarungen kommen

---

1 BFH v. 11.9.1968, BStBl 1968 II S. 809 f.; BFH v. 16.10.1991, GmbHR 1992, S. 683 f.
2 OLG Köln v. 6.11.2007, ZIP 2009, S. 36 f.
3 OLG Köln v. 6.11.2007, NZG 2008, S. 637; OLG Naumburg v. 16.4.2003, GmbHR 2004, S. 423 f.; BGH v. 15.6.1992, NJW 1992, S. 2894 ff.
4 *L/H/Kleindiek*, GmbHG Anh. § 6, Anm. 34a.
5 BGH v. 30.10.1974, NJW 1975, S. 44; BGH v. 23.2.1979, NJW 1979, S. 1545 f.

vor allem „**Spannungsklauseln**" in Betracht, welche das Gehalt des Geschäftsführers mit den Einkünften anderer Beschäftigter verknüpfen (§ 1 Nr. 1 bis 3 PreisklauselVO). So ist beispielsweise die (dynamische) Verweisung auf die jeweils geltende Fassung eines Tarifvertrags (BAT) oder die Beamtenbesoldung einer bestimmten Vergütungsgruppe jederzeit zulässig. Genehmigungsfrei ist zudem ein sog. „Leistungsvorbehalt", der für den Fall einer bestimmten Veränderung wirtschaftlicher Indikatoren (Inflationsrate) die Verpflichtung beider Seiten zur Neuverhandlung der Anstellungsbedingungen vorsieht.

Auch bei Fehlen einer entsprechenden Anpassungsregelung kann der Geschäftsführer die Erhöhung seiner Bezüge verlangen, soweit sich die wirtschaftlichen Verhältnisse nach Abschluss des Anstellungsvertrags wesentlich zu seinem Nachteil verändern und die ihm gewährte Vergütung nicht mehr angemessen ist.[1] Dies folgt für den Gesellschafter-Geschäftsführer aus dem Gedanken der **gesellschaftlichen Treuepflicht**. Eine Amtsniederlegung kommt nur als letztes Mittel in Betracht und ist dem Organwalter regelmäßig nicht zuzumuten. 458

Handelt es sich um einen Fremdgeschäftsführer, so steht diesem unter gleichen Voraussetzungen ein Anspruch auf Anpassung seiner Bezüge zu.[2] Dies folgt aus der **Fürsorgepflicht der Gesellschaft** gegenüber dem abhängigen Geschäftsführer. Insofern kann ergänzend auf arbeitsrechtliche Grundsätze zurückgegriffen werden. Dies gilt insbesondere, wenn seitens des Geschäftsführers eine Kündigung aus tatsächlichen oder rechtlichen Gründen, angesichts einer längeren Bindungsfrist oder seines fortgeschrittenen Alters nicht in Betracht kommt. Darüber hinaus kann sich ein Anspruch auf Gehaltsanpassung aus dem Grundsatz einer „**betrieblichen Übung**" ergeben, wenn in der Vergangenheit regelmäßige Anhebungen erfolgt sind, die geeignet waren, auf Seiten des Organwalters das Vertrauen zu begründen, auch künftig werde entsprechend verfahren.[3] Dies gilt auch bezüglich des **arbeitsrechtlichen Gleichbehandlungsgrundsatzes**, sofern Mitgeschäftsführern oder leitenden Angestellten mit vergleichbaren Dienstverträgen entsprechende Anpassungen gewährt wurden.[4] 459

(Einstweilen frei) 460–465

---

1 *L/H/Kleindiek*, GmbHG Anh. § 6, Anm. 34.
2 So zutreffend: *B/H/Zöllner/Noack*, GmbHG § 35, Anm. 187; zurückhaltend: *L/H/Kleindiek*, GmbHG Anh. § 6, Anm. 34.
3 Strittig, vgl. BGH v. 14.5.1990, NJW-RR 1990, S. 1313 f.; OLG München v. 15.2.1984, WM 1984, S. 896 ff, wohl zustimmend: *B/H/Zöllner/Noack*, GmbHG § 35, Anm. 194 für das Ruhegehalt.
4 BGH v. 14.5.1990, NJW-RR 1990, S. 1313 f.

4.8.4 Das Ruhegehalt und die Hinterbliebenenversorgung

Literatur: *Rose*, Der Schutz leitender Angestellter und der Organmitglieder juristischer Personen nach dem Betriebsrentengesetz – Treuwidrigkeitsmaßstab beim Entzug unverfallbarer Ansprüche einer betrieblichen Altersversorgung wegen Pflichtverletzungen, DB 1993, S. 1286.

466 Ein Anspruch auf ein Ruhegehalt sowie eine ergänzende Hinterbliebenenversorgung steht dem Geschäftsführer – von sozialversicherungsrechtlichen Leistungen abgesehen – nur zu, sofern dies im **Anstellungsvertrag** oder in einer hiervon getrennten **Versorgungsabrede gesondert vereinbart** ist. Eine besondere Form ist diesbezüglich nicht erforderlich, die Vereinbarung kann folglich auch stillschweigend erfolgen.[1] Dies betrifft insbesondere diejenigen Fallgestaltungen, in denen der Organwalter zuvor ruhegehaltsberechtigter Arbeitnehmer der Gesellschaft war. Allerdings erscheint fraglich, ob insofern eine betriebliche Übung (vgl. Rz. 456 f.) genügt.[2] Eine entsprechende Zusage gegenüber Arbeitnehmern der Gesellschaft reicht regelmäßig nicht aus, im Wege der „Gleichbehandlung" eine Alters- und Hinterbliebenensicherung des Geschäftsführers zu begründen.[3] Anders verhält es sich, wenn die Gesellschaft bei einer Vielzahl von Geschäftsführern mit vergleichbaren Anstellungsbedingungen einzelne Organwalter von der Versorgungszusage ausnimmt. Dies gilt auch im Verhältnis zu solchen leitenden Angestellten des Unternehmens, deren Befugnisse denen eines Geschäftsführers nahe kommen.[4]

467 Ihre innere Rechtfertigung findet die Versorgungsabrede in der seitens des Geschäftsführers erbrachten und daher in Zukunft zu erwartenden Loyalität gegenüber der Gesellschaft. Da der Organwalter seine künftige Lebens- und Berufsplanung nicht zuletzt an Art und Umfang der getroffenen Regelung orientiert, kommt ein **Widerruf der Pensionszusage** nur unter **engen Voraussetzungen** in Betracht.[5] Erforderlich ist somit, dass der Versorgungsberechtigte seine Pflichten in so grober Weise verletzt, dass sich die in der Vergangenheit erwiesene Betriebstreue nachträglich als wertlos oder zumindest erheblich entwertet herausstellt.[6] Dies trägt dem Umstand Rechnung, dass bei Wegfall der Versorgungsregelung meist keine alternative Möglichkeit für eine ausreichende Alterssicherung des Geschäftsführers und seiner Familie besteht. Allenfalls be-

---

1 BGH v. 14.4.1969, DB 1969, S. 1057; BGH v. 20.12.1993, ZIP 1994, S. 207.
2 So aber: *B/H/Zöllner/Noack*, GmbHG § 35, Anm. 194.
3 BGH v. 8.3.1973, WM 1973, S. 506.
4 So zutreffend: *L/H/Kleindiek*, GmbHG Anh. § 6, Anm. 36.
5 BGH v. 19.12.1983, NJW 1984, S. 1529, 1530.
6 BGH v. 3.7.2000, DB 2000, S. 2426 ff.

sonders schwere Verfehlungen gegen die Interessen der Gesellschaft können folglich eine Kündigung der Pensionszusage rechtfertigen. Soweit ein wichtiger Grund für die außerordentliche Beendigung des Anstellungsverhältnisses vorliegt (§ 626 BGB), rechtfertigt dies **nicht** ohne weiteres einen Widerruf der Versorgungsregelung.[1] Erforderlich ist vielmehr, dass der Geschäftsführer die Gesellschaft in eine ihre Existenz bedrohende Lage gebracht hat.[2] Im Übrigen ist nach dem Grundsatz der Verhältnismäßigkeit vorrangig eine **Anpassung der Versorgungsabrede** in Erwägung zu ziehen.

Soweit die Existenz der Gesellschaft ernsthaft bedroht ist, kann der (ehemalige) Geschäftsführer gem. § 242 BGB darüber hinaus verpflichtet sein, einer vorübergehenden Einstellung oder Kürzung der ihm zukommenden Versorgungsleistungen zuzustimmen. Dies gilt allerdings nur insoweit, als eine begründete Aussicht für die dauerhafte Sanierung der Gesellschaft besteht. Handelt es sich um einen abhängigen Geschäftsführer, dessen Pensionsansprüche der Insolvenzsicherung gem. § 17 Abs. 1 Satz 2 BetrAVG unterliegen, so ist die Gesellschaft zudem verpflichtet, vorab die Zustimmung des Pensionssicherungsvereins zur Einschränkung der Versorgungsleistungen zu beantragen, damit dieser insofern die Zahlungen gegenüber dem früheren Geschäftsführer übernimmt. 468

Die Versorgungszusage zugunsten des **Fremdgeschäftsführers** unterliegt der **Insolvenzsicherung** nach dem Gesetz zur Verbesserung der betrieblichen Altersversorgung (§ 17 Abs. 1 Satz 2 BetrAVG) sowie der Verpflichtung der Gesellschaft zur regelmäßigen Anpassung der Versorgungsbezüge (§ 16 BetrAVG). Dies gilt auch für Gesellschafter-Geschäftsführer, sofern diesen aufgrund der Höhe ihrer Beteiligung **kein maßgeblicher Einfluss auf die Unternehmensleitung** zukommt.[3] Dabei sind gegebenenfalls mittelbare und unmittelbare Beteiligungen zusammenzurechnen. Entscheidend ist insofern, ob der durch die Versorgungsregelung begünstigte Geschäftsführer selbst entscheidend auf die Ausgestaltung der Pensionszusage einwirken konnte. 469

(Einstweilen frei) 470–475

4.8.5 Ersatz von Auslagen

Der Geschäftsführer kann von der Gesellschaft grundsätzlich **Erstattung** der in ihrem Interesse getätigten angemessenen **Auslagen** verlangen. Dies folgt ent- 476

---

1 *L/H/Kleindiek*, GmbHG Anh. § 6, Anm. 38; s. auch *Rose*, DB 1993, S. 1286 ff.
2 BGH v. 11.3.2002, DB 2002, S. 1207 f.
3 BGH v. 6.4.1981, BB 1981, S. 1154.

weder aus dem Anstellungsvertrag oder aus §§ 675, 670 BGB. Der Erstattungsanspruch erfasst beispielsweise **Dienstreisekosten** einschließlich Fahrt und Übernachtung sowie **Bewirtungskosten**, soweit diese steuerlich als Betriebsausgaben anerkannt werden.[1] Der Anstellungsvertrag kann eine für den Geschäftsführer günstigere Regelung vorsehen. Zu erstatten sind entsprechend § 110 HGB auch Schäden, beispielsweise die infolge eines Autounfalls anfallenden Reparaturkosten, die dem Geschäftsführer bei der Ausübung seiner Organtätigkeit ohne eigenes Verschulden entstanden sind.[2] Eine Erstattung der Kosten eines Bußgeld- oder Strafverfahrens kann der Geschäftsführer nur insoweit verlangen, wie die Straftat oder Ordnungswidrigkeit nicht gleichzeitig eine Verletzung seiner gesellschaftsrechtlich und vertraglich geschuldeten Sorgfaltspflicht (§ 43 Abs. 1 GmbHG) darstellt. Wird er freigesprochen, so hat ihm die Gesellschaft jedoch die entstandenen Auslagen zu ersetzen, soweit diese nicht der Staatskasse zur Last fallen. Angesichts des darin liegenden Verstoßes gegen die Pflicht zur gesetzestreuen Geschäftsführung scheidet auch ein Anspruch auf Ersatz des zur Zahlung einer Geldbuße oder einer Geldstrafe aufgewendeten Betrags grundsätzlich aus.[3] Die Gesellschaft ist jedoch nicht gehindert, die angefallenen Kosten aufgrund eines Gesellschafterbeschlusses zu übernehmen. Dies stellt keine Strafvereitelung dar.[4]

477–480 *(Einstweilen frei)*

4.8.6 Der Urlaubsanspruch

481 Zwar findet das **Bundesurlaubsgesetz** auf den GmbH-Geschäftsführer keine Anwendung, doch steht ihm ein **Anspruch auf Erholungsurlaub** entweder aufgrund der Regelungen des Anstellungsvertrags oder angesichts der Fürsorgepflicht der Gesellschaft zu.[5] Kann der Urlaub wegen der Beendigung des Geschäftsführervertrags ganz oder teilweise nicht genommen werden, so ist er finanziell abzugelten. Grundsätzlich können der Anstellungsvertrag oder die Gesellschafter bestimmen, dass die Festlegung des Urlaubs mit den Gesellschaftern oder dem Aufsichtsrat abzustimmen ist. Fehlt es an einer entsprechenden Regelung, so kann der Organwalter den Urlaub in Abstimmung mit den Mitgeschäftsführern und unter Berücksichtigung der Interessen der Ge-

---

1 *Scholz/Uwe H. Schneider*, GmbHG § 35, Anm. 242.
2 *Scholz/Uwe H. Schneider*, GmbHG § 35, Anm. 242.
3 *Scholz/Uwe H. Schneider*, GmbHG § 35, Anm. 243; *Hachenburg/Stein*, GmbHG § 35, Anm. 307.
4 BGH v. 7.11.1990, NJW 1991, S. 990 ff.
5 *Scholz/Uwe H. Schneider*, GmbHG § 35, Anm. 247.

sellschaft selbst festlegen. Er ist dann verpflichtet, für eine ausreichende Vertretung Sorge zu tragen.

(Einstweilen frei) 482–485

4.8.7 Das Wettbewerbsverbot

Literatur: *Lawall*, Verdeckte Gewinnausschüttung und Geschäftschancenlehre im GmbH-Recht, NJW 1997, S. 1742 ff.; *Henze*, Treuepflichten im Kapitalgesellschaftsrecht, ZHR 1998 (162), S. 186 ff.; *Lutter*, Treuepflichten und ihre Anwendungsprobleme, ZHR 1998 (162), S. 164 ff.

Zwar findet sich häufig im Anstellungsvertrag eine entsprechende Abrede, doch unterliegt der Geschäftsführer auch unabhängig von einer ausdrücklichen oder stillschweigenden Vereinbarung **einem umfassenden Wettbewerbsverbot im Tätigkeitsbereich der Gesellschaft** (vgl. § 88 Abs. 1 AktG). Dies folgt unmittelbar aus der treuhänderischen Bindung des Organwalters und seiner daraus resultierenden „**Treuepflicht**" gegenüber der GmbH.[1] Es ist ihm folglich verwehrt, „**Geschäftschancen**" der Gesellschaft zum eigenen Vorteil zu nutzen und dadurch seine Kenntnisse bezüglich der Gesellschaftsinterna sowie seinen in der Amtsstellung gründenden Einfluss zum Nachteil der Gesellschaft zu missbrauchen.[2] Dabei kommt es **nicht** darauf an, ob er von der sich bietenden Geschäftsmöglichkeit dienstlich oder privat Kenntnis erlangt hat; die Organstellung des Geschäftsführers ist insofern unteilbar. Mangels einer entgegenstehenden Vereinbarung hat der Geschäftsführer folglich seine gesamte Arbeitskraft der Gesellschaft zur Verfügung zu stellen. Dabei haben seine **eigenen Interessen** durchweg hinter den Belangen der Gesellschaft **zurückzutreten**. Allerdings ist der Geschäftsführer nicht gehindert, Teile seines Vermögens in Werten anzulegen, mit denen auch die Gesellschaft handelt, soweit dies ausschließlich der Befriedigung privater Bedürfnisse dient und **keine Teilnahme am allgemeinen wirtschaftlichen Verkehr** darstellt. So ist es dem Geschäftsführer einer Wohnungs-GmbH gestattet, in geringem Umfang Immobilien zu Wohnzwecken oder als Kapitalanlage zu erwerben. Die Zulässigkeitsgrenze ist allerdings dort überschritten, wo der Erwerb in Veräußerungsabsicht erfolgt.[3] In Zweifelsfällen hat der Geschäftsführer eine Entscheidung der Gesellschafterversammlung herbeizuführen. Das Wettbewerbsverbot gilt im Übrigen nicht für den Gesellschafter-Geschäftsführer der Einmann-GmbH,

486

---

1 BGH v. 9.11.1967, BGHZ 49, S. 30, 31.
2 BGH v. 23.9.1985, NJW 1986, S. 585; BGH v. 8.5.1989, NJW 1989, S. 2687.
3 BGH v. 17.2.1997, ZIP 1997, S. 1063 ff., 1064.

da hier bei wirtschaftlicher Betrachtungsweise das Interesse der Gesellschaft im Wesentlichen dem Interesse des Alleingesellschafters entspricht.

487 Umfang und Reichweite des Wettbewerbsverbots bestimmen sich in erster Linie nach dem durch die Satzung festgelegten **Gegenstand des Unternehmens** (vgl. § 3 Abs. 1 Nr. 2 GmbHG). Dabei kommt es nicht entscheidend darauf an, ob die Gesellschaft die konkrete Tätigkeit derzeit tatsächlich ausübt. Das Wettbewerbsverbot erfasst vielmehr auch solche Geschäftsbereiche, welche die GmbH jederzeit – und sei es auch nur mittelbar über eigene Tochtergesellschaften – ausüben kann, die folglich auf der „Entwicklungslinie" der Gesellschaft liegen.[1] Darüber hinaus gilt es auch für solche Geschäftsbereiche der GmbH und ihrer verbundenen Unternehmen, die zwar nicht den Vorgaben der Satzung entsprechen, die aber das **tatsächliche Tätigkeitsfeld** der Gesellschaft bilden.

488 Entsprechend der Regelung des § 88 Abs. 1 AktG, der insofern eine gewisse „Leitbildfunktion" zukommt, erfasst das Wettbewerbsverbot jede unmittelbare oder mittelbare Betätigung des Organwalters im **Geschäftsbereich der GmbH** für eigene oder für fremde Rechnung. Dies betrifft auch eine Tätigkeit als (Handels-)Makler, (Handels-)Vertreter oder Kommissionär, sowie die Wahrnehmung von Organ- oder Managementfunktionen in konkurrierenden Unternehmen. Darüber hinaus bleibt dem Geschäftsführer auch eine **Beteiligung an einer anderen Handelsgesellschaft** im Tätigkeitsbereich der GmbH oder bei deren Vertragspartnern verwehrt, sofern ihm aufgrund seiner Beteiligung ein maßgeblicher unternehmerischer Einfluss im Binnengefüge des konkurrierenden Unternehmens zukommt. Dies ist bezüglich der Stellung eines persönlich haftenden Gesellschafters oder auch des Mehrheitsgesellschafters einer GmbH regelmäßig der Fall. Dabei ist es gleichgültig, ob und in welchem Umfange er von der Ausübung von Leitungsmacht tatsächlich Gebrauch macht.[2] Gegebenenfalls sind die Beteiligungen von Treuhändern und Strohmännern, aber auch von Familienangehörigen, bei wirtschaftlicher Betrachtungsweise dem Geschäftsführer wie eigene Anteile zuzurechnen. Allerdings gilt es zu beachten, dass eine „automatische" Zurechnung von Beteiligungen eines Ehepartners aufgrund der Wertvorgaben des Art. 6 GG ausscheidet. Im Übrigen steht dem Geschäftsführer eine lediglich kapitalmäßige Beteiligung an einer GmbH oder AG sowie die Übernahme der Funktion eines typischen Kommanditisten oder stillen Gesellschafters grundsätzlich frei.

---

1 BGH v. 5.12.1983, BGHZ 89, S. 162, 170.
2 *Scholz/Uwe H. Schneider*, GmbHG § 43, Anm. 165.

Das Wettbewerbsverbot entfaltet seine Wirkung **unmittelbar mit der – tatsächlichen – Amtsübernahme**. Auf die Eintragung im Handelsregister oder Wirksamkeit des Bestellungsaktes oder des Anstellungsvertrags kommt es folglich nicht an. Das Konkurrenzverbot erfasst auch bereits die „GmbH in Gründung" (Vor-GmbH). Übernimmt der „Geschäftsführer" bereits vor seiner Bestellung faktisch die Leitung der Gesellschaft, so gilt das Wettbewerbsverbot bereits ab diesem Zeitpunkt. Es endet, sobald der Geschäftsführer **rechtswirksam aus seiner Organstellung ausscheidet**. Ein nachwirkendes Wettbewerbsverbot besteht von Gesetzes wegen nicht, sondern bedarf stets einer ausdrücklichen Vereinbarung (s. Rz. 501 ff.). Allerdings ist es dem – ehemaligen – Geschäftsführer verwehrt, planmäßig Kunden seiner „Altgesellschaft" abzuwerben oder durch die „Mitnahme" von Geschäftsunterlagen seine „Startchancen" im Wettbewerb zu verbessern.

489

Das Wettbewerbsverbot bezweckt im Wesentlichen den Schutz der in der Gesellschaft manifestierten Interessen der Gesellschafter. Diese können somit als Träger des geschützten Interesses in gewissen Grenzen darüber disponieren. Aus Gründen der Binnentransparenz zum Schutze später eintretender Gesellschafter bedarf ein genereller Dispens zugunsten des Geschäftsführers zwingend einer Legitimation **durch den Gesellschaftsvertrag**; eine Regelung im Anstellungsvertrag genügt nach zutreffender Auffassung nicht.[1] Es besteht aber die Möglichkeit, dass eine entsprechende **Satzungsklausel die Gesellschafter ermächtigt**, durch einfachen Mehrheitsbeschluss Befreiung vom Wettbewerbsverbot zu erteilen. Soweit nur die Freigabe eines einzelnen Rechtsgeschäfts zugunsten des Geschäftsführers in Frage steht, genügt ein einfacher Gesellschafterbeschluss. Handelt es sich um einen Gesellschafter-Geschäftsführer, so bleibt dieser bei der Abstimmung über die Satzungsänderung oder die Freigabe im Einzelfall zwingend vom Stimmrecht ausgeschlossen (§ 47 Abs. 4 GmbHG). Die seitens der Gesellschafter erteilte Befreiung vom Wettbewerbsverbot ist im Interesse der Gesellschaft jederzeit frei widerruflich. Der Geschäftsführer kann wegen des Widerrufs nur dort Schadensersatzansprüche geltend machen, wo ihm die Befreiung vom Wettbewerbsverbot – beispielsweise im Anstellungsvertrag – vertraglich zugesagt wurde.

490

Verletzt der Geschäftsführer das Wettbewerbsverbot durch Aufnahme einer konkurrierenden Tätigkeit, so ist er der Gesellschaft zum **Ersatz des daraus entstehenden Schadens verpflichtet** (§ 43 Abs. 2 GmbHG). Zur Unterbindung künftiger Wettbewerbshandlungen steht der Gesellschaft ein **vorbeugender**

491

---

1 Zurückhaltend: *L/H/Kleindiek*, GmbHG Anh. § 6, Anm. 23; a. A.: *Meyer-Arndt*, BB 1992, S. 537; *R/A*, GmbHG § 43, Anm. 13, einfacher Beschluss genügt.

Unterlassungsanspruch zu, der im Wege der einstweiligen Verfügung durchgesetzt werden kann. Darüber hinaus kann die Gesellschaft in entsprechender Anwendung von § 88 Abs. 2 Satz 2 AktG auch ohne Nachweis eines konkreten Schadens **Herausgabe der Vergütung** oder die **Abtretung des Vergütungsanspruchs** verlangen. Diesem „Eintrittsrecht" kommt allerdings lediglich interne Wirkung zu. Die Gesellschaft ist somit nicht berechtigt, die seitens des Geschäftsführers unter Verletzung des Wettbewerbsverbots geschlossenen Verträge mit Außenwirkung gegenüber den Vertragspartnern zu übernehmen.

Macht die Gesellschaft von ihrem Eintrittsrecht Gebrauch, so ist sie ihrerseits verpflichtet, die hierdurch bedingten Aufwendungen des Geschäftsführers zu ersetzen. Sie ist darüber hinaus – von besonders schweren Verstößen abgesehen – nicht berechtigt, die Bezahlung der Vergütung zu verweigern.[1] Ob die Verletzung des Wettbewerbsverbots den sofortigen Widerruf der Bestellung und die fristlose Kündigung des Anstellungsvertrags rechtfertigt, bedarf einer jeweils am Einzelfall orientierten Interessenabwägung.[2] Dabei ist davon auszugehen, dass eine „konkurrierende" Tätigkeit im Regelfall einen **wichtigen Grund** (§ 626 Abs. 1 BGB, § 38 Abs. 2 GmbHG) zur **Abberufung** und **außerordentlichen Kündigung** des Geschäftsführervertrags darstellt. Hiervon abgesehen erfüllt eine Verletzung des Wettbewerbsverbots regelmäßig den **Straftatbestand der Untreue (§ 266 StGB)**. Eine Schadensersatzpflicht folgt somit auch aus § 823 Abs. 2 BGB i. V. m. § 266 StGB.

492 Der Anspruch der Gesellschaft auf Schadensersatz wegen Verletzung des Wettbewerbsverbots verjährt gem. § 43 Abs. 4 GmbHG nach fünf Jahren.[3] Demgegenüber gilt für das Eintrittsrecht die kurze Verjährung des § 88 Abs. 3 AktG. Sofern die Gesellschaft keinen Aufsichtsrat hat, kommt es hinsichtlich des Beginns der Verjährungsfrist auf die Kenntnis **aller Gesellschafter** an (s. auch Rz. 866).

493–500 *(Einstweilen frei)*

4.8.8 Das nachvertragliche Wettbewerbsverbot

Literatur: *Hoffmann-Becking*, Nachvertragliche Wettbewerbsverbote für Vorstandsmitglieder und Geschäftsführer, FS *Quack*, 1991, S. 275 ff.; *Armbrüster*, Wettbewerbsverbote im Kapitalgesellschaftsrecht, ZIP 1997, S. 1269 ff.; *Thüsing*, Nachorganschaftliche Wettbewerbsverbote bei Vorständen und Geschäftsführern, NZG 2004, S. 9 ff.; *Menke*,

---

1 BGH v. 19.10.1987, DB 1988, S. 225 f.
2 BGH v. 19.10.1987, a. a. O.
3 So zutreffend: *Scholz/Uwe H. Schneider*, GmbHG § 43, Anm. 170; a. A.: *B/H/Zöllner/Noack*, GmbHG § 35, Anm. 42, Verjährung entsprechend § 88 Abs. 3 AktG.

Gestaltung nachvertraglicher Wettbewerbsverbote mit GmbH-Geschäftsführern, NJW 2009, S. 636 ff.; *Bauer/Diller*, Wettbewerbsverbote, 6. Aufl. 2012.

Ein **nachvertragliches Wettbewerbsverbot** trifft den Geschäftsführer nur, soweit ein solches ausdrücklich **vereinbart** wurde. Allerdings sind aufgrund von Art. 12 Abs. 1 Satz 1 GG sowie § 138 Abs. 1 BGB einer entsprechenden Abrede insofern subjektive Grenzen gesteckt, als sie das weitere berufliche Fortkommen des ausgeschiedenen Organwalters deutlich erschwert. Ist das Wettbewerbsverbot zu weit gefasst und weist dessen Inhalt über die berechtigten Interessen der Gesellschaft hinaus, so ist es im Lichte von § 138 BGB sittenwidrig und damit nichtig. Maßgeblich ist insofern der Wortlaut der Regelung. Überschreite dieser die Grenzen des Zulässigen, so ist auch die Höhe der Karenzentschädigung nicht geeignet, die Nichtigkeitssanktion abzuwenden.[1]

501

Darüber hinaus setzen **§ 1 GWB, Art. 101 AEUV** deutliche Schranken für **wettbewerbsbeschränkende Absprachen**. Es bedarf folglich stets einer Abwägung zwischen den berechtigten Interessen der Gesellschaft an der Erhaltung des erworbenen Kundenstammes und der Erwerbsfreiheit des (ehemaligen) Geschäftsführers. Dabei gilt es zu berücksichtigen, dass gemäß der gesetzlichen Wettbewerbsordnung Beschränkungen der freien Konkurrenz nur in seltenen Ausnahmen zulässig sind. Das nachvertragliche Wettbewerbsverbot hat folglich nur insoweit Bestand, als es zur Wahrung berechtigter Interessen der Gesellschaft erforderlich ist und die Grenzen der Verhältnismäßigkeit nicht überschreitet.

Nach Auffassung des BGH kann ein nachvertragliches Wettbewerbsverbot zu Lasten des GmbH-Geschäftsführers auch **entschädigungslos** vereinbart werden. § 74 Abs. 2 HGB findet insofern keine Anwendung.[2] Allerdings bestehen entgegen der Ansicht des BGH durchgreifende Bedenken, auch dem **abhängigen Fremdgeschäftsführer** für die Dauer des Wettbewerbsverbots eine Karenzentschädigung zu versagen. Dieser ist insoweit nicht weniger schutzbedürftig als ein Angestellter. So gebietet vor allem die verfassungskonforme Berücksichtigung der hier berührten Grundrechtspositionen (Art. 12, 2 GG) eine entsprechende Anwendung des § 74 Abs. 2 HGB auf den Fremdgeschäftsführer der GmbH.[3] Das nachvertragliche Wettbewerbsverbot ist somit diesem gegen-

502

---

1 Hinweisbeschluss des OLG München v. 2.8.2018 - 7 U 2107/18, NZA-RR 2019, S. 82 = NWB OAAAH-06879.
2 BGH v. 7.7.2008, DB 2008, S. 2187; BGH v. 26.3.1984, BGHZ 91, S. 1 ff., 4; siehe auch OLG Düsseldorf v. 22.8.1996, GmbHR 1996, S. 931 ff., 933.
3 Vgl. zur verfassungsrechtlichen Bedeutung der Karenzentschädigung: BVerfG v. 7.2.1990, NJW 1990, S. 1469 ff., 1471 f.

4. Der Anstellungsvertrag

über nur dann verbindlich, wenn sich die Gesellschaft für die Dauer des Verbots zur Zahlung einer Karenzentschädigung verpflichtet, die für jedes Jahr des Verbots mindestens die Hälfte der seitens des Geschäftsführers zuletzt bezogenen Vergütung erreicht.[1] Der Geschäftsführer muss sich seinerseits gem. § 74c HGB anderweitige Bezüge auf die gewährte Karenzentschädigung anrechnen lassen. Dies betrifft auch Leistungen aus der Arbeitslosenversicherung.

503 Die Gesellschaft wird entsprechend § 75a HGB von der Zahlung der Karenzentschädigung frei, wenn sie vor der Beendigung des Anstellungsvertrags auf das Wettbewerbsverbot verzichtet.[2] Zwar tritt die Befreiung nicht mit sofortiger Wirkung ein, doch ist die Jahresfrist des § 75a HGB unangemessen lang.[3] Ein Zeitraum von drei Monaten scheint i. d. R. angemessen.[4] Im Übrigen tritt die Befreiungswirkung nur ein, soweit die Gesellschaft den Verzicht auf das Wettbewerbsverbot in unmittelbarem zeitlichen Zusammenhang mit der Kündigung erklärt. Erfolgt der Verzicht erst mit der Beendigung der Dienststellung, so dass sich der Geschäftsführer bereits beruflich auf den Bestand des Wettbewerbsverbots ausgerichtet hat, so entfällt der Anspruch auf die Karenzentschädigung nicht.[5]

504 Darüber hinaus ist das Wettbewerbsverbot in jedem Fall **sachlich, örtlich und zeitlich zu begrenzen**. Berechtigte Interessen der Gesellschaft vermögen die Wettbewerbsabrede nur insoweit zu rechtfertigen, wie diese den **sachlich und örtlich relevanten Markt der Gesellschaft** einschließlich der sich abzeichnenden Entwicklungslinien betrifft.[6] In entsprechender Anwendung von § 74a Abs. 1 Satz 3 HGB ist einem Wettbewerbsverbot regelmäßig die Wirksamkeit zu versagen, **soweit es einen Zeitraum von zwei Jahren überschreitet**.[7] Überschreitet die Wettbewerbsabrede die Grenzen der zeitlichen Verhältnismäßigkeit, so führt dies nach Auffassung des BGH allerdings nicht notwendig zur Unwirksamkeit der Vereinbarung. Vielmehr komme gem. § 139 BGB eine Reduzierung auf einen angemessenen Umfang in Betracht.[8] Diese Rechtsansicht erscheint insofern problematisch, als hierbei das Risiko unangemessener Ver-

---

1 So im Ergebnis: *Scholz/Schneider*, GmbHG § 43, Anm. 135b; *L/H/Kleindiek*, GmbHG Anh. § 6, Anm. 25; a. A. *B/H/Zöllner/Noack*, GmbHG § 35, Anm. 202.
2 BGH v. 17.2.1992, DB 1992, S. 936 f.; OLG Hamm v. 18.3.1991, DB 1991, S. 1066.
3 Insoweit offen BGH v. 17.2.1992, a. a. O.
4 *L/H/Kleindiek*, GmbHG Anh. § 6, Anm. 25.
5 BGH v. 4.3.2002, DB 2002, S. 890 f.
6 OLG Düsseldorf v. 3.12.1998, ZIP 1999, S. 311 ff.
7 *L/H/Kleindiek*, GmbHG Anh. § 6, Anm. 25.
8 BGH v. 16.10.1989, DB 1990, S. 213 f., 214; BGH v. 29.10.1990, GmbHR 1991, S. 15 ff., 17.

tragsgestaltungen einseitig zu Lasten des Geschäftsführers verlagert wird. Die Möglichkeit einer „geltungserhaltenden Reduktion" ist daher abzulehnen.[1]

Verletzt der Geschäftsführer das nachvertragliche Wettbewerbsverbot, so kann die Gesellschaft Unterlassung und Schadensersatz verlangen. Demgegenüber kommt der Gesellschaft kein Eintrittsrecht zu. Sie ist im Regelfall auch nicht berechtigt, eine erteilte Pensionszusage zu widerrufen.[2] Allerdings kann eine zugesagte Abfindung unter dem Gesichtspunkt der Verwirkung versagt werden.[3]   505

(Einstweilen frei)   506–520

4.9 Die Beendigung des Anstellungsvertrags

4.9.1 Die Beendigungsgründe

Die Beendigung des Anstellungsvertrags gilt es in ihrer Rechtswirkung deutlich vom **Widerruf des Bestellungsaktes** zu unterscheiden (vgl. bereits Rz. 261 ff. sowie Rz. 306 ff.). So bedeutet die Abberufung aus der Organstellung nicht notwendig die Beendigung des Geschäftsführervertrags. Eine Verknüpfung beider Rechtsverhältnisse durch eine **auflösende Bedingung** ist im Interesse des gebotenen Sozialschutzes jedenfalls zu Lasten des **abhängigen Fremdgeschäftsführers** nur insoweit zulässig (vgl. Rz. 262 a. E.), als dadurch die **zwingenden Kündigungsfristen des § 622 BGB** nicht unterschritten werden (vgl. Rz. 526 ff.).   521

Im Übrigen kommen als Beendigungsgründe neben der **ordentlichen** und **außerordentlichen**, d. h. meist fristlosen, **Kündigung** des Geschäftsführervertrags seitens des Anstellungsorgans und der **auflösenden Bedingung** der **Ablauf einer Befristung**, ein zwischen den Parteien geschlossener **Aufhebungsvertrag** und der Tod des Geschäftsführers in Betracht. Demgegenüber ist mit **Amtsniederlegung** seitens des Geschäftsführers zwar im Regelfalle auch die Kündigung des Anstellungsvertrags verbunden, doch ist dies nicht zwingend.   522

(Einstweilen frei)   523–525

---

[1] Insofern zutreffend OLG Hamm v. 11.1.1988, GmbHR 1988, S. 344 ff., 346.
[2] *L/H/Kleindiek*, GmbHG Anh. § 6, Anm. 27.
[3] BGH v. 6.12.1982, WM 1983, S. 170.

4.9.2 Die ordentliche Kündigung des Anstellungsvertrags

Literatur: *Lunk*, Rechtliche und taktische Erwägungen bei Kündigung und Abberufung des GmbH-Geschäftsführers, ZIP 1999, S. 1777 ff.; *Bauer/Krieger*, Formale Fehler bei der Abberufung und Kündigung vertretungsberechtigter Organmitglieder, ZIP 2004, S. 1247 ff.; *Werner*, Zur Hinauskündigung von Gesellschaftergeschäftsführern – Anmerkungen zu den Urteilen des BGH v. 19.9.2005 – WM 2005, S. 2043 – „Managermodell" – und WM 2005, S. 2046 – „Mitarbeitermodell", WM 2006, S. 213 ff.; *Bauer/Arnold*, Kein Kündigungsschutz für „Arbeitnehmer-Geschäftsführer" – oder doch?, DB 2008, S. 350 ff; *Tschöpe/Wortmann*, Abberufung und außerordentliche Kündigung von geschäftsführenden Organvertretern – Grundlagen und Verfahrensfragen, NZG 2009, S. 161 ff.; *Diller*, Kündigung, Kündigungsschutz und Weiterbeschäftigungsanspruch des GmbH-Geschäftsführers, NZG 2011, S. 254 ff.; *Kühn*, Kündigung des Geschäftsführer-Dienstvertrags – Zulässigkeit und Grenzen der Genehmigung, BB 2011, S. 954 ff.; *Werner*, Koppelungsklauseln in Geschäftsführerdienstverträgen und ihre rechtlichen Rahmenbedingungen, NZA 2015, S. 1234 ff.

526 Der Anstellungsvertrag kann im Wege der ordentlichen Kündigung von beiden Seiten durch **einseitige, empfangsbedürftige Willenserklärung** mit Wirkung für die Zukunft beendet werden. Die ordentliche Kündigung ist für die Vertragslaufdauer grundsätzlich ausgeschlossen, wenn der Geschäftsführervertrag **befristet** ist (§ 620 Abs. 2 BGB), es sei denn, die Parteien haben die Möglichkeit einer Kündigung ausdrücklich vereinbart. Im Übrigen kann sich der Ausschluss der ordentlichen Kündigung selbstverständlich aus dem Anstellungsvertrag selbst ergeben. Dies kommt auch durch Verweisung auf einen Tarifvertrag in Betracht, wenn dieser – wie beispielsweise § 53 Abs. 3 BAT – einen entsprechenden Bestandsschutz für bestimmte Beschäftigte gewährleistet.[1] Maßgebend ist insofern eine „interessengerechte" Auslegung der Verweisungsnorm.[2] Kündigt die Gesellschaft, so ergibt sich mangels entgegenstehender Anhaltspunkte die **Zuständigkeit der Gesellschafterversammlung** als Bestellungs- und Anstellungsorgan.

Allerdings kann die Kompetenz sowohl durch die Satzung als auch durch einfachen Mehrheitsbeschluss der Gesellschafter auf **ein anderes Gesellschaftsorgan** übertragen werden.[3] Dabei können Abberufung und Kündigung des Anstellungsvertrags auch unterschiedlichen Organen übertragen werden. Die Kündigung bedarf keiner Begründung;[4] **das KSchG findet insofern keine Anwendung** (§ 17 Abs. 5 KSchG). Der Ausschluss des KSchG folgt dabei unmittel-

---

1 BGH v. 26.1.1998, ZIP 1998, S. 605 ff., 606.
2 BGH v. 26.1.1998, a. a. O.
3 BGH v. 26.3.1984, BGHZ 91, S. 217 ff., 219.
4 BGH v. 16.10.2003, GmbHR 2004, S. 57.

bar aus der Organstellung und gilt selbst in den Fällen, in denen – wie bei einem Anstellungsvertrag mit einer Konzernobergesellschaft – ausnahmsweise ein Arbeitsverhältnis vorliegt.[1]

Von der Zuständigkeit – und damit die Entscheidung über das Für und Wider einer Kündigung – ist die Vertretung der Gesellschaft bei Abgabe und Entgegennahme der Kündigungserklärung zu unterscheiden. So können die Gesellschafter sowohl einzelne von ihnen als auch einen Mitgeschäftsführer bevollmächtigen, die Kündigung im Namen der Gesellschaft gegenüber dem Geschäftsführer zu erklären. Kündigt dieser, so genügt grundsätzlich die Erklärung gegenüber **einem Mitgeschäftsführer** (§ 35 Abs. 2 Satz 2 GmbHG)[2] oder einem Gesellschafter bzw. einem Mitglied des Aufsichtsrats, soweit dieser nach dem Gesellschaftsvertrag für den Anstellungsvertrag des Geschäftsführers zuständig ist.[3] 527

Anders als die Kündigung von Arbeitsverhältnissen bedarf die Kündigung des Anstellungsvertrags nicht entsprechend § 623 BGB der Schriftform. Dies gilt auch für die – nicht seltenen – Fälle, in denen die Aufhebung des Dienstverhältnisses im Wege eines einvernehmlichen Auflösungsvertrags erfolgt. § 623 BGB ist insofern nicht einschlägig, als es sich hinsichtlich des Geschäftsführervertrags gerade **nicht um ein Arbeitsverhältnis** handelt (vgl. Rz. 381 ff.). Etwas anderes gilt selbstverständlich dort, wo – wie in den Fällen der „Drittanstellung" (vgl. Rz. 416) – ausnahmsweise doch ein Arbeitsverhältnis vorliegt. Hier kann die Beendigung nur schriftlich erfolgen. Sieht man von der Frage der rechtlichen Zulässigkeit ab, so ist um der Rechtsklarheit Willen und aus Beweisgründen die Schriftform ohne Einschränkungen allemal vorzugswürdig. 528

Was die Kündigungsfristen betrifft, so gilt es, je nach wirtschaftlicher und sozialer Abhängigkeit des Organwalters zu unterscheiden. So bestimmen sich die bezüglich der ordentlichen Kündigung einzuhaltenden Fristen hinsichtlich des **beherrschenden Gesellschafter-Geschäftsführers** nach der Vorgabe des § 621 Nr. 3 BGB. Die Kündigung muss somit spätestens am fünfzehnten des Monats für den Schluss des Kalendermonats erfolgen. Allerdings ist die praktische Bedeutung der Norm gering. Der beherrschende Gesellschafter kann aufgrund seiner Mehrheitsbeteiligung ohnedies nicht gegen seinen Willen gekündigt werden, da ihm bezüglich der ordentlichen Kündigung sein Stimmrecht 529

---

1 BAG v. 25.10.2007, DB 2008, S. 355 f.
2 *L/H/Kleindiek*, GmbHG Anh. § 6, Anm. 52.
3 So zutreffend: *Scholz/Uwe H. Schneider*, GmbHG § 35, Anm. 310; s. auch BGH v. 8.2.1993, BGHZ 121, S. 257 ff., 260 für die Amtsniederlegung; BGH v. 17.9.2001, ZIP 2001, S. 2227; zweifelnd: *L/H/Kleindiek*, GmbHG Anh. § 6, Anm. 52.

uneingeschränkt zukommt. Eine gewisse Wirkung entfaltet die Kündigungsfrist somit allenfalls in der Insolvenz der GmbH bei Kündigung seitens des Insolvenzverwalters. Hier findet nach zutreffender Auffassung auch bezüglich des herrschenden Gesellschafter-Geschäftsführers § 113 InsO Anwendung.[1] Der Insolvenzverwalter ist somit befugt, den Geschäftsführervertrag mit einer Kündigungsfrist von drei Monaten zum Monatsende zu kündigen, sofern nicht der Vertrag selbst eine kürzere Kündigungsfrist vorsieht (§ 113 Abs. 1 Satz 2 InsO). Der Anstellungsvertrag des Geschäftsführers erlischt somit nicht gem. §§ 115, 116 InsO automatisch mit der Eröffnung des Insolvenzverfahrens.[2]

530 Demgegenüber bestimmt sich die Kündigungsfrist bei einem **abhängigen Geschäftsführer** nach § 622 BGB. Dies gilt selbst dort, wo der Gesellschafter-Geschäftsführer eine maßgebliche Beteiligung unterhalb der Beherrschungsschwelle (§ 17 AktG) innehat. Soweit der Organwalter seine Arbeitskraft hauptberuflich der Gesellschaft zur Verfügung stellt und folglich seinen Lebensunterhalt weitgehend aus den Geschäftsführerbezügen bestreitet, schließt auch eine Beteiligung von einem Drittel am Stammkapital der GmbH den Tatbestand der „wirtschaftlichen Abhängigkeit" nicht aus.[3] Die Kündigungsfrist beträgt folglich vier Wochen zum 15. oder zum Ende des Kalendermonats. Sie verlängert sich gem. § 622 Abs. 2 BGB je nach Dauer der Beschäftigung. Eine Verkürzung der Kündigungsfrist im Anstellungsvertrag ist nur im Rahmen des § 622 Abs. 3 und Abs. 5 Nr. 2 BGB zulässig. Demgegenüber bleibt eine Verlängerung der Kündigungsfrist im Anstellungsvertrag ausdrücklich statthaft (§ 622 Abs. 5 Satz 3 BGB). Im Übrigen sind die gesetzlichen Vorgaben zwingender Natur.[4] Dies gilt auch für § 622 Abs. 6 BGB. Für die Kündigung durch den Geschäftsführer darf folglich keine längere Frist als für die Kündigung seitens der Gesellschaft vereinbart werden. Wurde der Anstellungsvertrag auf Lebenszeit des Geschäftsführers oder für einen längeren Zeitraum als fünf Jahre geschlossen, so kann der Organwalter – nicht jedoch die Gesellschaft – den Vertrag nach Ablauf von fünf Jahren mit einer Frist von sechs Monaten kündigen (§ 624 BGB).

531–535 *(Einstweilen frei)*

---

1 BGH v. 25.6.1979, BGHZ 75, S. 209 ff., 211 ff.; OLG Hamm v. 27.1.1992, DB 1992, S. 1040.
2 *L/H/Kleindiek*, GmbHG Anh. § 6, Anm. 69; *R/A/Altmeppen*, GmbHG § 6, Anm. 125.
3 BGH v. 26.3.1984, BGHZ 91, S. 217 ff., 221; a. A.: OLG Hamm v. 24.4.1991, GmbHR 1992, S. 375 ff., 379.
4 So im Ergebnis *R/A*, GmbHG § 6, Anm. 81.

4.9.3 Die fristlose Kündigung des Anstellungsvertrags

Der Anstellungsvertrag kann von beiden Seiten bei Vorliegen eines „wichtigen Grundes" gem. § 626 BGB ohne Einhaltung einer Kündigungsfrist gekündigt werden. Kündigt die Gesellschaft, so ist bei der zugrunde liegenden Beschlussfassung über die Kündigung seines Vertrags der Gesellschafter-Geschäftsführer – ebenso wie bei der Abberufung (vgl. Rz. 306 ff.) – vom Stimmrecht gem. § 47 Abs. 4 GmbHG ausgeschlossen. Fehlt es an einem wichtigen Grund, so kommt gem. § 140 BGB die Umdeutung in eine ordentliche Kündigung in Betracht. Ob ein wichtiger Grund vorliegt, ist nach § 626 Abs. 1 BGB im Wege einer einzelfallbezogenen Interessenabwägung zu ermitteln. Dabei kommt es entscheidend darauf an, ob der kündigenden Partei das Festhalten am Vertrag bis zu dessen Ablauf oder bis zum Ende der ordentlichen Kündigungsfrist zugemutet werden kann.[1]

536

Die leitenden Wertungsgesichtspunkte der Interessenabwägung decken sich nur zum Teil mit den Maßstäben, die für den Widerruf des Bestellungsaktes aus „wichtigem Grund" Geltung beanspruchen (vgl. bereits Rz. 331 ff.). Dies gründet vor allem in dem Umstand, dass der Geschäftsführer in den Erträgen seiner Tätigkeit die wirtschaftliche Grundlage seiner Lebensgestaltung findet. Kommt bezüglich der Abberufung den Interessen der Gesellschaft ein gewisser Vorrang zu, so gewinnt hinsichtlich der Kündigung des Anstellungsvertrags das **Bestandsschutzinteresse des Organwalters** eine entscheidende Bedeutung. Soweit dabei Verfehlungen des Geschäftsführers den Anlass der Kündigung bilden, kommt es vor allem auf das **Ausmaß des Verschuldens**, die **Häufigkeit** und **Schwere des Fehlverhaltens**, dessen Folgen für die Gesellschaft und die Dauer der Organstellung des Betroffenen an.[2] Allerdings kann ein Fehlverhalten des Geschäftsführers dort nicht mehr Anlass zur fristlosen Kündigung des Anstellungsvertrags sein, wo ihm die Gesellschaft für den maßgeblichen Zeitraum wirksam Entlastung erteilt hat[3] (vgl. ausführlich Rz. 831 ff.).

Maßgebend für die Beurteilung eines wichtigen Grundes ist nicht die subjektive Sichtweise des Anstellungsorgans; es kommt vielmehr auf eine **objektive Betrachtung** an. Eine abschließende Definition der eine fristlose Kündigung rechtfertigenden Sachverhalte im Anstellungsvertrag oder der Satzung scheidet notwendig aus. Es läge sonst weitgehend in der Hand der Gesellschaft, die

537

---

1 OLG München v. 29.7.2015 – 7 U 39/15, juris.
2 *Hachenburg/Stein*, GmbHG § 38, Anm. 58.
3 BGH v. 21.4.1986, NJW 1986, S. 2250 ff.

zwingenden Kündigungsfristen des § 622 BGB (vgl. Rz. 526 ff.) durch die vertragliche Festschreibung fristloser Beendigungstatbestände zu unterlaufen.[1]

538 Soweit „verhaltensbedingte" Gründe die Kündigung motivieren, ist es der Gesellschaft nach dem Grundsatz der Verhältnismäßigkeit richtigerweise zuzumuten, zunächst durch eine **Abmahnung** des Organwalters eine Verhaltensänderung zu ermöglichen.[2] Dies gilt insbesondere gegenüber dem abhängigen Geschäftsführer. Fehlt es an einer Abmahnung, so ist die seitens des Anstellungsorgans ausgesprochene Kündigung im Regelfall unwirksam. Dieser Rechtsauffassung hat der BGH nun ausdrücklich widersprochen.[3] Der Geschäftsführer einer GmbH sei nicht Arbeitnehmer, sondern habe eine organschaftliche Funktion wahrzunehmen. Dementsprechend bedürfe er **keiner Hinweise** seitens der Gesellschafterversammlung oder des Aufsichtsrats, dass er sich an die Gesetze, die Satzung sowie seinen Dienstvertrag zu halten habe. Die Kündigung des Anstellungsvertrags sei somit **auch ohne vorherige Abmahnung** zulässig.[4]

539 Die Auffassung des BGH überzeugt nicht. Der abhängige (Fremd-)Geschäftsführer steht – wie bereits ausgeführt – in seiner Weisungsabhängigkeit einem Arbeitnehmer nahe. Dies gebietet es, das Abmahnungserfordernis insoweit aufrechtzuerhalten. Allerdings rechtfertigen besonders schwere Verstöße gegen die Verhaltenspflichten eines Geschäftsführers auch eine sofortige Beendigung des Anstellungsverhältnisses.[5]

540 Grundsätzlich ist auch der **Verdacht einer strafbaren Handlung** geeignet, die fristlose Kündigung des Geschäftsführervertrags zu rechtfertigen (sog. Verdachtskündigung).[6] In diesem Falle ist das Anstellungsorgan verpflichtet, vor Ausspruch der Kündigung dem Geschäftsführer Gelegenheit zur Stellungnahme zu geben und es ihm hierdurch zu ermöglichen, die Verdachtsmomente auszuräumen. Eine ohne vorherige Anhörung erklärte Kündigung ist unwirksam.[7]

---

1 Wie hier *Hachenburg/Stein*, GmbHG § 38, Anm. 60; vgl. auch zur Schutzfunktion des § 622 BGB v. 29.5.1989, NJW 1989, S. 2683 ff., 2684.
2 BGH v. 9.11.1992, NJW 1993, S. 463 ff., 464; zurückhaltend: *Hachenburg/Stein*, GmbHG § 38, Anm. 59.
3 BGH v. 10.9.2001, ZIP 2001, S. 1957 ff.; BGH v. 14.2.2000, ZIP 2000, S. 667.
4 Zustimmend: *R/A/Altmeppen*, GmbHG § 35, Anm. 134; *L/H/Kleindiek*, GmbHG Anh. § 6, Anm. 61a.
5 Ähnlich: *B/H/Zöllner/Noack*, GmbHG § 35, Anm. 221, die zumindest bei „leichteren Pflichtverletzungen" am Erfordernis der Abmahnung festhalten.
6 BGH v. 17.2.1997, ZIP 1997, S. 1063.
7 BGH v. 2.7.1984, GmbHR 1985, S. 112.

4.9 Die Beendigung des Anstellungsvertrags

Eine abschließende Aufzählung der – eine fristlose Kündigung rechtfertigenden – Sachverhaltsgestaltungen kommt angesichts der Einzelfallorientierung nicht in Betracht. Insbesondere schwere Verstöße gegen die Treuepflicht, wie erhebliche und nachhaltige **Verletzungen des Wettbewerbsverbots**[1] oder die **Verletzung der Verschwiegenheitspflicht**,[2] erfüllen regelmäßig die Voraussetzungen eines wichtigen Grundes. Das Gleiche gilt bezüglich der **Annahme von Bestechungsgeldern**[3] sowie der **Überschreitung der Geschäftsführungsbefugnis**[4] bzw. des Verstoßes gegen die innergesellschaftliche Kompetenzordnung[5] und der fortgesetzten **Nichtbefolgung von Gesellschafterweisungen**,[6] aber auch hinsichtlich einer Verletzung der Insolvenzantragspflicht.[7] Fehlt es an einem die fristlose Kündigung rechtfertigenden wichtigen Grund i. S. d. § 626 BGB, so kommt bei Vorliegen entsprechender Anhaltspunkte regelmäßig eine Umdeutung (§ 140 BGB) in eine ordentliche Kündigung in Betracht.[8] Dies setzt allerdings notwendig voraus, dass der zugrunde liegende Gesellschafterbeschluss die hierfür erforderliche Mehrheit erreicht. Dabei gilt es zu berücksichtigen, dass hinsichtlich der ordentlichen Kündigung auch dem betroffenen Gesellschafter-Geschäftsführer das Stimmrecht zukommt.[9]

541

Auch seitens des Geschäftsführers besteht im Einzelfall ein Recht zur fristlosen Kündigung des Anstellungsvertrags. Dies gilt beispielsweise, wenn ihm der Zugang zu den Buchführungsunterlagen systematisch verschlossen wird[10] oder die Gesellschafter die **Entlastung ohne Begründung oder aus offensichtlich unsachlichen Gründen verweigern**[11] (Rz. 835).

542

Werden den Gesellschaftern nach der Kündigung weitere Umstände bekannt, die für sich betrachtet eine außerordentliche Kündigung zu rechtfertigen vermögen, so können diese auch noch im Verlauf eines Rechtsstreits **nachgeschoben werden**.[12] Allerdings bedarf es insofern eines **erneuten Gesellschafterbeschlusses**. Etwas anderes gilt lediglich bei der Zweimann-GmbH (vgl. bereits

543

---

1 Zu den Grenzen s. BGH v. 13.2.1995, NJW 1995, S. 1358 ff., 1359.
2 OLG Hamm v. 7.11.1985, GmbHR 1985, S. 157 ff., 158.
3 BAG v. 17.8.1972, NJW 1973, S. 533 f.
4 BGH v. 25.2.1991, GmbHR 1991, S. 197.
5 Siehe aber: BGH v. 10.12.2007, DB 2008, S. 805 f.
6 OLG Düsseldorf v. 15.4.1984, ZIP 1984, S. 1476; vgl. ausführlich *Scholz/Schneider*, GmbHG § 35, Anm. 232 ff.; *Hachenburg/Stein*, GmbHG § 38, Anm. 61 f.
7 BGH v. 15.10.2007, DB 2008, S. 287 f.; BGH v. 20.6.2005, DB 2005, S. 1849 ff.
8 BGH v. 8.9.1997, ZIP 1997, S. 1882 f.
9 Vgl. BGH v. 14.2.2000, ZIP 2000, S. 539 f.
10 BGH v. 26.6.1995, NJW 1995, S. 2850 f.
11 *Scholz/Karsten Schmidt*, GmbHG § 46, Anm. 76.
12 BGH v. 20.6.2005, DB 2005, S. 1849 f.; BGH v. 1.12.2003, DB 2004, S. 125 ff., 127.

Rz. 331 ff.) oder bei der fristlosen Kündigung seitens des Insolvenzverwalters. Dabei stellt die schuldhafte Verschleppung des Insolvenzantrags seitens des Geschäftsführers stets einen wichtigen Grund zur außerordentlichen Kündigung seines Anstellungsvertrags dar.[1]

544 Im Gegensatz zum Widerruf des Bestellungsaktes ist die außerordentliche Kündigung des Anstellungsvertrages streng fristgebunden. Gemäß § 626 Abs. 2 BGB muss die Kündigung noch **innerhalb der Erklärungsfrist von zwei Wochen** dem Organwalter zugehen. Die Frist beginnt mit dem Zeitpunkt, in dem der Kündigungsberechtigte von den für die Kündigung maßgebenden Tatsachen Kenntnis erlangt (§ 626 Abs. 2 Satz 2 BGB). Dies wirft bezüglich der GmbH in zweifacher Hinsicht Probleme auf. Ist das Anstellungs- und Kündigungsorgan – wie im Regelfall – kollegial besetzt, so stellt sich die Frage, wessen Kenntnis über den Lauf der Frist entscheidet. Zudem gilt es zu bedenken, dass der Willensbildungsprozess in Kollegialorganen, insbesondere unter Berücksichtigung von Einberufungsfristen (vgl. § 51 GmbHG), notwendig einen längeren Zeitraum in Anspruch nimmt.

Dennoch hielt die Rechtsprechung an der Kündigungserklärungsfrist des § 626 Abs. 2 BGB lange Zeit „wortgetreu" fest.[2] Entscheidend für den Lauf der Frist sei die **Kenntnis aller Gesellschafter**,[3] mag der Zeitpunkt der Kenntniserlangung auch vor der Zusammenkunft liegen. Es komme somit nicht auf den Zusammentritt der Gesellschafterversammlung an. Entscheidend sei vielmehr, ob die Gesellschafterversammlung unter Wahrung der gesetzlichen oder statuarischen Ladungsfristen einschließlich der üblichen Postlaufzeiten in der Lage ist, innerhalb der Erklärungsfrist eine ordnungsmäßige Beschlussfassung herbeizuführen und den Zugang gegenüber dem Geschäftsführer zu bewirken.[4] Sei dies nicht der Fall, weil der Gesellschaftsvertrag längere Ladungsfristen vorsieht oder einige Gesellschafter im Ausland ansässig sind, so ist die Erklärungsfrist entsprechend zu verlängern.

545 Demgegenüber genügt die Kenntnis einzelner Gesellschafter oder – bei entsprechender Verlagerung der Organkompetenzen – Aufsichtsratsmitglieder nicht, den Lauf der Frist in Gang zu setzen. Allerdings ist das betroffene Mitglied des Kollegialorgans regelmäßig verpflichtet, die anderen Organmitglieder zu unterrichten und auf den **unverzüglichen Zusammentritt der Gesellschafterversammlung** bzw. des Aufsichtsrats im Rahmen der Vorgaben von

---

1 BGH v. 20.6.2005, DB 2005, S. 1849 ff., 1850 f.
2 BGH v. 17.3.1980, DB 1980, S. 1686.
3 BGH v. 17.3.1980, a. a. O.
4 BGH v. 17.3.1980, a. a. O.

Gesetz und Satzung hinzuwirken. Die Frist beginne somit in dem Zeitpunkt, in dem bei pflichtgemäßem Verhalten eine Kenntnisnahme sämtlicher Organmitglieder möglich gewesen wäre,[1] also spätestens mit dem frühest möglichen Termin der Gesellschafterversammlung.

Im Übrigen sei stets **positive Kenntnis der Mitglieder des Anstellungsorgans** von den Kündigungsgründen erforderlich. Auch grob fahrlässige Unkenntnis stehe dem nicht gleich. Erforderlich und ausreichend sei dabei die **Kenntnis aller Tatsachen**, die eine umfassende Würdigung des Sachverhalts ermöglichen. Ob die Organmitglieder in der Lage sind, hieraus die zutreffenden rechtlichen Schlüsse zu ziehen, ist demgegenüber unerheblich. Ist beispielsweise, wie im Rahmen einer Verdachtskündigung, die vorherige Anhörung des Geschäftsführers erforderlich (vgl. Rz. 540) oder ist eine weitere Aufklärung des Sachverhalts angebracht, so wird die Frist **nicht vor Abschluss der Ermittlungen** in Lauf gesetzt. Handelt es sich hinsichtlich des Kündigungsgrundes um ein andauerndes Fehlverhalten des Geschäftsführers – beispielsweise eine Verletzung des Wettbewerbsverbotes – so beginnt die Frist nicht **vor der vollständigen Beendigung** der konkurrierenden Tätigkeit. Stützt die Gesellschaft die fristlose Kündigung des Geschäftsführers auf unterschiedliche Gründe, so ist bezüglich jedes einzelnen Sachverhalts zu prüfen, ob insofern die Erklärungsfrist eingehalten wurde. Die Beweislast für die Einhaltung der Frist liegt dabei stets bei der Gesellschaft.[2]

546

Diese ursprünglich strenge und wenig „praxisnahe" Sichtweise hat der BGH in seiner Entscheidung v. 15.6.1998[3] ausdrücklich aufgegeben. Maßgebend für den Beginn der „Kündigungserwägungsfrist" des § 626 Abs. 2 BGB sei **alleine der Zusammentritt der Gesellschafterversammlung**, welche das Verhalten des Geschäftsführers zum Gegenstand habe. Die bereits zuvor – außerhalb der Versammlung – erlangte Kenntnis der Organmitglieder setze die Frist nicht in Lauf und bleibe insofern unberücksichtigt. Etwas anderes gelte nur, sofern die Einberufung der Versammlung nach Kenntniserlangung **unzumutbar verzögert werde**. Die Beweislast liegt insofern auf Seiten des Geschäftsführers.

547

(Einstweilen frei)   548–555

---

1 Weitergehend *Hachenburg/Stein*, GmbHG § 38, Anm. 75 – allein der frühestmögliche Versammlungstermin entscheidet.
2 BGH v. 2.7.1984, WM 1984, S. 1187.
3 BB 1998, S. 1808 ff.= DB 1998, S. 1608 ff., 1609; mit Anm. *Riegger* = BGHZ 139, S. 89; siehe hierzu auch: *Bauer/Krieger*, ZIP 2004, S. 1247, 1250.

4.9.4 Die Rechtsfolgen der Kündigung des Anstellungsvertrags

556 Mit der Kündigung des Anstellungsvertrags endet das Beschäftigungsverhältnis des Geschäftsführers entweder mit Zugang der Erklärung oder mit Ablauf der gesetzlichen oder vertraglichen Kündigungsfrist. Eine Beendigung der Organstellung ist damit nicht zwingend verbunden. Das Schicksal des Bestellungsaktes ist grundsätzlich unabhängig von der Entwicklung des Anstellungsvertrags. Ob die Kündigung des Anstellungsverhältnisses seitens des Geschäftsführers auch die Amtsniederlegung beinhaltet, ist gem. §§ 133, 157 BGB im Wege der Auslegung zu ermitteln.

Der Geschäftsführer hat die noch in seinem Besitz befindlichen geschäftlichen Unterlagen einschließlich eventuell gefertigter Ablichtungen und sonstigen Gegenstände der Gesellschaft an diese herauszugeben (§§ 675, 667 BGB). Ein Zurückbehaltungsrecht (§ 273 BGB) steht ihm auch dann nicht zu, wenn noch Vergütungsforderungen gegenüber der Gesellschaft bestehen.[1] Hinsichtlich der schwebenden Geschäfte und der ihm überlassenen Vermögenswerte ist er verpflichtet, Rechnung zu legen (§§ 675, 666, 259 BGB). Gegenüber der Gesellschaft kommt dem Geschäftsführer entsprechend § 630 BGB ein Anspruch auf ein einfaches oder qualifiziertes Zeugnis zu.[2] Diese Rechtsfolgen gelten bei der Beendigung des Anstellungsverhältnisses aus anderen Gründen entsprechend.

557–570 *(Einstweilen frei)*

---

[1] BGH v. 7.7.2008, DB 2008, S. 2074 ff.; *Scholz/Uwe H. Schneider*, GmbHG § 35, Anm. 357.
[2] BGH v. 9.11.1967, BGHZ 49, S. 30 ff., 31.

5. Die Vertretungs- und Geschäftsführungsbefugnis des Organwalters

5.1 Die Vertretungsbefugnis

Literatur: *Zacher*, Beschränkung und Missbrauch der Vertretungsmacht des GmbH-Geschäftsführers, GmbHR 1994, S. 842 ff.; *Schwarz*, Die Gesamtvertreterermächtigung – Ein zivil- und gesellschaftsrechtliches Rechtsinstitut, NZG 2001, S. 529 ff.; *Auktor*, Praktische Probleme bei der Mehrfachvertretung von Gesellschaften, NZG 2006, S. 334 ff.; *Peters*, Ressortverteilung zwischen GmbH-Geschäftsführern und ihre Folgen, GmbHR 2008, S. 682 ff; *Altmeppen*, In-sich-Geschäfte der Geschäftsführer in der GmbH, NZG 2013, S. 401 ff.; *Hauschild*, § 181 BGB im Gesellschaftsrecht – eine heilige Kuh auf verlorenem Posten?, ZIP 2014, S. 954 ff.; *Peetz*, Der faktische Geschäftsführer – faktisch oder eine Fiktion, GmbHR 2017, S. 57

Die **organschaftliche Vertretung** der GmbH liegt zwingend und unabdingbar in der Hand des Geschäftsführers (oder der Geschäftsführer – s. bereits Rz. 221 f.). Er führt die Geschäfte der Gesellschaft nach Maßgabe des Gesetzes und der Satzung sowie den **Weisungen der Gesellschafterversammlung und vertritt die Gesellschaft gerichtlich und außergerichtlich** (§ 35 Abs. 1 GmbHG). Die hier angesprochene Unterscheidung zwischen Geschäftsführung und Vertretung ist von zentraler Bedeutung für den gesamten Bereich des Gesellschaftsrechts. Dabei erfasst die **Vertretung** die **Abgabe und Entgegennahme von Willenserklärungen** im Außenverhältnis, d. h. insbesondere die Fähigkeit, die GmbH im rechtsgeschäftlichen Verkehr gegenüber Dritten zu verpflichten.

571

Demgegenüber betrifft die **Geschäftsführung** die Befugnis zu Maßnahmen und Entscheidungen im Innenverhältnis. Betrifft die Vertretung somit den Aspekt des rechtlichen „**Könnens**" seitens des Organwalters, so erfasst die Geschäftsführung die Frage, ob der Geschäftsführer die Handlung nach der Kompetenzordnung der Gesellschaft auch vornehmen durfte und damit das rechtliche „**Dürfen**". Während die Vertretungsmacht des Geschäftsführers **grundsätzlich unbeschränkt** ist und auch nicht mit Wirkung gegenüber Dritten begrenzt werden kann (§ 37 Abs. 2 GmbHG), bleibt der Organwalter im Innenverhältnis an die Vorgaben des Gesellschaftsvertrags und die **Weisungen der Gesellschafter** gebunden (§ 37 Abs. 1 GmbHG). Dabei ist eine rechtsgeschäftliche Erklärung des Geschäftsführers im Außenverhältnis grundsätzlich auch dort wirksam, wo sie gegen interne Bindungen verstößt.

Allerdings macht sich der Geschäftsführer, soweit das Geschäft der Gesellschaft zum Nachteil gereicht, dieser gegenüber schadensersatzpflichtig (§ 43

Abs. 2 GmbHG; vgl. ausführlich Rz. 786 ff.). Zudem rechtfertigt ein nachhaltiger Verstoß gegen Gesellschafterweisungen oder die Satzung in aller Regel **die Abberufung des Organwalters** aus „wichtigem Grund" sowie die **fristlose Kündigung des Anstellungsvertrags** (§ 38 Abs. 2 GmbHG, § 626 BGB; vgl. Rz. 331 ff. sowie Rz. 536 ff.).

572 Eine abweichende Rechtslage bezüglich des Außenverhältnisses ergibt sich nur dort, wo die Überschreitung der Geschäftsführungsbefugnis und der hierin liegende **„Missbrauch der Vertretungsmacht"** seitens des Vertragspartners klar und eindeutig erkennbar ist.[1] Auf ein Handeln zum Nachteil der Gesellschaft kommt es insofern jedoch nicht an.[2] Hier entfällt ausnahmsweise die Vertretungsbefugnis des Organwalters. Dieser handelt folglich als **Vertreter ohne Vertretungsmacht** (§ 179 Abs. 1 BGB; s. auch § 179 Abs. 3 BGB).

Allerdings ist hinsichtlich der Annahme des Missbrauchstatbestands Zurückhaltung geboten. Dies folgt bereits aus der normativen Wertung des § 37 Abs. 2 GmbHG: Grundsätzlich trägt die Gesellschaft das Risiko, dass ihr Organwalter seine Kompetenz überschreitet. Eine Verlagerung des Schadensrisikos auf den Vertragspartner kommt folglich nur dort in Betracht, wo die Überschreitung aufgrund massiver Verdachtsmomente offensichtlich ist.[3] Dies ist insbesondere dort der Fall, wo Geschäftsführer und Dritter in kollusiver Weise zum Schaden der Gesellschaft zusammenwirken. Die Beweislast hierfür liegt in jedem Falle bei der Gesellschaft.

573 Im Übrigen verbleibt es bei dem Grundsatz der unbeschränkten Vertretungsmacht des Geschäftsführers (zur Vertretungsbefugnis vor Eintragung der GmbH s. Rz. 871 ff.). Lediglich die Zuständigkeit für **Abschluss, Änderung und Auflösung des Geschäftsführervertrags** selbst bleibt nach der Kompetenzordnung des Gesetzes **den Gesellschaftern** zugewiesen.[4] Soweit ein **Aufsichtsrat** besteht, vertritt dieser die Gesellschaft gegenüber den Geschäftsführern. Dies folgt hinsichtlich des fakultativen Aufsichtsrats mangels einer entgegenstehenden Bestimmung der Satzung aus § 52 GmbHG, § 112 AktG; hinsichtlich des mitbestimmtem Aufsichtsrats – mit Ausnahme des Geltungsbereichs des DrittelbG – aus den entsprechenden Verweisungsnormen der jeweiligen Mitbestimmungsregelung (vgl. Rz. 406 f.). Zwar liegt die Ausübung konzernrechtlicher Befugnisse grundsätzlich innerhalb der Vertretungsmacht des Ge-

---

1 BGH v. 25.3.1968, BGHZ 50, S. 112 ff., 114; BGH v. 3.7.2000, NJW 2000, S. 2983, 2984; BGH v. 3.7.2018, NZG 2018, S. 1073, 1074.
2 BGH v. 19.6.2006, DB 2006, S. 1722.
3 So ausdrücklich: BGH v. 19.4.1994, NJW 1994, S. 2082 ff., 2083.
4 § 46 Nr. 6 GmbHG; BGH v. 25. 3.1991, NJW 1991, S. 1680 f.

schäftsführers, doch gilt dies nicht für den Abschluss strukturändernder Unternehmensverträge. Ein Beherrschungs- oder Gewinnabführungsvertrag bedarf folglich zu seiner Wirksamkeit in entsprechender Anwendung von § 293 AktG der Zustimmung der Gesellschafterversammlung.[1]

Hat die Gesellschaft mehrere Geschäftsführer, so kommt diesen gem. § 35 Abs. 2 Satz 1 GmbHG **Gesamtvertretungsbefugnis** zu, soweit nicht der **Gesellschaftsvertrag** eine abweichende Bestimmung trifft. Bei der Abgabe von Willenserklärungen im Namen der Gesellschaft müssen folglich **alle Geschäftsführer zusammenwirken**. Dies gilt auch hinsichtlich der stellvertretenden Geschäftsführer (s. Rz. 221 f.). Dabei ist es gleichgültig, ob sie die Erklärung gemeinsam oder in Form aufeinander bezogener Teilerklärungen nacheinander abgeben.[2] Die Gesamtvertreter können sich jedoch **untereinander ermächtigen**, mit Wirkung für die jeweils anderen Geschäftsführer zu handeln.

574

Allerdings kann eine solche Ermächtigung in entsprechender Anwendung von § 78 Abs. 4 AktG stets nur für **einzelne bestimmte Geschäfte** oder **bestimmte Arten von Geschäften** erteilt werden, da sonst der seitens des Gesetzes erstrebte Schutz der Gesellschaft vor einem Missbrauch der Vertretungsmacht durch einzelne Geschäftsführer aus den Angeln gehoben würde.[3] Handelt ein gesamtvertretungsbefugter Geschäftsführer alleine ohne eine entsprechende Ermächtigung, so ist die durch ihn abgegebene Willenserklärung **schwebend unwirksam** (§ 177 BGB). Ihr Schicksal hängt somit von der Genehmigung seitens der übrigen Gesamtvertreter ab.

Scheidet der vorletzte Geschäftsführer aus seinem Amte aus, so kommt dem verbleibenden Organwalter Einzelvertretungsbefugnis zu.[4] Dies gilt allerdings nicht bei bloßer Verhinderung eines Mitgeschäftsführers. Hier verbleibt es bei der gesetzlichen Gesamtvertretungsbefugnis unter Einbeziehung des verhinderten Organwalters.[5]

Anders verhält es sich bezüglich der **Passivvertretung**, also bei der Abgabe einer Willenserklärung gegenüber der Gesellschaft. Hier genügt es stets, wenn die Erklärung einem Geschäftsführer oder einem sonstigen Vertreter der Gesellschaft (Prokurist, Handlungsbevollmächtigter) zugeht (§ 35 Abs. 2 Satz 2 GmbHG). Hat eine Gesellschaft keinen Geschäftsführer, beispielsweise weil die-

575

---

1 BGH v. 24.10.1988, BGHZ 105, S. 324 ff., 332.
2 *L/H/Kleindiek*, GmbHG § 35, Anm. 26 ff.
3 BGH v. 16.11.1987, NJW 1988, S. 1199, 1200.
4 *L/H/Kleindiek*, GmbHG § 35, Anm. 26.
5 BGH v. 12.12.1960, BGHZ 34, S. 27 ff., 29.

ser sein Amt niedergelegt hat oder abberufen wurde, ist sie folglich „**führungslos**", so wird sie für den Fall, dass ihr gegenüber Willenserklärungen abzugeben sind oder Schriftstücke zugestellt werden, durch die **Gesellschafter** vertreten (§ 35 Abs. 1 Satz 2 GmbHG). Hier wird folglich **jeder einzelne Gesellschafter** zum Empfangsvertreter. Dabei kommt es nicht darauf an, ob die Gesellschafter um die Führungslosigkeit wissen.

576 Zugleich bestimmt der im Rahmen des MoMiG neu hinzugefügte § 35 Abs. 2 Satz 3 GmbHG: *„An die Vertreter der Gesellschaft, d. h. die Geschäftsführer oder – im Falle der Führungslosigkeit – die Gesellschafter, können unter der im Handelsregister eingetragenen Geschäftsanschrift (vgl. § 8 Abs. 4 Nr. 1 GmbHG) Willenserklärungen abgegeben oder Schriftstücke für die Gesellschaft zugestellt werden"*. Unabhängig hiervon können die Abgabe und die Zustellungen auch unter der eingetragen Anschrift der empfangsberechtigten Person nach § 10 Abs. 2 Satz 2 GmbHG erfolgen.

577 Abweichend von der gesetzlichen Ausgangslage kann auch der Gesellschaftsvertrag neben der Einzelvertretungsbefugnis bestimmen, dass stets eine bestimmte Anzahl von Geschäftsführern bei der Begründung rechtsgeschäftlicher Verbindlichkeiten zusammenwirken muss (statuarische Gesamtvertretung). Fällt hierbei einer der notwendigen Gesamtvertreter fort, so kommt den verbleibenden Organwaltern nicht ohne Weiteres eine ausreichende Vertretungsbefugnis zu, vielmehr bedarf es der (Ersatz-)Bestellung fehlender Geschäftsführer, bis die seitens der Satzung vorgeschriebene Zahl erreicht ist. Ist dies nicht alsbald möglich, so bleibt lediglich die Bestellung eines **Notgeschäftsführers**.[1]

Die Gegenauffassung übersieht, dass – bei allen praktischen Vorzügen – eine automatische „Substitution" fehlender Vertretungsmacht regelmäßig dem in der Satzung manifestierten Willen der Gesellschafter und dem Schutzzweck der Vertretungsregelung widerspricht.

578 Im Übrigen eröffnet die Satzungsgestaltung entsprechend § 78 Abs. 3 AktG, § 125 Abs. 3 HGB auch die Möglichkeit einer „unechten" Gesamtvertretung im Zusammenwirken eines Geschäftsführers mit einem Prokuristen (nicht: Handlungsbevollmächtigten, § 54 HGB). Allerdings kommt eine solche Regelung dort nicht in Betracht, wo die organschaftliche Vertretungsbefugnis des **einzigen Geschäftsführers** in dieser Weise beschränkt wird oder alle Organwalter an die Mitwirkung des Prokuristen gebunden sind. Eine entsprechende Bestimmung ist nicht eintragungsfähig. Hier bedarf es folglich einer Satzungsände-

---

1 Vgl. OLG Hamburg v. 11.9.1997, ZIP 1987, S. 1320.

rung, um die Handlungsfähigkeit der Gesellschaft zu gewährleisten. Die Anordnung einer unechten Gesamtvertretung ist folglich nur dort sinnvoll, wo sie in Ergänzung einer statuarischen Gesamtvertretung an Stelle der Mitwirkung eines weiteren Geschäftsführers auch diejenige eines Prokuristen genügen lässt, um hierdurch den Handlungsspielraum der Organwalter zu erweitern.[1]

Alle Abweichungen von den gesetzlichen Vorgaben bedürfen einer ausdrücklichen Legitimation durch den Gesellschaftsvertrag. Allerdings bedarf es nicht notwendig einer abschließenden Regelung seitens der Satzung. Vielmehr genügt es den Erfordernissen, wenn der Gesellschaftsvertrag das nach der Satzung zuständige Organ – also im Zweifel die Gesellschafterversammlung – ermächtigt, durch Beschluss eine abweichende Regelung zu treffen.[2] Demgegenüber ist es entsprechend § 78 Abs. 3 AktG unzulässig, **die Festlegung der Vertretungsregelung den Geschäftsführern selbst zu übertragen**.[3] Darüber hinaus bedürfen Abweichungen von der gesetzlichen Vertretungsbefugnis gem. § 10 Abs. 1 Satz 2, § 39 Abs. 1 GmbHG stets der Anmeldung zum Handelsregister. Allerdings kommt der Eintragung – soweit es sich nicht um eine Satzungsänderung handelt (vgl. § 54 Abs. 3 GmbHG) – keine konstitutive Wirkung zu. Eine nachträgliche Änderung der Vertretungsbefugnis aufgrund eines Gesellschafterbeschlusses ist bei entsprechender Ermächtigung seitens der Satzung deshalb bereits vor der Eintragung wirksam. Der Schutz Dritter, insbesondere der Vertragspartner der Gesellschaft, erfolgt über die Gewährleistung der „negativen Publizität" gem. § 15 Abs. 1 HGB (s. Rz. 306 ff.).

579

Auf Rechtsgeschäfte des Geschäftsführers mit seiner Gesellschaft findet darüber hinaus die Regelung des § 181 BGB uneingeschränkte Anwendung. Die gilt – nach der Klarstellung seitens des Gesetzgebers – auch für den Alleingeschäftsführer einer Einmann-GmbH (§ 35 Abs. 3 GmbHG) und erfasst auch Rechtsgeschäfte des Organwalters der Komplementär-GmbH mit der KG.[4]

580

Dabei betrifft § 181 BGB zwei unterschiedliche Tatbestände. So schließt die Vorschrift – angesichts des evidenten Interessenkonflikts – die Vertretungsmacht des Organwalters sowohl für Geschäfte zwischen diesem und der GmbH (sog. **Selbstkontrahieren**) als auch im Falle der **Mehrfachvertretung**, d. h. bei Rechtsgeschäften zwischen der GmbH und einem Dritten, den er ebenfalls vertritt, aus. Etwas anderes gilt nur dort, wo „*das Rechtsgeschäft aus-*

---

1 So zutreffend: *R/A/Altmeppen*, GmbHG § 35, Anm. 68.
2 RG v. 26.6.1940, RGZ 164, S. 177 ff., 183; BGH v. 19.6.1975, NJW 1975, S. 1741.
3 *B/H/Zöllner/Noack*, GmbHG § 35, Anm. 103; a. A.: *Scholz/Schneider*, GmbHG § 35, Anm. 67.
4 BGH v. 7.2.1972, BGHZ 58, S. 115 ff., 116 f.

schließlich in der Erfüllung einer Verbindlichkeit besteht" (§ 181 BGB). Demgemäß ist der Organwalter nicht gehindert, sich selbst das vertraglich vereinbarte Gehalt auszuzahlen oder im Interesse der Gesellschaft verauslagte Beträge der Kasse zu entnehmen (§ 670 BGB).

581 Darüber hinaus sieht die Rechtsprechung des BGH § 181 BGB – unausgesprochen – in weitem Umfang als formale Ordnungsvorschrift an.[1] Dies eröffnet den betroffenen Organwaltern – entgegen Sinn und Zweck der Norm – zahlreiche „Umgehungsmöglichkeiten". So ist im Falle der Gesamtvertretungsbefugnis der durch § 181 BGB ausgeschlossene Geschäftsführer nicht gehindert, seine **Mitgeschäftsführer zu ermächtigen** (vgl. Rz. 574), alleine zu handeln und so den Vertrag mit ihm zustande zu bringen.[2] Auf diese Weise können die Gesamtvertreter in wechselseitigem Zusammenwirken die Schranke des § 181 BGB allzu leicht beiseiteschieben. Folgt man dem BGH, so unterfällt auch die Zwischenschaltung eines Prokuristen oder eines Handlungsbevollmächtigten nicht dem Anwendungsbereich der Norm.[3] Der Organwalter ist somit nicht gehindert, mit der Gesellschaft zu kontrahieren, soweit diese hierbei durch einen Prokuristen vertreten wird. Dies erscheint bei materieller Betrachtungsweise insofern problematisch, als der Geschäftsführer gegenüber den Arbeitnehmern der Gesellschaft durchgängig die Funktion des Prinzipals wahrnimmt und somit das Weisungsrecht des Arbeitgebers ausübt.[4]

582 Im Übrigen sind Rechtsgeschäfte, die gegen § 181 BGB verstoßen, bis zur Genehmigung durch das zuständige Gesellschaftsorgan schwebend unwirksam. Ein Verstoß scheidet nach dem Wortlaut der Vorschrift allerdings aus, sofern dem Organwalter *„ein anderes gestattet ist"*, also folglich eine Befreiung vom Verbot des Selbstkontrahierens erteilt wurde. Hierfür bedarf es nach zum Teil vertretener Auffassung – soweit es nicht den Gesellschafter-Geschäftsführer einer Einmann-GmbH betrifft (vgl. Rz. 583) – nicht notwendig einer Satzungsregelung, vielmehr genügt grundsätzlich ein **Mehrheitsbeschluss der Gesell-**

---

1 Siehe zur Kritik an der gesetzlichen Regelung, *Hauschild*, ZIP 2014, S. 954 ff., 962 f., der de lege ferenda für eine Abschaffung des § 181 BGB plädiert.
2 BGH v. 6.3.1975, BGHZ 64, S. 72, 76 f.; BGH v. 8.10.1991, ZIP 1991, S. 1582; zustimmend: *Scholz/Schneider*, GmbHG § 35, Anm. 94; zu Recht kritisch: *L/H/Kleindiek*, GmbHG § 35, Anm. 18, 51; *B/H/Zöllner/Noack*, GmbHG § 35, Anm. 135; *R/A/Altmeppen*, § 35 Anm. 79.
3 BGH v. 13.6.1984, BGHZ 91, S. 334 ff., 336 f.; enger für den Fall eines Handlungsbevollmächtigten: OLG Hamm v. 2.10.1980, OLGZ 1981, S. 60; siehe auch: BGH v. 28.11.2014, NZG 2014, S. 389, „sittenwidrige Kollusion" gem. § 138 BGB.
4 Wie hier: MüKoGmbHG/*Stephan/Tieves* § 35 Rz. 206; A. A.: *R/A/Altmeppen*, GmbHG § 35, Anm. 80: Prokurist ist kein Untervertreter des Geschäftsführers.

5.1 Die Vertretungsbefugnis

schafterversammlung oder des sonst zuständigen Bestellungsorgans.[1] Dies gilt nach zutreffender Ansicht jedenfalls dann nicht, wenn es sich um eine generelle Befreiung des Geschäftsführers vom Verbot des Selbstkontrahierens handelt, hier bedarf es zumindest einer Ermächtigung seitens der Satzung.[2] Gilt die Befreiung generell oder erfasst sie bestimmte Arten von Rechtsgeschäften, so bedarf es darüber hinaus gem. § 10 Abs. 1 Satz 2 GmbHG der Eintragung im Handelsregister.[3]

Demgegenüber ist die Eintragung dort verzichtbar (und praktisch undurchführbar), wo sie sich lediglich auf ein konkretes Rechtsgeschäft bezieht. Erfolgt die Gründung der Gesellschaft im vereinfachten Verfahren unter Zugrundelegung des **Musterprotokolls** gem. § 2 Abs. 2a, so ist der einzige Geschäftsführer von Gesetzeswegen stets vom Verbot des Selbstkontrahierens befreit.

Betrifft der Befreiungstatbestand den Gesellschafter-Geschäftsführer einer **Einmann-GmbH**, so bedarf es stets einer entsprechenden Satzungsregelung.[4] Allerdings ist es nicht erforderlich, dass die Befreiung vom Verbot des „Selbstkontrahierens" unmittelbar durch die Satzung erfolgt. Es genügt vielmehr, wenn die Satzung die Gesellschafterversammlung zu einem entsprechenden **Beschluss** ermächtigt.[5] Darüber hinaus bedarf es stets der Eintragung im Handelsregister.[6] Die entsprechende Ermächtigung kann auch im Wege einer nachträglichen Satzungsänderung erteilt werden. Der Alleingesellschafter und Geschäftsführer ist bei der Beschlussfassung nicht gem. § 47 Abs. 4 GmbHG vom Stimmrecht ausgeschlossen. Dabei findet § 181 BGB über den Wortlaut des § 35 Abs. 4 Satz 1 GmbHG hinaus auch dann Anwendung, wenn neben dem Alleingesellschafter noch weitere Fremdgeschäftsführer vorhanden sind. Die einem Gesellschafter einer Mehrpersonen-GmbH im Gesellschaftsvertrag erteilte Befreiung von § 181 BGB bleibt allerdings auch dann wirksam, wenn die Gesellschaft nachträglich zur Einmann-GmbH wird.[7]

583

---

1 *L/H/Kleindiek*, GmbHG § 35, Anm. 12; *B/H/Zöllner/Noack*, GmbHG § 35, Anm. 132; a. A.: nur bei Ermächtigung seitens der Satzung BayObLG v. 7.5.1984, DB 1984, S. 1517; OLG Köln v. 2.10.1992, GmbHR 1993, S. 37.
2 KG v. 21.3.2006, DB 2006, S. 1261 f; a. A. *L/H/Kleindiek*, GmbHG § 35, Anm. 52.
3 BGH v. 28.2.1983, BGHZ 87, S. 59 ff., 61 f.; BayObLG v. 28.1.1982, DB 1982, S. 689; OLG Düsseldorf v. 1.7.1994, DB 1994, S. 1922; *B/H/Zöllner/Noack*, GmbHG § 35, Anm. 133.
4 BGH v. 28.2.1983, BGHZ 87, S. 59 ff., 61 f.; a. A. *Altmeppen*, NZG 2013, S. 401 ff. 408, unter dem zutreffenden Hinweis, dass die Interessen Dritter bei In-sich-Geschäften nicht gefährdet seien.
5 OLG Hamm v. 22.1.1993, GmbHR 1993, S. 500 f.; BayObLG v. 7.5.1984, DB 1984, S. 1517.
6 BGH v. 28.2.1983, a. a. O.
7 BGH v. 8.4.1991, BGHZ 114, S. 167 ff., 171.

584 Darüber hinaus ist der Gesellschafter-Geschäftsführer und Alleingesellschafter gem. § 35 Abs. 3 Satz 2 GmbHG verpflichtet, über die zwischen ihm und der GmbH vorgenommenen Rechtsgeschäfte unverzüglich nach deren Vornahme eine Niederschrift anzufertigen. Allerdings handelt es sich insofern nicht um eine Wirksamkeitsvoraussetzung. Ein Verstoß gegen die Bestimmung führt folglich nicht zur Unwirksamkeit der geschlossenen Verträge, begründet jedoch möglicherweise als Schutzgesetz (§ 823 Abs. 2 BGB) Schadensersatzansprüche der Gesellschaftsgläubiger gegenüber dem Alleingesellschafter.[1] Zudem kommt – auch hinsichtlich des Besteuerungsverfahrens – eine Umkehr der Beweislast zuungunsten des (Gesellschafter-)Geschäftsführers in Betracht, insbesondere im Hinblick auf eine „verdeckte Gewinnausschüttung".[2]

585–610 *(Einstweilen frei)*

5.2 Die Geschäftsführungsbefugnis

Literatur: *Keßler*, Kapitalerhaltung und normativer Gläubigerschutz in der Einpersonen-GmbH, GmbHR 2001, S. 1095 ff.; *Fleischer*, Das unternehmerische Ermessen des GmbH-Geschäftsführers und seine GmbH-spezifischen Grenzen, GmbHR 2010, S. 1307 ff.

611 Zwar obliegt dem Geschäftsführer neben der organschaftlichen Vertretung im rechtsgeschäftlichen Verkehr auch die Geschäftsführung im Innenverhältnis der GmbH, doch ist er – mangels einer entgegenstehenden Bestimmung des Gesellschaftsvertrags – insoweit grundsätzlich dem **Weisungsrecht der Gesellschafter** unterworfen (§§ 46, 37 Abs. 1 GmbHG). Im Gegensatz zu den Bestimmungen des Aktienrechts (vgl. § 76 Abs. 1; § 119 Abs. 2 AktG) und des Genossenschaftsrechts (§ 27 Abs. 1 GenG) kommt hierbei den Gesellschaftern im Verhältnis zum Geschäftsführer die **übergeordnete Leitungskompetenz** zu. Die Anteilseigner bestimmen folglich die Grundlinien der Unternehmenspolitik.[3] Dabei hat der Organwalter im Rahmen der satzungsmäßigen Vorgaben auch solche Weisungen zu befolgen, die der Gesellschaft zum Nachteil gereichen.

Etwas anderes gilt nur dort, wo gesetzliche Kompetenzzuweisungen zugunsten des Geschäftsführers betroffen sind (vgl. alsbald unten) oder die Befolgung der Weisung die Gesellschaft der nicht fernliegenden Gefahr einer Insol-

---

[1] *B/H/Zöllner/Noack*, GmbHG § 35, Anm. 144; zweifelnd: *Scholz/Uwe H. Schneider*, GmbHG § 35, Anm. 131.
[2] *L/H/Kleindiek*, GmbHG § 35, Anm. 57.
[3] *L/H/Kleindiek*, GmbHG § 37, Anm. 8; zurückhaltend: *B/H/Zöllner/Noack*, GmbHG § 37, Anm. 13 ff.

venz bzw. einer Beeinträchtigung des Stammkapitals aussetzt und somit berechtigte Belange der Gläubiger berührt.[1] Insofern besteht bei der GmbH – anders als hinsichtlich der AG – gerade **kein Schädigungsverbot der Gesellschafter gegenüber ihrer Gesellschaft**.[2] Der Schutz der Gesellschaft gegenüber schädigenden Eingriffen ihrer Anteilseigner beschränkt sich somit auf die Erhaltung des zur Deckung des Stammkapitals erforderlichen Vermögens und das Verbot existenzvernichtender oder insolvenzvertiefender Eingriffe.[3]

Unabhängig vom Bestehen konkreter Weisungen ist der Geschäftsführer verpflichtet, bei der Wahrnehmung seiner Aufgaben dem mutmaßlichen Willen der Gesellschafter Rechnung zu tragen.[4] Er hat folglich Geschäfte, die über den gewöhnlichen Betrieb der Gesellschaft hinausgehen, auch ungefragt **der Gesellschafterversammlung zur Entscheidung vorzulegen**.[5] Dies gilt insbesondere dort, wo nach aller Erfahrung mit dem Widerspruch eines nicht unerheblichen Teils der Gesellschafter zu rechnen ist.[6] Ob und inwiefern einer Geschäftsführungsmaßnahme hierbei ein ungewöhnlicher Charakter zukommt, bestimmt sich zunächst nach den Vorgaben des Gesellschaftsvertrags, insbesondere dem dort festgelegten Unternehmensgegenstand (§ 3 Abs. 1 Nr. 2 GmbHG), sowie den seitens der Gesellschafter vorgegebenen Leitlinien der Unternehmenspolitik.[7] Darüber hinaus kommt es entscheidend auf die in der Vergangenheit geübten Gepflogenheiten und damit den konkreten „Zuschnitt" der jeweils betroffenen Gesellschaft an.

Im Übrigen findet das Weisungsrecht der Gesellschafter seine – zwingenden – Grenzen in den normativen Anforderungen der Rechtsordnung. Der Geschäftsführer muss und darf folglich solche Anordnungen nicht befolgen, die ihn dem Vorwurf eines **strafbaren oder ordnungswidrigen Verhaltens** aussetzen. Darüber hinaus hat der Gesetzgeber im öffentlichen Interesse sowie aufgrund des normativen Gläubigerschutzes dem Geschäftsführer zahlreiche Aufgaben zur autonomem Entscheidung zugewiesen und damit verbindlich der Dispositionsbefugnis der Gesellschafter entzogen. Im Rahmen dieser Kompetenzzuweisung scheidet eine Weisungsbefugnis der Gesellschafterversammlung not-

612

---

1 OLG Frankfurt/M. v. 7.2.1997, ZIP 1997, S. 450 ff., 451 f.; *R/A/Altmeppen*, GmbHG § 37, Anm. 5.
2 BGH v. 17.9.2001, GmbHR 2001, S. 1036 ff.
3 Vgl. *Keßler*, GmbHR 2001, S. 1095 ff., 1097 ff.
4 So ausdrücklich *R/A/Altmeppen*, GmbHG § 37, Anm. 6 f.
5 BGH v. 9.12.1996, ZIP 1997, S. 199 f., 200.
6 BGH v. 5.12.1983, NJW 1984, S. 1461.
7 *L/H*, GmbHG § 37, Anm. 11.

wendig aus. Dies betrifft zunächst die **Verantwortung für Aufbringung und Sicherung des normativen Haftungsfonds.**

Bereits die strenge Handelndenhaftung des Geschäftsführers im Gründungsstadium (§ 11 Abs. 2 GmbHG; vgl. hierzu ausführlich Rz. 871 ff.) verdeutlicht die maßgebliche Funktion der Organwalter bei der Gewährleistung gläubigerbezogener Schutzpflichten. Ihren äußeren Ausdruck findet diese Kompetenzordnung nicht zuletzt in der – zwingenden – Erklärung sämtlicher Geschäftsführer gegenüber dem Registergericht über die seitens der Gesellschafter erbrachten Leistungen (§ 8 Abs. 2 GmbHG) und der hier bestehenden haftungsrechtlichen (§ 9a Abs. 1 GmbHG) und strafrechtlichen (§ 82 Abs. 1 Nr. 1 GmbHG) Einstandspflicht. Was die Kapitalerhaltung und damit den Schutz vor verbotenen Rückzahlungen und dem unzulässigen Erwerb eigener Anteile betrifft, so ergibt sich bereits aus §§ 30, 33, 43 Abs. 3 Satz 3 GmbHG die autonome Verantwortung der Organwalter.

Im Übrigen begründet die gesetzliche Kompetenzordnung eine originäre Zuständigkeit der Geschäftsführer **für das Rechnungswesen** der Gesellschaft (§ 41 GmbHG, §§ 264, 242 HGB). Letztlich obliegt es allein dem **Verantwortungsbereich der Organwalter**, bei Verlust des hälftigen Stammkapitals bzw., soweit es sich um eine UG (haftungsbeschränkt) handelt, bei drohender Zahlungsunfähigkeit (§ 5a Abs. 4 GmbHG, § 18 InsO) **die Gesellschafterversammlung** einzuberufen (§ 49 Abs. 3 GmbHG) sowie im Falle der **Zahlungsunfähigkeit** (§ 17 InsO) oder der **Überschuldung** (§ 19 InsO) der Gesellschaft **Insolvenzantrag zu stellen** (§ 15a InsO). Anders verhält es sich, soweit es um die Eröffnung des Insolvenzverfahrens wegen drohender Zahlungsunfähigkeit (§ 18 InsO) zu tun ist. Da insofern **keine Antragspflicht besteht**, bleibt der Geschäftsführer an die Weisungen der Gesellschafterversammlung gebunden.

613 Im Übrigen stellt sich die Frage, ob und gegebenenfalls unter welchen Voraussetzungen satzungswidrige Weisungen geeignet sind, eine rechtliche Folgepflicht des Geschäftsführers zu begründen. Grundsätzlich findet die Weisungsbefugnis des Gesellschafters ihre Grenzen in den statuarischen Vorgaben des Gesellschaftsvertrags, doch gilt es zu beachten, dass die Restriktionen der Satzung im Wesentlichen dem **Schutz der Gesellschafter vor Kompetenzüberschreitungen der Geschäftsführungsorgane** dienen und lediglich eng begrenzte Außenwirkungen zeitigen. Insofern ist der Geschäftsführer zwingend und unabdingbar verpflichtet, die Übereinstimmung des Weisungsinhalts mit der Satzung einer eigenständigen Prüfung zu unterziehen und den Gesellschafter auf den Widerspruch zur Satzung hinzuweisen. Demgegenüber bezwecken die statuarischen Grenzen jedenfalls dort keine Beschränkung geschäftsleitender

Gesellschafterbeschlüsse, wo es – wie bei der Einmann-GmbH – an schutzwürdigen Minderheitsinteressen weiterer Anteilseigner fehlt. Aber auch wo solche vorhanden sind, ist es Aufgabe der Gesellschafterminderheit – und nicht des Geschäftsführers – im Wege der Anfechtungsklage gegen satzungswidrige Beschlüsse vorzugehen.[1]

Etwas anderes mag allenfalls dort gelten, wo der Gesellschaftsvertrag – in entsprechender Anlehnung an § 76 Abs. 1 AktG – eine eigenständige und weisungsfreie Leitungsbefugnis des Geschäftsführers gegenüber der Gesellschafterversammlung begründet. Hier kommt eine bindende Gesellschafterweisung erst nach einer Satzungsänderung in Betracht. 614

Grundsätzlich kommt das Weisungsrecht gegenüber dem Geschäftsführer ausschließlich den Gesellschaftern zu. Die Ausübung erfolgt gem. §§ 47, 48 GmbHG vermittels eines Gesellschafterbeschlusses. Allerdings kann die Satzung ein „Sonderrecht" einzelner Gesellschafter hinsichtlich entsprechender Anordnungen gegenüber dem Geschäftsführer begründen oder die Weisungsbefugnis auf andere Organe, beispielsweise den fakultativen Aufsichtsrat oder einen Beirat, verlagern.[2] Eine **Übertragung auf den mitbestimmten Aufsichtsrat scheidet** allerdings aus. Sowohl das DrittelbG (§ 1 Abs. 1 Nr. 3) als auch das MitbestG (§ 25 Abs. 1 Nr. 2) und das MontanMitbestG (§ 3 Abs. 2) verweisen insofern auf die Regelung des § 111 Abs. 4 Satz 1 AktG. Danach können dem Aufsichtsrat Maßnahmen der Geschäftsführung nicht übertragen werden.[3] Allerdings ist der Aufsichtsrat selbst ggf. verpflichtet, bestimmte Arten von Geschäften von seiner vorherigen Zustimmung abhängig zu machen (§ 111 Abs. 4 Satz 2 AktG). Dennoch vermag diese Möglichkeit nicht den Vorrang der Gesellschafterversammlung zu durchbrechen. Widerspricht der Zustimmungsvorbehalt im Einzelfall einer Anordnung der Gesellschafter, so hat er gegenüber dieser zurückzutreten.[4] 615

Handelt es sich bei dem Alleingesellschafter um eine **kommunale Gebietskörperschaft**, so reicht allerdings der Beschluss der Gemeindeversammlung oder eines sonstigen Willensbildungsorgans regelmäßig nicht, die Weisungsbindung des Geschäftsführers zu begründen. Aus Sicht des Gesellschaftsrechts kommt eine „Folgepflicht" des Geschäftsführers vielmehr nur soweit in Betracht, wie die Weisung im Lichte der allgemeinen Rechtsgeschäftslehre der Gemeinde **als Gesellschafter** zuzurechnen ist (§§ 164 ff. BGB). Entscheidend ist 616

---

1 *R/A/Altmeppen*, GmbHG § 37, Anm. 16 f.
2 *R/A/Altmeppen*, GmbHG § 37, Anm. 11; *L/H/Kleindiek*, GmbHG § 37, Anm. 19.
3 So zutreffend: *L/H/Kleindiek*, GmbHG § 37, Anm. 19.
4 *B/H/Zöllner/Noack*, GmbHG § 37, Anm. 20.

somit, ob und in welchem Umfang der jeweilige Weisungsgeber nach den Bestimmungen der Kommunalverfassung befugt ist, die Gebietskörperschaft in den Angelegenheiten der Gesellschaft zu vertreten oder zumindest seine Weisungsbefugnis von dem insofern zuständigen Kommunalorgan herleitet. Ob und in welchem Umfange dies der Fall ist, hat der Geschäftsführer eigenständig zu prüfen.

Bestehen Zweifel, inwiefern die Weisung der Kompetenzordnung der Kommunalverfassung entspricht, bedarf es in jedem Einzelfalle der Rückversicherung. Nur dort, wo die Vertretungsbefugnis der Gemeindeversammlung selbst zugewiesen ist, kommt eine unmittelbare Bindung an deren Beschlussfassung in Betracht. Liegt die rechtsgeschäftliche Vertretungskompetenz demgegenüber – wie meist – in den Händen anderer Kommunalorgane (hauptamtlicher Bürgermeister, Oberamtsdirektor), so sind nur deren Vorgaben hinsichtlich der Geschäftsführung verbindlich. Dabei bleibt der Geschäftsführer auch dort an Weisung des zuständigen Vertreters gebunden, wo diese inhaltlich von der internen Willensbildung der Gemeindeversammlung abweicht. Etwas anderes kann sich – ausnahmsweise – unter dem Gesichtspunkt des „Missbrauchs der Vertretungsmacht" (§ 242 BGB) ergeben, wenn die Divergenz zwischen der öffentlich-rechtlich bindenden Beschlusslage in der Gemeindeversammlung und der konkreten Vorgabe des Weisungsberechtigten aus Sicht des Geschäftsführers zweifelsfrei erkennbar ist.

Allerdings ist der Geschäftsführer nicht verpflichtet, sich im Einzelfall zu versichern, ob und in welchem Umfange sich die Weisung des Vertretungsorgans mit dessen interner Bindung an die Beschlüsse sonstiger Beschlussgremien deckt.

617 Die Gesellschafter können im Gesellschaftsvertrag auf das ihnen zustehende Weisungsrecht **verzichten** und damit die Organstruktur der GmbH derjenigen der Aktiengesellschaft oder der Genossenschaft annähern.[1] Dies bedarf jedoch stets einer eindeutigen Regelung („Die Geschäftsführer haben das Unternehmen unter eigener Verantwortung zu leiten."). Eine Abrede im Anstellungsvertrag oder eine Bestimmung in der „Geschäftsordnung" genügt demgegenüber nicht. Dies gilt auch dort, wo der zugrunde liegende Gesellschafterbeschluss mit satzungsändernder Mehrheit gefasst wurde.[2]

618 Hat die Gesellschaft mehrere Geschäftsführer, so besteht – vergleichbar der Vertretungsregelung (vgl. Rz. 571 ff.) – grundsätzlich **Gesamtgeschäftsfüh-**

---

[1] *L/H/Kleindiek*, GmbHG § 37, Anm. 26.
[2] A. A.: *L/H/Kleindiek*, GmbHG § 37, Anm. 26.

rungsbefugnis aller **Geschäftsführer** einschließlich der Stellvertreter (vgl. Rz. 221 f.). Allerdings kann die Satzung eine abweichende Bestimmung treffen und die Verantwortungsbereiche der Organwalter nach Ressorts oder Produktbereichen (profit center) abgrenzen. Soweit der Gesellschaftsvertrag keine Regelung enthält, können die Gesellschafter vermittels einer **Geschäftsordnung** entsprechende Kompetenzzuweisungen treffen.[1] Dies beinhaltet auch die Befugnis, einen Organwalter zum Vorsitzenden der Geschäftsführung zu ernennen und ihm zur Auflösung von Pattsituationen das Recht zum Stichentscheid einzuräumen.[2] Nach zutreffender Ansicht genügt für den zugrunde liegenden Beschluss die einfache Mehrheit.[3] Allerdings bedarf es stets einer eindeutigen Regelung in schriftlicher Form.[4]

Was die Art und Weise der Geschäftsverteilung betrifft, so steht diese grundsätzlich im freien Ermessen der Gesellschafter. Allerdings kann im Bereich der **paritätischen Mitbestimmung** die „Kernzuständigkeit" des **Arbeitsdirektors** (§ 33 MitbestG; § 13 MontanMitbestG) für den Bereich des Personal- und Sozialwesens nicht abweichend geregelt werden. Machen die Gesellschafter von ihrer Befugnis keinen Gebrauch, so können auch die Geschäftsführer selbst eine entsprechende Ressortaufteilung vornehmen. Einer Ermächtigung in der Satzung bedarf es hierfür nicht,[5] jedoch bedarf es regelmäßig eines einstimmigen Beschlusses aller Geschäftsführer[6] sowie der Wahrung der Schriftform.

Auch dort, wo der Gesellschaftsvertrag oder die Geschäftsordnung abweichend von der gesetzlichen Ausgangslage Einzelgeschäftsführungsbefugnis der Organwalter anordnet, verbleibt grundsätzlich ein Restbestand an Gesamtverantwortung. Dies gilt vor allem in haftungsrechtlicher Sicht (vgl. ausführlich Rz. 786 ff.). So trifft die Geschäftsführer insbesondere die unabdingbare Verpflichtung zu gegenseitiger Kontrolle und Information. Folglich kommt jedem Geschäftsführer ein **uneingeschränktes Auskunftsrecht** über alle Angelegenheiten der Gesellschaft zu, auch soweit diese im Rahmen der Geschäftsverteilung einem Mitgeschäftsführer zugewiesen sind.[7] Dies schließt

619

---

1 *B/H/Zöllner/Noack*, GmbHG § 37, Anm. 29.
2 *Scholz/Uwe H. Schneider*, GmbHG § 37, Anm. 29.
3 *L/H/Kleindiek*, GmbHG § 37, Anm. 36; a. A.: stets qualifizierte Mehrheit gem. § 53 Abs. 2 Satz 1 GmbHG, *Scholz/Uwe H. Schneider*, GmbHG § 37, Anm. 59.
4 So zutreffend: *Scholz/Uwe H. Schneider*, GmbHG § 43, Anm. 36; für den Bereich der steuerlichen Verantwortung verlangt auch der BFH eine schriftliche Geschäftsordnung, Urteil v. 26.4.1994, BFHE 141, S. 443 ff., 447.
5 *Scholz/Uwe H. Schneider*, GmbHG § 37, Anm. 62.
6 *B/H/Zöllner/Noack*, GmbHG § 37, Anm. 29 f.
7 OLG Koblenz v. 22.11.2007, DB 2008, S. 571 ff.

auch das Einsichtsrecht in die entsprechenden Unterlagen ein. Der Geschäftsführer ist insoweit auch berechtigt, entsprechende Auskünfte unmittelbar von den Mitarbeitern der Gesellschaft einzuholen.[1]

Darüber hinaus lebt die Gesamtzuständigkeit sämtlicher Organwalter in der Krise der Gesellschaft – insbesondere im Vorfeld der Insolvenz – wieder auf.[2] Die in Ausnahmesituationen bestehenden Handlungspflichten der Geschäftsführer werden folglich durch die Vorgaben der Geschäftsordnung oder der Satzung nicht begrenzt. Dies betrifft vor allem den Bereich zwingender gesetzlicher Kompetenzzuweisung (vgl. Rz. 612).

620–640   *(Einstweilen frei)*

---

[1] OLG Koblenz, a. a. O., S. 573.
[2] BGH v. 6.7.1990, NJW 1990, S. 2560 ff., 2564 f.

6. Einberufung und Durchführung der Gesellschafterversammlung

6.1 Die Einberufung der Gesellschafterversammlung

Literatur: *Zeilinger*, Die Einberufung der Gesellschafterversammlung – Fallstricke für die Wirksamkeit von Gesellschafterbeschlüssen, GmbHR 2001, S. 541 ff.; *Eickhoff*, Die Praxis der Gesellschafterversammlung, 4. Aufl., 2006; *K. Schmidt*, Gesetzliche Formenstrenge bei GmbH-Beschlüssen? – Zur Deutung des § 48 GmbHG durch das BGH-Urteil vom 16.1.2006, NJW 2006, S. 2599 ff.; *Geißler*, Einstweiliger Rechtsschutz gegen die Registersperre bei eintragungspflichtigen Gesellschafterbeschlüssen, GmbHR 2008, S. 128 ff.; *Tettinger*, Gesellschaftsrechtliche Einberufungsfristen, Kündigungsfristen und der Anwendungsbereich des § 193 BGB – Verschiedene Blickwinkel auf vergleichbare Probleme?, GmbHR 2008, S. 346 ff; *Wiester*, Die Durchführung von Gesellschafterversammlungen bei der zerstrittenen Zweipersonen-GmbH, GmbHR 2008, S. 189 ff.; *Seeling/Zwickel*, Typische Fehlerquellen bei der Vorbereitung und Durchführung der Gesellschafterversammlung einer GmbH, DStR 2009, S. 1097 ff.; *Kunz/Rubel*, Der Begriff des „eingeschriebenen Briefes" nach § 51 GmbHG, GmbHR 2011, S. 849 ff.; Kaufmann, Die Klagefrist bei Beschlussmängelstreitigkeiten im Recht der AG und GmbH, NZG 2015, S. 336 ff.; *Lange*, Der Leiter der GmbH-Gesellschafterversammlung, NJW 2015, S. 3190 ff.; *Lieder*, Annexkompetenzen der Gesellschafterversammlung, NZG 2015, S. 569 ff.

Die **Gesellschafter** sind neben dem **Geschäftsführer** das weitere zwingend vorgeschriebene Organ der GmbH. Sie treffen ihre Entscheidungen – von der Einmann-GmbH abgesehen – grundsätzlich durch **Beschluss** (§ 47 Abs. 1 GmbHG). Dabei erfolgt die Beschlussfassung im Regelfall in der **Gesellschafterversammlung** bei persönlicher Anwesenheit der Anteilseigner (§ 48 Abs. 1 GmbHG), doch ist diese Verfahrensweise nicht zwingend. So ist bereits nach dem Gesetz eine Gesellschafterversammlung dort **verzichtbar**, wo alle Gesellschafter – trotz unterschiedlicher Auffassungen in der Sache – mit der schriftlichen Stimmabgabe einverstanden sind oder in Textform (§ 126b BGB) – also beispielsweise per E-Mail – dem konkreten Beschlussgegenstand zustimmen (§ 48 Abs. 2 GmbHG). Dabei bedarf es in beiden Fällen auch der Zustimmung derjenigen Gesellschafter, denen kein Stimmrecht zukommt oder die wegen einer Interessenkollision von der Abstimmung ausgeschlossen sind (vgl. § 47 Abs. 4 GmbHG). Der Ausschluss des Stimmrechts verwehrt nämlich **nicht das Rede-, Antrags- und Teilnahmerecht** in der Gesellschafterversammlung.

641

Im Übrigen steht es der Satzung bzw. der Geschäftsordnung frei, das jeweils zu beachtende Abstimmungsverfahren zu erleichtern oder ggf. zu erschweren. So ist es beispielsweise zulässig, eine fernmündliche Abstimmung oder die Willensbildung im Wege einer Computerkonferenz – beispielsweise via Internet – vorzusehen. Etwas anderes gilt nur anlässlich der Beschlussfassung über Satzungsänderungen[1] und – kraft ausdrücklicher gesetzlicher Bestimmung – bei Beschlüssen hinsichtlich einer Umwandlung (vgl. §§ 13 Abs. 1 Satz 2, 193 Abs. 1 Satz 2 UmwG). Einer Versammlung bedarf es im Übrigen auch dort, wo dies im Interesse der Gesellschaft aus zwingenden Gründen geboten ist. Dies betrifft insbesondere die Fälle des § 49 Abs. 2 und 3 und § 5a Abs. 4 GmbHG.

642 Die Einberufung der Gesellschafterversammlung obliegt grundsätzlich dem **Geschäftsführer**, doch kann der Gesellschaftsvertrag eine abweichende Regelung vorsehen. Dies betrifft allerdings nicht die Einberufungspflicht im Falle des § 49 Abs. 3 bzw. 5a Abs. 4 GmbHG, d. h. bei Verlust der Hälfte des Stammkapitals bzw. – bei der UG (haftungsbeschränkt) – bei drohender Zahlungsunfähigkeit (vgl. Rz. 644). Bei mehreren Geschäftsführern einer GmbH kommt die Einberufungskompetenz **jedem Organwalter** einzeln zu.

Dies gilt auch, soweit im Übrigen Gesamtgeschäftsführungs- und Vertretungsbefugnis besteht.[2] Folglich ist kein Geschäftsführer in der Lage, die Einberufung der Gesellschafterversammlung durch einen Mitgeschäftsführer zu verhindern. Auch der Notgeschäftsführer ist zur Einberufung der Gesellschafterversammlung befugt. Soweit die GmbH der Mitbestimmung unterliegt, ist auch der **Aufsichtsrat** zur Einberufung der Gesellschafterversammlung berechtigt (§ 25 Abs. 1 Satz 1 MitbestG, § 1 Abs. 1 Nr. 3 DrittelbG, § 111 Abs. 3 AktG), doch bedarf es hier stets einer **Beschlussfassung des Gesamtorgans** (§ 111 Abs. 3 Satz 2 AktG). Ein entsprechendes Verlangen einzelner Aufsichtsratsmitglieder genügt nicht. Hat die Gesellschaft einen fakultativen Aufsichtsrat, so folgt dessen Einberufungsrecht aus § 52 Abs. 1 GmbHG i.V.m. § 111 Abs. 3 AktG, doch kann die Satzung eine hiervon abweichende Bestimmung vorsehen. Demgegenüber besteht – von dem Minderheitsrecht des § 50 Abs. 3 GmbHG abgesehen (vgl. Rz. 646) – keine Einberufungsbefugnis einzelner Gesellschafter.

643 Grundsätzlich steht es im **Ermessen des Geschäftsführers**, die Gesellschafterversammlung einzuberufen, wenn es ihm erforderlich erscheint. Dies gilt insbesondere dort, wo sich der Organwalter vor der Durchführung einzelner Maßnahmen oder Rechtsgeschäfte der Zustimmung der Gesellschafter versichern möchte. Allerdings gilt es, bei der Planung einer Gesellschafterversammlung den damit für alle Beteiligten und insbesondere für die Gesellschaft verbunde-

---

[1] BGH v. 1.12.1954, BGHZ 15, S. 324 ff., 328.
[2] OLG Frankfurt/M. v. 6.1.1976, GmbHR 1976, S. 110; BGH v. 24.3.2016, NZG 2016, S. 552 Rz. 29; MüKoGmbHG/*Liebscher*, § 49 Rz. 17; *Lutter/Hommelhoff/Bayer*, § 49 Rz. 2; B/H/*Zöllner/Noack*, § 49 Rz. 3.

6.1 Die Einberufung der Gesellschafterversammlung

nen zeitlichen und finanziellen Aufwand angemessen zu berücksichtigen. Gegebenenfalls sind informelle Abstimmungsverfahren und Informationsmöglichkeiten in Erwägung zu ziehen. Geboten ist die Einberufung in allen Fällen, in denen die in Aussicht genommene Handlung nach dem **Gesetz** (vgl. §§ 46, 53 GmbHG) oder **dem Gesellschaftsvertrag** in den Zuständigkeitsbereich der Gesellschafter fällt. Dies gilt selbstverständlich auch dort, wo im Lichte der begrenzten Geschäftsführungsbefugnis eine **Vorlagepflicht** des Organwalters besteht (vgl. Rz. 611 ff.), also vor allem bei „außergewöhnlichen" Geschäften. Eine Einberufungspflicht der Geschäftsführer besteht darüber hinaus nach den gesetzlichen Vorgaben der §§ 49 Abs. 3; § 5a Abs. 4 und § 50 Abs. 1 GmbHG.

Die unverzügliche Einberufung der Gesellschafterversammlung ist demgemäß von Gesetzes wegen geboten, „wenn aus der Jahresbilanz oder aus einer im Laufe des Geschäftsjahres aufgestellten Bilanz sich ergibt, dass die Hälfte des Stammkapitals verloren ist" (§ 49 Abs. 3 GmbHG; zur Bedeutung des Stammkapitals vgl. Rz. 81 ff.). Gleiches gilt gem. § 5a Abs. 4 GmbHG im Falle einer UG (haftungsbeschränkt) bei drohender Zahlungsunfähigkeit (§ 18 InsO). 644

Die Regelung soll insbesondere eine **rechtzeitige Information der Gesellschafter im Vorfeld der Überschuldung oder Zahlungsunfähigkeit** gewährleisten und den Anteilseignern damit die Möglichkeit eröffnen, durch alsbaldige Reorganisations- und Sanierungsmaßnahmen die in der Folge drohende Insolvenz der Gesellschaft abzuwenden. Die Ermittlung des insofern maßgeblichen Vermögensstandes der Gesellschaft erfolgt hierbei durch eine bilanzielle Gegenüberstellung des satzungsmäßigen Stammkapitals gem. § 3 Abs. 1 Nr. 3 GmbHG und des tatsächlich vorhandenen Gesellschaftsvermögens. Hierzu ist die **Handelsbilanz** unter Beachtung des Grundsatzes der Bewertungsstetigkeit ohne unzulässige Auflösung stiller Reserven fortzuschreiben. Zugrundezulegen sind grundsätzlich Fortführungswerte (going concern Prämisse), es sei denn im maßgeblichen Zeitpunkt ist die Fortführungsprognose hinsichtlich des Unternehmens negativ. In diesem Falle sind die Wirtschaftsgüter mit ihren Liquidationswerten in Ansatz zu bringen.[1]

Eigenkapitalersetzende Gesellschafterdarlehen sind als Verbindlichkeiten in Ansatz zu bringen,[2] und zwar auch soweit eine qualifizierte Rangrücktrittserklärung der „Gesellschafter-Kreditgeber" vorliegt (vgl. Rz. 191 ff.); eigene Anteile der Gesellschaft bleiben unberücksichtigt. Insofern gelten die Ausführungen

---

[1] *L/H/Bayer*, GmbHG § 49, Anm. 15.
[2] *Zutreffend*: *R/A/Altmeppen*, GmbHG § 49, Anm. 12.

zur Sicherung des Haftungsfonds (vgl. Rz. 141 ff.) entsprechend. Demgegenüber finden die Bewertungsregeln bezüglich des Überschuldungsstatus (noch) keine Anwendung. Sieht man hiervon ab, so besteht eine Verpflichtung der Geschäftsführer gem. § 49 Abs. 3 GmbHG zur Einberufung der Gesellschafterversammlung bereits dann, wenn bei pflichtgemäßem Ermessen anzunehmen ist, dass sich ein entsprechender Verlust abzeichnet. Die Regelung des § 92 Abs. 1 AktG findet folglich insofern entsprechende Anwendung. Der Geschäftsführer darf somit keinesfalls bis zur Erstellung der Jahresbilanz warten. Er hat vielmehr **unverzüglich** eine Zwischenbilanzierung zu veranlassen, sobald sich konkrete Anzeichen für eine Halbierung des Haftungsfonds bzw. eine drohende Zahlungsunfähigkeit ergeben. Verletzt er schuldhaft diese Verpflichtung, so ist er der Gesellschaft zum Ersatz des daraus folgenden Schadens verpflichtet (§ 43 GmbHG; vgl. Rz. 771 ff.). Darüber hinaus kommt eine Bestrafung gem. § 84 GmbHG wegen Verletzung der Verlustanzeigepflicht in Betracht.

645 Eine Verpflichtung des Geschäftsführers zur Einberufung der Gesellschafterversammlung besteht auch dort, wo eine **Gesellschafterminderheit**, deren Geschäftsanteile **mindestens dem zehnten Teil des Stammkapitals** entsprechen, dies unter Angabe des Zwecks und der Gründe verlangt (§ 50 Abs. 1 GmbHG). Maßgebend ist insofern die gesellschaftsvertragliche Festlegung gem. § 3 Abs. 1 Nr. 3 GmbHG. Allerdings werden bei der Berechnung eigene Anteile der Gesellschaft (§ 33 GmbHG) sowie kaduzierte und eingezogene Anteile nicht berücksichtigt. Demgegenüber sind stimmrechtslose Anteile grundsätzlich einzubeziehen. Folgerichtig sind auch Gesellschafter antragsberechtigt, die angesichts einer Interessenkollision gem. § 47 Abs. 4 GmbHG vom Stimmrecht ausgeschlossen sind. Der Antrag kann grundsätzlich formlos – auch mündlich – gestellt werden. Er ist nach dem Gesetz zu begründen. Dies umfasst auch, dass der Antragsteller seine Legitimation als Gesellschafter und die Erfüllung der vorgegebenen Quote nachweist. Zudem bedarf es der Benennung eines **konkreten Beschlussgegenstandes** und einer **Begründung für die Eilbedürftigkeit**.

646 Sind die formalen Voraussetzungen erfüllt, so ist der **Geschäftsführer verpflichtet**, die Gesellschafterversammlung auf Kosten der Gesellschaft unverzüglich einzuberufen. Allerdings kann die Minderheit das Handeln des Geschäftsführers nicht im Klagewege erzwingen. Wird dem Verlangen nicht innerhalb angemessener Frist entsprochen, so geht die Einberufungskompetenz vielmehr auf die Vertreter der Gesellschafterminderheit über (§ 50 Abs. 3 GmbHG). Als angemessener Zeitraum genügt hierbei regelmäßig eine Frist **von vier Wochen**; hat der Geschäftsführer bereits zuvor die Durchführung der Versammlung nachhaltig verzögert, so genügt auch eine kürzere Wartefrist

vor Ausübung des Selbsthilferechts.[1] Allerdings bleibt der Geschäftsführer nach wie vor berechtigt, die Einberufung selbst zu bewirken. Beschlüsse, die auf einer seitens der Gesellschafter ohne Einhaltung der Wartefrist durchgeführten Gesellschafterversammlung gefasst werden, sind nichtig.[2] Bleibt es bei der Einberufung durch die Minderheit, so entscheiden die Gesellschafter, ob die Kosten der Versammlung durch die Gesellschaft zu tragen sind (§ 50 Abs. 3 Satz 2 GmbHG). War die Einberufung berechtigt, so sind die Gesellschafter aufgrund der gesellschaftsrechtlichen Treuepflicht allerdings gehalten, der Kostenübernahme zuzustimmen.

Sieht man von der Regelung des § 50 Abs. 3 GmbHG ab, so ist die Minderheit auch dann zur Einberufung der Gesellschafterversammlung befugt, wenn kein Geschäftsführer mehr existiert, dieser – beispielsweise aufgrund einer Erkrankung oder sonstiger Verhinderungstatbestände – nicht handlungsfähig ist oder ihm im Wege der einstweiligen Verfügung die Ausübung seiner Geschäftsführertätigkeit untersagt wurde.[3]

(Einstweilen frei) 647–650

6.2 Die Form der Einberufung

Literatur: *Zeilinger*, Die Einberufung der Gesellschafterversammlung – Fallstricke für die Wirksamkeit von Gesellschafterbeschlüssen, GmbHR 2001, S. 541 ff.; *K. Schmidt*, Gesetzliche Formenstrenge bei GmbH-Beschlüssen? – Zur Deutung des § 48 GmbHG durch das BGH-Urteil vom 16.1.2006, NJW 2006, S. 2599 ff.; *Tettinger*, Gesellschaftsrechtliche Einberufungsfristen, Kündigungsfristen und der Anwendungsbereich des § 193 BGB – Verschiedene Blickwinkel auf vergleichbare Probleme?, GmbHR 2008, S. 346 ff.

Das GmbHG enthält in § 51 eine eingehende Regelung hinsichtlich der zu beachtenden **Form** und des **Inhalts** der Ladung bei der **Einberufung der Gesellschafterversammlung**. Allerdings ist die Regelung nicht zwingender Natur, sondern steht in gewissen Grenzen zur Disposition der Satzung (vgl. § 45 Abs. 2 GmbHG). Zudem ist die Einberufung einer „Gesellschafterversammlung" bei der Einmann-GmbH aus verständlichen Gründen entbehrlich. Hier tritt regelmäßig der „Entschluss" des Alleingesellschafters an die Stelle der Beschlussfassung (vgl. § 48 Abs. 3 GmbHG). Sinn und Zweck der gesetzlichen Vorgaben bestehen demnach in der notwendigen **Sicherung des Teilnahmerechts**

651

---

1 BGH v. 15.6.1998, BB 1998, S. 1808 ff., 1809.
2 BGH v. 7.2.1983, BGHZ 87, S. 1 ff., 3; BGH v. 15.6.1998, BB 1998, S. 1808 ff., 1809.
3 *L/H/Bayer*, GmbHG § 50, Anm. 12.

der Gesellschafter und der Gewährleistung einer **ausreichenden und sachadäquaten Vorbereitung auf die zur Entscheidung anstehenden Beschlussgegenstände**. Nur so ist es möglich, der Bedeutung der Gesellschafterversammlung als zentralem Willensbildungs- und Geschäftsführungsorgan der GmbH angemessen Rechnung zu tragen und die effiziente Ausübung der Vermögens- und Verwaltungsrechte der Gesellschafter in den Angelegenheiten der Gesellschaft zu ermöglichen. Angesichts der seitens des Gesetzgebers bestimmten Einberufungskompetenz des Geschäftsführers liegt die Einhaltung der Verfahrensregeln somit vor allem in den Händen des Organwalters.

652 Die **Einberufung** hat grundsätzlich schriftlich mittels eingeschriebenen Briefes zu erfolgen. Ob hierfür ein „Einwurfeinschreiben" genügt, war strittig.[1] Hier sollte nach bisheriger Auffassung sicherheitshalber der Weg des „Übergabe-Einschreibens" gewählt werden. Allerding hat der BGH im Hinblick auf die *„erneute Aufforderung"* nach § 21 Abs. 1 Satz 2 GmbHG das Einwurfeinschreiben als *„eingeschriebenen Brief"* anerkannt.[2] Da die Zweckrichtung des § 21. Abs. 1 Satz 2 GmbHG mit derjenigen des § 51 Abs. 1 Satz 1GmbHG übereinstimmt, dürfte auch hier ein Einwurfeinschreiben den rechtlichen Anforderungen genügen.[3] Die Versendung über private Post- und Kurierdienste genügt nur, wenn und soweit das gewählte Verfahren nach Art und Weise einem Post-Einschreiben gleichwertig ist. Allerdings kann die Satzung gem. § 45 GmbHG eine abweichende Regelung treffen und insbesondere die Ladung durch einfachen Brief, Telefax oder E-Mail zulassen.

Bleibt es bei der gesetzlichen Regelung, so ist die eigenhändige Unterschrift des Einladenden, d. h. im Regelfall des Geschäftsführers, auf dem Einladungsschreiben erforderlich (§ 126 BGB). Zwar muss die Unterschrift nicht leserlich sein, doch muss die Einladung zu erkennen geben, **wer zu der Versammlung eingeladen hat**, um so dem Gesellschafter eine Prüfung der Einladungsberechtigung zu ermöglichen.[4] Datum, Tageszeit und Ort der Versammlung sind genau zu bezeichnen. Dabei gilt es, die entsprechenden Vorgaben des Gesellschaftsvertrags hinsichtlich der Wahl des Versammlungsortes und des Zeitpunkts zu beachten. Soweit nichts anderes bestimmt ist, soll die Gesellschaf-

---

1 Siehe hierzu *L/H/Bayer*, GmbHG § 51, Anm. 11 einerseits, sowie *B/H/Zöllner*, GmbHG § 51, Anm. 12 andererseits.
2 BGH v. 27.9.2016, BGHZ 212, S. 104 = GmbHR 2017, S. 30 m. Anm. *Bayer* = BB 2016, S. 3022 m. Anm. *Glienke*.
3 *Born*, WM-Sonderbeilage 3/2017, S. 3 ff., 16; *Lieder/Bialluch*, NZG 2017, S. 9 ff., 15; *Lubberich*, DNotZ 2017, S. 418 ff., 424; MüKoGmbHG/*Liebscher*, § 51 Rz. 18.
4 *B/H/Zöllner*, GmbHG § 51, Anm. 17.

terversammlung am (Verwaltungs-)**Sitz der Gesellschaft** stattfinden (vgl. § 121 Abs. 5 Satz 1 AktG).

Ist der **Zweck der Versammlung**, d. h. die maßgebliche **Tagesordnung**, nicht angegeben, so muss diese spätestens **drei Tage vor der Gesellschafterversammlung** mitgeteilt werden (§ 51 Abs. 4 GmbHG). Die Angaben müssen dabei so bestimmt gehalten sein, dass dem Empfänger eine **angemessene Vorbereitung** ermöglicht wird. Zwar müssen die vorgesehenen Beschlussgegenstände nicht in ihrem Antragswortlaut wiedergegeben werden, doch muss aus dem Einladungsschreiben erkennbar sein, **worum es in der Versammlung geht** und worüber zu beschließen ist. Die „Verschleierung" einzelner Entscheidungsvorlagen unter dem Tagesordnungspunkt „Verschiedenes" genügt diesen Anforderungen auf keinen Fall.[1]

Soweit die Abberufung eines Geschäftsführers in Frage steht, ist diese entsprechend zu bezeichnen. Allerdings bedarf es keines gesonderten Hinweises, dass die Abberufung aus „wichtigem Grund" erfolgen soll[2] (vgl. bereits Rz. 306 ff.). Beschränkt sich andererseits die Tagesordnung auf die Abberufung aus „wichtigem Grund", so kommt eine „normale" Abberufung nicht in Betracht. Genaue Angaben sind auch hinsichtlich einer vorgesehenen Änderung des Gesellschaftsvertrags erforderlich. Folgerichtig ist bei einer in Aussicht genommenen Kapitalerhöhung deren jeweiliger Umfang anzugeben. Der Hinweis, es gehe *„um eine Verbesserung der Finanzsituation"*, genügt insofern nicht.

Die **Einladungsfrist** beträgt nach der Vorgabe des § 51 Abs. 1 Satz 2 GmbHG **mindestens eine Woche**. Diese Regelung ist – sofern nicht die Voraussetzungen einer Vollversammlung vorliegen (vgl. Rz. 655) – **zwingend** und steht nicht zur Disposition der Gesellschafter oder der Satzung.[3] Maßgeblich für die Fristberechnung sind die Regelungen der §§ 187 Abs. 1, 188, 193 BGB. Entscheidend für den Fristbeginn ist dabei nicht die Aufgabe zur Post, bestimmend ist vielmehr der Tag, an dem der Brief – bei normalen Laufzeiten – voraussichtlich allen Empfängern zugeht.[4] Üblicherweise ist dabei im Inland eine Laufzeit von zwei bis drei Tagen zugrunde zu legen. Fällt der letzte Tag der Frist auf einen Samstag, Sonntag oder gesetzlichen Feiertag, so verlängert sich der Fristablauf entsprechend § 193 BGB bis zum nächstfolgenden Werktag.[5] Der Nachweis

653

---

1 So zutreffend: *L/H*, GmbHG § 51, Anm. 7.
2 BGH v. 30.11.1961, NJW 1962, S. 393 f., 394.
3 *L/H*, GmbHG § 51, Anm. 2.
4 BGH v. 30.3.1987, BGHZ 100, S. 264 ff., 267.
5 *L/H*, GmbHG § 51, Anm. 8; a. A.: *B/H/Zöllner*, GmbHG § 51, Anm. 20.

des tatsächlichen Zugangs gegenüber allen Gesellschaftern ist zum Zwecke der Fristwahrung allerdings **nicht** erforderlich.[1]

654 Die Einladung ist zwingend an **alle Gesellschafter** zu richten, auch soweit diese nicht zur Abstimmung berechtigt sind. Ein Ausschluss einzelner Gesellschafter von der Versammlung kommt auch im Wege einer Satzungsregelung nicht in Betracht.[2] Maßgebend ist insofern die **zuletzt mitgeteilte Anschrift des Empfängers**.[3] Es ist folglich nicht Sache der Gesellschaft, die jeweils gültige Adresse ihrer Anteilseigner zu ermitteln. Der tatsächliche Zugang der Einladung beim Empfänger ist nicht erforderlich, sofern die Gesellschaft nachweist, dass die Einladung richtig adressiert war.[4] Ist der Aufenthaltsort des Gesellschafters unbekannt, so erfolgt die Einladung im Wege der öffentlichen Zustellung gem. § 132 Abs. 2 BGB, §§ 185 ff. ZPO.

655 Weist die Einberufung der Gesellschafterversammlung hinsichtlich der vorstehenden Ausführungen Mängel auf, so kommt die fehlerfreie Durchführung der Gesellschafterversammlung als „**Vollversammlung**" (Universalversammlung) dennoch in Betracht, wenn **alle Gesellschafter anwesend oder wirksam vertreten sind und sich die Teilnehmer mit der Abstimmung einverstanden erklären** oder sich **ohne Rüge** des Verfahrens auf die Verhandlung und die Abstimmung einlassen.[5]

656 Fehlt es an den Voraussetzungen einer Einladung, sind insbesondere Ort und Zeit der Versammlung nicht vollständig oder richtig wiedergegeben, so können – soweit nicht die Voraussetzungen einer Vollversammlung vorliegen – **keine wirksamen Beschlüsse gefasst werden**. Dennoch erfolgte Beschlüsse sind in entsprechender Anwendung von § 241 Nr. 1 AktG **nichtig**. Dies gilt auch dort, wo die Einladung durch unzuständige Organe – beispielsweise einzelne Gesellschafter – erfolgt[6] oder nicht alle Anteilseigner geladen werden.[7] Demgegenüber führt eine Unterschreitung der Einladungsfrist[8] ebenso wie die Abstimmung über nicht in der Tagesordnung angekündigte Entscheidungsgegenstände[9] lediglich zur **Anfechtbarkeit** der Beschlussfassung. Das Anfech-

---

1 BGH v. 30.3.1987, BB 1987, S. 1551 f., 1552.
2 *L/H*, GmbHG § 48, Anm. 3.
3 OLG München v. 3.11.1993, DB 1994, S. 320; *B/H/Zöllner*, GmbHG § 51, Anm. 4.
4 OLG Düsseldorf v. 9.11.1989, NJW-RR 1990, S. 806; OLG München v. 3.11.1993, a. a. O.
5 BGH v. 30.3.1987, BGHZ 100, S. 264 ff.
6 BGH v. 7.2.1983, BGHZ 87, S. 1 ff., 2.
7 BGH v. 14.12.1961, BGHZ 36, S. 207 ff., 211; OLG Frankfurt/M. v. 26.8.1983, DB 1983, S. 2678.
8 BGH v. 30.3.1987, BGHZ 100, S. 264 ff., 265.
9 Hierzu: *B/H/Zöllner*, GmbHG § 51, Anm. 28.

tungsrecht des durch den Einberufungsmangel beeinträchtigten Gesellschafters greift nur dann ausnahmsweise nicht durch, wenn eindeutig feststeht, dass der gefasste Beschluss auch bei Ordnungsmäßigkeit der Einladung in gleicher Weise zustande gekommen wäre und es folglich bei vernünftiger Beurteilung unter keinen Umständen in Betracht kommt, dass der von dem Mangel betroffene Gesellschafter das Ergebnis hätte beeinflussen können.[1]

(Einstweilen frei) 657–660

6.3 Die Durchführung der Gesellschafterversammlung

Die Willensbildung der Gesellschafter findet – wenn die Satzung nichts anderes bestimmt – in einer **Versammlung der Gesellschafter** statt. Ist die Einberufung seitens des zuständigen Organs ordnungsgemäß erfolgt (vgl. Rz. 651 ff.), so bedarf es zur Beschlussfähigkeit **keiner Mindestanzahl** erschienener Gesellschafter. Allerdings kann der Gesellschaftsvertrag ein entsprechendes „Quorum" festlegen. Fehlt es daran, so ist mitunter auch ein einzelner erschienener Gesellschafter zur wirksamen Beschlussfassung berechtigt.[2] Bestimmt der Gesellschaftsvertrag, dass bei Fehlen der Beschlussfähigkeit innerhalb einer bestimmten Frist eine Gesellschafterversammlung mit gleicher Tagesordnung stattzufinden hat, so ist es unzulässig, hilfsweise bereits zur zweiten Versammlung einzuladen (Eventualeinberufung), bevor die erste stattgefunden hat.[3] Allerdings kann in der Einladung zur Folgeversammlung auf die der ersten Einberufung beigefügten Tagesordnung verwiesen werden.[4]

661

Grundsätzlich steht jedem Gesellschafter ein **Teilnahmerecht** an der Versammlung zu. Dies gilt auch dort, wo er aufgrund eines Interessenkonflikts (§ 47 Abs. 4 GmbHG; vgl. Rz. 671 ff.) oder einer Satzungsregelung vom Stimmrecht ausgeschlossen ist. Die Befugnis zur Teilnahme einschließlich des damit verbundenen **Rede-, Antrags- und Auskunftsrechts** in der Gesellschafterversammlung ist grundsätzlich unentziehbar und folglich in ihrem Kern „satzungsfest" (s. bereits Rz. 651 ff.). Dies gilt auch dort, wo der betroffene Gesellschafter am Markt als Wettbewerber der Gesellschaft in Erscheinung tritt.

662

---

1 BGH v. 17.11.1997, ZIP 1998, S. 22 f.
2 OLG Köln v. 21.12.2001, DB 2002, S. 1494.
3 BGH v. 8.12.1997, BB 1998, S. 445 f., 446.
4 OLG Brandenburg, GmbHR 1996, S. 538.

Die gegenteilige Auffassung[1] übersieht, dass mit der Verweigerung der Teilnahme ein fast vollständiger Ausschluss vom Prozess der verbandsinternen Willensbildung verbunden ist, welcher jenseits der Grenzen gesellschaftsvertraglicher Gestaltungsfreiheit liegt.[2] Darüber hinaus erweist sich ein vollständiger Ausschluss „konkurrierender" Anteilseigner auch als **unverhältnismäßig**. Vielmehr genügt es, den Betroffenen bei schwerwiegenden und offenkundigen Interessenkonflikten im Einzelfall von der Beratung zu konfligierenden Tagesordnungspunkten **durch Beschluss der übrigen Gesellschafter** auszuschließen. Insofern findet die Regelung hinsichtlich der Verweigerung des Auskunfts- und Einsichtsrechts der Gesellschafter (§ 51a Abs. 2 GmbHG; vgl. Rz. 746) entsprechende Anwendung. Ein solcher partieller Ausschluss kommt selbst dort in Betracht, wo eine entsprechende Satzungsregelung fehlt.[3]

663 Soweit sich ein Gesellschafter durch Bevollmächtigte vertreten lässt (§ 47 Abs. 3 GmbHG), steht selbstverständlich auch dem Vertreter ein Recht auf Teilnahme an der Gesellschafterversammlung zu. Dies gilt auch für gesetzliche Vertreter, beispielsweise die Eltern oder den Vormund Minderjähriger bzw. Pfleger sowie die Organwalter juristischer Personen und Gesellschaften. Allerdings besteht neben dem Vertreter **kein** Teilnahmerecht des Vertretenen. Dieser muss sich im Falle der rechtsgeschäftlichen Vertretung folglich entscheiden, ob er seine Interessen höchstpersönlich wahrnehmen oder sich vertreten lassen will. Darüber hinaus haben auch Verwalter eines fremden Vermögens, wie Insolvenzverwalter oder Testamentsvollstrecker, ein Teilnahmerecht[4] und zwar auch dann, wenn der Amtsverwalter einem Stimmverbot gem. § 47 Abs. 4 GmbHG unterliegt.[5]

664 Darüber hinaus bedarf die **Hinzuziehung von sachverständigen Beratern in der Gesellschafterversammlung** (Rechtsanwälten, Steuerberatern oder Wirtschaftsprüfern), soweit der Gesellschaftsvertrag keine Regelung trifft, im Einzelfall der **Zulassung durch Gesellschafterbeschluss**. Allerdings können die Gesellschafter aufgrund der gesellschaftlichen **Treuepflicht** ausnahmsweise verpflichtet sein, der Teilnahme eines Beraters dort zuzustimmen, wo die besondere Komplexität des vorgesehenen Entscheidungsgegenstandes oder die per-

---

[1] *B/H/Zöllner*, GmbHG § 48, Anm. 7.
[2] So bereits zutreffend: RG v. 5.5.1916, RGZ 88, S. 220 ff.; zustimmend: *Scholz/Karsten Schmidt*, GmbHG § 48, Anm. 18; *L/H*, GmbHG § 48, Anm. 3.
[3] *Scholz/Karsten Schmidt*, a. a. O.
[4] *Hübner/Hammes*, BB 2013, S. 2307; MüKoGmbHG/*Liebscher*, § 48 Rz. 27.
[5] BGH v. 13.5.2014, BGHZ 201, S. 216 Rz. 20, 24.

sönliche Situation eines Gesellschafters eine fachliche Beratung geboten erscheinen lässt.[1]

Im Gegensatz zu den Gesellschaftern kommt dem Geschäftsführer **kein** eigenständiges Teilnahmerecht an der Gesellschafterversammlung zu. Dies gilt selbst dort, wo die Gesellschaft eigene Anteile hält.[2] Demgegenüber ist der Geschäftsführer zur Teilnahme **verpflichtet**, wenn die Gesellschafter dies mehrheitlich von ihm verlangen. Andererseits kommt im Falle der mitbestimmten GmbH den **Mitgliedern des Aufsichtsrates** gem. § 25 Abs. 1 Nr. 2 MitbestG, § 1 Abs. 1 Nr. 3 DrittelbG, § 118 Abs. 2 AktG ein eigenständiges Teilnahmerecht zu.

665

Das GmbHG enthält **keine Regelungen** hinsichtlich der **Art und Weise der Durchführung der Gesellschafterversammlung.** Mangels einer einschlägigen Bestimmung des Gesellschaftsvertrags bestimmen somit die Gesellschafter unter Beachtung der vorgegebenen Tagesordnung (vgl. Rz. 651 ff.) selbst den Ablauf der Versammlung. Soweit der Gesellschaftsvertrag keine entsprechende Regelung enthält, obliegt dabei die Wahl der **Versammlungsleitung** der **Gesellschafterversammlung**. Hierfür genügt grundsätzlich die einfache Mehrheit der abgegebenen gültigen Stimmen. Erforderlich ist ein Versammlungsleiter jedoch nicht; seine Funktion wird vielmehr bei kleineren Gesellschaften regelmäßig entbehrlich sein.

666

Im Übrigen ist seitens des Gesetzes weder das Führen einer Anwesenheitsliste in der Gesellschafterversammlung noch eine Protokollierung der gefassten Beschlüsse vorgesehen, doch kann der Gesellschaftsvertrag eine dahin gehende Bestimmung treffen. Allerdings gehört es zur **pflichtgemäßen Wahrnehmung der Aufgaben eines Versammlungsleiters**, den Ablauf der Gesellschafterversammlung und die getroffenen Beschlüsse zur Sicherung der Beweislage ordnungsgemäß zu dokumentieren.[3] Eine Wirksamkeitsvoraussetzung hinsichtlich der gefassten Beschlüsse stellt das Protokoll jedoch nicht dar. Darüber hinaus kommt der förmlichen Feststellung des Beschlussergebnisses im Falle fehlerhafter, d. h. mit formalen und/oder materiellen Mängeln behafteter Gesellschafterbeschlüsse eine erhebliche Bedeutung zu: Erfolgt eine ausdrückliche **Beschlussfeststellung**, so kann der Mangel regelmäßig nur im Wege einer **gerichtlichen Anfechtungsklage** fristgebunden geltend gemacht werden (vgl. ausführlich Rz. 691 ff., insbesondere Rz. 701 ff.).

---

1 OLG Düsseldorf v. 14.5.1992, GmbHR 1992, S. 611 f.; vgl. ausführlich *Fingerhut/Schröder*, BB 1999, S. 1230 ff., BGH v. 27.4.2009, NJW 2009, S. 2300.
2 *L/H*, GmbHG § 48, Anm. 5.
3 *B/H/Zöllner*, GmbHG § 48, Anm. 22; MüKoGmbHG/*Liebscher*, § 48 Rz. 130.

Zwingende Formvorschriften bestehen lediglich bei satzungsändernden Beschlüssen (§ 53 Abs. 2 Satz 1 GmbHG) sowie bei Beschlussfassungen im Zusammenhang mit einer Umwandlung (§§ 13 Abs. 3 Satz 1, 125, 193 Abs. 3 Satz 1, 233 UmwG) oder dem Abschluss eines Unternehmensvertrags (Beherrschungs- oder Gewinnabführungsvertrag).[1] Hier bedarf es stets der notariellen Beurkundung. Fehlt es hieran, so ist der Beschluss in entsprechender Anwendung von § 241 Nr. 2 AktG nichtig. Jeder Gesellschafter hat – auch wenn er nicht an der Versammlung teilgenommen hat – entsprechend § 51a GmbHG einen einklagbaren Anspruch auf Auskunft über den Protokollinhalt sowie auf die Einsicht in das Protokoll. Gleiches gilt hinsichtlich des Anspruchs einer Kopie des Protokolls auf eigene Rechnung.[2]

667 Handelt es sich um eine **Einmann-GmbH**, so hat der Alleingesellschafter unverzüglich nach der „Beschlussfassung" eine Niederschrift aufzunehmen und diese zu unterschreiben (§ 48 Abs. 3 GmbHG). Dies gilt auch dort, wo neben der Beteiligung des Alleingesellschafters noch eigene Anteile der Gesellschaft (§ 33 GmbHG) bestehen. Allerdings handelt es sich auch hierbei nach zutreffender Auffassung **nicht** um ein materielles Wirksamkeitserfordernis.[3] Dennoch sollte der (Fremd-)Geschäftsführer im eigenen Interesse die Ausführung von Beschlüssen, welche geeignet sind, einen Schaden der GmbH herbeizuführen, von der vorherigen Erstellung einer Niederschrift seitens des Alleingesellschafters oder seines gesetzlichen Vertreters abhängig machen.[4] Jedoch kann sich die Gesellschaft gegenüber Dritten auf die Beschlussfassung nur berufen, wenn der Beschluss ordnungsgemäß dokumentiert ist.[5] Im Übrigen bleiben weitergehende Formerfordernisse (vgl. Rz. 651 ff.) von § 48 Abs. 3 GmbHG unberührt.

668–670 *(Einstweilen frei)*

6.4 Die Beschlussfassung

Literatur: *K. Schmidt*, Gesetzliche Formenstrenge bei GmbH-Beschlüssen? – Zur Deutung des § 48 GmbHG durch das BGH-Urteil vom 16.1.2006, NJW 2006, S. 2599 ff.; *Tettinger*, Gesellschaftsrechtliche Einberufungsfristen, Kündigungsfristen und der Anwen-

---

1 Vgl. BGH v. 24.10.1988, BGHZ 105, S. 324 ff.
2 Siehe zur AG. BGH v. 19.9.1994, ZIP 1994, S. 1597; MüKoGmbHG/*Liebscher*, § 48 Rz. 135.
3 *B/H/Zöllner*, GmbHG § 48, Anm. 48 f.
4 Vgl. *Keßler*, GmbHR 2000, S. 71 ff., 73.
5 OLG Köln v. 3.6.1993, BB 1993, S. 1388 ff., 1390; *L/H*, GmbHG § 48, Anm. 18; zurückhaltend: *B/H/Zöllner*, GmbHG § 48, Anm. 49.

dungsbereich des § 193 BGB – Verschiedene Blickwinkel auf vergleichbare Probleme?, GmbHR 2008, S. 346 ff.

Die Willensbildung in der Gesellschafterversammlung erfolgt im Wege der **Abstimmung durch Gesellschafterbeschluss**. Maßgeblich für den Inhalt des Beschlusses ist dabei der jeweilige **Beschlussantrag**. Dabei gilt es allerdings zu beachten, dass außerhalb einer Vollversammlung (vgl. oben Rz. 651 ff.) gem. § 51 Abs. 3 GmbHG nur solche Beschlussanträge in Betracht kommen, die innerhalb der Drei-Tages-Frist des § 51 Abs. 4 GmbHG ordnungsgemäß angekündigt wurden. Antragsberechtigt ist jeder in der Gesellschafterversammlung erschienene oder ordnungsgemäß vertretene Gesellschafter. Verspätet sich ein ordnungsgemäß geladener Gesellschafter, so ist es den Mitgesellschaftern zuzumuten, eine angemessene Zeit bis zur Durchführung der Abstimmung zu warten. Nutzen sie die Verspätung zu einem „Überrumpelungsbeschluss", so ist dieser anfechtbar.[1] Eine besondere Form der Abstimmung ist nicht vorgeschrieben, doch kann die Satzung entsprechende Regelungen treffen. Werden insofern die bindenden Vorgaben des Gesellschaftsvertrags missachtet, so ist der Beschluss regelmäßig anfechtbar. Im Übrigen genügt jede Form der Abstimmung, die eine eindeutige Ermittlung des Abstimmungsergebnisses zulässt.

671

Grundsätzlich bedarf eine Beschlussfassung **der einfachen Mehrheit der abgegebenen Stimmen**. Die Zahl der Ja-Stimmen muss folglich diejenige der Nein-Stimmen um mindestens eine Stimme übersteigen. Bei Stimmengleichheit ist der entsprechende Antrag abgelehnt. Stimmenthaltungen und ungültige Stimmen werden dabei nicht mitgerechnet.[2] Hiervon abweichend bedürfen bestimmte Beschlüsse einer „qualifizierten Dreiviertel-Mehrheit". Dies betrifft beispielsweise **Änderungen des Gesellschaftsvertrags** (§ 53 Abs. 2 Satz 1 GmbHG) einschließlich einer **Erhöhung des Stammkapitals** (§ 55 GmbHG) oder der **Schaffung eines Genehmigten Kapitals** (§ 55a GmbHG), der **Auflösungsbeschluss** (§ 60 Abs. 1 Nr. 2 GmbHG) sowie **Beschlussfassungen im Zusammenhang mit Umwandlungsvorgängen** (§§ 13 Abs. 1, 50 Abs. 1, 125 Abs. 1, 176 Abs. 1, 193 Abs. 1, 240 Abs. 1 Satz 1 UmwG). Allerdings kann die Auflösung der Gesellschaft im Gesellschaftsvertrag auch durch einfachen Mehrheitsbeschluss zugelassen werden (§ 60 Abs. 1 Nr. 2 GmbHG). Darüber hinaus kann auch die Satzung für bestimmte Abstimmungen oder allgemein qualifizierte Erfordernisse bis zur Einstimmigkeit aufstellen. Das Innenverhältnis der GmbH

672

---

1 OLG Hamm v. 3.11.1997, DB 1998, S. 250 f., 251.
2 BGH v. 25.1.1982, BGHZ 83, S. 35 ff., 36.

ist insofern in weitem Umfange der Gestaltung seitens der (Gründungs-)Gesellschafter zugänglich.

673 Der Umfang des Stimmrechts der Gesellschafter bestimmt sich grundsätzlich nach der **Höhe der Kapitalbeteiligung**. Jeder Euro eines Geschäftsanteils gewährt eine Stimme (§ 47 Abs. 2 GmbHG). Allerdings sind abweichende Gestaltungen im Gesellschaftsvertrag zulässig (§ 45 Abs. 2 GmbHG). So kann beispielsweise eine Abstimmung „**nach Köpfen**" oder auch Einstimmigkeit vorgesehen werden. Zudem ist es möglich, „**stimmrechtslose**" Geschäftsanteile zu schaffen oder umgekehrt einzelne Geschäftsanteile mit erhöhtem Stimmrecht (**Mehrfachstimmrecht**) auszustatten.[1] Zulässig ist es auch, einem Gesellschafter in bestimmten Angelegenheiten ein **Vetorecht** einzuräumen oder ihm einen **Stichentscheid** (casting vote) bei Stimmengleichheit zuzubilligen.[2] Die GmbH kennt als „personalistische Kapitalgesellschaft" – anders als die „Publikumsgesellschaft" AG – insofern **keinen zwingenden Gleichbehandlungsgrundsatz** zugunsten der Gesellschafter.[3] Soweit die Gesellschaft eigene Anteile besitzt (§ 33 GmbHG), kommt ihr diesbezüglich kein Stimmrecht zu.[4]

674 Auch dort, wo mit einem Geschäftsanteil mehrere Stimmen verbunden sind, kann der Gesellschafter sein Stimmrecht **nur einheitlich ausüben**.[5] Es ist somit nicht möglich, das Stimmrecht aufzusplitten und auf diese Weise unterschiedlich abzustimmen. Insofern handelt es sich bei den einem Gesellschafter zukommenden Stimmen um unselbständige Bestandteile eines **einheitlichen Mitgliedschaftsrechts**. Dies gilt grundsätzlich auch, wenn ein Gesellschafter mehrere Geschäftsanteile hält, sofern nicht sachliche Gründe, wie etwa bestehende **Stimmbindungsverträge** oder die **treuhänderische Innehabung** eines Geschäftsanteils, das abweichende Abstimmungsverhalten rechtfertigen.[6]

675 Im Übrigen ist das Stimmrecht notwendig mit dem Geschäftsanteil verbunden und darf von diesem **nicht abgespalten werden**. Wird der Gesellschaftsanteil – und sei es auch treuhänderisch – übertragen, so ist damit zwangsläufig ein **Übergang des Stimmrechts** verbunden. Es ist folglich unzulässig, einem **Nichtgesellschafter** das Stimmrecht in der Gesellschafterversammlung einzuräumen. Dies gilt auch hinsichtlich der dauerhaften Übertragung des Stimm-

---

1 Vgl. umfassend: *Scholz/Karsten Schmidt*, GmbHG § 47, Anm. 11 ff.
2 Vgl. *R/A/Roth*, GmbHG § 47, Anm. 24.
3 *R/A/Altmeppen*, GmbHG § 13, Anm. 60 ff.
4 BGH v. 30.1.1995, NJW 1995, S. 1027 ff., 1028.
5 BGH v. 17.9.1964, GmbHR 1965, S. 32; *B/H/Zöllner*, GmbHG § 47, Anm. 38.
6 Weitergehend: *R/A/Roth*, GmbHG § 47, Anm. 29; *Scholz/Karsten Schmidt*, GmbHG § 47, Anm. 63 ff.

rechts auf einen Mitgesellschafter oder den Geschäftsführer.[1] Insofern kommt lediglich eine **jederzeit frei widerrufliche Stimmrechtsvollmacht** in Betracht. Diese bedarf gem. § 47 Abs. 3 GmbHG der Textform (§ 126b BGB). Allerdings ist die Form dort entbehrlich, wo die Bevollmächtigung vor der Gesellschafterversammlung erteilt wurde[2] oder sonst allen Gesellschaftern bekannt ist und diese der Abstimmung durch den Vertreter nicht widersprechen. Fehlt es an einer formwirksamen Vollmacht, so kommt im Übrigen eine nachträgliche Genehmigung der Stimmabgabe durch den vollmachtlosen Vertreter seitens des Vertretenen (§ 177 Abs. 1 BGB) in Betracht.[3] Eine solche Genehmigung scheidet allerdings dort aus, wo die Stimmabgabe des Vertreters durch die Gesellschafterversammlung oder den Versammlungsleiter bei der Beschlussfassung aufgrund des Formmangels zurückgewiesen wurde.

Ist der Geschäftsanteil verpfändet, so bleibt hierdurch das Stimmrecht des Verpfänders – der ja nach wie vor die Gesellschafterstellung innehat – unberührt. Allerdings ist es für diesen Fall möglich, dem Pfandgläubiger eine **unwiderrufliche Vollmacht** zur Ausübung des Stimmrechts einzuräumen. Nach allgemeinen Grundsätzen ist diese dennoch bei Erlöschen der gesicherten Forderung oder sonst aus „**wichtigem Grund**" widerruflich. Im Übrigen ist die Wirkung der Vollmacht begrenzter und keineswegs „verdrängender" Natur: Beabsichtigt entgegen der getroffenen Absprache der Verpfänder die Ausübung seines Stimmrechts in der Gesellschafterversammlung, so kann ihn der Pfandgläubiger aufgrund der erteilten Vollmacht letztlich **nicht** daran hindern. Er bleibt vielmehr darauf angewiesen, seine Ansprüche gegenüber dem Verpfänder im Wege des (einstweiligen) Rechtschutzes durchzusetzen.[4]

676

Unabhängig vom Bestehen des „Abspaltungsverbots" können sich die Gesellschafter wirksam gegenüber Mitgesellschaftern oder Dritten – beispielsweise dem Pfandgläubiger – **verpflichten, ihr Stimmrecht in einer bestimmten Weise auszuüben** (vgl. bereits Rz. 281 ff.).[5] Allerdings sind entsprechende Vereinbarungen mit Nichtgesellschaftern dort unzulässig, wo sie die Verpflichtung des gebundenen Gesellschafters zur Mitwirkung bei der **Änderung der gesellschaftlichen Verbandsstruktur** beinhalten. Dies betrifft insbesondere **Satzungsänderungen**, die Verpflichtung zur **Konzernierung** oder zu **Umwand-**

677

---

1 BayObLG v. 21.11.1985, DB 1986, S. 421.
2 BGH v. 14.12.1967, BGHZ 49, S. 183 ff., 194.
3 BayObLG v. 8.12.1988, DB 1989, S. 374.
4 Vgl. umfassend: *Sieger/Hasselbach*, GmbHR 1999, S. 633 ff.
5 BGH v. 29.5.1967, BGHZ 48, S. 163 ff.

lungsmaßnahmen.[1] Im Übrigen kommt der vertraglichen Bindung des Gesellschafters gegenüber dem Dritten keine „dingliche" Wirkung zu. Die entgegen dem Stimmbindungsvertrag erfolgte Abstimmung ist folglich **grundsätzlich wirksam**. Der Vertragspartner bleibt insofern auf die Geltendmachung von vertraglichen Ersatzansprüchen (§ 280 BGB) verwiesen. Etwas anderes gilt nur ausnahmsweise dort, wo sich alle **Gesellschafter untereinander** zu einem bestimmten Abstimmungsverhalten verpflichtet haben.[2] Droht eine Verletzung des Stimmbindungsvertrags, so besteht seitens des Berechtigten zudem die Möglichkeit, seinen Anspruch auf ein bestimmtes Abstimmungsverhalten im Wege der „einstweiligen Verfügung" (§ 935 ZPO) durchzusetzen. Die Vollstreckung eines entsprechenden Verfügungsanspruchs erfolgt hierbei gem. § 894 ZPO.[3]

678 Handelt es sich bei dem Gesellschafter um eine juristische Person oder eine Personenhandelsgesellschaft (oHG, KG), so obliegt die Ausübung des Stimmrechts grundsätzlich den nach der Gesellschaftsverfassung **vertretungsberechtigten Organen**. Gleiches gilt auch hinsichtlich der GbR. Bei juristischen Personen des öffentlichen Rechts, insbesondere den kommunalen Gebietskörperschaften, bestimmt sich die Zuständigkeit für die Ausübung der Gesellschafterrechte nach den jeweils maßgebenden öffentlich-rechtlichen Vorgaben, im Regelfalle des Kommunalverfassungsrechts. Die Art und Weise der Ausübung innerhalb der Gesellschaft unterliegt demgegenüber alleine den Regelungen des Gesellschaftsrechts. Hinsichtlich der übrigen Rechtsgemeinschaften, wie Bruchteilsgemeinschaft (§§ 741 ff. BGB), Erbengemeinschaft (§§ 2032 ff. BGB) und ehelicher Gütergemeinschaft (§§ 1415 ff. BGB), findet demgegenüber die Regelung des § 18 Abs. 1 GmbHG Anwendung. Die Rechtsinhaber können ihr Stimmrecht folglich **nur einheitlich** ausüben. Allerdings kann der Gesellschaftsvertrag – und sollte dies zweckmäßigerweise tun – vorschreiben, dass die Rechtsausübung gegenüber der Gesellschaft bei mehrheitlicher Inhaberschaft des Geschäftsanteils nur durch **einen gemeinsamen Vertreter** erfolgen kann.[4]

679 Was die Ausübung ihres Stimmrechts betrifft, so sind die Gesellschafter grundsätzlich frei. Allerdings können sie sich **vertraglich verpflichten**, in einer gewissen Weise oder **nach bestimmten Vorgaben abzustimmen** (s. Rz. 677). Entsprechende Vereinbarungen sind nicht nur zwischen den Gesellschaftern,

---

1 *L/H*, GmbHG § 47, Anm. 5.
2 BGH v. 27.10.1986, NJW 1987, S. 1890; vgl. ausführlich Rz. 281 ff.
3 BGH v. 29.5.1967, BGHZ 48, S. 163 ff.
4 *B/H/Hueck/Fastrich*, GmbHG § 18, Anm. 5 f.

sondern auch mit gesellschaftsfremden Dritten möglich und zulässig.[1] Allerdings bleibt der schuldrechtlich gebundene Gesellschafter aufgrund seiner gesellschaftsrechtlichen „Treuepflicht" seinerseits stets verpflichtet, sorgfältig zu prüfen, ob und in welchem Umfange das vertraglich gebotene Abstimmungsverhalten dem objektivierten Interesse der Gesellschaft entspricht. Diesem kommt im Verhältnis zur getroffenen Abstimmungsvereinbarung im Einzelfall der Vorrang zu.[2] Stimmrechtsbindungen, die in das **strukturelle Gefüge der Gesellschaft** eingreifen und sich auf **Satzungsänderungen**, die **Konzernierung oder Umwandlungsvorgänge** beziehen, sind demgegenüber **in aller Regel unzulässig**.[3] Eine Ausnahme gilt insofern allenfalls im Rahmen von **Treuhandverhältnissen** zwischen Treuhänder und Treugeber. Zudem ist es nicht statthaft, die Stimmrechtsbindung zur Umgehung von Stimmrechtsverboten (vgl. § 47 Abs. 4 GmbHG) zu nutzen (zur Stimmrechtsbindung bei der Wahl des Geschäftsführers und zum einstweiligen Rechtsschutz vgl. ausführlich Rz. 281 ff.).

Auch im Übrigen vermag der Gesichtspunkt der **gesellschaftsrechtlichen Treuepflicht** dem grundsätzlich freien Abstimmungsverhalten der Gesellschafter Grenzen zu ziehen.[4] So ist insbesondere der Mehrheitsgesellschafter gehalten, bei der Ausübung seines Stimmrechts von der eigennützigen Verfolgung von Sondervorteilen zu Lasten der GmbH und der übrigen Gesellschafter ohne entsprechenden Nachteilsausgleich Abstand zu nehmen.[5] Dies folgt nicht zuletzt aus der entsprechenden Anwendung von § 243 Abs. 2 AktG. Gebietet das objektive Interesse der Gesellschaft eine strukturelle Anpassung an veränderte rechtliche oder tatsächliche Verhältnisse, so kann im Einzelfall der Gesellschafter verpflichtet sein, bei Vermeidung eines treuwidrigen Abstimmungsverhaltens einer Satzungsänderung, beispielsweise einer Kapitalerhöhung, zuzustimmen.[6] **Eine treuwidrig abgegebene Stimme ist unwirksam** und darf bei der Feststellung des Beschlussergebnisses nicht mitgezählt werden. Wurde sie dennoch bei der Beschlussfeststellung – soweit eine solche stattfindet – zugrunde gelegt, so bleibt nur die Möglichkeit einer **fristgerechten Anfechtung** (vgl. Rz. 701 ff.).

680

---

1 BGH v. 29.5.1967, BGHZ 48, S. 163 ff.; zurückhaltend: *Scholz/Karsten Schmidt*, GmbHG § 47, Anm. 34 ff., 39.
2 Vgl. OLG Köln v. 16.3.1988, GmbHR 1989, S. 76 ff., 78.
3 Vgl. *Scholz/Karsten Schmidt*, GmbHG § 47, Anm. 42.
4 Vgl. ausführlich *Scholz/Karsten Schmidt*, GmbHG § 47, Anm. 34 ff., 39; *B/H/Zöllner*, GmbHG § 47, Anm. 111.
5 BGH v. 5.6.1975, BGHZ 65, S. 15 ff.
6 BGH v. 25.9.1986, BGHZ 98, S. 276 ff., 278 ff.

681 Im Falle **bestimmter typisierter Interessenkollisionen** ist der Gesellschafter gem. § 47 Abs. 4 GmbHG vom Stimmrecht **ausgeschlossen**. Dies betrifft zunächst die Mitwirkung am **Entlastungsbeschluss** (vgl. Rz. 831 ff.) sowie bei der **Befreiung von einer Verbindlichkeit** (§ 47 Abs. 4 Satz 1 GmbHG). Dabei ist der Tatbestand der „Befreiung" nach Sinn und Zweck der Regelung weit zu fassen. So umfasst der Stimmrechtsausschluss auch die **Gewährung einer Stundung**[1] sowie die Befreiung des Gesellschafter-Geschäftsführers von dem ihn treffenden Wettbewerbsverbot (vgl. Rz. 486 ff.). Darüber hinaus erstreckt § 47 Abs. 4 Satz 2 GmbHG das Stimmverbot auch auf die **Einleitung eines Rechtsstreits** sowie die **Vornahme eines Rechtsgeschäfts** gegenüber dem betroffenen Gesellschafter.

Allerdings findet § 47 Abs. 4 GmbHG nicht auf sog. „**Sozialakte**" Anwendung. Hier kommt dem Interesse des Gesellschafters an der gleichberechtigten Teilhabe im Rahmen der innergesellschaftlichen Willensbildung der Vorrang zu. Kein Gesellschafter ist folglich gehindert, an seiner **Wahl zum Geschäftsführer** oder zum **Mitglied des Aufsichtsrates** mitzuwirken.[2] Dies gilt auch bei der Abstimmung hinsichtlich der **inhaltlichen Ausgestaltung des Anstellungsvertrags**[3] einschließlich aller **nachträglichen Änderungen**. Darüber hinaus bleibt der Gesellschafter-Geschäftsführer auch bei seiner **Abberufung** (vgl. Rz. 306 ff.) sowie der **Kündigung des Anstellungsvertrags** stimmberechtigt. Etwas anderes gilt nur für die **Abberufung aus „wichtigem Grund"** (vgl. Rz. 331 ff.)[4] sowie die hiermit korrespondierende **außerordentliche Kündigung des Anstellungsvertrags** (vgl. Rz. 536 ff.). Soweit die Übertragung von Gesellschaftsanteilen der Zustimmung der Gesellschafterversammlung bedarf (§ 15 Abs. 5 GmbHG), ist der Veräußerer auch insoweit **nicht** an der Ausübung seines Stimmrechts gehindert.[5] Im Übrigen findet § 47 Abs. 4 GmbHG aus naheliegenden Gründen **keine Anwendung auf die Einmann-GmbH**.

682 Soweit einem Gesellschafter gem. § 47 Abs. 4 GmbHG die Ausübung seines Stimmrechts versagt bleibt, werden sein **Teilnahme- sowie das Rede- und Antragsrecht in der Gesellschafterversammlung** hiervon **nicht** berührt. Er ist somit ohne Einschränkungen **zur Versammlung zu laden** (vgl. Rz. 651 ff.). Im Übrigen ist eine entgegen dem Verbot des § 47 Abs. 4 GmbHG abgegebene Stimme **grundsätzlich unwirksam** und darf nicht mitgezählt werden. Zudem führt

---

1 *L/H*, GmbHG § 47, Anm. 20.
2 BGH v. 9.12.1968, BGHZ 51, S. 209 ff., 215; vgl. Rz. 281 ff.
3 BGH v. 29.9.1955, BGHZ 18, S. 205 ff., 210; a. A.: *R/A/Roth*, GmbHG § 47, Anm. 57.
4 BGH v. 20.12.1982, BGHZ 86, S. 177 ff., 179.
5 BGH v. 29.5.1967, BGHZ 48, S. 163 ff., 166 f.

eine unzulässige Abstimmung ggf. zu einer Schadensersatzpflicht des verbotswidrig abstimmenden Gesellschafters (§ 280 BGB) gegenüber der GmbH.[1] Wurde das Beschlussergebnis seitens des Versammlungsleiters dennoch unter Berücksichtigung der gem. § 47 Abs. 4 GmbHG unwirksamen Stimme verbindlich festgestellt, so kann der durch die unwirksame Stimmabgabe fehlerhafte Beschluss **nur innerhalb der Anfechtungsfrist mittels Anfechtungsklage** angegriffen werden (vgl. Rz. 701 ff.).

(Einstweilen frei) 683–690

6.5 Fehlerhafte Gesellschafterbeschlüsse

6.5.1 Nichtige Gesellschafterbeschlüsse

Literatur: *Hüffer*, Beschlussmängel im Aktienrecht und im Recht der GmbH – eine Bestandsaufnahme unter Berücksichtigung der Beschlüsse von Leitungs- und Überwachungsorganen, ZGR 2001, S. 833 ff.; *Hoffmann/Köster*, Beschlussfeststellung und Anfechtungsklageerfordernis im GmbH-Recht, GmbHR 2003, S. 1327 ff.; *Abramenko*, Die Einberufung der Gesellschafterversammlung durch Unbefugte, GmbHR 2004, S. 723 ff.; *Leuering/Simon*, Anfechtungsklagen im GmbH-Recht, NJW-Spezial 2005, S. 555 ff.; *Fehrenbach*, Der fehlerhafte Gesellschafterbeschluss in der GmbH, Allgemeines Beschlussmängelrecht und analoge Anwendung des Aktienrechts, 2012.

Das GmbHG enthält keine eigenständige Regelung hinsichtlich der Bestandskraft fehlerhafter Gesellschafterbeschlüsse. Vielmehr besteht durchweg Einigkeit, dass insofern die Bestimmungen der §§ 241 ff. AktG über die **Nichtigkeit** und **Anfechtbarkeit** von Hauptversammlungsbeschlüssen unter Beachtung der rechtsformspezifischen Besonderheiten der GmbH entsprechend zur Anwendung gelangen.[2] Eine Nichtigkeit des Beschlusses kommt somit gem. § 241 AktG nur im Falle **besonders schwerwiegender Mängel** in Betracht. Liegen diese vor, so ist der gesellschaftliche Willensbildungsakt **von Anfang an unwirksam**, ohne dass es eines besonderen Gestaltungsaktes – also insbesondere der Anfechtung – seitens eines Gesellschafters bedarf (vgl. aber zur Unwirksamkeit „fehlerhafter", jedoch „nicht festgestellter" Beschlüsse Rz. 701 ff.). Dies gilt beispielsweise bei gravierender Verletzung von Verfahrensregelungen, wie im Falle einer fehlerhaften Einberufung der Gesellschafterversammlung (§ 241 Nr. 1 AktG – vgl. Rz. 651 ff.) durch einen Unbefugten[3] sowie bei fal-

691

---

1 *B/H/Zöllner*, GmbHG § 47, Anm. 109.
2 BGH v. 16.12.1953, BGHZ 11, S. 231 ff., 235; BGH v. 14.12.1961, BGHZ 36, S. 207 ff., 211; BGH v. 9.12.1968, BGHZ 51, S. 209 ff., 210.
3 BGH v. 7.2.1983, BGHZ 87, S. 1 ff., 2.

scher oder unvollständiger Angabe von Versammlungsort oder -zeit und/oder bei unvollständiger Ladung der Gesellschafter.[1]

Nichtig ist darüber hinaus der Beschluss hinsichtlich einer Satzungsänderung, soweit dieser nicht notariell beurkundet ist (§ 53 Abs. 2 Satz 1 GmbHG, § 241 Nr. 2 AktG). Dies gilt gleichermaßen für die Beschlussfassung hinsichtlich einer Verschmelzung (§ 13 UmwG), einer Spaltung (§§ 13, 125 UmwG) sowie eines Formwechsels (§ 233 UmwG) und des Abschlusses eines Unternehmensvertrags.[2] Demgegenüber führt das Unterbleiben der Niederschrift (§ 48 Abs. 3 GmbHG) bei der „Beschlussfassung" in der Einmann-GmbH nicht zur Unwirksamkeit des Beschlusses.

692 Sieht man hiervon ab, so kommt gem. § 241 Nr. 3 AktG eine Nichtigkeit des Willensbildungsaktes in Betracht, wenn der Beschluss mit dem Wesen der GmbH „nicht zu vereinbaren ist oder durch seinen Inhalt Vorschriften verletzt, die ausschließlich oder überwiegend zum Schutze der Gläubiger der Gesellschaft oder sonst im öffentlichen Interesse gegeben sind". Dies betrifft zunächst Eingriffe der Mehrheit in den **unentziehbaren Kernbestand der Mitgliedschaft eines Gesellschafters**, wie das **Teilnahme-, Rede- und Antragsrecht** in der Gesellschafterversammlung (s. auch Rz. 661 ff.),[3] aber auch das **Anfechtungsrecht** gegenüber fehlerhaften Gesellschafterbeschlüssen (vgl. Rz. 701 ff.). Hier gebietet der notwendige Schutz der Minderheit zwingend die Nichtigkeitssanktion.

Im Interesse eines funktionalen Gläubigerschutzes gilt Gleiches auch im Falle der **Verletzung von Bestimmungen bezüglich der Kapitalaufbringung und -erhaltung**. Die Sicherung des gesetzlichen Haftungsfonds steht insoweit im Mittelpunkt des normativen Gläubigerschutzes und bedarf eines umfassenden Bestandsschutzes gegenüber Gefährdungen seitens der Gesellschafter. Dies betrifft insbesondere den Schutzbereich der §§ 7, 9, 9b, 16, 19, 22, 24, 30, 31, 33, 43 Abs. 3, 43a, 56a, 57c GmbHG etc. Die Nichtigkeit erfasst zudem auch Beschlüsse, die entgegen § 253 HGB eine unzulässige Überbewertung des Vermögens oder eine Unterbewertung der Verbindlichkeiten vorsehen.[4] Darüber hinaus enthalten § 57j Satz 2 GmbHG und § 57n Abs. 2 Satz 4 GmbHG einen jeweils eigenständigen Nichtigkeitstatbestand. Letztlich liegen auch die Regelungen hinsichtlich der Unternehmensmitbestimmung zuvorderst im öffentlichen Interesse. Beschlüsse, welche das Mitwirkungsrecht der Arbeitnehmer-

---

1 *L/H*, GmbHG Anh. § 47, Anm. 12; *R/A/Roth*, GmbHG § 47, Anm. 102 f.
2 BGH v. 24.10.1988, BGHZ 105, S. 324 ff.; vgl. Rz. 661 ff.
3 *L/H*, GmbHG Anh. § 47, Anm. 18; *R/A/Roth*, GmbHG § 47, Anm. 87.
4 *L/H*, GmbHG Anh. § 47, Anm. 18.

vertreter entgegen der Intention des Gesetzgebers beschränken oder diese gegenüber den Repräsentanten der Anteilseigner im Aufsichtsrat diskriminieren, sind folglich unwirksam.[1]

Die Übertragung der aktienrechtlichen Nichtigkeitstatbestände betrifft auch die Sonderregeln bezüglich bestimmter Gesellschafterbeschlüsse. So richtet sich die **Nichtigkeit von Aufsichtsratswahlen** auch im Recht der GmbH nach Maßgabe der §§ 250 ff. AktG, soweit es sich um einen **obligatorischen Aufsichtsrat** aufgrund einer Mitbestimmungsregelung handelt (§ 1 Abs. 1 Nr. 3 DrittelbG; §§ 1 Abs. 1, 25 Abs. 1 Satz 1 Nr. 2 MitbestG). Demgegenüber kommt bei einem **fakultativen Aufsichtsrat** bzw. einem **Beirat** eine Anfechtung nur in Betracht, soweit es sich bei dem gewählten Organwalter nicht um eine unbeschränkt geschäftsfähige natürliche Person handelt.[2] Was die Nichtigkeit des Jahresabschlusses betrifft, so findet § 256 AktG – soweit es nicht die aktienspezifische Regelung des § 256 Abs. 2 AktG betrifft – entsprechende Anwendung. Allerdings führt die Verletzung der Bilanzierungsvorschriften nur dort zur Unwirksamkeit des Jahresabschlusses, wo der Verstoß **von einigem Gewicht** ist.[3]

693

Soweit es sich hinsichtlich des Gesellschafterbeschlusses um einen **eintragungspflichtigen Vorgang**, beispielsweise eine Satzungsänderung (vgl. § 54 GmbHG) handelt, kann die Nichtigkeit in entsprechender Anwendung von § 242 AktG durch Eintragung in das Handelsregister **geheilt** werden. Demgegenüber scheidet eine Heilung nicht eintragungsfähiger Beschlüsse aus. Allerdings darf das Registergericht die Eintragung als nichtig erkannter Beschlüsse nicht verfügen.[4] Kommt es dennoch zur Eintragung, so werden reine Formfehler, wie eine unterbliebene notarielle Beurkundung, kompensiert (vgl. § 242 Abs. 1 AktG). Sonstige Nichtigkeitsgründe führen entsprechend § 242 Abs. 2 AktG zur Heilung, wenn seit der Eintragung drei Jahre verstrichen sind, ohne dass eine Feststellungsklage hinsichtlich der Nichtigkeit des Gesellschafterbeschlusses oder eine Anfechtungsklage seitens eines Berechtigten rechtshängig gemacht wurde.[5]

694

Grundsätzlich ist die Nichtigkeit eines Gesellschafterbeschlusses **für jedermann verbindlich**. Folglich können sich auch Außenstehende ohne Beachtung besonderer Verfahrensvorschriften auf die Unwirksamkeit des Willensbil-

695

---

1 BGH v. 25.2.1982, BGHZ 83, S. 106 ff., 110.
2 *L/H*, GmbHG Anh. § 47, Anm. 22; *R/A/Roth*, GmbHG § 47, Anm. 108.
3 Vgl. ausführlich: *B/H/Schulze-Osterloh*, GmbHG § 42a, Anm. 24.
4 OLG Köln v. 17.7.1992, GmbHR 1993, S. 164.
5 BGH v. 23.3.1981, BGHZ 80, S. 212 ff., 216 f.

dungsaktes berufen. Allerdings wird unter den Beteiligten nicht selten Streit hinsichtlich der Bestandskraft des Beschlusses bestehen. Hierfür steht bei Vorliegen eines entsprechenden Rechtsschutzbedürfnisses die **allgemeine Feststellungsklage gem. § 256 Abs. 1 ZPO** zur Verfügung. Ein entsprechendes Feststellungsinteresse wird beispielsweise bei einem **stillen Gesellschafter** hinsichtlich der Bilanzfeststellung bestehen, sofern diesem ein gewinnabhängiger Vergütungsanspruch zukommt.[1]

Darüber hinaus kommt in entsprechender Anwendung von § 249 AktG die **Erhebung der speziellen Nichtigkeitsklage seitens eines Gesellschafters** in Betracht und zwar auch dort, wo dieser dem Beschluss selbst zugestimmt hat.[2] Der Nichtigkeitsklage kommt gem. § 248 AktG insoweit eine **erweiterte Rechtskraftwirkung** zu, als das der Klage stattgebende Urteil Geltung gegen die Gesellschaft, deren Organmitglieder sowie alle Gesellschafter beansprucht. Unabhängig von den Gesellschaftern ist auch der Geschäftsführer dort zur Erhebung der Nichtigkeitsklage befugt, wo ihn die Ausführung eines Gesellschafterbeschlusses gem. § 43 Abs. 3 GmbHG zum Schadensersatz verpflichten würde (zur erweiterten Klagebefugnis des Notgeschäftsführers vgl. Rz. 710).[3] Soweit die Gesellschaft über einen **mitbestimmten Aufsichtsrat** verfügt, sind auch dessen Mitglieder klagebefugt.[4] Dies gilt darüber hinaus nach zutreffender Auffassung auch bezüglich des **fakultativen Aufsichtsrats**.[5]

696–700 *(Einstweilen frei)*

6.5.2 Anfechtbare Gesellschafterbeschlüsse

Literatur: *Leuering/Simon*, Anfechtungsklagen im GmbH-Recht, NJW-Spezial 2005, S. 555 ff.; *Geißler*, Einstweiliger Rechtsschutz gegen die Registersperre bei eintragungspflichtigen Gesellschafterbeschlüssen, GmbHR 2008, S. 128 ff.; *Kaufmann*, Die Klagefrist bei Beschlussmängelstreitigkeiten im Recht der AG und GmbH, NZG 2015, S. 336 ff.

701 Wie die vorstehenden Ausführungen zeigen, stellt die „per se-Nichtigkeit" eines fehlerhaften Gesellschafterbeschlusses eher **die Ausnahme** als die Regel dar. Beschlussmängel, d. h. Verstöße gegen das Gesetz oder den Gesellschaftsvertrag begründen im Regelfall lediglich die **Anfechtbarkeit** des Beschlussaktes entsprechend der hier anwendbaren Bestimmung des § 243 Abs. 1 AktG. Die

---

1 *B/H/Zöllner*, GmbHG Anh. § 47, Anm. 71.
2 *B/H/Zöllner*, a. a. O., Anm. 69.
3 *L/H*, GmbHG Anh. § 47, Anm. 32; weitergehend: *B/H/Zöllner* GmbHG Anh. § 47, Anm. 69.
4 BGH v. 14.11.1983, BGHZ 89, S. 48 ff., 49 f.
5 *B/H/Zöllner*, GmbHG Anh. § 47, Anm. 69.

Nichtigkeit tritt folglich **erst mit der Rechtskraft des auf eine entsprechende Anfechtungsklage ergangenen Anfechtungsurteils** ein (vgl. § 241 Nr. 5 AktG). Dabei kommt der Entscheidung entsprechend § 248 Abs. 1 AktG eine erweiterte Rechtskraftwirkung zu (vgl. zur Nichtigkeitsklage Rz. 691 ff.). Angesichts der regelmäßig schwierigen Abgrenzung zwischen lediglich anfechtbaren und nichtigen Gesellschafterbeschlüssen ist es darüber hinaus durchweg zulässig, auch **einen nichtigen Beschluss mit der Anfechtungsklage anzugreifen.**

Allerdings ist nach zutreffender Auffassung eine Anfechtungsklage nur dort erforderlich, wo der Leiter der Gesellschafterversammlung **das Beschlussergebnis förmlich festgestellt** hat.[1] Zwar ist eine förmliche Beschlussfeststellung kein Wirksamkeitserfordernis bezüglich des Beschlusses, doch sind festgestellte Beschlüsse – soweit kein Nichtigkeitsgrund (vgl. Rz. 691 ff.) vorliegt – **zunächst wirksam** und können nur mittels Anfechtungsklage durch ein entsprechendes Gestaltungsurteil beseitigt werden.[2] Dies gilt – unabhängig von der Beschlussfeststellung – auch dort, wo die Gesellschafter bei Beendigung der Versammlung zunächst **übereinstimmend** von einem bestimmten Beschlussergebnis ausgehen.[3]

702

Fehlt es an einer förmlichen Beschlussfeststellung seitens des Versammlungsleiters und streiten die Gesellschafter bereits in der Versammlung über das Ergebnis oder die Wirksamkeit des Gesellschafterbeschlusses, so bedarf es zur Geltendmachung der Unwirksamkeit des Beschlussaktes grundsätzlich **keiner Anfechtungsklage**, auch wenn diese nach wie vor möglich bleibt. Die Unwirksamkeit kann vielmehr mit Hilfe der **allgemeinen Feststellungsklage (§ 256 ZPO)** geltend gemacht werden.[4]

703

Soweit nach förmlicher Beschlussfeststellung eine Anfechtungsklage erforderlich ist, kann diese mit einer **positiven Beschlussfeststellungsklage** gem. § 256 ZPO verbunden werden, um auf diese Weise den tatsächlichen Inhalt des gefassten Beschlusses in rechtlich verbindlicher Weise festzustellen.[5] Wie die Anfechtungsklage und die Nichtigkeitsklage (vgl. Rz. 691 ff.) wirkt deren – rechtskräftiges – Ergebnis in entsprechender Anwendung von § 248 Abs. 1 AktG für

704

---

1 OLG Hamburg v. 28.6.1991, DB 1991, S. 1871 f., 1872; BayObLG v. 1.7.1993, WM 1993, S. 1793 ff., 1795.
2 *L/H*, GmbHG Anh. § 47, Anm. 42.
3 OLG München v. 9.6.1989, DB 1990, S. 473.
4 *L/H*, GmbHG Anh. § 47, Anm. 42; OLG München v. 9.6.1989, a. a. O.; BGH v. 1.3.1999, GmbHR 1999, S. 477 ff., 478.
5 BGH v. 20.1.1986, BGHZ 97, S. 28 ff., 30.

und gegen alle Gesellschafter und Gesellschaftsorgane sowie deren Mitglieder.[1]

705 Tragender Grund für die Anfechtung eines Gesellschafterbeschlusses ist ein **Verstoß gegen gesetzliche Bestimmungen oder Regelungen des Gesellschaftsvertrags**. Dies gilt auch für „ungeschriebene" Grundsätze, wie die Missachtung der **gesellschaftsrechtlichen Treuepflicht** (vgl. Rz. 679 ff.) seitens der Gesellschafter[2] oder das verbandsrechtliche **Gleichbehandlungsgebot** (vgl. § 53a AktG). Wurde folglich die treuwidrige Stimmabgabe seitens des Versammlungsleiters bei der Feststellung des Beschlussergebnisses einbezogen, so begründet dies die Anfechtbarkeit des Beschlussaktes. Dies betrifft auch die Berücksichtigung der Stimme eines Gesellschafters, der gem. § 47 Abs. 4 GmbHG aufgrund einer **Interessenkollision** von der Stimmabgabe ausgeschlossen war (vgl. Rz. 681).

Anders verhält es sich nur für den Fall, dass die Gesellschaft darlegt und beweist, dass die Stimmabgabe des ausgeschlossenen Gesellschafters mit Sicherheit ohne Einfluss auf das Beschlussergebnis geblieben ist. Ein solcher Nachweis scheitert bereits dann, wenn nicht ausgeschlossen werden kann, dass die übrigen Gesellschafter bei unterbliebener Stimmabgabe seitens des Ausgeschlossenen abweichend abgestimmt hätten.[3]

Im Übrigen kommt eine Anfechtung auch im Lichte der Verletzung des Rederechts[4] sowie des Informationsrechts (§ 51a GmbHG) eines Gesellschafters in Betracht. Zwar ist die Ausübung des Informationsanspruchs – anders als bei der Aktiengesellschaft (vgl. § 131 AktG) – verfahrensrechtlich und materiell nicht an die Durchführung einer Gesellschafterversammlung gebunden, doch vermag eine nicht erteilte oder unzureichende Auskunft auch bei der GmbH die Anfechtbarkeit eines Gesellschafterbeschlusses zu begründen, sofern ein inhaltlicher Zusammenhang zwischen dem Beschlussthema und dem Auskunftsverlangen des Gesellschafters besteht. Es kommt somit entscheidend darauf an, ob bei objektiver Betrachtungsweise der Gesellschafter aller Voraussicht nach anders abgestimmt hätte, wenn ihm die begehrte Auskunft wahrheitsgemäß und vollständig erteilt worden wäre.[5] Dem entspricht – zu-

---

1 *L/H*, GmbHG Anh. § 47, Anm. 43.
2 OLG Hamburg v. 28.6.1991, DB 1991, S. 1871 f.
3 Vgl. *L/H*, GmbHG Anh. § 47, Anm. 50.
4 OLG Hamm v. 3.11.1997, DB 1998, S. 250 f., 251.
5 *R/A/Roth*, GmbHG § 47, Anm. 126; weitergehend: *L/H*, GmbHG Anh. § 47, Anm. 50 ff.: nur wenn die verweigerte Auskunft unter „keinem denkbaren Gesichtspunkt für den Beschluss hätte Bedeutung gewinnen können".

mindest im Ansatz – nunmehr auch die im Rahmen des UMAG vom 22.9.2005[1] eingeführte Bestimmung des § 243 Abs. 4 Satz 1 AktG, wenn diese bestimmt:

„Wegen unrichtiger, unvollständiger oder verweigerter Erteilung von Informationen kann nur angefochten werden, wenn ein objektiv urteilender Aktionär die Erteilung der Information als **wesentliche Voraussetzung** für die sachgerechte Wahrnehmung seiner Teilnahme- und Mitgliedschaftsrechte angesehen hätte."

Auch wenn die Regelung auf die – weitergehenden – Auskunftsbefugnisse der GmbH-Gesellschafter gem. § 51a GmbHG keine unmittelbare Anwendung findet, kann sie im Rahmen der Anfechtungsbefugnis doch zumindest näherungsweise herangezogen werden, wenn es auch zu beachten gilt, dass die personalistische Ausprägung der GmbH eine strengere Sanktionierung von Auskunftspflichtverletzungen nahe legt. 706

Eine Durchführung des **Auskunftserzwingungsverfahrens** gem. § 51b GmbHG (vgl. Rz. 751) ist vor Erhebung der Anfechtungsklage demgegenüber **nicht** erforderlich.[2]

Im Übrigen ist die Anfechtung eines rechtswidrigen Gesellschafterbeschlusses entsprechend § 244 AktG ausgeschlossen, wenn die Gesellschafter ihn im Wege einer fehlerfreien erneuten Beschlussfassung **bestätigen**. Erfolgt die Bestätigung während der Rechtshängigkeit des Anfechtungsprozesses, so bedarf es seitens des Klägers keiner erneuten Anfechtung. Vielmehr kann er den Bestätigungsbeschluss im Rahmen der rechtshängigen Klage ebenfalls zur Überprüfung stellen.[3] Allerdings muss ein entsprechendes Vorbringen noch innerhalb der Anfechtungsfrist (vgl. Rz. 711) zum Streitgegenstand erhoben werden.[4] 707

Die Anfechtung ist stets **mittels Anfechtungsklage gegen die Gesellschaft**, vertreten durch ihren Geschäftsführer, geltend zu machen (vgl. § 243 Abs. 1; § 246 Abs. 2 AktG). Zuständig ist grundsätzlich das Landgericht am Sitz der Gesellschaft (§ 246 Abs. 3 Satz 1 AktG). Eine Übertragung an ein **Schiedsgericht** – auch durch Satzungsregelung – schied nach der bisher h. M. aus.[5] Allerdings 708

---

1 BGBl 2005 I S. 2802.
2 *R/A/Roth*, GmbHG § 51a, Anm. 39.
3 *R/A/Roth*, GmbHG § 47, Anm. 135; *L/H*, GmbHG Anh. § 47, Anm. 58.
4 *L/H*, a. a. O.
5 BGH v. 29.3.1993, NJW 1996, S. 1753 ff., 1755 f.; a. A.: *Scholz/Karsten Schmidt*, GmbHG § 45, Anm. 150 ff.

hat der BGH[1] seine zunächst geäußerten Bedenken partiell selbst ausgeräumt und den Gesetzgeber diesbezüglich zur „Klarstellung" aufgefordert. Dies ist im Rahmen des *Schiedsverfahren-Neuregelungsgesetzes*[2] vom 22.12.1997 nicht geschehen. Vielmehr hat es der Gesetzgeber ausdrücklich der Kautelarjurisprudenz überlassen, hierfür geeignete Gestaltungsformen zu entwickeln. Entscheidend ist dabei, auch im Rahmen des Schiedsverfahrens die Rechtskrafterstreckung entsprechend §§ 248 Abs. 1, 249 Abs. 1 AktG auf alle Gesellschafter und Gesellschaftsorgane zu gewährleisten. Dies ist – wie jetzt auch der BGH anerkannt hat – möglich, soweit eine **angemessene Teilhabe aller Beteiligter** an der Bestellung der Schiedsrichter sowie am anschließenden Schiedsverfahren sichergestellt ist.[3]

709 Im Übrigen finden die Bestimmungen der §§ 245 f. AktG entsprechende Anwendung, sofern nicht die strukturellen Besonderheiten, insbesondere der personalistische Charakter der GmbH, Abweichungen gebieten. Die Anfechtungsbefugnis steht hierbei **jedem Gesellschafter** zu, dessen mitgliedschaftliche Stellung bereits im Zeitpunkt der Beschlussfassung bestand. Wurde der Geschäftsanteil erst nach Beschlussfassung, aber vor Klageerhebung im Wege der Abtretung (§§ 398, 413 BGB; § 15 Abs. 3 GmbHG) oder des Erbgangs (§ 1922 BGB) erworben, **so geht auch die Anfechtungsbefugnis vom Vorinhaber auf den Erwerber über.** Handelt es sich um eine Erbengemeinschaft, so kann die Anfechtungsklage nur durch einen gemeinsamen Vertreter erhoben werden,[4] der durch Mehrheitsbeschluss der Erben zu bestimmen ist.[5]

Demgegenüber kommt solchen Gesellschaftern, die ihren Anteil nach der Beschlussfassung im Wege einer **Kapitalerhöhung** erworben haben, nach zutreffender Auffassung keine Anfechtungsbefugnis zu.[6] Erfolgt die Abtretung des Geschäftsanteils nach erfolgter Klageerhebung, so bleibt der ursprüngliche Inhaber grundsätzlich weiterhin klagebefugt (vgl. § 265 Abs. 2 Satz 1 ZPO). Abweichend von den Vorgaben des Aktienrechts kommt es hinsichtlich der Anfechtungsbefugnis eines GmbH-Gesellschafters weder darauf an, dass dieser gegen den Beschluss Widerspruch erhoben hat (§ 245 Nr. 1 AktG), noch dass er

---

1 Vom 19.3.1996, BGHZ 132, S. 278 ff., 283 ff.
2 BGBl 1997 I S. 3224.
3 Vgl. ausführlich: *L/H*, GmbHG Anh. § 47, Anm. 77 ff; so jetzt auch BGH v. 6.4.2009, ZIP 2009, S. 1003 ff. = GmbHR 2009, S. 705 ff.
4 OLG Nürnberg v. 16.7.2014, ZIP 2014, S. 2081, 2083.
5 OLG Nürnberg v. 16.7.2014, ZIP 2014, S. 2081, 2083.
6 *L/H*, GmbHG Anh. § 47, Anm. 63; partiell weitergehend: *R/A/Roth*, GmbHG § 47, Anm. 138; *B/H/Zöllner*, GmbHG § 47, Anm. 138.

bei der Beschlussfassung zugegen war.[1] Hat er allerdings dem Beschluss zugestimmt, so ist seine Anfechtungsbefugnis wegen des mit der Anfechtung verbundenen widersprüchlichen Verhaltens (§ 242 BGB) regelmäßig ausgeschlossen.

Demgegenüber kommt dem **(Fremd-)Geschäftsführer** im Regelfall **keine Anfechtungsbefugnis** zu. Etwas anderes gilt nur dort, wo sich der Organwalter durch die Ausführung des Beschlusses strafbar oder schadensersatzpflichtig (vgl. § 43 Abs. 3 GmbHG) machen würde.[2] Darüber hinaus wird man dem **Notgeschäftsführer** (vgl. Rz. 351 f.) zur Erfüllung seiner Aufgaben im Konflikt zwischen widerstreitenden Gesellschaftergruppen ein erweitertes Anfechtungsrecht auch gegenüber sonstigen Gesellschafterbeschlüssen zubilligen müssen.[3] Für die Anfechtungsbefugnis sonstiger Organmitglieder – beispielsweise des (mitbestimmten) Aufsichtsrats – gelten die Ausführungen zur Nichtigkeitsklage entsprechend (vgl. Rz. 691 ff.). 710

Die Anfechtungsklage ist seitens des Berechtigten mit der ihm **zumutbaren Beschleunigung** anhängig zu machen.[4] Allerdings findet die strenge Monatsfrist des § 246 Abs. 1 AktG nur als „Orientierungsmuster" unter Berücksichtigung der hier zu beachtenden rechtsformspezifischen Besonderheiten Anwendung. Angesicht des personalistischen Gepräges der GmbH ist den Beteiligten Gelegenheit zu geben, **auftretende Konflikte einvernehmlich zu bereinigen**. Insoweit erweist sich die Vorgabe des § 246 Abs. 1 AktG (ein Monat nach der Beschlussfassung) bezüglich der GmbH nur als **Mindestfrist**, die auch durch die Satzung nicht verkürzt werden kann.[5] 711

Zeichnet sich von Anfang an ab, dass zwischen den Gesellschaftern eine Einigung nicht zu erzielen ist, so wird dem Anfechtungsberechtigten die Klageerhebung binnen Monatsfrist regelmäßig zuzumuten sein. Dies gilt grundsätzlich auch bei einer atypischen Ausgestaltung der Gesellschaft als „**Publikums-GmbH**" mit einer Vielzahl von Gesellschaftern. Andererseits können die Bemühungen um eine außergerichtliche Streitbeilegung sowie die Klärung komplizierter rechtlicher und tatsächlicher Fragen ggf. zu einer Verlängerung der An-

---

1 L/H/Bayer, Anh. § 47, Anm. 71; grundsätzlich zustimmend: B/H/Zöllner aber mit dem Hinweis, der Gesellschafter sei verpflichtet, die Anfechtung unverzüglich kundzutun.
2 R/A/Roth, GmbHG § 47, Anm. 139; B/H/Zöllner, GmbHG § 47, Anm. 140; a. A: nur die allgemeine Feststellungsklage gem. § 256 ZPO MüKoGmbHG/Wertenbruch, Anh. § 47 Rz. 261.
3 Vgl. H. P. Westermann, FS Kropff, 1997, S. 682 ff., 686 ff.
4 BGH v. 1.6.1987, BGHZ 101, S. 113 ff., 117; BGH v. 12.10.1992, NJW 1993, S. 129 f.
5 BGH v. 21.3.1988, BGHZ 104, S. 66 ff., 73.

6. Einberufung und Durchführung der Gesellschafterversammlung

fechtungsfrist führen. Soweit die Satzung keine abweichende Regelung enthält, **darf hierbei jedoch eine Frist von drei Monaten nicht überschritten werden.**[1] Dabei beginnt die Frist grundsätzlich **mit Kenntnis des Anfechtungsberechtigten von der Beschlussfassung.** Soweit der Beschluss nach dem Gesellschaftsvertrag der Protokollierung bedarf, beginnt der Lauf der Frist mit der **Aushändigung der Protokollabschrift** oder – bei Übersendung – spätestens mit dem Zugang der Kopie.[2] Dabei ist die Einhaltung der Anfechtungsfrist durch das Gericht stets von Amt wegen zu prüfen.[3]

712–730 *(Einstweilen frei)*

---

[1] OLG Düsseldorf v. 11.3.1982, GmbHR 1983, S. 124; *L/H*, GmbHG Anh. § 47, Anm. 59.
[2] BGH v. 15.6.1998, DB 1998, S. 1708 f., 1709.
[3] BGH v. 15.6.1998, a. a. O.

7. Das Auskunftsrecht der Gesellschafter

7.1 Voraussetzungen und Ausübung des Auskunftsrechts

Literatur: *v. Bitter*, Das Informationsrecht des GmbH-Gesellschafters in §§ 51a, 51b GmbHG, ZIP 1981, S. 825 ff.; *Grunewald*, Einsichts- und Auskunftsrecht des GmbH-Gesellschafters nach neuem Recht, ZHR 146 (1982), S. 211 ff.; *Lutter*, Zum Informationsrecht des Gesellschafters nach neuem GmbH-Recht, ZGR 1982, S. 1 ff.; *Uhlenbruck*, Die Auskunfts- und Mitwirkungspflichten des GmbH-Geschäftsführers im Insolvenzverfahren, GmbHR 2002, S. 941 ff.; *B. Schneider*, Informationsrechte von GmbH-Gesellschaftern – Inhalt und Grenzen, GmbHR 2008, S. 638 ff.; *Fleischer*, Zur ergänzenden Anwendung des Aktienrechts auf die GmbH, GmbHR 2008, S. 673 ff.; *Schmiegel*, Informationspflichten der Geschäftsführung bei Strukturmaßnahmen in Kapitalgesellschaften, 2011; *Lieder*; Auskunftsrecht und Auskunftserzwingung, NZG 2014, S. 601 ff. Werner, Der Informationsanspruch des ausgeschiedenen Gesellschafter, GmbHR 2016, S. 852.

Den **Gesellschaftern** steht in den „**Angelegenheiten der Gesellschaft**" gem. § 51a GmbHG ein **umfassendes und unbeschränktes Auskunfts- und Einsichtsrecht** zu. Dieses ist durchgängig als „**Individualrecht**" des einzelnen Gesellschafters ausgestaltet. Seine Geltendmachung ist damit im Gegensatz zur Rechtslage bei der Aktiengesellschaft (vgl. § 131 AktG) **nicht** mit der Durchführung der Gesellschafterversammlung verknüpft. Es kann folglich sowohl **innerhalb als auch außerhalb der Gesellschafterversammlung** ausgeübt werden. Das GmbHG trägt insofern dem personalistischen, d. h. mitunternehmerischen Charakter der Gesellschaftsform Rechnung.

731

Das Informationsrecht tritt selbständig und unabhängig neben die ohnedies bestehende „kollektive" Auskunfts- und Berichtspflicht des Geschäftsführers gegenüber den Gesellschaftern und der Gesellschafterversammlung (§ 46 Abs. 1 Nr. 6 GmbHG). Dabei handelt es sich durchgängig **um zwingendes Recht**. Der Anspruch kann somit weder durch Gesellschafterbeschlüsse noch durch den Gesellschaftsvertrag beschränkt oder erschwert werden (§ 51a Abs. 3 GmbHG). Es ist somit unzulässig, die Ausübung des Informationsrechts an einen vorherigen Gesellschafterbeschluss zu binden.[1]

Allerdings kann die Satzung die Art und Weise der Rechtsausübung zur Aufrechterhaltung eines ordnungsgemäßen Geschäftsganges näher bestimmen, sofern hiermit **keine materielle Erschwerung** der Rechtsdurchsetzung für den Gesellschafter verbunden ist. So ist es beispielsweise zulässig, für Auskunfts-

---

1 OLG Köln v. 18.2.1986, WM 1986, S. 761 ff., 763.

verlangen außerhalb der Gesellschafterversammlung (!) die Schriftform vorzusehen.[1] Andererseits ist es mit Sinn und Zweck des Informationsrechts nicht vereinbar, das Auskunftsverlangen an die Einhaltung bestimmter Fristen zu knüpfen[2] oder zeitlich bzw. in der Häufigkeit zu beschränken.[3]

Demgegenüber kann der Gesellschaftsvertrag jederzeit Erweiterungen des Informationsrechts zugunsten des Gesellschafters vorsehen. Insgesamt handelt es sich hinsichtlich des Auskunfts- und Einsichtsrechts um eine wesentliche Funktionsbedingung **des Minderheitenschutzes** im Binnengefüge der GmbH.[4] Im Übrigen besteht der Informationsanspruch auch nach Eröffnung des Insolvenzverfahrens weiter. Allerdings wird die Gesellschaft im Rahmen der Ausübung des Auskunfts- und Einsichtsrechts von diesem Zeitpunkt ab notwendig durch den **Insolvenzverwalter** vertreten (§ 80 Abs. 1 InsO). Dabei kann das Interesse an der ordnungsmäßigen Durchführung des Insolvenzverfahrens eine Einschränkung des Informationsanspruchs zur Folge haben. Erforderlich ist somit die Darlegung und Glaubhaftmachung eines konkreten Informationsbedürfnisses des Gesellschafters.[5] Eine umfassende Auskunft hinsichtlich der gesamten Tätigkeit des Insolvenzverwalters kann insofern nicht verlangt werden.

732 Der Auskunftsanspruch erstreckt sich auf **alle Angelegenheiten der Gesellschaft** einschließlich der **Beziehungen zu verbundenen Unternehmen** (§§ 15 ff. AktG) und sonstigen (Minderheits-)Beteiligungen sowie Geschäftspartnern und Behörden.[6] Da der Gesetzgeber das Informationsrecht unabhängig von den Befugnissen der Anteilseigner in der Gesellschafterversammlung ausgestaltet hat, ist es gleichgültig, ob und in welchem Umfang die begehrte Auskunft zur sachgerechten Beurteilung eines Beschlussgegenstandes erforderlich ist. Der Gesellschafter ist folglich **nicht verpflichtet**, ein besonderes Informationsbedürfnis darzulegen.[7] Somit besteht der Anspruch auch dort, wo der Gesellschafter im Übrigen von der Ausübung des Stimmrechts ausgeschlossen ist.

---

1 *L/H/Lutter/Bayer*, GmbHG § 51a, Anm. 33; *B/H/Zöllner*, GmbHG § 51a, Anm. 3.
2 *B/H/Zöllner*, GmbHG § 51a, Anm. 3.
3 BayObLG v. 27.10.1988, WM 1988, S. 1789 ff., 1791.
4 *B/H/Zöllner*, GmbHG § 51a, Anm. 3.
5 OLG Hamm v. 25.10.2001, DB 2002, S. 363 ff.
6 *B/H/Zöllner*, GmbHG § 51a, Anm. 10 ff.
7 *L/H/Lutter/Bayer*, GmbHG § 51a, Anm. 2; *R/A/Roth*, GmbHG § 51a, Anm. 6; a.A.: *Scholz/Karsten Schmidt*, GmbHG § 51a, Anm. 7 ff.; *B/H/Zöllner*, GmbHG § 51a, Anm. 27 ff.

Der **Auskunftsanspruch** erfasst somit die gesamte gegenwärtige, vergangene und zukünftige, d. h. in der Planung befindliche Geschäftspolitik der Gesellschaft, einschließlich aller Dokumentationen und Planungsunterlagen. Dies gilt auch hinsichtlich der einzelnen Kostenstellen, **einschließlich des Gehalts und der sonstigen Vergütungen eines jeden Geschäftsführers**.[1] Dem stehen datenschutzrechtliche Bedenken nicht entgegen.[2] Bei der GmbH & Co. KG erfasst der Auskunftsanspruch des Gesellschafters der Komplementär-GmbH auch alle Angelegenheiten der KG.[3]

733

Neben den Auskunftsanspruch tritt das **Einsichtsrecht** des Gesellschafters in alle Bücher und Schriften der GmbH in den Geschäftsräumen der Gesellschaft. Dieses erfasst selbstverständlich auch die Datenverarbeitung. Der Bestimmung des § 51a GmbHG stehen dabei die Vorschriften der DS-GVO und des BDSG nicht entgegen, da die Übermittlung personenbezogener Daten durch § 51a GmbHG ausdrücklich erlaubt wird und folglich gem. § 4 Abs. 1 BDSG, Art. 6 Abs. 1 Buchst. c DS-GVO zulässig ist. Allerdings kann die Gesellschaft aus Gründen der Datensicherheit die Bedienung der EDV-Anlage ihrem sachverständigen Personal vorbehalten. Dem Einsichtsrecht unterfallen dabei **auch die Protokolle des Aufsichtsrats** in der mitbestimmten GmbH.[4] Im Übrigen bleibt es dem Gesellschafter überlassen, in welcher Reihenfolge er von beiden Rechten Gebrauch macht. Das Einsichtsrecht ist folglich nicht nachrangiger Natur. Dabei ist es dem Gesellschafter gestattet, Abschriften und Notizen vorzunehmen und sich auf eigene Kosten Ablichtungen zu fertigen.[5] Eine Übersendung von Kopien kann er demgegenüber nicht verlangen.

734

Das Auskunfts- und Einsichtsrecht steht grundsätzlich nur einem Gesellschafter, nicht jedoch dem Pfandgläubiger oder dem Nießbraucher zu. Entscheidend ist insofern die Rechtslage gem. § 16 Abs. 1 GmbHG. Auch während des Einziehungsverfahrens (§ 34 GmbHG) besteht das Auskunftsrecht bis zu dessen endgültigem Abschluss fort.[6] Demgegenüber stehen dem **ausgeschiedenen Gesellschafter** die Ansprüche gem. § 51a GmbHG **nicht** zu.[7] Allerdings ergibt sich insofern ein **allgemeines Einsichtsrecht gem. § 810 BGB**, soweit die hierdurch zugänglichen Informationen erforderlich sind, Forderungen aus der beendeten

735

---

1 OLG Köln v. 26.4.1985, WM 1986, S. 36 ff., 39.
2 So im Ergebnis *L/H/Lutter/Bayer*, GmbHG § 51a, Anm. 9.
3 BGH v. 11.7.1988, WM 1988, S. 1447 ff.; OLG Karlsruhe v. 8.5.1998, DB 1998, S. 1320 f.
4 BGH v. 6.3.1997, BGHZ 135, S. 48 ff., 56 f.
5 OLG Köln v. 26.4.1985, WM 1986, S. 36 ff., 38.
6 OLG München v. 21.12.2005, ZIP 2006, S. 1349; *Scholz/Karsten Schmidt*, GmbHG § 51a, Anm. 13.
7 BGH v. 11.7.1988, DB 1988, S. 2090 f.

mitgliedschaftlichen Bindung gegenüber der Gesellschaft geltend zu machen.[1] Dieser Anspruch kann jedoch nicht im Auskunftserzwingungsverfahren (§ 51b GmbHG) geltend gemacht werden (vgl. Rz. 751). Andererseits kann der neu eintretende Gesellschafter auch solche Informationsrechte geltend machen, die sich auf den Zeitraum vor seinem Beitritt beziehen.[2] Im Übrigen ist es dem Gesellschafter gestattet, Sachverständige Dritte (Rechtsanwälte, Steuerberater, Wirtschaftsprüfer) bei der Ausübung seiner Rechte hinzuzuziehen, soweit diese ihrerseits aufgrund ihrer beruflichen Stellung zur Verschwiegenheit verpflichtet sind.[3] Sieht man hiervon ab, so kommt dem Insolvenzverwalter oder dem Testamentsvollstrecker eines GmbH-Gesellschafters ein eigenständiges und durch die Satzung nicht beschränkbares Auskunftsrecht zu.[4]

736 Verpflichteter hinsichtlich des Auskunfts- und Einsichtsrechts ist **stets die Gesellschaft**. Dabei ist die Auskunft durch den zum Zeitpunkt der Geltendmachung **amtierenden Geschäftsführer** zu erteilen. Ein Anspruch gegenüber ausgeschiedenen Organwaltern besteht nicht.[5] Eine unmittelbare Befragung von Mitarbeitern der Gesellschaft durch den anspruchsberechtigten Gesellschafter ist ohne Zustimmung des Geschäftsführers grundsätzlich unzulässig. Ebenso wenig bestehen eigenständige Auskunftsansprüche gegenüber den Organen verbundener Unternehmen oder der KG im Rahmen der GmbH & Co. KG.[6] Auch in diesen Fällen bleibt Adressat des Auskunftsanspruchs stets die eigene Gesellschaft.

737 Sieht man hiervon ab, so ist die Auskunft seitens des Geschäftsführers grundsätzlich unverzüglich zu erteilen. Erforderlich ist lediglich ein **hinreichend konkretisierter Antrag** des auskunftsersuchenden Gesellschafters. Dieser kann jederzeit **innerhalb und außerhalb der Gesellschafterversammlung** gestellt werden. Dabei dürfen die Anforderungen an die Präzision des Auskunftsanspruchs nicht zu hoch angesetzt werden. Soweit es um die Einsicht in geschäftliche Unterlagen geht, hat die Gesellschaft dem Anteilseigner während der gewöhnlichen Geschäftszeiten **Zugang zu den Geschäftsräumen zu gewähren** und ihm **ggf. einen Arbeitsplatz zur Verfügung zu stellen**. Die erteilte Auskunft hat den Grundsätzen einer gewissenhaften und getreuen Rechenschaft zu entsprechen (vgl. § 131 Abs. 2 AktG). Wurde seitens des Geschäftsführers schuld-

---

1 BGH v. 11.7.1988, a. a. O.
2 *Scholz/Karsten Schmidt*, GmbHG § 51a, Anm. 13.
3 *Scholz/Karsten Schmidt*, GmbHG § 51a, Anm. 15.
4 BGH v. 6.3.1997, BGHZ 135, S. 48, 51 = NJW 1997, S. 1885, 1986.
5 *B/H/Zöllner*, GmbHG § 51a, Anm. 9.
6 *Scholz/Karsten Schmidt*, GmbHG § 51a, Anm. 17.

haft eine Falschauskunft erteilt, so machen sich die Gesellschaft und deren Geschäftsführer gegenüber dem Auskunftsempfänger schadensersatzpflichtig. § 51a GmbHG ist insofern Schutzgesetz i.S.d. § 823 Abs. 2 BGB.[1] Der Geschäftsführer ist seinerseits der Gesellschaft zum Ersatz verpflichtet (§ 43 GmbHG). Die Anfechtbarkeit eines auf der Falschauskunft beruhenden Gesellschafterbeschlusses bleibt hiervon unberührt (vgl. Rz. 691 ff. sowie Rz. 751).

Sieht man von den Auskunfts- und Einsichtsrechten des § 51a GmbHG ab, so ermöglicht die im Rahmen der Aktienrechtsnovelle neu gefasste Bestimmung des § 52 Abs. 1 GmbHG i.V.m. § 394 Abs. 1 Satz 1 AktG für Aufsichtsratsmitglieder, die von einer Gebietskörperschaft in den Aufsichtsrat einer GmbH gewählt oder entsandt worden sind, die Begründung einer umfassenden Berichtspflicht gegenüber der Gebietskörperschaft. Die Berichtspflicht kann durch das Kommunalrecht, den Gesellschaftsvertrag oder durch Rechtsgeschäft, beispielsweise einer Verpflichtungserklärung seitens der Aufsichtsratsmitglieder, begründet werden. Dies gilt nicht für vertrauliche Angaben und Geheimnisse der Gesellschaft, wenn ihre Kenntnis für die Gebietskörperschaft nicht von Bedeutung ist (§ 394 Satz 2 AktG).

738

Personen, die damit betraut sind, Beteiligungen einer Gebietskörperschaft zu verwalten oder für eine Gebietskörperschaft die Gesellschaft, die Betätigung der Gebietskörperschaft als Gesellschafter oder die Tätigkeit der auf Veranlassung der Gebietskörperschaft gewählten oder entsandten Aufsichtsratsmitglieder zu prüfen, haben über vertrauliche Angaben und Geheimnisse der Gesellschaft, namentlich Betriebs- oder Geschäftsgeheimnisse, Stillschweigen zu bewahren; dies gilt nicht für Mitteilungen im dienstlichen Verkehr. Die Regelung dürfte insbesondere für die Vielzahl kommunaler Gesellschaften Bedeutung erlangen.

(Einstweilen frei) 739–745

7.2 Die Auskunftsverweigerung

Die verlangte Auskunft und Einsicht darf seitens der Gesellschaft **nur aus den Gründen des § 51a Abs. 2 GmbHG verweigert werden**. Dies setzt zunächst in subjektiver Sicht die Gefahr voraus, dass der Gesellschafter die erlangten Informationen zu „gesellschaftsfremden Zwecken" verwendet und hierdurch objektiv die Gefahr eines nicht unerheblichen Nachteils für die Gesellschaft begründet wird.

746

---

1 *R/A/Roth*, GmbHG § 51a, Anm. 37; *Scholz/Uwe H. Schneider*, § 43, Anm. 301; a. A.: *L/H/Lutter/ Bayer*, GmbHG § 51a, Anm. 37, keine Schadensersatzpflicht des Geschäftsführers.

7. Das Auskunftsrecht der Gesellschafter

Aus dem subjektiven Erfordernis des Tatbestandes folgt zwangsläufig die **Verschwiegenheitspflicht des Gesellschafters** bezüglich der im Wege des Informationsanspruchs erlangten vertraulichen Angaben der Gesellschaft. Die Geheimhaltungspflicht erweist sich insofern als das notwendige Korrelat des Auskunftsrechts. Auskunft und Einsicht sind folglich insofern zu versagen, wenn bei objektiver Betrachtungsweise ernsthaft begründete Zweifel an der Verschwiegenheit des Informationsempfängers bestehen.[1] Die Beweislast hierfür liegt ausschließlich bei der Gesellschaft;[2] allerdings reicht regelmäßig eine gewisse Wahrscheinlichkeit der Pflichtverletzung und des Schadenseintritts aus, sofern hierfür konkrete Anhaltspunkte vorliegen.

Im Übrigen genügt es, wenn die mögliche Verletzung der Verschwiegenheitspflicht einen wie immer gearteten wirtschaftlichen Nachteil für die Gesellschaft begründet. Dazu genügt auch die begründete Gefahr einer nicht unerheblichen Rufschädigung durch das Bekanntwerden gesellschaftlicher Interna. Sieht man hiervon ab, so ist die Sorge um eine Verletzung der berechtigten Interessen der Gesellschaft vor allem dort begründet, wo der Auskunft suchende Gesellschafter konkurrierende wirtschaftliche Interessen verfolgt oder bereits in der Vergangenheit seine Verschwiegenheitspflicht verletzt hat.[3] Allerdings ist die Verbindung eines Gesellschafters zu einem Konkurrenzunternehmen kein hinreichender Anlass, diesem jegliches Informationsrecht, z.B. die Einsicht in die Jahresabschlüsse der Gesellschaft zu verweigern.[4]

Insbesondere bei konkurrierenden unternehmerischen Interessen wird eine Lösung des Auskunftskonflikts häufig darin bestehen, dass der Gesellschafter einen durch Berufs- oder Standesrecht zur Verschwiegenheit verpflichteten Sachverständigen seines Vertrauens benennt, dem an seiner Stelle Auskunft zu erteilen oder Einsicht zu gewähren ist.[5] Kommt keine Einigung zustande, so ist der „Informationsmittler" durch das Gericht zu bestimmen. Dieser ist lediglich befugt, die aus den Informationen fließenden (wirtschaftlichen) Beurteilungen an den beauftragenden Gesellschafter weiterzuleiten, nicht jedoch die der Wertung zugrunde liegenden Tatsachen.

Im Übrigen bedarf die Auskunftsverweigerung stets **eines für den Geschäftsführer bindenden Beschlusses der Gesellschafterversammlung** (§ 51a Abs. 2

---

1 *R/A/Roth*, GmbHG § 51a, Anm. 24.
2 OLG Düsseldorf v. 2.3.1990, ZIP 1990, S. 1346 ff.
3 Vgl. ausführlich *Scholz/Karsten Schmidt*, GmbHG § 51a, Anm. 41.
4 OLG München v. 11.12.2007, DB 2008, S. 115 f.
5 OLG München v. 11.12.2007, DB 2008, S. 115 f.; OLG Frankfurt/M. v. 10.8.1995, WM 1995, S. 1719 ff.; vgl. auch *L/H*, GmbHG § 51a, Anm. 21.

Satz 2 GmbHG). Dabei kommt in entsprechender Anwendung von § 47 Abs. 4 GmbHG dem betroffenen Gesellschafter selbst **kein Stimmrecht** zu. Der Verweigerungsbeschluss ist gegenüber dem Gesellschafter **sachlich zu begründen**, so dass dieser seinerseits in der Lage ist, zu überprüfen, ob und mit welcher Erfolgsaussicht er vom Auskunftserzwingungsverfahren des § 51b GmbHG Gebrauch machen kann.[1]

(Einstweilen frei) 747–750

7.3 Das Auskunftserzwingungsverfahren

Zur Durchsetzung seines Auskunfts- und Einsichtsrechts steht dem betroffenen Gesellschafter das **Auskunftserzwingungsverfahren** gem. § 51b GmbHG, § 131 Abs. 1, 3 bis 5 AktG zur Verfügung. Eine Leistungsklage auf Auskunftserteilung kommt daneben nicht in Betracht. Zuständig ist ausschließlich das Landgericht am Sitz der Gesellschaft (§ 132 Abs. 1 AktG) und zwar die Kammer für Handelssachen (§ 95 Abs. 2 Nr. 2 i.V. m. § 71 Abs. 2 Nr. 4 Buchst. b GVG), doch kann die Entscheidung im Gesellschaftsvertrag einem **Schiedsgericht** übertragen werden.[2]

751

Antragsberechtigt ist **jeder Gesellschafter**, dem die verlangte Auskunft gem. § 51a GmbHG nicht innerhalb eines angemessenen Zeitraums erteilt wurde. Die Gesellschafterstellung des Antragstellers bestimmt sich in Zweifelsfällen nach § 16 GmbHG. Der Antrag ist gegen die GmbH zu richten. Diese wird im Verfahren durch ihren Geschäftsführer nach Eröffnung des Insolvenzverfahrens durch den Insolvenzverwalter vertreten. Im Übrigen richtet sich das Verfahren nach dem Gesetz über das Verfahren in Familiensachen und in Angelegenheiten der freiwilligen Gerichtsbarkeit. Das Gericht hat folglich – anders als im Zivilprozess – den Sachverhalt von Amts wegen zu ermitteln (§ 26 FamFG). Verbleibende Zweifel gehen dabei zu Lasten der Gesellschaft. Im Übrigen prüft das Gericht nur, ob die Auskunft bzw. Einsicht zu Unrecht verweigert wurde, nicht jedoch, ob die erteilte Auskunft richtig ist. Allerdings bleibt es dem Gesellschafter unbenommen, den auf einer falschen oder unrichtigen Auskunft fußenden Gesellschafterbeschluss mit der **Anfechtungsklage** anzugreifen oder seine Unwirksamkeit mit der Feststellungsklage zu konkretisieren (zu dieser Differenzierung vgl. Rz. 691 ff.). Eine vorherige Durchführung des Auskunftserzwingungsverfahrens ist diesbezüglich nicht erforderlich.

(Einstweilen frei) 752–760

---

[1] So zutreffend: *R/A/Roth*, GmbHG § 51a, Anm. 31; a. A.: *L/H/Lutter/Bayer*, GmbHG § 51a, Anm. 30; *B/H/Zöllner*, GmbHG § 51a, Anm. 38; *Scholz/K.Schmidt*, GmbHG § 51a, Anm. 30.
[2] OLG Hamm v. 7.3.2000, ZIP 2000, S. 1013 ff.

8. Die Haftung des Geschäftsführers

8.1 Zur Systematik der Haftungstatbestände

Literatur: *Hübner*, Managerhaftung, 1992; *Lutter*, Gefahren persönlicher Haftung für Gesellschafter und Geschäftsführer einer GmbH, DB 1994, S. 129 ff.; *Reese*, Die Haftung von „Managern" im Innenverhältnis, DStR 1995, S. 532 ff.; *Reese*, Die Haftung von „Managern" im Außenverhältnis, DStR 1995, S. 688 ff.; *Lutter*, Haftungsrisiken des Geschäftsführers einer GmbH, GmbHR 1997, S. 329 ff.; *Meyke*, Die Haftung des GmbH-Geschäftsführers, 3. Aufl., Köln 2002; *Kiethe*, Persönliche Haftung von Organen der AG und der GmbH – Risikovermeidung durch D&O-Versicherung?, BB 2003, S. 537 ff.; *Koch*, Geschäftsleiterpflicht zur Sicherstellung risikoadäquaten Versicherungsschutzes, ZGR 2006, S. 184 ff.; *Verse*, Organwalterhaftung und Gesetzesverstoß, Überlegungen zur Außenhaftung der Organwalter bei Verletzung von Schutzgesetzen (§ 823 Abs. 2 BGB), ZHR 170 (2006), S. 398 ff.; *H. Schmidt*; Verschärfte Umweltverantwortlichkeit von Organmitgliedern, NZG 2007, S. 650 ff.; *Lutter*, Die Business Judgement Rule und ihre praktische Anwendung, ZIP 2007, S. 841 ff.; *Arends/Möller*, Aktuelle Rechtsprechung zur Geschäftsführer-Haftung in Krise und Insolvenz der GmbH, GmbHR 2008, S. 169 ff.; *Fichtelmann*, Die Rechtsstellung des Geschäftsführers der GmbH in der Insolvenz der Gesellschaft, GmbHR 2008, S. 76; *Kuntz*, Geltung und Reichweite der Business Judgement Rule in der GmbH, GmbHR 2008, S. 121 ff.; *Peters*, Ressortverteilung zwischen GmbH-Geschäftsführern und ihre Folgen, GmbHR 2008, S. 682 ff.; *Streit/Bürk*, Keine Entwarnung bei der Geschäftsführerhaftung im Insolvenzfall, DB 2008, S. 742 ff.; *Fleischer*, Kompetenzüberschreitungen von Geschäftsleitern im Personen- und Kapitalgesellschaftsrecht, DStR 2009, S. 1204 ff.; *Krieger/Uwe H. Schneider*, (Hrsg.) Handbuch Managerhaftung, 2. Aufl. 2010; *Uwe H. Schneider*, Die Pflichten des Geschäftsführers in der Krise der GmbH, GmbHR 2010, S. 57 ff.; *Janert*, Rechtliche Gestaltungsmöglichkeiten zur Beschränkung der Geschäftsführerhaftung, BB 2013, S. 3016 ff.; *Rodewald*, Informationsmanagement im Unternehmen als Instrument der Haftungsvermeidung; GmbHR 2014, S. 639 ff.; *Werner*, Möglichkeiten einer privatautonomen Beschränkung der Geschäftsführerhaftung, GmbHR 2014, S. 792 ff.; *Goldmann*, Geschäftsführer „mbH": Einschränkungen der persönlichen Haftung von Organen bei Wettbewerbsverstößen; *Rattunde*, GF als CRO – ein fremdbestimmtes Leben, in: FS für Jürgen Keßler, 2015, S. 183 ff.; *Müller*, Geschäftsführerhaftung für Zahlung auf debitorische Konten, NZG 2015, S. 1021 ff. *Taube*, Die Anwendung der Business Judgment Rule auf den GmbH-Geschäftsführer, 2018.

761 Die Haftung des GmbH-Geschäftsführers hat sich in den vergangenen Jahrzehnten zu einem zentralen Kristallisationspunkt im Rahmen der richterrechtlichen Ausdifferenzierung des GmbH-Rechts entwickelt (vgl. bereits Rz. 1 ff.). Will man den so eröffneten Verantwortungsbereich in seinen unterschiedlichen Anspruchstatbeständen und Voraussetzungen erfassen, so gilt es vor allem, das Regelungsfeld systematisch aufzubereiten. Dies betrifft zunächst die **Binnenhaftung des Organwalters gegenüber der Gesellschaft** und – in Ausnahmefällen – gegenüber den Gesellschaftern. Hier weist das geschriebene

8.1 Zur Systematik der Haftungstatbestände

Recht die höchste Regelungsdichte auf, wenn auch meist in Form generalklauselhafter Tatbestände (vgl. § 43 GmbHG), deren Konkretisierung und Ausfächerung der höchstrichterlichen Rechtsprechung überantwortet bleibt. Dabei lässt sich – im Rahmen der gebotenen Vereinfachung – zwischen der Verletzung organschaftlicher **Leitungs-** und **Treuepflichten** unterscheiden.

Gilt der erste Tatbestand den *„Grundsätzen ordnungsmäßiger Unternehmensführung"* bei der internen Vorbereitung und externen Durchführung unternehmerischer Entscheidungen (vgl. Rz. 786 ff.), so obliegt den *„Treuepflichten"* vor allem die haftungsrechtliche Absicherung der in der treuhänderischen Funktion des Geschäftsführers gründenden Handlungs- und Unterlassungspflichten (vgl. Rz. 811 ff.). Darüber hinaus treffen den Geschäftsführer – im Interesse der Gesellschaft, aber auch der Gläubiger – umfangreiche Sorgfaltspflichten im **Bereich der Kapitalsicherung**, d. h. der **Aufbringung** (§ 5, 8 Abs. 2, § 9a Abs. 1, § 19 GmbHG) und der **Erhaltung** (§§ 30, 31 GmbHG) des normativen **Haftungsfonds** (vgl. Rz. 821). Zudem unterliegen die Organwalter notwendig solchen Pflichtenbindungen, die ihnen seitens des Gesetzgebers zur eigenständigen Wahrnehmung übertragen wurden. Dies betrifft beispielsweise die **Insolvenzantragspflicht** gem. § 15a InsO, aber auch die **Bilanzierungsverantwortung** (vgl. § 41 GmbHG, §§ 238, 242, 264 HGB).

Pflichtenstellung des Geschäftsführers 762

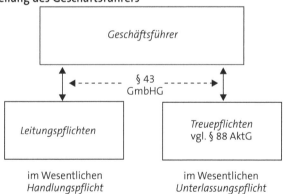

Der zweite Bereich betrifft das Feld der **Außenhaftung gegenüber Dritten**, insbesondere den Vertragspartnern und sonstigen Gläubigern der Gesellschaft. Hier finden sich im Gesetz nur vereinzelte Regelungsansätze, beispielsweise **in Form der Handelndenhaftung im Gründungsstadium vor Eintragung der GmbH** ins Handelsregister (§ 11 Abs. 2 GmbHG). Darüber hinaus hat die Rechtsprechung eine Vielzahl – ungeschriebener – Haftungstatbestände entwickelt, die zum Teil vertragsrechtlicher, zum Teil deliktsrechtlicher (§§ 823, 826 BGB) Natur sind und mittlerweile ein eigenständiges, jedoch nicht immer konsistentes System von Sorgfaltspflichten des Organwalters zugunsten der (potenziellen und aktuellen) Vertragspartner der Gesellschaft errichten. Dies gilt vor allem bezüglich Kapitalaufbringung und -erhaltung sowie im Vorfeld der Insolvenz (zur Haftung wegen des unterlassenen Hinweises auf die Haftungsbeschränkung s. bereits Rz. 31 ff.).

763 Der dritte Bereich von Haftungsnormen betrifft den **Schutz bestimmter Gläubigergruppen**. So halten die Bestimmungen der §§ 34, 69 AO ein eigenständiges Haftungssystem zugunsten der **öffentlich-rechtlichen Abgabengläubiger, d. h. dem Fiskus,** bereit, welches sich durchweg an eigenständigen dogmatischen Prinzipien orientiert. Dies betrifft nicht nur die objektiven und subjektiven Voraussetzungen des Haftungstatbestandes, sondern erfasst auch die **Rechtsdurchsetzung** mittels Haftungsbescheid. Darüber hinaus hat sich die Einstandspflicht des Geschäftsführers gegenüber den **Trägern der gesetzlichen Sozialversicherung** – obwohl in ihrer Begründung privatrechtlicher Natur – in gewissem Umfange verselbstständigt.

8.1 Zur Systematik der Haftungstatbestände

Haftung des Geschäftsführers 764

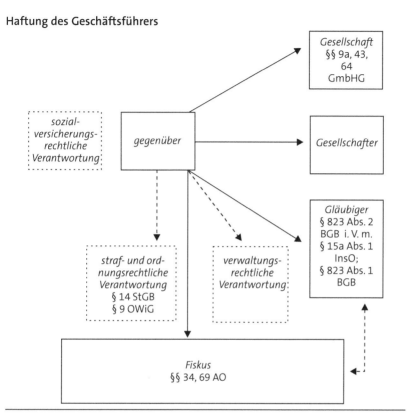

Letztlich bleibt ein diffuses Feld von Haftungstatbeständen, welches sowohl die wettbewerbsrechtliche Einstandspflicht als auch die umweltrechtliche Verantwortlichkeit des Geschäftsführers sowie die straf- und ordnungswidrigkeitsrechtliche Verantwortung des Organwalters betrifft. Gerade hier zeigt sich die – mitunter bedenkliche – Bereitschaft der Rechtsprechung, durch die Instrumentalisierung straf- und ordnungsrechtlicher Bestimmungen als deliktsrechtliche „Schutzgesetze" (§ 823 Abs. 2 BGB) die auf das Gesellschaftsvermögen beschränkte Haftung (vgl. § 13 Abs. 2 GmbHG) zu durchbrechen und so den Zugriff auf das Privatvermögen des Geschäftsführers zu eröffnen. 765

(Einstweilen frei) 766–770

8.2 Die Binnenhaftung gem. § 43 GmbHG

8.2.1 Grundlagen des Haftungstatbestandes

Literatur: *Kust*, Zur Sorgfaltspflicht und Verantwortlichkeit eines ordentlichen und gewissenhaften Geschäftsleiters, WM 1980, S. 758 ff.; *Ebenroth/Lange*, Sorgfaltspflichten und Haftung des Geschäftsführers einer GmbH nach § 43 GmbHG, GmbHR 1992, S. 69 ff.; *Rohde*, Haftung des Geschäftsführers einer GmbH trotz interner Geschäftsaufteilung – BGH, NJW 1994, 2149, JuS 1995, S. 965 ff.; *Siegmann/Vogel*, Die Verantwortlichkeit des Strohmanngeschäftsführers einer GmbH, ZIP 1994, S. 1821 ff.; *Keßler*, Die aktienrechtliche Organhaftung im Lichte der „business judgement rule" – eine rechtsvergleichende Betrachtung zum deutschen und US-amerikanischen Recht, FS für Horst Baumann, Karlsruhe 1999, S. 153 ff.; *Kiethe*, Vermeidung der Haftung von geschäftsführenden Organen durch Corporate Compliance, GmbHR 2007, S. 393 ff.; *Arends/Möller*, Aktuelle Rechtsprechung zur Geschäftsführer-Haftung in Krise und Insolvenz der GmbH, GmbHR 2008, S. 169 ff.; *Dahl/Schmitz*, Haftung des Geschäftsführers wegen unterlassener Geltendmachung des Erstattungsanspruchs aus § 31 I GmbHG in der Insolvenz der GmbH, NZG 2008, S. 653 ff; *Wiedemann*, Verantwortung in der Gesellschaft – Gedanken zur Haftung der Geschäftsleiter und der Gesellschafter in der Kapitalgesellschaft, ZGR 2011, S. 183 ff.; *Thümmel*, Persönliche Haftung von Managern und Aufsichtsräten, 5. Aufl. 2016.

771 Gemäß § 43 Abs. 1 GmbHG haben die Geschäftsführer in den Angelegenheiten der Gesellschaft **die Sorgfalt eines ordentlichen Geschäftsmannes** anzuwenden. Dies gilt gem. § 71 Abs. 4 GmbHG auch bezüglich der Liquidatoren im Abwicklungsstadium. Verletzen die Organwalter ihre Verpflichtung, so sind sie **der Gesellschaft** zum Ersatz des daraus entstehenden Schadens verpflichtet (§ 43 Abs. 2 GmbHG). Trotz des abweichenden Wortlauts entspricht der gegenüber der Gesellschaft geschuldete Pflichtenstandard damit in seiner inhaltlichen Ausrichtung den strengen Anforderungen des § 93 Abs. 1 Satz 1 AktG. Maßgebend ist folglich die Sorgfalt eines **ordentlichen und gewissenhaften Geschäftsleiters**, d. h. eines Geschäftsmannes *„in verantwortlich leitender Position bei selbständiger treuhänderischer Wahrnehmung fremder Vermögensinteressen"*.[1]

772 Dabei handelt es sich trotz des stringenten Haftungsmaßstabs um eine **Verschuldenshaftung** und nicht etwa um eine Verlagerung des unternehmerischen Verlustrisikos von der Gesellschaft auf den Organwalter. Voraussetzung seiner Einstandspflicht ist folglich, dass der Geschäftsführer die für sein Amt geltenden Verhaltensregeln vermeidbar, d. h. **schuldhaft** (§ 276 BGB) verletzt und hierdurch **ursächlich** einen Schaden der Gesellschaft herbeiführt. Aller-

---

1 *Scholz/Uwe H. Schneider*, GmbHG § 43, Anm. 33.

dings findet zu Lasten des Organwalters die Beweislastregel des § 93 Abs. 2 Satz 2 AktG entsprechende Anwendung.[1] Er hat folglich darzulegen und zu beweisen, **dass er die im Interesse der Gesellschaft gebotene Sorgfalt beachtet hat** oder ihn bezüglich der Pflichtverletzung **kein Verschulden** trifft (vgl. Rz. 758 ff.).[2]

Diese Sorgfaltsbindung des Geschäftsführers folgt unmittelbar aus seiner **Organstellung**. Sie beginnt mit der **Übernahme des Amtes** und endet mit dessen **rechtsverbindlicher und tatsächlicher Niederlegung**. Dies schließt es allerdings nicht aus, dass bereits im Rahmen der Vertragsanbahnung und nach dem Ausscheiden aus der Geschäftsführerstellung vor- und nachwirkende (Sorgfalts-)Pflichten bestehen. Auf das Vorliegen eines **wirksamen Anstellungsvertrags** oder die **Eintragung ins Handelsregister** kommt es demgegenüber **nicht** an.[3] Der Geschäftsführer haftet darüber hinaus selbst bei **fehlerhafter Bestellung**.[4] Entscheidend ist, dass er die Organfunktion **tatsächlich innehat**. Gemäß § 43 Abs. 2 GmbHG haftet auch derjenige, der als Gesellschafter[5] oder Dritter die Geschäftsführung der Gesellschaft mit Wissen der (übrigen) Gesellschafter faktisch nachhaltig übernimmt (sog. **faktischer Geschäftsführer**).[6] Dabei ist es nicht erforderlich, dass der „wirkliche" Amtsinhaber völlig aus der Organstellung verdrängt wird. Es genügt vielmehr, wenn der faktische Geschäftsführer durch nach außen hervortretendes Handeln die Geschicke der Gesellschaft maßgeblich bestimmt.[7]

773

Stellvertretende Geschäftsführer stehen haftungsrechtlich dem Geschäftsführer grundsätzlich gleich (§ 44 GmbHG). Dies schließt es nicht aus, ihre **im Innenverhältnis** eingeschränkte Kompetenz angemessen zu berücksichtigen. Jedoch treffen sie auch dort, wo ihnen die aktive Geschäftspolitik weitgehend entzogen ist, umfangreiche **Kontrollpflichten** und zwar insbesondere im Verhältnis zu den (aktiven) Mitgeschäftsführern (vgl. Rz. 797 ff.).

774

Mehrere Geschäftsführer haften der Gesellschaft als Gesamtschuldner (vgl. § 43 Abs. 2 GmbHG: „solidarisch") gem. §§ 421 ff. BGB für die erlittenen Einbußen. Die GmbH kann folglich nach ihrer Wahl einzelne oder mehrere Organwalter ganz oder teilweise in Höhe des entstandenen Schadens in Anspruch

775

---

1 BGH v. 8.7.1985, NJW 1986, S. 54 ff., 55.
2 *Scholz/Schneider*, GmbHG § 43, Anm. 167.
3 BGH v. 21.4.1994, NJW 1994, S. 2027 f.
4 BGH v. 6.4.1964, BGHZ 41, S. 282 ff., 287.
5 BGH v. 21.3.1988, NJW 1988, S. 1789 f.
6 BGH v. 27.6.2005, DB 2005, S. 1787.
7 BGH v. 21.3.1988, NJW 1988, S. 1789 f., 1790.

nehmen. Es ist dann Angelegenheit der in Anspruch genommenen Geschäftsführer, von den übrigen Gesamtschuldnern im Wege des Rückgriffs anteilige Erstattung zu verlangen (§ 426 BGB – Gesamtschuldnerregress). Im Regelfall haften die Verpflichteten mangels entgegenstehender Anhaltspunkte untereinander zu gleichen Teilen. Dabei gilt es allerdings zu beachten, dass ungeachtet der gesamtschuldnerischen Haftung das **Verschuldenserfordernis** des § 43 Abs. 2 GmbHG unberührt bleibt. **Der Geschäftsführer haftet folglich nur für eigenes Verschulden** und **nicht** für Pflichtverletzungen der übrigen Organwalter oder der Arbeitnehmer der Gesellschaft. Allerdings genügt es, wenn sein Verschuldensbeitrag in der **mangelnden Information und Überwachung** seiner Mitgeschäftsführer oder der sonstigen Beschäftigten besteht (zu den hier bestehenden Organisationspflichten vgl. Rz. 786 ff.).

776 Nach zutreffender Auffassung enthält § 43 Abs. 2 GmbHG als „lex specialis" eine abschließende Regelung hinsichtlich der Verletzung allgemeiner Organpflichten seitens des Geschäftsführers.[1] Dies umfasst auch Ansprüche aus einer schuldhaften Verletzung seines Anstellungsvertrags (vgl. nunmehr § 280 BGB) sowie des organschaftlichen Wettbewerbsverbots (vgl. Rz. 486 ff.). Unabhängig hiervon besteht im Falle konkurrierender Tätigkeit des Organwalters in entsprechender Anwendung von § 88 Abs. 2 Satz 2 AktG auch ohne Nachweis eines konkreten Schadens ein Anspruch der Gesellschaft auf Herausgabe der durch die Wettbewerbsverletzung erzielten Vermögensvorteile (zu diesem „Eintrittsrecht" s. Rz. 491). Demgegenüber bleiben deliktsrechtliche Ansprüche der Gesellschaft (§ 823 Abs. 1, Abs. 2, § 826 BGB) von der Organhaftung unberührt. Hier besteht Anspruchskonkurrenz. Die praktische Bedeutung dieser Differenzierung zeigt sich vor allem im Rahmen der unterschiedlichen Verjährungsregelung (§ 43 Abs. 4 GmbHG, § 88 Abs. 3 AktG einerseits, §§ 195, 199 BGB andererseits; vgl. Rz. 866).

777 Handelt es sich um eine GmbH & Co. KG, so kommt den Sorgfaltspflichten des Geschäftsführers gegenüber der Komplementär-GmbH eine unmittelbare Schutzwirkung auch gegenüber der KG zu. Zwar hat die Komplementär-GmbH ihrerseits gem. § 31 BGB für Schäden, welche ihr Organwalter der KG zufügt, dieser gegenüber einzustehen, doch trifft den Geschäftsführer darüber hinaus eine originäre Einstandspflicht[2] im Verhältnis zur KG. Das zwischen der GmbH und ihrem Organwalter bestehende Rechtsverhältnis erstreckt seinen Schutzbereich in vollem Umfange auch auf die KG. Diese kann somit Ersatzansprüche

---

1 BGH v. 12.6.1989, NJW-RR 1989, S. 1255 f., 1256.
2 BGH v. 12.11.1979, BGHZ 75, S. 321 ff.; BGH v. 28.6.1982, ZIP 1982, S. 1073 f.; BGH v. 25.2.2002, DB 2002, S. 1150 f.

sowohl gegenüber der Komplementär-GmbH als auch unmittelbar gegenüber deren Geschäftsführer geltend machen. Hierfür gelten die gleichen Grundsätze wie im Verhältnis der GmbH zu ihrem Geschäftsführer.

(Einstweilen frei) 778–785

8.2.2 Die Verletzung der Leitungspflicht

Literatur: *Meier*, Schadensersatzpflicht gem. § 43 Abs. 2 GmbHG bei Nichtbeachtung gesellschaftsinterner Zuständigkeitsregelungen durch den GmbH-Geschäftsführer?, DStR 1994, S. 176 f.; *Götz*, Die Pflicht des Aufsichtsrats zur Haftbarmachung von Vorstandsmitgliedern, NJW 1997, S. 3275 ff.; *Horn*, Die Haftung des Vorstands der AG nach § 93 AktG und die Pflichten des Aufsichtsrats, ZIP 1997, S. 1129 ff.; *Altmeppen*, Die Auswirkungen des KonTraG auf die GmbH, ZGR 1999, S. 291 ff.; *Drygala/Drygala*, Wer braucht ein Frühwarnsystem? Zur Ausstrahlungswirkung des § 91 Abs. 2 AktG, ZIP 2000, S. 297 ff.; *Ebert*, Folgepflicht und Haftung des GmbH-Geschäftsführers beim Erhalt und der Ausführung von Weisungen, GmbHR 2003, S. 444 ff.; *Joussen*, Der Sorgfaltsmaßstab des § 43 Abs. 1 GmbHG, GmbHR 2005, S. 441 ff.; *Kuntz*, Geltung und Reichweite der Business Judgment Rule in der GmbH, GmbHR 2008, S. 121 ff; *Froesch*, Managerhaftung – Risikominimierung durch Delegation?, DB 2009, S. 722 ff.; *Kleindiek*, Geschäftsführerhaftung nach der GmbH-Reform, FS: K.Schmidt 2009, S. 893 ff.; *Fleischer*, Das unternehmerische Ermessen des GmbH-Geschäftsführers und seine GmbH-spezifischen Grenzen, NZG 2011, S. 521 ff.

Der Geschäftsführer hat die Gesellschaft **nach anerkannten betriebswirtschaftlichen Grundsätzen** unter **Wahrung der gesetzlichen Bestimmungen** zu leiten (Leitungspflicht). Die geschuldete Sorgfalt erfasst sowohl die **wirtschaftliche Zweckmäßigkeit** als auch die **Rechtmäßigkeit** des unternehmerischen Handelns.[1] Dabei hat der Organwalter sein Verhalten durchgängig an den **gesetzlichen Vorgaben, dem Gesellschaftsvertrag**, den Regelungen seines **Anstellungsvertrags** sowie den **Weisungen der Gesellschafterversammlung** auszurichten. Der Geschäftsführer ist insofern grundsätzlich verpflichtet, auch solche Weisungen zu befolgen, die geeignet sind, der Gesellschaft einen wirtschaftlichen Nachteil zuzufügen (s. ausführlich Rz. 611 ff.). 786

Allerdings findet die Weisungsgebundenheit dort ihre – unabdingbaren – Grenzen, wo die Rechtsordnung dem Geschäftsführer im öffentlichen Interesse sowie hinsichtlich des Gläubigerschutzes eine eigenständige Pflichtenbindung auferlegt. Dies betrifft insbesondere die **Grundsätze der Kapitalaufbringung und -erhaltung**, die **Insolvenzantragspflicht** (§ 15a InsO) sowie den Be-

---

[1] *R/A/Altmeppen*, GmbHG § 43, Anm. 3.

8. Die Haftung des Geschäftsführers

standsschutz der Gesellschaft.[1] In dem so eröffneten „Autonomiebereich" vermag auch eine **Weisung** der Gesellschafter den Geschäftsführer nicht zu entlasten (vgl. § 43 Abs. 3 Satz 3 GmbHG; s. im Einzelnen Rz. 611 ff.). Ein Gesellschafterbeschluss ist folglich für ihn stets dort **unverbindlich**, wo die Erfüllung der Weisung **gesetzlich begründete Pflichten des Geschäftsführers** verletzt oder die Gesellschaft aller Voraussicht nach in die Insolvenz führen und damit die **gesetzlich geschützten Belange der Gläubiger** beeinträchtigen würde.

787 Auch ohne ausdrückliche Vorgaben ist der Organwalter bei ungewöhnlichen Geschäften verpflichtet, **die vorherige Zustimmung der Gesellschafterversammlung einzuholen** (vgl. Rz. 611 ff.). Dies folgt notwendig aus dem **Gebot der loyalen Zusammenarbeit** mit den Gesellschaftern und dem Umstand, dass die zentrale Geschäftsführungsbefugnis im Leitungsgefüge der GmbH den Gesellschaftern obliegt. Maßgebend sind insofern neben der Satzung die tatsächlichen Umstände, insbesondere die Gepflogenheiten in der Vergangenheit, die dem geschäftlichen Betätigungsfeld der Gesellschaft das Gepräge verleihen. Zudem gilt es seitens der Geschäftsführer, eventuell bestehende **Zustimmungsvorbehalte** (vgl. § 52 GmbHG, § 111 Abs. 4 Satz 1 AktG) zugunsten eines – fakultativen oder gesetzlichen – Aufsichtsrats oder eines Beirats stringent zu beachten.

788 Sieht man hiervon ab, so kommt dem Geschäftsführer außerhalb verbindlicher Vorgaben ein eigenständiger **unternehmerischer Entscheidungsspielraum** zu.[2] Dieser unterliegt seinerseits nur einer eingeschränkten richterlichen Überprüfung.

Entsprechend betont denn auch der Gesetzgeber im Rahmen der mit dem UMAG vom 22.9.2005[3] eingeführten Regelung des § 93 Abs. 1 Satz 2 AktG (Business Judgement Rule) hinsichtlich der Leitungsbefugnisse des Aktienvorstandes:

„Eine Pflichtverletzung liegt nicht vor, wenn das Vorstandsmitglied bei einer unternehmerischen Entscheidung vernünftigerweise annehmen durfte, auf der Grundlage angemessener Information zum Wohle der Gesellschaft zu handeln."

789 Auch soweit sich die Regelung gemäß ihrer Verortung in erster Linie auf die AG erstreckt, besteht doch weitgehend Einigkeit, dass die hier eröffnete haf-

---

1 Siehe auch: BGH v. 17.9.2001, GmbHR 2001, S. 1036 ff. – „Bremer Vulkan"; ausführlich hierzu: *Keßler*, GmbHR 2001, S. 1095 ff.; BGH v. 25.2.2002, DB 2002, S. 995 ff., 997.
2 *L/H/Kleindiek*, GmbHG § 43, Anm. 23 ff.; BGH v. 21.4.1997, ZIP 1997, S. 883 ff., 886 = BGHZ 135, S. 244 ff., 253; BGH v. 14.7.2008, ZIP 2008, S. 1675 ff., 1676 f.
3 BGBl 2005I S. 2802.

tungsrechtliche Privilegierung auf Entscheidungen des GmbH-Geschäftsführers entsprechend zur Anwendung gelangt.[1] Was den Umfang der Entscheidungsbefugnis des Geschäftsführers betrifft, so gilt es allerdings zu beachten, dass dieser seine – mitunter engen – Grenzen in den Weisungen und sonstigen Leitungsvorgaben der Gesellschafter findet.

Im Übrigen greift die Haftungsprivilegierung der „Business Judgement Rule" bereits nach ihrem Wortlaut nur dort und insoweit, wie es „unternehmerische Entscheidungen" betrifft, die wegen ihrer Zukunftsbezogenheit notwendig mit einer „**Einschätzungsprärogative**", d.h. einem **Beurteilungsspielraum des Geschäftsführers**, verbunden sind. Die Regelung findet folglich dort keine Anwendung, wo es sich um eine **rechtlich gebundene Entscheidung** handelt und die jeweilige Geschäftsführungsmaßnahme gegen das Gesetz oder den Gesellschaftsvertrag verstößt.[2] Insofern ist es Sache des Geschäftsführers im Rahmen der aus seiner Organstellung folgenden **Legalitätspflicht** darauf zu achten, dass sich sein Handeln sowie dasjenige der Mitarbeiter und Beauftragten der Gesellschaft und damit des Unternehmens in seiner Gesamtheit in dem seitens der Rechtsordnung und der Satzung eröffneten Spielraum zu bewegen.

Dies betrifft nicht nur das GmbHG, sondern umfasst auch die Beachtung der steuerlichen, bilanzrechtlichen und sozialversicherungsrechtlichen Vorgaben, die Einhaltung umweltrechtlicher Bestimmungen sowie der Wettbewerbsordnung, insbesondere des Kartellverbots (§ 1 GWB, Art. 101 AEUV) und der strafrechtlichen Ge- und Verbote. Insofern treffen den Geschäftsführer der GmbH im Rahmen seiner Leitungsverantwortung eigenständige **Compliance-Pflichten**. Er hat somit im Rahmen seiner Leitungspflicht und des ihm obliegenden Risikomanagements Vorkehrungen zu schaffen, die geeignet sind, die Rechtmäßigkeit des Handelns aller innerhalb und für das Unternehmen Tätigen zu gewährleisten und Rechtsverstöße möglichst zeitnah aufzudecken sowie angemessen zu sanktionieren.

Zumindest bei kleinen Unternehmen bedarf es – anders als im Rahmen der AG gefordert[3] – nicht notwendig der Schaffung einer eigenständigen Compliance-Organisation.[4] Es genügt insofern, dass der Geschäftsführer gegenüber den

---

1 Siehe hierzu die Regierungsbegründung zum UMAG: BT-Drucks. 15/5092, S. 24; *L/H/Kleindiek*, GmbHG § 43, Anm. 23; *B/H/Zöllner/Noack*, GmbHG § 43, Anm. 22; s. jetzt auch BGH v. 14.7.2008, ZIP 2008, S. 1675 ff; BGH v. 4.11.2002, BGHZ 152, S. 280, 282 = NJW 2003, S. 358; OLG Frankfurt a.M. v. 2.6.2017, BeckRS 2017, 124842 Rz. 45; OLG Brandenburg, v. 7.2.2018, BeckRS 2018, 3731 Rz. 41; OLG München v. 8.2.2018, BeckRS 2018, 1152 Rz. 19.
2 BGH v. 1.12.2003, ZIP 2004, S. 407 ff., 408 (zum Genossenschaftsvorstand).
3 LG München I, NZG 2014, S. 345.
4 Zutreffend MüKoGmbHG/*Fleischer*, § 43, Rz. 145.

Beschäftigten und den Auftragnehmern der Gesellschaft verdeutlicht, dass er die stringente Einhaltung rechtlicher Vorgaben und unternehmensspezifischer Verhaltensmaßregeln erwartet und sich jederzeit Überprüfungen und unangemeldete Kontrollen – auch durch hierzu beauftragte Dritte – vorbehält sowie das Recht, Verstöße ohne Ansehen der Person zu sanktionieren . Etwas anderes gilt notwendig dort, wo sich aus dem Betätigungsfeld des Unternehmens besondere Anforderungen ergeben oder aufgrund bereits eingetretener Rechtsverletzungen eine erhöhte Aufmerksamkeit geboten ist. Zudem ist sicherzustellen, dass Sanktionen für Regelverstöße nicht nur angedroht, sondern auch durchgesetzt werden.

790 Unternehmerische Entscheidungen setzen notwendig die Bereitschaft voraus, zu Lasten der Gesellschaft Risiken zu übernehmen, um in dieser Weise neue Geschäftsfelder und Marktnischen zu erkunden. Es wäre insofern ökonomisch durchweg dysfunktional, die ex ante getroffenen wirtschaftlichen Entscheidungen des Organwalters im Lichte der ex post gewonnenen Erkenntnisse zu bewerten und in der Folge dem Geschäftsführer das Risiko eines ökonomischen Fehlschlags haftungsrechtlich zuzuordnen. Letztlich würde so eine mit dem Haftungsmodell des § 43 Abs. 2 GmbHG nicht zu vereinbarende „**Erfolgshaftung**" des Organwalters begründet. Dies widerspricht der stringenten Verschuldensorientierung im Rahmen der gesetzlichen Organhaftung. Erweist sich der Geschäftsführer in seiner Amtsführung als wenig erfolgreich, so mögen die Gesellschafter ihn abberufen (§ 38 GmbHG), ein hinreichender Grund für seine haftungsrechtliche Inanspruchnahme besteht demgegenüber nicht.

791 Dies entbindet den Organwalter allerdings nicht von der Verpflichtung, die Entscheidung **unter sorgfältiger Abwägung des Für und Wider**, insbesondere der für die Gesellschaft bestehenden Chancen und Risiken, **angemessen vorzubereiten** und die Ergebnisse ggf. – zur Beweissicherung – im eigenen Interesse zu **dokumentieren**. Zwar darf er – dies liegt im Wesen unternehmerischen Handelns begründet – im Rahmen seiner Geschäftsführung **Risiken eingehen**, doch müssen diese **in einem ausgewogenen Verhältnis zu den erhofften Erträgen und der wirtschaftlichen Lage der Gesellschaft** stehen.[1] Dabei ist der Organwalter insbesondere verpflichtet, alle ihm zugänglichen Informationen in den Abwägungsprozess einzubeziehen[2] und ggf. bei Geschäftspartnern, Banken, Wirtschaftsauskunfteien etc. ergänzende Auskünfte einzuholen.

---

[1] *L/H/Kleindiek*, GmbHG § 43, Anm. 26, 28.
[2] BGH v. 14.7.2008, ZIP 2008, S. 1675 ff.

Dies gilt insbesondere bei der erstmaligen Zusammenarbeit mit einem neuen Vertragspartner.

Darüber hinaus bleibt der Geschäftsführer gehalten, bei der Kreditierung von Rechtsgeschäften die branchenüblichen Sicherheiten zu vereinbaren[1] und diese auf ihre Werthaltigkeit und Durchsetzbarkeit zu überprüfen.[2] Handelt es sich um den Erwerb eines Unternehmens, so ist der Geschäftsführer in aller Regel zur Durchführung einer umfassenden „Due Diligence" verpflichtet.[3] Insgesamt sind die Anforderungen an die seitens des Geschäftsführers geschuldete Sorgfalt **umso höher, je mehr sich im Stadium der Entscheidungsfindung mögliche Risiken und Unsicherheiten abzeichnen**. Im Zweifel ist der Geschäftsführer gehalten, **eine Entscheidung der Gesellschafterversammlung** herbeizuführen. Sind diese verfahrensrechtlichen Vorgaben gewahrt, so scheidet eine Haftung des Geschäftsführers mangels Verschuldens auch dann aus, wenn sich das Risiko nachträglich verwirklicht.

Darüber hinaus ist der Geschäftsführer im Rahmen seiner Leitungsfunktion zu einer **angemessenen Risikovorsorge**, insbesondere zur Einführung eines Risikomanagements, verpflichtet. Dies hat der Gesetzgeber im Rahmen des *„Gesetzes zur Kontrolle und Transparenz im Unternehmensbereich"* (KonTraG) vom 27.4.1998[4] ausdrücklich bestätigt. Dessen normative Vorgaben erfassen – entgegen einer verbreiteten Ansicht – nicht nur (börsennotierte) Aktiengesellschaften, sondern gelten je *„nach Größe, Komplexität (und) Struktur"* auch für Gesellschaften in der Rechtsform der GmbH.[5] Insofern wird man vor allem mittlere und große GmbHs i. S. d. Größenklassen des § 267 HGB als zur „abgestuften" Implementation eines *„risikoorientierten Frühwarnsystems"* verpflichtet ansehen müssen.

792

Der damit angesprochene Pflichtenkanon erfasst zunächst eine **funktionsfähige Unternehmensplanung**, insbesondere eine **Finanz-, Investitions- und Personalplanung** (vgl. § 90 Abs. 1 Nr. 1 AktG). Insofern trifft den Geschäftsführer vor allem eine ausgeprägte *„Organisationsverantwortung"*. Darüber hinaus sind die Geschäftsführer im Rahmen des Controlling und der internen Revision verpflichtet, die bestehenden Risiken in ihrem Bestand zu erfassen (Risikohandbuch), diese in ihren voraussichtlichen wirtschaftlichen Auswirkungen zu

---

1 *L/H/Kleindiek*, GmbHG § 43, Anm. 28.
2 BGH v. 3.12.2001, ZIP 2002, S. 213 ff., 214.
3 OLG Oldenburg v. 22. 6. 2006, DB 2006, S. 2511 ff., 2513.
4 BGBl 1998 I S. 786.
5 Vgl. die Begründung zum Regierungsentwurf v. 28.1.1998, BT-Drucks. 13/9712 S. 15.

bewerten und im Rahmen eines funktionalen Risikomanagements zu minimieren.

Dies setzt vor allem die Begründung eindeutiger personeller Verantwortungsbereiche und Zuständigkeiten sowie die Implementierung eines funktionsfähigen Kontroll- und Überwachungssystems voraus. Zudem ist zu gewährleisten, dass im Rahmen des „Frühwarnsystems" bestandsgefährdende wirtschaftliche und technische Risiken so früh wie möglich erkannt werden (vgl. § 91 Abs. 2 AktG).[1]

Fehlt es an **entsprechenden organisatorischen Maßnahmen seitens des Geschäftsführers**, so stellt dies für sich alleine betrachtet bereits ein ggf. zum **Schadensersatz gegenüber der Gesellschaft verpflichtendes Unterlassen** dar und rechtfertigt – ggf. nach einer Abmahnung seitens der Gesellschafter – die Abberufung des Organwalters und die Kündigung seines Anstellungsvertrags aus wichtigem Grund. Soweit es die Legalitätsverantwortung des Geschäftsführers betrifft, umfasst diese gegebenenfalls auch – zumindest bei größeren Gesellschaften oder bei Unternehmen mit einer spezifischen Risikostruktur, beispielsweise bei der Vornahme von Wertpapiergeschäften (vgl. § 33 WpHG), der Kapitalanlageberatung aber auch im Zusammenhang mit der Teilnahme an öffentlichen Ausschreibungen – die Einführung einer **Compliance-Organisation** (siehe bereits oben Rz. 789).[2]

793 Im Rahmen seiner Leitungsverantwortung trifft den Geschäftsführer gegenüber der Gesellschaft zudem die Verpflichtung, eine mögliche Schädigung Dritter unter allen Umständen zu vermeiden. In diesem Zusammenhang gilt es zu beachten, dass die GmbH entsprechend § 31 BGB **ohne Entlastungsmöglichkeit** für solche Schäden einzustehen hat, welche der Geschäftsführer im Rahmen seines organschaftlichen Handelns Dritten zufügt. Die schuldhafte Schädigung Dritter durch den Geschäftsführer stellt somit gleichzeitig eine gem. § 43 Abs. 2 GmbHG den Organwalter zum Schadensersatz gegenüber der Gesellschaft verpflichtende Sorgfaltsverletzung dar (zur Versicherbarkeit im Rahmen einer D&O-Versicherung s. Rz. 981 ff.).

Entsprechendes gilt für den Fall, dass der Geschäftsführer durch schuldhaftes Handeln oder Unterlassen einen Bußgeldbescheid gegenüber der Gesellschaft im Rahmen eines Ordnungswidrigkeitstatbestandes verursacht. Dies erfasst

---

[1] Siehe hierzu *Kuhl/Nickel*, DB 1999, S. 133 ff.
[2] Siehe hierzu: *B/H/Zöllner/Noack*, GmbHG § 43, Anm. 17.

insbesondere auch kartellrechtliche Verstöße im Rahmen der öffentlichen Auftragsvergabe.[1] Der Geschäftsführer bleibt somit verpflichtet, sich umfassend über die für seine Tätigkeit geltenden Rechtsvorschriften zu informieren und **im Rahmen seiner Organisationsverantwortung** die Beschäftigten der Gesellschaft anzuleiten und zu überwachen (vgl. § 130 OWiG). Dies bedingt vor allem eine entsprechende Organisation des Geschäftsbetriebs sowie ggf. die Sanktionierung von Regelverstößen auf Seiten der Mitarbeiter.

Die seitens des Geschäftsführers geschuldeten Verhaltenspflichten sind grundsätzlich objektiver Natur. Es kommt insofern **nicht auf die subjektiven Kenntnisse und Fähigkeiten des konkret betroffenen Organwalters an**.[2] Übernimmt er das Amt, ohne die hierfür erforderliche Qualifikation zu besitzen, so liegt bereits im Antritt der Organstellung ein die spätere Einstandspflicht begründendes „**Übernahmeverschulden**" vor. Dem Geschäftsführer ist insoweit auch der Einwand verwehrt, die Gesellschafter oder ein anderes nach der Satzung zuständiges Organ träfe bezüglich seiner Bestellung ein Auswahlverschulden. Ein solches Fehlverhalten vermag möglicherweise eigenständige Ersatzansprüche der Gesellschaft gegenüber den Mitgliedern des Bestellungsorgans zu begründen, führt jedoch keinesfalls zur „Enthaftung" des verantwortlichen Geschäftsführers.

Soweit der Geschäftsführer bestimmte Kenntnisse und Fähigkeiten, die angesichts der Größe, des Geschäftsfelds und der Finanzlage der Gesellschaft erforderlich sind, nicht besitzt, ist er gehalten, sich diesbezüglich **externer oder interner Berater zu bedienen**. Dies betrifft beispielsweise Unternehmens- oder Steuerberater, Rechtsanwälte, Wirtschaftsprüfer, aber auch Angestellte der Gesellschaft. Für diese hat er nur hinsichtlich ihrer **sorgfältigen Auswahl und Überwachung** einzustehen. Im Übrigen handelt es sich hinsichtlich der Hilfskräfte um Erfüllungsgehilfen (§ 278 BGB) der Gesellschaft und nicht um solche des Geschäftsführers. Auch hier ist es wiederum Sache des Geschäftsführers, darzulegen und zu beweisen, dass er im Rahmen **seiner Personal- und Organisationsverantwortung** für eine ordnungsgemäße **Auswahl, Einarbeitung, Anleitung** und **Überwachung** der Unternehmensmitarbeiter Sorge getragen hat. Dies setzt neben einer sorgfältigen Organisationsplanung ggf. auch stichprobenartige, **unangemeldete Kontrollen** in „risikoträchtigen" Bereichen voraus. Zwar kann der Geschäftsführer die erforderlichen Überwachungsmaßnahmen wiederum auf leitende Mitarbeiter der Gesellschaft übertragen, doch bleibt seine **Organisationszuständigkeit** im Kern hiervon unberührt.

794

795

---

1 Vgl. *Glöckner/Müller-Tautphaeus*, AG 2001, S. 344 ff.
2 BGH v. 14.3.1983, NJW 1983, S. 1856 f., 1857; BGH v. 3.12.2001, ZIP 2002, S. 213 ff.

796 Dabei kann der Geschäftsführer nicht einwenden, er sei infolge von Arbeitsüberlastung zu einer eingehenden Kontrolle und Überwachung des Personals außerstande gewesen. Hat er sich mit seinen organschaftlichen Pflichten übernommen, so geht dies stets zu seinen Lasten.[1] Auch eine durch Geschäftsreisen bedingte Abwesenheit vom Gesellschaftssitz entbindet den Geschäftsführer nicht von seinen gesetzlichen und vertraglichen Kontrollpflichten.[2]

797 Hat die Gesellschaft **mehrere Geschäftsführer**, so haftet jeder Organwalter nur, soweit ihn ein eigenes Verschulden trifft (vgl. bereits Rz. 775 ff.). Allerdings besteht nach den gesetzlichen Vorgaben (vgl. Rz. 611 ff.) grundsätzlich eine **Gesamtverantwortung** und **Allzuständigkeit** sämtlicher Geschäftsführer einschließlich der Stellvertreter (§ 44 GmbHG) im Tätigkeitsfeld der Gesellschaft. Dennoch erkennt die Rechtsprechung eine **Ressortaufteilung unter den Mitgliedern der Geschäftsleitung** an, soweit dieser eine **eindeutige** und **schriftlich fixierte Regelung**, z. B. in Form eines „**Geschäftsverteilungsplans**" zugrunde liegt.[3] Hierbei gilt es insbesondere zu gewährleisten, dass die Zuständigkeitsordnung **keine Lücken** aufweist und sich somit alle Geschäftsbereiche in der organschaftlichen Verantwortung zumindest eines Geschäftsführers widerspiegeln. Dies schließt notwendig eine Vertretungsregelung für den Fall der Verhinderung eines Organwalters, sei es wegen Krankheit, sei es in Folge Urlaubs, ein. Eine haftungsrechtliche Entlastung kommt der Aufgabenverteilung zudem nur dort zu, wo diese ihre Legitimation im **Gesellschaftsvertrag** oder einem rechtsgültigen **Beschluss der Gesellschafterversammlung** findet.[4]

Soweit die Gesellschaft über einen Aufsichtsrat verfügt und diesem die Bestellung und Abberufung der Geschäftsführer übertragen ist, genügt grundsätzlich ein entsprechender **Aufsichtsratsbeschluss**. Entspricht die Geschäftsverteilung zwischen den Geschäftsführern diesen Vorgaben, so beschränkt sich die Verantwortung der Organwalter i.d.R. auf den **ihnen zugewiesenen Geschäftsbereich**.

798 Allerdings verbleibt auch bei bestehender Ressortaufteilung zwischen den Geschäftsführern ein unabdingbarer Bereich haftungsrechtlicher Gesamtverantwortung eines jeden Organwalters. Dies betrifft insbesondere die Verpflichtung zur **wechselseitigen Information und Kontrolle** sowie das **Gebot loyaler Zusammenarbeit innerhalb der Geschäftsleitung**. Die wechselseitige Über-

---

1 OLG Bremen v. 28.2.1965, GmbHR 1964, S. 8 f.
2 OLG Nürnberg v. 17.5.1983, WRP 1983, S. 580.
3 *L/H/Kleindiek*, GmbHG § 43, Anm. 39; *B/H/Zöllner/Noack*, GmbHG § 43, Anm. 26.
4 *Hachenburg/Mertens*, GmbHG § 43, Anm. 33; zurückhaltend: *R/A/Altmeppen*, GmbHG § 43, Anm. 7.

wachungspflicht erstreckt sich dabei insbesondere auch auf die Rechtmäßigkeit des Handelns aller Geschäftsführungsmitglieder als integraler Bestandteil ihrer Compliance-Verantwortung (vgl. Rz. 789).

Dabei handelt es sich bezüglich der Weiterleitung aller für die Geschäftsführung relevanter Informationen – entgegen einer gelegentlich geäußerten Auffassung – keineswegs um eine alleinige „Bringschuld" des jeweiligen Ressortverantwortlichen. Unterlässt dieser die Unterrichtung seiner Mitgeschäftsführer oder sind die erteilten Informationen unvollständig oder unplausibel, so sind diese vielmehr von sich aus gehalten, weitere Erkundigungen einzuholen. Dabei ist kein Geschäftsführer befugt, Informationen und Unterlagen aus seinem Verantwortungsbereich den übrigen Mitgliedern der Geschäftsführung vorzuenthalten bzw. diesen die Einsicht zu verweigern oder diese von bestimmten Bedingungen abhängig zu machen. Es handelt sich insofern um Unterlagen der Gesellschaft und nicht um solche des Geschäftsführers. Ergeben sich folglich Hinweise, dass ein Mitgeschäftsführer seiner Verantwortung nicht nachkommt, so sind die übrigen Organwalter verpflichtet, unverzüglich einzugreifen und Abhilfe zu schaffen.[1] Dies bedingt im Regelfalle auch eine unverzügliche, **vollständige und sachgerechte Information der Gesellschafter** oder – soweit vorhanden – **des Aufsichtsrats**.

Demgegenüber ist es grundsätzlich unzulässig, ohne sorgfältige Klärung des Sachverhalts den bestehenden Verdacht gegenüber staatlichen Stellen zu offenbaren und hierdurch eine amtliche Untersuchung gegenüber der Gesellschaft auszulösen, die deren Reputation aufs Spiel setzt.[2]

Besondere Risiken ergeben sich regelmäßig in der **Krise der Gesellschaft**, insbesondere **im Vorfeld der Insolvenz** beim Auftreten von Liquiditätsschwierigkeiten sowie im Rahmen sonstiger Entscheidungen, die für die Rechtmäßigkeit des Handelns und die Wirtschaftlichkeit der Gesellschaft von entscheidender Bedeutung sind.[3] Die Komplexität der hier zu Tage tretenden Entscheidungslage sowie die häufig gegebenen zeitlichen Restriktionen potenzieren meist das Risiko von Fehlentscheidungen. Angesichts der hier offensichtlichen besonderen Gefährdung **verliert die interne Geschäftsverteilung notwendig an Bedeutung** (vgl. nunmehr § 64 Satz 3 GmbHG). Die Gesamtverantwortung aller Geschäftsführer lebt wieder auf (s. auch Rz. 611 ff.).[4] Demgemäß ist jeder Organwalter verpflichtet, **sich regelmäßig über Kapitalstand und Liquidität**

799

---

1 BGH v. 20.3.1986, WM 1986, S. 789.
2 BGH v. 14.7.1966, WM 1966, S. 968 ff.
3 *Hachenburg/Mertens*, GmbHG § 43, Anm. 35.
4 BGH v. 6.7.1990, NJW 1990, S. 2560 ff., 2564 f.

der Gesellschaft sowie sonstige Gefährdungslagen zu unterrichten und ggf. auch gegenüber den Mitgeschäftsführern auf rechtskonformes Handeln hinzuwirken. Dies bedingt notwendig, dass sich der Betroffene – ggf. durch Einsicht in die Bücher und sonstige Unterlagen der Gesellschaft – ein eigenes Bild von den Verhältnissen macht und sich nicht ausschließlich auf Auskünfte des Ressortverantwortlichen verlässt.

800–810 *(Einstweilen frei)*

8.2.3 Die Verletzung von Treuepflichten

Literatur: *Timm*, Wettbewerbsverbot und „Geschäftschancen" – Lehre im Recht der GmbH, GmbHR 1981, S. 177 ff.; *Merkt*, Unternehmensleitung und Interessenkollision, ZHR 159 (1995), S. 423 ff.; *Fleischer*, Zur organschaftlichen Treuepflicht der Geschäftsführer im Aktien- und GmbH-Recht, WM 2003, S. 1045 ff.; *Bauer/Diller*, Wettbewerbsverbote, 6. Aufl., 2012.

811 Angesichts seiner **treuhänderischen Funktion** bei der Verwaltung und Mehrung des Gesellschaftsvermögens trifft den Geschäftsführer im Verhältnis zur Gesellschaft eine über § 242 BGB hinaus gesteigerte **Treuepflicht**. Diese stellt insofern das Spiegelbild seiner weitreichenden Informations- und Einflussmöglichkeiten im gesellschaftlichen Binnengefüge dar.[1] Dabei findet die Treuebindung ihren Ausdruck weniger in konkreten Handlungsgeboten als in **weitreichenden Unterlassungspflichten**, die in gewissem Umfange auch über die Beendigung der Organstellung hinauswirken.

812 Als „sondergesetzliche" Ausprägung erweist sich insofern die **umfassende Verschwiegenheitspflicht** des Geschäftsführers bezüglich vertraulicher Informationen und Geheimnisse der Gesellschaft. Zwar enthält § 43 GmbHG – anders als § 93 Abs. 1 Satz 2 AktG – diesbezüglich keine ausdrückliche Regelung, doch ist die Verletzung der **„Geheimhaltungspflicht"** gem. § 85 GmbHG **strafrechtlich sanktioniert** und somit als immanente Ausprägung der Treuepflicht anerkannt. Dabei besteht eine Verpflichtung des Geschäftsführers zur Verschwiegenheit bereits dann, wenn unter Berücksichtigung der Belange der Gesellschaft ein objektives Geheimhaltungsinteresse besteht.[2] Dies betrifft auch vertrauliche Angaben Dritter (Kunden, Lieferanten etc.), soweit diese der Gesellschaft im Rahmen ihrer Geschäftstätigkeit anvertraut wurden. Die Organwalter selbst können im Namen der Gesellschaft nicht wirksam auf die Geheimhaltung verzichten, da eine entsprechende Dispositionsbefugnis die Gesell-

---

1 *B/H/Zöllner/Noack*, GmbHG § 35, Anm. 38 ff., 40.
2 *B/H/Zöllner/Noack*, GmbHG § 35, Anm. 40.

schaft im Verhältnis zu ihren Geschäftsführern schutzlos stellen würde. Eine Befreiung von der Verschwiegenheitspflicht bedarf somit stets eines **einstimmigen Gesellschafterbeschlusses**.[1] Darüber hinaus sind die Geschäftsführer – außerhalb objektiver Erfordernisse – auch dort zur Verschwiegenheit verpflichtet, wo die Gesellschafter dies **im Rahmen ihrer Weisungsbefugnis** anordnen.[2] Allerdings gilt die Geheimhaltungspflicht **nicht** im Verhältnis zu den übrigen Gesellschaftsorganen, also beispielsweise gegenüber dem **Aufsichtsrat** oder den **Gesellschaftern** (vgl. § 51a GmbHG; s. hierzu Rz. 746). Im Übrigen wirkt die Pflichtbindung auch über den Zeitpunkt des Ausscheidens des Geschäftsführers hinaus.[3]

Als maßgebliche Erscheinungsform der organschaftlichen Treuepflicht erweist sich darüber hinaus das **umfassende Wettbewerbsverbot zu Lasten des Geschäftsführers im Tätigkeitsfeld der Gesellschaft** (vgl. ausführlich Rz. 486 ff.). Der Organwalter ist folglich durchgängig verpflichtet, seine eigenen Interessen gegenüber denjenigen der Gesellschaft hintantreten zu lassen. Soweit eine entsprechende Vereinbarung besteht, erstreckt sich das Wettbewerbsverbot auch über das Ausscheiden des Geschäftsführers aus dem Amte hinaus (zu den Einzelheiten s. Rz. 501 ff.).

813

Auch jenseits des Bereichs des Wettbewerbsverbots ist es dem Geschäftsführer verwehrt, sich oder seinen Angehörigen Vorteile auf Kosten der Gesellschaft zu verschaffen und damit **Geschäftschancen der GmbH eigennützig wahrzunehmen**. So verstößt eine Kreditgewährung aus Gesellschaftsmitteln möglicherweise auch dann gegen die Treuebindung des Geschäftsführers, wenn hierbei das zur Erhaltung des Stammkapitals erforderliche Vermögen nicht berührt wird. § 43a GmbHG errichtet insofern lediglich eine **äußerste Grenze**. Der Geschäftsführer bleibt somit verpflichtet, für ausgewogene Vertragskonditionen und eine ggf. notwendige Besicherung des Darlehens Sorge zu tragen. Ergeben sich hinsichtlich der Angemessenheit Zweifel, so ist eine Entscheidung der Gesellschafterversammlung herbeizuführen.[4] Dies gilt entsprechend auch für vergleichbare Sachverhalte: Besteht bei der Durchführung einzelner Rechtsgeschäfte oder Maßnahmen auf Seiten des Organwalters ein **Interessenkonflikt**, so ist dieser gegenüber den Gesellschaftern oder dem nach der Satzung zuständigen Bestellungsorgan – beispielsweise dem Aufsichtsrat

814

---

1 *B/H/Zöllner/Noack*, a. a. O.
2 *Hachenburg/Mertens*, GmbHG § 43, Anm. 47.
3 BGH v. 26.3.1984, BGHZ 91, S. 1 ff., 6.
4 So im Ergebnis: *L/H/Kleindiek*, GmbHG § 43a, Anm. 2.

– offenzulegen, um hierdurch eine unabhängige Entscheidung zu ermöglichen.

815 Gerinnt somit das **Gesellschaftsinteresse** zur entscheidenden Bestimmungsgröße bei der Konkretisierung der Treuepflicht, so gilt dies auch hinsichtlich der **Zulässigkeit sozialer Aktivitäten**. Dabei gilt es zu beachten, dass die Definition des Unternehmensinteresses im Rahmen der Bestimmungen des Gesellschaftsvertrags zuvörderst in den **Kompetenzbereich der Gesellschafter** fällt (vgl. § 37 Abs. 1 GmbHG). Zudem tangiert die fremdnützige Verwendung von Gesellschaftsmitteln stets das **Gewinnbezugsrecht der Anteilseigner**. Zwar ist der Geschäftsführer nicht gehindert, in begrenztem Umfang soziale Aktivitäten in Form des **Sponsorings** zu entfalten, doch bedürfen Maßnahmen, deren Nützlichkeit für die Gesellschaft zumindest zweifelhaft erscheint, stets eines legitimierenden Beschlusses der Gesellschafterversammlung. Dies gilt insbesondere für Parteispenden.[1] Ein „eigenmächtiges" Handeln des Geschäftsführers ohne die – zumindest in allgemeiner Form gewährleistete – Legitimation seitens der Gesellschafter, begründet neben der Einstandspflicht gem. § 43 Abs. 2 GmbHG im Regelfall den strafrechtlichen Vorwurf der Untreue (§ 266 StGB).[2]

816–820 *(Einstweilen frei)*

8.2.4 Die Pflicht zur Sicherung des Haftungsfonds

Literatur: *Ulmer*, Die GmbH und der Gläubigerschutz, GmbHR 1984, S. 256 ff.; *Fleck*, Der Grundsatz der Kapitalerhaltung – seine Ausweitung und seine Grenzen, FS 100 Jahre GmbH, 1992, S. 391 ff.; *Goette*, Der Stand der höchstrichterlichen Rechtsprechung zur Kapitalerhaltung und zum Rückgewährverbot im GmbH-Recht, DStR 1997, S. 1495 ff.; *K.J. Müller*, Kapitalerhaltung und Bilanzierung: zur Ermittlung der Unterbilanz bei § 30 Abs. 1 GmbHG, DStR 1997, S. 1577 ff.

821 Für Pflichtverletzungen im Rahmen einer **verbotenen Eigenkapitalrückgewähr** haftet der Geschäftsführer der Gesellschaft persönlich gem. § 43 Abs. 3 Satz 2 GmbHG. Dabei erstreckt sich die Haftung des Organwalters nicht nur auf den Ausgleich einer Unterbilanz, sondern erfasst darüber hinaus auch die Beseitigung einer durch die Auszahlung bedingten Überschuldung sowie eventueller Folgeschäden. Soweit die Ersatzleistung zur Befriedigung der Gesellschaftsgläubiger benötigt wird, **kommt weder ein Verzicht der Gesellschaft noch eine Rechtfertigung aufgrund einer Weisung der Gesellschafterversammlung in Be-

---

1 *L/H/Kleindiek*, GmbHG § 43, Anm. 22; *Fleischer*, GmbHR 2010, S. 1307, 1310.
2 BGH v. 6.12.2001, DB 2002, S. 626 ff. = NJW 202, S. 1585 ff.

tracht (§ 43 Abs. 3 Satz 3 GmbHG). Der Anspruch verjährt gem. § 43 Abs. 4 GmbHG in fünf Jahren beginnend mit dem Zeitpunkt der Rückzahlung. Darüber hinaus steht den Gesellschaftern gegenüber dem Geschäftsführer bei schuldhafter Missachtung der Kapitalbindung ein **Regressanspruch** zu, soweit sie im Wege der Ausfallhaftung für verbotene Rückzahlungen an solche Mitgesellschafter einzustehen haben (§ 31 Abs. 3 GmbHG), von denen eine Erstattung nicht zu erlangen ist (§ 31 Abs. 6 Satz 1 GmbHG).

Die Sicherung des normativen Haftungsfonds im Interesse des Geschäftsverkehrs und der Gesellschaftsgläubiger liegt über §§ 30, 31 GmbHG hinaus auch im zentralen Regelungsbereich der unabdingbaren **Insolvenzantragspflicht** des Geschäftsführers bei **Zahlungsunfähigkeit** (§ 17 InsO) und **Überschuldung** (§ 19 InsO) der Gesellschaft (§ 15a InsO). Gemäß § 64 GmbHG trifft den Organwalter insoweit eine eigenständige Einstandspflicht gegenüber der GmbH. Dies gilt gem. § 64 Satz 3 GmbHG auch, soweit Zahlungen seitens des Geschäftsführers zur Zahlungsunfähigkeit der Gesellschaft führen mussten, es sei denn, dies war auch bei Beachtung der Sorgfalt eines ordentlichen Geschäftsmannes für den Geschäftsführer nicht erkennbar (vgl. Rz. 896 ff.).

822

(Einstweilen frei) 823–825

8.2.5 Freistellung durch Gesellschafterweisung

Literatur: *Konzen*, Geschäftsführung, Weisungsrecht und Verantwortlichkeit in der GmbH und GmbH & Co. KG, NJW 1989, S. 2977 ff.; *Brand*, Die Strafbarkeit des Vorstandes gem. § 266 StGB trotz Zustimmung aller Aktionäre, AG 2007, S. 681 ff.

Handelt der Geschäftsführer **in Ausführung einer Weisung der Gesellschafter**, so kommt eine Schadensersatzpflicht gegenüber der Gesellschaft regelmäßig **nicht** in Betracht.[1] Dies folgt bereits aus einem Umkehrschluss zu § 43 Abs. 3 GmbHG. Der Organwalter kann folglich sein Haftungsrisiko verringern, indem er vorab einen **Beschluss der Gesellschafterversammlung** herbeiführt. Allerdings steht eine Haftungsfreistellung nur dort in Frage, wo der Geschäftsführer seinerseits den Gesellschaftern die im Entscheidungsprozess **erforderlichen Informationen vollständig und wahrheitsgemäß** zukommen lässt. Dabei hat er insbesondere auf die aus seiner Sicht bestehenden Bedenken aufmerksam zu machen.[2] Im Übrigen ist stets ein entsprechender Beschluss der Gesellschafterversammlung erforderlich. Die Einzelweisung eines (Mehrheits-)Ge-

826

---

[1] BGH v. 21.6.1999, ZIP 1999, S. 1352 f.; BGH v. 31.1.2000, ZIP 2001, S. 493; *Konzen*, NJW 1989, S. 2977 ff., 2984 f.
[2] *Konzen*, a. a. O., S. 2985.

sellschafters genügt demgegenüber nicht.[1] Anders verhält es sich lediglich bezüglich der Einmann-GmbH. Hier entspricht die Handlung des Gesellschafter-Geschäftsführers notwendig dem Willen des Alleingesellschafters. Ein ausdrücklicher Gesellschafterbeschluss ist folglich entbehrlich.[2]

827 Allerdings scheidet ein Gesellschafterbeschluss als Rechtfertigungsgrund dort aus, wo die Beschlussfassung selbst mit einem Mangel behaftet ist oder der jeweils betroffene Pflichtenkanon dem Geschäftsführer seitens des Gesetzgebers zur **eigenverantwortlichen Wahrnehmung** zugewiesen ist. Dies betrifft zunächst **rechtswidrige Weisungen**, durch welche zwingende Bestimmungen zum Schutz öffentlicher Belange oder im Interesse des Gläubigerschutzes verletzt werden.[3] So versagt § 43 Abs. 3 Satz 3 GmbHG dem Geschäftsführer dort die Haftungsentlastung, wo die Beschlussfassung die **Rückzahlung des zur Erhaltung des Stammkapitals gebundenen Vermögens** (§ 30 Abs. 1 GmbHG) betrifft.[4] Dies gilt auch im Bereich der Kapitalaufbringung (§§ 9b, 57 Abs. 4 GmbHG) und der Zahlungen nach Eintritt der Insolvenzreife, bzw. hinsichtlich solcher Leistungen, welche die Insolvenzreife begründen (§ 64 Satz 3 GmbHG).

Im Übrigen sind Gesellschafterbeschlüsse, die gegen das Gesetz oder die Satzung verstoßen, in entsprechender Anwendung von § 243 Abs. 1 AktG regelmäßig nur anfechtbar. Dabei gilt es zu differenzieren: Ist die Anfechtungsfrist verstrichen oder scheidet die Anfechtung angesichts der Zustimmung aller Gesellschafter aus, so muss der Geschäftsführer der Weisung entsprechen,[5] ein entsprechendes Handeln ist nicht pflichtwidrig.[6] Dies gilt auch dort, wo mit einer Anfechtung nicht ernsthaft zu rechnen ist. Dem Fremdgeschäftsführer selbst kommt kein eigenständiges Anfechtungsrecht zu. Besteht demgegenüber die Anfechtungsklage fort oder ist die Anfechtung seitens eines Gesellschafters bereits erfolgt, so obliegt es dem pflichtgemäßen Ermessen des Geschäftsführers, gegebenenfalls nach Einholung einer Rechtsauskunft, zu entscheiden, ob er dem Beschluss folgt oder dies unterlässt, weil mit einem Erfolg der Anfechtungsklage nicht zu rechnen ist. Angesichts der insoweit bestehenden Einschätzungsprärogative kommt eine Haftung des Organwalters nur im Ausnahmefall in Betracht.[7]

---

1 *Hachenburg/Mertens*, GmbHG § 43, Anm. 71; *L/H/Kleindiek*, GmbHG § 43, Anm. 40.
2 BGH v. 28.9.1992, BGHZ 119, S. 257 ff., 261 f.
3 BGH v. 14.12.1959, BGHZ 31, S. 258 f., 278 f.; vgl. Rz. 611 ff. sowie Rz. 821 ff.
4 BGH v. 17.9.2001, GmbHR 2001, S. 1036 ff.
5 BGH v. 28.1.1980, BGHZ 76, S. 154 ff., 160.
6 *Hachenburg/Mertens*, GmbHG § 43, Anm. 81.
7 *R/A/Altmeppen*, GmbHG § 37, Anm. 17; *L/H/Kleindiek*, GmbHG § 37, Anm. 22; siehe auch BGH v. 11.2.1980, BGHZ 76, S. 160 ff.; *Hachenburg/Mertens*, GmbHG § 43, Anm. 81.

(Einstweilen frei) 828–830

8.2.6 Die Entlastung

Eine Haftung des Geschäftsführers gegenüber der Gesellschaft scheidet auch dort aus, wo dem Organwalter **durch Gesellschafterbeschluss Entlastung** erteilt wurde. Mit der Entlastung billigt die Gesellschaft das Handeln des Geschäftsführers in der Vergangenheit und spricht ihm das Vertrauen für die Zukunft aus.[1] Allerdings weisen die rechtlichen Konsequenzen der Beschlussfassung weit darüber hinaus: Im Gegensatz zur Rechtslage im Aktienrecht (§ 120 Abs. 2 Satz 2 AktG) ist bei der GmbH mit dem Entlastungsbeschluss als – unabdingbare – Folgewirkung ein **Ausschluss (Präklusion) von Schadensersatzansprüchen** der Gesellschaft gegenüber dem Geschäftsführer verbunden. 831

Der sachliche Umfang der Ausschlusswirkung bestimmt sich dabei in erster Linie **nach dem Inhalt des zugrunde liegenden Beschlusses**. Er erstreckt sich auf alle Vorgänge, die **aus Sicht der Gesellschafter** im Zeitpunkt der Beschlussfassung bei sorgfältiger Würdigung der seitens des Geschäftsführers vorgelegten Unterlagen und der erteilten Auskünfte **erkennbar waren**. Dabei genügt grundsätzlich auch ein außerhalb der Gesellschafterversammlung erlangtes Wissen, soweit es **allen Gesellschaftern gleichermaßen** zugänglich ist.[2] Es fällt somit in die Risikosphäre der Gesellschafter, wenn diese auf eine eingehende Klärung und Prüfung der erörterten Geschäftsvorgänge verzichten. 832

Dies gilt allerdings nur so weit, wie die Geschäftsführer **durch wahrheitsgemäße und vollständige Angaben** einen ausreichenden und wirklichkeitsgetreuen Informationsstand der Anteilseigner gewährleisten. Ansprüche, die aus den Rechenschaftsberichten der Geschäftsführer und den den Gesellschaftern unterbreiteten Unterlagen nicht oder in wesentlichen Punkten nur so unvollständig erkennbar sind, dass die Gesellschafter die Tragweite der ihnen abverlangten Entlastungsentscheidung bei Anlegung eines lebensnahen vernünftigen Maßstabs nicht überblicken können, werden von der Verzichtswirkung nicht erfasst.[3]

Darüber hinaus steht es im Ermessen der Gesellschafter, bei unsicherer Entscheidungslage einzelne Vorgänge oder Zeitabschnitte von der Entlastungswirkung auszunehmen (sog. **Teilentlastung**).[4] Nicht erfasst werden zudem alle

---

1 BGH v. 20.5.1985, NJW 1986, S. 129 ff.; s. auch BGH v. 3.12.2001, ZIP 2002, S. 213 ff., 215.
2 *Scholz/Karsten Schmidt*, GmbHG § 46, Anm. 93 f.
3 BGH v. 3.12.2001, ZIP 2002, S. 213 ff., 215.
4 Vgl. *R/A/Altmeppen*, GmbHG § 46, Anm. 37.

Ansprüche, die gegen die Grundsätze der Kapitalaufbringung und Kapitalerhaltung und damit gegen die zwingenden Gebote des Gläubigerschutzes verstoßen (vgl. §§ 43 Abs. 3 Satz 3, 9b, 57 Abs. 4, 73 GmbHG). Dabei bedarf es nach zutreffender Auffassung[1] im Einzelfall keines konkreten Nachweises, ob und inwiefern mögliche Ersatzansprüche zur Befriedigung der Gesellschaftsgläubiger erforderlich sind.

833 Was die persönliche Reichweite der Entlastungswirkung betrifft, so liegt es in der Hand der Gesellschafter, ob diese – wie im Regelfall im Rahmen einer „en-bloc-Abstimmung" – über die Entlastung der „Geschäftsführung" insgesamt und damit über die Entlastung sämtlicher Geschäftsführer entscheiden oder ob die Entlastung **einzelner Organwalter** Beschlussgegenstand ist. Besteht bei der Gesellschaft ein **Aufsichtsrat**, so muss dessen Entlastung stets **getrennt** von der Entlastung der Geschäftsführer erfolgen.

834 Mangels einer entgegenstehenden Bestimmung des Gesellschaftsvertrags erfolgt die Entlastung durch **einfachen Mehrheitsbeschluss der Gesellschafter**. Der betroffene Gesellschafter-Geschäftsführer ist hierbei zwingend vom Stimmrecht ausgeschlossen (§ 47 Abs. 4 Satz 1 GmbHG). Erfolgt die Entlastung im Wege einer „en-bloc-Abstimmung", so bleibt allen Organwaltern das Stimmrecht versagt.[2] Dies gilt auch für die Einzelabstimmung, soweit bei objektiver Betrachtungsweise nicht ausgeschlossen werden kann, dass der behandelte Vorgang **auch die übrigen Geschäftsführer** betrifft.[3] Hat die Gesellschaft einen Aufsichtsrat, so sind auch dessen Mitglieder bei der Entlastung der Geschäftsführer vom Stimmrecht ausgeschlossen, soweit – wie im Regelfall – gleichzeitig eine Verletzung von Überwachungspflichten seitens der Aufsichtsratsmitglieder in Betracht kommt. Handelt es sich bei der Gesellschaft um eine GmbH & Co. KG, so erfasst die Entlastungswirkung Ansprüche der KG gegenüber dem Geschäftsführer nur insoweit, als auch solche Kommanditisten, die nicht an der GmbH beteiligt sind, der Entlastung zugestimmt haben.[4]

835 Grundsätzlich steht die Erteilung der Entlastung im **freien Ermessen der Gesellschafter**. Ein rechtlich durchsetzbarer Anspruch auf Entlastung kommt dem Geschäftsführer folglich **nicht** zu.[5] Wird die Entlastung ohne Begründung oder aus offenbar unsachlichen Gründen verweigert, so ist der Geschäftsführer regelmäßig zur **Amtsniederlegung** (vgl. Rz. 346 ff.) sowie zur **fristlosen Kün-**

---

1 *Scholz/Karsten Schmidt*, GmbHG § 46, Anm. 95.
2 BGH v. 12.6.1989, BGHZ 108, S. 21 ff.
3 *L/H/Bayer*, GmbHG § 47, Anm. 39; *Scholz/Karsten Schmidt*, GmbHG § 46, Anm. 134.
4 *Scholz/Karsten Schmidt*, GmbHG § 46, Anm. 108 f.
5 BGH v. 20.5.1985, NJW 1986, S. 129 ff., 130.

digung des **Anstellungsvertrags** aus wichtigem Grund (vgl. Rz. 536 ff.) berechtigt. Im Übrigen steht es dem Geschäftsführer frei, negative Feststellungsklage gegen die Gesellschaft dahingehend zu erheben, dass dieser keine Ersatzansprüche gegen den Organwalter aus der Geschäftsführung zustehen. Das hierfür erforderliche Feststellungsinteresse setzt allerdings nach Auffassung der Rechtsprechung voraus,[1] dass sich die Gesellschafter **konkreter Ersatzansprüche** gegenüber dem Geschäftsführer „berühmen". Die alleinige Versagung der Entlastung genügt im Regelfall nicht.[2]

Mit **Wirksamkeit des Entlastungsbeschlusses** sind alle vom sachlichen und persönlichen Umfang erfassten Ansprüche der Gesellschaft gegenüber dem Organwalter aus der Geschäftsführung **unwiderruflich ausgeschlossen**. Dies betrifft nicht nur **Schadensersatzansprüche**, sondern erfasst auch **Bereicherungsansprüche**, soweit diese mit der Verletzung von Geschäftsführungspflichten in einem ursächlichen Zusammenhang stehen,[3] sowie die Befugnis der Gesellschaft zur **fristlosen Kündigung** des Anstellungsvertrags.[4] Im Übrigen scheidet eine Entlastungswirkung notwendig dort aus, wo der Gesellschafterbeschluss nichtig ist oder wirksam angefochten wurde.

836

Von der Entlastung zu unterscheiden ist die sog. „**Generalbereinigung**", wie sie nicht selten **anlässlich des Ausscheidens des Geschäftsführers** vereinbart wird. Mit ihr verzichten die Gesellschaft und der ausscheidende Geschäftsführer vertraglich wechselseitig auf alle – erkennbaren oder nicht erkennbaren – Ersatzansprüche, soweit die Verzichtswirkung nicht gem. § 43 Abs. 3 Satz 3 GmbHG im Interesse des Gläubigerschutzes ausgeschlossen ist.[5] Zuständig ist auch insoweit stets die **Gesellschafterversammlung**.[6] Den (verbleibenden) Mitgeschäftsführern kommt hinsichtlich des Verzichtsvertrags mit dem ausscheidenden Organwalter folglich keine Vertretungsmacht zu.[7] Was den Stimmrechtsausschluss betrifft, so gelten die Ausführungen zur Entlastung entsprechend.

837

(Einstweilen frei)

838–845

---

1 BGH v. 20.5.1985, a. a. O., S. 130.
2 Hiergegen überzeugend: *Scholz/Karsten Schmidt*, GmbHG § 46, Anm. 102.
3 BGH v. 21.4.1986, NJW 1986, S. 2250 ff., 2251.
4 BGH v. 20.4.1986, a. a. O.
5 Siehe hierzu: *L/H/Bayer*, GmbHG § 46, Anm. 29; *B/H/Zöllner*, GmbHG § 46, Anm. 49.
6 BGH v. 8.12.1997, ZIP 1998, S. 332 ff., 333.
7 BGH v. 8.12.1997, a. a. O.

8.2.7 Die gesellschaftsvertragliche Haftungsbeschränkung

Literatur: *Konzen*, Geschäftsführung, Weisungsrecht und Verantwortlichkeit in der GmbH und GmbH & Co. KG, NJW 1989, S. 2977.

846 Sieht man von der Möglichkeit einer Gesellschafterweisung und einer nachträglichen Entlastung ab, so stellt sich die Frage, ob und inwiefern das Haftungsrisiko des Geschäftsführers gegenüber der Gesellschaft auch vertraglich beschränkt werden kann. Als rechtsgeschäftliche Grundlage kommen hierbei sowohl der **Gesellschaftsvertrag** als auch das **Anstellungsverhältnis** sowie ein **Beschluss der Gesellschafter** in Betracht. Ein ausdrückliches Verbot der Haftungsbeschränkung ist dem GmbH-Recht – anders als dem AktG bzw. dem GenG – **nicht** zu entnehmen. Anders als § 93 Abs. 4 Satz 3 AktG ist der Umfang der organschaftlichen Einstandspflicht nicht gesetzlich festgeschrieben. Allerdings scheidet eine Haftungsbeschränkung dort aus, wo der Gesetzgeber den Belangen eines funktionalen Gläubigerschutzes den Vorrang einräumt. Dies betrifft insbesondere die Pflichtenstellung des Organwalters bei der **Aufbringung und Sicherung des normativen Haftungsfonds** (§§ 9a, 9b, 30, 31, § 43 Abs. 3 Satz 3, § 57 Abs. 4 GmbHG) sowie den Fall „existenzvernichtender" Eingriffe der Gesellschafter in den Bestand der Gesellschaft. Wo das Gesetz folglich im Interesse der Gesellschaftsgläubiger einen Verzicht der Gesellschaft auf Ersatzansprüche ausschließt, kommt auch eine Beschränkung der Haftung nicht in Betracht.

847 Darüber hinaus besteht hinsichtlich des „Ob" und des „Wie" einer Haftungsmilderung heftiger Streit. Zum Teil wird die Möglichkeit einer Haftungsbeschränkung aufgrund der „treuhänderischen Organstellung" des Geschäftsführers eher restriktiv interpretiert.[1] Allerdings erscheint diese Auffassung zu weitgehend. Bestehen die innergesellschaftlichen Treue- und Leitungspflichten durchgängig **im Interesse der Gesellschaft** und damit letztlich der „**Gesamtheit**" der Gesellschafter, so spricht nichts dagegen, diesen jedenfalls insoweit eine Dispositionsbefugnis einzuräumen, wie nicht zugleich zwingende Belange der **Gesellschaftsgläubiger** oder der **Allgemeinheit** berührt werden.[2]

Im Übrigen gilt es, dem Umstand der Weisungsbindung vor allem zugunsten des abhängigen Fremdgeschäftsführers in angemessener Weise Rechnung zu tragen. Zwar handelt es sich bei dem Fremdgeschäftsführer nach zutreffender

---

1 *L/H/Bayer*, GmbHG § 43, Anm. 60 ff., 64.
2 Wie hier: *B/H/Zöllner/Noack*, GmbHG § 43, Anm. 46; *R/A/Altmeppen*, GmbHG § 43, Anm. 117, 120 ff.; *Scholz/Uwe H. Schneider*, GmbHG § 43, Anm. 258 ff., 261 ff.; *Hachenburg/Mertens*, GmbHG § 43, Anm. 5; BGH v. 16.9.2002, NJW 2002, S. 3777, 3778.

Auffassung **nicht um einen Arbeitnehmer** (vgl. ausführlich Rz. 381 ff.), doch lässt die bestehende wirtschaftliche und organisatorische Abhängigkeit die entsprechende Anwendung arbeitsrechtlicher Schutzmechanismen zugunsten des Organwalters im Einzelfall zu (vgl. Rz. 381 ff.).

Dies gilt – mit gewissen Einschränkungen – auch hinsichtlich der modifizierten Haftungsregelungen bezüglich der Arbeitnehmerhaftung.[1] Aufgrund des grundsätzlich dem Arbeitgeber zugeordneten Betriebsrisikos kommt eine Haftung des Arbeitnehmers für Schäden, die er in leicht fahrlässiger Weise dem Bestand seines Arbeitgebers zufügt, nicht in Betracht.[2] Kommt es zu einer Schädigung Dritter, so ist der Arbeitgeber insofern verpflichtet, den Arbeitnehmer von der Ersatzpflicht freizustellen. Zwar findet das hier zu Tage tretende Haftungsprivileg bezüglich des (abhängigen) Geschäftsführers **keine unmittelbare oder mittelbare Anwendung**,[3] doch bestehen keine durchgreifenden Bedenken, eine entsprechende Haftungsmilderung auf **vertraglichem Wege** zu bewirken[4] und somit dem Schutzbedürfnis des Organwalters Rechnung zu tragen. Dabei empfiehlt es sich, um Unsicherheiten hinsichtlich der Reichweite der Haftungsregelung zu vermeiden, den Bereich gläubigerbezogener Sorgfaltspflichten ausdrücklich auszunehmen („*sofern gesetzliche Regelungen des Gläubigerschutzes und die Interessen der Allgemeinheit dem nicht entgegenstehen, beschränkt sich die Haftung des Geschäftsführers auf Vorsatz und grobe Fahrlässigkeit*"). Diese Auffassung hat nunmehr auch in der Rechtsprechung des BGH deutliche Sympathie[5] gefunden.

Allerdings stellt sich damit notwendig die **Frage nach der Art und Weise der Haftungsbeschränkung**. So wird teilweise eine **entsprechende Regelung im Anstellungsvertrag** oder ein **Mehrheitsbeschluss der Gesellschafterversammlung** als ausreichend angesehen.[6] Dies erscheint hinsichtlich der gebotenen „Binnentransparenz" zum Schutze **nachträglich beitretender Gesellschafter** nicht unproblematisch, da die Bestimmungen des Geschäftsführeranstellungsvertrags den „Neugesellschaftern" nicht ohne Weiteres zugänglich sind. Allerdings hat der BGH die Vereinbarung einer verkürzten Verjährungsfrist für

848

---

1 Hierzu: BAG, GS v. 12.6.1992, NZA 1993, S. 547 ff.
2 Vgl. BAG v. 24.11.1987, SAE 1988, S. 285 ff.
3 So ausdrücklich: BGH v. 27. 2. 1975, WM 1975, S. 467 ff., 469.
4 Wie hier: *Konzen*, NJW 1989, S. 2977 ff., 2984.
5 BGH v. 16.9.2002, NJW 2002, S. 3777 f.; BGH v. 31.1.2000, ZIP 2000, S. 493 f.
6 *Hachenburg/Mertens*, GmbHG § 43; *Konzen*, a.a.O.; *L/H/Kleindiek*, GmbHG § 43, Anm. 7; BGH v. 16.9.2002, NJW 2002, S. 3777, 3778.

Schadensersatzansprüche der Gesellschaft oder einer Ausschlussfrist im Anstellungsvertrag des Geschäftsführers als wirksam angesehen.[1] Man wird deshalb jedenfalls dann eine Ermächtigung für eine entsprechende Vertragsgestaltung **in der Satzung** als Wirksamkeitsvoraussetzung ansehen müssen, wenn zwischen der Begründung der Haftungsbeschränkung und der Verwirklichung des Haftungsfalls ein **Gesellschafterwechsel** stattgefunden hat.[2]

Entsprechend kommt eine Haftungsbeschränkung auch in Form einer **nachträglichen Satzungsänderung** in Betracht. Bei der Beschlussfassung bleibt dem betroffenen Gesellschafter-Geschäftsführer jedoch das Stimmrecht gem. § 47 Abs. 4 GmbHG versagt.[3] Hat sich der Gesellschafterbestand seit Begründung der Haftungsbeschränkung nicht verändert, so genügt demgegenüber auch eine entsprechende Regelung im **Anstellungsvertrag**. Folgerichtig hat der BGH eine Verkürzung der Verjährungsfrist im Geschäftsführeranstellungsvertrag als zulässig angesehen.[4] Als unverändert ist der Gesellschafterbestand dabei auch in den Fällen anzusehen, wo der Erwerb des Gesellschaftsanteils im Wege der **Gesamtrechtsnachfolge** – beispielsweise im Erbgang – erfolgte.

849–855 *(Einstweilen frei)*

8.2.8 Die Darlegungs- und Beweislast

856 Zur Geltendmachung des Schadensersatzanspruchs gegenüber dem Geschäftsführer bedarf es gem. § 46 Nr. 8 GmbHG notwendig eines **Gesellschafterbeschlusses** mit einfacher Mehrheit. Dies gilt auch, soweit es sich um deliktische Schadensersatzansprüche oder Feststellungsklagen handelt. Gem. § 47 Abs. 4 Satz 2 GmbHG kommt dem Betroffenen selbst insofern kein Stimmrecht zu. Der Beschluss muss dabei das dem Geschäftsführer vorgeworfene Fehlverhalten und den zugrunde liegenden Sachverhalt mit der gebotenen Deutlichkeit bezeichnen.[5] Fehlt es hieran, so ist die Schadensersatzklage als unbegründet abzuweisen.[6] Allerdings kann der erforderliche Beschluss noch während des Prozesses nachgeholt werden.[7] Ein entsprechender Gesellschafterbeschluss ist allerdings insoweit entbehrlich, wie die Geltendmachung des An-

---

1 BGH v. 16.9.2002, NJW 2002, S. 3777, 3778; siehe auch: OLG Stuttgart v. 26.5.2003, GmbHR 2003, S. 835, 837.
2 In diese Richtung: *B/H/Zöllner*, GmbHG § 43, Anm. 5; a. A. MüKoGmbHG/*Fleischer*, § 43 Rz. 315.
3 *Hachenburg/Mertens*, GmbHG § 43, Anm. 5.
4 BGH v. 15.11.1999, ZIP 2000, S. 135 f., 136; BGH v. 16.9.2002, NJW 2002, S. 3777, 3778.
5 *L/H/Bayer*, GmbHG § 46, Anm. 39.
6 BGH v. 20.11.1958, BGHZ 28, S. 355 ff., 359.
7 BGH v. 3.5.1999, ZIP 1999, S. 1001 f., 1002.

spruchs seitens des **Insolvenzverwalters** oder in der Liquidation der GmbH erfolgt.[1] Gleiches gilt dort, wo der Ersatzanspruch nach Pfändung und Überweisung seitens eines Gesellschaftsgläubigers geltend gemacht wird.[2] Die Gesellschafter haben gem. § 46 Nr. 8 2. Halbsatz GmbHG zugleich über die Prozessvertretung der Gesellschaft zu befinden. Sie können diese dabei einem anderen Geschäftsführer, einem Gesellschafter oder einem gesellschaftsfremden Dritten übertragen.

Im Streitfalle obliegt es der Gesellschaft, darzulegen und zu beweisen, dass das Verhalten des Geschäftsführers ursächlich einen Schaden der Gesellschaft herbeigeführt hat. Ist der Nachweis erbracht, so ist es **Sache des Geschäftsführers**, unter Beweis zu stellen, dass er die Sorgfalt eines *„ordentlichen und gewissenhaften Geschäftsleiters"* (vgl. Rz. 771 ff.) objektiv befolgt hat oder dass ihn bezüglich des entstandenen Schadens kein Verschulden trifft.[3] Die Beweislastregel des § 93 Abs. 2 Satz 2 AktG findet insofern bezüglich des Organwalters einer GmbH entsprechende Anwendung. Allerdings wurde zum Teil angenommen, die Gesellschaft trage über den Schaden und die Kausalität hinaus auch die Beweislast hinsichtlich der objektiven Pflichtwidrigkeit des Handelns oder Unterlassens des Geschäftsführers,[4] insofern kämen allenfalls Beweiserleichterungen in Betracht.

857

Dieser Auffassung kann nicht gefolgt werden. Angesichts der größeren Sachnähe und des offenkundigen Informationsvorsprungs des Geschäftsführers liegt es notwendig an diesem, alle für die Beurteilung seines Verhaltens maßgeblichen Umstände offenzulegen und ggf. zu beweisen. Dem hat sich nunmehr auch der BGH angeschlossen. So betont er in seiner Entscheidung vom 4.11.2002[5] die Gesellschaft treffe im Rechtsstreit mit ihrem Geschäftsführer lediglich die Darlegungs- und Beweislast dafür, dass und inwieweit ihr **durch das Verhalten des Geschäftsführers ein Schaden erwachsen sei,** wobei ihr ggf. die Erleichterungen des § 287 ZPO zugutekommen können. Demgegenüber müsse sich der Geschäftsführer dahingehend entlasten, **dass er seinen Sorgfaltspflichten nachgekommen ist oder schuldlos nicht nachkommen konnte**, oder dass der Schaden auch bei pflichtgemäßem Verhalten eingetreten wäre.

---

1 BGH v. 14.7.2004, DB 2004, S. 2417 f.
2 *L/H/Bayer*, GmbHG § 46, Anm. 38.
3 *L/H/Kleindiek*, § 43 Anm. 52; BGH v. 4.11.2002, NJW 2003, S. 358, 359 = BGHZ 152, S. 280 ff.; BGH v. 14.7.2008, ZIP 2008, S. 1675 ff.
4 BGH v. 21.3.1994, ZIP 1994, S. 872 ff., 873.
5 BGH v. 4.11.2002, NJW 2003, S. 358, 359 = BGHZ 152, S. 280 ff., 284 = NJW 2003, S. 358.

Diese schließe ggf. den **Nachweis der Einhaltung seitens – grundsätzlich weiten – unternehmerischen Ermessenspielraums** ein.[1]

858 Darüber hinaus erstreckt sich die Beweislastumkehr zu Lasten des Organwalters partiell auch auf die **Ursächlichkeit der Pflichtverletzung für den Schadenseintritt**. Dies gilt immer dort, wo die Natur des Schadens auf eine Pflichtwidrigkeit des Organwalters hindeutet. Weist beispielsweise der Kassen- oder Lagerbestand gegenüber der Buchführung einen erheblichen Fehlbetrag auf, so spricht dies bereits ausreichend für ein Fehlverhalten des Geschäftsführers durch eine Verletzung der ihn treffenden Überwachungs- und Kontrollpflichten.[2] Es obliegt folglich dem Organwalter, darzulegen und zu beweisen, dass die Differenz auf einer unzulänglichen Buchführung beruht und somit der Gesellschaft in Wirklichkeit kein Schaden entstanden ist.[3] Lässt sich der Nachweis anhand der unvollständigen oder fehlerhaften Buchungsunterlagen nicht führen, so fällt die mangelhafte Rechnungslegung nach der gesetzlichen Wertung (vgl. § 41 GmbHG) zwangsläufig in die **Risikosphäre des Geschäftsführers**.[4]

Im Übrigen bedarf es seitens der Gesellschaft dort keines substantiierten Nachweises eines konkreten Schadens, wo dieser wie in den Fällen der §§ 9a Abs. 1, 43 Abs. 3, 43a, 57 Abs. 4 und 64 GmbHG seitens des Gesetzes vermutet wird. Es ist dann vielmehr Sache des Geschäftsführers, zu beweisen, dass der Gesellschaft kein Schaden entstanden ist.[5]

859–865 *(Einstweilen frei)*

8.2.9 Die Verjährung

866 Gemäß § 43 Abs. 4 GmbHG verjähren Schadensersatzansprüche der Gesellschaft gegenüber dem Geschäftsführer wegen der Verletzung organschaftlicher Pflichten **nach fünf Jahren**. Dies gilt auch für die Schädigung der Gesellschaft durch falsche Angaben gegenüber dem Registergericht im Zusammenhang mit der Gründung oder einer nachfolgenden Kapitalerhöhung (§§ 9b Abs. 2, 57 Abs. 4 GmbHG) sowie hinsichtlich insolvenzbegründender Zahlungen bzw. von Zahlungen nach Eintritt der Insolvenzreife (§ 64 Satz 4 GmbHG). Die Ersatzpflicht beginnt regelmäßig mit der Entstehung des Anspruchs, im

---

1 BGH v. 22.2.2011, NZG 2011, S. 549 Rz. 19 ff.; BGH v. 4.11.2003, BGHZ 152, S. 280, 284 = NJW 2003, S. 358; MüKoGmbHG/*Fleischer*, § 43 Rz. 272.
2 Siehe BGH v. 9.6.1980, DB 1980, S. 2027 f.
3 BGH v. 9.6.1980, DB 1980, S. 2027 f.
4 BGH v. 8.7.1985, NJW 1986, S. 54 f., 55; BGH v. 26.11.1990, ZIP 1991, S. 159.
5 *Hachenburg/Mertens*, GmbHG § 43, Anm. 68.

Falle der §§ 9b Abs. 2, 57 Abs. 4 GmbHG mit der Eintragung der Gesellschaft bzw. der Kapitalerhöhung ins Handelsregister. Auf die Kenntnis der Gesellschafter von den anspruchsbegründenden Tatsachen kommt es im Rahmen der objektiven Verjährungsfrist insofern nicht an.[1]

Eine satzungsmäßige Verkürzung der Verjährungsfrist ist insoweit zulässig, wie die Gesellschaft befugt ist, auf entstandene Ersatzansprüche zu verzichten oder über den Entstehungstatbestand zu disponieren.[2] Eine Verkürzung scheidet somit aus, soweit die Ersatzpflicht des Geschäftsführers zur **Befriedigung der Gesellschaftsgläubiger** erforderlich ist (vgl. §§ 9b Abs. 1, 43 Abs. 3 Satz 3 GmbHG). Zulässig ist ebenfalls eine Verlängerung der Verjährungsfrist im Anstellungsvertrag oder in der Satzung bis zur Grnze des § 202 Abs. 2 BGB und somit bis zu 30 Jahren. Handelt es sich bei der GmbH um ein Kreditinstitut, so gilt gem. § 52a Abs. 1 KWG eine objektive Verjährungsfrist von zehn Jahren.

Soweit mit der Ersatzpflicht gem. § 43 Abs. 2 GmbHG deliktische Ansprüche der Gesellschaft konkurrieren (§§ 823 Abs. 1 und 2, 826 BGB), bestimmt sich deren Verjährung **nicht** nach § 43 Abs. 4 GmbHG, sondern ausschließlich nach §§ 195, 199 BGB. Die Verjährung beträgt somit **drei Jahre nach Kenntniserlangung** der Gesellschaft von Schaden und Schädiger oder von dem Zeitpunkt an, zu dem die Gesellschaftsorgane ohne grobe Fahrlässigkeit Kenntnis erlangen müssten (§ 199 Abs. 1 Nr. 2 BGB). In diesem Falle beginnt die Verjährung mit dem Schluss des Jahres, in dem der Anspruch entstanden ist. Unabhängig von der Kenntnis der Gesellschaft verjähren deliktische Ansprüche in zehn Jahren, gerechnet vom Zeitpunkt ihrer Entstehung an (§ 199 Abs. 3 Nr. 1 BGB). Verletzt der Gesellschafter-Geschäftsführer mit den organschaftlichen Pflichten gleichzeitig die ihm als Gesellschafter obliegende Treuepflicht gegenüber der GmbH (§§ 280, 241 Abs. 2 BGB), so kommt ihm bezüglich seiner Gesellschafterstellung die kurze Verjährung des § 43 Abs. 4 GmbHG nicht zugute. Hier greift vielmehr die allgemeine Verjährungsfrist (§§ 195, 199 BGB) von drei Jahren, gerechnet vom Zeitpunkt der Kenntnis oder der grob fahrlässigen Unkenntnis an.[3]

(Einstweilen frei) 867–870

---

1 BGH v. 21.2.2005, DB 2005, S. 821 f., 822.
2 BGH v. 15.11.1999, ZIP 2000, S. 135 f., 136, i. d. S. auch: *Hachenburg/Mertens*, GmbHG § 43, Anm. 95; *B/H/Zöllner*, GmbHG § 43, Anm. 31.
3 Vgl. zur alten Rechtslage vor der Schuldrechtsreform: BGH v. 28.6.1982, NJW 1982, S. 2869 f.; BGH v. 14.9.1998, ZIP 1999, S. 240 f.; *Scholz/Schneider*, GmbHG § 43, Anm. 203.

8.3 Die Außenhaftung des Geschäftsführers

8.3.1 Gründerhaftung und Handelndenhaftung gem. § 11 Abs. 2 GmbHG

Literatur: *Medicus*, Außenhaftung des GmbH-Geschäftsführers, GmbHR 1993, S. 533 ff.; *Altmeppen*, Das unvermeidliche Scheitern des Innenhaftungskonzepts der Vor-GmbH, NJW 1997, S. 3272 ff.; *Beuthien*, Vertretungsmacht bei der Vor-GmbH – erweiterbar oder unbeschränkbar, NJW 1997, S. 565 ff.; *Sandberger*, Die Außenhaftung des GmbH-Geschäftsführers, 1997; *K. Schmidt*, Zur Haftungsverfassung der Vor-GmbH, ZIP 1997, S. 671 ff.; *Wiedemann*, Zur Haftungsverfassung der Vor-AG: Der Gleichlauf von Gründerhaftung und Handelnden-Regress, ZIP 1997, S. 2029 ff.; *Haas*, Vor-GmbH und Insolvenz, DStR 1999, S. 985 ff.; *Bieletzki*, Außenhaftung des GmbH-Geschäftsführers, BB 2000, S. 521 ff.; *Keller*, Aktuelle Haftungsrisiken bei Mantelkauf, Mantelverwendung und Vorratsgründung, DZWIR 2005, S. 133 ff.; *Schnorr*, Geschäftsleiteraußenhaftung für fehlerhafte Buchführung, ZHR 170 (2006), S. 9 ff.; *Verse*, Organwalterhaftung und Gesetzesverstoß – Überlegungen zur Außenhaftung der Organwalter bei Verletzung von Schutzgesetzen (§ 823 Abs. 2 BGB), ZHR 170 (2006), S. 398 ff.; *H.F. Müller*, Geschäftsführerhaftung für Zahlungen auf debitorische Konten, NZG 2015, S. 1021 ff.

871 Die Gründung der GmbH erfolgt nicht in einem Akt, sondern untergliedert sich in mehrere – gedanklich und praktisch zu trennende – Schritte (vgl. bereits Rz. 56 ff.). Mit dem Abschluss des notariell beurkundeten (§ 2 Abs. 1 Satz 1 GmbHG) Gesellschaftsvertrags seitens der Gründer ist die Gesellschaft **errichtet**. Zur Entstehung bedarf es darüber hinaus der **konstitutiven**, d. h. rechtsbegründenden **Eintragung in das Handelsregister** (§ 11 Abs. 1 GmbHG) am Sitz der Gesellschaft. Dies bedeutet nun keineswegs, dass die GmbH vor ihrer Eintragung nicht existiert, sie ist als Gesellschaft – und damit als Rechtsträger und Handlungssubjekt – bereits **mit ihrer Errichtung** „in der Welt". Allerdings ermangelt es ihr vor der insoweit maßgeblichen Eintragung noch an der Eigenschaft einer „juristischen Person" und damit an der im Rechtsverkehr entscheidenden **Haftungsbegrenzung**. Mit anderen Worten: § 13 Abs. 2 GmbHG, wonach sich die Haftung gegenüber den Gesellschaftsgläubigern auf das Gesellschaftsvermögen beschränkt, findet im Gründungsstadium vor der Eintragung (noch) **keine** Anwendung.

872 Dabei unterliegt bereits die Vor-GmbH der organschaftlichen Vertretung durch ihren Geschäftsführer. Dies steht im Grundsatz außer Zweifel und folgt im Ergebnis aus den Bestimmungen über die Kapitalaufbringung im Gründungsstadium. So haben die Gesellschafter die nach dem Gesetz und der Satzung geschuldeten Pflichteinlagen bereits vor der Anmeldung durch Leistung an die Gesellschaft zu erbringen (§ 7 Abs. 2 GmbHG). Dies gilt in vollem Umfange auch für die Leistung von Sacheinlagen (§ 7 Abs. 3 GmbHG). Hierbei be-

darf es bei der Abgabe der erforderlichen Willenserklärungen notwendig der (organschaftlichen) Vertretung der GmbH. So obliegt es folgerichtig dem Geschäftsführer, durch eine entsprechende **Versicherung gegenüber dem Registergericht** zu bestätigen, dass die geleisteten Einlagen sich **endgültig in der freien Verfügung der Gesellschafter** befinden (§ 8 Abs. 2 Satz 1 GmbHG). Sind im Gründungsstadium bereits mehrere Geschäftsführer bestellt, so findet § 35 Abs. 2 Satz 2 GmbHG entsprechende Anwendung. In Ermangelung einer abweichenden Bestimmung des Gesellschaftsvertrags besteht Gesamtvertretungsbefugnis.

Lebhafter Streit besteht allerdings hinsichtlich des Umfangs der organschaftlichen Vertretungsbefugnis der Geschäftsführer im Gründungsstadium. Während einerseits bereits entsprechend § 37 Abs. 2 GmbHG eine unbeschränkte Vertretungsmacht der Geschäftsführer angenommen wird,[1] geht die Rechtsprechung[2] durchgängig davon aus, vor der Eintragung beschränke sich die Vertretungsbefugnis des Organwalters mangels eines abweichenden Willensaktes der Gesellschafter im Regelfall **auf den Gründungszweck** und damit auf solche Rechtshandlungen, die für die **Eintragung und damit die Entstehung der GmbH** notwendig seien. Allerdings stehe es den Gesellschaftern grundsätzlich frei, durch übereinstimmenden Beschluss[3] oder auch stillschweigend die Vertretungsbefugnis der Organwalter zu erweitern.[4] Eine entsprechende Willensrichtung der Anteilseigner sei regelmäßig dort anzunehmen, wo im Wege der Sachgründung ein bestehendes Unternehmen in die Gesellschaft eingebracht werde.

873

Die praktische Bedeutung des Streitstandes beschränkt sich folglich weitgehend auf den Fall der **Bargründung**. Wägt man das Für und Wider der divergierenden Sichtweisen gegeneinander ab, so sprechen die besseren Argumente für die Auffassung der Rechtsprechung. Insbesondere in Anbetracht der nunmehr allgemein bejahten unbeschränkten (Innen-)Haftung der Gründungsgesellschafter für die Verbindlichkeiten der Vor-GmbH[5] erweist es sich im Interesse des Schutzes der Gesellschafter als geboten, diesen die Entscheidung hinsichtlich des Umfangs der Vertretungsbefugnis des Geschäftsführers

---

1 *Scholz/K. Schmidt*, GmbHG § 11 Anm. 72 f.; *K. Schmidt*, GesR, § 34 II 3b.
2 BGH v. 14.7.1980, BGHZ 80, S. 129 ff., 139; BGH v. 16.3.1981, BGHZ 80, S. 182 ff., 183; zustimmend: *B/H/Fastrich*, GmbHG § 11, Anm. 19; *L/H/Bayer*, GmbHG § 11, Anm. 14.
3 BGH, a. a. O.
4 BGH v. 14.7.1980, BGHZ 80, S. 129 ff., 139.
5 BGH v. 21.1.1997, NJW 1997, S. 1507 ff., 1508 f.

zu übertragen. Die berechtigten Belange der Gläubiger werden insofern durch § 11 Abs. 2 GmbHG (vgl. Rz. 882) ausreichend geschützt.

874 Zwar steht die Vor-Gesellschaft als **eigenständiges Rechtssubjekt und Vermögensträger** den Gläubigern bereits vor der Eintragung der GmbH im Wege des Haftungszugriffs zur Verfügung (vgl. Rz. 56 ff.), doch findet das Privileg der „beschränkten Haftung" zugunsten der Gesellschafter noch **keine Anwendung**. § 13 Abs. 2 GmbHG und der dort zum Ausdruck kommende Grundsatz, dass die Gesellschafter nicht für die Verbindlichkeiten der GmbH einzutreten haben, setzt gerade eine **wirksam entstandene GmbH** voraus. Hieran fehlt es jedoch **vor der Eintragung ins Handelsregister** (§ 11 Abs. 1 GmbHG). Diese restriktive Betrachtungsweise findet ihre innere Rechtfertigung in der **noch fehlenden Kontrolle des Registergerichts** (§ 9c GmbHG), ob und in welchem Umfange die Gesellschafter ihrer Verpflichtung zur Aufbringung des normativen Haftungsfonds nachgekommen sind.

875 Scheitert die Eintragung – sei es, dass die Gesellschafter ihre Eintragungsabsicht aufgeben, sei es, dass das Registergericht den Eintragungsantrag (endgültig) zurückweist –, so haben **die Gesellschafter** – soweit sie der Aufnahme der Geschäfte vor der Eintragung **zugestimmt** haben[1] – im Verhältnis ihrer Beteiligung, d. h. pro rata, alle bis zu diesem Zeitpunkt entstandenen **Verluste auszugleichen**, soweit der Ausgleich benötigt wird, um die Gläubiger zu befriedigen.[2] Hierbei handelt es sich folglich um eine reine „**Innenhaftung**", d. h. einen **Anspruch der Gesellschaft**, welcher im Insolvenzfalle durch den **Insolvenzverwalter** geltend zu machen ist. Ein unmittelbarer „Haftungsdurchgriff" der Gesellschaftsgläubiger auf das Privatvermögen der Anteilseigner scheidet demgegenüber im Regelfall aus.[3]

Auch soweit die Eröffnung eines Insolvenzverfahrens unterbleibt, müssen die Gesellschaftsgläubiger ihren Anspruch zunächst gegenüber der **Vor-Gesellschaft** geltend machen und – sofern sie von dieser keine Befriedigung erlangen – den Anspruch der Gesellschaft gegenüber ihren Gesellschaftern auf Verlustausgleich gem. § 829 ZPO pfänden. Dies wirft in der Praxis erhebliche Schwierigkeiten auf, da die Gesellschafter zunächst nur in Höhe ihrer Stammeinlagen haften, diese aber mangels Eintragung der Gesellschaft im Handelsregister den Gläubigern nicht bekannt ist. Eine – ergänzende – Ausfallhaftung

---

1 BSG v. 8.12.1999, ZIP 2000, S. 494 ff., 496.
2 BGH v. 21.1.1997, NJW 1997, S. 1507 ff. = BGHZ 134, S. 333 ff.
3 A. A.: LSG Baden-Württemberg v. 25.7.1997, rkr., ZIP 1997, S. 1651 mit zustimmender Anmerkung *Altmeppen*, a. a. O., S. 1653 f., vgl. ZIP 1997, S. 2201; LAG Köln v. 21.3.1997, ZIP 1997, S. 1921 ff., 1923 f.

entsprechend § 24 GmbHG kann jedoch erst **nach fruchtloser Vollstreckung** geltend gemacht werden. Zudem sind für die jeweiligen Teilklagen gegenüber den Gesellschaftern möglicherweise unterschiedliche Gerichte zuständig, so dass eine einheitliche Entscheidungspraxis nicht gewährleistet ist.

Etwas anderes gilt nur dort, wo die **Vor-Gesellschaft ihrerseits vermögenslos** ist[1] und folglich die Eröffnung des Insolvenzverfahrens mangels einer die Kosten des Verfahrens deckenden Masse (§ 26 Abs. 1 InsO) ausscheidet, sowie bei solchen Gesellschaften, bei denen **weitere Gläubiger nicht vorhanden sind**, bei der **Einmann-GmbH** und in den Fällen, in denen die **insolvente Vor-Gesellschaft über keinen Geschäftsführer mehr verfügt** und daher **führungslos** (§ 35 Abs. 1 Satz 2 GmbHG) und **handlungsunfähig** ist.[2] Hier kommt eine **unmittelbare Außenhaftung** der Anteilseigner gegenüber den Gesellschaftsgläubigern in Betracht.[3] Die Gesellschafter haben folglich pro rata, d. h. entsprechend ihren Beteiligungsverhältnissen, gegenüber den Gläubigern für die Gesellschaftsverbindlichkeiten einzustehen. Soweit es die Frage der Vermögenslosigkeit betrifft, bleiben etwaige Verlustdeckungsansprüche der Vor-GmbH gegenüber ihren Gesellschaftern außer Betracht.[4]

876

Dies gilt nach allgemeinen Grundsätzen erst recht, wenn die Gesellschafter die Eintragungsabsicht **endgültig aufgegeben** haben und den Geschäftsbetrieb dennoch unter der Firma der Vor-Gesellschaft oder derjenigen der (angeblichen) GmbH fortsetzen (sog. **unechte Vor-Gesellschaft**). Die Gesellschaft bleibt auch in diesem Falle als Abwicklungs- oder Personengesellschaft parteifähig. Der damit verbundene Wechsel hinsichtlich der organschaftlichen Vertretung nach Klageerhebung führt weder zum Wegfall der Prozessfähigkeit noch zu einer Verfahrensunterbrechung, wenn und soweit die Gesellschaft durch einen Prozessbevollmächtigten vertreten wird.[5]

877

Betreibt die Gesellschaft ein kaufmännisches Handelsgewerbe (§§ 1, 105 HGB), so bestimmt sich die Haftung der Gesellschafter in diesem Falle nach den Bestimmungen über die oHG (vgl. § 128 HGB);[6] fehlt es hieran, so gelten die inso-

---

1 BFH v. 7.4.1998, ZIP 1998, S. 1149 ff., 1151; BSG v. 8.12.1999, ZIP 2000, S. 494 ff.
2 BGH v. 21.1.1997, a. a. O.
3 BGH v. 21.1.1997, a. a. O., S. 1509; BAG v. 22.1.1997, ZIP 1997, S. 1544 ff., 1546; BAG v. 27.5.1997, ZIP 1997, S. 2199 ff.; kritisch auch: *Karsten Schmidt*, ZIP 1997, S. 671 ff., 672 f.
4 BAG v. 25.1.2006, DB 2006, S. 1146 ff., 1148.
5 BGH v. 31.3.2008, DB 2008, S. 1149 f.
6 Siehe hierzu: BGH v. 4.11.2002, ZIP 2002, S. 2309 f. mit Anm. *Drygala*; BFH v. 7.4.1998, ZIP 1998, S. 1149 ff., 1151 f.

fern gleichlautenden Haftungsregeln bezüglich der Gesellschaft bürgerlichen Rechts.[1] Dies führt grundsätzlich zu einer **unbeschränkten, gesamtschuldnerischen Haftung** aller Gesellschafter für die Verbindlichkeiten der (unechten) Vor-Gesellschaft.[2] Die ohnedies problematische Beschränkung auf das Beteiligungsverhältnis scheidet zwingend aus. Allerdings trifft die unbeschränkte Außenhaftung nur diejenigen Gesellschafter, die nach dem Scheitern der Eintragung **weiterhin in der Gesellschaft verbleiben**, ohne auf deren Auflösung hinzuwirken. Auf eine aktive Mitwirkung an der Geschäftsführung kommt es demgegenüber nicht an. Scheiden einzelne Gesellschafter nach dem Scheitern der Eintragung aus der Gesellschaft aus, so verbleibt es hinsichtlich ihrer Person bei der **Verlustausgleichspflicht im Innenverhältnis**.

878 Im Übrigen endet die Verlustdeckungspflicht der Gesellschafter **im Zeitpunkt der Eintragung und damit der Entstehung der juristischen Person**. Von nun an beschränkt sich die Haftung grundsätzlich auf das Gesellschaftsvermögen (§ 13 Abs. 2 GmbHG). Dabei ist die neu entstandene GmbH identisch mit der Vor-Gesellschaft. Was die Rechtsfolgen der Eintragung betrifft, so handelt es sich bei dem Wechsel von der Vor-GmbH zur juristischen Person somit keineswegs um einen Übertragungsvorgang, sondern um einen Sonderfall der **formwechselnden Umwandlung** (vgl. § 202 Abs. 1 Nr. 1 UmwG). Die Vor-Gesellschaft setzt sich folglich in der GmbH **unter Wahrung ihrer Identität** mit allen Aktiva und Passiva fort. Allerdings gilt es zu gewährleisten, dass im Augenblick der Entstehung der juristischen Person und damit der Haftungsbeschränkung (§ 13 Abs. 2 GmbHG) das Vermögen der Gesellschaft (mindestens) den Vorgaben des satzungsgemäßen Stammkapitals entspricht. Die Gesellschafter trifft somit **spiegelbildlich zur Verlustdeckungspflicht** im Gründungsstadium eine **zwingende Unterbilanzhaftung** gegenüber der Gesellschaft. Sie sind folglich im Verhältnis ihrer Stammeinlagen, d. h. pro rata verpflichtet, solche **Vorbelastungen des Gesellschaftsvermögens** auszugleichen, die dessen Wert **im Zeitpunkt der Eintragung**[3] unter den Betrag des Stammkapitals hinaus mindern (**Differenzhaftung**).[4]

Soweit von einem Gesellschafter der Ausgleich nicht erbracht werden kann, trifft die übrigen entsprechend § 24 GmbHG eine ergänzende **Ausfallhaftung**. Der Umfang der Ausgleichspflicht ist folglich durch eine auf den Zeitpunkt der Eintragung bezogene (Vorbelastungs-)Bilanz der Gesellschaft anhand von Fort-

---

1 Vgl. BGH v. 29.1.2001, NJW 2001, S. 1056 ff.
2 So bereits: BAG v. 27.5.1997, ZIP 1997, S. 2199 ff.
3 A. A. Zeitpunkt der Anmeldung: *Scholz/Karsten Schmidt*, GmbHG § 11, Anm. 141.
4 BGH v. 14.7.1980, BGHZ 80, S. 129 ff.

führungswerten zu ermitteln.[1] Die Bewertung des Gesellschaftsvermögens hat hierbei nach der **Ertragswertmethode** zu erfolgen.[2] Dabei ist grundsätzlich auch der Geschäfts- und Firmenwert zu berücksichtigen. Allerdings beeinflussen zukünftige Erfolgschancen die Bewertung nur insofern, wie die Voraussetzungen für die Nutzung dieser Chancen bereits im Ansatz geschaffen sind.[3] Es ist folglich alleine auf die tatsächlichen Gegebenheiten abzustellen, die am Bewertungsstichtag vorhanden waren. Dabei bleiben bei der Ermittlung einer Unterbilanz allerdings solche Gründungskosten (Notar-, Register- und Grundbuchkosten sowie möglicherweise anfallende Steuern und notwendige Beratungskosten) unberücksichtigt, deren Übernahme durch die Gesellschaft in der Satzung wirksam vereinbart ist. Dafür ist grundsätzlich die genaue Bezeichnung der zu übernehmenden Kosten sowie der Ausweis eines – ggf. geschätzten – Gesamtbetrags erforderlich[4] („*Die Gesellschaft trägt die mit ihrer Gründung verbundenen Kosten, insbesondere die Gebühren des Registergerichts, die Kosten der Veröffentlichung und die Gebühren des beurkundenden Notars, bis zur Höhe von 1.000,00 Euro*").

Besteht im Zeitpunkt der Eintragung allerdings eine negative Fortbestehensprognose, so ist das Vermögen der Gesellschaft nicht zu Fortführungs-, sondern zu Veräußerungswerten zu bilanzieren. Gründungsaufwand, der nicht seitens der Satzung übernommen wurde, darf auch in der Vorbelastungsbilanz nicht aktiviert werden.[5]

Die Darlegungs- und Beweislast für das Bestehen einer Unterbilanzhaftung trifft grundsätzlich die Gesellschaft bzw. im Falle ihrer Insolvenz den Insolvenzverwalter. Wurde seitens des Geschäftsführers im Zeitpunkt der Eintragung keine Vorbelastungsbilanz erstellt oder fehlt es allgemein an einer geordneten Rechnungslegung, auf deren Grundlage der Insolvenzverwalter den Nachweis einer Vorbelastung aus dem Gründungsstadium führen kann, so ist es allerdings Sache der Gesellschafter, darzulegen und zu beweisen, dass eine Unterbilanz nicht bestanden hat.[6]

Soweit von einem Gesellschafter der Ausgleich nicht erlangt werden kann, trifft die übrigen entsprechend § 24 GmbHG eine Ausfallhaftung. Im Übrigen besteht die Unterbilanzhaftung der Gründungsgesellschafter auch, soweit der

---

1 Vgl. hierzu BGH v. 9.11.1998, ZIP 1998, S. 2151 f. – Vermögensansatz nach Ertragswert.
2 BGH v. 9.11.1998, NJW 1999, S. 283 f.
3 BGH v. 9.11.1998, NJW 1999, S. 284.
4 BGH v. 20.2.1989, BGHZ 107, S. 1 ff., 5 f.
5 BGH v. 29.9.1997, ZIP 1997, S. 2008 f.
6 BGH v. 17.2.2003, DB 2003, S. 760.

Anspruch der Gesellschaft über den Betrag der seitens der Gesellschafter übernommenen Stammeinlagen hinausgeht, also zum Ausgleich einer Überschuldung benötigt wird.[1] Der Anspruch ist seitens des Geschäftsführers bzw. des Insolvenzverwalters geltend zu machen und verjährt entsprechend § 9 Abs. 2 GmbHG in **zehn Jahren** gerechnet vom Zeitpunkt der Eintragung der Gesellschaft an.[2]

881 Zwar haften die Gesellschafter außenstehenden Gläubigern nicht unmittelbar,[3] doch können diese den Anspruch der Gesellschaft auf Ausgleich einer im Eintragungszeitpunkt bestehenden Unterbilanz gem. § 829 ZPO pfänden und hieraus gegen die Anteilseigner vorgehen.

Dabei trägt grundsätzlich der Insolvenzverwalter die **Beweislast** für die Voraussetzungen einer Unterbilanzhaftung der Gesellschafter.[4] Allerdings dürfen die diesbezüglichen Anforderungen nicht „überspannt" werden. Dabei ist insbesondere zu berücksichtigen, dass es sich bezüglich der Vorbelastung um einen im „forum internum" der Gesellschaft stattfindenden Vorgang handelt, der Außenstehenden – und damit dem Insolvenzverwalter – nicht ohne weiteres zugänglich ist. Das Beweislastrisiko ist folglich nach Einflusssphären zu verteilen. Es ist somit nicht erforderlich, dass der Insolvenzverwalter die Vorbelastung dem Grunde und der Höhe nach darlegt und beweist. Steht mithin fest, dass die Gesellschaft ihre marktbezogene Tätigkeit bereits **vor der Eintragung aufgenommen** hat, so ist es **Sache der Gesellschafter nachzuweisen, dass der Haftungsfonds im Zeitpunkt der Eintragung noch ungeschmälert vorhanden war.**

882 Sieht man von der Verlustdeckungspflicht und der korrespondierenden Differenzhaftung der **Gründungsgesellschafter** ab, so erfolgt die Sicherung der Gesellschaftsgläubiger im Stadium vor Eintragung der GmbH im Wesentlichen durch die **Handelndenhaftung des Geschäftsführers** gem. § 11 Abs. 2 GmbHG. Werden vor Eintragung ins Handelsregister im Namen der Gesellschaft rechtsgeschäftliche Erklärungen abgegeben, so haftet der handelnde Organwalter **neben der Gesellschaft** für die hieraus fließenden Verbindlichkeiten. Dabei entspricht die Bestimmung in ihrer funktionalen Ausrichtung weitgehend der Haftung des „Vertreters ohne Vertretungsmacht" (falsus procurator) gem. § 179 Abs. 1 BGB. Geht es dort um die Einstandspflicht des Vertreters gegenüber dem Dritten wegen fehlender Vertretungsbefugnis, so folgt im Falle des

---

1 BGH v. 24.10.1988, BGHZ 105, S. 300 ff., 303.
2 BGH v. 24.10.1988, BGHZ 105, S. 300 ff., 304.
3 So ausdrücklich: BGH v. 24.10.2005, DB 2005, S. 2809.
4 BGH v. 29.9.1997, ZIP 1997, S. 2008 f.

§ 11 Abs. 2 GmbHG die Haftung des Organwalters im Verhältnis zu den rechtsgeschäftlichen Gläubigern der Gesellschaft aus dem Umstand, dass es sich bei der Vertretenen noch nicht um eine perfekte juristische Person handelt; mit anderen Worten: noch fehlt es bezüglich der werdenden GmbH **an einer registergerichtlichen Überprüfung** (vgl. § 9c GmbHG), ob und inwiefern die Pflichteinlagen (§ 7 Abs. 2 GmbHG) und die Sacheinlagen (§ 7 Abs. 3 GmbHG) erbracht sind und somit zur freien Verfügung der Geschäftsführer stehen. Insofern erfasst die Handelndenhaftung gem. § 11 Abs. 2 GmbHG nur rechtsgeschäftlich begründete Verbindlichkeiten.[1]

Entsprechend der hier zu Tage tretenden „**Sicherungsfunktion**" des § 11 Abs. 2 GmbHG findet die Bestimmung nicht nur beim **Handeln im Namen der (künftigen) juristischen Person** Anwendung, sie greift vielmehr auch dort, wo der Geschäftsführer **erkennbar im Namen der Vor-GmbH** handelt.[2] Dies folgt notwendig aus der insofern bestehenden Identität zwischen der Vor-Gesellschaft und der „perfekten" GmbH.[3] Die Gegenauffassung erscheint schon deswegen wenig praktikabel, weil der allgemeine Verkehr kaum randscharf zwischen einem Handeln im Namen der (künftigen) GmbH und einem solchen im Namen der Vor-Gesellschaft trennt. Für eine entsprechende Anwendung des Rechtsgedankens des § 179 Abs. 3 Satz 1 BGB, wie sie gelegentlich vorgeschlagen wird,[4] ist darüber hinaus auch insofern kein Raum, als der Vertragspartner grundsätzlich davon ausgehen darf, dass der Organwalter persönlich für die Eintragung der Gesellschaft und damit für die Entstehung der juristischen Person Sorge trägt. Zwar erfasst die Handelndenhaftung nach ihrer Funktion (vgl. Rz. 882) grundsätzlich nur rechtsgeschäftliche Ansprüche,[5] doch gilt die Einstandspflicht des Geschäftsführers nach richtiger Auffassung auch für **Bereicherungsansprüche** (§§ 812 ff. BGB) aus fehlgeschlagenen Rechtsgeschäften.[6]

883

Im Übrigen steht es dem Geschäftsführer selbstverständlich frei, **den Abschluss des Rechtsgeschäfts durch die Eintragung der GmbH aufschiebend zu bedingen** (§ 158 Abs. 1 BGB) und somit seine Einstandspflicht gem. § 11 Abs. 2

884

---

1 BAG v. 25.1.2006, DB 2006, S. 1146 ff., 1147.
2 BGH v. 7.5.1984, BGHZ 91, S. 148 ff.; KG Berlin v. 28.6.1993, GmbHR 1994, S. 121; *B/H/Fastrich*, GmbHG § 11, Anm. 48; *L/H/Bayer*, GmbHG § 11, Anm. 27.
3 A. A.: *R/A/Altmeppen*, GmbHG § 11, Anm. 23; *K. Schmidt*, GmbHR, 1973, S. 146, 149 f.; *K. Schmidt*, NJW 1973, S. 1595, 1596.
4 *R/A/Altmeppen*, GmbHG § 11, Anm. 23.
5 Vgl. BFH v. 7.4.1998, ZIP 1998, S. 1149 ff., 1150.
6 OLG Karlsruhe v. 11.12.1997, ZIP 1998, S. 958 f.

8. Die Haftung des Geschäftsführers

GmbHG bereits konstruktiv auszuschließen.[1] Auch darüber hinaus kann die Handelndenhaftung durch vertragliche **(Individual-)Vereinbarung** mit dem Gläubiger abbedungen werden.[2] Ein Haftungsausschluss im Gesellschaftsvertrag oder in Form Allgemeiner Geschäftsbedingungen (AGB) kommt aufgrund des gebotenen Gläubigerschutzes jedoch **nicht** in Betracht.

885 Im Übrigen trifft die Haftung gem. § 11 Abs. 2 GmbHG ausschließlich den Geschäftsführer, der den Abschluss des Rechtsgeschäfts zurechenbar veranlasst hat. Dies gilt allerdings auch dort, wo sich der Organwalter bei Abschluss des Vertrags **dritter Hilfspersonen**, wie Prokuristen oder sonstiger Bevollmächtigter bedient.[3] Die Hilfspersonen selbst unterliegen **nicht** der Handelndenhaftung. Darüber hinaus erfasst die Einstandspflicht auch den **faktischen Geschäftsführer** und damit solche Gesellschafter, die in erkennbarer Weise die Geschäftsführung an sich ziehen (vgl. Rz. 771 ff.). Mehrere Geschäftsführer, die gemeinsam handeln, haften als Gesamtschuldner gem. §§ 421 ff. BGB. Eine unmittelbare Außenhaftung der Gesellschafter im Wege der Handelndenhaftung kommt demgegenüber nur dort in Betracht, wo diesen **gleichzeitig Geschäftsführerfunktion** zukommt. Dabei begründet § 11 Abs. 2 GmbHG selbst dort keine Haftung der Gründungsgesellschafter, wo die Anteilseigner die Aufnahme der Geschäftstätigkeit durch den Organwalter gebilligt oder gar angewiesen haben. Die Einstandspflicht der Gesellschafter, soweit diese sich nicht die Stellung eines Geschäftsführers anmaßen, bestimmt sich vielmehr ausschließlich nach den Grundsätzen der internen Verlustausgleichspflicht (vgl. Rz. 877).

886 Was den Umfang der Haftung betrifft, so stehen den Vertragspartnern gegenüber dem Geschäftsführer die gleichen Ansprüche zu wie gegenüber der Vor-Gesellschaft. Der Gläubiger hat folglich kein Wahlrecht zwischen Erfüllung oder Schadensersatz.[4] Die Verjährung bestimmt sich somit nach dem jeweils maßgeblichen Vertragsverhältnis. Gegenansprüche aus dem Vertragsverhältnis kann der Geschäftsführer allerdings nicht geltend machen; diese stehen alleine der Gesellschaft zu.[5] Im Übrigen ist die Haftung des Organwalters im Verhältnis zur Gesellschaft nicht subsidiär; sie steht vielmehr gleichrangig neben der Verpflichtung der Gesellschaft.

---

1 Vgl. *Scholz/Karsten Schmidt*, GmbHG § 11, Anm. 107; *L/H/Bayer*, GmbHG § 11, Anm. 27.
2 *B/H/Fastrich*, GmbHG § 11, Anm. 48
3 BGH v. 9.2.1970, BGHZ 53, S. 206 ff., 208.
4 BGH v. 9.2.1970, BGHZ 53, S. 210, 214; BGH v. 13.6.1977, BGHZ 69, S. 96, 104; *B/H/Fastrich*, GmbHG § 11, Anm. 51.
5 *B/H/Fastrich*, GmbHG § 11, Anm. 51; einschränkend: *R/A/Altmeppen*, GmbHG § 11, Anm. 36.

Die Haftung des Geschäftsführers **erlischt notwendig mit der Eintragung der** 887
Gesellschaft ins Handelsregister. Hierdurch entsteht die GmbH als perfekte juristische Person und die Sicherungsfunktion der Handelndenhaftung zugunsten der Vertragspartner entfällt. Eine praktische Bedeutung kommt der Einstandspflicht des Geschäftsführers somit nur insofern zu, **als die Eintragung der Gesellschaft unterbleibt.** Soweit der Geschäftsführer seitens der Gesellschaftsgläubiger in Anspruch genommen wird, ist er seinerseits berechtigt, bei der (Vor-)Gesellschaft Regress zu nehmen.[1] Dies folgt notwendig aus §§ 675, 670 BGB. Voraussetzung ist dabei, dass der Organwalter seine Geschäftsführungsbefugnis nicht überschreitet. Demgegenüber besteht im Regelfall kein unmittelbarer Erstattungsanspruch gegenüber den Gründungsgesellschaftern. Etwas anderes gilt nur dort, wo die Gesellschafter dem Geschäftsführer **konkrete Weisungen hinsichtlich der Vornahme einzelner Rechtsgeschäfte oder der Fortführung eines eingebrachten Unternehmens erteilen.** Hier kann eine ergänzende Auslegung des Anstellungsvertrags ergeben, dass die Gesellschafter dem Organwalter als Gesamtschuldner persönlich zum Ersatz verpflichtet sind.[2] Die Beweislast trägt insofern der Geschäftsführer. Im Übrigen obliegt der (internen) Verlustausgleichspflicht der Gründer (vgl. Rz. 882) nicht zuletzt auch die Sicherung der Regressansprüche des Organwalters.[3]

(Einstweilen frei) 888–895

8.3.2 Die Verletzung der Insolvenzantragspflicht

Literatur: *Trölitzsch,* Die Amtsniederlegung von Geschäftsführern in der Krise der GmbH, GmbHR 1995, S. 857 ff.; *Maser/Sommer,* Persönliche Haftung des GmbH-Geschäftsführers in der Insolvenz der Gesellschaft, BB 1996, S. 65 ff.; *Müller,* Geschäftsführerhaftung für Neugläubigerschäden – Eine kritische Nachbetrachtung zur Änderung der Rechtsprechung des BGH bezüglich der Haftung aus § 64 GmbHG, GmbHR 1996, S. 393 ff.; *Altmeppen,* Probleme der Konkursverschleppungshaftung, ZIP 1997, S. 1173 ff.; *Geißler,* Strittige Restanten bei der Haftung des GmbH-Geschäftsführers aus c.i.c., ZIP 1997, S. 2184; *Altmeppen/Wilhelm,* Quotenschaden, Individualschaden und Klagebefugnis bei Verschleppung des Insolvenzverfahrens über das Vermögen der GmbH, NJW 1999, S. 673 ff.; *Fritsche/Lieder,* Persönliche Haftung und Haftungsabwicklung bei Verstoß gegen die Insolvenzantragspflicht nach § 64 Abs. 1 GmbHG und § 92 Abs. 2 AktG; DZWIR 2004, S. 93 ff.; *Arends/Möller,* Aktuelle Rechtsprechung zur Geschäftsführer-Haftung in Krise und Insolvenz der GmbH, GmbHR 2008, S. 169 ff.; *Fichtelmann,* Die Rechtsstellung des Geschäftsführers der GmbH in der Insolvenz der Gesellschaft, GmbHR 2008, S. 76 ff.; *K. Schmidt,* Entbehrlicher Rangrücktritt im Recht der

---

1 BGH v. 13.12.1982, BGHZ 86, S. 122 ff., 125.
2 BGH v. 13.12.1982, a.a.O.
3 BGH v. 21.1.1997, NJW 1997, S. 1507 ff., 1508.

8. Die Haftung des Geschäftsführers

> Gesellschafterdarlehen? – Kritik an § 19 Abs. 2 E-InsO im MoMiG-Entwurf, BB 2008, S. 461 ff.; *K. Schmidt/Uhlenbruck* (Hrsg.), Die GmbH in Krise, Sanierung und Insolvenz, 4. Aufl. 2009; *Pape*, Zahlungsunfähigkeit in der Gerichtspraxis, WM 2008, S. 1949 ff.; *Sikora*, Die Fortbestehensprognose im Rahmen der Überschuldungsprüfung, ZInsO 2010, S. 2761 ff., *Hefendehl*, Der Straftatbestand der Insolvenzverschleppung, ZIP 2011, S. 601 ff.

896 Die GmbH, insbesondere die „UG (haftungsbeschränkt)" gehört nach wie vor neben der GmbH & Co. KG zu den insolvenzanfälligsten Unternehmensformen der deutschen Rechtsordnung (vgl. bereits Rz. 1 ff.). Nach der Insolvenzstatistik kommt es dabei in nahezu der Hälfte aller Fälle mangels einer die Kosten des Verfahrens deckenden Masse (§ 26 Abs. 1 InsO) nicht zur Eröffnung des Insolvenzverfahrens. Mit anderen Worten: Das im Zeitpunkt der Antragstellung vorhandene Vermögen der Gesellschaft reicht voraussichtlich nicht aus, um die Verfahrenskosten zu bestreiten. Als ähnlich dürftig erweisen sich die Insolvenzquoten ungesicherter Gläubiger im Falle der Verfahrenseröffnung. Zwar zeichnet sich nach Einführung der Insolvenzordnung eine gewisse Besserung ab, doch bleibt abzuwarten, ob diese anhält. Ihre maßgebliche Ursache findet diese für die Reputation der GmbH wenig zuträgliche Entwicklung in der **durchweg verspäteten Antragstellung seitens der Organwalter**. Mitunter werden insolvenzreife Gesellschaften durch die Anteilseigner und deren Geschäftsführer über Jahre hinweg fortgeführt und gefährden somit in erheblichem Umfange ihre Vertragspartner. Es wundert folglich kaum, dass der Gesetzgeber (vgl. nunmehr § 64 Satz 3 GmbHG) und insbesondere die Rechtsprechung die Sorgfalts- und Einstandspflichten der Organwalter im Vorfeld der Insolvenz zunehmend verschärft haben. Dies betrifft vor allem die Gewährleistung einer **rechtzeitigen Verfahrenseröffnung** und damit die **Sicherung einer ausreichenden Insolvenzmasse** im Interesse der Gesellschaftsgläubiger.

897 Gemäß § 15a Abs. 1 InsO haben die **Geschäftsführer** sowie die **Liquidatoren** im Falle der Zahlungsunfähigkeit (§ 17 InsO) oder Überschuldung (§ 19 InsO) der Gesellschaft **ohne schuldhaftes Zögern, spätestens aber drei Wochen nach Eintritt der Insolvenzreife**, die Eröffnung des Insolvenzverfahrens zu beantragen (vgl. Rz. 161 ff.). Sind mehrere Geschäftsführer vorhanden, so ist **jeder einzelne** von ihnen zur Stellung des Insolvenzantrags verpflichtet. Auf die gesellschaftsvertragliche Vertretungsordnung kommt es insoweit nicht an. Der Organwalter darf folglich nicht darauf vertrauen, ein Mitgeschäftsführer oder Gläubiger werde dem gesetzlichen Gebot schon (rechtzeitig) nachkommen. Die gesellschaftsinterne Kompetenzregelung oder eine möglicherweise bestehende Geschäftsordnung ist insofern ohne Bedeutung und entlastet den säumigen Geschäftsführer nicht. Sieht man hiervon ab, so entfällt die Insolvenz-

antragspflicht der Geschäftsführer oder Gesellschafter nicht bereits dadurch, dass ein Gläubiger Antrag auf Eröffnung des Insolvenzverfahrens gestellt hat. Dies folgt letztlich aus dem Umstand, dass der Gläubiger gem. § 13 Abs. 2 InsO seinen Antrag jederzeit ohne Begründung zurücknehmen kann.[1]

Soweit die Insolvenzreife der Gesellschaft im maßgeblichen Zeitpunkt bereits besteht, vermag auch eine **Amtsniederlegung** den Geschäftsführer **nicht** von seiner Verpflichtung zur Stellung des Insolvenzantrags zu befreien. Zwar ist die Niederlegung der Organstellung bei Bestehen einer Insolvenzlage nicht unzulässig, doch kommt diese im Lichte der Pflichtenstellung des Geschäftsführers erst dann in Betracht, wenn dieser für die rechtzeitige Stellung des Insolvenzantrags ausreichend Sorge getragen hat. Die Antragspflicht trifft über den Kreis der bestellten Organwalter hinaus auch den „**faktischen Geschäftsführer**" (vgl. Rz. 771 ff.), der nach außen erkennbar nachhaltig die Geschicke der Gesellschaft bestimmt.[2] Ist die Gesellschaft ohne Geschäftsführer und damit „**führungslos**" (§ 35 Abs. 1 Satz 2 GmbHG), so trifft die Antragspflicht gem. § 15a Abs. 3 InsO darüber hinaus jeden Gesellschafter der GmbH, es sei denn, dieser hat von der Zahlungsunfähigkeit und der Überschuldung oder der Führungslosigkeit keine Kenntnis. Im Übrigen besteht seit dem Inkrafttreten der Insolvenzordnung die Möglichkeit, die Eröffnung des Insolvenzverfahrens bereits wegen **drohender Zahlungsunfähigkeit** zu beantragen (§ 18 InsO). Allerdings besteht insofern keine Antragspflicht, so dass das Unterbleiben der Antragstellung keine Ersatzpflicht zu begründen vermag.

898

Maßgeblicher Zeitpunkt für den Beginn der Frist ist nach überwiegender Ansicht die **positive Kenntnis** des Geschäftsführers vom jeweiligen Insolvenzgrund.[3] Demgegenüber wird in der Literatur[4] teilweise die Auffassung vertreten, die Frist beginne ihren Lauf bereits mit dem **objektiven Eintritt** des insolvenzbegründenden Umstandes. Eine praktische Bedeutung kommt der Differenzierung im Falle der Zahlungsunfähigkeit kaum zu. Dem Geschäftsführer wird es kaum verborgen bleiben, wenn Schecks oder Wechsel zu Protest gehen oder die Bank Überweisungen nicht mehr ausführt.

899

Demgegenüber ist die Überschuldung für den Organwalter nicht ohne Weiteres zu erkennen. Mögliche Krisensymptome kristallisieren sich für den Geschäftsführer nur dort aus dem Unternehmensgeschehen heraus, **wo dieser fortlaufend die Liquiditätslage und die Finanzreserven der Gesellschaft über-**

---

1 BGH v. 28.10.2008, DB 2008, S. 2754 ff., 2755.
2 BGH v. 11.7.2005, DB 2005, S. 1897 f.
3 BGH v. 9.7.1979, BGHZ 75, S. 96 ff., 110 f; BGH v. 30.7.2003, ZIP 2003, S. 2213 ff. (5. Strafsenat).
4 Vgl. *Scholz/Karsten Schmidt*, GmbHG § 64, Anm. 33; *L/H/Kleindiek*, GmbHG § 64, Anm. 51.

wacht. Gerade ein solches Verhalten erscheint jedoch hinsichtlich des geforderten Gläubigerschutzes geboten.[1] Eine „Überdehnung" des Sorgfaltserfordernisses – wie zum Teil befürchtet[2] – ist damit nicht verbunden, da sowohl die zivilrechtliche Haftung als auch die strafrechtliche Ahndung eines entsprechenden „Fehlverhaltens" notwendig ein Verschulden (§ 276 BGB) voraussetzt (vgl. Rz. 905 ff.).

Im Übrigen verdeutlich nunmehr die durch das MoMiG bedingte Klarstellung des § 64 Satz 3 2. Halbsatz GmbHG, dass im Lichte einer funktionalen Zuordnung die Darlegungs- und Beweislast hinsichtlich der Kenntnis der insolvenzbegründenden Umstände **auf Seiten der Geschäftsführer** liegt. Diese haben folglich darzulegen und zu beweisen, **weshalb die Zahlungsunfähigkeit bzw. die Überschuldung der Gesellschaft für sie auch unter Beachtung der geschuldeten Sorgfalt nicht erkennbar waren** bzw. welche Maßnahmen sie zur Überwachung der Vermögens- und Liquiditätslage der Gesellschaft ergriffen haben.[3] Allerdings verletzt der Geschäftsführer seine Insolvenzantragspflicht dann nicht schuldhaft, wenn er zur Klärung der Insolvenzreife den Rat eines unabhängigen und qualifizierten Sachverständigen – beispielsweise eines Wirtschaftsprüfers – einholt und diesen über sämtliche entscheidungserheblichen Umstände vollständig informiert und infolge des erteilten Rates von der Stellung eines Insolvenzantrags absieht.[4]

900 Grundsätzlich ist die Eröffnung des Insolvenzverfahrens *„ohne schuldhaftes Zögern"*, also **unverzüglich** zu beantragen. Die Dreiwochenfrist darf folglich nur dort in voller Länge genutzt werden, wo (nachweisbar!) **begründete Sanierungschancen** zugunsten der Gesellschaft bestehen. Demgegenüber führen auch noch so aussichtsreiche Sanierungsverhandlungen nicht zu einer Fristverlängerung. Der Insolvenzantrag muss folglich dem Insolvenzgericht **noch innerhalb der „Dreiwochenfrist" zugehen**.[5] Auch die Stellung des Insolvenzantrags seitens eines Gläubigers befreit den Geschäftsführer dabei grundsätzlich **nicht** von seiner Verpflichtung.

901 Die Verletzung der Insolvenzantragspflicht führt gem. § 823 Abs. 2 BGB, § 15a Abs. 1 InsO unmittelbar zur Schadensersatzpflicht des Geschäftsführers gegenüber den Gläubigern der Gesellschaft. Insoweit stellt § 15a Abs. 1 InsO GmbHG ein **„Schutzgesetz"** zugunsten solcher Gesellschaftsgläubiger dar, die

---

1 *L/H/Kleindiek*, GmbHG Anh. zu § 64, Anm. 51.
2 Zutreffend: *R/A/Altmeppen*, GmbHG § 64, Anm. 69 ff.
3 BGH v. 7.5.2008, DB 2008, S. 2353 f.
4 BGH v. 14.5.2007, DB 2007, S. 1455 ff., 1456 f.
5 BGH v. 9.7.1979, BGHZ 75, S. 96 ff., 108 ff.

durch die verspätete Antragstellung und die hierdurch ursächlich bedingte Schmälerung der Insolvenzmasse eine Vermögenseinbuße erleiden. Gleiches gilt, soweit es im Falle der Führungslosigkeit der Gesellschaft die Pflicht der Gesellschafter gem. § 15a Abs. 3 InsO zur Stellung des Insolvenzantrags betrifft. Allerdings gilt es hinsichtlich der geforderten Kausalität zwischen der Pflichtverletzung des Geschäftsführers und dem hierdurch bedingten Forderungsausfall der Gläubiger bezüglich des Zeitpunkts der Begründung der Forderung zu differenzieren.

Altgläubiger, deren Forderung bei Eintritt der Insolvenzreife bereits begründet waren, haben lediglich Anspruch auf Ersatz des „**Quotenschadens**", also in Höhe der durch die Verzögerung bedingten Schmälerung der Verteilungsquote.[1] Der Nachweis eines entsprechenden Ursachenzusammenhangs stellt die Anspruchsinhaber i. d. R. vor erhebliche Beweisschwierigkeiten, so dass die praktische Bedeutung des „Quotenschadens" **eher gering zu veranschlagen ist**.[2]

902

Anders verhält es sich bezüglich der rechtsgeschäftlichen **Neugläubiger**, also derjenigen Anspruchsinhaber, **deren Forderungen erst nach Eintritt der Insolvenzreife, d. h. der Zahlungsunfähigkeit oder Überschuldung begründet wurden**. Betrachtet man den Zeitpunkt der Forderungsbegründung vor dem Hintergrund der gebotenen Kausalität, so wird deutlich, dass der hier zu verzeichnende Forderungsausfall insgesamt, d. h. in voller Höhe durch die Verletzung der Insolvenzantragspflicht seitens des Organwalters bedingt ist. Wäre dieser seiner Verpflichtung nachgekommen, den Insolvenzantrag innerhalb der gem. § 15a Abs. 1 InsO vorgegebenen zeitlichen Schranken zu stellen und damit die Bestandsgefährdung der Gesellschaft nach außen offenzulegen, so hätte der geschädigte Gläubiger das seiner Forderung zugrunde liegende Rechtsgeschäft entweder nicht abgeschlossen oder auf einer **risikoadäquaten Besicherung** seitens der Gesellschaft bzw. der Gesellschafter bestanden. Der Geschäftsführer hat folglich dem Neugläubiger die Vermögenseinbuße auszugleichen, die Letzterer durch seinen Forderungsausfall gegenüber der Gesellschaft erlitten hat. Ihn trifft insofern eine umfassende „**Ausfallhaftung**". Dabei ist der Schadensersatzanspruch des Neugläubigers nicht um die auf ihn entfallende Insolvenzquote aus dem Vermögen der GmbH zu kürzen. Stattdessen steht dem in Anspruch genommenen Geschäftsführer entsprechend § 255 i. V. m. §§ 273 f. BGB

903

---

1 BGH v. 6.6.1994, BGHZ 126, S. 181 ff., 190.
2 Vgl. BGH v. 6.6.1994, a. a. O., S. 197.

seinerseits ein Anspruch auf Abtretung der Insolvenzforderung des Neugläubigers gegen die Gesellschaft zu.[1]

904 Im Übrigen gilt es zu berücksichtigen, dass ein Gläubiger hinsichtlich unterschiedlicher Forderungspositionen zugleich die Stellung eines Alt- sowie diejenige eines Neugläubigers innehaben kann. So ist beispielsweise eine Bank, bei der die GmbH einen Kontokorrentkredit unterhält, Neugläubigerin, soweit sich der Umfang des in Anspruch genommenen Kredits im Stadium der Insolvenzreife erhöht.[2] Allerdings steht es damit in einem gewissem Wertungswiderspruch, wenn der BGH[3] andererseits betont, es bestünde keine die Vermutung des § 252 Satz 2 BGB auslösende Wahrscheinlichkeit, dass **Arbeitnehmer** einer insolvent gewordenen GmbH sofort eine Beschäftigung bei einem anderen Unternehmen aufnehmen, um so einen insolvenzbedingten Ausfall zu vermeiden. Damit wird den Arbeitnehmern letztlich im Verhältnis zu anderen Gläubigern in gleichheitswidriger Weise ein Schadensersatzanspruch gem. § 823 Abs. 2 BGB i.V. m. § 15a Abs. 1 InsO versagt.

905 Der Ersatzanspruch des Gläubigers gegenüber dem Organwalter setzt notwendig Verschulden auf Seiten des Geschäftsführers voraus. Dabei ist grundsätzlich ein **strenger Maßstab** zugrunde zu legen. Entscheidend ist, ob der Geschäftsführer hinsichtlich seiner Überwachungspflicht die „*Sorgfalt eines ordentlichen und gewissenhaften Geschäftsmannes*" beobachtet hat (vgl. § 64 Satz 2 GmbHG). Als solcher ist er verpflichtet, **die wirtschaftliche Lage des Unternehmens laufend zu überwachen** und sich bei Anzeichen einer Krise durch die Aufstellung eines **Vermögensstatus** (Vermögensübersicht, Überschuldungsbilanz) und einer **Liquiditätsbilanz** einen zeitnahen Überblick über den Vermögensstand und die Liquiditätslage der Gesellschaft zu verschaffen[4] und ggf. beide Rechenwerke – so lange die „Gefährdungslage" besteht – kontinuierlich fortzuschreiben. Dies kann im Einzelfall auch eine wöchentliche Ergänzung des Rechnungswerks beinhalten (s. auch Rz. 161 ff.).

906 Eine Verpflichtung zur Erstellung einer Vermögensübersicht durch den Geschäftsführer besteht dabei spätestens in dem Zeitpunkt, in welchem ein „*nicht durch Eigenkapital gedeckter Fehlbetrag*" gem. § 268 Abs. 3 HGB ausgewiesen werden muss, sowie dort, wo „*wegen des Verlusts der Hälfte des Stammkapitals*" eine Verpflichtung zur Einberufung der Gesellschafterver-

---

1 BGH v. 5.2.2007, DB 2007, S. 790 ff., 792.
2 BGH v. 5.2.2007, DB 2007, S. 790 ff., 791 f.
3 BGH v. 7.7.2003, DB 2003, S. 2117 ff., 2118.
4 BGH v. 6.6.1994, BGHZ 126, S. 199.

sammlung besteht (§ 49 Abs. 3 GmbH).[1] Im Übrigen deuten anhaltende Verluste oder Liquiditätsschwierigkeiten sowie erhebliche Forderungsausfälle regelmäßig auf eine möglicherweise drohende Überschuldung hin und begründen entsprechende Prüfungspflichten des Geschäftsführers.

Im Rahmen der hierbei erforderlichen Bewertung der Wirtschaftsgüter (vgl. Rz. 161 ff.) muss der Geschäftsführer zudem prüfen, ob für das Unternehmen insgesamt eine positive Fortführungsprognose besteht (§ 19 Abs. 2 InsO). Zwar kommt ihm diesbezüglich ein gewisser **Beurteilungsspielraum** zu, doch darf sich der Geschäftsführer **nicht alleine auf seine eigene Einschätzung verlassen**. Er ist vielmehr im Regelfall gehalten, den fachkundigen Rat **unabhängiger Dritter** (Rechtsanwälte, Wirtschaftsprüfer, Steuerberater etc.) einzuholen und so seine Entscheidung in **nachvollziehbarer Weise zu fundieren**. Allerdings gilt es zu berücksichtigen, dass der Überschuldungstatbestand des § 19 InsO durch die „Entfristung" der im Rahmen des Finanzmarktstabilisierungsgesetzes (FMStG) vom 17.10.2008[2] – Sonderregelung nunmehr endgültig – wieder zum zweistufigen Überschuldungsbegriff, wie er vor der Einführung der Insolvenzordnung Geltung beanspruchte, zurückgekehrt ist (vgl. Rz. 161 ff.). Eine Überschuldung liegt folglich – in Abweichung zu § 19 Abs. 2 InsO in der Fassung der Insolvenzordnung vom 5.10.1994 – nur dann vor, *„wenn das Vermögen des Schuldners die bestehenden Verbindlichkeiten nicht mehr deckt, es sei denn, die Fortführung des Unternehmens ist nach den Umständen überwiegend wahrscheinlich".* Trotz Bestehens einer **rechnerischen Überschuldung** scheidet eine **rechtliche Überschuldung** folglich aus, wenn die Fortführung des Unternehmens überwiegend wahrscheinlich ist.

907

Die **Beweislast für das Vorliegen der Insolvenzreife** und damit der Antragspflicht trifft **grundsätzlich den Gläubiger**. Demgegenüber liegt die Darlegungs- und Beweislast für die fehlende Kenntnis des Insolvenzgrundes in den Händen der Geschäftsführer bzw. Gesellschafter (vgl. Rz. 899). Allerdings kommt ggf. dort eine **Beweiserleichterung zugunsten des Gläubigers** in Betracht, wo die Eröffnung des Insolvenzverfahrens mangels Masse abgelehnt wird (§ 26 Abs. 1 InsO) und zwischen der Begründung der Forderung und dem Eröffnungsantrag nur ein **verhältnismäßig geringer Zeitraum** liegt. Nach Auffassung des LG München[3] spricht eine Vermutung für das Vorliegen einer Überschuldung bei Vornahme des Rechtsgeschäfts, wenn der Eröffnungsantrag innerhalb eines Zeitraums von nur sechs Monaten erfolgt. Hier ist es Sache des Geschäftsfüh-

908

---

1 BGH v. 7.5.2008, DB 2008, S. 2353 f.
2 BGBl 2008 I S. 1982.
3 LG München I v. 22.9.1999, BB 2000, S. 428.

rers darzutun, dass ein zwischenzeitlich eingetretenes unabwendbares Ereignis die Insolvenz verursacht hat. Im Übrigen gilt der Nachweis der Überschuldung dort als geführt, wo dem Kläger wegen der Verletzung der Buchführungs- und Aufbewahrungspflicht seitens der GmbH der konkrete Nachweis unmöglich ist.[1]

909 Zum Zwecke des Nachweises des Überschuldungszeitpunkts kommt den Gläubigern grundsätzlich das Recht zu, das Gutachten des (vorläufigen) Insolvenzverwalters einzusehen, welches dieser im Auftrage des Amtsgerichts erstattet hat. Da das Verfahren die gemeinschaftliche Befriedigung der Gläubiger bezweckt, sind diese, soweit sie ihr rechtliches Interesse glaubhaft machen, auch zur Einsichtnahme befugt.[2] Dies beinhaltet auch die Einsicht in die Geschäftsunterlagen der GmbH, soweit diese sich bei der Insolvenzakte befinden. Das rechtliche Interesse des Gläubigers an der Einsicht in die Insolvenzakte besteht dabei grundsätzlich auch nach Abweisung des Antrags auf Insolvenzeröffnung mangels Masse fort. Die damit verbundene mögliche Preisgabe von Informationen Dritter ist hinzunehmen, da anderenfalls dem schutzwürdigen Interesse des Gläubigers im Verhältnis zum Schuldner nicht entsprochen werden kann.[3] Die Entscheidung über die Einsicht trifft auf Antrag der Direktor (oder Präsident) des zuständigen Amtsgerichts. Gegen die Ablehnung ist gem. § 23 GVG die Beschwerde zum Oberlandesgericht zulässig.

910 Andererseits obliegt es dem Geschäftsführer, darzulegen und zu beweisen, dass und inwiefern im Zeitpunkt der Aufstellung oder Anpassung des Vermögensstatus ggf. eine positive Fortführungsprognose bestand[4] und folglich – trotz rechnerischer Überschuldung – keine Verpflichtung zu Stellung eines Insolvenzantrags bestand.

911 Die Ausfallhaftung des Geschäftsführers gegenüber den „Neugläubigern" kann als „**Individualschaden**" seitens der Geschädigten auch **während eines laufenden Insolvenzverfahrens** geltend gemacht werden. Eine Kompetenz des Insolvenzverwalters besteht insofern nicht.[5] Anders verhält es sich bezüglich des **Quotenschadens der „Altgläubiger"**. Dieser ist als „**Gesamtschaden**" während des Insolvenzverfahrens ausschließlich durch den Insolvenzverwalter gel-

---

1 BGH v. 12.3.2007, DB 2007, S. 1184 ff., 1185; anders noch: OLG Brandenburg v. 31.3.2005, DB 2005, S. 1210 f.
2 OLG Düsseldorf v. 17.12.1999, ZIP 2000, S. 322 f.; a. A. OLG Brandenburg v. 25.7.2000, ZIP 2000, S. 1541 f.
3 BGH v. 5.4.2006, DB 2006, S. 1368 ff.
4 Zurückhaltend BGH v. 6.6.1994, BGHZ 126, S. 200.
5 BGH v. 30.3.1998, BB 1998, S. 1277 f., mit Anm. *Wellensiek*.

tend zu machen (§ 92 InsO), ein Individualanspruch der Gläubiger besteht daneben nicht.

Neben der Haftung des Geschäftsführers kommt eine Einstandspflicht Dritter, seien es Gesellschafter, Aufsichtsratsmitglieder oder externe Berater, unter allgemein deliktsrechtlichen Aspekten, sei es als Gehilfen oder Anstifter, in Betracht.[1] Weisen die Gesellschafter beispielsweise den Geschäftsführer an, den Insolvenzantrag zu verzögern, so haften sie als „**Anstifter**" (§ 830 Abs. 2, § 840 BGB) **neben dem Geschäftsführer** gesamtschuldnerisch für den entstandenen Schaden, ungeachtet des Umstandes, dass der entsprechenden Weisung im Verhältnis zum jeweiligen Organwalter keine Verbindlichkeit zukommt. Unter dem Aspekt der „**sittenwidrigen Gläubigerschädigung**" kommt zudem eine Haftung von **Kreditinstituten** in Betracht, soweit diese gegenüber dem Geschäftsführer auf die **Verzögerung des Insolvenzantrages** hinwirken (§ 826 BGB). Darüber hinaus kann sich die Einstandspflicht eines Steuer- und sonstigen Beraters gegenüber der Gesellschaft unter vertraglichen Gesichtspunkten ergeben, soweit der Geschäftsführer aufgrund fehlerhafter oder unvollständiger Beratung die Insolvenzreife der Gesellschaft nicht erkennen konnte.[2]

912

Der Schadensersatzanspruch der Alt- und Neugläubiger gegen den Geschäftsführer oder Dritte verjährt gem. §§ 195, 199 BGB in drei Jahren, gerechnet vom Zeitpunkt der Kenntniserlangung von Tat und Täter oder der grob fahrlässigen Unkenntnis an. Die Verjährungsfrist beginnt mit dem Schluss des hierfür maßgeblichen Jahres (§ 199 Abs. 1 BGB). Unabhängig von der Kenntniserlangung beträgt die Verjährungsfrist zehn Jahre (§ 199 Abs. 3 Nr. 1 BGB).

913

Der Gesellschaft kommt gem. § 64 Satz 1 GmbHG ein eigenständiger Ersatzanspruch gegenüber dem Geschäftsführer zu, wenn dieser nach Eintritt der Zahlungsunfähigkeit oder der Überschuldung weitere Zahlungen leistet und hierdurch das Vermögen der Gesellschaft schmälert. Gleiches gilt gem. § 64 Satz 3 GmbHG, soweit durch **Zahlungen an die Gesellschafter** die Zahlungsunfähigkeit der Gesellschaft herbeigeführt wurde, es sei denn, dies war auch unter Beachtung der geschuldeten Sorgfalt für die Geschäftsführer nicht erkennbar. Dies gilt jedoch nicht, soweit die Zahlungen „*auch nach diesem Zeitpunkt mit der Sorgfalt eines ordentlichen Geschäftsmanns vereinbar sind*" (§ 64 Satz 2 GmbHG). Der Begriff der „Zahlungen" ist dabei im Lichte seiner gläubigerschützenden Funktion grundsätzlich weit auszulegen.

914

---

1 BGH v. 25.7.2005, DB 2005, S. 2182 ff.
2 Siehe jetzt zur Haftung eines Steuerberaters für eine fehlerhafte Bilanz: BGH v. 6.6.2013, ZIP 2013, S. 1332 ff., 1333.

Im Kern ist es der Regelung nicht zuletzt darum zu tun, die Privilegierung einzelner Gläubiger zugunsten der Gläubigergesamtheit zu unterbinden. Damit ist beispielsweise die Einreichung und Gutschrift eines Verrechnungsschecks auf ein debitorisches Konto der Gesellschaft im Regelfall geeignet, den Tatbestand des § 64 GmbHG zu erfüllen. Demgegenüber ist die Zahlung der Arbeitnehmeranteile der Sozialversicherung sowie die Erfüllung der steuerlichen Verpflichtungen der Gesellschaft nicht geeignet, die persönliche Haftung des Geschäftsführers zu begründen, wenn und soweit sich dieser durch die Verletzung seiner Abführungspflicht strafrechtlicher Verfolgung aussetzt.[1]

915 Die Durchsetzung des Anspruchs obliegt als „Gesamtschaden" gem. § 92 InsO ebenso wie die Geltendmachung des Quotenschadens der **„Altgläubiger"** dem **Insolvenzverwalter**. § 64 GmbHG findet allerdings auch dann Anwendung, wenn der Insolvenzantrag fristgemäß gestellt wurde. Andererseits schließt die äquivalente Gegenleistung eines Vertragspartners den Anspruch notwendig aus. Im Übrigen sind Zahlungen, die zur vorläufigen Weiterführung des Unternehmens während der Dreiwochenfrist erforderlich sind, um – nicht zuletzt im Interesse der Gläubiger – den sofortigen Zusammenbruch zu vermeiden, gem. § 64 Satz 2 GmbHG nicht von der Ersatzpflicht erfasst. Die **Beweislast** liegt insofern bei dem **Geschäftsführer**. Der Ersatzanspruch der Gesellschaft verjährt gem. § 43 Abs. 4 GmbHG in fünf Jahren, gerechnet vom Zeitpunkt der Zahlung.

916 Eine – praxisrelevante – Sonderregelung mit erheblichen Auswirkungen auf das Haftungsrisiko der Organwalter ergibt sich aus § 26 Abs. 3 InsO. Der Gesetzgeber trägt damit dem Umstand Rechnung, dass es in der Mehrzahl aller Insolvenzen mangels einer die Kosten des Verfahrens deckenden Insolvenzmasse nicht zur Eröffnung des Verfahrens kommt. Bisher bestand auf Seiten der Gläubiger nur ein geringes Interesse, durch einen **Vorschuss in die Masse die Verfahrenseröffnung zu ermöglichen**. Nunmehr räumt der Gesetzgeber dem vorleistenden Gläubiger einen **Rückgriffsanspruch gegenüber dem Geschäftsführer** ein, soweit dieser den Insolvenzantrag „*pflichtwidrig und schuldhaft nicht gestellt hat*". Dabei begründet der Umstand, dass die im Zeitpunkt der Antragstellung vorhandenen Vermögenswerte der Gesellschaft nicht ausreichen, um die Kosten des Verfahrens zu bestreiten, **die Vermutung, dass der Geschäftsführer seine Verpflichtung zur unverzüglichen Antragstellung verletzt hat** (§ 26 Abs. 3 Satz 2 InsO). Es ist somit Sache des Geschäftsführers, dar-

---

[1] So jetzt unter Aufgabe seiner früheren abweichenden Rechtsprechung: BGH v. 14.5.2007, DB 2007, S. 1455 ff., 1456.

zulegen, weshalb eine frühere Antragstellung nicht in Betracht kam.[1] Der Regressanspruch verjährt in fünf Jahren.

Die Verletzung der Insolvenzantragspflicht seitens der Geschäftsführer sowie der Liquidatoren bzw. – im Falle der Führungslosigkeit der Gesellschaft (§ 35 Abs. 1 Satz 2 GmbHG) – seitens der Gesellschafter ist gem. § 15a Abs. 4 und 5 InsO strafbewehrt. Auch soweit es die Strafbarkeit betrifft, entfällt die Insolvenzantragspflicht der Geschäftsführer oder Gesellschafter nicht bereits aufgrund des Umstandes, dass ein Gläubiger Insolvenzantrag gestellt hat.[2] Unterbleibt die Stellung des Insolvenzantrags oder erfolgt diese verspätet, so beträgt das Strafmaß Geldstrafe oder Freiheitsstrafe bis zu drei Jahren, bei fahrlässiger Begehung bis zu einem Jahr § 15a Abs. 4 InsO). Nach der allgemeinen Verfügung über Mitteilungen in Zivilsachen vom 29.4.1998, zuletzt geändert am 25.8.2008[3] sind die Insolvenzgerichte von Amts wegen verpflichtet, die Eröffnung des Insolvenzverfahrens oder deren Ablehnung mangels Masse gegenüber der Staatsanwaltschaft mitzuteilen.

917

Haftung des Geschäftsführers gem. § 15a Abs. 1 InsO i.V.m. § 823 Abs. 2 BGB

918

Haftung gegenüber den Gesellschaftsgläubigern

1.) Grund der Haftung:

▶ Schmälerung der Insolvenzmasse

▶ Weiterführung der konkursreifen Gesellschaft und hierdurch bedingter Gläubigergefährdung

▶ Niederlegung des Amtes nach Insolvenzreife befreit nicht von der Haftung

▶ fahrlässige Unkenntnis des GF vom Insolvenzgrund genügt

▶ GF trägt Beweislast für fehlendes Verschulden

▶ Rechtsfolgen

---

1 Vgl. auch BGH v. 6.6.1994, BGHZ 126, S. 181 ff., 200.
2 BGH v. 28.10.2008, DB 2008, S. 2754 ff., 2755.
3 Beilage zu NJW 1998, Heft 38.

8. Die Haftung des Geschäftsführers

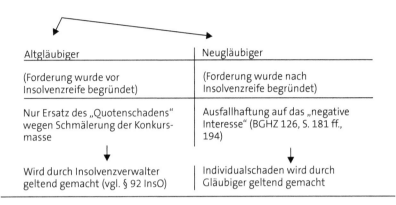

919–930 *(Einstweilen frei)*

8.3.3 Die Haftung aus Verschulden bei Vertragsschluss

Literatur: *Medicus*, Die Außenhaftung des GmbH-Geschäftsführers, GmbHR 1993, S. 533 ff.

931 Ob neben der deliktischen Einstandspflicht bei verspäteter Stellung des Insolvenzantrags eine vorvertragliche Haftung des Geschäftsführers gegenüber den Gläubigern der Gesellschaft unter dem Aspekt des „Verschuldens bei Vertragsschluss" (culpa in contrahendo – c.i.c., siehe nunmehr §§ 241 Abs. 2, 311 Abs. 3, 280 Abs. 1 BGB) in Betracht kommt, ist umstritten. Im Kern geht es dabei um die Frage, ob und in welchem Umfange den Geschäftsführer in der Krise des Unternehmens eine **Aufklärungspflicht gegenüber den Verhandlungspartnern** hinsichtlich der Finanzlage der Gesellschaft trifft, für deren Verletzung er persönlich haftet. Dabei ist bei der Beantwortung der Frage große Zurückhaltung geboten: Grundsätzlich ist es nicht Aufgabe des Geschäftsführers, die Interessen „der Gegenseite" wahrzunehmen. Er ist vielmehr durchweg den Belangen der Gesellschaft verpflichtet. Für deren Beeinträchtigung haftet er der Gesellschaft kraft seiner Organstellung (vgl. Rz. 771 ff.). Dennoch hat die Rechtsprechung des BGH in bestimmten Ausnahmefällen das Bestehen einer Aufklärungspflicht angenommen, diese Praxis jedoch in jüngster Zeit zu Recht stark eingeschränkt.

932 Insbesondere das **„wirtschaftliche Eigeninteresse"** des Gesellschafter-Geschäftsführers am Zustandekommen des Rechtsgeschäfts zwischen der Gesellschaft und dem Dritten vermag eine Einstandspflicht des Geschäftsführers

nicht zu begründen.[1] Dies gilt auch dort, wo es sich bei dem Organwalter um den **Mehrheits- oder gar Alleingesellschafter der GmbH** handelt. Die ursprünglich abweichende Rechtsprechung des BGH[2] widersprach im Kern dem Trennungsgrundsatz des § 13 Abs. 2 GmbHG, wonach den Gläubigern für die Gesellschaftsverbindlichkeiten grundsätzlich nur das Gesellschaftsvermögen haftet. Dass dies uneingeschränkt auch für Einmann-Gesellschaften gilt, hat der Gesetzgeber mit der Neufassung des § 1 GmbHG durch die GmbH-Novelle 1980 ausdrücklich anerkannt. Auch der Umstand, dass der Gesellschafter-Geschäftsführer zur Absicherung von Gesellschaftsverbindlichkeiten in erheblichem Umfange Sicherheiten (Bürgschaften, Grundschulden etc.) bestellt hat, **rechtfertigt keine abweichende** Betrachtungsweise. Wer Sicherheiten bestellt, haftet nach Maßgabe und Inhalt des Sicherungsrechts dem jeweiligen Sicherungsnehmer. Es ist jedoch kein Grund ersichtlich, die Einstandspflicht mit dem Privatvermögen über den Kreis der Inhaber von Sicherungsrechten hinaus auf weitere Gläubiger auszudehnen.[3]

Etwas anderes mag allenfalls dort gelten, wo der **Geschäftsführer** im Rahmen von Vertragsverhandlungen über das normale Verhandlungsvertrauen der Partner hinaus **einen persönlichen Vertrauensvorsprung in Anspruch nimmt**, indem er beispielsweise Zweifel an der Solvenz der Gesellschaft unter Hinweis auf seine eigene finanzielle Leistungsfähigkeit zerstreut. Wer in dieser Weise selbst die Trennung der Vermögenssphären durchbricht, muss sich von seinem Verhandlungspartner den zurechenbar geschaffenen Rechtsschein entgegenhalten lassen.[4] Bedeutung gewinnt dies nicht zuletzt im Bereich des **Kapitalanlagerechts**. Treten organschaftliche Vertreter einer kapitalsuchenden Gesellschaft den Anlegern persönlich gegenüber, um diese im Rahmen ihrer Anlageentscheidung zu informieren oder zu beraten, so haften sie bei Unrichtigkeit oder Unvollständigkeit ihrer Angaben den Investoren nach den Grundsätzen des Verschuldens bei Vertragsschluss.[5] Demgegenüber genügt der Hinweis auf eine besondere Sachkunde des Organwalters regelmäßig nicht,[6] eine persönliche Einstandspflicht zu begründen.

933

(Einstweilen frei) 934–940

---

1 So ausdrücklich: BGH v. 6.6.1994, BGHZ 126, S. 181 ff., 184 ff.; BGH v. 23.10.1985, ZIP 1986, S. 26 ff., 29.
2 Vgl. Urteil v. 23.3.1983, BGHZ 87, S. 27 ff., 33 f.
3 So zutreffend: BGH v. 6.6.1984, BGHZ 126, S. 181 ff., 185 f.; vgl. aber noch anders BGH v. 2.3.1988, ZIP 1988, S. 505 ff., 507.
4 Vgl. BGH v. 1.7.1991, ZIP 1991, S. 1140 ff., 1142.
5 BGH v. 2.6.2008, DB 2008, S. 2019 ff.
6 BGH v. 19.2.1990, DB 1990, S. 1811 – anders bei „ganz außergewöhnlicher Sachkunde"?

8.3.4 Die Haftung wegen Verletzung von Organisationspflichten

Literatur: *Ottofülling*, Steht der Geschäftsführer der GmbH in der Gefahr, persönlich auf Unterlassung zu haften? – Eine Darstellung anhand von Beispielen aus dem gewerblichen Rechtsschutz, GmbHR 1991, S. 304 ff.; *Keßler*, Die deliktische Eigenhaftung des GmbH-Geschäftsführers, GmbHR 1994, S. 429 ff.; *Schnorr*, Geschäftsleiteraußenhaftung für fehlerhafte Buchführung, ZHR 170 (2006), S. 9 ff.; *Verse*, Organwalterhaftung und Gesetzesverstoß – Überlegungen zur Außenhaftung der Organwalter bei Verletzung von Schutzgesetzen (§ 823 Abs. 2 BGB), ZHR 170 (2006), S. 398 ff.; *Werner*, Die Haftung des GmbH-Geschäftsführers für Wettbewerbsverstöße und Immaterialgüterrechtsverletzungen durch die Gesellschaft, GRUR 2015, S. 739 ff.

941 Darüber hinaus bejaht die Rechtsprechung in gewissen Konstellationen eine deliktische (Außen-)Haftung des Geschäftsführers gem. § 823 Abs. 1 oder Abs. 2 BGB bei Verletzung (auch) gläubigerbezogener Schutzgesetze (vgl. bereits zur Verletzung der Insolvenzantragspflicht gem. § 823 Abs. 2 BGB, § 15a Abs. 1 InsO Rz. 896 ff.) oder Organisationspflichten. Allerdings geht es nicht an, der Verletzung interner Pflichtenbindungen gegenüber der Gesellschaft – und sei es auch nur in Ausnahmefällen – Außenwirkung gegenüber den Vertragspartnern der Gesellschaft zuzuerkennen. § 43 GmbHG (vgl. Rz. 786 ff.) entfaltet keine unmittelbare Schutzwirkung zugunsten der Gläubiger. Wie vielmehr die Regelung des § 43 Abs. 3 GmbHG zeigt, erfolgt der Schutz außenstehender Dritter selbst im Falle verbotener Kapitalrückgewähr **nur mittelbar über die Sicherung des Haftungsfonds der Gesellschaft**:

Soweit Schadensersatzleistungen des Organwalters zur Befriedigung der Gesellschaftsgläubiger erforderlich sind, können die Gesellschafter hierüber nicht disponieren. Dies ändert selbstverständlich nichts daran, dass jeder Geschäftsführer für die durch ihn begangenen Delikte (§§ 823 ff. BGB), wie Sachbeschädigungen oder Körperverletzungen, in eigener Person einzustehen hat. Zudem haftet dem Geschädigten hierfür auch das Vermögen der Gesellschaft, soweit die schädigende Handlung seitens des Organwalters „*in Ausübung der ihm zustehenden Verrichtungen*" (§ 31 BGB) erfolgt. Da die **GmbH** als juristische Person **nur vermittels ihrer „Organe" handlungsfähig** ist, hat sie für deren Handlungen im Rahmen der Geschäftsführertätigkeit einzustehen. Es handelt sich stets auch um Handlungen der Gesellschaft. Insofern ist es grundsätzlich Sache der Gesellschaft und ihrer Gesellschafter, soweit die GmbH gem. § 31 BGB für schädigende Handlungen oder Unterlassungen ihrer Geschäftsführer einzustehen hat, bei diesen Rückgriff zu nehmen.

942 Eine originäre Außenhaftung des Geschäftsführers kommt jedoch dort in Betracht, wo über die internen Pflichtenbindungen der Organstellung hinaus, die

8.3 Die Außenhaftung des Geschäftsführers

Rechtsordnung dem Organwalter spezifische „**Verkehrssicherungspflichten**" auch und gerade im „**Drittinteresse**" auferlegt. Vertraut ein Vertragspartner der Gesellschaft sein durch § 823 Abs. 1 BGB geschütztes (Vorbehalts-) Eigentum an, so kann sich aus der Zuständigkeit des Geschäftsführers für die Organisation und Leitung der Gesellschaft sowie der daraus folgenden Möglichkeit der Gefahrensteuerung und -abwehr eine „Garantenpflicht" (zentrale Koordinationspflicht) des Organwalters auch gegenüber dem Gläubiger ergeben.[1] Verletzt er schuldhaft die hieraus fließenden Organisationspflichten, so kommt ein **unmittelbarer Schadensersatzanspruch des Dritten** gegenüber dem Geschäftsführer in Betracht. Dies ist gerade im Falle der Insolvenz der Gesellschaft von erheblicher Bedeutung. Allerdings kommt eine aus der Organisationsgewalt des Geschäftsführers abgeleitete Garantenstellung nur hinsichtlich solcher Schutzpflichten – ausnahmsweise – in Betracht, die aufgrund ihrer Bedeutung und des ihnen innewohnenden Gefährdungspotenzials einer zentralen Koordination durch den Geschäftsführer bedürfen. Dies gilt beispielsweise hinsichtlich organisatorischer Vorkehrungen im Rahmen der **Produktbeobachtungspflicht** oder der **Umweltverantwortlichkeit** des (Hersteller-)Unternehmens, insbesondere dort, wo sich aufgrund tatsächlicher Vorfälle in der Vergangenheit ein konkretes Gefährdungspotenzial abzeichnet.[2]

Die hierin gründende persönliche Einstandspflicht der Organwalter setzt allerdings voraus, dass den Geschäftsführer insofern eine eigenständige „Garantenstellung" gegenüber dem geschützten Personenkreis hinsichtlich der Schadensabwehr trifft. Dass dies auch im Rahmen der **Produzentenhaftung** in Betracht kommt, betont der BGH zutreffend in seiner „Lederspray-Entscheidung".[3] Zwar ist die Gesellschaft als „Herstellerin" eigentliches Zuordnungssubjekt der entsprechenden Verkehrssicherungspflicht, **doch obliegt es dem Geschäftsführer, im Rahmen seiner Organverantwortung zu gewährleisten, dass seitens der Gesellschaft keine fehlerhaften Produkte in Umlauf gebracht werden**. Dieser hat folglich im Rahmen der ihm obliegenden zentralen Koordinationspflichten eine hinreichende Produktinformation und Produktbeobachtung sicherzustellen. Dazu gehören ggf. auch die zum Schutze Dritter erforderlichen Warn- und Rückrufmaßnahmen bezüglich der fehlerhaften Erzeugnisse. Die hier begründeten Haftungsrisiken betreffen im Übrigen nicht nur die Produktverantwortung im industriellen Bereich, sondern umfassen da-

943

---

1 BGH v. 5.12.1989, BGHZ 109, S. 297 ff., 303 f.
2 BGH v. 6.7.1990, ZIP 1990, S. 1413 f.
3 BGH v. 6.7.1990, NJW 1990, S. 2560 ff., 2563 ff.

rüber hinaus auch Dienstleistungsbetriebe wie beispielsweise Gaststätten und Restaurants.[1] Dabei gelten die im Rahmen der Produkthaftung entwickelten Grundsätze hinsichtlich der Beweislastumkehr nicht nur zu Lasten der Gesellschaft, sondern finden gleichermaßen auf den Geschäftsführer Anwendung.[2]

944 Es geht allerdings keinesfalls an, über die „Einbruchstelle" gesellschaftsrechtlicher Organisationspflichten eine persönliche Einstandspflicht des Geschäftsführers für unerlaubte Handlungen von Arbeitnehmern im Tätigkeitsfeld der GmbH zu begründen. Diese sind insoweit Verrichtungsgehilfen (§ 831 BGB) der GmbH und folglich dem Risikobereich der Gesellschaft und nicht demjenigen des Geschäftsführers zuzuordnen. Nur im Lichte dieser Einschränkung ist die Rechtsprechung des BGH[3] unbedenklich.

945 Wie bereits die „Sondertatbestände" der Verletzung der Insolvenzantragspflicht (vgl. Rz. 896 ff.) sowie der unterbliebenen Abführung von Sozialversicherungsbeiträgen der Arbeitnehmer (vgl. Rz. 956 ff.) zeigen, ist auch die Verletzung eines Schutzgesetzes i. S. v. § 823 Abs. 2 BGB im Grundsatz geeignet, eine deliktsrechtliche Einstandspflicht des Geschäftsführers zu begründen. Als Schutzgesetze gelten dabei alle Rechtsnormen, die über den Schutz der Allgemeinheit hinaus auch den **Schutz eines individuell abgrenzbaren Personenkreises** bezwecken. Allerdings geht es nicht an, die Verletzung des in § 43 GmbHG niedergelegten Sorgfaltsmaßstabs alleine als haftungsbegründenden Tatbestand i. S. v. § 823 Abs. 2 BGB ausreichen zu lassen. § 43 GmbHG bezweckt **den Schutz der Gesellschaft und nicht denjenigen außenstehender Dritter**. Gleiches gilt auch hinsichtlich der Bestimmung des § 130 OWiG. Danach handelt der Geschäftsführer der GmbH ordnungswidrig, soweit er es unterlässt, solche Aufsichtsmaßnahmen zu treffen, die verhindern, dass es im Rahmen des Unternehmens zur Verletzung solcher Inhaberpflichten kommt, die mit Geldbuße oder Strafe bedroht sind. Zwar dient § 130 OWiG auch dem Schutz individueller Rechtsgüter, doch betont der BGH[4] zutreffend, ein solch allgemeiner Schadensersatzanspruch entspreche nicht dem Schutzzweck der Norm. Dies schließe es allerdings nicht aus, im Einzelfall eine Schutzgesetzverletzung zu bejahen, soweit es einen Tatbestand betreffe, der sich auf das Insolvenzrisiko der Gesellschaft beziehe.

---

1 BGH v. 19.11.1991, BGHZ 116, S. 104 ff.
2 BGH, NJW 1975, S. 1827 ff.
3 Vgl. BGH v. 11.7.1995, NJW-RR 1995, S. 1369 ff., 1370.
4 Vom 13.4.1994, BGHZ 125, S. 366 ff., 371 ff.

Auch der **Verletzung der Buchführungspflicht** gem. § 41 GmbHG kommt nach Auffassung des BGH[1] keine drittschützende Wirkung zu. Dies erscheint zweifelhaft, bedenkt man, dass eine ordnungsmäßige Buchführung durchaus geeignet ist, das Insolvenzrisiko der Gläubiger zu minimieren. Zudem wäre eine entsprechende Ausrichtung der Norm im Rahmen ihrer „**Präventionswirkung**" geeignet, solche Personen vom Amt des Geschäftsführers fernzuhalten, die weder über ausreichende Buchführungskenntnisse verfügen, noch bereit sind, sich diese anzueignen.

946

Als Schutzgesetz anerkannt ist demgegenüber das „*Gesetz über die Sicherung von Bauforderungen*" (GSB). Baugeld i. S. v. § 1 Abs. 3 GSB sind solche Geldbeträge, die nicht dem Eigenkapital des Bauherrn entstammen, sondern grundpfandrechtlich gesicherten Krediten und zur **Begleichung von Baukosten** bestimmt sind. Nach dem GSB sind die Empfänger von Baugeld verpflichtet, dieses zur Befriedigung solcher Personen zu verwenden, die an der Herstellung des Bauwerks beteiligt sind. Verbraucht der Geschäftsführer Baugelder in anderer Weise, so macht er sich gem. § 823 Abs. 2 BGB den in den Schutzbereich des Gesetzes fallenden Gläubigern von Bauforderungen gegenüber schadensersatzpflichtig.[2]

947

Sieht man von deliktsrechtlich begründeten Schadensersatzpflichten ab, so traf den Geschäftsführer bisher im Regelfall auch die **zivilrechtliche Störerhaftung**, insbesondere im Wettbewerbsrecht sowie im Bereich des gewerblichen Rechtsschutzes. Der Geschäftsführer kam somit neben der Gesellschaft als eigenständiger Adressat einer **wettbewerbsrechtlichen Unterlassungs- und Beseitigungsverfügung** gem. § 8 UWG in Betracht. Dies bedarf insbesondere die „*abgeleitete Störerhaftung*", soweit der Geschäftsführer nicht durch organisatorische Vorkehrungen Wettbewerbsverstöße sonstiger Unternehmensmitarbeiter verhinderte, von denen er Kenntnis hatte.[3] Mit seiner Entscheidung vom 18.6.2014 hat der für das Wettbewerbsrecht zuständige I. Zivilsenat seine bisherige Rechtsprechung nunmehr korrigiert.[4] Der Geschäftsführer hafte für unlautere Wettbewerbshandlungen nur noch dann persönlich, wenn er daran entweder durch positives Tun beteiligt war oder, wenn er die Wettbewerbsverstöße aufgrund einer nach allgemeinen Grundsätzen des Deliktsrechts begründeten Garantenstellung hätte verhindern müssen. Die schlichte Kenntnis

948

---

1 Vom 13.4.1994, BGHZ 125, S. 366 ff., 377 ff.
2 BGH v. 19.11.1985, NJW 1986, S. 1105 ff.
3 OLG Hamm v. 20.3.1980, GRUR 1980, S. 732.
4 BGH v. 18.6.2014; BGHZ 201, S. 344 = ZIP 2014, S. 1475 ff. = GRUR 2014, S. 883 ff. = NZG 2014, S. 991.

von dem Wettbewerbsverstoß genüge diesen Anforderungen nicht. Allein seine Organstellung begründe keine Verpflichtung gegenüber Dritten, Wettbewerbsverstöße der Gesellschaft zu verhindern. Etwas anderes gelte nur dann, wenn der Geschäftsführer ein auf Rechtsverletzung angelegtes Geschäftsmodell, selbst ins Werk gesetzt habe.

Sieht man hiervon ab, so hat der für das Patentrecht zuständige X. Zivilsenat des BGH die Einstandspflicht des Geschäftsführers bei Patentverletzungen gegenüber der lauterkeitsrechtlichen Rechtsprechung des I. Senats wieder deutlich ausgeweitet. Danach haftet der Geschäftsführer auf Schadensersatz, wenn und soweit er im Rahmen seiner Organisations- und Leitungspflicht im Unternehmen nicht alle ihm möglichen und zumutbaren Maßnahmen ergreift, dass die Schutzrechte Dritter nicht verletzt werden.[1]

949–955 *(Einstweilen frei)*

8.3.5 Die Haftung des Geschäftsführers für Sozialabgaben der Arbeitnehmer

Literatur: *Jestaedt*, Neue und alte Aspekte zur Haftung des GmbH-Geschäftsführers für Sozialversicherungsbeiträge, GmbHR 1998, S. 672 ff.; *Stein*, GmbH-Geschäftsführer: Goldesel für leere Sozialkassen, DStR 1998, S. 1055 ff.; *Groß*, Die Rechtsprechung des Bundesgerichtshofs zur Haftung des GmbH-Geschäftsführers wegen Nichtabführung von Arbeitnehmerbeiträgen zur Sozialversicherung, ZIP 2001, S. 945 ff; *U. H. Schneider/ Brouver*, Die straf- und deliktsrechtliche Verantwortlichkeit des Geschäftsführers für die Abführung der Arbeitnehmerbeiträge zur Sozialversicherung, ZIP 2007, S. 1033 ff.

956 Im Rahmen ihrer Organverantwortung obliegt es den Geschäftsführern, diejenigen gesetzlichen Pflichten zu erfüllen, die der Gesellschaft als Arbeitgeber im Rahmen des Arbeits- und Sozialversicherungsrechts obliegen. Dies betrifft auch die Abführung der Sozialversicherungsbeiträge der Arbeitgeber und Arbeitnehmer an die Einzugsstelle. Eine Verletzung der hier bestehenden Pflichtenbindung ist somit geeignet, unmittelbare (deliktische) Schadensersatzansprüche des Sozialversicherungsträgers gegenüber den Organwaltern zu begründen. Dabei gilt es zu beachten, dass die hieraus folgende gesetzliche Pflichtenstellung die Geschäftsführer „qua seines Amtes" trifft. Einer entgegenstehenden **Weisung der Gesellschafter** kommt somit haftungsrechtlich **keine Bedeutung** zu.

957 Gemäß § 266a StGB wird derjenige, welcher der Einzugsstelle Beiträge der Arbeitnehmer vorenthält, mit Freiheitsstrafe bis zu fünf Jahren oder Geldstrafe

---

[1] BGH v. 15.12.2015, BGHZ 208, S. 182 = GRUR 2016, S. 257.

bestraft. Die Bestimmung erfasst gem. § 14 Abs. 1 Nr. 1 StGB auch die vertretungsberechtigten Organe juristischer Personen und damit den Geschäftsführer. Dieser handelt insofern für die juristische Person, d.h. die GmbH. § 266a StGB ist nach übereinstimmender Auffassung ein Schutzgesetz i.S.v. § 823 Abs. 2 BGB zugunsten des Sozialversicherungsträgers, dessen schuldhafte Verletzung **unmittelbare Schadensersatzansprüche gegenüber den verantwortlichen Geschäftsführern** auslöst.[1] **Allerdings betrifft dies lediglich das „Nichtabführen" von Sozialversicherungsbeiträgen der Arbeitnehmer.** Dies folgt vor allem aus dem an den Tatbestand der „Untreue" (§ 266 StGB) angelehnten Wortlaut der Norm. Insofern handelt es sich bezüglich der einbehaltenen Arbeitnehmerbeiträge aus Sicht der Gesellschaft um **„fremdes" Vermögen**, welches der Geschäftsführer als Organ der Gesellschaft treuhänderisch einzubehalten und an den Träger der Sozialversicherung weiterzuleiten hat. Demgegenüber stellen die Arbeitgeberbeiträge „Eigenmittel" dar. Unterbleibt deren Abführung, so kommt folglich weder eine strafrechtliche Ahndung gem. § 266a StGB noch eine Schadensersatzpflicht des Geschäftsführers in Betracht. Sieht man hiervon ab, so erstreckt sich die Haftung des Organwalters nicht auf Säumniszuschläge für rückständige Arbeitnehmerbeiträge.[2]

Dabei trifft die Ersatzpflicht im Grundsatz nicht nur den nach der internen Kompetenzverteilung „zuständigen" Geschäftsführer. Vielmehr besteht eine **haftungsrechtliche Gesamtverantwortung aller Organwalter**.[3] Allerdings kann der interne Geschäftsverteilungsplan den Umfang der seitens des Geschäftsführers geschuldeten Sorgfaltspflicht beeinflussen. So kann der unzuständige Organwalter im Regelfall darauf vertrauen, der mit der Aufgabe betraute Geschäftsführer werde diese ordnungsmäßig erfüllen. Dennoch verbleibt bei allen Organwaltern ein unabdingbares Mindestmaß an Überwachungs- und Kontrollpflichten gegenüber dem betrauten Geschäftsführer. Dieses gebieten es ihnen, einzugreifen, wenn und soweit **Anhaltspunkte erkennbar sind**, dass der zuständige Organwalter seine Pflichten vernachlässigt. Gerät die Gesellschaft in eine **Liquiditätskrise**, in der erfahrungsgemäß nicht alle Verbindlichkeiten rechtzeitig beglichen werden können, so **lebt im Regelfall die „suspendierte" Gesamtverantwortung sämtlicher Geschäftsführer wieder auf**.[4] Es ist nun mehr originäre Aufgabe jedes Organwalters, unabhängig von der gesellschaftsinternen Zuständigkeit dafür Sorge zu tragen, dass die Sozialversiche-

958

---

1 BGH v. 1.10.1991, NJW 1992, S. 177 ff., 178.; BGH v. 15.10.1996, BGHZ 133, S. 370 ff; BGH v. 16.5.2000, BGHZ 144, S. 311 ff., 313 f.= NJW 2000, S. 2993.
2 BGH v. 14.7.2008, DB 2008, S. 2421 f., 2422.
3 BGH v. 15.10.1996, BGHZ 133, S. 370 ff., 377 f.
4 BGH v. 15.10.1996, a.a.O., S. 378.

rungsbeiträge der Arbeitnehmer der Gesellschaft rechtzeitig und vollständig entrichtet werden.

959 Die Haftung des Geschäftsführers setzt dabei keinesfalls voraus, dass die seitens der Arbeitnehmer geschuldeten Beitragsanteile tatsächlich einbehalten, jedoch nicht abgeführt wurden. Der Geschäftsführer haftet nach der Rechtsprechung des BGH vielmehr auch in den Fällen, in denen eine Lohn- oder Gehaltszahlung gegenüber den Beschäftigten **vollständig oder teilweise unterblieben ist**. Entscheidend ist alleine, ob die arbeitsvertraglichen Ansprüche der Beschäftigten **fällig** waren.[1] § 266a StGB – so der BGH – diene im Wesentlichen dem **Schutz der versicherungsrechtlichen Solidargemeinschaft** und der Gewährleistung des Aufkommens des Sozialversicherungsträgers. Danach haften folglich die Geschäftsführer solcher Gesellschaften, die – obwohl sie dazu in der Lage sind – keine Sozialversicherungsbeiträge entrichteten, auch wenn keine Lohn- oder Gehaltszahlungen mehr erfolgen.

960 Allerdings ist es erforderlich, dass die Zahlung überhaupt tatsächlich und rechtlich möglich war. Daran fehlt es, wenn wegen Zahlungsunfähigkeit **keine liquiden Mittel zur Verfügung stehen**. Eine rechtliche Unmöglichkeit liegt darüber hinaus bei Eröffnung eines Insolvenzverfahrens sowie nach der Verhängung eines allgemeinen Verfügungsverbots gem. § 22 Abs. 1 Satz 1 InsO vor. Die Beweislast für die Unmöglichkeit normgerechten Verhaltens trifft insofern den Geschäftsführer.[2] Demgegenüber scheidet eine Zahlungsunfähigkeit aus, solange eine Kreditlinie noch nicht völlig ausgeschöpft ist.[3]

Darüber hinaus kommt eine Haftung dennoch in Betracht, wenn die Zahlungsunfähigkeit darauf beruht, dass der Geschäftsführer zwischen der Auszahlung der Löhne und der Fälligkeit der Sozialversicherungsbeiträge **Leistungen an andere Gläubiger erbringt** und dadurch das Leistungsunvermögen der Gesellschaft **zumindest bedingt vorsätzlich** herbeiführt.[4] Dafür genügt es bereits, dass der Organwalter trotz bestehender Zweifel an der späteren Zahlungsfähigkeit in anderer Weise über die – noch vorhandenen – Mittel der Gesellschaft verfügt.[5] Den Ansprüchen der Sozialversicherungsträger kommt **insofern der Vorrang gegenüber sonstigen Forderungen zu**. Der Organwalter hat

---

1 BGH v. 16.5.2000, ZIP 2000, S. 1339.
2 BGH v. 18.4.2005, DB 2005, S. 1321 ff., 1322.
3 BGH v. 16.5.2000, ZIP 2000, S. 1339 f.; BGH v. 11.12.2001, NJW 2002, S. 1122; insofern abweichend der 5. Strafsenat des BGH v. 28.5.2002, BGHSt. 47, S: 318.
4 BGH v. 21.1.1997, BGHZ 134, S. 305 ff., 307 ff.
5 BGH, v. 21.1.1997; BGHZ 134, S. 305 ff., 307 ff; BGH v. 28.5.2002, BGHSt. 47, S. 318 ff., 321; BGH v. 30.7.2002, BGHSt. 48, S. 307 ff., 310.

daher die vorhandenen Mittel **vorrangig zur Befriedigung der Ansprüche der Sozialversicherungsträger** einzusetzen, will er eine persönliche Haftung vermeiden. Dies hat er im Rahmen einer **ordnungsmäßigen kaufmännischen Finanz- und Liquiditätsplanung sicherzustellen.**

Gegebenenfalls kommt selbst eine Kürzung der Löhne in Betracht, um auf diese Weise die Zahlung der Sozialversicherungsbeiträge sicherzustellen.[1] Im Übrigen haben die Geschäftsführer durch eine realistische Liquiditätsplanung sowie die Bildung von Rücklagen dafür Sorge zu tragen, dass die Leistungsfähigkeit der Gesellschaft im Zeitpunkt der Fälligkeit der Sozialversicherungsansprüche gewährleistet ist.[2]

Sieht man hiervon ab, so besteht nach der Rechtsprechung des BGH[3] die Verpflichtung zur Abführung von Arbeitnehmeranteilen zur Sozialversicherung auch im Stadium der Insolvenzreife, jedenfalls nach Ablauf der Insolvenzantragsfrist. Der Geschäftsführer macht sich folglich schadensersatzpflichtig, wenn er nach Ablauf der längstens dreiwöchigen Frist seine Pflicht zur Abführung nicht erfüllt.[4] 961

Reichen die vorhandenen liquiden Mittel nicht aus, die Ansprüche der Sozialversicherungsträger im Ganzen abzudecken, so ist im Rahmen der Haftungsprophylaxe seitens des Geschäftsführers dafür Sorge zu tragen, dass **vorrangig die Beiträge der Arbeitnehmer** entrichtet werden. Dabei gilt es insbesondere, die Regelungen der Tilgungsverrechnung zu beachten (vgl. Rz. 963). Der Geschäftsführer kann die Abführung der Sozialversicherungsbeiträge der seitens der GmbH Beschäftigten auch nicht mit der Begründung verweigern, dies stelle eine unzulässige Schmälerung der Insolvenzmasse i.S.v. § 64 GmbHG dar. Wie der BGH betont, besteht auch insoweit der eindeutige Vorrang des Leistungsanspruchs des Sozialversicherungsträgers.[5] 962

Werden – nicht ausreichende – Zahlungen der Gesellschaft ohne Tilgungsbestimmung auf die **gesamten geschuldeten Sozialversicherungsbeiträge** geleistet, so sind diese gem. § 2 der Beitragszahlungsverordnung je zur Hälfte auf die Arbeitgeber- und die Arbeitnehmerbeiträge anzurechnen.[6] Allerdings kommt einer **individuellen Tilgungsbestimmung** seitens des Geschäftsführers gegenüber der Verordnungsregelung der Vorrang zu (vgl. § 366 Abs. 1 BGB). 963

---

1 BGH v. 21.1.1997, BGHZ 134, S. 304 ff., 309 f.
2 BGH v. 25.9.2006, DB 2006, S. 2681 f.; BGH v. 21.1.1997, BGHZ 134, S. 304 ff., 309.
3 BGH v. 15.5.2007, DB 2007, S. 1455.
4 Siehe zuletzt: BGH v. 29.9.2008, DB 2008, S. 2527 f., 2528.
5 BGH v. 21.1.1997, BGHZ 134, S. 304 ff., 312 f.
6 BGH v. 13.1.1998, ZIP 1998, S. 398 ff., 400.

Bestimmt dieser folglich, dass die Zahlungsmittel vorrangig zur Tilgung der Arbeitnehmerbeiträge zu verwenden sind, so muss der Zahlungsempfänger dem entsprechen. Dabei kann die Tilgungsbestimmung zwar auch konkludent erfolgen, sofern dahin gehende Anhaltspunkte „greifbar in Erscheinung treten",[1] doch geht es nicht an, zugunsten des Zahlungspflichtigen zu unterstellen, dieser intendiere grundsätzlich die vorrangige Verrechnung mit den Arbeitnehmerbeiträgen.[2] Hier empfiehlt es sich folglich, **dem Überweisungsträger stets eine dahingehende Tilgungsbestimmung hinzuzufügen**, um die sonst drohenden haftungsrechtlichen Konsequenzen zu vermeiden.

964 Grundsätzlich ist es Aufgabe des **geschädigten Sozialversicherungsträgers**, den Verstoß gegen § 266a StGB und die Kausalität zwischen dem Gesetzesverstoß sowie dem entstandenen Schaden zu beweisen. Nach den im Rahmen der Geschäftsführerhaftung geltenden Grundsätzen obliegt es demgegenüber dem **Organwalter**, diejenigen Umstände darzulegen und zu beweisen, **aus denen sich sein fehlendes Verschulden ergibt**. Darüber hinaus ist es Sache des Geschäftsführers, ggf. zu beweisen, dass die Gesellschaft zum Fälligkeitstermin der Arbeitnehmerbeiträge zahlungsunfähig war. Hierzu ist er verpflichtet, die finanzielle Situation der GmbH im Fälligkeitszeitpunkt in nachvollziehbarer Weise darzulegen.[3]

965–970 *(Einstweilen frei)*

8.3.6 Die umweltrechtliche Verantwortung

Literatur: *Reuter*, Umwelthaftung, strikte Organisation und kreative Unordnung, DB 1993, S. 1605 ff.; *Schulz*, Umweltrechtliche Haftung von Vorständen und Geschäftsführern, DB 1996, S. 1663 ff.; *Peus*, Haftungsgefahren für GmbH-Geschäftsführer im laufenden Geschäftsbetrieb, besonders aufgrund öffentlich-rechtlicher Pflichtenstellung, DStR 1998, S. 684 ff.; *Menzer*, Umweltrisiken und Managementhaftung in der GmbH – beispielhafte Betrachtung nach dem BImSchG, GmbHR 2001, S. 506 ff.; *Spindler*, Gesellschaftsrechtliche Verantwortung und Bundesbodenschutzgesetz: Grundlagen und Grenzen, ZGR 2001, S. 385 ff.

971 **Sieht man von einer möglichen privatrechtlichen** Einstandspflicht des Geschäftsführers für Produkt- oder Umweltschäden (vgl. oben) ab, so stellt sich vor allem die Frage nach der öffentlich-rechtlichen Umweltverantwortung des Geschäftsführers unter dem Aspekt der verwaltungsrechtlichen „Störerhaftung". Eine solche kommt insbesondere in Betracht, wenn sich ordnungsrecht-

---

1 BGH v. 26.6.2001, ZIP 2001, S. 1474.
2 BGH, a. a. O.
3 OLG Düsseldorf, GmbHR 1997, S. 900 ff., 901; a. A.: OLG Hamm v. 13.9.1999, ZIP 2000, S. 198 f.

liche Unterlassungs- und Beseitigungsverfügungen aufgrund der Insolvenz der Gesellschaft gegen diese nicht mehr durchsetzen lassen. Wie bezüglich der wettbewerbsrechtlichen Störerhaftung kommt es auch im Bereich des Umweltrechts auf ein Verschulden des Geschäftsführers nicht an. Entscheidend ist lediglich, dass ihm die eingetretene Gefährdung der öffentlichen Sicherheit und Ordnung aufgrund seiner Organstellung **in objektiver Weise zugerechnet werden kann.** Dies gilt vor allem hinsichtlich der Haftung als Handlungsstörer im Rahmen der leitungsbezogenen Organisationspflichten (vgl. bereits Rz. 941 ff.).[1] Demgegenüber scheidet eine Einstandspflicht als Zustandsstörer regelmäßig aus, da dem Geschäftsführer die Produktionsanlagen sowie die Grundstücke der Gesellschaft polizeirechtlich nicht zuzurechnen sind.

Soweit es die Verantwortlichkeit als Handlungsstörer betrifft, gilt es zu bedenken, dass eine Verantwortlichkeit des Organwalters auch durch Unterlassen begründet werden kann, wenn auf seiner Seite eine rechtliche Verpflichtung zum Handeln besteht. Folglich kommt eine Verhaltensverantwortlichkeit des Geschäftsführers gem. § 19 Abs. 1 Nr. 5 WHG in Betracht, wenn dieser nach der Stilllegung einer Galvanikanlage keine Vorkehrungen dagegen trifft, dass die in der Anlage noch vorhandenen Chemikalien das Grundwasser beeinträchtigen.[2] Dabei kommt es nicht entscheidend darauf an, wer die Anlage in der zurückliegenden Zeit geleitet hat; maßgeblich ist vielmehr, dass der Geschäftsführer die Sicherheit der stillgelegten Anlage durch entsprechende Vorkehrungen zu gewährleisten hat. Im Übrigen setzt die umweltrechtliche Verantwortlichkeit des Geschäftsführers kein Handeln in eigener Person voraus. Es genügt, wenn er aufgrund seiner Organstellung die organisatorische Herrschaft bezüglich des störenden Geschehensablaufs innehat.[3]

972

Die einmal begründete Verhaltensverantwortung des Organwalters endet nicht mit dessen Ausscheiden aus dem Amte. Die Umweltbehörde ist somit nicht gehindert, den ausgeschiedenen Geschäftsführer als Verhaltensstörer in Anspruch zu nehmen, wenn nur dieser über die erforderlichen Informationen zur Beurteilung der Gefahr verfügt. Sind mehrere Geschäftsführer vorhanden, so trifft diese grundsätzlich eine Gesamtverantwortung. Allerdings ist dabei der internen Geschäftsverteilung in angemessener Weise Rechnung zu tragen. Eine umweltrechtliche Verantwortung des „unzuständigen" Organwalters kommt folglich nur dort in Betracht, wo die Vernachlässigung der Ordnungspflicht durch den damit betrauten Geschäftsführer zumindest erkennbar war.

973

---

1 VG Frankfurt/M. v. 16.7.1996, DB 1997, S. 220.
2 VGH Baden-Württemberg v. 20.10.1992, DöV 1993, S. 578.
3 VG Frankfurt/M. v. 16.7.1996, DB 1997, S. 220.

974 Sieht man hiervon ab, so hat der Gesetzgeber nun erstmals in § 4 Abs. 3 Satz 4 Bundesbodenschutzgesetz (BBodSchG) vom 17.3.1998[1] die persönliche Haftung von Organen und Gesellschaftern juristischer Personen für die Sanierung von kontaminierten Grundstücken in gewissem Umfange festgeschrieben und damit eine Reihe bisher ungeklärter Auslegungsfragen aufgeworfen.[2]

975–980 *(Einstweilen frei)*

8.4 Die versicherungstechnische Abdeckung von Haftungsrisiken

Literatur: *Thümmel/Sparberg*, Haftungsrisiken der Vorstände, Geschäftsführer, Aufsichtsräte und Beiräte und ihre Versicherbarkeit, DB 1995, S. 1013 ff.; *Hucke*, Managerversicherungen: Ein Ausweg aus den Haftungsrisiken?, DB 1996, S. 2267 ff.; *Baumann* in Berliner Kommentar zum VVG, Berlin 1999, Rdnr. 79 vor § 149; *Schüppen/Sanna*, D&O-Versicherungen: Gute und schlechte Nachrichten, ZIP 2002, S. 550 ff.; *Koch*, Geschäftsleiterpflicht zur Sicherstellung risikoadäquaten Versicherungsschutzes, ZGR 2006, S. 184 ff.; *v. Westphalen*, Ausgewählte neuere Entwicklungen der D&O-Versicherung, VersR 2006, S. 17 ff.; *Koch*, Aktuelle und zukünftige Entwicklungen in der D&O-Versicherung, WM 2007, S. 2173 ff.; *Seitz*, Vorsatzausschluss in der D&O-Versicherung – endlich Licht im Dunkeln, VersR 2007, S. 1476 ff.; *Bank*, D&O-Versicherer, Neue Situation durch Subprime-Krise und VVG-Reform, VW 2008, S. 730 ff.; *Böttcher*, Direktanspruch gegen den D&O-Versicherer – Neue Spielregeln im Managerhaftungsprozess?, NZG 2008, S. 645 ff. *Weiß*, D&O-Versicherung: Grundzüge und aktuelle Fragen, GmbHR 2014, S. 574 ff.; *Grooterhorst/Looman*, Rechtsfolgen der Abtretung des Freistellungsanspruchs gegen den Versicherer im Rahmen der D&O-Versicherung, NZG 2015, S. 215 ff; *v. Schenck*; Handlungsbedarf bei der D&O Versicherung, NZG 2015, S. 494 ff.

981 Die ständige Zunahme der Haftungsrisiken auf Seiten der Geschäftsführer verlangt nicht zuletzt im Interesse der Familienangehörigen nach einer **versicherungstechnischen Abdeckung** der Problematik, gilt es doch zu vermeiden, dass berufliche „Rückschläge" auch die Grundlagen der privaten Existenz bedrohen. Allerdings betrifft die Absicherung des Haftungsrisikos über den **Schutz der Organwalter** hinaus auch die **wirtschaftliche Bestandssicherung der Gesellschaft** selbst; geht es doch im Wesentlichen darum, zu gewährleisten, dass hinsichtlich der durch das Handeln oder Unterlassen der Organwalter verursachten Schäden jederzeit **ein zahlungsfähiger Schuldner zur Verfügung steht**. Dies trägt vor allem dem Umstand Rechnung, dass die Gesellschaft im **Rahmen der Außenhaftung** gegenüber Dritten entsprechend § 31 BGB ohne

---

1 BGBl 1998 I S. 502.
2 Vgl. *Spindler*, a. a. O.

"Entlastungsmöglichkeit" für ihre Organwalter einzutreten hat (vgl. Rz. 786 ff.).

Zwar steht der Gesellschaft ihrerseits ein Rückgriffsanspruch gegenüber dem schuldhaft handelnden Geschäftsführer zu, doch wird dessen Vermögen – insbesondere bei Großschäden – häufig nicht ausreichen, die durch die Ersatzleistung gegenüber Dritten verursachte Vermögenseinbuße der Gesellschaft auszugleichen. Die hieraus resultierende **„Bestandsgefährdung"** der GmbH gilt es im Wege des Versicherungsschutzes „abzudecken". Dies entspricht nunmehr auch der veränderten Sichtweise der Finanzverwaltung.[1]

Entsprechend stellt die **Versicherungsprämie** auf Seiten der Gesellschaft eine **Betriebsausgabe** dar. Ihrer Rechtsnatur entsprechend ist die D&O-Versicherung eine Vermögenschadenshaftpflichtversicherung zur Absicherung der Risiken aus der Organhaftung. Versicherungsnehmer ist regelmäßig die Gesellschaft, versicherte Personen sind die Organmitglieder und bestimmte leitende Angestellte (vgl. Rz. 983). Ein rechtlich durchsetzbarer Anspruch auf Abschluss einer D&O-Versicherung aus der Bestellung oder dem zugrundeliegenden Anstellungsvertrag kommt dem Geschäftsführer mangels einer entsprechenden Abrede allerdings nicht zu. Insofern sollte im Dienstvertrag eine entsprechende Verpflichtung der Gesellschaft mit einem der Höhe nach bestimmten Deckungsschutz vereinbart werden. Zugleich sollte die Vertragsabrede vorsehen, den Versicherungsschutz in regelmäßigen Abständen der veränderten Risikolage anzupassen. Angesicht der mit dem claims-made-Prinzip (s. unten Rz. 984) verbundenen Risiken sollte sich die Gesellschaft zugleich verpflichten, einen entsprechenden Versicherungsschutz nach dem Ausscheiden des Geschäftsführers noch für fünf weitere Jahre aufrecht zu erhalten. Im Übrigen sieht der Anstellungsvertrag regelmäßig vor, dass der Geschäftsführer seinen Freistellungsanspruch gegenüber der Versicherung an die Gesellschaft abtritt, so dass sich im Schadensfall die Gesellschaft unmittelbar mit der Versicherung auseinandersetzen kann.

Meist decken die Policen **zwei komplementäre Risikobereiche** ab: Zum einen betrifft dies die unmittelbare persönliche Haftpflicht der Geschäftsführer und Aufsichtsräte gegenüber der Gesellschaft und geschädigten Dritten aufgrund fehlerhaften Organhandelns bei Ausübung der versicherten Tätigkeit. Zum anderen erfasst der Deckungsschutz das aus § 31 BGB resultierende Risiko, dass die Gesellschaft hinsichtlich derjenigen Ersatzleistungen, die sie gegenüber Dritten erbringt, den Geschäftsführer in Regress nimmt (vgl. Rz. 786 ff.). Einge- 982

---

[1] Vgl. BMF-Schreiben v. 24.1.2002, DB 2002, S. 339.

schlossen sind – wie üblicherweise in der Vermögensschadenhaftpflichtversicherung – die **Kosten der Rechtsverteidigung**. Folglich erfasst der Versicherungsschutz in seiner Gesamtheit sowohl die Leistung der Schadensersatzsumme im Falle der Begründetheit des Anspruchs (**Schadensausgleichsfunktion**) als auch die gerichtliche und außergerichtliche Abwehr von Ersatzansprüchen (**Abwehrfunktion**). Insofern ergänzt die D&O-Versicherung in sinnvoller Weise die Rechtsschutzversicherung der Organwalter. In seiner wirtschaftlichen Funktion bezweckt der Versicherungsschutz vor allem die versicherungstechnische Absicherung der im Rahmen des Organverschuldens begründeten Vermögenseinbußen der Gesellschaft (vgl. hierzu die Allgemeinen Versicherungsbedingungen für die Vermögensschaden-Haftpflichtversicherung von Aufsichtsräten, Vorständen und Geschäftsführern, AVB-AVG des Gesamtverbandes der Deutschen Versicherungswirtschaft).

983 Hinsichtlich ihres personalen Schutzbereichs umfasst die D&O-Versicherung neben den gegenwärtigen, ehemaligen und zukünftig zu bestellenden **Geschäftsführern (Directors)** auch die entsprechenden Mitglieder eines **gesetzlichen oder fakultativen Aufsichtsrats** sowie Angehörige eines **Beirats**. Einbezogen sind zudem regelmäßig **leitende Angestellte (Officers)** – wie **Prokuristen** oder **Handlungsbevollmächtigte** – sowie die gesetzlichen oder testamentarischen Erben der Versicherten. Üblicherweise erstreckt sich der Versicherungsschutz hierbei auch auf die Mitglieder der Leitungs- und Überwachungsorgane von (Mehrheits-)Tochtergesellschaften im Rahmen eines Unternehmensverbunds.

984 In zeitlicher Sicht kommt es im Regelfall darauf an, dass der Anspruch aus der Organhaftung noch **innerhalb der Vertragslaufzeit des Versicherungsvertrags** seitens des anspruchsberechtigten Gläubigers ernsthaft geltend gemacht wird (claims-made-Prinzip). Damit unterscheidet sich die D&O-Versicherung in ihrer rechtlichen Ausgestaltung deutlich von dem üblicherweise im Rahmen der Vermögensschadenshaftpflichtversicherung geltenden Verstoßprinzip. Einerseits kommt es nicht auf den Zeitpunkt der Entstehung des Schadens an, so dass im Grunde eine unbegrenzte Rückwärtsversicherung auch für Schäden, die vor Vertragsschluss entstanden sind besteht, andererseits sind aber solche Schäden nicht gedeckt, die zwar während der Vertragslaufzeit entstanden sind, jedoch erst nach deren Ende geltend gemacht werden.

Allerdings sehen die Versicherungsbedingungen regelmäßig eine vertragliche Begrenzung der Rückwärtsversicherung oder gar deren Ausschluss vor. Dabei werden im Regelfalle insbesondere solche Schäden von der Deckungszusage ausgeschlossen, die im Zeitpunkt des Vertragsschlusses der Gesellschaft oder ihren Organmitgliedern bereits bekannt waren oder bekannt sein mussten. Soweit es den Schutz nach Beendigung des Versicherungsvertrags betrifft, sollte mit der Versicherung unter Berücksichtigung der fünfjährigen Verjährung von Organhaftungsansprüchen (§ 43 Abs. 4 GmbHG) eine entsprechende Nachmeldefrist vereinbart werden. Sieht der Anstellungsvertrag keine entsprechende Regelung vor, so sollte der Geschäftsführer im Rahmen einer Auflösungsvereinbarung eine Regelung anstreben, wonach sich die Gesellschaft verpflichtet, einen entsprechenden Versicherungsschutz noch für fünf Jahre aufrecht zu erhalten.

Im Lichte der zugrunde liegenden Risikobeschreibung erfasst die D&O-Versicherung ausschließlich solche Vermögensschäden, die aus einer **Verletzung gesetzlicher Haftpflichtbestimmungen** seitens der versicherten Personen resultieren. Nicht versichert sind folglich Sach- und Personenschäden einschließlich der hieraus folgenden Vermögenseinbußen. Hier bedarf es folglich einer ergänzenden Risikodeckung im Rahmen einer **Betriebshaftpflichtversicherung**. Entsprechend § 103 VVG umfasst der Versicherungsschutz zudem nicht die **vorsätzliche Herbeiführung** des Versicherungsfalls. Insofern genügt zum Ausschluss der Leistungspflicht des Versicherers bereits „bedingter Vorsatz". Es reicht somit aus, wenn der Organwalter eine Schädigung der Gesellschaft oder Dritter durch pflichtwidriges Handeln oder Unterlassen **billigend in Kauf genommen hat**. Dabei besteht insofern grundsätzlich eine Vermutung, dass Mitglieder der Geschäftsführung eines Unternehmens im Allgemeinen über die für sie geltenden gesetzlichen Bestimmungen orientiert sind. 985

Der Irrtum über das Bestehen einer gesetzlichen Regelung ist folglich jedenfalls dann vermeidbar, wenn und soweit diese den Arbeitsbereich des Schädigers betrifft.[1] Zudem sind gem. Nr. 5.1 der AVB-AVG 2007 auch Haftpflichtansprüche „*durch wissentliche Abweichung von Gesetz, Vorschrift, Beschluss, Vollmacht oder Weisung oder durch sonstige wissentliche Pflichtverletzung*" vom Versicherungsschutz ausgenommen. Dies betrifft – neben den bereits ausgeschlossenen Vorsatzhandlungen – auch wissentliche Abweichungen vom **Gesellschaftsvertrag**, von **Gesellschafterbeschlüssen** oder einer **Geschäftsordnung**, selbst wenn sich die Pflichtverletzung – anders als im Falle des Vorsatzes – nicht auf die Schadenszufügung bezieht.

Gleiches gilt selbstverständlich auch dort, wo es der Geschäftsführer unterlassen hat, eine notwendige **Zustimmung der Gesellschafterversammlung** oder des **Aufsichtsrats** einzuholen. Verstöße, die in einer Missachtung des gesell-

---

[1] LG Wiesbaden v. 14.12.2004, VersR 2005, S. 545.

schaftsrechtlichen Organisationsgefüges durch den Geschäftsführer gründen, führen somit in aller Regel zum Ausschluss des Versicherungsschutzes. Erforderlich ist allerdings in jedem Falle die positive Kenntnis der versicherten Personen von der verletzten Regelung. Ausgeschlossen sind zudem Schadensfälle, die darauf beruhen, dass es der Geschäftsführer unterlassen hat, hinsichtlich betrieblicher Risiken einen **hinreichenden Versicherungsschutz** herbeizuführen. Hier bedarf es folglich einer regelmäßigen und zeitnahen Prüfung, ob und in welchem Umfange der Versicherungsschutz der Gesellschaft noch den veränderten wirtschaftlichen, rechtlichen und technischen Verhältnissen entspricht.

986 Was die Reichweite des Versicherungsschutzes betrifft, so beschränken sich die Verträge mitunter in einzelnen Fällen noch immer auf die Absicherung der Außenhaftung des Geschäftsführers gegenüber Dritten unter Ausschluss der Haftungsrisiken aus § 43 Abs. 2 GmbHG. Dies betrifft insbesondere solche Geschäftsführer, die mit einem Geschäftsanteil von 10 % oder mehr an der Gesellschaft beteiligt sind.

Aus Gründen eines möglichen Missbrauchs werden Haftungsrisiken im Innenverhältnis zwischen Gesellschaft und Geschäftsführer ausgeschlossen, doch bieten die Versicherer überwiegend weiterreichende Policen an. Hier besteht bei einigen Anbietern anscheinend die Befürchtung, die Gesellschafter-Geschäftsführer könnten versucht sein, die Gesellschaft durch Vortäuschung eines Versicherungsfalles zu sanieren. Dies erscheint nur partiell gerechtfertigt, da die Verträge zunehmend – wenn auch keinesfalls immer – eine Selbstbeteiligung des Versicherten vorsehen. Allerdings entzieht sich das allgemeine unternehmerische Risiko grundsätzlich einem Versicherungsschutz.

Gerade Fälle der Innenhaftung des Geschäftsführers gegenüber der Gesellschaft beruhen jedoch häufig auf der Verwirklichung spezifisch unternehmerischer Haftungsrisiken. Zwar besteht insofern keine „Erfolgshaftung" des Geschäftsführers; vielmehr kommt dem Organwalter außerhalb bindender Vorgaben seitens der Gesellschafter ein eigenständiger Ermessensspielraum zu (vgl. Rz. 786 ff.), doch liegt gerade hier ein erhebliches Konfliktpotenzial zwischen dem Versicherer und der Gesellschaft begründet. So wird sich der Versicherer zur Vermeidung seiner Einstandspflicht nicht selten darauf berufen, **die Entscheidung des Geschäftsführers sei durch dessen Einschätzungsprärogative gedeckt, ein Versicherungsfall sei folglich nicht gegeben.** Die Gesellschaft ist somit genötigt, **zunächst im Wege des Haftungsprozesses ihre Ansprüche gegenüber dem Organwalter zu verfolgen,** um damit eine rechtskräftige Entscheidung über das Vorliegen einer – haftungsbegründenden – Pflicht-

verletzung herbeizuführen. Angesichts der bestehenden Unsicherheiten über Voraussetzungen und Umfang des unternehmerischen Entscheidungsprivilegs verbleibt hier nach wie vor ein erhebliches Prozesskostenrisiko. Meist ausgeschlossen ist zudem das Anlaufrisiko der Handelndenhaftung vor Eintragung der GmbH (vgl. Rz. 871 ff.).

Dabei ist es für neugegründete Unternehmen – zumindest in den ersten Jahren der Marktpositionierung – äußerst schwer, einen Versicherer zu finden, der die Absicherung des schwer zu kalkulierenden Risikos übernimmt. Dies gilt auch in den Fällen, in welchen die Bilanzsumme deutlich unter 5 Mio. € liegt. Der Mehrzahl gerade der kleinen Gesellschaften in der Rechtsform der GmbH bleibt daher eine risikoadäquate Absicherung ihrer Organwalter versagt. 987

Kommt es zum Schadensfall, so bestehen auf Seiten des Versicherungsnehmers, d. h. der Gesellschaft, zudem **streng zu beachtende Obliegenheiten.** So ist der Versicherungsnehmer gem. § 104 VVG **innerhalb einer Woche verpflichtet,** dem Versicherer die Tatsachen anzuzeigen, die seine Verantwortlichkeit gegenüber einem Dritten zur Folge haben. Macht ein Dritter seinerseits Ansprüche gegenüber dem Versicherungsnehmer oder einer versicherten Person geltend, so ist der Versicherungsnehmer gleichfalls zu einer Anzeige innerhalb von einer Woche nach der Geltendmachung verpflichtet. 988

Sieht man hiervon ab, so hat die Neuregelung des Versicherungsvertragsgesetzes (VVG) durch das *„Gesetz zur Reform des Versicherungsvertragsrechts"* vom 23.11.2007[1] eine Reihe von Besserstellungen zugunsten des Versicherungsnehmers, nicht zuletzt im Bereich der D&O-Versicherung bewirkt. So ist nunmehr gem. § 105 VVG eine Vereinbarung **unwirksam,** nach welcher der Versicherer nicht zur Leistung verpflichtet ist, wenn ohne seine Einwilligung der Versicherungsnehmer den Dritten befriedigt oder dessen Anspruch anerkennt. Etwas anderes gilt nur für vor dem 1.1.2008 geschlossene „Altverträge", wenn das Anerkenntnis oder die Leistung vor dem 31.12.2008 erfolgte. Zwar besteht infolge des versicherungsrechtlichen „Trennungsprinzips" im Haftungsfall kein unmittelbarer Zahlungs- und Freistellungsanspruch der Gesellschaft als Versicherungsnehmerin gegenüber dem Versicherer,[2] doch darf die Abtretung des dem Versicherten gegenüber der Versicherung zustehenden „Freistellungsanspruchs" bezüglich der im Verhältnis zum Geschädigten bestehenden Ersatzpflicht in den Allgemeinen Versicherungsbedingungen (AVB) gem. § 108 Abs. 2 VVG künftig nicht mehr ausgeschlossen werden. Das gilt auch, wenn 989

---

1 BGBl 2007 I S. 2631.
2 OLG München v. 15.3.2005, DB 2005, S. 1675 ff.

und soweit das im Rahmen der D&O-Versicherung versicherte Organmitglied seinen **Freistellungsanspruch** an die Gesellschaft abtritt. Die Regelung erfasst dabei auch Altverträge nach Ablauf der Übergangsfrist am 31.12.2008.

990–1010 *(Einstweilen frei)*

9. Der GmbH-Geschäftsführer im Einkommen- und Körperschaftsteuerrecht

9.1 Einkunftsart des GmbH-Geschäftsführers

Literatur: *Keßler*, Selbständigkeit oder Unselbständigkeit, Arbeitnehmer oder Selbständiger – Rechtsprechung im Vergleich zwischen Bundesarbeitsgericht, Bundesfinanzhof und Bundessozialgericht, FS 75 Jahre Reichsfinanzhof – Bundesfinanzhof, Bonn 1993, S. 563 ff.; *Seer*, Die ertragsteuerliche Qualifizierung des beherrschenden Gesellschafter-Geschäftsführers einer GmbH, GmbHR 2011, S. 225; *ders.*, Die steuerliche Behandlung des beherrschenden Gesellschafter-Geschäftsführers einer Kapitalgesellschaft, Jahrbuch des Bundesverbands der Steuerberater 2014, S. 61.

Einkunftsarten

Das Einkommensteuerrecht kennt gemäß § 2 Abs. 1 Satz 1 EStG sieben Einkunftsarten, nämlich   1011

- Einkünfte aus Land- und Forstwirtschaft,
- Einkünfte aus Gewerbebetrieb,
- Einkünfte aus selbständiger Arbeit,
- Einkünfte aus nichtselbständiger Arbeit,
- Einkünfte aus Kapitalvermögen,
- Einkünfte aus Vermietung und Verpachtung sowie
- sonstige Einkünfte i. S. d. § 22 EStG.

Diese Aufzählung ist abschließend und daher nicht mehr erweiterbar. Betrachtet man diese Einkunftsarten im Hinblick auf den GmbH-Geschäftsführer, so käme man im Hinblick auf seine gesellschaftsrechtliche Organstellung auf den Gedanken, dass die Einkunftsart „selbständige Arbeit" gegeben ist. Dies ist jedoch grundsätzlich nicht der Fall. Im Regelfall hat der Geschäftsführer Einkünfte aus nichtselbständiger Arbeit gem. § 19 EStG, unabhängig davon, ob ein Anstellungsvertrag vorliegt oder nicht.   1012

DAZU FOLGENDES BEISPIEL: ▶ Der pensionierte Beamte A ist Geschäftsführer der städtischen Y-GmbH. Es liegt kein Anstellungsvertrag vor. Für seine Tätigkeit erhält er eine monatliche Aufwandsentschädigung i. H. v. 750 €. Das Finanzamt ist der Auffassung, dass vorliegend Arbeitslohn gegeben ist, der dem Lohnsteuerabzug unterliegt.

Das Finanzamt hat Recht. Lohnsteuerrechtlich liegt Arbeitslohn vor. A ist zwar als Geschäftsführer gesetzlicher Vertreter der GmbH und hat als Organ weitreichende Vertretungsbefugnisse (s. §§ 35, 37 GmbHG). Dies hindert aber nicht daran, ihn als Arbeitnehmer i. S. d. Lohnsteuerrechts anzusehen, weil er den Weisungen und Beschlüssen der Gesellschafterversammlung Folge leisten muss.

1013 Die Einordnung in eine Einkunftsart hängt allerdings auch vom Status des Geschäftsführers ab. Man unterscheidet allgemein den **Fremdgeschäftsführer**, der an der GmbH nicht beteiligt ist und daher – wirtschaftlich betrachtet – den Status eines leitenden Angestellten hat, und den Gesellschafter-Geschäftsführer, der an der Gesellschaft beteiligt ist. Hält dieser die Mehrheit der GmbH-Anteile, so spricht man vom Mehrheits-Gesellschafter-Geschäftsführer, hat er nur einen geringen Anteil, so wird er als Minderheits-Gesellschafter-Geschäftsführer bezeichnet. Der Fremdgeschäftsführer hat im Regelfall Einkünfte aus nichtselbständiger Arbeit.

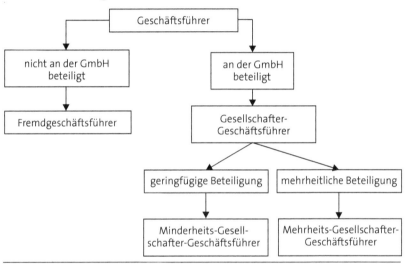

1014 Schwieriger ist die Einordnung der Einkunftsart beim Gesellschafter-Geschäftsführer. Hier zeigt sich besonders deutlich, dass der Begriff „Arbeitnehmer" in den einzelnen Rechtsgebieten eine unterschiedliche Bedeutung hat. Ist schon beim Fremdgeschäftsführer im Regelfall eine unterschiedliche Wertung gegeben (Arbeitsrecht: kein Arbeitnehmer, Lohnsteuerrecht: Arbeitnehmer), wird die Einordnung beim Gesellschafter-Geschäftsführer noch schwieriger. Grund für diese Einordnungsschwierigkeit ist die Bedeutung des Begriffs „Arbeitnehmer".

1015 Der Rechtsbegriff „**Arbeitnehmer**" findet sich im Arbeits-, Sozialversicherungs- und Steuerrecht. Die Bestimmungen, wer Arbeitnehmer i. S. d. betreffenden Rechtsgebietes ist, weichen wegen unterschiedlicher Zielsetzungen teilweise von den in den anderen Rechtsgebieten getroffenen Regelungen ab.[1] So hat der EuGH mit Urteil vom 9.7.2015[2] entschieden, dass auch Geschäftsführer und Praktikanten bei der Anzahl der betroffenen Arbeitnehmer für die Anwendung der Massenentlassungsrichtlinie mitzählen können. D. h., wer Arbeitnehmer im steuerrechtlichen Sinn ist, muss nicht gleichzeitig Arbeitnehmer nach den Vorschriften des Sozialversicherungsrechts sein, wie es der Fall des Gesellschafter-Geschäftsführers zeigt. Der **Mehrheits-Gesellschafter-Geschäftsführer** ist im Regelfall nicht Arbeitnehmer im Sinne sozialversicherungsrechtlicher Bestimmungen, kann aber Arbeitnehmer im steuerrechtlichen Sinn sein, wenn der Tatbestand des § 1 LStDV erfüllt ist; d. h., wenn nach dem Gesamtbild der Verhältnisse die Merkmale nichtselbständiger Arbeit überwiegen. Entscheidendes Gewicht hierfür hat die Frage der Weisungsgebundenheit, inwieweit der Steuerpflichtige hinsichtlich Art und Weise, Ort, Zeit sowie Umfang der zu erbringenden Arbeitsleistung durch den Arbeitgeber „fremdbestimmt" ist.[3] Hat der Mehrheits-Gesellschafter-Geschäftsführer einen Anstellungsvertrag mit sich abgeschlossen, so kann in der Regel davon ausgegangen werden, dass er Arbeitnehmer i. S. d. Lohnsteuerrechts ist. Dies gilt auch für den Extremfall, dass der Gesellschafter 100 % der GmbH-Anteile hält (sog. Einmann-GmbH).

BEISPIEL: A ist Anteilseigner zu 100 % der A-GmbH und gleichzeitig deren Alleingeschäftsführer. Zwischen der GmbH und A ist ein zivilrechtlich wirksamer Anstellungsvertrag abgeschlossen worden.

Aufgrund des Trennungsprinzips ist zwischen der juristischen Person GmbH und der natürlichen Person A zu unterscheiden. Beides sind jeweils selbständige Rechtssubjekte, die miteinander wirksam Rechtsgeschäfte abschließen können. A bezieht in seiner Eigenschaft als Geschäftsführer Einkünfte aus nichtselbständiger Arbeit gem. § 19 EStG. Gleichzeitig erhält er als Anteilseigner der GmbH Einkünfte aus Kapitalvermögen gem. § 20 EStG.

Der Mehrheits-Gesellschafter-Geschäftsführer ist daher im Regelfall – bei Vorliegen eines Anstellungsvertrages – als Arbeitnehmer i. S. d. Lohnsteuerrechts anzusehen. Dies muss jedoch nicht immer so sein. Entscheidend sind die Umstände des einzelnen Falles. Der BFH hat im Urteil vom 26.7.1972[4] entschieden, dass ein an einer GmbH **wesentlich beteiligter Gesellschafter** auch als Handelsvertreter für die GmbH tätig sein kann, wenn dies klar und eindeutig vereinbart und die Vereinbarung auch durchgeführt wird. Der Annahme einer selbständig gewerblichen Betätigung des Gesellschafters steht noch nicht

1016

---

1 Siehe hierzu *Keßler*, FS 75 Jahre Reichsfinanzhof – Bundesfinanzhof, S. 563 ff.
2 EuGH v. 9.7.2015 - C-229/14, NZA 2015, S. 861.
3 Siehe zu den einzelnen Abgrenzungsmerkmalen BFH v. 14.6.1985, BStBl 1985 II S. 661.
4 BFHE 106, S. 537.

ohne weiteres entgegen – so der BFH weiter –, dass der Gesellschafter über den Rahmen einer Handelsvertretung hinaus für die GmbH tätig wird.

1017 Der BFH[1] führt aus:

„Ist ein wesentlich beteiligter Gesellschafter einer GmbH für die GmbH tätig, so muss dies nicht notwendig im Rahmen eines Arbeitsverhältnisses geschehen. Auch zwischen der GmbH und ihrem wesentlich beteiligten Gesellschafter herrscht Vertragsfreiheit (vgl. BFH vom 29.11.1967, BFHE 91, 151, BStBl 1968 II S. 234). Der I. Senat hat mehrfach entschieden, es bestehe keine Vermutung, dass der Gesellschafter-Geschäftsführer einer GmbH ihr Angestellter sei (vgl. z. B. BFH vom 10.11.1965, BFHE 84, 202, BStBl 1966 III, S. 73). Das Recht der GmbH und ihres wesentlich beteiligten Gesellschafters, ihre Rechtsverhältnisse frei zu gestalten, erschöpft sich jedoch nicht darin zu bestimmen, ob der Gesellschafter als Angestellter oder im Rahmen des Gesellschaftsverhältnisses für die GmbH tätig sein solle. Es umfasst vielmehr auch die Befugnis zu vereinbaren, dass der Gesellschafter für die GmbH als selbständiger Gewerbetreibender – etwa als Handelsvertreter oder in beratender Funktion – tätig wird (vgl. BFH vom 23.11.1965, HFR 1966, S. 178). Die Begründung derartiger Rechtsverhältnisse mag selten sein. Das schließt indes nicht aus, dass ihr im Einzelfall wirtschaftlich vernünftige Erwägungen zugrunde liegen können. Solche Gründe können z. B. darin bestehen, dass der Gesellschafter für eine Mehrzahl von Unternehmen als selbstständiger Vertreter in ähnlicher Weise wie für die GmbH tätig wird. Ist ein solches Rechtsverhältnis zwischen GmbH und Gesellschafter von vornherein klar, eindeutig und ernsthaft vereinbart und durchgeführt, so hat auch die Besteuerung daran anzuknüpfen. Dem steht die wirtschaftliche Betrachtungsweise (§ 1 Abs. 3 StAnpG) nicht entgegen. Diese gestattet es nicht, die bürgerlich-rechtlich gewollten und durchgeführten Vereinbarungen beiseite zu schieben (BFH vom 29.11.1966, BFHE 88, 370, BStBl 1967 III S. 392)."

1018 Auf gleicher Linie bewegt sich das BFH-Urteil vom 20.10.2010.[2] Dort hatte ein Gesellschafter-Geschäftsführer mit „seiner" GmbH, an der er mit 50 % beteiligt war, einen Beratungsvertrag und erklärte diese Einkünfte als selbständige Einkünfte i. S. d. § 18 EStG. Das Finanzamt behandelte die Einkünfte als solche aus Gewerbebetrieb und erließ einen GewSt-Messbescheid. Die Klage beim Finanzgericht war erfolgreich. Der BFH sah die Revision des Finanzamts als erfolgreich an, hob die Vorentscheidung auf und verwies die Sache zur erneuten

---

1 A. a. O., S. 542.
2 BFH v. 20.10.2010 - VIII R 34/08, GmbHR 2011, S. 313 mit Anm. *Seer.*

Verhandlung an das Finanzgericht zurück. Nach BFH-Auffassung kommt es wieder auf die Umstände des Einzelfalls an.

Die BFH-Leitsätze lauten: 1019

1. *Die Frage der Selbständigkeit natürlicher Personen ist für die Einkommen-, die Gewerbe- und die Umsatzsteuer grundsätzlich nach denselben Grundsätzen zu beurteilen. Dabei kommt der jeweiligen sozial- und arbeits- oder steuerrechtlichen Beurteilung zwar indizielle Bedeutung zu; eine rechtliche Bindung besteht aber nicht.*

2. *Abzustellen ist auch bei der Beurteilung der Tätigkeit eines GmbH-Geschäftsführers vornehmlich auf die Umstände des Einzelfalles und nicht auf dessen organschaftliche Stellung.*

3. *GmbH-Gesellschafter sind regelmäßig Selbständige, wenn sie zugleich Geschäftsführer der Gesellschaft sind und mindestens 50 % des Stammkapitals innehaben.*

Antje Heinrich[1] konstatiert in einer Kommentierung zu diesem Urteil eine Verunsicherung der Praxis, da eine Gesamtwürdigung der Umstände ihres Erachtens obsolet wäre, weil eine Beteiligungsquote von 50 % automatisch dazu führt, dass der Gesellschafter-Geschäftsführer selbständiger Unternehmer ist.   1020

Seer beschäftigt sich in dem oben zitierten Aufsatz[2] mit dieser Problematik und fasst seine Ergebnisse am Ende seines Beitrags[3] zusammen. Die wesentlichen Aussagen lauten: 1021

▶ Der beherrschende Gesellschafter-Geschäftsführer ist auch im steuerrechtlichen Sinn kein Arbeitnehmer. Er ist selbständig tätig und erzielt gewerbliche Einkünfte i. S. v. § 15 Abs. 1 Nr. 1 EStG.

▶ Die GmbH-Beteiligung des beherrschenden Gesellschafter-Geschäftsführers bildet notwendiges Betriebsvermögen seines Gewerbebetriebs. Damit gehören laufende Gewinnausschüttungen der GmbH zu den Einkünften aus Gewerbebetrieb.

Für die Praxis bleibt festzuhalten, dass weder das BFH-Urteil vom 20.10.2010 noch der Aufsatz von *Seer* an der Behandlung des beherrschenden Gesellschafter-Geschäftsführers etwas geändert haben. Der GmbH-Geschäftsführer hat   1022

---

[1] Siehe NWB 2012, S. 1568 f.
[2] Die ertragsteuerliche Qualifizierung des beherrschenden Gesellschafter-Geschäftsführers einer GmbH, GmbHR 2011, S. 225.
[3] A. a. O., S. 232.

9. Der GmbH-Geschäftsführer im Einkommen- und Körperschaftsteuerrecht

grundsätzlich Einkünfte aus nichtselbständiger Arbeit, er kann aber auch Einkünfte aus selbständiger Arbeit bzw. Gewerbebetrieb haben.

1023 Die nachfolgende Skizze fasst die gewonnenen Ergebnisse zusammen.

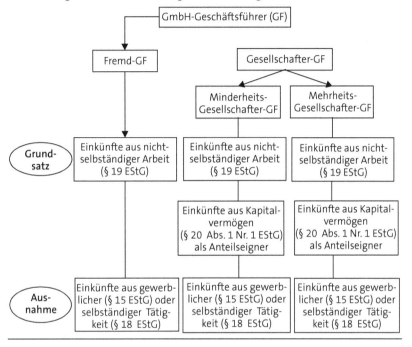

Zur Pauschalierung der Einkünfte eines Gesellschafter-Geschäftsführers (FG):[1]

1024 Der 11. Senat des FG Baden-Württemberg hat klargestellt, dass die Lohnsteuerpauschalierung nach § 40a Abs. 2 EStG nicht auf solche Einkünfte anwendbar ist, die ein Gesellschafter-Geschäftsführer für seine Geschäftsführertätigkeit erhält.[2]

Die Beteiligten streiten darüber, ob Einkünfte der Klägerin, die diese für ihre Tätigkeit als Gesellschafter-Geschäftsführerin bezieht, nach § 40a Abs. 2a EStG pauschal mit 20 % des Arbeitsentgelts besteuert werden können. Die Klägerin erzielte in den Streitjahren 2007 bis 2010 u. a. Einkünfte aus ihrer Geschäftsführertätigkeit für eine GmbH, an der sie zu 50 % beteiligt ist. Das monatliche

---

1 Nach FG Baden-Württemberg online und www.nwb.de.
2 FG Baden-Württemberg v. 21.7.2015 - 11 K 3633/13, NWB WAAAF-06933.

Arbeitsentgelt i. H. v. 400 € wurde gem. § 40a Abs. 2a EStG pauschal mit 20 % der Besteuerung unterworfen.

Hierzu führte das Finanzgericht weiter aus: 1025

▶ Eine Lohnsteuerpauschalierung nach § 40a Abs. 2a i. V. m. Abs. 2 EStG kann nur für das Arbeitsentgelt aus einer geringfügigen Beschäftigung i. S. d. § 8 Abs. 1 Nr. 1 oder des § 8a des SGB IV vorgenommen werden. Dies setzt zunächst voraus, dass die Tätigkeit überhaupt die Merkmale einer sozialversicherungsrechtlichen Beschäftigung i. S. d. § 7 SGB IV erfüllt.

▶ Im Rahmen des § 40a Abs. 2a i. V. m. Abs. 2 EStG ist das Vorliegen eines (geringfügigen) Beschäftigungsverhältnisses wegen des Verweises auf §§ 8, 8a SGB IV allein nach sozialversicherungsrechtlichen Maßstäben zu beurteilen. Dass der für die GmbH gegen Entgelt tätige Gesellschafter ggf. Arbeitnehmer im steuerrechtlichen Sinne (§ 1 LStDV) ist und das Entgelt deshalb Arbeitslohn (§ 2 LStDV) darstellt, führt für sich allein noch nicht zur Anwendbarkeit des § 40a Abs. 2 EStG.

▶ Nach der Rechtsprechung der Sozialgerichte kann die Tätigkeit als GmbH-Geschäftsführer eine Beschäftigung als Arbeitnehmer sein, auch wenn er als Geschäftsführer Organ der Gesellschaft ist (§ 35 Abs. 1 GmbHG). Maßgeblich soll sein, ob er sich in der Position persönlicher Abhängigkeit befand. Eine solche Abhängigkeit ist zu verneinen, wenn er aufgrund seiner Gesellschafterstellung maßgeblichen Einfluss auf die Willensbildung der GmbH hatte und damit Einzelweisungen an sich als Geschäftsführer im Bedarfsfalle jederzeit verhindern konnte. Eine derartige Stellung liegt regelmäßig dann vor, wenn der Geschäftsführer einen Anteil von mindestens 50 % des Stammkapitals innehat.

▶ Die Klägerin war im Streitfall zu 50 % an deren Stammkapital beteiligt, weshalb nach den vorstehenden Grundsätzen davon auszugehen ist, dass sie Einzelweisungen an sich als Geschäftsführerin jederzeit verhindern konnte. Somit lagen mangels einer geringfügigen „Beschäftigung" der Klägerin die Voraussetzungen des § 40a Abs. 2 EStG und damit auch des § 40a Abs. 2a EStG nicht vor.

Steuerliche Behandlung der Einkünfte des Geschäftsführers einer luxemburgischen S.a.r.l. 1026

BFH, Urteil vom 29.3.2017 - I R 48/16, NWB AAAAG-55060

Leitsätze

1. Ob der Geschäftsführer einer luxemburgischen S.a.r.l. als Arbeitnehmer i. S. des § 1 LStDV oder als Selbständiger i. S. der §§ 15, 18 EStG anzusehen ist,

ist anhand einer Vielzahl in Betracht kommender Merkmale nach dem Gesamtbild der Verhältnisse zu beurteilen. Die Beteiligung des Geschäftsführers an der S.a.r.l. ist ein solches Einzelmerkmal, das im Rahmen der Gesamtwürdigung zu berücksichtigen ist.

2. „Gehaltszahlungen" an den beherrschenden Gesellschafter-Geschäftsführer einer S.a.r.l. sind regelmäßig als Einkünfte aus Kapitalvermögen (vGA) zu qualifizieren, wenn den Zahlungen keine klaren, eindeutigen und im Vorhinein abgeschlossenen Vereinbarungen zugrunde liegen. In einem solchen Fall ist zu prüfen, ob Deutschland als dem Wohnsitzstaat des Gesellschafter-Geschäftsführers das Besteuerungsrecht an den Zahlungen gemäß Art. 13 Abs. 1 DBA-Luxemburg 1958/1973 (Dividendenartikel) zusteht.

1027 **Besteuerung des Gewinns aus einer „Managementbeteiligung" als Arbeitslohn oder als Einkünfte aus einem privaten Veräußerungsgeschäft**

BFH, Urteil vom 4.10.2016 - IX R 43/15, NWB DAAAG-35217

Die kapitalmäßige Beteiligung eines Arbeitnehmers am Unternehmen seines Arbeitgebers kann auf einer eigenständigen Erwerbsgrundlage beruhen. Dies hat zur Folge, dass der Gewinn aus der Veräußerung der Kapitalbeteiligung nicht als Arbeitslohn, sondern als – ggf. nicht steuerbarer – Veräußerungsgewinn i. S. d. § 23 Abs. 1 Satz 1 Nr. 2 EStG a. F. zu versteuern ist.

9.2 Umfang des Arbeitslohnes

9.2.1 Allgemeines

1028 Arbeitslohn sind alle Einnahmen, die dem Geschäftsführer in seiner Eigenschaft als Arbeitnehmer i. S. d. Lohnsteuerrechts aus seinem (Dienst-)Verhältnis mit der GmbH zufließen. Es ist unerheblich, unter welcher Bezeichnung oder in welcher Form die Einnahmen gewährt werden (§ 2 Abs. 1 LStDV). Es sind grundsätzlich alle Einnahmen in Geld oder Geldeswert, die durch ein individuelles Dienstverhältnis veranlasst sind. Hierzu gehören nicht nur der laufende Arbeitslohn und sonstige Bezüge (wie Urlaubsabgeltungen, Tantiemen, Weihnachtsgeld u. Ä.), sondern z. B. auch

▶ Sachbezüge, soweit sie zu **geldwerten Vorteilen** des Geschäftsführers aus seinem Dienstverhältnis führen,

▶ die Überlassung von Dienstfernsprechern für private Ferngespräche sowie die von der GmbH übernommenen festen und laufenden Kosten eines Telefonanschlusses in der Wohnung des Geschäftsführers,

9.2 Umfang des Arbeitslohnes

▶ Vergütungen der GmbH zum Ersatz von Aufwendungen des Geschäftsführers für Fahrten zwischen Wohnung und erste Tätigkeitsstätte (eT),
▶ Ersatz von Unterkunftskosten sowie die unentgeltliche oder verbilligte Überlassung einer Unterkunft.

Einzelheiten hierzu s. R 8.1 und R 8.2 LStR 2015

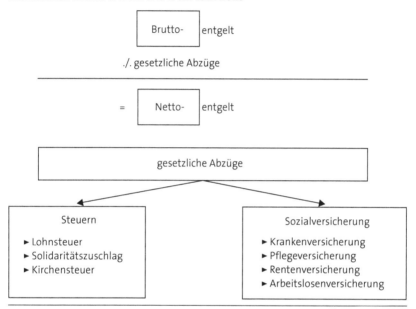

▶ **Geburtstagsfeier, Firmenfeier, Betriebsveranstaltungen** 1029

Geburtstagsfeier des GmbH-Geschäftsführers[1]

Feiert der Geschäftsführer einer kommunalen Wohnungsbaugesellschaft seinen 60. Geburtstag in Räumen der Behörde, kann er die Kosten als Werbungskosten absetzen, wenn er nur Mitarbeiter der GmbH einlädt und auch sonst wenig dafür spricht, dass die Feier der gesellschaftlichen Stellung des Arbeitnehmers „geschuldet" war. Das hat der BFH entschieden.

BFH: Prinzipiell sind Geburtstagsfeiern privat veranlasst

BFH-Urteil vom 10.11.2016 - VI R 7/16, BStBl 2017 II S. 409

---

[1] Quelle: SSP Ausgabe 02 aus 2017 S. 12 – ID 44446334.

Der BFH gibt zwar zu bedenken, dass ein Werbungskostenabzug in der Regel ausscheidet, wenn der Feier ein privater Anlass – ein runder Geburtstag – zugrunde lag; und zwar selbst dann, wenn nur Arbeitskollegen eingeladen sind. Denn die Einladung zu einem Empfang aus Anlass eines herausgehobenen Geburtstags entspricht einer gesellschaftlichen Konvention, die ihren Grund in der privaten Lebensführung hat. Es ist allgemein üblich, dass solch herausgehobene Ereignisse nicht nur in der Familie begangen, sondern dass gerade bei Geschäftsleuten auch die Geschäftspartner, Berufskollegen und Mitarbeiter des eigenen Unternehmens einbezogen werden. Dies gilt auch dann, wenn nur Personen aus dem beruflichen und geschäftlichen Umfeld eingeladen werden.

In diesen Fällen hat eine Geburtstagsfeier beruflichen Charakter

Allerdings kann sich trotz eines herausgehobenen persönlichen Ereignisses aus den übrigen Umständen ergeben, dass die Kosten für die Feier ganz oder teilweise beruflich veranlasst sind. Dies ist insbesondere möglich, wenn die Feier nicht in erster Linie der Ehrung des Jubilars und damit der repräsentativen Erfüllung gesellschaftlicher Konventionen, sondern dem kollegialen Miteinander und daher der Pflege des Betriebsklimas dient, der Jubilar mit seiner Einladung der Belegschaft Dank und Anerkennung zollt oder gefestigten betrieblichen Gepflogenheiten Rechnung trägt.

PRAXISHINWEIS:

Diese Voraussetzungen waren hier erfüllt. Für den beruflichen Anlass der Feier sprach, dass

- ▶ sämtliche Mitarbeiter der GmbH eingeladen waren,
- ▶ der Arbeitgeber in die Organisation der Veranstaltung eingebunden und damit zumindest mittelbar an deren Kosten beteiligt war,
- ▶ die Kosten maßvoll waren,
- ▶ die Feier nicht an einem „Feierort", sondern im Betrieb (mit Bierzeltgarnituren hergerichtete und einfach geschmückte Werkstatthalle) und teilweise während der Arbeitszeit (Freitags von 12:00 bis 17:00 Uhr) stattfand,
- ▶ der Arbeitgeber die Feier gebilligt hatte,
- ▶ keine Geschäftspartner oder Vertreter des öffentlichen Lebens, der Kommune oder der Medien anwesend waren und
- ▶ der Jubilar seinen Geburtstag privat mit wesentlich höherem Kostenaufwand gefeiert hatte.

1030 **Firmenfeier: Schätzung der sicher beruflich veranlassten Aufwendungen**[1]

BFH-Beschluss vom 21.3.2019 - VIII B 129/18, NWB CAAAH-16577

---

1 Nach Redaktion BC 07/2019, S. 305.

▶ Ist ein abgrenzbarer Teil von Aufwendungen – als Ergebnis der hierfür erforderlichen Ermittlungen – beruflich veranlasst, bereitet seine Quantifizierung aber Schwierigkeiten, so ist dieser Anteil unter Berücksichtigung aller maßgeblichen Umstände zu schätzen.

▶ Dies gilt auch dann, wenn im Rahmen eines Kanzleifests ("sog. „Herrenabend") Mandanten, potenzielle Neu-Mandanten und Geschäftsfreunde eingeladen werden, sich aber weder abschließend beurteilen lässt, welche der eingeladenen Personen auf der Feier tatsächlich erschienen sind, noch aufgrund der zahlreichen persönlichen und geschäftlichen Beziehungen zu den eingeladenen Gästen abschließend beurteilt werden kann, bei welchem Gast von einer überwiegend beruflich veranlassten Einladung auszugehen ist.

FAZIT:

Sofern eine (erhebliche) private/persönliche Mitveranlassung der Aufwendungen für eine Firmenfeier gegeben und damit eine Aufteilung der Kosten in betrieblich und privat veranlasste Aufwendungen nicht eindeutig möglich ist, darf die Gewährung eines Betriebskostenausgabenabzugs im Wege der Schätzung nicht von Vornherein ausgeschlossen werden. Dies gilt auch für objektiv nicht trennbare gemischt veranlasste Kosten, die dann anteilig zu schätzen wären.

Das Schätzergebnis darf nicht willkürlich und realitätsfremd ausfallen, sondern hat wirtschaftlich vertretbar zu sein.

Betriebsveranstaltungen

Viele Unternehmen und damit auch GmbHs führen zum Erhalt oder zur Steigerung eines guten Betriebsklimas Betriebsveranstaltungen durch. Ab 1.1.2015 gewährt der Gesetzgeber (§ 19 Abs. 1 Nr. 1a EStG) einen Freibetrag von 110 € pro Arbeitnehmer. Die Finanzverwaltung hat dazu ein achtseitiges BMF-Schreiben vom 14.10.2015[1] herausgegeben.[2]

Wird der Freibetrag von 110 € überschritten, kann der übersteigende Teil mit 25 % pauschal besteuert werden und ist dann sozialversicherungsfrei.

BEISPIEL:[3] An einer Betriebsveranstaltung nehmen 50 Personen teil. 20 Arbeitnehmer mit einer Begleitperson und zehn Arbeitnehmer ohne Begleitpersonen. Der Pro-Kopf-Anteil an den Gesamtkosten beträgt 60 €.

---

1 BStBl 2015 I S. 832 = NWB YAAAF-06296.
2 Hier sei auch auf das Merkblatt – Betriebsveranstaltungen und Sachgeschenke - der IHK Berlin (Dok.-Nr. 106535), Stand: 24.11.2017 hingewiesen.
3 Nach *Plenker*, BC 11/2015.

Behandlung:
- ▶ Bei zehn Arbeitnehmern entsteht kein steuerpflichtiger Arbeitslohn, weil der Freibetrag von 110 € nicht überschritten ist.
- ▶ Bei 20 Arbeitnehmern beträgt der steuerpflichtige Arbeitslohn 10 € (60 € x 2 = 120 € minus 110 €). Der Betrag von 10 € kann mit 25 % pauschal besteuert werden.

Für den häufigen Fall einer Betriebsveranstaltung in Gestalt einer Weihnachtsfeier sei auf das folgende Prüfschema hingewiesen.

Prüfschema zur lohnsteuerlichen Behandlung der Aufwendungen für Weihnachtsfeiern.[1]

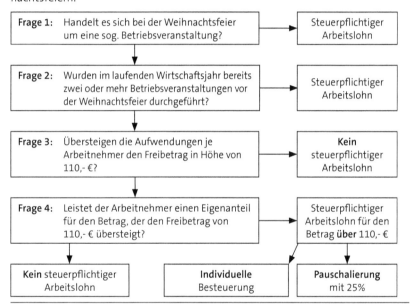

9.2.2 Gestellung eines Kraftfahrzeuges durch den Arbeitgeber

Literatur: *Krudewig*, Fahrzeuge im Steuerrecht 2013/2014, 3. Aufl. 2013; *ders.*, Firmenwagen beim GmbH-Gesellschafter: Arbeitslohn, Miete oder verdeckte Gewinnausschüttung, BB 2013, S. 220; *Behrens*, Der PKW im Privat- und Betriebsvermögen, NWB 2014, S. 3570; *Krudewig*, Firmenwagen der GmbH, 1. Aufl. 2014; *Möller*, Dienstwagen und Umsatzsteuerrecht, SteuerStud 2015, S. 264; *Slotty-Harms*, Besteuerung von Dienstwagen im Umsatzsteuerrecht, UVR 2015, S. 124; *Foerster*, Der GmbH-Geschäftsführer auf Dienstreise, GmbH-Steuerpraxis 2019, S. 129 ff.; *Karbe-Geßler*, Der PKW im Steuerrecht, Herne, 4. Aufl. 2019.

---

1 Nach *Rinker*, BC 07/2019, S. 324.

9.2 Umfang des Arbeitslohnes

Verwaltungsanweisungen:
BMF-Schreiben v. 4. 4. 2018, BStBl 2018 I S. 592; R 8.1 Abs. 9 LStR 2015.

Wird ein Kraftfahrzeug unentgeltlich zur Nutzung auch für Privatfahrten und für Fahrten zwischen Wohnung und eT sowie Familienheimfahrten zur Verfügung gestellt, so ist ein steuerlich zu berücksichtigender Sachbezug gegeben. Für die Berechnung des geldwerten Vorteils sind § 6 Abs. 1 Nr. 4 und § 8 Abs. 2 EStG zu beachten. Seit 1996 stehen alternativ zwei Berechnungsverfahren zur Verfügung: die **1 %-Regelung** und die **Einzelnachweismethode (Fahrtenbuchmethode)**. Die 1 %-Regelung setzt voraus, dass das Kraftfahrzeug zu über 50 % betrieblich genutzt wird (§ 6 Abs. 1 Nr. 4 Satz 2 EStG). 1032

Die GmbH als Arbeitgeber hat den privaten Nutzungsanteil mit 1 % des inländischen Listenpreises des Kraftfahrzeuges anzusetzen. Listenpreis ist – auch bei gebraucht erworbenen oder geleasten Fahrzeugen! – die auf volle Hundert abgerundete unverbindliche Preisempfehlung des Herstellers für das genutzte Kraftfahrzeug im Zeitpunkt seiner Erstzulassung einschließlich der Zuschläge für bestimmte Sonderausstattungen einschließlich Umsatzsteuer. 1033

In die **1 %-Regelung** sind folgende Sonderausstattungsgegenstände einzubeziehen: Autoradio, Navigationsgerät,[1] Diebstahlsicherung, Standheizung und Klimaanlage. Nicht einzubeziehen sind das Autotelefon (str.), ein weiterer Reifensatz mit Felgen und der nachträgliche Einbau einer Flüssiggasanlage.[2] Bei Elektrofahrzeugen und Hybridautos wird die Bemessungsgrundlage für die 1 %-Regelung auf die Hälfte reduziert. 1034

Kann das Kraftfahrzeug auch zu **Fahrten zwischen Wohnung und eT** genutzt werden, so erhöht sich der zunächst ermittelte Wert für jeden Kilometer der Entfernung zwischen Wohnung und Arbeitsstätte um 0,03 % des inländischen Listenpreises, soweit nicht entsprechende Aufwendungen des Geschäftsführers nach R 9.5 LStR (Fahrtkosten bei Einsatzwechseltätigkeit als Reisekosten) als Werbungskosten zu berücksichtigen wären. 1035

Wird das Kraftfahrzeug zu Heimfahrten im Rahmen einer doppelten Haushaltsführung genutzt, erhöht sich der bisher ermittelte Wert für jeden Kilometer der Entfernung zwischen dem Beschäftigungsort und dem Ort des eigenen Hausstandes um 0,002 % des inländischen Listenpreises für jede Fahrt, für die der Werbungskostenabzug nach § 9 Abs. 1 Satz 3 Nr. 5 Satz 8 EStG ausgeschlossen ist. 1036

---

1 Siehe a. BFH v. 16.2.2005 - VI R 37/04, BStBl 2005 II S. 563.
2 BFH v. 13.10.2010 - VI R 12/09, BStBl 2011 II S. 361.

1037 Bei dem Ausgangswert und dem Wert für Fahrten zwischen Wohnung und eT sind die **Monatswerte** anzusetzen, auch dann, wenn das Kraftfahrzeug dem Geschäftsführer nur zeitweise zur Verfügung steht. Bei dem Zusatzwert für Familienheimfahrten ist dagegen auf die einzelne Familienheimfahrt abzustellen, die nicht im Rahmen der Werbungskosten des Geschäftsführers berücksichtigungsfähig und daher steuerpflichtig wäre.

1038 Bei der **Versteuerung des geldwerten Vorteils** für die unentgeltliche Überlassung eines Kraftfahrzeugs zu Fahrten zwischen Wohnung und eT hat die GmbH die Möglichkeit, die Lohnsteuer insoweit mit 15 % zu pauschalieren (§ 40 Abs. 2 Satz 2 EStG). Bei behinderten Arbeitnehmern i. S. d. § 9 Abs. 2 EStG können für die Pauschalierung die Fahrtaufwendungen oder Fahrtkostenzuschüsse **in vollem Umfang** zugrunde gelegt werden.

1039 Die pauschale Lohnsteuer ist von der GmbH zu tragen (§ 40 Abs. 3 EStG); der Geschäftsführer verliert hinsichtlich des pauschal versteuerten Betrages die Möglichkeit des Werbungskostenabzugs.

BEISPIEL:

TAB. 1: 1%-Regelung versus Fahrtenbuch-Methode

1% - Regelung		Fahrtenbuch-Methode	
Brutto-Listenpreis	30.000 €	Kaufpreis brutto	30.000 €
Wohnung – eT	15 km	gefahrene km im Jahr:	40.000 km
1%-Regelung: 1% x 30.000 € x 12 Monate	3.600 €	Benzinkosten brutto: km/Jahr : 100 x Verbrauch (8 l) x €/l	3.500 €
0,03% von 30.000 € x 15 km (Wohnung – eT) x 12 Monate	+ 1.620 €	Versicherung + Steuer	+ 800 €
3.600 + 1.620 =	5.220 €	Reparaturen brutto	+ 1.600 €
zu versteuern	5.220 €	Abschreibung (ND 8 Jahre)	+ 3.750 €
		Summe der Kosten	9.650 €
		Kosten pro Kilometer	0,2413 €
		privat gefahrene Kilometer	4.800 km
		Kosten für privat gefahrene km: 4.800 x 0,2413	1.158,24 €
		Wohnung – eT: 15 Entfernungs-km x 2 x 20 Arbeitstage / Monat x 12 Monate =	7.200 km
		7.200 km x 0,2413 € =	1.737,36 €

		private Kosten insgesamt: 1.158,24 € + 1.737,36 € =	2.895,60 €
Steuerlast bei Steuersatz v. 30 % =	1.566 €	Steuerlast bei 30 %	866,68 €

Bei Führung eines Fahrtenbuches beträgt der steuerliche Vorteil gegenüber der 1 %-Regelung 699,32 € (= 1.566 €./. 866,68 €).

1040

Da bei der Fahrtenbuch-Methode die zugrunde zu legenden Beträge erst am Jahresende feststehen, der geldwerte Vorteil aber **monatlich** der Lohnsteuer zu unterwerfen ist, ist für das laufende Kalenderjahr wie folgt zu verfahren,[1] d. h. der Monatswert kann vorläufig mit einem Zwölftel des Vorjahresbetrages angesetzt werden. Nach Ablauf des Kalenderjahres ist dann der tatsächlich zu versteuernde Nutzungswert zu ermitteln.

1041

Die Wahl der Berechnungsmethode – 1 %-Methode oder Fahrtenbuch-Methode – muss von der GmbH im Einvernehmen mit dem Geschäftsführer für jedes Kalenderjahr festgelegt werden; das Verfahren darf bei demselben Kraftfahrzeug während des Kalenderjahres nicht gewechselt werden.

1042

Welche Methode günstiger ist, entscheiden die Umstände des Einzelfalls. In vielen Fällen wird die Fahrtenbuch-Methode günstiger sein. Beim Führen eines Fahrtenbuchs müssen jedoch bestimmte Formalien eingehalten werden, ansonsten wird es von der Finanzverwaltung verworfen und die ganze Mühe der Aufzeichnungen war umsonst. Allerdings führen kleinere Mängel nicht zur Verwerfung des Fahrtenbuchs, wenn die Angaben insgesamt plausibel sind.[2]

1043

Ein Fahrtenbuch[3] muss enthalten:

1044

▶ Datum und Kilometerstand zu Beginn und am Ende jeder einzelnen Auswärtstätigkeit,

▶ Reiseziel und bei Umwegen auch Reiseroute sowie

▶ Reisezweck und aufgesuchte Geschäftspartner.

Kein Fahrtenbuch sind schon begrifflich lose Zettelsammlungen, aber auch Excel-Tabellen werden von der Rechtsprechung[4] nicht anerkannt, da diese nachträglich änderbar sind.

---

1 Siehe R 8.1 Abs. 9 Satz 1 Nr. 3 Satz 2 LStR 2015.
2 BFH v. 10.4.2008, BStBl 2008 II S. 768.
3 Siehe R 8.1 Abs. 9 Nr. 2 LStR 2015; BFH-Urteil v. 13.11.2012 - VI R 3/12, NWB SAAAE-30630 sowie BFH v. 10.6.2013 - X B 258/12 n.v., StBW 2013, S. 723.
4 BFH v. 9.11.2005 - VI R 27/05, NWB VAAAB-78348 und BFH v. 16.11.2005 - VI R 64/04, NWB CAAAB-78350.

1045 Elektronisches Fahrtenbuch:[1]

Ein elektronisches Fahrtenbuch ist anzuerkennen, wenn sich daraus dieselben Erkenntnisse wie aus einem manuell geführten Fahrtenbuch gewinnen lassen. Beim Ausdruck von elektronischen Aufzeichnungen müssen nachträgliche Veränderungen der aufgezeichneten Angaben technisch ausgeschlossen, zumindest aber dokumentiert werden.

Der BFH[2] führt aus, dass eine mit Hilfe eines Computerprogramms erzeugte Datei den Anforderungen an ein ordnungsgemäßes Fahrtenbuch nur dann genügt, wenn nachträgliche Veränderungen an den zu einem früheren Zeitpunkt eingegebenen Daten nach der Funktionsweise des verwendeten Programms technisch ausgeschlossen sind oder die Veränderungen in der Datei selbst dokumentiert und offen gelegt werden.

Das FG Baden-Württemberg hatte sich mit Urteil vom 14.10.2014[3] mit dem Fall eines elektronischen Fahrtenbuchs zu befassen.

Im Streitfall nutzte ein Apotheker eine Fahrtenbuch-Software, die ein „finanzamtstaugliches" elektronisches Fahrtenbuch versprach. Nachdem der Betriebsprüfer beim Abgleich von Fahrtenbuch und Belegen keine inhaltlichen Fehler finden konnte, prüfte er die Software. Er testete, ob das Fahrtenbuch nachträglich geändert werden konnte, ohne dass dies erkennbar ist. Dabei stellte er fest, dass das Fahrtenbuch nach Excel exportiert, dort bearbeitet und anschließend wieder importiert werden konnte. Der Apotheker hielt dem entgegen, dass es für jede erfasste Fahrt eine Satz-ID gab, die eine solche Manipulation erkennbar gemacht hätte. Dies war technisch wohl richtig, genügte jedoch trotzdem nicht.

Das FG Baden-Württemberg störte insbesondere, dass bei einem Rückimport aus Excel in das Fahrtenbuchprogramm Änderungen weder in der gewöhnlichen Programm- noch der Druckansicht als solche erkennbar waren – insbesondere auch nicht an einer abweichenden oder unstimmigen Satz-ID. Hinzu kam, dass nicht ersichtlich war, wann die Fahrtenbucheinträge vorgenommen wurden, so dass das Finanzgericht das Fahrtenbuch letztlich für nicht ordnungsgemäß befand. Es wies die Klage daher ab.

---

1 Nach Steuerinformationsbriefen, u. a. www.iww.de.
2 BFH v. 16.11.2005 - VI R 64/04, BFH/NV 2006, S. 864.
3 FG Baden-Württemberg v. 14.10.2014 – 11 K 737/11, NWB BAAAE-83511.

9.2 Umfang des Arbeitslohnes

PRAXISHINWEIS:

Verwaltungsauffassung zur „zeitnahen" Führung eines elektronischen Fahrtenbuches:[1] Nach Ansicht der Finanzverwaltung bestehen keine Bedenken, ein elektronisches Fahrtenbuch, in dem alle Fahrten automatisch bei Beendigung jeder Fahrt mit Datum, Kilometerstand und Fahrtziel erfasst werden, jedenfalls dann als zeitnah geführt anzusehen, wenn der Fahrer den dienstlichen Fahrtanlass innerhalb eines Zeitraums von bis zu sieben Kalendertagen nach Abschluss der jeweiligen Fahrt in einem Webportal des Anbieters einträgt und die übrigen Fahrten dem privaten Bereich zugeordnet werden. Dabei müssen die Person und der Zeitpunkt der nachträglichen Eintragung im Webportal dokumentiert sein.[2]

PRAXISHINWEIS:

Ob das Finanzamt ein elektronisches Fahrtenbuch anerkennt, hängt wesentlich davon ab, dass die erzeugte Datei und die Ausdrucke zweifelsfrei erkennen lassen, wann und von wem Daten erfasst und ob sie nachträglich verändert wurden. Die Anforderungen sind insoweit noch höher als beim manuellen Fahrtenbuch.

Steht ein betrieblicher **Pkw mehreren GmbH-Geschäftsführern zur privaten Nutzung zur Verfügung**, beläuft sich der geldwerte Vorteil für jeden Monat auf insgesamt 1 % des Brutto-Listenpreises und ist nach Kopfteilen auf die Nutzungsberechtigten aufzuteilen: fahrzeugbezogene Auslegung.[3] **1046**

Übersteigt der insgesamt ermittelte pauschale geldwerte Vorteil die Höhe der tatsächlich anfallenden Gesamtkosten (z. B. weil keine AfA mehr zu berücksichtigen ist), so wird der geldwerte Vorteil auf die beim Arbeitgeber tatsächlich anfallenden Gesamtkosten beschränkt (Deckelung des geldwerten Vorteils). **1047**

Zuzahlungen und Kostenübernahme durch Arbeitnehmer/ Geschäftsführer[4] **1048**

Der BFH hat mit Urteilen vom 30.11.2016[5] entschieden, dass – entgegen der bisherigen Verwaltungsauffassung – ein vom Arbeitnehmer an den Arbeitgeber gezahltes Nutzungsentgelt den vom Arbeitnehmer zu versteuernden Nutzungswert auf der Einnahmenseite mindert und ein den Nutzungswert übersteigender Betrag weder zu negativem Arbeitslohn noch zu Werbungskosten führt. Außerdem vertritt der Bundesfinanzhof nunmehr die Auffassung, dass im Rahmen der privaten Nutzung vom Arbeitnehmer selbst getragene (laufende) individuelle Kraftfahrzeugkosten (z. B. Treibstoffkosten) bei der pauschalen Nutzungswertmethode (1 %-Regelung, 0,03 %-Regelung) den Nutzungswert auf der Einnahmenseite mindert.

---

1 BMF-Schreiben v. 4.4.2018, BStBl 2018 I S. 592, Punkt 3.2.
2 OFD Rheinland, akt. Kurzinfo LSt Außendienst 2/13 v. 18.2.2013.
3 BFH v. 15.5.2002 - VI R 132/00, BStBl 2003 II S. 311.
4 Nach *Körper/Schuster/Wolf*, Skript Lohnsteuer 2018, S. 128
5 BFH v. 30.11.2016 - VI R 49/14, BStBl 2017 II S. 1011 und VI R 2/15, BStBl 2017 II S. 1014.

9. Der GmbH-Geschäftsführer im Einkommen- und Körperschaftsteuerrecht

Die Urteile werden von der Verwaltung in **allen offenen Fällen** umgesetzt.[1] Auswirkungen in der Praxis können insbesondere dann eintreten, wenn der Arbeitnehmer für den Firmenwagen ein Nutzungsentgelt (z. B. die **Benzinkosten für Urlaubsfahrten** im Ausland) entrichten muss. In Höhe des Nutzungsentgelts ist der Arbeitnehmer nicht bereichert und das Nutzungsentgelt mindert den Nutzungswert.[2]

BEACHTE:

Bei der Fahrtenbuchmethode wird nicht beanstandet, wenn vom Arbeitnehmer selbst getragene Kosten in die Gesamtkosten einbezogen und wie bei der pauschalen Nutzungswertmethode als Nutzungsentgelt behandelt werden.[3]

Rechtsprechung

Garagenkosten mindern nicht den geldwerten Vorteil für einen privat genutzten Firmen-Pkw.[4]

1049–1051 (*Einstweilen frei*)

1052 **Zuschüsse** des Geschäftsführers zu den Anschaffungskosten können **im** Zahlungsjahr ebenfalls auf den privaten Nutzungswert angerechnet werden.[5]

BEISPIEL: Die GmbH überlässt dem Geschäftsführer im Kalenderjahr 08 ein Kraftfahrzeug (Listenpreis 25.000 €) zur beruflichen und privaten Nutzung. Zu den Anschaffungskosten leistet der Arbeitnehmer einen Zuschuss i. H. v. 5.000 €.
Ermittlung des geldwerten Vorteils:
Privatfahrten

(1 % von 25.000 € = 250 € × 12 = jährlich)	3.000 €
Fahrten Wohnung – eT	
(0,03 % von 25.000 € = 7,50 € × 5 km = 37,50 €	
× 12 = jährlich)	450 €
Wert des Sachbezugs	3.450 €
darauf anzurechnen	5.000 €
geldwerter Vorteil	0 €
beim Steuerabzug nicht zu berücksichtigen	1.550 €
(weder als negative Einnahmen noch als Werbungskosten)[6]	

---

1 BMF-Schreiben v. 21.9.2017, BStBl 2017 I S. 1336.
2 Vgl. Rz. 3-4 sowie Beispiele in der Rz. 10 des BMF-Schreibens v. 21.9.2017, BStBl 2017 I S. 1336.
3 Rz. 13 des BMF-Schreibens v. 21.9.2017, BStBl 2017 I S. 1336 .
4 FG Münster, Urteil v. 14.3.2019 – 10 K 2990/17 E, NWB MAAAH-15742.
5 BFH v. 23.10.1992, BStBl 1993 II S. 195.
6 FG Köln v. 8.12.1999, EFG 2000, S. 312.

Sofern ein **Kraftfahrzeug mit Fahrer** für Fahrten zwischen Wohnung und Arbeitsstätte und andere Privatfahrten zur Verfügung gestellt wird, so werden die nach den o. a. Grundsätzen ermittelten Nutzungswerte um unterschiedlich gestaffelte Prozentsätze erhöht.[1]

1053

Fahrzeugpool: Hat die GmbH mehrere Kraftfahrzeuge im Betriebsvermögen, so lässt es die Finanzverwaltung[2] zu, dass bei entsprechender Glaubhaftmachung nur **ein** Kraftfahrzeug der 1 %-Regelung unterliegt, allerdings dasjenige mit dem höchsten Listenpreis.

1054

WICHTIGER PRAXISHINWEIS ZUR 1 %-REGELUNG:[3]

1055

Der BFH hat in einer Reihe von Urteilen[4] die Anwendung der 1 %-Regelung auch bei fehlender privater Nutzung bejaht und damit seine bisherige Rechtsprechung korrigiert. Die tatsächliche private Nutzung des Kraftfahrzeugs wurde in derartigen Fällen bisher vermutet. Diese Vermutung konnte der Steuerpflichtige unter engen Voraussetzungen widerlegen. Diese Möglichkeit ist nun entfallen.

Im Streitfall (VI R 31/10) stellte die Klägerin, eine Steuerberatungsgesellschaft, ihrem Geschäftsführer einen Dienstwagen zur Verfügung. Nach dem Anstellungsvertrag durfte er den Dienstwagen auch für Privatfahrten nutzen. Bei der Lohnsteuer setzte die Klägerin für die private Nutzung lediglich eine Kostenpauschale an, denn eine private Nutzung des Dienstwagens habe nicht stattgefunden. Im Anschluss an eine Lohnsteueraußenprüfung erließ das Finanzamt einen Lohnsteuerhaftungsbescheid. Einspruch und Klage blieben ohne Erfolg.

1056

Der BFH hat die Entscheidung des Finanzgerichts bestätigt. Die vom Arbeitgeber gewährte Möglichkeit, den Dienstwagen auch privat nutzen zu dürfen, führt beim Arbeitnehmer zu einem Vorteil, der als Lohn zu versteuern ist. Ob der Arbeitnehmer von der Möglichkeit der privaten Nutzung Gebrauch gemacht hat, ist dafür unerheblich, denn der Vorteil in Gestalt der konkreten Möglichkeit, das Fahrzeug auch zu Privatfahrten nutzen zu dürfen, ist dem Arbeitnehmer bereits mit der Überlassung des Fahrzeugs zugeflossen. Deshalb hatte das Finanzgericht den geldwerten Vorteil aus der Überlassung des Dienstwagens zur privaten Nutzung zu Recht (auch ohne weitere Feststellungen zum Sachverhalt) als Arbeitslohn angesehen.

1057

---

1 Siehe hierzu R 8.1 Abs. 10 LStR 2015.
2 BMF-Schreiben v. 15.11.2012, BStBl 2012 I S. 1099.
3 Nach BFH-PM Nr. 38/2013 v. 10.7.2013.
4 Urteile v. 21.3.2013 - VI R 31/10, BStBl 2013 II S. 700, VI R 46/11, BStBl 2013 II S. 1044 VI R 42/12, BStBl 2013 II S. 918; sowie Urteil v. 18.4.2013 - VI R 23/12, BStBl 2013 II S. 920; s. a. FG Niedersachsen, Urteil v. 20.3.2019 – 9 K 125/18, NWB DAAAH-16247 = DB 2019, S. 1354.

1058 Der BFH bestätigte auch die Auffassung der Vorinstanz, dass der Vorteil nach der 1%-Regelung zu bewerten sei. § 8 Abs. 2 Satz 2 EStG setzt keine tatsächliche Nutzung voraus, sondern verweist nur auf die 1%-Regelung (§ 6 Abs. 1 Nr. 4 Satz 2 EStG). Mit dem Betrag, der nach der 1%-Regelung als Einnahme anzusetzen ist, sollen sämtliche geldwerten Vorteile, die sich aus der Möglichkeit zur privaten Nutzung des Dienstwagens ergeben – unabhängig von Nutzungsart und -umfang – pauschal abgegolten werden. Diese Typisierung hat der BFH wiederholt als verfassungsgemäß erachtet. Da im Streitfall ein ordnungsgemäßes Fahrtenbuch nicht geführt worden war, kam eine andere Entscheidung nicht in Betracht.

1059 In zwei weiteren Urteilen vom 21.3.2013 (VI R 46/11 und VI R 42/12) sowie in dem Urteil vom 18.4.2013 (VI R 23/12) hat der BFH aber auch (nochmals) verdeutlicht, dass die 1%-Regelung nur zur Anwendung kommt, wenn feststeht, dass der Arbeitgeber dem Arbeitnehmer tatsächlich einen Dienstwagen zur privaten Nutzung arbeitsvertraglich oder doch zumindest auf Grundlage einer konkludent getroffenen Nutzungsvereinbarung überlassen hat.

1060 **Zusammenfassende Skizze:**

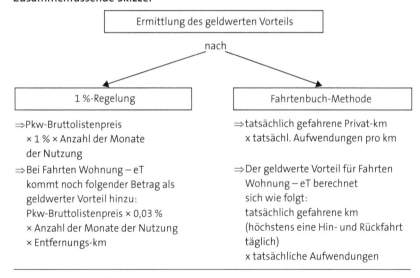

Privatnutzung und Umsatzsteuer:

1061 Die Privatnutzung unterliegt grundsätzlich der Umsatzsteuer. Leider gehen Einkommen- und Umsatzsteuer bei der Regelung unterschiedliche Wege. Nutzt der Steuerpflichtige (Unternehmer) sein Kfz überwiegend (zu mehr als 50%) für betriebliche Fahrten, hat er bei der Einkommensteuer nur die Wahl zwischen 1 %-Regelung und Fahrtenbuch, während er bei der Umsatzsteuer zwischen 1 %-Regelung, Fahrtenbuch oder sachgerechter Schätzung wählen kann. Damit gibt es bei der Umsatzsteuer zusätzlich die sachgerechte Schätzung.

Die sachgerechte Schätzung bei der Umsatzsteuer kann nur mit der 1 %-Regelung bei der Einkommensteuer kombiniert werden, weil die Anwendung der Fahrtenbuch-Methode dazu führt, dass die umsatzsteuerrechtliche Bemessungsgrundlage auch mithilfe des Fahrtenbuchs zu ermitteln ist.[1] Umsatzsteuerrechtlich[2] kann der Steuerpflichtige als Bemessungsgrundlage für die Privatnutzung

- ▶ das Ergebnis des Fahrtenbuchs zugrunde legen, wobei nur die Kosten zugrunde gelegt werden, die dem Vorsteuerabzug (ganz oder teilweise) unterlegen haben,
- ▶ die Bemessungsgrundlage sachgerecht schätzen, wobei nur die Kosten zugrunde gelegt werden, die dem Vorsteuerabzug (ganz oder teilweise) unterlegen haben,
- ▶ aus Vereinfachungsgründen die 1 %-Regelung zugrunde legen, wobei ein pauschaler Abschlag von 20 % für die Kosten vorgenommen wird, bei denen ein Vorsteuerabzug nicht möglich war.

Rechtsprechung 1061a

Pkw-Überlassung an Gesellschafter-Geschäftsführer[3]

Die Überlassung eines Firmenwagens an einen Gesellschafter-Geschäftsführer zur privaten Nutzung unterliegt der Umsatzsteuer, wenn ein Zusammenhang zwischen Nutzungsüberlassung und Arbeitsleistung im Sinne eines Entgelts besteht oder wenn die Voraussetzungen einer unentgeltlichen Wertabgabe gegeben sind.[4]

Die Klägerin, eine GmbH, hatte ihrem Gesellschafter-Geschäftsführer, der ihr Stammkapital zu 90 v. H. hielt, im Arbeitsvertrag einen Anspruch auf einen Firmenwagen eingeräumt, den er sowohl für dienstliche als auch für private Fahrten nutzen durfte. Im Anschluss an eine Außenprüfung erhöhte das FA die steuerbaren Umsätze in Höhe des Zuschlags nach § 8 Abs. 2 Satz 3 EStG für Fahrten zwischen der Wohnung des Gesellschafter-Geschäftsführers und der

---

1 Siehe a. BMF v. 5.6.2014, BStBl 2014 I S. 896.
2 Nach BFH v. 19.5.2010 - XI R 32/08, BStBl 2010 II S. 1079.
3 Nach *Fritsch*, www.steuerberater-center.de, zit. nach Otto Schmidt, 7.1.2015.
4 BFH v. 5.6.2014 - XI R 2/12, BStBl 2015 II S. 785

Arbeitsstätte. Mit der Klage brachte die Klägerin vor, dass der Gesellschafter-Geschäftsführer den Pkw nicht für Fahrten zwischen seiner Wohnung und der Niederlassung der Klägerin verwendet habe. Das FG wies die Klage ab (FG Rheinland-Pfalz v. 25.11.2010 – 6 K 2515/09). Könne ein dem Unternehmen zugeordneter Pkw auch für Fahrten zwischen Wohnung und Arbeitsstätte genutzt werden, sei unabhängig von der tatsächlichen Pkw-Nutzung ein entsprechender Zuschlag nach § 8 Abs. 2 Satz 3 EStG zu berücksichtigen. Der Anscheinsbeweis, wonach ein für private Zwecke zur Verfügung gestellter Dienstwagen auch für Fahrten zwischen Wohnung und Arbeitsstätte genutzt werde, sei nicht entkräftet worden. Mit der Revision rügt die Klägerin die Verletzung materiellen Rechts.

Der BFH hielt die Revision für begründet. Er hob das Urteil auf und verwies die Sache an das FG zurück. Das FG sei zu Unrecht ohne weitere Feststellungen davon ausgegangen, dass die Pkw-Überlassung auf der Grundlage des Arbeitsverhältnisses erfolgte und als Entgelt i. S. d. § 1 Abs. 1 Nr. 1 Satz 1 UStG der Umsatzsteuer zu unterwerfen sei, obwohl die Pkw-Nutzung auch auf dem Gesellschafterverhältnis beruht haben könnte. Das FG habe festzustellen, ob und ggf. inwieweit die Pkw-Überlassung als Gegenleistung für die Arbeitsleistung als Geschäftsführer anzusehen ist bzw. ob und ggf. inwieweit der Gesellschafter-Geschäftsführer den Pkw in seiner Eigenschaft als Gesellschafter nutzte.

Überlässt ein Arbeitgeber einem Gesellschafter-Geschäftsführer einen Pkw zur privaten Nutzung, kann ein Teil der Arbeitsleistung in seiner Eigenschaft als Geschäftsführer (Arbeitnehmer) Entgelt für die Nutzungsüberlassung sein. Sachzuwendungen des Arbeitgebers an seine Arbeitnehmer sind als entgeltlicher Umsatz i. S. v. § 1 Abs. 1 Nr. 1 Satz 1 UStG zu beurteilen, wenn diese Leistung auf eine vereinbarte oder übliche andere Gegenleistung zielt. Besteht ein unmittelbarer Zusammenhang zwischen Nutzungsüberlassung des Pkw und Arbeitsleistung, handelt es sich um einen tauschähnlichen Umsatz (§ 3 Abs. 12 Satz 2 UStG), bei dem ein Teil der Arbeitsleistung des Gesellschafter-Geschäftsführers Entgelt für die Pkw-Überlassung ist.[1] Dies ist der Fall, wenn die Nutzung eines Firmenwagens als üblicher Vergütungsbestandteil anzusehen ist.

Die nichtunternehmerische Nutzung eines dem Unternehmen zugeordneten Pkw ist unter den Voraussetzungen des § 3 Abs. 9a Nr. 1 UStG als unentgeltliche Wertabgabe der Besteuerung zu unterwerfen. Dies gilt insbesondere dann, wenn der Gesellschafter-Geschäftsführer einer GmbH einen dem Unterneh-

---

[1] BFH v. 10.6.1999 - V R 87/98, BStBl 1999 II S. 580, und v. 12.5.2009 - V R 24/08, UStB 2010, S. 8.

men zugeordneten Pkw in seiner Eigenschaft als Gesellschafter zu privaten Zwecken nutzt, ohne dass er hierfür eine Gegenleistung erbringt.[1]

Das FG hat keine Feststellungen dazu getroffen, ob und ggf. inwieweit die Pkw-Überlassung an den Gesellschafter-Geschäftsführer als Gegenleistung für seine Arbeitsleistung als Geschäftsführer erfolgte oder ob und ggf. inwieweit der Gesellschafter-Geschäftsführer den Pkw in seiner Eigenschaft als Gesellschafter nutzte. Sollten die vom FG nachzuholenden Feststellungen ergeben, dass der Pkw-Überlassung ein Entgelt in Gestalt anteiliger Arbeitsleistung gegenüberstand, liegt ein tauschähnlicher Umsatz vor, bei dem der Wert jedes Umsatzes als Entgelt für den anderen Umsatz gilt (§ 10 Abs. 2 Satz 2 UStG). Dieser Wert kann anhand der Ausgaben für die Überlassung des Pkw geschätzt werden.[2] Für den Fall, dass die Pkw-Überlassung eine unentgeltliche Wertabgabe ist, sind als Bemessungsgrundlage gem. § 10 Abs. 4 Satz 1 Nr. 2 UStG die Ausgaben anzusetzen, soweit sie zum vollen oder teilweisen Vorsteuerabzug berechtigt haben. Soweit diese Ausgaben und der Umfang der privaten und unternehmerischen Fahrten nicht ermittelt werden können, sind sie zu schätzen.[3]

Aus Vereinfachungsgründen kann die anzusetzende Bemessungsgrundlage nach Wahl des Unternehmers sowohl bei einem tauschähnlichen Umsatz i. S. d. § 3 Abs. 12 Satz 2 UStG als auch bei einer unentgeltlichen Wertabgabe i. S. d. § 3 Abs. 9a Nr. 1 UStG nach lohnsteuerrechtlichen bzw. nach ertragsteuerrechtlichen Werten geschätzt werden (z. B. nach der sog. 1 %-Regelung, § 8 Abs. 2 Satz 3 i. V. m. § 6 Abs. 1 Nr. 4 Satz 2 EStG). Entsprechende Vereinfachungsregelungen ergeben sich aus dem BMF-Schreiben vom 5.6.2014[4] bzw. aus Abschn. 15.23 Abs. 5 Satz 4 Nr. 1 Buchst. a UStAE bei unentgeltlichen Pkw-Überlassungen sowie aus Abschn. 15.23. Abs. 11 Satz 1 UStAE bei entgeltlichen Pkw-Überlassungen. Hierbei handelt es sich jeweils um eine einheitliche Schätzung, die der Unternehmer nur insgesamt oder gar nicht in Anspruch nehmen kann.

HINWEIS:

Pkw-Nutzung für Fahrten zwischen Wohnung und Betriebsstätte:
Der BFH hat in einem weiteren aktuellen Urteil entschieden, dass die Verwendung eines dem Unternehmen zugeordneten Pkw durch den Unternehmer für Fahrten zwischen Wohnung und Betriebsstätte nicht für Zwecke erfolgt, die außerhalb des Unter-

---

1 BFH v. 19.5.2010 - XI R 32/08, NWB TAAAD-52423.
2 BFH v. 10.6.1999 - V R 87/98, BStBl 1999 II S. 580.
3 BFH v. 19.5.2010 - XI R 32/08, NWB TAAAD-52423.
4 BStBl 2014 I S. 896.

nehmens liegen, und mithin nicht als unentgeltliche Wertabgabe der Umsatzbesteuerung zu unterwerfen ist.[1] Anders als ein Arbeitnehmer suche ein Unternehmer seinen Betrieb auf, um dort unternehmerisch tätig zu sein. Seine Fahrten zwischen Wohnort und Betrieb dienten der Ausführung von Umsätzen und seien als unternehmerisch veranlasste Fahrten einzustufen. Angesichts des klaren Überwiegens der unternehmerischen Verwendung sei es unbeachtlich, dass die Heimfahrten auch privaten Charakter haben.

1061b **Exkurs 1: Elektro- und Hybridelektrofahrzeuge**[2]

Besonderer Steuervorteil für den Zeitraum 1.1.2019 bis 31.12.2021

Für Elektro- und Hybridelektrofahrzeuge, die im Zeitraum vom 1.1.2019 bis 31.12.2021 angeschafft oder geleast werden, wird die Bemessungsgrundlage bei der Besteuerung der Privatnutzung halbiert. Maßgebender Zeitpunkt ist der Zeitpunkt der tatsächlichen Auslieferung und nicht etwa das Datum des Kaufvertrags.

▶ Bei der Pauschalwertmethode wird die Bemessungsgrundlage bei der 1 %-Regelung sowie bei der 0,03 %-Regelung für Fahrten zwischen Wohnung und Betrieb sowie für Familienheimfahrten im Rahmen einer doppelten Haushaltsführung halbiert.

▶ Wird ein Fahrtenbuch geführt, werden zunächst alle Kosten des Fahrzeugs ermittelt und diese dann abhängig von den Fahrleistungen dem privaten und beruflichen Anteil zugeordnet. Im Rahmen der Neuregelung dürfen bei der Bemessung der Abschreibung die Anschaffungskosten nur zur Hälfte angesetzt werden. Gleiches gilt, wenn das Fahrzeug geleast oder gemietet wurde. Dann dürfen die Leasing- oder Mietkosten ebenfalls nur zur Hälfte angesetzt werden.

BEISPIEL: ▶ Ein im Jahr 2019 gekauftes Elektrofahrzeug (Betriebs-Pkw) wird auch privat genutzt. Der private Nutzungsanteil beträgt laut Fahrtenbuch 40 %. Die Gesamtkosten betragen 18.000 €, wobei darin 8.000 € Abschreibung enthalten sind. Der geldwerte Vorteil pro Monat berechnet sich wie folgt:

Gesamtkosten 2019 für Betriebs-Pkw	18.000 €
./. 50 % der in den Gesamtkosten enthaltenen Abschreibung	./. 4.000 €
Reduzierte Gesamtkosten	14.000 €
Geldwerter Vorteil pro Jahr (14.000 € x 40 %)	5.600 €

---

1 BFH v. 5.6.2014 - XI R 36/12, NWB IAAAE-75264.
2 Nach SSP-Sonderausgabe, Steueränderungen 2019, S. 10-14.

HINWEIS:
Die halbierte Bemessungsgrundlage gilt nicht für die Umsatzsteuer.

Besonderheit bei Hybridelektrofahrzeugen

Die Begünstigung/Halbierung gilt bei Hybridelektrofahrzeugen nur, wenn diese nach § 3 Abs. 2 Nr. 1 und 2 EmoG entweder

▶ eine CO_2-Emission von höchstens 50 g je gefahrenen Kilometer oder

▶ eine elektrische Mindestreichweite von 40 km

haben. Für Hybridelektrofahrzeuge, die diese Voraussetzungen nicht erfüllen, gilt die bisherige Regelung auch 2019 weiter.

Exkurs 2: Steuerfreie Überlassung der Fahrräder   1061c

Seit 1.1.2019 ist die Überlassung von betrieblichen Fahrrädern zur privaten Nutzung (inkl. Fahrten Wohnung – erste Tätigkeitsstätte) steuerfrei (§ 3 Nr. 37 EStG). Maßgeblich ist die lohnsteuerliche Monatsbetrachtung. Es kommt also nicht darauf an, wann das Fahrrad angeschafft wurde. Die steuerfreie Überlassung gilt allerdings nur dann, wenn die Nutzung des Fahrrads zusätzlich zum ohnehin geschuldeten Gehalt gewährt wurde.

BEISPIEL: ▶ Dem Geschäftsführer wird zusätzlich zum geschuldeten Arbeitslohn ein Fahrrad überlassen. Dieses darf er dienstlich und privat nutzen. Der Vorteil aus der Nutzung des Fahrrads inkl. Fahrten zwischen Wohnung und erster Tätigkeitsstätte ist lohnsteuerfrei.

Folgen der Neuregelung:

▶ Ist die Privatnutzung lohnsteuerfrei, bleibt sie auch sozialversicherungsfrei (§ 1 Abs. 1 Nr. 3 SvEV i. V. m. § 40 Abs. 2 Satz 2 EStG).

▶ Die Überlassung der Fahrräder für private Zwecke bleibt trotz der Lohnsteuerfreiheit umsatzsteuerpflichtig.

▶ Die steuerfreien Leistungen mindern die Entfernungspauschale zwischen Wohnung und erster Tätigkeitsstätte nicht (§ 9 Abs. 1 Satz 3 Nr. 4 EStG).

BEACHTE BEI DER ÜBERLASSUNG VON ELEKTROFAHRRÄDERN[1]

Die lohnsteuerliche Behandlung hängt davon ab, ob es sich um ein E-Bike oder Pedelec handelt und ob es als Fahrrad oder Kraftfahrzeug eingestuft wird:

---

1 Siehe a. BMF-Schreiben v. 19.12.2018 - IV C 5 – S 2334/14/10002-07, NWB BAAAH-05599; Koordinierte Länderschreiben v. 13.3.2019.

E-Bike oder Pedelec – Fahrrad oder Kraftfahrzeug

E-Bikes fahren auf Knopfdruck auch ohne Pedalunterstützung. Sie gelten noch als Fahrrad, solange sie eine Geschwindigkeit von 6 km/h nicht erreichen; ab 6 km/h sind es zulassungspflichtige Kraftfahrzeuge (Kfz).

Pedelecs (Pedal Electric Cycles) bieten nur dann Motorunterstützung, wenn der Fahrer in die Pedale tritt. Erfolgt die Motorunterstützung bis zu 25 km/h und hat der Hilfsantrieb eine Nenndauerleistung von höchstens 0,24 kW, gelten diese noch als Fahrrad; sonst um zulassungspflichtige Kfz.

Lohnsteuerliche Regeln

Soweit die E-Bikes bzw. Pedelecs also die genannten Leistungsmerkmale nicht überschreiten, gelten die steuerlichen Regelungen für Fahrräder. *Folge:* Die Überlassung bleibt steuer- und sozialversicherungsfrei, wenn das E-Bike bzw. Pedelec zusätzlich zum Gehalt überlassen wurde.

Handelt es sich um leistungsstärkere E-Bikes bzw. Pedelecs, so dass diese als Kraftfahrzeug einzustufen sind, ist für die Privatnutzung monatlich 1 % des Bruttolistenpreises sowie 0,03 % je Entfernungskilometer für Fahrten zwischen Wohnung und Büro zu versteuern.

HINWEIS:

Im Referentenentwurf eines Gesetzes zur weiteren steuerlichen Förderung der Elektromobilität und zur Änderung weiterer steuerlicher Vorschriften vom 8.5.2019 ist geplant, die Begünstigung in Form des halben Bruttolistenneupreises über das Jahr 2021 und gekoppelt an einen maximalen Schadstoffausstoß von 50g CO^2 auszudehnen.

Übersicht:[1]

	Regelung vor dem 1.1.2019	Regelung zwischen 1.1.2019 und 31.12.2021	
		Normaler Gehaltsbestandteil	Zusätzlich zum ohnehin geschuldeten Arbeitslohn
„normales" Fahrrad und E-Bike (< 25 km/h)	1 % Bruttolistenpreis	1 % halber Bruttolistenpreis	Vollständige Steuerbefreiung gem. § 3 Nr. 37 EStG

---

[1] Nach GKK Partners, www.gkkpartners.de/mandanteninformation.

E-Bike (> 25 km/h) und Elektro-Kfz	1 % Bruttolisten-preis zzgl. 0,03 % je km Fahrten Wohnung-Arbeits-stätte	1 % halber Bruttolistenpreis zzgl. 0,03 % je km Fahrten Wohnung-Arbeitsstätte
„normales" Kfz	1 % Bruttolistenpreis zzgl. 0,03 % je km Fahrten Wohnung-Arbeitsstätte	

Reform des steuerlichen Reisekostenrechts ab 1.1.2014[1]

Mit dem Gesetz zur Änderung und Vereinfachung der Unternehmensbesteuerung und des steuerlichen Reisekostenrechts vom 20.2.2013[2] wurden die bisherigen steuerlichen Bestimmungen zum steuerlichen Reisekostenrecht neu geregelt. Davon abweichende Regelungen der LStR 2013 sind nicht mehr anzuwenden.

1062

In seinem Schreiben vom 30.9.2013 erläutert das BMF nunmehr die Grundsätze, die bei der Anwendung der am 1.1.2014 in Kraft tretenden gesetzlichen Bestimmungen des EStG zur steuerlichen Beurteilung von Reisekosten der Arbeitnehmer gelten. Dieses Schreiben ist durch das BMF-Schreiben vom 24.10.2014[3] ersetzt worden.

Die wichtigsteh Änderungen zur Reisekostenreform im Überblick

Die **25 wichtigsten Eckpunkte** des Reisekostenrechts lauten zusammengefasst folgendermaßen:

1063

(1) Der neue Begriff der **„ersten Tätigkeitsstätte"** löst den Begriff der „regelmäßigen Arbeitsstätte" ab. Dies kann neben einer ortsfesten betrieblichen Einrichtung des eigenen Arbeitgebers auch die ortsfeste Einrichtung eines verbundenen Unternehmens oder eines Dritten sein.

(2) Ein Arbeitnehmer kann seine erste Tätigkeitsstätte auch bei einem Kunden haben, wenn er diesem dauerhaft zugeordnet ist. Dies ist der Fall, wenn er dort entweder unbefristet oder zumindest über 48 Monate hinweg beschäftigt wird.

---

1 Nach DB 2013, S. 2302.
2 BGBl 2013 I S. 285 = BStBl 2013 I S. 188.
3 BStBl 2014 I S. 1412.

(3) Wenn ein Leiharbeitnehmer dem Betrieb seines Entleihers zugeordnet wird, kann ab 2014 dessen erste Tätigkeitsstätte dort liegen.

(4) Das häusliche Arbeitszimmer eines Arbeitnehmers ist (mangels betrieblicher Funktion) keine erste Tätigkeitsstätte.

(5) Ein Sammelpunkt, der vom Arbeitgeber dauerhaft für die tägliche Aufnahme der Arbeit bestimmt wird, ist keine erste Tätigkeitsstätte.

(6) Die dauerhafte Zuordnung des Arbeitnehmers zu einer Einrichtung erfolgt in erster Linie durch die **arbeits- oder dienstrechtliche Festlegung** des Arbeitgebers.

(7) Weist der Arbeitgeber seinen Angestellten einer bestimmten Tätigkeitsstätte zu, ist es unerheblich, in welchem Umfang der Beschäftigte dort eine berufliche Tätigkeit ausübt oder ob er diese regelmäßig oder nur gelegentlich aufsucht.

(8) Diese Grundregeln der Zuordnung gelten auch bei der Festlegung der Tätigkeitsstätte durch den Arbeitgeber für den **Gesellschafter-Geschäftsführer**, den Arbeitnehmer-Ehegatten oder einen mitarbeitenden Angehörigen.

(9) Die Zuordnung zu einer bestimmten Tätigkeitsstätte muss dokumentiert sein, z. B. durch Reisekostenabrechnungen, Vermerke oder Notizen.

(10) Unerwartete Ereignisse wie Krankheit, Insolvenz oder politische Unruhen führen nicht zu einer rückwirkenden Änderung der Prognose einer unbefristeten Zuordnung und damit nicht zum Wegfall der Dauerhaftigkeit der Tätigkeit.

(11) Sofern keine Zuordnung vorliegt, sind zeitliche Kriterien für die Bestimmung einer ersten Tätigkeitsstätte relevant. Für die zeitlichen Kriterien kommt es aber nur auf berufstypische Tätigkeiten an. Reine Hilfstätigkeiten wie das Abholen von Waren oder Abliefern von Berichten oder Stundenzetteln sind insoweit nicht relevant.

(12) Werden mangels einer eindeutigen Festlegung hilfsweise quantitative Kriterien herangezogen, muss der Arbeitnehmer typischerweise an einer bestimmten Einrichtung tätig werden, entweder arbeitstäglich, je Arbeitswoche an zwei vollen Arbeitstagen oder mindestens zu einem Drittel seiner vereinbarten regelmäßigen Arbeitszeit.

(13) Kommen nach den zeitlichen Kriterien mehrere Orte als erste Tätigkeitsstätte in Betracht, kann der Arbeitgeber den entscheidenden Ort bestimmen. In diesem Fall ist der zeitliche Umfang der Tätigkeit irrelevant.

(14) Nimmt der Arbeitgeber keine Festlegung vor, ist die der Wohnung nächstgelegene Tätigkeitsstätte auch die erste Tätigkeitsstätte.

(15) **Generell** gibt es **nur** noch **eine (oder gar keine) erste Tätigkeitsstätte** je Dienstverhältnis.

(16) Beim Verpflegungsmehraufwand wird das bisherige dreistufige System der Pauschbeträge für Verpflegungsmehraufwendungen zugunsten eines zweistufigen Systems aufgegeben. Der bislang niedrigste Pauschbetrag von 6 € für Abwesenheitszeiten von mindestens 8 Stunden bis maximal 14 Stunden entfällt vollständig.

(17) Bei der Verpflegungspauschale liegt eine eintägige auswärtige Tätigkeit vor, wenn der Arbeitnehmer nicht auswärts übernachtet, sondern in seiner Wohnung.

(18) Durch die neue gesetzliche Regelung wird für übliche arbeitgeberveranlasste Mahlzeiten der Sachbezugswert als Bemessungsgrundlage angesetzt. Als übliche Mahlzeit gelten Speisen mit einem Wert von bis zu 60 € inkl. Getränke und Umsatzsteuer.

(19) Es ist kein Sachbezugswert anzusetzen, wenn für die Dienstreise eine Verpflegungspauschale beansprucht werden könnte. Dann muss der Betrag für jede zur Verfügung gestellte Mahlzeit vom Arbeitgeber gekürzt werden.

(20) Für vom Arbeitgeber gewährte Mahlzeiten muss beim Arbeitnehmer ein „M" auf der Jahreslohnsteuerbescheinigung eingetragen werden.

(21) Ein Werbungskostenabzug des Arbeitnehmers ist ausgeschlossen, wenn der Arbeitgeber steuerfreie Verpflegungspauschalen zahlt.

(22) Bei beruflich veranlassten Unterkunftskosten gibt es keine Einschränkungen bezüglich der Hotelkategorie. Bei längerfristigen Auswärtstätigkeiten an derselben Tätigkeitsstätte können ab dem 49. Monat nur noch maximal 1.000 € monatlich steuerfrei erstattet werden.

(23) Eine doppelte Haushaltsführung erfordert ab dem nächsten Jahr auch die finanzielle Beteiligung an der Wohnung bzw. an den Kosten der Lebensführung. 10 % der monatlich regelmäßig anfallenden laufenden Kosten müssen vom Arbeitnehmer mitgetragen werden. Das wird bei Arbeitnehmern mit den Steuerklassen III bis V ohne Nachweise unterstellt. Ledige Arbeitnehmer müssen dies dem Arbeitgeber schriftlich bestätigen.

(24) Bis zu einem nachgewiesenen Betrag von 1.000 € im Monat werden tatsächlich entstandene Unterkunftskosten im Rahmen der doppelten

Haushaltsführung anerkannt. Erstattete Nebenkosten mindern die Unterkunftskosten im Zeitpunkt des Zuflusses.

(25) Bei einer doppelten Haushaltsführung im Ausland bleiben die bisherigen Regelungen bestehen.

1063a **Neue Rechtsprechung**

Der BFH hat mit Urteil vom 4.4.2019[1] das neue Reisekostenrecht als verfassungsgemäß bestätigt und vier weitere Urteile[2] veröffentlicht, die die Folgen der geänderten Rechtslage für andere Berufsgruppen (z. B. Piloten, befristet Beschäftigte) verdeutlichen.

Korn[3] führt zu diesen Urteilen aus:

Vorliegend geht es hauptsächlich um Fälle, in denen die Arbeitnehmer ihre Leistungen ganz oder weitgehend nicht dort erbrachten, wo ihr Arbeitgeber seine „ortsfeste betriebliche Einrichtung" unterhielt bzw. in großräumigen Einrichtungen der Arbeitgeber oder deren Kunden oder befristet tätig waren.

Hervorzuheben sind folgende Aussagen des BFH zur Auslegung der Vorschrift:

- ▶ Die vorrangig maßgebliche arbeitsrechtliche Zuordnung durch den Arbeitgeber kann außerhalb des Arbeits- bzw. Dienstvertrags erfolgen, und zwar auch mündlich und sogar konkludent und ist unabhängig davon, ob sich der Arbeitgeber der steuerlichen Folgen bewusst ist.
- ▶ Die Zuordnungsentscheidung muss entgegen der Verwaltungsauffassung nicht dokumentiert werden.
- ▶ Erforderlich, aber ausreichend ist, dass der Arbeitnehmer am Ort der Zuordnung zumindest eine geringfügige Tätigkeit ausübt (auf den qualitativen Schwerpunkt kommt es nicht mehr an).
- ▶ Der BFH hat den Begriff der unbefristeten Tätigkeit i. S. d. § 9 Abs. 4 Satz 3 1. Alt. EStG ausgelegt (Leitsatz 4 der Entscheidung) und hält eine ex-ante Betrachtung für geboten. Von besonderer Bedeutung ist dies für Arbeitnehmerüberlassungen (dazu das Urteil vom 10.4.2019[4]), die sehr häufig Fälle sind, in denen es an einer ersten Tätigkeitsstätte fehlt.

---

1 VI R 27/17, NWB AAAAH-23042; s. a. BFH-PM Nr. 43 v. 18.7.2019.
2 BFH-Urteile v. 10.4.2019 - VI R 6/17, NWB EAAAH-23045, v. 11.4.2019 - VI R 36/16, NWB KAAAH-23043, VI R 40/16, NWB UAAAH-23044 und VI R 12/17, NWB QAAAH-23041; alle veröffentlicht am 18.7.2019.
3 NWB-Datenbank, Online-Nachricht v. 18.7.2019, NWB SAAAH-23049.
4 BFH v. 10.4.2019 - VI R 6/17, NWB EAAAH-23045.

Prüfschema zur Ermittlung der ersten Tätigkeitsstätte ab 2014[1] 1064

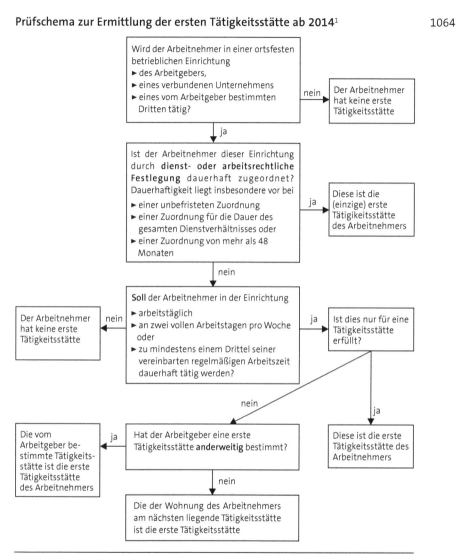

PRAXISHINWEIS:

Für den Arbeitnehmer bzw. den GmbH-Geschäftsführer ist die Bestimmung der „ersten Tätigkeitsstätte" von zentraler Bedeutung, weil diese nur eine erste Tätigkeitsstätte ha-

---

1 Nach *Schaffhausen*, Mandanten-Information: Reisekostenreform 2014, Köln, S. 13; s. a. *Hermes*, Die nicht erkannte oder ungewollte erste Tätigkeitsstätte, NWB 2016, S. 2022.

ben können. Zwischen Wohnung und erster Tätigkeitsstätte können nicht die tatsächlichen Kosten, sondern nur die Entfernungspauschale von 0,30 € pro Entfernungskilometer geltend gemacht werden. Hat die GmbH mehr als einen Betriebssitz, kann vertraglich vereinbart werden, welcher Betriebssitz erste Tätigkeitsstätte sein soll. Fahrten zu einem Betriebssitz, der nicht erste Tätigkeitsstätte ist, wird nach den Grundsätzen des Reisekostenrechts abgerechnet. Sollte es keine erste Tätigkeitsstätte geben, sind alle Fahrten nach Reisekostenrecht abrechenbar.

1065–1070 *(Einstweilen frei)*

9.2.3 Zufluss von Arbeitslohn beim Gesellschafter-Geschäftsführer (hier: Weihnachtsgeld)

1071 In der Praxis ist insbesondere der Zufluss von Arbeitslohn in Gestalt des Weihnachtsgeldes beim Gesellschafter-Geschäftsführer streitig.

1072 Die OFD Rheinland und Münster[1] führen dazu aus:

„Die BFH-Urteile vom 3.2.2011[2] sind zu Gehaltsbestandteilen von Gesellschafter-Geschäftsführern von KapGes ergangen. In den Streitfällen ist es nicht zur Auszahlung des vereinbarten Weihnachtsgeldes[3] bzw. der vereinbarten Tantieme[4] gekommen. Der VI. Senat des BFH hat entschieden, dass ein Zufluss des Gehalts beim Gesellschafter-Geschäftsführer davon abhängt, ob eine Passivierung der Gehaltsverbindlichkeit auf Ebene der Gesellschaft erfolgt ist.

Die vorgenannten BFH-Urteile vom 3. 2. 2011 sind bislang weder im BStBl. II veröffentlicht noch in der Liste der zur Veröffentlichung anstehenden Entscheidungen bekannt gegeben worden und damit nicht allgemein anzuwenden.

Nach derzeitiger Verwaltungsauffassung ist es entscheidend, ob ein Anspruch des Gesellschafter-Geschäftsführers auf Tätigkeitsvergütungen durch anteilige Arbeitsleistung bereits erwirtschaftet und im Fall des unterjährigen Ausscheidens auch zu vergüten ist (wirtschaftliches Entstehen) und ob er vor oder nach dem wirtschaftlichen Entstehen darauf verzichtet hat. Sofern der Verzicht nach wirtschaftlichem Entstehen des Anspruchs erfolgt ist, ist eine verdeckte Einlage gegeben (vgl. H 40 „Verzicht auf Tätigkeitsvergütungen" KStH 2008). Die verdeckte Einlage führt zum lohnsteuerlichen Zufluss beim Gesellschafter-Geschäftsführer und zu nachträglichen Anschaffungskosten auf die Beteiligung.

---

1 Kurzinfo LSt-Außendienst Nr. 05 12012 v. 12.9.2012, DB 2012, S. 2133.
2 BFH v. 3.2.2011 - VI R 4/10, BStBl 2014 II S. 493; VI R 66/09, BStBl 2014 II S. 491.
3 BFH v. 3.2.2011 - VI R 4/10, BStBl 2014 II S. 493.
4 BFH v. 3.2.2011 - VI R 66/09, BStBl 2014 II S. 491.

Zu der betroffenen Rechtsfrage ist unter dem Az. VI R 24/12 noch ein Revisionsverfahren beim BFH anhängig.[1] Die Veröffentlichung der o. g. BFH-Urteile vom 3.2.2011 im BStBl. II wird bis zum Abschluss dieses Verfahrens zurückgestellt werden. Entsprechende Verfahren/Fälle sind daher offenzuhalten."

Auffassung des Sächsischen Finanzgerichts:[2]

1073

In einem Fall vor dem Sächsischen FG hatte der alleinige Gesellschafter-Geschäftsführer einen vertraglichen Anspruch auf eine Weihnachtsgratifikation. Diese wurde im Jahr der Gründung nicht gezahlt. Streitig war, ob sie bei dem Geschäftsführer gleichwohl als zugeflossen anzusehen war.

Das Gericht stellte fest, dass bei der GmbH keine Buchung als Aufwand bzw. als Verbindlichkeit vorlag. Deshalb war nicht von Bedeutung, ob der Geschäftsführer wirksam auf seinen Anspruch auf Weihnachtsgeld verzichtet hatte. Der Betrag war ihm weder tatsächlich noch bei Fälligkeit zugeflossen, Deshalb kann kein Zufluss fingiert und auch keine verdeckte Einlage bei der GmbH angenommen werden.[3]

Das in der Kurzinfo der OFDen Rheinland und Münster vom 12.9.2012 erwähnte BFH-Verfahren VI R 24/12 hat der BFH zwischenzeitlich mit Urteil vom 15.5.2013 zugunsten des Klägers entschieden, einen Zufluss verneint und damit die Revision des Finanzamtes zurückgewiesen.

1074

Die Finanzverwaltung hat darauf mit BMF-Schreiben vom 12.5.2014[4] reagiert mit folgendem Wortlaut:

„Der Bundesfinanzhof hat in den Urteilen vom 3.2.2011 - VI R 4/10 – (BStBl 2014 II S. 493) und VI R 66/09 – (BStBl 2014 II S. 491) sowie vom 15.5.2013 - VI R 24/12 – (BStBl 2014 II S. 495) zur lohnsteuerlichen Behandlung bestimmter Gehaltsbestandteile eines Gesellschafter-Geschäftsführers einer Kapitalgesellschaft Stellung genommen, die im Anstellungsvertrag vereinbart, tatsächlich aber nicht ausgezahlt wurden.

Nach dem Ergebnis der Erörterungen mit den obersten Finanzbehörden der Länder sind die Entscheidungen vom 3.2.2011 (a. a. O.) unter Berücksichtigung der Entscheidung vom 15.5.2013 (a. a. O.) auszulegen.

Dem beherrschenden Gesellschafter fließt eine eindeutige und unbestrittene Forderung gegen „seine" Kapitalgesellschaft bereits mit deren Fälligkeit zu (BFH-Urteil vom 3.2.2011 - VI R 66/09 – m. w. N.). Ob sich der Vorgang in der Bilanz der

---

1 Vorinstanz: FG Schleswig-Holstein, Urteil vom 13. 10. 2011 – 1 K 83/11, NWB YAAAE-12095.
2 Ausführungen nach *Kuhsel*, Arbeit und Arbeitsrecht 10/2012, S. 602.
3 Sächsisches FG v. 20.10.2011 – 4 K 1516/06, NWB JAAAE-14206.
4 BStBl 2014 I S. 860.

Kapitalgesellschaft tatsächlich gewinnmindernd ausgewirkt hat, etwa durch die Bildung einer Verbindlichkeit, ist für die Anwendung dieser sog. Zuflussfiktion unerheblich, sofern eine solche Verbindlichkeit nach den Grundsätzen ordnungsgemäßer Buchführung hätte gebildet werden müssen.

Für den Zufluss beim Gesellschafter-Geschäftsführer durch eine verdeckte Einlage in die Kapitalgesellschaft kommt es darauf an, ob der Gesellschafter-Geschäftsführer vor oder nach Entstehen seines Anspruches darauf verzichtet hat (H 40 KStH 2008). Maßgeblich dafür ist, inwieweit Passivposten in eine Bilanz der Gesellschaft hätten eingestellt werden müssen, die zum Zeitpunkt des Verzichts erstellt worden wäre.[1] Auf die tatsächliche Buchung in der Bilanz der Gesellschaft kommt es für die Frage des Zuflusses aufgrund einer verdeckten Einlage nicht an."

1075 *(Einstweilen frei)*

9.2.4 Nutzung von Fernsprechanlagen (Telekommunikationsgeräten)

1076 Die private Nutzung von betrieblichen Telekommunikationsgeräten (Faxgeräte, Handy, Telefon) ist nach § 3 Nr. 45 EStG rückwirkend ab dem 1.1.2002 steuerfrei gestellt. Ebenso werden ab dem 1.1.2002 die bisherigen Telefonerlasse[2] außer Kraft gesetzt und durch die Regelungen in § 3 Nr. 50 EStG sowie R 3.45, R 3.50 LStR 2015 ersetzt.

1077 Sofern ein im Eigentum des Arbeitgebers stehendes Telekommunikationsgerät von dem Arbeitnehmer genutzt wird, ist für die **Steuerfreiheit der privaten Nutzung** unerheblich, in welchem Verhältnis die berufliche Nutzung zur privaten Mitbenutzung steht. Danach entsteht auch dann kein zu versteuernder geldwerter Vorteil, wenn der Geschäftsführer z. B. das betriebliche Handy ausschließlich privat nutzt und sein Arbeitgeber die Gesprächsgebühren zahlt. Entscheidend ist, dass es sich um ein betriebliches Telekommunikationsgerät handelt und dass es dem Arbeitnehmer zur Nutzung überlassen worden ist.[3] Die Steuerfreiheit der vom Arbeitgeber getragenen Grundgebühren und sonstiger laufender Kosten tritt aber nicht ein, sofern der Arbeitgeber dem Geschäftsführer das Telekommunikationsgerät geschenkt oder verbilligt überlassen hat.

---

1 BFH v. 15.5.2013 - VI R 24/12, BStBl 2014 II S. 495, und v. 24.5.1984 - I R 166/78, BStBl 1984 II S. 747.
2 BMF v. 11.6.1990, BStBl 1990 I S. 290 und BMF v. 14.10.1993, BStBl 1993 I S. 908.
3 R 3.45 LStR 2015.

BEISPIEL: Die GmbH überlässt dem Geschäftsführer zwei Handys zur privaten Nutzung für ihn und seine Ehefrau. Der Geschäftsführer nutzt das Gerät zu 70 % beruflich, seine Ehefrau benutzt das Handy ausschließlich privat. Der GmbH entstehen hierdurch Kosten von durchschnittlich 250 € pro Monat. Dieser Betrag ist nach § 3 Nr. 45 EStG steuerfrei und nach § 1 Arbeitsentgeltverordnung auch beitragsfrei.

Führt der Geschäftsführer von seinem privaten Telefonanschluss/Handy berufliche Gespräche, dann ist der hierauf entfallende **Auslagenersatz** der GmbH nach § 3 Nr. 50 EStG steuerfrei,[1] wenn die Aufwendungen für die beruflichen Telefonate im Einzelnen nachgewiesen werden. Bei regelmäßig wiederkehrendem Aufwand reicht eine Aufzeichnung für einen repräsentativen Zeitraum von mindestens drei Monaten über

- Tag,
- Gesprächsteilnehmer,
- Dauer des Gesprächs und
- die darauf entfallenden Gesprächsgebühren.

Aufgrund dieser Aufzeichnungen, die zum Lohnkonto zu nehmen sind, kann der Arbeitgeber die auf den beruflichen Anteil entfallenden Aufwendungen zur Nutzung des häuslichen Telefonanschlusses (Grundgebühr und Verbindungsentgelte) als Ersatz von Auslagen nach § 3 Nr. 45 EStG steuerfrei erstatten. Der berufliche Anteil entsprechend den repräsentativen Feststellungen kann dann so lange zugrunde gelegt werden, wie sich die beruflichen Verhältnisse nicht wesentlich ändern (z. B. durch Änderung der Berufstätigkeit).

Sofern keine repräsentativen Aufzeichnungen geführt wurden, aber erfahrungsgemäß dem Geschäftsführer derartige Aufwendungen entstehen, können ohne Einzelnachweis bis zu 20 % der Aufwendungen, höchstens aber 20 € monatlich steuerfrei erstattet werden.

Werden dem Geschäftsführer von der GmbH insoweit keine steuerfreien Erstattungen geleistet, hat er die Möglichkeit, die beruflichen Gesprächsgebühren als Werbungskosten in seiner Einkommensteuererklärung geltend zu machen.

Ist dem Geschäftsführer ein betrieblicher Pkw zur beruflichen und privaten Nutzung zur Verfügung gestellt worden, der mit einem Autotelefon ausgestattet ist, dann sind die Gebühren für die privaten Telefonate nach § 3 Nr. 45 EStG steuerfrei.[2]

---

[1] R 3.50 Abs. 2 LStR 2015
[2] R 3.45 S. 3 LStR 2015.

1083 Für die Steuerfreiheit kommt es nicht darauf an, dass die Vorteile (Privatnutzung des Autotelefons) zusätzlich zum ohnehin geschuldeten Arbeitslohn oder aufgrund einer Vereinbarung mit dem Arbeitgeber über die Herabsetzung von Arbeitslohn erbracht werden.[1] Danach kann zwischen der GmbH und dem Geschäftsführer eine Vereinbarung über Ersatz anteiligen Barlohns durch einen steuerfreien Sachbezug i.S.v. § 3 Nr. 45 EStG wirksam getroffen werden (Gehaltsumwandlung).

1084–1090 *(Einstweilen frei)*

9.2.5 Freie oder verbilligte Zurverfügungstellung von Wohnung oder Unterkunft durch den Arbeitgeber

1091 Zu den steuerlich relevanten Sachbezügen, die als geldwerter Vorteil zu versteuern sind, gehört auch die Zurverfügungstellung von Wohnraum durch die GmbH, und zwar in Form einer Unterkunft oder einer Wohnung. Ob es sich um eine Wohnung oder eine Unterkunft im steuerlichen Sinn handelt, ist für den Einzelfall festzustellen, weil dies für die Bemessung des geldwerten Vorteils entscheidend ist. Für die Bewertung **einer Unterkunft, die keine Wohnung ist**, ist der amtliche Sachbezugswert nach der Sachbezugsverordnung maßgebend;[2] dagegen ist der Wert der Wohnung nach der ortsüblichen Miete festzustellen.

1092 Eine Wohnung ist eine in sich geschlossene Einheit von Räumen, in denen ein selbständiger Haushalt geführt werden kann. Wesentlich ist, dass eine Wasserversorgung und -entsorgung, zumindest eine einer Küche vergleichbare Kochgelegenheit sowie eine Toilette vorhanden sind. Danach stellt z.B. ein Einzelzimmerappartement mit Küchenzeile und WC als Nebenraum eine Wohnung dar; dagegen ist ein Wohnraum bei Mitbenutzung von Bad, Toilette und Küche eine Unterkunft.[3] Als Unterkunft gilt sowohl eine möblierte Wohnung als auch eine nicht eingerichtete Unterkunft.

1093 Der Wert der einem Geschäftsführer kostenfrei oder verbilligt von der GmbH zur Verfügung gestellten Unterkunft bemisst sich nach § 2 Abs. 3 SvEV. Dieser schließt die Kosten für Heizung und auch Beleuchtung ein. Wird die Unterkunft unbeheizt zur Verfügung gestellt, vermindert sich der Wert.

---

1 R 3.45 S. 6 LStR 2015.
2 Sozialversicherungsentgeltverordnung [SvEV] v. 21.12.2006, BGBl 2006 I S. 3385, zuletzt geändert durch Art. 1 VO v. 6.11.2018, BGBl 2018 I S. 1842.
3 R 8.1 Abs. 5 und 6 LStR 2015.

Nach § 8 Abs. 2 Satz 9 EStG bleiben Sachbezüge, die nach § 8 Abs. 2 Satz 1 EStG zu bewerten sind, außer Ansatz, wenn die sich nach Anrechnung der vom Geschäftsführer gezahlten Entgelte ergebenden Vorteile insgesamt 44 € im Kalendermonat nicht übersteigen. 1094

Der **Wert einer Wohnung** ist – soweit nicht § 8 Abs. 3 EStG[1] anzuwenden ist – nach § 8 Abs. 2 EStG in Höhe der ortsüblichen Miete zu ermitteln. Als **ortsüblicher Mietwert** ist die Miete anzusetzen, die für eine nach Baujahr, Art, Größe, Ausstattung, Beschaffenheit und Lage vergleichbare Wohnung üblich ist (Vergleichsmiete). Persönliche Bedürfnisse des Geschäftsführers, z. B. hinsichtlich der Größe der Wohnung, sind nach Urteil des BFH vom 2.10.1968[2] nicht zu berücksichtigen. Eine Ausnahme gilt nur, wenn sichergestellt ist, dass der Geschäftsführer ihm überlassene Räume nicht nutzt. Eine Nutzung ist aber auch gegeben, wenn der Geschäftsführer die „überzähligen" Räume als Abstellräume u. Ä. nutzt. 1095

Dagegen sind gesetzliche Mietpreisbeschränkungen zu beachten. Stehen derartige Beschränkungen einem Mieterhöhungsverlangen entgegen, gilt dies aber nur, soweit die maßgebliche Ausgangsmiete den ortsüblichen Mietwert oder die gesetzlich zulässige Höchstmiete nicht unterschritten hat. 1096

Die **ortsübliche Miete** kann in der Regel anhand des örtlichen Mietspiegels ermittelt werden. Ist für die betreffende Gemeinde ein Mietspiegel nicht erstellt worden, so kann die ortsübliche Miete anhand eines Mietspiegels einer vergleichbaren Gemeinde (zumeist Nachbargemeinde) ermittelt werden. 1097

Bei Anwendung eines Mietspiegels ist im Allgemeinen von der ortsüblichen Miete auszugehen.[3] Besonderheiten sind mittels Zu- und Abschlägen zu berücksichtigen (z. B. wegen besserer Ausstattung oder hohen Verkehrsaufkommens). 1098

Bei der **Überlassung von Ein- und Zweifamilienhäusern** an Geschäftsführer sind ebenfalls die örtlichen oder vergleichbaren Mietspiegel heranzuziehen. Zu den dort ausgewiesenen Mietpreisen sind angemessene Zuschläge vorzunehmen, weil in den Mietspiegeln im Allgemeinen Ein- und Zweifamilienhäuser nicht berücksichtigt sind. Bei aufwändig gestalteten oder ausgestatteten Ein- und Zweifamilienhäusern, für die der örtliche Mietspiegel kein Maßstab sein kann, ist der geldwerte Vorteil aus der verbilligten oder kostenfreien Überlas- 1099

---

1 Zum Verhältnis von § 8 Abs. 2 und Abs. 3 bei der Bewertung von Sachbezügen siehe BMF v. 16.5.2013, BStBl 2013 I S. 729.
2 BStBl 1969 II S. 73.
3 BFH v. 17.8.2005, BStBl 2006 II S. 71.

sung seitens des Arbeitgebers ggf. mit Hilfe des Gutachtens eines öffentlich bestellten oder vereidigten Sachverständigen für Mietwerte zu ermitteln.

1100 Statt der Wertermittlung nach § 8 Abs. 2 EStG (Ausgangspunkt: ortsübliche Miete) kann diese ggf. auch nach § 8 Abs. 3 EStG erfolgen.

1101 Erhält ein Geschäftsführer aufgrund seines Dienstverhältnisses **Waren** oder **Dienstleistungen**[1], die vom Arbeitgeber nicht überwiegend für den Bedarf seiner Arbeitnehmer hergestellt, vertrieben oder erbracht werden und deren Bezug nicht nach § 40 EStG pauschal versteuert wird, so gelten als deren Werte abweichend von § 8 Abs. 2 EStG die um 4 v. H. geminderten Endpreise, zu denen der Arbeitgeber oder dem Abgabeort nächstansässige Abnehmer die Waren oder Dienstleistungen fremden Letztverbrauchern im allgemeinen Geschäftsverkehr anbieten. Die sich nach Abzug der vom Arbeitnehmer gezahlten Entgelte ergebenden Vorteile sind steuerfrei, soweit sie aus dem Dienstverhältnis insgesamt 1.080 € im Kalenderjahr nicht übersteigen (§ 8 Abs. 3 Satz 2 EStG).

1102 Bei der unentgeltlichen oder verbilligten Überlassung einer Wohnung an den Geschäftsführer ist der Rabattfreibetrag von 1.080 € dann anwendbar, wenn die GmbH mit der „Wohnungsvermietung" selbst Handel treibt, also z. B. bei Wohnungsbauunternehmen. Denn nach Urteil des BFH vom 4.11.1994[2] ist die Vermietung von Wohnungen eine begünstigte „Dienstleistung" i. S. v. § 8 Abs. 3 EStG.

1103 Unter den Voraussetzungen des § 3 Nr. 59 EStG kann hinsichtlich des geldwerten Vorteils aus der Überlassung von Wohnungen Steuerfreiheit in Betracht kommen.[3]

1104–1110 *(Einstweilen frei)*

9.2.6 Lohnsteuerliche Behandlung der D&O-Versicherung

Literatur: *Küppers/Dettmeier/Koch,* D und O-Versicherung: Steuerliche Implikationen für versicherte Personen?, DStR 2002, S. 199; *Lange:* Praxisfragen der D und O-Versicherung, DStR 2002, S. 1626, 1674; *Olbrich,* Die D&O-Versicherung, 2. Aufl., Karlsruhe 2007; *Loritz/Wagner,* Haftung von Vorständen und Aufsichtsräten: D&O-Versicherungen und steuerliche Fragen, DStR 2012, S. 2205; *Wax,* Die D&O-Versicherung, NWB 2013, S. 368; *Lange,* D&O-Versicherung und Managerhaftung, München 2014; *Weiß,*

---

1 Siehe a. R 8.2 LStR 2015.
2 VI R 81/93, BStBl 1995 II S. 338.
3 Siehe hierzu R 3.59 LStR 2015.

D&O-Versicherung: Grundzüge und aktuelle Fragen, GmbHR 2014, S. 574; *Mitterlechner/Wax/Witsch*, D&O-Versicherung mit internationalen Bezügen, 2. Aufl. 2019.

Zur Vermeidung der Haftungsinanspruchnahme schließen mitunter GmbHs für ihre Geschäftsführer sog. D&O-Versicherungen ab. Die Prämienzahlungen hielt die Finanzverwaltung bisher für steuerpflichtigen Arbeitslohn. Diese Auffassung wurde revidiert. Die neue (bundeseinheitliche) Verwaltungsauffassung gibt u. a. die OFD Berlin in ihren Verfügungen vom 13.12.2001 und 12.2.2002 wieder.[1]

1111

Sie lautet:

„Mit der OFD-Verfügung vom 8.6.2001 – St 176 – S 2332 – 2/01 ist mitgeteilt worden, dass die Zahlung der Versicherungsprämie zu einer D&O-Versicherung in der Regel zu Arbeitslohn des versicherten Arbeitnehmers führt.

Die Lohnsteuer-Referatsleiter halten nach erneuter Erörterung der Sach- und Rechtslage an ihrer bisherigen Auffassung nicht mehr länger fest, mit der Folge, dass diese Versicherungsprämien nicht mehr als Arbeitslohn anzusehen sind.

Dabei wurde davon ausgegangen, dass entsprechend den Darlegungen der Spitzenverbände der Wirtschaft

▶ *es sich bei der D&O-Versicherung um eine Vermögensschaden-Haftpflichtversicherung handelt, die in erster Linie der Absicherung des Unternehmens oder des Unternehmenswertes gegen Schadenersatzforderungen Dritter gegenüber dem Unternehmen dient, die ihren Grund in dem Tätigwerden oder Untätigbleiben der für das Unternehmen verantwortlich handelnden und entscheidenden Organe und Leitungsverantwortlichen haben,*

▶ *die D&O-Verträge besondere Klauseln zur Firmenhaftung oder sog. Company Reimbursement enthalten, die im Ergebnis dazu führen, dass der Versicherungsanspruch aus der Versicherungsleistung dem Unternehmen als Versicherungsnehmer zusteht,*

▶ *des Weiteren die D&O-Versicherungen dadurch gekennzeichnet sind, dass*

– *regelmäßig das Management als Ganzes versichert ist und Versicherungsschutz für einzelne Personen nicht in Betracht kommt,*

– *Basis der Prämienkalkulation nicht individuelle Merkmale der versicherten Organmitglieder sind, sondern Betriebsdaten des Unternehmens und dabei die Versicherungssummen deutlich höher sind als typischerweise Privatvermögen."*

---

1 BB 2002, S. 1245; s. a. FinMin-Erlass Niedersachsen v. 25.1.2002, DStR 2002, S. 678.

1112 Für diesen Typ D&O-Versicherung ist nach Auffassung der obersten Finanzbehörden des Bundes und der Länder von einem überwiegend eigenbetrieblichen Interesse auszugehen.

1113 Ein überwiegend eigenbetriebliches Interesse ist hingegen zu verneinen, wenn Risiken versichert werden, die üblicherweise durch eine individuelle Berufshaftpflichtversicherung abgedeckt werden. Die Versicherungsprämien sind dann steuer- und sozialversicherungspflichtiger Arbeitslohn.

1114 Die OFD Münster (Kurzinfo ESt Nr. 38/2002), die die gleiche Auffassung vertritt, hat ihre Kurzinfo am 20.1.2013 bestätigt bzw. aktualisiert.

1115 *(Einstweilen frei)*

9.3 Das Arbeitszimmer des GmbH-Geschäftsführers

Literatur: *Leidel/Wobst*, Systematische Abgrenzung zwischen häuslicher und außerhäuslicher Sphäre – Neues aus der Rechtsprechung zum häuslichen Arbeitszimmer?, DStR 2012, S. 2366; *Heger*, Kosten für gemischt genutzte häusliche Zimmer nicht abziehbar, DB 2016, S. 249; *M. Neufang*, Arbeitszimmer – Eine Bestandsaufnahme nach dem Beschluss des Großen Senats, StB 2016, S. 142.

VERWALTUNGSANWEISUNG:

BMF-Schreiben vom 6.10.2017, BStBl 2017 I S. 1320.

9.3.1 Neuere gesetzliche Entwicklung

1116 Der Gesetzgeber hat die Voraussetzungen für die steuerliche Anerkennung eines häuslichen Arbeitszimmers mehrfach geändert bzw. verschärft.

Durch das StÄndG 2007[1] hat der Gesetzgeber die Abzugsmöglichkeit für die Kosten eines Arbeitszimmers weiter eingeschränkt. Das Bundesverfassungsgericht[2] hat diese Regelung für verfassungswidrig erklärt (zu den verfahrensrechtlichen Folgerungen aus dem BVerfG-Beschluss siehe auch BMF-Schreiben vom 12.8.2010).[3] Der Gesetzgeber hat in der Weise reagiert, dass er im JStG 2010 den § 4 Abs. 5 Satz 1 Nr. 6b EStG rückwirkend ab VZ 2007 geändert hat. Es wurde die bis zur Änderung durch das StÄndG 2007 geltende Rechtslage insoweit wieder hergestellt, als auch in den Fällen, in denen kein anderer Arbeitsplatz zur Verfügung steht, ein Werbungskostenabzug bis zur Höhe von 1.250 € zugelassen wird. Bildet das Arbeitszimmer den Mittelpunkt der ge-

---

1 BGBl 2006 I S. 1652.
2 BVerfG, 2 BvL 13/09, DB 2010, S. 1674.
3 BStBl 2010 I S. 642.

samten betrieblichen und beruflichen Betätigung, so können sie in voller Höhe abgezogen werden.

(Einstweilen frei) 1117–1120

9.3.2 „Neue" Rechtslage ab VZ 2007

9.3.2.1 Allgemeines

Der Gesetzgeber hat die steuerliche Anerkennung grundsätzlich als Regel-Ausnahme-Verhältnis ausgestaltet (§ 4 Abs. 5 Nr. 6b EStG, § 9 Abs. 5 EStG). 1121

Grundsätzlich wird ein Arbeitszimmer nicht anerkannt, unter bestimmten Voraussetzungen aber doch.

Skizze:[1]

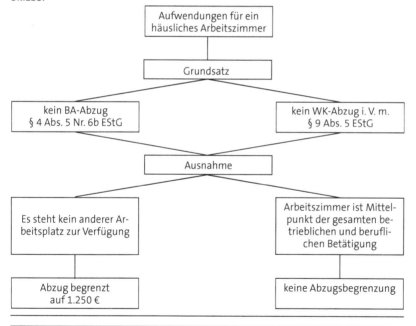

BEACHTE:

Bevor man jedoch das Tatbestandsmerkmal „Arbeitszimmer" prüft, ist zu untersuchen, ob überhaupt ein Arbeitszimmer gegeben ist oder etwas anderes (z. B. Betriebsräume, Lagerräume, Ausstellungsräume, betriebsstättenähnliche Gebilde). Erst wenn dies ver- 1122

---

1 Nach *Moritz*, AkStR 2013, S. 226.

9. Der GmbH-Geschäftsführer im Einkommen- und Körperschaftsteuerrecht

neint wird, kommt man zum Tatbestandsmerkmal „Arbeitszimmer", und dann ist die Prüfung „häusliches" oder „außerhäusliches" Arbeitszimmer vorzunehmen. Das außerhäusliche Arbeitszimmer unterliegt keiner Abzugsbeschränkung.

Skizze:

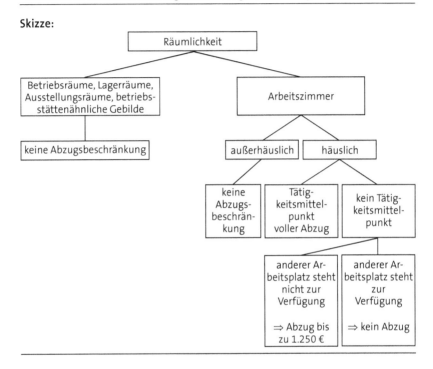

9.3.2.2 Definition des häuslichen Arbeitszimmers

1123 Die Verwaltung hat sich zum Arbeitszimmer im BMF-Schreiben vom 6.10.2017[1] geäußert.

Sie definiert in Rz. 3 das häusliche Arbeitszimmer wie folgt:

„Ein häusliches Arbeitszimmer ist ein Raum, der seiner Lage, Funktion und Ausstattung nach in die häusliche Sphäre des Steuerpflichtigen eingebunden ist, vorwiegend der Erledigung gedanklicher, schriftlicher, verwaltungstechnischer oder -organisatorischer Arbeiten dient (BFH-Urteile vom 19.9.2002 - VI R 70/01, BStBl 2003 II S. 139 und vom 16.10.2002 - XI R 89/00, BStBl 2003 II S. 185) und ausschließlich oder nahezu ausschließlich zu betrieblichen und/ oder beruflichen

---

1 BStBl 2017 I S. 1320.

Zwecken genutzt wird; eine untergeordnete private Mitbenutzung (< 10 %) ist unschädlich. Es muss sich aber nicht zwingend um Arbeiten büromäßiger Art handeln; ein häusliches Arbeitszimmer kann auch bei geistiger, künstlerischer oder schriftstellerischer Betätigung gegeben sein. In die häusliche Sphäre eingebunden ist ein als Arbeitszimmer genutzter Raum regelmäßig dann, wenn er zur privaten Wohnung oder zum Wohnhaus des Steuerpflichtigen gehört. Dies betrifft nicht nur die Wohnräume, sondern ebenso Zubehörräume (BFH-Urteil vom 26.2.2003 - VI R 130/01, BStBl 2004 II S. 74 und BFH-Urteil vom 19.9.2002 - VI R 70/01, BStBl 2003 II S. 139). So kann auch ein Raum, z. B. im Keller oder unter dem Dach (Mansarde) des Wohnhauses, in dem der Steuerpflichtige seine Wohnung hat, ein häusliches Arbeitszimmer sein, wenn die Räumlichkeiten aufgrund der unmittelbaren Nähe mit den privaten Wohnräumen des Steuerpflichtigen als gemeinsame Wohneinheit verbunden sind."*

Der Große Senat zum häuslichen Arbeitszimmer:[1] 1124

„Ein häusliches Arbeitszimmer setzt neben einem büromäßig eingerichteten Raum voraus, dass es ausschließlich oder nahezu ausschließlich für betriebliche oder berufliche Zwecke genutzt wird. Fehlt es hieran, sind die Aufwendungen hierfür insgesamt nicht abziehbar. Damit scheidet eine Aufteilung und anteilige Berücksichtigung im Umfang der betrieblichen oder beruflichen Verwendung aus. Dies hat der Große Senat des Bundesfinanzhofs (BFH) entschieden (Beschluss vom 27.7.2015 GrS 1/14).

Die Grundsatzentscheidung betrifft die durch das Jahressteuergesetz 1996 eingeführte Abzugsbeschränkung für häusliche Arbeitszimmer. In seiner heute geltenden Fassung sind Aufwendungen hierfür nur unter der Voraussetzung abziehbar, dass für die betriebliche oder berufliche Tätigkeit kein anderer Arbeitsplatz zur Verfügung steht. Die Höhe der abziehbaren Aufwendungen ist dabei grundsätzlich auf 1.250 € begrenzt; ein weiter gehender Abzug ist nur möglich, wenn das Arbeitszimmer den Mittelpunkt der gesamten betrieblichen oder beruflichen Betätigung bildet (§ 4 Abs. 5 Satz 1 Nr. 6b Satz 1 des Einkommensteuergesetzes).

In dem der Entscheidung des Großen Senats zugrunde liegenden Verfahren war streitig, ob Kosten für einen Wohnraum, der zu 60 % zur Erzielung von Einnahmen aus Vermietung und Verpachtung und zu 40 % privat genutzt wird, anteilig als Werbungskosten bei den Einkünften aus Vermietung und Verpachtung abziehbar sind.

---

1 BFH, Pressemitteilung Nr. 6/16 v. 27.1.2016 zum Beschluss GrS 1/14 v. 27.7.2015.

Der Große Senat begründet seine Entscheidung neben dem allgemeinen Wortverständnis damit, dass der Gesetzgeber ausweislich der Gesetzgebungsmotive ausdrücklich an den herkömmlichen Begriff des „häuslichen Arbeitszimmers" angeknüpft hat. Der Begriff des häuslichen Arbeitszimmers setzt aber seit jeher voraus, dass der Raum wie ein Büro eingerichtet ist und ausschließlich oder nahezu ausschließlich zur Erzielung von Einnahmen genutzt wird.

Diese Auslegung dient nach Auffassung des Großen Senats dazu, den betrieblich/beruflichen und den privaten Bereich sachgerecht voneinander abzugrenzen, Gestaltungsmöglichkeiten zu unterbinden und den Verwaltungsvollzug zu erleichtern. Im Fall einer Aufteilung sind diese Ziele nicht zu erreichen, da sich der Umfang der jeweiligen Nutzung innerhalb der Wohnung des Steuerpflichtigen nicht objektiv überprüfen lässt. Der BFH sieht insbesondere ein Nutzungszeitenbuch nicht als geeignete Grundlage für eine Aufteilung an, da die darin enthaltenen Angaben keinen über eine bloße Behauptung des Steuerpflichtigen hinausgehenden Beweiswert hätten. Ebenso mangelt es an Maßstäben für eine schätzungsweise Aufteilung der jeweiligen Nutzungszeiten. Eine sachgerechte Abgrenzung des betrieblichen/beruflichen Bereichs von der privaten Lebensführung wäre daher im Fall einer Aufteilung nicht gewährleistet.

Die vom BFH abgelehnte Aufteilung steht in Übereinstimmung mit dem Beschluss des Großen Senats des BFH vom 21.9.2009 - GrS 1/06, BStBl 2010 II S. 672. Danach sind Reiseaufwendungen bei gemischt beruflich/betrieblichen und privat veranlassten Reisen nach Maßgabe der Zeitanteile der Reise aufteilbar. Dem kam keine Bedeutung zu, da § 4 Abs. 5 Satz 1 Nr. 6b EStG eine allgemeinen Grundsätzen vorgehende Spezialregelung ist.

Offenlassen konnte der Große Senat daher die vom X. Senat des BFH aufgeworfene Frage, ob es sich bei derartigen Aufwendungen mangels objektiv nachprüfbarer Kriterien dem Grunde nach überhaupt um anteilige Werbungskosten oder Betriebsausgaben handelt.

Geklärt ist dagegen, dass Aufwendungen für eine sog. „Arbeitsecke" nicht abzugsfähig sind, da derartige Räume schon ihrer Art und ihrer Einrichtung nach erkennbar auch privaten Wohnzwecken dienen.

PRAXISHINWEIS:

Die Entscheidung des Großen Senats des BFH wird z.T. in der Literatur als sehr restriktiv beurteilt. Die Arbeitsecke wird steuerrechtlich nicht anerkannt. Dies mag man im Zeitalter moderner Wohnformen (z. B. einer Loftetage) bedauern. Letztendlich herrscht nun für diesen Bereich Klarheit.[1]

PRAXISHINWEIS:

Falls der GmbH-Geschäftsführer ein Arbeitszimmer benötigt, sollte er den Sachverhalt so gestalten, dass es kein „häusliches" Arbeitszimmer ist.

(Einstweilen frei) 1125–1130

9.3.3 Gestaltungsüberlegungen

Prühs, Die Vermietung des häuslichen Arbeitszimmers an die eigene GmbH, GmbH-Stpr. 2019, S. 193 ff.

Die gesetzliche Neuregelung gilt, wie schon oben erwähnt, nur für das **häusliche** Arbeitszimmer. Für nicht- bzw. außerhäusliche Arbeitszimmer gilt die ab VZ 2007 geltende Rechtslage in § 4 Abs. 5 Satz 1 Nr. 6b EStG nicht. 1131

BEISPIEL: Der GmbH-Geschäftsführer bewohnt eine Wohnung. Im selben Gebäude mietet er zusätzlich ein Einzimmer-Appartement als Arbeitszimmer an.

Eine beliebte Gestaltung ist die **Vermietung des Arbeitszimmers** (Büros) **an den Arbeitgeber** (die GmbH). Welche Einkunftsart (Arbeitslohn oder Vermietung und Verpachtung) beim GmbH-Geschäftsführer vorliegt, hängt davon ab, in wessen vorrangigem Interesse die Nutzung des Büros erfolgt. 1132

Im Anschluss an die BFH-Urteile vom 16.9.2004 und vom 17.4.2018[2] hat sich die Verwaltung im BMF-Schreiben vom 18.4.2019 - IV C 1 – S 2211/16/10003:005[3] geäußert. 1133

Im BMF-Schreiben wird u. a. ausgeführt:

Dient die Nutzung in erster Linie den Interessen des Arbeitnehmers, ist davon auszugehen, dass die Zahlungen des Arbeitgebers als Gegenleistung für das Zurverfügungstellen der Arbeitskraft des Arbeitnehmers erfolgt sind. Die Einnahmen sind als Arbeitslohn zu erfassen. 1134

Eine für die **Zuordnung der Mietzahlungen zu den Einnahmen aus Vermietung und Verpachtung** i. S. v. § 21 Abs. 1 Nr. 1 EStG erforderliche, neben dem Dienstverhältnis gesondert bestehende Rechtsbeziehung setzt voraus, dass das Arbeitszimmer vorrangig im betrieblichen Interesse des Arbeitgebers genutzt 1135

---

[1] Siehe zuletzt auch BFH-Urteile v. 17.2.2016 - X R 32/11 und X R 26/13, dazu *Hilbert*, NWB 2016, S. 1942.
[2] BStBl 2005 II S. 10; BFH-PM Nr. 43/2018.
[3] BStBl 2006 I S. 4. Dieses BMF-Schreiben bleibt vom neuen BMF-Schreiben zum Arbeitszimmer v. 2.3.2011 unberührt; siehe Rz. 27 letzter Satz.

wird und dieses Interesse über die Entlohnung des Arbeitnehmers sowie über die Erbringung der jeweiligen Arbeitsleistung hinausgeht. Die Ausgestaltung der Vereinbarung zwischen Arbeitgeber und Arbeitnehmer als auch die tatsächliche Nutzung des angemieteten Raumes im Haus oder der Wohnung des Arbeitnehmers müssen maßgeblich und objektiv nachvollziehbar von den Bedürfnissen des Arbeitgebers geprägt sein.

1136 Für das Vorliegen eines betrieblichen Interesses sprechen beispielsweise folgende Anhaltspunkte:[1]

- ▶ Für den/die Arbeitnehmer sind im Unternehmen keine geeigneten Arbeitszimmer vorhanden; die Versuche des Arbeitgebers, entsprechende Räume von fremden Dritten anzumieten, sind erfolglos geblieben.
- ▶ Der Arbeitgeber hat für andere Arbeitnehmer des Betriebs, die über keine für ein Arbeitszimmer geeignete Wohnung verfügen, entsprechende Rechtsbeziehungen mit fremden Dritten, die nicht in einem Dienstverhältnis zu ihm stehen, begründet.
- ▶ Es wurde eine ausdrückliche, schriftliche Vereinbarung über die Bedingungen der Nutzung des überlassenen Raumes abgeschlossen.

BEACHTE:

- ▶ Der Geschäftsführer muss dem Finanzamt das „vorrangige betriebliche Interesse" nachweisen.
- ▶ Ein gewichtiges Indiz gegen das „betriebliche Interesse" liegt vor, wenn der Geschäftsführer im Betrieb der GmbH über einen weiteren Arbeitsplatz verfügt, und die Benutzung des häuslichen Arbeitszimmers von der GmbH lediglich gestattet oder geduldet wird.

1137 **MERKE:**[2]

Ist das vorrangige betriebliche Interesse des Arbeitgebers an der Vermietung des Arbeitszimmers oder der als Homeoffice genutzten Wohnung vom Arbeitnehmer an den Arbeitgeber nachgewiesen, mangelt es aber an der Einkünfteerzielungsabsicht nach § 21 Abs. 1 Satz 1 Nr. 1 EStG infolge negativer Überschussprognose, handelt es sich um einen steuerlich unbeachtlichen Vorgang auf der privaten Vermögensebene. Eine Zuordnung der Leistungen des Arbeitgebers an den Arbeitnehmer als Arbeitslohn kommt dann im Hinblick auf § 21 Abs. 3 EStG nicht mehr in Betracht.

1138–1139 *(Einstweilen frei)*

Prühs[3] schlägt folgenden Mietvertrag vor:

---

1 Siehe a. BMF-Schreiben v. 18.4.2019, BStBl 2019 I S. 461.
2 BMF-Schreiben v. 18.4.2019, BStBl 2019 I S. 461.
3 GmbH-Steuerpraxis 2019, S. 193, 199 und *V. Prühs*, GmbH-Stpr. 2006, S. 33 ff.

Mustervertrag: Heimbüro-Vermietung 1140

Mietvertrag

Zwischen der Firma ... GmbH

in ... (Adresse, Sitz), vertreten durch den Geschäftsführer ...,

– nachfolgend Mieterin –

und Herrn/Frau ...

wohnhaft ... (Adresse) – nachfolgend Vermieter –

wird folgende Vereinbarung getroffen:

§ 1 Mietobjekt

Der Vermieter überlässt folgende Räumlichkeiten ... (Lage, genaue Objektbezeichnung) der Mieterin als Büroraum zur ausschließlichen Nutzung.

§ 2 Vertragsbeginn/Beendigung

Das Mietverhältnis beginnt am .... und wird zunächst auf die Dauer von fünf Jahren abgeschlossen. Es verlängert sich jeweils um ein Jahr, wenn es nicht unter Einhaltung einer Frist von drei Monaten zum Ende der Festmietzeit oder eines Verlängerungszeitraums gekündigt wird. Eine fristlose Kündigung aus wichtigem Grund bleibt unbenommen. Als wichtiger Grund gilt auch die Abberufung des Vermieters bzw. seines Ehegatten als Geschäftsführer der Mieterin.

Die Mieterin übernimmt die Räume in umfassend renoviertem Zustand. Bei Beendigung des Mietverhältnisses sind die Räume ebenfalls fachmännisch renoviert zurückzugeben. Einbauten und andere in die Mietsache eingefügte Sachen hat die Mieterin zu entfernen.

§ 3 Mietentgelt

Das Mietentgelt orientiert sich an den anteiligen Kosten, die dem Vermieter für die vermieteten Räume entstehen; dies gilt auch für die Pflege und Instandhaltung der Gemeinschaftsflächen, die während der Mietdauer notwendig sind.

Auf dieser Basis beträgt die monatlich im Voraus zu zahlende Miete zurzeit ... €. Der Vermieter wird die Miete zzgl. der gesetzlichen Umsatzsteuer in Rechnung stellen.

§ 4 Nebenkosten

Die Mieterin trägt sämtliche auf die vermieteten Räumlichkeiten entfallenden anteiligen Betriebskosten gemäß § 2 Betriebskostenverordnung. Auf diese Kosten ist monatlich ein Abschlag in Höhe von ... € zusammen mit der Miete zu zahlen.

§ 5 Schönheitsreparaturen/Instandsetzungen

Die Kosten für anfallende Schönheitsreparaturen und Instandsetzungsmaßnahmen der Mieträume trägt die Mieterin.

§ 6 Ausstattung der Mieträume

Die Einrichtung der Mieträume für Bürozwecke erfolgt durch die Mieterin. Einbauten und bauliche Veränderungen der Mietsache bedürfen der vorherigen schriftlichen Genehmigung durch den Vermieter.

§ 7 Schriftformklausel

Änderungen dieses Vertrages bedürfen der Schriftform.

1141 Wird der Mietvertrag von der Finanzverwaltung anerkannt, ergeben sich folgende steuerrechtliche Konsequenzen:

► Die GmbH kann die Miet- und Mietnebenkostenzahlungen als Betriebsausgaben abziehen.

► Der GmbH-Geschäftsführer hat Einkünfte aus Vermietung und Verpachtung und kann die Aufwendungen für das Heimbüro in vollem Umfang als Werbungskosten abziehen (z. B. anteilige Finanzierungskosten, Hausnebenkosten, Renovierungskosten sowie Gebäudeabschreibungen).

► Der GmbH-Geschäftsführer kann das Arbeitszimmer ggf. auch zuzüglich Umsatzsteuer vermieten, wenn die GmbH ihrerseits umsatzsteuerpflichtig ist (§ 9 Abs. 2 UStG). Folge der Option für die Umsatzsteuer ist, dass der GmbH-Geschäftsführer die Vorsteuer aus allen Eingangsrechnungen gegenüber dem Finanzamt geltend machen kann.

MERKE:[1]

Bei vor dem 1.1.2019 abgeschlossenen Mietverträgen geht die Finanzverwaltung – entsprechend ihrer bisherigen Auffassung – stets vom Vorliegen einer Überschusserzielungsabsicht aus und erkennt entsprechende Verluste aus Vermietung und Verpachtung an. Diese Verluste können dann spätestens in der Einkommensteuererklärung des Arbeitnehmers mit anderen positiven Einkünften (auch mit den Einkünften aus nichtselbständiger Arbeit) verrechnet werden.

---

1 Nach Beck-Redaktion: BC 5/2019.

| Aufwendungen für ein häusliches Arbeitszimmer einer Flugbegleiterin | 1142 |

BFH, Urteil vom 3.4.2019 - VI R 46/17, NWB UAAAH-23540

Leitsätze

▶ Der Begriff des häuslichen Arbeitszimmers setzt voraus, dass der jeweilige Raum ausschließlich oder nahezu ausschließlich für betriebliche/berufliche Zwecke genutzt wird.

▶ Unerheblich ist, ob ein häusliches Arbeitszimmer für die Tätigkeit erforderlich ist.

▶ Für die Abzugsfähigkeit von Aufwendungen genügt die Veranlassung durch die Einkünfteerzielung.

(Einstweilen frei)   1143–1160

9.4 Steuerfreiheit von Zuschlägen für Sonntags-, Feiertags- oder Nachtarbeit/Vergütung von Überstunden

GmbH-Geschäftsführer haben häufig ein größeres Arbeitspensum als normale Arbeitnehmer. Sie arbeiten mehr als 38 bzw. 40 Std. in der Woche. Gemäß § 3b EStG sind Zuschläge für Sonntags-, Feiertags- oder Nachtarbeit steuerfrei. Von dieser Vorschrift wollten auch die GmbH-Geschäftsführer profitieren. Die Finanzrechtsprechung, insbesondere in der ersten Instanz die Finanzgerichte, hatten sich daher häufig mit der Frage der Steuerfreiheit dieser Zuschläge zu beschäftigen. Viele erstinstanzliche Gerichte haben diese Steuerfreiheit verneint. Der Grund lag meist darin, dass häufig den formalen Anforderungen (z. B. eine ausreichende Dokumentation) nicht genügt wurde. Einige Finanzgerichte[1] haben unter bestimmten Voraussetzungen diese Zuschläge steuerlich anerkannt. In einer Anmerkung zum Urteil des FG Nürnberg vom 18.6.1996[2] hat *Kolla* hinsichtlich der Anerkennung auf folgende Aspekte aufmerksam gemacht: 1161

▶ klare Vereinbarung über den Umfang der regelmäßigen Arbeitszeit verbunden mit der Verpflichtung, bei Bedarf Überstunden zu erbringen, die gesondert vergütet werden;

---

[1] Z. B. Hessisches FG v. 9.11.1992, EFG 1994, S. 220; FG Köln v. 20.6.1995, EFG 1996, S. 341.
[2] DStR 1996, S. 1805, 1806.

▶ konkrete Festlegung der Höhe der Vergütung etwa durch Nennung eines bestimmten Stundensatzes oder eines prozentualen Aufschlags zum Grundgehalt;
▶ laufende und zeitnahe Aufzeichnung (zwecks Überwachungsmöglichkeit);
▶ Auszahlung mindestens einmal monatlich und im gleichen Modus wie bei anderen Arbeitnehmern.

9.4.1 Überstundenvergütungen bei Gesellschafter-Geschäftsführern

Bei **Alleingesellschafter-Geschäftsführern** erscheinen Überstundenvergütungen, so *Kolla*,[1] äußerst problematisch, da in diesem Fall die geforderte Überwachungsmöglichkeit faktisch weitgehend ausgeschaltet ist. Vor diesem Hintergrund und im Hinblick auf die unterschiedliche erstinstanzliche Finanzrechtsprechung war man deshalb besonders gespannt, wie der BFH entscheiden würde. Der I. Senat des BFH hat mit Urteil vom 19.3.1997[2] entschieden, dass Überstundenvergütungen für Sonn-, Feiertags- und Nachtarbeit bei einem Gesellschafter-Geschäftsführer regelmäßig eine verdeckte Gewinnausschüttung darstellen. Das Urteil hat sich nicht damit auseinandergesetzt, ob die streitigen Zahlungen statt auf dem Gesellschafts- auf dem Dienstverhältnis beruht haben könnten.

In einem weiteren Urteil hat sich der VI. Senat des BFH mit Überstundenvergütungen auseinandergesetzt.[3] In diesem Fall ging es um einen Fremdgeschäftsführer. Eine verdeckte Gewinnausschüttung kam daher nicht in Betracht. Im Ergebnis hat der VI. Senat wie der I. Senat eine Steuerfreiheit gem. § 3b EStG verneint. Der Geschäftsführer bekam im Streitfall einen monatlich gleichbleibenden Arbeitslohn ausbezahlt und hatte sich im Dienstvertrag verpflichtet, seine ganze Arbeitskraft zur Verfügung zu stellen, und war gehalten, jederzeit, wenn und soweit das Wohl der Gesellschaft es erfordert, zur Dienstleistung zur Verfügung zu stehen. Aufgrund dieser Vereinbarung sah der BFH keinen Grund, zusätzlich ein Entgelt für Überstundenvergütungen nach § 3b EStG steuerfrei anzuerkennen.

Schon aus diesen beiden Entscheidungen wird deutlich, dass der BFH Überstundenvergütungen von Geschäftsführern sehr skeptisch gegenübersteht. Für die Praxis bedeutet dies, dass bei Gesellschafter-Geschäftsführern bei

---

1 A. a. O., S. 1806.
2 DStR 1997, S. 1163; s. a. *Gosch*, NWB F. 4, S. 4175.
3 BFH v. 27.6.1997, DStR 1997, S. 1481.

Überstundenvergütungen eine verdeckte Gewinnausschüttung droht und bei **Fremdgeschäftsführern** eine Steuerfreiheit nach § 3b EStG nicht anerkannt wird.

Diese Rechtsprechungslinie hat der BFH fortgesetzt. Im BFH-Urteil vom 13.12.2006[1] bezog ein nicht beherrschender Gesellschafter, der aber zugleich leitender Angestellter der GmbH war, neben einem hohen Festgehalt Sonderzahlungen und eine Gewinntantieme, zusätzlich Zuschläge für Sonntags-, Feiertags-, Mehr- und Nachtarbeit. Nach Auffassung des BFH können diese Zuschläge als verdeckte Gewinnausschüttung zu erfassen sein.

1163

Der BFH führt aus:[2]

Nacht- und Feiertagszuschläge an Gesellschafter-Geschäftsführer sind in der Regel als vGA zugeflossen.

Nach ständiger Rechtsprechung des I. Senats des BFH,[3] welcher sich der erkennende Senat angeschlossen hat,[4] sind Zuschläge für Sonn-, Feiertags- und Nachtarbeit an Gesellschafter-Geschäftsführer nicht gem. § 3b EStG steuerfrei, sondern in aller Regel nach Körperschaftsteuerrecht als vGA zu beurteilen und damit nach Einkommensteuerrecht bei den Einkünften aus Kapitalvermögen und nicht bei den Einkünften aus nichtselbständiger Arbeit zu erfassen.[5] Diese Beurteilung gilt im Grundsatz gleichermaßen für beherrschende wie für nicht beherrschende Gesellschafter-Geschäftsführer.[6]

1164

Allerdings hat der I. Senat des BFH inzwischen[7] in Abgrenzung zu seiner Rechtsprechung erkannt, dass die Zahlung derartiger Zuschläge an Gesellschafter-Geschäftsführer zusätzlich zu ihrem Festgehalt nicht ausnahmslos als vGA zu qualifizieren sei, wenn nämlich eine bestimmte Vereinbarung nicht nur mit dem Gesellschafter-Geschäftsführer, sondern auch mit **vergleichbaren** gesellschaftsfremden Personen abgeschlossen worden ist (**betriebsinterner Fremdvergleich**). Dann könne dieser Umstand gegen eine gesellschaftliche Veranlassung der Vereinbarung mit dem Gesellschafter-Geschäftsführer sprechen. Eine derartige Gestaltung weise darauf hin, dass die Vereinbarung speziell in dem

1165

---

1 BFH v. 13.12.2006 - VIII R 31/05; DStR 2007, S. 434.
2 A. a. O., S. 425 f.
3 Grundlegend BFH v. 19.3.1997 - I R 75/96, BFHE 183, S. 94, BStBl 1997 II S. 577, DStR 1977, S. 1161.
4 BFH v. 16.3.2004 - VIII R 33/02, BFHE 205, S. 270, BStBl 2004 II S. 927, DStR 2004, S. 955; BFH v. 9.4.2003 - VIII B 124/02, NWB NAAAA-71171, BFH/NV 2003, S. 1309.
5 So bereits im BFH v. 8.3.2000 - I B 33/98, BFH/NV 2000, S. 990 = NWB XAAAA-65311.
6 BFH v. 14.7.2004 - I R 24/04, BFH/NV 2005, S. 247 = NWB JAAAB-40242.
7 Vgl. BFH v. 14.7.2004 - I R 111/03, a. a. O.; ebenfalls Urteil v. 3.8.2005 - I R 7/05, BFH/NV 2006, S. 131 = NWB EAAAB-69743.

betroffenen Unternehmen auf betrieblichen Gründen beruhe. Halte die zu beurteilende Regelung in diesem Sinne einem betriebsinternen Fremdvergleich stand, so könne im Einzelfall eine vGA selbst dann zu verneinen sein, wenn eine entsprechende Regelung im allgemeinen Wirtschaftsleben unüblich sei oder gar aus anderen Gründen regelmäßig zur vGA führe.

1166 Ob eine Vereinbarung zwischen einer GmbH und ihrem Gesellschafter-Geschäftsführer ausschließlich betrieblich oder – stattdessen oder zugleich – durch das Gesellschaftsverhältnis veranlasst ist, muss im gerichtlichen Verfahren in erster Linie das FG anhand aller Umstände des konkreten Einzelfalles beurteilen,[1] dessen Würdigung im Revisionsverfahren nur eingeschränkt[2] nachprüfbar ist.[3]

1167 Für die Praxis bedeutet dies, dass bei Gesellschafter-Geschäftsführern i.d.R. die Steuerfreiheit für Sonntags-, Feiertags- und Nachtarbeitszuschläge nicht anerkannt wird und auch die Vergütung von Überstunden grundsätzlich nicht in Betracht kommt. Wird die Steuerfreiheit trotzdem vereinbart bzw. werden solche Zahlungen geleistet, führt dies regelmäßig zur vGA.[4]

1168 Beherrschenden Gesellschafter-Geschäftsführern ist daher grundsätzlich von solchen Vereinbarungen abzuraten, diese sind vGA-verdächtig.

1169–1180 *(Einstweilen frei)*

9.5 Steuerfreiheit von Zukunftssicherungsleistungen für Gesellschafter-Geschäftsführer

1181 Gemäß § 3 Nr. 62 EStG sind Ausgaben des Arbeitgebers für die Zukunftssicherung des Arbeitnehmers, soweit der Arbeitgeber dazu nach sozialversicherungsrechtlichen oder anderen gesetzlichen Vorschriften oder nach einer auf gesetzlicher Ermächtigung beruhenden Bestimmung verpflichtet ist, steuerfrei. Zu den gesetzlichen Pflichtbeiträgen im Sinne dieser Vorschrift gehören insbesondere die **Arbeitgeberbeiträge zur gesetzlichen Sozialversicherung des Arbeitnehmers (Kranken-, Pflege-, Renten- und Arbeitslosenversicherung).** Die Steuerfreiheit gilt nicht für beherrschende Gesellschafter-Geschäftsführer, da bei ihnen arbeitsrechtlich kein Arbeitsverhältnis vorliegt, so dass der Arbeit-

---

[1] BFH v. 23.7.2003 - I R 80/02, BFHE 203, S. 114, BStBl 2003 II S. 926, m.w.N.
[2] Vgl. § 118 Abs. 2 FGO.
[3] BFH v. 14.7.2004 - I R 111/03, a.a.O.; Diese Rechtsprechungslinie hat der BFH in seinen Urteilen v. 12.10.2010 - I B 45/10, NWB YAAAD-58778 und 23.3.2012 - VIII R 27/09, NWB LAAAE-10984 fortgesetzt.
[4] BFH/NV 2000, S. 990; BFH/NV 2001, S. 1608.

geber gesetzlich nicht zur Zahlung von Arbeitgeberanteilen verpflichtet ist.[1] Die Einordnung, um welche Art Geschäftsführer (beherrschend, nicht beherrschend) es sich handelt, beurteilt sich allein nach sozialversicherungsrechtlichen Vorschriften. Die Entscheidung trifft die zuständige Einzugsstelle der Sozialversicherungsträger. Infolge ihrer Tatbestandswirkung ist diese Entscheidung grundsätzlich auch im Besteuerungsverfahren zu beachten, sofern sie nicht offensichtlich rechtswidrig ist (siehe dazu auch Rz. 1191 f.).

Hat ein Gesellschafter-Geschäftsführer im Rahmen seines Anstellungsvertrages Zukunftssicherungsleistungen vereinbart, können diese unter den Voraussetzungen des § 40b EStG pauschal besteuert werden. Es ist allerdings darauf zu achten, dass diese Zukunftssicherungsleistungen zusammen mit dem übrigen Barlohn nicht unangemessen hoch sind, um eine verdeckte Gewinnausschüttung zu vermeiden. 1182

Nach dem FG Baden-Württemberg[2] sind Zuschüsse einer GmbH zur **freiwilligen Krankenversicherung** ihrer Gesellschafter-Geschäftsführer keine steuerfreien Arbeitgeberanteile, wenn nach den Grundsätzen des Sozialversicherungsrechts keine abhängige Beschäftigung vorliegt. Dies ist dann anzunehmen, wenn die Anstellungsverträge keine Regelung zur Zeit, Dauer, Umfang und Ort der Tätigkeit enthalten und die beiden zu je 25 % beteiligten Geschäftsführer eine Änderung dieses für sie vorteilhaften Zustands aufgrund gleichgerichteter Interessen verhindern können. 1183

(Einstweilen frei) 1184–1190

9.5.1 Bindung der Finanzbehörden an die sozialversicherungsrechtliche Beurteilung von Arbeitsverhältnissen

Nach der o. g. Vorschrift des § 3 Nr. 62 Satz 1 EStG sind Ausgaben des Arbeitgebers für die Zukunftssicherung des Arbeitnehmers steuerfrei, soweit sie aufgrund gesetzlicher Verpflichtung geleistet werden. Ob eine solche Verpflichtung besteht, richtet sich allein nach den einschlägigen sozialversicherungsrechtlichen Vorschriften. Bei dieser Sachlage stellt sich die Frage, ob die Finanzverwaltung ein eigenständiges Prüfungsrecht bei der sozialversicherungsrechtlichen Beurteilung von Arbeitsverhältnissen hat oder ob der Entscheidung der Beitragseinzugsstelle der Sozialversicherung über die Versicherungspflicht eines Arbeitnehmers auch für steuerliche Zwecke zu folgen ist, mit an- 1191

---

1 BFH v. 10.10.2002, BStBl 2002 II S. 886.
2 EFG 2001, S. 553, rkr.

deren Worten, ob der **Bescheid der Sozialversicherung** rechtlich **Bindungswirkung für die Finanzverwaltung** entfaltet.

1192 Nach den BFH-Urteilen vom 21.1.2010 und 6.6.2002[1] sind Entscheidungen des zuständigen Sozialversicherungsträgers über die Sozialversicherungspflicht eines Arbeitnehmers im Besteuerungsverfahren zu beachten, soweit sie nicht offensichtlich rechtswidrig sind.[2] Die Finanzverwaltung teilt diese Auffassung (H 3.62 LStH 2019).

1193–1200 *(Einstweilen frei)*

9.5.2 Wegfall der vermeintlichen Sozialversicherungspflicht bei beherrschenden Gesellschafter-Geschäftsführern

1201 Später wird ausgeführt, wann ein Gesellschafter-Geschäftsführer der Sozialversicherungspflicht unterliegt und wann nicht. In der Praxis kommt es häufig vor, dass bei einem Gesellschafter-Geschäftsführer in der Vergangenheit Sozialversicherungspflicht angenommen wurde und die Arbeitgeberbeiträge nach § 3 Nr. 62 EStG steuerfrei blieben. Wird nun – z. B. aufgrund einer **Beitragsprüfung** – festgestellt, dass in der Vergangenheit für einen beherrschenden Gesellschafter-Geschäftsführer bei einer GmbH keine Sozialversicherungspflicht bestand und deshalb § 3 Nr. 62 Satz 1 EStG nicht anwendbar war, so hat der rückwirkende Wegfall der angenommenen Versicherungspflicht folgende Konsequenzen:[3]

*„Werden die **Arbeitgeberanteile** zur gesetzlichen Rentenversicherung und zur Arbeitsförderung an den Arbeitgeber zurückerstattet, weil dieser irrtümlich von der Versicherungspflicht des Gesellschafter-Geschäftsführers ausgegangen ist, ergeben sich hieraus keine lohnsteuerlichen Folgen. Leitet der Arbeitgeber die erstatteten **Arbeitgeberanteile an** den **Arbeitnehmer** weiter, so führt dieser Vorgang grundsätzlich zu steuerpflichtigem **Arbeitslohn** im Kalenderjahr der Weitergabe. Verzichtet der Arbeitgeber auf die Rückzahlung der Arbeitgeberbeiträge zur gesetzlichen Rentenversicherung und werden diese Beiträge für die freiwillige Versicherung des Arbeitnehmers in der gesetzlichen Rentenversicherung verwendet, ist ebenfalls grundsätzlich von steuerpflichtigem Arbeitslohn auszugehen. Entgegen früherer Verwaltungsauffassung ist dabei nicht bereits in den Kalenderjahren der früheren Zahlung ein Zufluss von Arbeitslohn anzunehmen, denn durch die Umwandlung wird nicht rückwirkend eine Versicherungsanwartschaft*

---

1 BStBl 2010 II S. 703; 2003, S. 34.
2 Anschluss an das BFH-Urteil v. 6.6.2002 - VI R 178/97, BStBl 2003 II S. 34.
3 Zitiert nach www.haufe.de/personal/personal-office-premium.

begründet mit der Folge, dass die freiwillige Versicherung an die Stelle der zuvor angenommenen gesetzlichen Versicherung tritt. Vielmehr geht die Finanzverwaltung davon aus, dass Arbeitslohn erst in dem Zeitpunkt zufließt, in dem die Beiträge in freiwillige Beiträge umgewandelt werden."

BEACHTE:

Abhängig von den Besonderheiten des Einzelfalles kann die Weitergabe der zurückerstatteten Arbeitgeberbeiträge an den Arbeitnehmer bzw. die Umwandlung in eine freiwillige Versicherung in der gesetzlichen Rentenversicherung nicht als steuerpflichtiger Arbeitslohn, sondern als verdeckte Gewinnausschüttung zu beurteilen sein. 1202

Erstattet der Sozialversicherungsträger die bisherigen **Arbeitnehmeranteile** zur gesetzlichen Rentenversicherung und zur Arbeitsförderung an den **Gesellschafter-Geschäftsführer**, bleibt dieser Vorgang ohne Auswirkung auf die Höhe des steuerpflichtigen Arbeitslohns. 1203

HINWEIS: RÜCKWIRKENDE KORREKTUR DES SONDERAUSGABENABZUGS BEIM ARBEITNEHMER

Die erstatteten Beiträge mindern im Kalenderjahr der Rückzahlung gleichartige Aufwendungen, die im Rahmen der ESt-Veranlagung als Sonderausgaben (Vorsorgeaufwendungen) geltend gemacht werden. Ist eine Verrechnung im Kalenderjahr der Erstattung nicht möglich, war bislang der Einkommensteuerbescheid des Kalenderjahres zu ändern, in dem die vermeintlichen Arbeitnehmeranteile als Sonderausgaben berücksichtigt wurden.

Mit dem Steuervereinfachungsgesetz 2011 vom 1.11.2011[2] wurde eine Regelung in § 10 Abs. 4b Satz 2 EStG getroffen, wonach Erstattungsüberhänge im Bereich der Sonderausgaben nicht mehr zu einer Korrektur des Einkommensteuerbescheides führen, bei dem sie sich ursprünglich ausgewirkt hatten. Vielmehr wird bei einem Erstattungsüberhang von Vorsorgeaufwendungen i. S. d. § 10 Abs. 1 Nr. 3, 4 EStG (Beiträge zu einer Basiskrankenversicherung sowie zur Pflegeversicherung) der Betrag des Erstattungsüberhangs im Jahr, in dem er ausgezahlt wird, dem Gesamtbetrag der Einkünfte hinzugerechnet. 1204

PRAXISHINWEIS:

Kommt es zur Erstattung von Vorsorgeaufwendungen i. S. d. § 10 Abs. 1 Nr. 2 bis 3a EStG (Altersversorgung) oder von sonstigen Vorsorgeaufwendungen, die nicht mit entsprechenden Beiträgen im Erstattungsjahr verrechnet werden können, hat dies ab VZ 2012 keinerlei steuerliche Auswirkungen mehr. 1205

Bei **Krankenversicherungs- und Pflegeversicherungsbeiträgen**, die nicht erstattet werden, weil Versicherungsleistungen zu erbringen waren, ist der **Arbeitgeberanteil**, der bisher als steuerfreier Arbeitslohn gezahlt wurde, nachträglich zu versteuern. 1206

---

1 Ebendort.
2 Mit Wirkung ab VZ 2012, BGBl 2011 I S. 2131.

> **BEACHTE: ANZEIGE AN BETRIEBSSTÄTTENFINANZAMT BEI UNTERBLIEBENER KORREKTUR**
>
> Kann der Arbeitgeber den Lohnsteuerabzug nicht mehr korrigieren, weil er nach Ablauf des Kalenderjahres bereits die Lohnsteuerbescheinigung übermittelt hat, ist eine Anzeige nach § 41c Abs. 4 Satz 1 EStG an das Betriebsstättenfinanzamt zu richten.

1207 Wie praxisrelevant unberechtigte Zahlungen zur Sozialversicherung sind, zeigen drei Urteile vom 10.12.1996 des FG München.[1] In all diesen Urteilen hat die GmbH vermeintlich eine Sozialversicherungspflicht ihres Gesellschafter-Geschäftsführers rechtsirrtümlich angenommen und Sozialversicherungsbeträge abgeführt. Die GmbH hat darauf verzichtet, vom Sozialversicherungsträger bestrittene Erstattungsansprüche gerichtlich geltend zu machen. Die Finanzverwaltung hat die Arbeitgeberanteile zur Sozialversicherung den Einkünften des Geschäftsführers aus nichtselbständiger Arbeit hinzugerechnet. Die GmbH hat sich dagegen erfolgreich gewandt. Nach Auffassung des FG München[2] sind diese Zahlungen der GmbH kein steuerpflichtiger Arbeitslohn. Sie kommen zwar – so das FG München – dem Arbeitnehmer in Form von Leistungen des Sozialversicherungsträgers mittelbar zugute, werden aber aufgrund einer öffentlich rechtlichen, den Arbeitgeber selbst unmittelbar treffenden Verpflichtung erbracht. Der Bestimmung des § 3 Nr. 62 Satz 1 EStG, wonach Ausgaben des Arbeitgebers für die Zukunftssicherung des Arbeitnehmers steuerfrei sind, soweit sie aufgrund gesetzlicher Verpflichtung geleistet werden, kommt nur deklaratorische Bedeutung zu, da es sich bereits begrifflich nicht um Arbeitslohn des Arbeitnehmers handelt. Der BFH hat mit Urteil vom 6.6.2002[3] die Auffassung des FG München bestätigt.

1208–1210 *(Einstweilen frei)*

9.6 Abfindungen

Literatur: *Schwedhelm/Binnewies*, Abfindung an GmbH-Geschäftsführer und -Gesellschafter – Gestaltungen zur Erlangung von Steuerbefreiung und ermäßigtem Steuersatz, GmbH-StB 1998, S. 78.

9.6.1 Rechtslage bis einschließlich VZ 2005

1211 § 3 Nr. 9 EStG sah die Steuerfreiheit von Abfindungen vor. Dieser Paragraf ist mit Wirkung vom 1.1.2006 ersatzlos entfallen.[4] Die nachfolgenden Ausführun-

---

1 EFG 1998, S. 196.
2 A. a. O., S. 197.
3 BFH v. 6.6.2001 - VI R 178/97, BStBl 2003 II S. 34.
4 § 52 Abs. 4a EStG.

gen betreffen daher nur Sachverhalte, die vor dem 1.1.2006 verwirklicht worden sind.

Gemäß § 52 Abs. 4a EStG wird der Freibetrag nach § 3 Nr. 9 EStG a. F. noch gewährt, wenn 1212

▶ der Abfindungsanspruch vor dem 1.1.2006 entstanden ist

▶ oder auf einer vor dem 1.1.2006 getroffenen Gerichtsentscheidung beruht,

▶ oder die Abfindung auf eine am 31.12.2005 anhängige Klage zurückgeht,

und soweit jeweils die Abfindung dem Anspruchsberechtigten vor dem 1.1.2008 zufließt.

Abfindungen wegen einer vom Arbeitgeber veranlassten oder gerichtlich ausgesprochenen Auflösung des Dienstverhältnisses sind im Rahmen des § 3 Nr. 9 EStG steuerfrei. Auch beim Ausscheiden leitender Angestellter i. S. v. § 14 Abs. 1 KSchG und damit auch von Geschäftsführern können Abfindungen steuerfrei gezahlt werden. 1213

Die den betreffenden nach § 3 Nr. 9 EStG ermittelten Höchstbetrag übersteigenden Beträge unterliegen dem Steuerabzug. Handelt es sich um Entschädigungen i. S. v. § 24 Nr. 1a EStG i. V. m. § 34 Abs. 1 und Abs. 2 Nr. 2 EStG, so ist nach § 39 Abs. 3 Satz 11 EStG die Lohnsteuer zur Hälfte einzubehalten. Unabhängig davon kann die Tarifermäßigung nach § 34 Abs. 1 EStG auch bei einer Einkommensteuerveranlagung berücksichtigt werden. 1214

PRAXISHINWEIS:

Auch bei Gesellschafter-Geschäftsführern können steuerfreie Entlassungsentschädigungen vom Grundsatz her gezahlt werden. Allerdings ist dabei zu beachten, dass bei beherrschenden GmbH-Gesellschafter-Geschäftsführern die Abfindung dem Grunde und der Höhe nach im Voraus eindeutig und klar vereinbart werden muss. Wenn das nicht der Fall ist, so liegt dann wegen der Verletzung des Rückwirkungsverbotes eine verdeckte Gewinnausschüttung und keine steuerfreie Abfindung vor.

(Einstweilen frei) 1215–1220

9.6.2 Rechtslage ab VZ 2006

Während § 3 Nr. 9 EStG ersatzlos weggefallen ist, kommt evtl. eine Tarifermäßigung nach § 24 Nr. 1, § 34 Abs. 1 EStG in Betracht. Diese Ermäßigung soll die Härten abmildern, die bei hohen Abfindungszahlungen durch die Steuerprogression ansonsten drohen. Es gilt die sog. 1/5-Regelung. Dies bedeutet, dass außerordentliche Einkünfte bei der Steuerberechnung nur zu 1/5 angesetzt werden. Danach wird die sich daraus ergebende Mehrsteuer verfünffacht. 1221

1222 Berechnung:[1]

1. ESt für das verbleibende zu versteuernde Einkommen (zvE) (**ohne** außerordentliche Einkünfte)
2. ESt für das verbleibende zvE zzgl. 1/5 der außerordentlichen Einkünfte

Verfünffachung der Differenz zwischen 1. und 2.

BEISPIEL: Ein 40-jähriger lediger Arbeitnehmer hat bis 30. 6. 08 Arbeitslohn, der zu einem zvE von 30.000 € führt. Zum 1.7.08 wird das Arbeitsverhältnis beendet und eine Entlassungsabfindung von 15.000 € gezahlt.

LÖSUNG: Die Abfindung i. H. v. 15.000 € stellt außerordentliche Einkünfte i. S. d. § 34 Abs. 1, § 24 Nr. 1 EStG dar und ist ermäßigt zu besteuern.

zvE ohne Abfindung:	30.000 € =	ESt=	5.814 €	5.814 €
zvE + 1/5 der stpfl. Abfindung	3.000 €			
	33.000 € =	ESt	6.787 €	
Unterschiedsbetrag (Mehrbetrag)			973 € x 5 =	4.865 €
tarifliche Einkommensteuer				10.679 €

Ohne § 34 Abs. 1 EStG würde die Steuer betragen:

zvE 30 000 € + stpfl. Abfindung 15.000 € = 45.000 € = ESt	11.115 €
Steuerersparnis nach § 34 Abs. 1 EStG	436 €

PRAXISHINWEIS:

Die Tarifermäßigung gibt es nach ständiger Rechtsprechung nur, wenn die Abfindungszahlungen „zusammengeballt" gezahlt werden.

Dazu der Leitsatz des BFH-Urteils vom 16.11.2005:[2]

„Werden bei Beendigung eines Arbeitsverhältnisses mehrere (unterschiedliche) Entschädigungsleistungen für künftig entgehende Einnahmen zugesagt, sind diese grds. einheitlich zu beurteilen; werden sie nicht „zusammengeballt" in einem Veranlagungszeitraum gezahlt, kommt eine ermäßigte Besteuerung nicht in Betracht."

BEACHTE:

Häufig wird in der Praxis das Erfordernis der Zusammenballung übersehen. Steuerschädliche Folge ist, dass die Abfindung insgesamt nicht mehr tarifbegünstigt ist.

---

1 Berechnung und Beispiel nach *Bünstorf/Marfels*, Einkommensteuerrecht, 2. Aufl. 2007.
2 BFH v. 16.11.2005 - XI R 32/04, GmbHR 2006, S. 389.

Allerdings gewährt der BFH[1] bei einer geringfügigen Teilleistung ausnahmsweise die Tarifermäßigung. Im Streitfall wurde ein steuerpflichtiger Zufluss i. H. v. 2.800 € im Vorjahr gegenüber 67.788 € im Folgejahr als unschädlich angesehen. Diese Rechtsprechung hat der BFH fortgesetzt.

1223

BFH-Urteil vom 13.10.2015 - IX R 46/14 zur ermäßigten Besteuerung einer Abfindung:[2]

1224

Der Kläger war knapp 40 Jahre bei demselben Arbeitgeber angestellt. Sein Bruttoarbeitslohn betrug zuletzt ca. 34.500 €. Das Arbeitsverhältnis endete durch Aufhebungsvertrag mit Wirkung zum 30.9.2010. Für den Verlust des Arbeitsplatzes erhielt der Kläger eine betriebliche Abfindung i. H. v. 104.800 € sowie eine Tarifabfindung i. H. v. 10.200 €. Die Tarifabfindung floss dem Kläger im Jahr 2010 zu und wurde voll besteuert. Der Bruttoarbeitslohn belief sich einschließlich der Tarifermäßigung im Jahr 2010 auf ca. 44.300 €. Die betriebliche Abfindung floss dem Kläger im Streitjahr 2011 zu. Der Arbeitgeber führte die Lohnsteuer ohne Berücksichtigung der Tarifermäßigung ab. In seiner Einkommensteuererklärung 2011 machte der Kläger geltend, die betriebliche Abfindung sei als Entschädigung für entgangene Einnahmen mit dem ermäßigten Steuersatz zu besteuern. Das Finanzamt unterwarf die betriebliche Abfindung dagegen dem vollen Steuersatz. Die hiergegen gerichtete Klage hatte in allen Instanzen Erfolg.

Hierzu führten die Richter weiter aus:

- ▶ Grundsätzlich steht die Auszahlung einer einheitlichen Abfindung in zwei Veranlagungszeiträumen der Anwendung des ermäßigten Steuersatzes entgegen, da Teilauszahlungen stets eine Progressionsmilderung bewirken.
- ▶ Davon abweichend kann eine Teilauszahlung ausnahmsweise unschädlich sein, wenn andernfalls der Zweck des Gesetzes verfehlt würde.
- ▶ So liegt der Fall hier: Die Teilauszahlung beläuft sich im Streitfall auf 8,87 % der Gesamtabfindung oder 9,73 % der Hauptleistung. Eine geringfügige Nebenleistung hat der Senat nicht mehr angenommen, wenn sie mehr als 10 % der Hauptleistung beträgt (vgl. BFH, Urteil vom 8.4.2014 - IX R 28/13).
- ▶ Ergänzend ist zu berücksichtigen, dass die Nebenleistung niedriger ist als die Steuerentlastung der Hauptleistung. Mit dieser Begründung hat der BFH zwar bislang nur eine sozial motivierte, nachträgliche Zusatzleistung

---

[1] Urteil v. 26.1.2011 - IX R 20/10, BStBl 2012 II S. 659 = NWB TAAAD-82160.
[2] BStBl 2016 II S. 214.

des Arbeitgebers der Höhe nach als unschädlich erachtet (vgl. BFH, Urteil v. 24.1.2002 - XI R 43/99).

▶ Der Maßstab lässt sich jedoch zur Konkretisierung der bloßen Geringfügigkeit gleichermaßen heranziehen: Müsste unter diesen Umständen die Tarifermäßigung versagt werden, stünde der Steuerpflichtige besser da, wenn er die Teilauszahlung nicht erhalten hätte. Die Teilauszahlung würde (vor Steuern) noch nicht einmal den steuerlichen Nachteil ausgleichen, den sie verursacht hat.

▶ Dieses Ergebnis würde zu wirtschaftlich unsinnigen Gestaltungen Veranlassung geben. Dies verdeutlicht, dass die Anwendung des ermäßigten Steuersatzes nach dem Zweck des Gesetzes trotz der Teilzahlung zur Abmilderung der einmaligen individuellen Progressionssteigerung im Streitjahr noch geboten ist.

▶ Zu berücksichtigen ist auch, dass der Kläger auf die Höhe der Abfindung und die Modalitäten ihrer Auszahlung offenbar keinen entscheidenden Einfluss hatte.

1225 Die Verwaltung hat aufgrund dieser Rechtsprechung Rz. 8 ihres BMF-Schreibens vom 1.11.2013[1] mit Schreiben vom 4.3.2016[2] geändert und wie folgt gefasst:

„Im Einvernehmen mit den obersten Finanzbehörden der Länder wird Rz. 8 des o. g. BMF-Schreibens wie folgt gefasst:

„III. Zusammenballung von Einkünften i. S. d. § 34 EStG

1. Zusammenballung von Einkünften in einem VZ (> 1. Prüfung)

8 ¹Nach ständiger Rechtsprechung (>BFH vom 14.8.2001 – BStBl 2002 II S. 180 m.w.N.) setzt die Anwendung der begünstigten Besteuerung nach § 34 Abs. 1 und 2 EStG u. a. voraus, dass die Entschädigungsleistungen zusammengeballt in einem VZ zufließen.

²Der Zufluss mehrerer Teilbeträge in unterschiedlichen VZ ist deshalb grundsätzlich schädlich (>BFH vom 3.7.2002 – BStBl 2004 II S. 447, > 1. Prüfung). ³Dies gilt nicht, soweit es sich um eine im Verhältnis zur Hauptleistung stehende geringfügige Zahlung handelt, die in einem anderen VZ zufließt (>BFH vom 25.8.2009 – BStBl 2011 II S. 27). ⁴Aus Vereinfachungsgründen wird es nicht beanstandet, eine geringfügige Zahlung anzunehmen, wenn diese nicht mehr als 10 % der Hauptleistung beträgt. ⁵Darüber hinaus kann eine Zahlung unter Berücksichti-

---

1 BStBl 2013 I S. 1326.
2 BStBl 2016 I S. 277.

gung der konkreten individuellen Steuerbelastung als geringfügig anzusehen sein, wenn sie niedriger ist als die tarifliche Steuerbegünstigung der Seite 2 Hauptleistung (> BFH vom 13.10.2015 – BStBl … II S. …). [6]Ferner können jedoch auch ergänzende Zusatzleistungen, die Teil der einheitlichen Entschädigung sind und in späteren VZ aus Gründen der sozialen Fürsorge für eine gewisse Übergangszeit gewährt werden, für die Beurteilung der Hauptleistung als einer zusammengeballten Entschädigung unschädlich sein (>Rz. 13). [7]Pauschalbesteuerte Arbeitgeberleistungen sind bei der Beurteilung des Zuflusses in einem VZ nicht zu berücksichtigen. [8]Bestimmen Arbeitgeber und Arbeitnehmer, dass die fällige Entschädigung erst im Folgejahr zufließen soll, ist dies für die Anwendung von § 34 Abs. 1 und 2 EStG unschädlich. [9]Dabei gelten die Grundsätze von Rz. 8 bis 15 entsprechend (>BFH vom 11.11.2009 – BStBl 2010 II S. 46). [10]Ein auf zwei Jahre verteilter Zufluss der Entschädigung ist ausnahmsweise unschädlich, wenn die Zahlung der Entschädigung von vornherein in einer Summe vorgesehen war und nur wegen ihrer ungewöhnlichen Höhe und der besonderen Verhältnisse des Zahlungspflichtigen auf zwei Jahre verteilt wurde oder wenn der Entschädigungsempfänger – bar aller Existenzmittel – dringend auf den baldigen Bezug einer Vorauszahlung angewiesen war (>BFH vom 2.9.1992 – BStBl 1993 II S. 831)."

Die Grundsätze dieses Schreibens sind in allen noch offenen Fällen anzuwenden."

(Einstweilen frei) 1226–1235

9.7 Verdeckte Gewinnausschüttung

9.7.1 Allgemeines

9.7.1.1 Arten der Gewinnausschüttung

Nach § 29 GmbHG haben die Gesellschafter einer GmbH Anspruch auf den Jahresüberschuss zuzüglich eines Gewinnvortrags und abzüglich eines Verlustvortrags, soweit der sich ergebende Betrag nicht nach Gesetz oder Gesellschaftsvertrag, durch Gewinnverwendungsbeschluss oder als zusätzlicher Aufwand aufgrund des Beschlusses über die Verwendung des Ergebnisses von der Verteilung unter die Gesellschafter ausgeschlossen ist. Im Beschluss über die Verwendung des Ergebnisses können die Gesellschafter, wenn der Gesellschaftsvertrag nichts anderes bestimmt, Beträge in Gewinnrücklagen einstellen oder als Gewinn vortragen. Die Verteilung bei Verwendung erfolgt grundsätzlich nach dem Verhältnis der Geschäftsanteile. 1236

Die GmbH kann also ihren Gewinn aufgrund eines Gewinnverwendungsbeschlusses an ihre Gesellschafter ausschütten; dann liegt eine sog. **offene den gesellschaftsrechtlichen Voraussetzungen entsprechende Gewinnausschüttung** (oGA) vor. Dies ist eigentlich der Grundsatz und sollte auch der Normalfall sein. Zur inkongruenten Gewinnausschüttung vergleiche die Verwaltungsauffassung.[1] Auch die Finanzverwaltung hat sich der Möglichkeit einer inkongruenten Gewinnausschüttung nicht mehr verschlossen. Allerdings fordert die Finanzverwaltung für die Anerkennung einer inkongruenten Gewinnausschüttung, dass im Gesellschaftsvertrag gem. § 29 Abs. 3 Satz 2 GmbHG ein anderer Verteilungsschlüssel als derjenige nach den Beteiligungsverhältnissen oder aber eine Öffnungsklausel vorgesehen ist, wonach der Verteilungsmaßstab alljährlich einstimmig geändert werden könne. Auch eine nachträgliche Satzungsänderung sei unter Zustimmung aller Gesellschafter möglich. Zudem seien hierbei die Grundsätze des Missbrauchs rechtlicher Gestaltungsmöglichkeiten zu beachten.

Nach Ansicht des FG Köln[2] reicht für die steuerliche Anerkennung der inkongruenten Gewinnausschüttung die zivilrechtliche Wirksamkeit des Gewinnverwendungsbeschlusses aus. Der BFH[3] muss nun über die Frage entscheiden, ob eine inkongruente Gewinnausschüttung zivilrechtlich wirksam und damit auch steuerlich anzuerkennen ist, wenn zwar der Gesellschaftsvertrag der GmbH einen von § 29 Abs. 3 Satz 1 GmbHG abweichenden Gewinnverteilungsschlüssel oder eine Öffnungsklausel nicht vorsieht, der Beschluss über die abweichende Gewinnverteilung aber unter Zustimmung aller Gesellschafter zustande gekommen ist.

Der Gegenstand einer Sachausschüttung einer Kapitalgesellschaft ist mit dem gemeinen Wert zu bewerten. Auf den Wertansatz im Gewinnverwendungsbeschluss kommt es nicht an.[4]

In der Praxis kommt es allerdings häufig vor, dass eine GmbH ihren Gesellschaftern und auch ihren Gesellschafter-Geschäftsführern – und da namentlich insbesondere den beherrschenden Gesellschafter-Geschäftsführern – ohne einen förmlichen Gewinnverteilungsbeschluss einen Vermögensvorteil zuwendet. Wenn einem Gesellschafter außerhalb der gesellschaftsrechtlichen Gewinnausschüttung (es darf kein Gewinnverwendungsbeschluss gefasst worden sein) ein Vermögensvorteil zufließt, d. h. bei der Gesellschaft eine Ver-

---

1 Insbesondere BMF-Schreiben v. 17.12.2013, BStBl 2014 I S. 63
2 FG Köln v. 14.9.2016 - 9 K 1560/14, EFG 2016, S. 1875-1876 (red. Leitsatz und Gründe).
3 Az. des BFH: VIII R 28/16.
4 BFH v. 11.4.2018 - I R 34/15, NWB TAAAG-99272.

mögensminderung bzw. eine verhinderte Vermögensmehrung eingetreten ist, die im Gesellschaftsverhältnis veranlasst ist und sich auf die Höhe des Gewinns (Unterschiedsbetrag i. S. d. § 4 Abs. 1 Satz 1 EStG) ausgewirkt hat, handelt es sich um eine **verdeckte Gewinnausschüttung (vGA)**.

Der vGA i. S. d. § 8 Abs. 3 Satz 2 KStG wohnt der Gedanke inne, die Parteien einer vGA (die Gesellschaft und ihr(e) Gesellschafter(in)) so zu stellen, wie sie stünden, wenn sie sich „steuerlich richtig" (wie unter fremden Dritten) verhalten und die Zuwendung in Form einer offenen Gewinnausschüttung vorgenommen hätten.

(Einstweilen frei)　　　　　　　　　　　　　　　　　　　　　　　1237–1240

9.7.1.2　Begriff vGA

Nach der ständigen Rechtsprechung des BFH und nach der Verwaltungsauffassung[1] ist eine vGA i. S. d. § 8 Abs. 3 Satz 2 KStG eine　　　　　　　　　　　1241

- ▶ Vermögensminderung oder verhinderte Vermögensmehrung,
- ▶ die durch das Gesellschaftsverhältnis veranlasst ist,
- ▶ sich auf die Höhe des Unterschiedsbetrags i. S. d. § 4 Abs. 1 Satz 1 EStG auswirkt und
- ▶ nicht auf einem den gesellschaftsrechtlichen Vorschriften entsprechenden Gewinnverteilungsbeschluss beruht.

Eine solche Veranlassung durch das Gesellschaftsverhältnis liegt insbesondere vor, wenn ein ordentlicher und gewissenhafter Geschäftsleiter (§ 43 Abs. 1 GmbHG) die Vermögensminderung oder verhinderte Vermögensmehrung gegenüber einer Person, die nicht Gesellschafter ist, unter sonst gleichen Umständen nicht hingenommen hätte.

Beispiele für eine vGA sind:

- ▶ Ein Gesellschafter erhält für seine Geschäftsführertätigkeit von der GmbH eine unangemessen hohe Vergütung.
- ▶ Eine Gesellschaft zahlt an einen Gesellschafter besondere Umsatzvergütungen neben einer angemessenen festen Vergütung.
- ▶ Eine Gesellschaft übernimmt eine Schuld oder sonstige Verpflichtung eines Gesellschafters.
- ▶ Ein beherrschender Gesellschafter-Geschäftsführer einer GmbH, dem im Alter von 58 Jahren auf das vollendete 68. Lebensjahr von der GmbH ver-

---

1　R 8.5 KStR und BMF v. 28.5.2002, BStBl 2002 I S. 603.

traglich eine monatliche Altersrente zugesagt worden ist, scheidet bereits im Alter von 63 Jahren aus dem Unternehmen als Geschäftsführer aus.[1]

1242 Die Frage, ob eine vGA vorliegt oder nicht, ist häufig Gegenstand von Auseinandersetzungen zwischen Gesellschaft/Gesellschafter auf der einen Seite und Finanzverwaltung auf der anderen Seite. Sie kann aber auch Auslöser einer Auseinandersetzung zwischen den Gesellschaftern selbst sein.

Daher gibt es eine Vielzahl von BFH-, aber auch FG-Entscheidungen zu dieser Thematik. Grundsätzlich ist jede gerichtliche Entscheidung eine Einzelfallentscheidung, die über den entschiedenen Einzelfall hinaus keine Wirkung entfaltet. Ob die Verwaltung einzelne Urteile des BFH über die entschiedenen Einzelfälle hinaus allgemein auf vergleichbare Fälle anwendet, ist u. a. von deren Veröffentlichung abhängig. Urteile, die im BStBl Teil II veröffentlicht werden sind nach Ansicht der Finanzverwaltung grundsätzlich auf vergleichbare Fälle übertragbar. Danach kommt es wesentlich darauf an, wo eine Entscheidung des BFH tatsächlich veröffentlicht wird.

Nicht jede Entscheidung des BFH wird im BStBl Teil II veröffentlicht. Oftmals wird aber auch die Veröffentlichung eines Urteils im BStBl Teil II mit einem von der Verwaltung im BStBl Teil I veröffentlichten Nichtanwendungserlass verbunden. Dann ist das Urteil, jedenfalls nach Ansicht der Finanzverwaltung, über den entschiedenen Einzelfall hinaus nicht allgemein übertragbar. Für den Steuerpflichtigen steht wieder der Rechtsweg zum Finanzgericht offen. Natürlich können auch die nicht im BStBl Teil II veröffentlichen Urteile des BFH in der steuerrechtlichen Auseinandersetzung eine entscheidungserhebliche Wirkung entfalten.

Aus der Sicht des BFH wichtige Entscheidungen veröffentlicht der BFH zeitnah nach ihrer Verkündung auf seinen Internetseiten (www.bundesfinanzhof.de). Siehe auch die vom BFH veröffentlichten Pressemitteilungen. Diese Veröffentlichungen haben aber nicht zur Folge, dass die Entscheidungen sofort über den jeweils konkret entschiedenen Einzelfall hinaus (§ 110 FGO) von den Finanzämtern angewendet werden können.

Eine allgemeine Anwendung auf gleich gelagerte Fälle kann erst nach einer entsprechenden Entscheidung der obersten Finanzbehörden des Bundes und der Länder erfolgen. Um den Zeitraum zwischen der Veröffentlichung des Urteils durch den BFH und der Freigabe zur allgemeinen Anwendung kurz zu halten, werden die freigegebenen Entscheidungen des BFH möglichst zeitnah in

---

[1] BFH v. 25.6.2014 - I R 76/13, BFH/NV 2014, S. 1672; s. a. ABC der verdeckten Gewinnausschüttungen in *Janssen*, a. a. O.

einer auf der Internetseite des BMF (www.bundesfinanzministerium.de) veröffentlichten Liste angezeigt (Startseite/Das BMF/Aktuelles/BFH-Entscheidungen). Die zur allgemeinen Anwendung freigegebenen Entscheidungen werden weiterhin im BStBl Teil II veröffentlicht. Sie sind auch dann für die Finanzämter maßgeblich, wenn die Rechtsprechung im Widerspruch zu einer Verwaltungsanweisung steht, die zu der einschlägigen Frage ergangen ist (z. B. in BMF-Schreiben oder Verfügungen der obersten Finanzbehörden der Länder). Einer formellen Aufhebung der hierdurch überholten Verwaltungsanweisung bedarf es nicht.[1]

In diesem Zusammenhang sei der Hinweis erlaubt, dass die Finanzverwaltung jährlich ein umfängliches BMF-Schreiben[2] veröffentlicht, in dem nachgeschlagen werden kann, welche Verwaltungsanweisungen tatsächlich noch gültig und damit anwendbar sind.

(Einstweilen frei) 1243–1245

9.7.1.3 VGA und Abgeltungsteuer/Teileinkünfteverfahren

Die verdeckte Gewinnausschüttung wie auch die offene Gewinnausschüttung unterliegen entweder der sog. Abgeltungsteuer, wenn die Beteiligung sich im Privatvermögen befindet, oder dem Teileinkünfteverfahren, wenn sich die Anteile nicht im Privatvermögen befinden bzw. erfolgreich ein Antrag nach § 32d Abs. 2 Nr. 3 EStG gestellt wurde. 1246

Auf der Ebene der Körperschaft muss das zu verteilende Einkommen der Körperschaftsteuer unterworfen worden sein.[3] § 8 Abs. 3 Satz 1 KStG für eine offene den gesellschaftsrechtlichen Voraussetzungen entsprechende Gewinnausschüttung und § 8 Abs. 3 Satz 2 KStG für eine verdeckte Gewinnausschüttung. Durch diese außerbilanziellen Korrekturen unterliegen die Beträge auch der Gewerbesteuer.

Auf der Ebene des Gesellschafters liegen grundsätzlich Einnahmen aus § 20 Abs. 1 Nr. 1 Satz 1 bzw. Satz 2 EStG vor, die, soweit die Beteiligung zum Privatvermögen gehört, der Abgeltungsteuer (§ 32d Abs. 1 EStG), und soweit ein Antrag nach § 32d Abs. 2 Nr. 3 EStG gestellt ist bzw. die Anteile sich nicht im

---

1 LfSt Bayern v. 11.11.2011 – S 0220.1.1 – 1/1 St 42, NWB CAAAD-96916.
2 Exemplarisch für 2019: Das Bundesfinanzministerium hat für Steuertatbestände, die nach dem 31.12.2017 verwirklicht werden, die bis zum 15.3.2019 ergangenen BMF-Schreiben, mit Ausnahme der in einer Positivliste aufgeführten Schreiben, aufgehoben, BMF 18.3.2019 - IV A 2 - O 2000/18/10001; BStBl 2019 I S. 270.
3 Siehe hierzu auch § 8b Abs. 1 Satz 2 KStG.

Privatvermögen befinden (§ 20 Abs. 8 EStG), dem Teileinkünfteverfahren (§ 3 Nr. 40 Buchst. d EStG) unterliegen.

Für die Anwendung des Systems ist die körperschaftsteuerliche Vorbelastung unabdingbar. Vgl. hierzu insbesondere § 32d Abs. 2 Nr. 4 EStG[1] für das Abgeltungsteuersystem und § 3 Nr. 40 Buchst. d Satz 2 EStG[2] für das Teileinkünfteverfahren und § 8b Abs. 1 Satz 2 KStG für die Ermittlung des körperschaftsteuerlichen Einkommens soweit Empfängerin einer Gewinnausschüttung wiederum eine Körperschaft ist.

Die Gewinnausschüttungen unterliegen demnach beim Gesellschafter, soweit er eine unbeschränkt einkommensteuerpflichtige natürliche Person ist, grundsätzlich nach § 32d Abs. 1 EStG dem Abgeltungsteuersatz i. H. v. 25 % (besonderer Einkommensteuertarif) zzgl. einer möglichen Kirchensteuer und des darauf entfallenden Solidaritätszuschlags.[3] Die Abgeltung- und Zuschlagsteuer ist grundsätzlich durch den Quellensteuereinbehalt abgegolten. Im Fall der Kirchensteuerpflicht ermäßigt sich die Abgeltungsteuer um 25 % der auf die Kapitalerträge entfallenden Kirchensteuer. Die Kapitalertragsteuer beträgt bei einem Kirchensteuersatz von 9 % 24,45 %. Dementsprechend ermäßigt sich auch der Solidaritätszuschlag. Die Kirchensteuer wird auch bei der Abgeltungsteuer als unbeschränkt abzugsfähige Sonderausgabe behandelt.

	Abgeltungsteuer Bemessungsgrundlage ohne Kirchensteuer	Abgeltungsteuer Bemessungsgrundlage mit Kirchensteuer	Teileinkünfteverfahren ohne Kirchensteuer und ohne Werbungskosten
Kapitaleinnahmen (Gewinnausschüttung)	100,00	100,00	100,00
Anteilig (§ 3 Nr. 40d EStG)			60,00
Abgeltungsteuer (§ 32d Abs. 1 Satz 1 EStG)	25,00		
Abgeltungsteuer (§ 32d Abs. 1 Satz 4 EStG) 100 : 4,09 = 24,45		24,45	

---

1 Absatz 1 gilt nicht für Bezüge i. S. d. § 20 Abs. 1 Nr. 1 EStG und für Einnahmen i. S. d. § 20 Abs. 1 Nr. 9 EStG, soweit sie das Einkommen der leistenden Körperschaft gemindert haben.

2 Dies gilt nur, soweit sie das Einkommen der leistenden Körperschaft nicht gemindert haben.

3 Der Solidaritätszuschlag 1995 soll in einem ersten Schritt zu Gunsten niedriger und mittlerer Einkommen ab dem Veranlagungszeitraum 2021 zurückgeführt werden. So werden rund 90 % aller Zahler des Solidaritätszuschlags zur Lohnsteuer und veranlagten Einkommensteuer vom Solidaritätszuschlag vollständig entlastet. Siehe den Referentenentwurf zum Gesetz über die Abschaffung des Solidaritätszuschlags 1995.

9.7 Verdeckte Gewinnausschüttung

	Abgeltungsteuer Bemessungsgrundlage ohne Kirchensteuer	Abgeltungsteuer Bemessungsgrundlage mit Kirchensteuer	Teileinkünfteverfahren ohne Kirchensteuer und ohne Werbungskosten
Einkommensteuertarif 42 %			25,20
Solidaritätszuschlag	1,37	1,34	1,39
Kirchensteuer (§ 51a EStG)		2,20	
Steuer gesamt	26,37	27,99	26,59
Verbleiben	73,63	72,01	73,41

Die vGA erhöht die Bemessungsgrundlage der Besteuerung bei der Gesellschaft und unterliegt damit der Körperschaftsteuer und auch der Gewerbesteuer. Die auf die vGA entfallene Körperschaftsteuer (§ 10 Nr. 2 KStG) und die darauf entfallene Gewerbesteuer (§ 4 Abs. 5b EStG i.V. m. § 8 Abs. 1 KStG) sind wiederum nicht vom zu versteuernden Einkommen abzugsfähig, d. h. auf die anfallende Steuer (Gewerbe- und Körperschaftsteuer) entfällt noch einmal Steuer (Gewerbe- und Körperschaftsteuer).

1247

BEISPIEL: ▶ Die Ruben Lichtenberg GmbH zahlt ihrem Gesellschafter-Geschäftsführer Ruben Lichtenberg im Rahmen eines Anstellungsverhältnisses für seine Tätigkeit eine angemessene Vergütung i. H. v. 100.000 €

ABB. 1: Vergütung ausgewogen

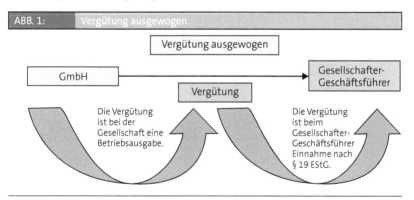

Die Ruben Lichtenberg GmbH zahlt ihrem Gesellschafter-Geschäftsführer Ruben Lichtenberg im Rahmen eines Anstellungsverhältnisses für seine Tätigkeit eine Vergütung i. H. v. 140.000 €. Angemessen wäre eine Vergütung i. H. v. 100.000 €.

9. Der GmbH-Geschäftsführer im Einkommen- und Körperschaftsteuerrecht

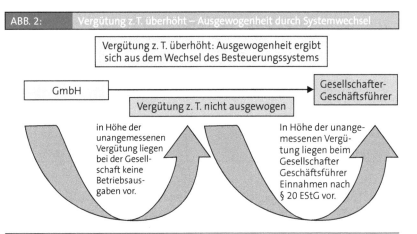

ABB. 2: Vergütung z. T. überhöht – Ausgewogenheit durch Systemwechsel

Bei der Ruben Lichtenberg GmbH liegt eine vGA i. H. v. 40.000 € (§ 8 Abs. 3 Satz 2 KStG) vor.

Vor Berücksichtigung der vGA versteuert Ruben Lichtenberg Einkünfte i. H. v. 140.000 € nach § 19 EStG (siehe Abb. 1 und 3).

Bei einer unterstellten Tarifbelastung i. H. v. 40 % und ohne Berücksichtigung von Werbungskosten beträgt die ESt auf die Einnahmen aus nichtselbständiger Tätigkeit 56.000 €.

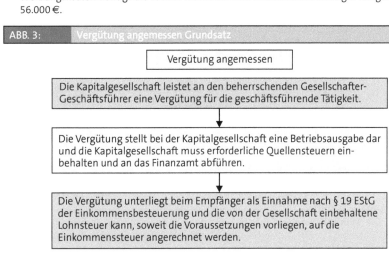

ABB. 3: Vergütung angemessen Grundsatz

Nach Berücksichtigung der vGA kann die Ruben Lichtenberg GmbH nur 100.000 € als Betriebsausgaben abziehen. Die Bemessungsgrundlage bei der GmbH steigt um 40.000 €; damit unterliegt die vGA der Körperschaftsteuer und der Gewerbesteuer (siehe Abb. 2 und 4).

9.7 Verdeckte Gewinnausschüttung

ABB. 4:  Vergütung nur z. T. angemessen Ausnahme

Vergütung z. T. angemessen

Die Kapitalgesellschaft leistet an den Gesellschafter-Geschäftsführer eine nur z. T. angemessene Vergütung für die geschäftsführende Tätigkeit.

Angemessene Vergütung	Unangemessene Vergütung
Die angemessene Vergütung stellt bei der Kapitalgesellschaft eine Betriebsausgabe dar und die Kapitalgesellschaft muss erforderliche Quellensteuern einbehalten und an das Finanzamt abführen.	Die unangemessene Vergütung stellt bei der Kapitalgesellschaft keine Betriebsausgabe dar und die Kapitalgesellschaft müsste hierauf Kapitalertragssteuer einbehalten und an das Finanzamt abführen. Sie hat aber regelmäßig bereits Lohnsteuer abgeführt.
Die Vergütung unterliegt beim Empfänger als Einnahme nach § 19 EStG der Einkommensbesteuerung und die Quellensteuern können, soweit die Voraussetzungen erfüllt sind, auf die Einkommenssteuer angerechnet werden.	Die Vergütung unterliegt beim Empfänger als Einnahmen nach § 20 EStG der Einkommensbesteuerung. Die Kapitalertragsteuer kann angerechnet werden.

Für die Einkünfte aus Kapitalvermögen gilt:

Gesellschafter-Geschäftsführer Ruben Lichtenberg versteuert die angemessene Gesamtausstattung i. H. v. 100.000 € nach § 19 EStG und die vGA i. H. v. 40.000 € nach § 20 EStG.

Ab VZ 2009 ist die Abgeltungsteuer nach § 32d EStG i. H. v. 25 % zu berücksichtigen.

Die Gesamtbelastung beträgt danach ohne Berücksichtigung des Sparerpauschbetrages:
100.000 x 40 % = 40.000 € und 40.000 x 25 % = 10.000 €; mithin insgesamt 50.000 €.

Unter bestimmten Antragsvoraussetzungen (§ 32d Abs. 2 Nr. 3 EStG) kann Ruben Lichtenberg sich für das Teileinkünfteverfahren entscheiden.

Dann beträgt die Gesamtbelastung ohne Berücksichtigung von Werbungskosten:
100.000 x 40 % = 40.000 € und 40.000 x 60 % x 40 % = 9.600 €; mithin insgesamt 49.600 €.

9. Der GmbH-Geschäftsführer im Einkommen- und Körperschaftsteuerrecht

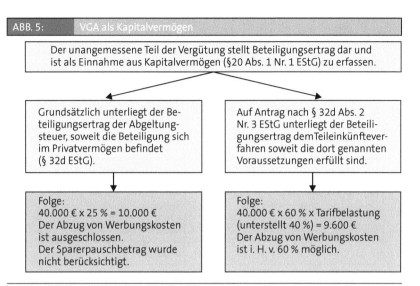

ABB. 5: VGA als Kapitalvermögen

Die Minderung der Einkommensteuerbelastung setzt jedoch eine Erhöhung der Gewerbesteuer- und Körperschaftsteuerbelastung voraus (§ 32d Abs. 2 Nr. 4 EStG für die Abgeltungsteuer und § 3 Nr. 40 Buchst. d Satz 2 EStG für das Teileinkünfteverfahren).

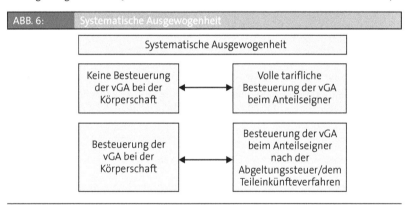

ABB. 6: Systematische Ausgewogenheit

PRAXISHINWEIS:

In den Gesellschaftsverträgen sollten für mehrgliedrige Kapitalgesellschaften für diese Fälle entsprechende Ausgleichsverpflichtungen vereinbart werden. Danach kann zwar die vGA nicht rückgängig gemacht werden, aber der eingetretene Vermögensabfluss aus gesellschaftsrechtlicher Veranlassung muss durch den Gesellschafter, der den Vermögensvorteil erhalten hat der Gesellschaft zurückgewährt werden. Der gesellschaftsrechtliche Vermögensabfluss fließt in die Gesellschaft gesellschaftsrechtlich veranlasst zurück und dies ist eine verdeckte Einlage.

> **MERKE:**
> Die Rückgewähr der vGA ist möglich, die Rückgängigmachung einer vGA ist hingegen nicht möglich. Bei der Rückgewähr der vGA handelt es sich regelmäßig um eine verdeckte Einlage.

Dieses Beispiel zeigt, dass der GmbH bei Annahme einer vGA Liquidität entzogen wird, während es beim Gesellschafter-Geschäftsführer zu positiven, nämlich regelmäßig einkommensmindernden Auswirkungen kommt, jedenfalls dann, wenn der Sachverhalt ohne Berücksichtigung einer vGA bereits der Einkommensteuer unterworfen wurde. Die vGA ist daher – isoliert für die GmbH betrachtet – eine körperschaftsteuerliche und gewerbesteuerliche Belastung, bedeutet aber grundsätzlich auch bei der Einkommensbesteuerung des Gesellschafters regelmäßig eine Entlastung der Einkommensteuer, soweit eine körperschaftsteuerliche Vorbelastung eingetreten ist. In der Summe der Steuerbelastungen auf der Ebene der Gesellschaft und der Ebene des Gesellschafters kommt es zu einer Steuerbelastung. die grundsätzlich einer Belastungswirkung der offenen den gesellschaftsrechtlichen Vorschriften entsprechende Gewinnausschüttung entspricht.

Grundsätzlich besteht zwischen offener und verdeckter Gewinnausschüttung keine unterschiedliche Steuerbelastung.

Die Steuermehrbelastung ergibt sich aus der

- erstmaligen Erfassung von Betriebseinnahmen bei einer verhinderten Vermögensmehrung bzw.
- der Versagung eines Betriebsausgabenabzugs bei einer Vermögensminderung.

(Einstweilen frei) 1248–1250

9.7.2 Praxisproblem: Änderbarkeit der ESt-Bescheide – noch korrigierbar?

9.7.2.1 Hinweise

Bis zur Einführung des § 32a KStG gab es grundsätzlich keine Korrespondenz zwischen dem Ansatz einer vGA oder einer verdeckten Einlage bei der Kapitalgesellschaft und bei ihren Anteilseignern. Vielmehr war die Frage, ob eine vGA oder eine verdeckte Einlage vorliegt, im Rahmen der Veranlagung der Kapitalgesellschaft und des Gesellschafters jeweils eigenständig zu prüfen.[1] Dies

1251

---

1 BFH v. 27.10.1992, BStBl 1993 II S. 569.

konnte für den Steuerpflichtigen sowohl Vor- als auch Nachteile haben. Nach der Einführung des § 32a KStG sind die Probleme nicht geringer geworden. Denn der auf der Erfassung einer vGA (§ 8 Abs. 3 Satz 2 KStG) beruhende Körperschaftsteuerbescheid einerseits und der Einkommensteuerbescheid andererseits, der auf der Ebene des Anteilseigners für die vGA Kapitaleinkünfte i. S. v. § 20 Abs. 1 Nr. 1 Satz 2 EStG bzw. § 8b Abs. 1 KStG in die Steuerfestsetzung einbezieht, stehen nicht im Verhältnis von Grundlagen- und Folgebescheid[1] gem. § 171 Abs. 10, § 175 Abs. 1 Satz 1 Nr. 1 AO.[2]

Vielmehr ist darüber in dem jeweiligen Besteuerungsverfahren selbständig zu entscheiden.[3]

Dies gilt auch nach Schaffung der Korrespondenzregelungen in § 32a, § 8b Abs. 1 Sätze 2 bis 4 KStG, § 3 Nr. 40 Satz 1 Buchst. d Sätze 2 und 3 EStG, jeweils i. d. F. des JStG 2007.[4]

1252 Wurde beispielsweise im Rahmen einer Außenprüfung bei der Kapitalgesellschaft eine vGA aufgedeckt und dementsprechend die Bemessungsgrundlage der Besteuerung erhöht, so rechtfertigte dies grundsätzlich keine Änderung des ESt-Bescheides des Gesellschafters. Eine Berücksichtigung des Systems im Rahmen der Einkommensteuerveranlagung des Gesellschafters war deshalb nur möglich, wenn der entsprechende Bescheid nach den allgemeinen Vorschriften der Abgabenordnung noch geändert werden konnte. Nach Ansicht der Finanzverwaltung kam bei dem Gesellschafter auf entsprechenden Vortrag hin allenfalls eine Festsetzung unter dem Vorbehalt der Nachprüfung (§ 164 AO) in Betracht. Eine in diesem Punkt vorläufige Veranlagung nach § 165 AO lehnte die Finanzverwaltung jedoch ab.[5]

BEISPIEL: ▶ Die Gesellschaft zahlt ihrem Gesellschafter-Geschäftsführer eine überhöhte Gesamtvergütung, die im Rahmen einer Außenprüfung bei der Gesellschaft auf den angemessenen Teil korrigiert wird. Beim Gesellschafter-Geschäftsführer ist der Einkommensteuerbescheid mit der vollen Besteuerung der überhöhten Vergütung bei den Einnahmen aus nichtselbständiger Tätigkeit nicht mehr änderbar. Das Verhältnis war „unausgewogen". Beim Gesellschafter-Geschäftsführer wurden keine

---

1 BFH v. 21.10.2014 - VIII R 31/12 (NV), NWB NAAAE-91056.
2 BFH v. 6.9.2011 - VIII R 55/10, BFH/NV 2012, S. 269; BFH v. 18.9.2012 - VIII R 9/09, BFHE 238, S. 512, BStBl 2013 II S. 149, m. w. N.
3 Vgl. BFH v. 24.3.1987 - I B 117/86, BFHE 149, S. 468, BStBl 1987 II S. 508; BFH v. 27.10.1992 - VIII R 41/89, BFHE 170, S. 1, BStBl 1993 II S. 569; *Gosch*, KStG § 8, Rz. 530.
4 BFH in BFHE 238, S. 512, BStBl 2013 II S. 149, m. w. N.; ebenso *Rengers* in Blümich, KStG § 32a, Rz. 35; *Lang* in Dötsch/Pung/Möhlenbrock, KStG § 32a, Rz. 8 ff.; zurückhaltender *Frotscher* in Frotscher/Maas, KStG § 32a, Rz. 1 und Rz. 14; a. A. *Briese*, BB 2006, S. 2110; diff. *Trossen*, DStR 2006, S. 2295.
5 BMF v. 29.9.2005, BStBl 2005 I S. 903.

Einnahmen aus Kapitalvermögen (es blieb bei der vollen Besteuerung nach § 19 EStG) berücksichtigt, aber bei der Gesellschaft wurde die vGA steuererhöhend berücksichtigt und damit der Gewerbe- und der Körperschaftsteuer unterworfen.

Andererseits stand dem Gesellschafter bei Vorliegen einer verdeckten Gewinnausschüttung das System (§ 3 Nr. 40d EStG) auch dann zu, wenn auf der Ebene der Gesellschaft eine Hinzurechnung der vGA nicht oder noch nicht erfolgt war. Auch hier war das Verhältnis unausgewogen, nur in diesem Fall zu Lasten des Fiskus. Dies ist grundsätzlich nicht mehr möglich. 1253

Vergleichbare Rechtsfolgen ergaben sich bis zur Einführung des § 32a KStG bei einer **verdeckten Einlage**. Auf der Ebene der Gesellschaft war eine verdeckte Einlage auch dann steuerneutral, wenn diese auf der Ebene des Anteilseigners zu einer Vermögensminderung geführt hat. 1254

BEISPIEL: Der Gesellschafter-Geschäftsführer zahlt für ein ihm ausgereichtes Darlehen überhöhte Zinsen. Soweit das Darlehen einkommensteuerlich der Einkünfteerzielung diente, wurden oftmals vom Finanzamt unbemerkt die (überhöhten) Aufwendungen abgezogen,[1] aber bei der Gesellschaft als verdeckte Einlage steuerneutral behandelt. Das Verhältnis war „unausgewogen". Beim Gesellschafter Geschäftsführer steuermindernd und bei der Gesellschaft nicht steuererhöhend. Diese „Unausgewogenheit" musste beseitigt werden.

(Einstweilen frei) 1255–1260

9.7.2.2 Die Änderungsnorm § 32a KStG

Durch das Jahressteuergesetz 2007 ist mit § 32a KStG eine formelle Verknüpfung von Gesellschafts- und Gesellschafterebene eingeführt worden, die zu einer korrespondierenden Erfassung verdeckter Gewinnausschüttungen und verdeckter Einlagen auf Gesellschafts- und Gesellschafterebene führen kann. 1261

▶ **Verdeckte Gewinnausschüttung und § 32a Abs. 1 KStG**

Die Vorschrift des § 32a Abs. 1 KStG bildet eine Rechtsgrundlage dafür, bei Aufdeckung einer verdeckten Gewinnausschüttung bei der Kapitalgesellschaft (Ausschüttungskörperschaft) auch den Steuerbescheid über die Steuer vom Einkommen des Anteilseigners ändern zu können. 1262

Die Vorschrift ermöglicht die Durchbrechung der formellen Bestandskraft. Es bleibt aber grundsätzlich bei der völligen Unabhängigkeit der Steuer vom Einkommen beim Anteilseigner und der Körperschaftsteuer auf der Ebene der Körperschaft.

---

[1] Siehe jedoch § 8 Abs. 3 Sätze 4 ff. KStG

Der aufgrund einer Erfassung der vGA ergangene Körperschaftsteuerbescheid ist für den die vGA erfassenden Einkommensteuerbescheid (bzw. Körperschaftsteuerbescheids) eines Anteilseigners kein Grundlagenbescheid. Dies gilt auch nach Schaffung der Korrespondenzregelungen in §§ 32a, 8b Abs. 1 Sätze 2 bis 4 KStG und § 3 Nr. 40 Satz 1 Buchst. d Sätze 2 und 3 EStG, jeweils i. d. F. des JStG 2007[1] und § 32d Abs. 4 EStG ab dem VZ 2011.

Nach Auffassung des BFH[2] ist das Finanzamt, das für die Einkommensbesteuerung zuständig ist, allein für die Beurteilung, ob eine vGA beim Gesellschafter vorliegt, zuständig. Bei der Besteuerung des Gesellschafters einer Körperschaft kann auch dann eine vGA zu berücksichtigen sein, wenn auf der Ebene der Ausschüttungskörperschaft noch keine verdeckte Gewinnausschüttung berücksichtigt wurde bzw. nie berücksichtigt wird.

Einigen sich der Steuerpflichtige (eine Kapitalgesellschaft in Insolvenz) und das Finanzamt allein aus dem Grunde einer ökonomischen Verfahrensbeendigung über eine Verminderung der ursprünglich angesetzten vGA mit der Folge, dass das Finanzamt seine Anmeldungen zur Insolvenztabelle entsprechend vermindert, so ist das für den Gesellschafter zuständige Finanzamt nicht aufgrund einer Ermessensreduzierung auf null nach § 32a Abs. 1 Satz 1 KStG zur entsprechenden Änderung der in der Insolvenztabelle angemeldeten Forderungen auf die Einkommensteuer verpflichtet. Die objektive Feststellungslast für die Voraussetzungen einer vGA obliegt dem Finanzamt. Spricht der festgestellte Sachverhalt dafür, dass die Tatbestandsvoraussetzungen einer verdeckten Gewinnausschüttung erfüllt sind, kann es allerdings Sache des Steuerpflichtigen sein, den dadurch gesetzten Anschein zu widerlegen.

---

1 JStG 2007 v. 13.12.2006, BGBl 2006 I S. 2878, BStBl 2007 I S. 28; BFH v. 18.9.2012 - VIII R 9/09, BFH/NV 2013, S. 278. Anschluss an BFH-Urteil v. 6.9.2011 - VIII R 55/10, BFH/NV 2012, S. 269, m. w. N.
2 BFH v. 24.6.2014 - VIII R 54/10, NWB RAAAE-72202.

9.7 Verdeckte Gewinnausschüttung

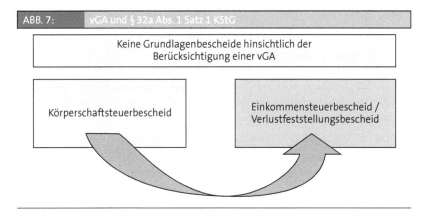

ABB. 7: vGA und § 32a Abs. 1 Satz 1 KStG

Das FG Berlin-Brandenburg[1] ist der nachvollziehbaren Auffassung, dass § 32a Abs. 1 Satz 1 KStG auch so zu verstehen ist, dass als Steuerbescheid i. S. d. Änderungsvorschrift nicht nur ein Körperschaftsteuerbescheid gilt, sondern auch ein gegenüber der GmbH ergangener Verlustfeststellungsbescheid.

1262a

Nach Auffassung des Gerichts steht der Anwendung des § 32a Abs. 1 KStG auch nicht entgegen, dass die Außenprüfung bei der Ausschüttungskörperschaft nur dazu geführt hat, dass der Verlustfeststellungsbescheid geändert wurde, während die festgesetzte Körperschaftsteuer unverändert bei null blieb.

Allerdings lässt der Wortlaut des § 32a Abs. 1 KStG auch die Auslegung zu, wonach eine Änderung des Einkommensteuerbescheids der Gesellschafter nur möglich ist, wenn der Körperschaftsteuerbescheid der Gesellschaft geändert wird, während es nicht genügt, wenn nur der Verlustfeststellungsbescheid geändert wird.[2]

Nach Auffassung des FG Berlin-Brandenburg ist § 32a Abs. 1 Satz 1 KStG aber so zu verstehen, dass als Steuerbescheid in dessen Sinn nicht nur der Körperschaftsteuerbescheid gilt, sondern auch der Verlustfeststellungsbescheid.

Dies folgt aus dem Sinn und Zweck der Regelung, die auf eine korrespondierende Besteuerung von vGA auf Gesellschafts- und Gesellschafterebene hinwirken soll. § 32a KStG ist damit vom Gesetzgeber im Ergebnis – unter Durch-

---
1 FG Berlin-Brandenburg v. 4.11.2014 – 6 K 6114/12, NWB HAAAE-86244.
2 So z. B. *Intemann* in Herrmann/Heuer/Raupach, KStG § 32a, Anm. 8; *Bauschatz* in Gosch, KStG § 32a, Rz. 17; a. A. *D. Pohl/Raupach*, FR 2007, S. 210; *C. Pohl*, DStR 2007, S. 1336.

brechung des Trennungsprinzips – auf die Kongruenz der Besteuerung der Ebenen der Gesellschaft bzw. des Anteilseigners angelegt.[1]

Dies rechtfertigt es auch, die Regelung des § 32a Abs. 1 Satz 1 KStG dahin gehend zu verstehen, dass auch die Änderung von Verlustfeststellungsbescheiden zur Körperschaftsteuer zur Anwendung des § 32a KStG führen, weil anderenfalls das gesetzgeberische Anliegen ohne sachliche Rechtfertigung nur teilweise umgesetzt wäre.

1262b Nach Auffassung des FG Hamburg[2] kann die Klagebefugnis gegen einen auf null lautenden Körperschaftsteuerbescheid nicht auf die Vorschrift des § 32a KStG gestützt werden. Zum einen trifft diese Vorschrift keine materiell-rechtliche Regelung, sondern hat ausschließlich verfahrensrechtliche Bedeutung. Zum anderen betrifft eine etwaige Änderung der Einkommensbesteuerung aufgrund einer verdeckten Gewinnausschüttung den Anteilseigner und nicht die Kapitalgesellschaft.

Die Finanzgerichte sind allerdings berechtigt, bei Prüfung der Rechtmäßigkeit eines infolge einer vGA gem. § 173 Abs. 1 Nr. 1 AO geänderten Einkommensteuerbescheids des Gesellschafters als Rechtsgrundlage für dessen Korrektur stattdessen die Regelung des § 32a Abs. 1 KStG heranzuziehen. Der Eintritt der Festsetzungsverjährung ist dann unter Anwendung der besonderen Ablaufhemmung gem. § 32a Abs. 1 Satz 2 KStG zu prüfen.[3] Die objektive Feststellungslast dafür, ob die Voraussetzungen einer vGA auch auf der Ebene des Gesellschafters vorliegen, trifft grundsätzlich das Finanzamt. Das betrifft sowohl das Vorliegen einer Vermögensminderung (verhinderten Vermögensmehrung) als auch die Frage nach der Veranlassung dieser Vermögensminderung (verhinderten Vermögensmehrung) durch das Gesellschaftsverhältnis auf der Ebene der Ausschüttungskörperschaft und den Zufluss beim Empfänger. Spricht der festgestellte Sachverhalt dafür, dass diese Tatbestandsvoraussetzungen erfüllt sind, kann es allerdings Sache des Gesellschafters sein, den dadurch gesetzten Anschein zu widerlegen.

1263 Andererseits kommen nach § 32d Abs. 2 Nr. 4 EStG bzw. § 3 Nr. 40d Satz 1 Buchst. d Satz 2 EStG die Anteilseigner, die der Einkommensteuer unterliegen und § 8b Abs. 1 Satz 2 KStG die Anteilseigner, die der Körperschaftsteuer unterliegen, nunmehr nur noch dann in den Genuss der Anwendung des Systems, wenn die vGA auf der Ebene der Kapitalgesellschaft nach § 8 Abs. 3 Satz 2 KStG

---

1 Vgl. BR-Drucks. 622/06, S. 62, 121 f.; BT-Drucks. 16/3368, S. 16, 21.
2 FG Hamburg v. 12.6.2014 – 3 K 189/13, NWB TAAAE-71238.
3 BFH, Beschluss v. 12.6.2018 - VIII R 38/14, NWB UAAAG-94179.

dem Unterschiedsbetrag nach § 4 Abs. 1 Satz 1 EStG tatsächlich hinzugerechnet worden ist.

▶ **Verdeckte Einlage und § 32a Abs. 2 KStG**

Nach § 32a Abs. 2 KStG kann der Steuerbescheid der Kapitalgesellschaft geändert werden, wenn bei dem Anteilseigner eine verdeckte Einlage aufgedeckt wird. Nach Auffassung des BFH[1] ist eine Bescheidänderung bei der Körperschaft nach § 32a Abs. 2 KStG nur bei Berücksichtigung von verdeckten Einlagen möglich. § 32a Abs. 2 KStG verlangt, dass gegenüber dem Gesellschafter ein Steuer- oder Feststellungsbescheid mit Rücksicht auf das Vorliegen einer verdeckten Einlage ergeht. Die Änderung eines Einkommensteuerbescheids des Gesellschafters wegen der Erfassung von Schwarzeinnahmen und nicht hinsichtlich der Berücksichtigung einer verdeckten Einlage kann folglich die Änderung der an die Gesellschaft gerichteten Körperschaft- bzw. Feststellungsbescheide nach § 32a Abs. 2 KStG nicht rechtfertigen. Das Trennungsprinzip wird durch § 32a Abs. 2 KStG zwar verfahrensrechtlich (punktuell) durchbrochen, nicht jedoch aufgehoben. Die Norm eröffnet danach nur die Möglichkeit, die materielle Rechtslage auch verfahrensrechtlich umzusetzen. Ob die materiell-rechtlichen Voraussetzungen einer verdeckten Einlage vorliegen, ist auf Gesellschaftsebene und Gesellschafterebene jeweils gesondert zu prüfen. 1264

Nach § 8 Abs. 3 Satz 3 ff. KStG ist die verdeckte Einlage auf der Ebene der Kapitalgesellschaft dann steuerneutral, wenn sie auf der Ebene des Gesellschafters nicht zu einer Minderung des Einkommens geführt hat. 1265

Bedeutung haben die Vorschriften nur dann, wenn bei mindestens einem der Beteiligten die Veranlagung bestandskräftig ist und nach den Vorschriften der Abgabenordnung nicht mehr geändert werden kann. 1266

Übersicht 1267

Feststellung einer vGA bei der Körperschaft	
Fall	Rechtsfolge
Bei der Kapitalgesellschaft wird der Körperschaftsteuerbescheid zur Korrektur des Einkommens nach § 8 Abs. 3 Satz 2 KStG geändert.	Nach § 32a Abs. 1 KStG **kann** der Steuerbescheid des Anteilseigners zur korrespondierenden Erfassung der vGA geändert werden.

---

1 BFH v. 11.9. 2018 - I R 59/16, BStBl 2019 II S. 368.

9. Der GmbH-Geschäftsführer im Einkommen- und Körperschaftsteuerrecht

Bei der Körperschaft hat sich die Vorteilsgewährung i. S. d. § 8 Abs. 3 Satz 2 KStG nicht auf den Unterschiedsbetrag i. S. d. § 4 Abs. 1 Satz 1 EStG ausgewirkt. Der Körperschaftsteuerbescheid kann nicht mehr geändert werden.	Nach § 32d Abs. 2 Nr. 4 EStG (Anteile sind im Privatvermögen) gilt für die Leistung nicht der Abgeltungssteuersatz und nach § 3 Nr. 40 Satz 1 Buchst. d Satz 2 EStG (Anteile sind nicht im Privatvermögen) sind beim Anteilseigner die Vorschriften des Teileinkünfteverfahrens auf die vGA nicht anzuwenden. Soweit die Voraussetzungen des § 20 Abs. 1 Satz 1 Nr. 1 Satz 2 EStG erfüllt sind, werden die Leistungen gleichwohl als Einnahmen aus Kapitalvermögen erfasst. **Hinweis:** Ist der Anteilseigner eine Körperschaft, entfällt nach § 8b Abs. 1 Satz 2 KStG die Nichtberücksichtigung des Beteiligungsertrages.
Feststellung einer verdeckten Einlage beim Anteilseigner	
Fall	Rechtsfolge
Beim Anteilseigner wird der Steuerbescheid zur Neutralisierung einer durch die Einlage eingetretenen Einkünfteminderung geändert.	Nach § 32a Abs. 2 KStG kann der Steuerbescheid der Körperschaft entsprechend geändert werden.
Beim Anteilseigner ist durch die verdeckte Einlage eine Einkünfteminderung eingetreten. Der Steuerbescheid kann nicht mehr geändert werden.	Nach § 8 Abs. 3 Satz 4 ff. KStG ist die verdeckte Einlage bei der Körperschaft nicht steuerneutral zu erfassen. Die Erfassung beim steuerlichen Einlagekonto nach § 27 KStG bleibt davon unberührt.

1268 § 8 Abs. 3 Satz 2 KStG wirkt sich nach § 7 GewStG auch auf die Gewerbesteuer aus, d. h. die vGA unterliegt der Körperschaftsteuer und der Gewerbesteuer. Da beide Steuern nicht als Betriebsausgaben abgezogen werden können, entfällt auf diese Steuern wiederum Körperschaftsteuer und Gewerbesteuer.

1269 **MERKE ZU § 32A KSTG:**

▶ Die Vorschrift des § 32a Abs. 1 Satz 1 KStG ist zwar im KStG angesiedelt, sie gilt aber nicht nur für Körperschaften, sondern auch – und das insbesondere – für na-

9.7 Verdeckte Gewinnausschüttung

türliche Personen als Anteilseigner. Sie stellt deshalb eine Rechtsgrundlage auch für die Änderung eines Einkommensteuerbescheides[1] dar. Nach dem Wortlaut der Vorschrift steht dem Finanzamt insofern grundsätzlich ein Ermessen zu. Wie der BFH aber bereits in seinem Beschluss vom 20.3.2009[2] geklärt hat, findet § 32a KStG auch auf die Änderung von Einkommensteuerbescheiden Anwendung.

▶ Gleichfalls geklärt wurde in diesem Beschluss, dass das der Finanzverwaltung grundsätzlich eingeräumte Ermessen in den Fällen des § 32a KStG regelmäßig auf null reduziert ist, wenn die Steuerfestsetzung für den Gesellschafter ohne die Änderung sachlich unrichtig wäre und daher jede andere Entscheidung als die der Änderung der unrichtigen Steuerfestsetzung als ermessenswidrig beurteilt werden müsste. Dies gilt entgegen der in der Literatur vertretenen Auffassung[3] sowohl bei einer Änderung der Einkommensteuer zu Gunsten als auch zu Ungunsten des Steuerpflichtigen. Trotz der Ermessensreduzierung auf null muss die Besteuerungsgrundlage vGA von dem für den Gesellschafter zuständigen Finanzamt selbständig ermittelt werden. Insbesondere wird die mögliche unterschiedliche Bewertung der vGA auf der Ebene der Körperschaft und auf der Ebene des Gesellschafters ein Problem bleiben.

▶ Der Veranlagungszeitraum, in dem sich die vGA auf der Ebene der Körperschaft nach § 8 Abs. 3 Satz 2 KStG auswirkt, und der Veranlagungszeitraum, in dem die vGA auf der Ebene des Gesellschafters zu erfassen ist, müssen nicht unbedingt deckungsgleich sein.

ABB. 8: Die drei Ebenen der verdeckten Gewinnausschüttung — 1270

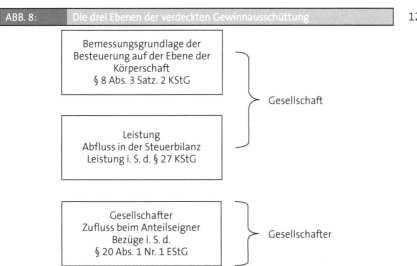

---

1 Vgl. auch BFH v. 29.8.2012 - VIII B 45/12, BStBl 2012 II S. 839.
2 BFH v. 20.3.2009 - VIII B 170/08, BFHE 224, S. 439, NWB AAAAD-19027.
3 Vgl. *Kohlhaas*, GmbHR 2010, S. 748, 751 f. und StBW 2011, S. 650, 655 ff.; *Neumann*, DStRE 2011, S. 689 f.

1271 Für eine Korrektur nach § 32a Abs. 1 KStG ist auf der Ebene der Körperschaft auf eine Korrektur nach § 8 Abs. 3 Satz 2 KStG abzustellen (**Ebene I**) und auf der Ebene des Anteilseigners auf den Zufluss der vGA (**Ebene III**). Auf den Zeitpunkt des Abflusses bei der Ausschüttungskörperschaft (**Ebene II**) kommt es nur bedingt an.

1272 ▶ Anwendungszeitraum

Nach § 34 Abs. 13b KStG ist die Vorschrift erstmals anzuwenden, wenn der Steuerbescheid der Körperschaft nach dem 18.12.2006 erlassen, aufgehoben oder geändert wird. Wird z. B. der Körperschaftsteuerbescheid der Kapitalgesellschaft für das Jahr 2005 im Jahr 2015 geändert, kann auch der Steuerbescheid des Anteilseigners, in dem die vGA berücksichtigt werden müsste, geändert werden. Es bestehen keine ernstlichen Zweifel an der Verfassungsmäßigkeit des § 32a KStG hinsichtlich der Änderung von Einkommensteuerfestsetzungen, die zum Zeitpunkt des Inkrafttretens der Regelung zwar bestandskräftig aber noch nicht festsetzungsverjährt waren.[1]

▶ Verdeckte Einlagen

Änderung des Körperschaftsteuerbescheids der Körperschaft, wenn bei einem Anteilseigner eine verdeckte Einlage festgestellt wird (§ 32a Abs. 2 KStG).

1273 Wird bei einem Anteilseigner wegen einer verdeckten Einlage ein Steuerbescheid erlassen, aufgehoben oder geändert, kann der Steuerbescheid der Körperschaft, der der Vermögensvorteil zugewendet wurde, entsprechend geändert werden.

1274 Problematisch an der Regelung ist, dass die Erfassung einer verdeckten Einlage auf der Ebene der Kapitalgesellschaft und des leistenden Gesellschafters unter Umständen zeitlich stark auseinander fallen kann. So wird z. B. bei einem Gesellschafter, der eine Beteiligung i. S. d. § 17 EStG hält, erst im Rahmen der Veräußerung der Anteile oder im Fall der Auflösung der Kapitalgesellschaft über das Vorliegen einer verdeckten Einlage entschieden.

1275 § 32a Abs. 2 KStG ist erstmals anzuwenden, wenn der Steuerbescheid des Gesellschafters nach dem 18.12.2006 erlassen, aufgehoben oder geändert wird (§ 34 Abs. 13c KStG in der Fassung bis einschließlich 2014).

BEACHTE:

Eine Neutralisierung der verdeckten Einlage auf Gesellschaftsebene setzt voraus, dass das Einkommen des Gesellschafters durch die verdeckte Einlage nicht gemindert worden ist (§ 8 Abs. 3 Satz 4 ff. KStG).

---

[1] BFH v. 29.8.2012 - VIII B 45/12, BStBl 2012 II S. 839.

9.7 Verdeckte Gewinnausschüttung

§ 32a KStG durchbricht nur die formelle Bestandskraft,[1] der Körperschaftsteuerbescheid ist kein Grundlagenbescheid für den Einkommensteuerbescheid. 1276

Wie der BFH bereits geklärt hat,[2] findet § 32a KStG auch auf die Änderung von Einkommensteuerbescheiden Anwendung. Gleichfalls geklärt wurde in diesem Beschluss, dass das der Finanzverwaltung eingeräumte Ermessen in den Fällen des § 32a KStG regelmäßig auf null reduziert ist, wenn die Steuerfestsetzung für den Gesellschafter ohne die Änderung sachlich unrichtig wäre und daher jede andere Entscheidung als die der Änderung der unrichtigen Steuerfestsetzung als ermessenswidrig beurteilt werden müsste. Dies gilt entgegen der von den Antragstellern und in der Literatur vertretenen Auffassung[3] sowohl bei einer Änderung der Einkommensteuer zu Gunsten als auch zu Ungunsten des Steuerpflichtigen.[4]

Problematisch scheint der Fall, wenn im Rahmen der Außenprüfung ein „**Gesamtpaket**" geschnürt wurde und die von der Außenprüfung angenommene „Angemessenheit" der Gesamtausstattung nicht der tatsächlichen (fremdüblichen) Angemessenheit entspricht. Dann kann es zu abweichenden Bewertungen der vGA auf der Ebene der Körperschaft und auf der Ebene des Anteilseigners kommen. Eine wünschenswerte Bindungswirkung für die Steuer vom Einkommen des Anteilseigners besteht jedenfalls nicht. 1277

Wenn dies jedoch nicht der Fall ist, sondern es sich lediglich um eine verfahrensrechtliche Änderungsmöglichkeit handelt (**Durchbrechung der formellen Bestandskraft**), hat sich an dem bisherigen grundsätzlich unbefriedigenden Zustand, dass sowohl das für die Körperschaft zuständige Finanzamt als auch das für den Anteilseigner zuständige Finanzamt eigenständig über den Grund und die Höhe der vGA entscheiden können (müssen), grundsätzlich nichts geändert. 1278

BEISPIEL: Im Rahmen der Außenprüfung bei der Ruben Lichtenberg GmbH stellt die Außenprüferin eine um 200.000 € überhöhte Gesamtausstattung des Gesellschafter-Geschäftsführers Ruben Lichtenberg fest. Bisher wurde die Gesamtausstattung i. H. v. 400.000 € gewinnmindernd berücksichtigt. Bei Ruben Lichtenberg wurde die

---

1 Siehe a. *Trossen*, DStR 2006, S. 2295.
2 BFH v. 20.3.2009 - VIII B 170/08, BFHE 224, S. 439, NWB AAAAD-19027.
3 Vgl. *Kohlhaas*, GmbHR 2010, S. 748, 751 f. und StBW 2011, S. 650, 655 f.; *Neumann*, DStRE 2011, S. 689 f.
4 BFH v. 29.8.2012 - VIII B 45/12, BStBl 2012 II S. 839.

9. Der GmbH-Geschäftsführer im Einkommen- und Körperschaftsteuerrecht

Gesamtausstattung als Einnahmen aus nichtselbständiger Tätigkeit i. S. d. § 19 EStG bestandskräftig der Einkommensteuer unterworfen.

Die Ermittlung der angemessenen Vergütung war Bestandteil eines „Gesamtpakets". Fremdüblich wäre eine Gesamtausstattung i. H. v. 300.000 € angemessen.

LÖSUNGSHINWEIS: ▶ Nach der Änderung des Körperschaftsteuerbescheids kann (korrespondierend) der Einkommensteuerbescheid nach § 32a Abs. 1 KStG geändert werden. Das für die Einkommensteuer zuständige Finanzamt ermittelt im Rahmen der Korrektur die angemessene Vergütung i. H. v. 300.000 €.

Wenn es sich lediglich um die Durchbrechung der formellen Bestandskraft handelt und der Körperschaftsteuerbescheid weiterhin keinen Grundlagenbescheid für den Einkommensteuerbescheid darstellt, kann und muss das für die Steuer vom Einkommen zuständige Finanzamt die vGA und damit die Einnahmen aus Kapitalvermögen nach § 20 EStG selbst ermitteln und auch zu abweichenden Ergebnissen kommen können. Gleiches gilt selbstverständlich, wenn die vGA wegen der Subsidiarität (§ 20 Abs. 8 EStG) bei einer anderen Einkunftsart berücksichtigt werden muss.

Der Änderungsbescheid zur Einkommensteuer umfasst nunmehr:

Einnahmen aus nichtselbständiger Tätigkeit

i. S. d. § 19 EStG i. H. v.   300.000 €

und

Einnahmen aus Kapitalvermögen

i. S. d. § 20 Abs. 1 Nr. 1 EStG i. H. v.   100.000 €

Auf die Einnahmen aus Kapitalvermögen i. S. d. § 20 Abs. 1 Nr. 1 EStG ist das System uneingeschränkt anzuwenden. Soweit sich die Anteile im Privatvermögen befinden, sind 25 % Abgeltungsteuer (§ 32d Abs. 1 EStG) zu entrichten. Falls die Voraussetzungen der Option nach § 32d Abs. 2 Nr. 3 EStG vorliegen, kann auf Antrag das Teileinkünfteverfahren (§ 3 Nr. 40 Buchst. d EStG) angewandt werden. Befinden sich die Anteile nicht im Privatvermögen, greift ohnehin das Teileinkünfteverfahren.

Die Quellensteuer (Lohnsteuer) ist, soweit die erforderlichen Voraussetzungen erfüllt sind, anzurechnen.

Die Festsetzungsfrist endet insoweit nicht vor Ablauf eines Jahres nach Unanfechtbarkeit des Steuerbescheids der Körperschaft (§ 32a Abs. 1 Satz 2 KStG).

▶ **Vor Anwendung des § 32a KStG müssen in jedem Fall die Korrekturvorschriften nach der AO geprüft werden, denn nur wenn keine Vorschriften der AO eine Änderung ermöglichen, ist eine Änderung nach § 32a KStG zu prüfen.**

1279   Vor der Anwendung des § 32a KStG gelten selbstverständlich die allgemeinen Korrekturvorschriften. Steht der ESt-Bescheid nach § 164 AO unter dem Vorbehalt der Nachprüfung, kann er im Rahmen des § 164 AO geändert werden. Gleiches gilt für § 165 AO.

Als in Frage kommende Änderungsvorschriften wären insbesondere zu prüfen: 1280

▶ **§ 175 AO**

Eine Korrektur nach § 175 Abs. 1 Satz 1 Nr. 1 AO kommt nicht in Betracht, da der KSt-Bescheid keinen Grundlagenbescheid für die Einkommensteuer darstellt.[1]

▶ **§ 174 AO**

§ 174 Abs. 1 und 2 AO liegen tatbestandlich nicht vor.

Der Geschäftsführer könnte gegen den KSt-Bescheid Einspruch einlegen und die Hinzuziehung gem. § 174 Abs. 5 AO zum Einspruchsverfahren der GmbH beantragen. Ist die festgestellte vGA bei der GmbH rechtens, wird der KSt-Bescheid nicht geändert; damit entfällt die Korrektur nach § 174 Abs. 4 Satz 1 AO.

▶ **§ 173 AO**

Es verbleibt als Korrekturnorm nur noch § 173 AO. Entscheidende Frage ist, ob ein „grobes Verschulden" i. S. d. § 173 Abs. 1 Satz 1 Nr. 2 AO gegeben ist. Bei Bejahung entfällt eine Änderung des ESt-Bescheids. Als „grobes Verschulden" hat ein Steuerpflichtiger Vorsatz und grobe Fahrlässigkeit zu vertreten.

Die Finanzverwaltung wird beim Geschäftsführer mindestens „grobe Fahrlässigkeit" annehmen, da er als Organ der GmbH (§ 35 GmbHG) auch für die steuerlichen Belange der GmbH grundsätzlich verantwortlich ist.

Der Geschäftsführer wird also im Regelfall keine Korrektur des ESt-Bescheides erwirken können. Etwas anderes gilt, wenn der ESt-Bescheid unter dem Vorbehalt der Nachprüfung (§ 164 AO) steht. Dann ist eine Korrektur grundsätzlich immer möglich.

(Einstweilen frei) 1281–1300

9.7.3 Private Nutzung eines betrieblichen Pkws und vGA

Grundsätzlich ist nach Auffassung der Verwaltung[2] und der Rechtsprechung[3] 1301
zwischen erlaubter vertraglich vereinbarter und unerlaubter nicht vertraglich vereinbarter oder einer vertraglichen Vereinbarung widersprechender Nutzung zu unterscheiden.

In jedem Fall ist darauf zu achten, dass die Behandlung bei der Gesellschaft zeitnah (monatlich!) erfolgt.

---

1 BFH v. 19.7.1993, BStBl 1993 II S. 897; FG Hamburg v. 10.8.1998, EFG 1999, S. 4.
2 BMF v. 3.4.2012, BStBl 2012 I S. 478.
3 U. a. BFH v. 21.3.2013 - VI R 31/10, BStBl 2013 II S. 700.

9. Der GmbH-Geschäftsführer im Einkommen- und Körperschaftsteuerrecht

1301a Die umsatzsteuerrechtliche Behandlung von unternehmerisch genutzten Fahrzeugen ist aus Sicht der Verwaltung in BMF-Schreiben[1] geregelt. Ergänzend hierzu siehe auch Verfügung der OFD Niedersachsen vom 28.2.2017.[2] Zur Besteuerung der Fahrten zwischen Wohnung und Arbeitsstätte eines Gesellschafter Geschäftsführers vergleiche auch BFH vom 5.6.2014.[3]

Das Bundesfinanzministerium[4] hat mehrere BMF-Schreiben zur lohnsteuerlichen Behandlung der Überlassung eines betrieblichen Kfz an Arbeitnehmer zusammengefasst und aktualisiert

1. Allgemeine Hinweise,

2. Pauschale Nutzungswertmethode,

3. Individuelle Nutzungswertmethode,

4. Wechsel der Bewertungsmethode,

5. Fahrergestellung,

6. Familienheimfahrten,

7. Leasing,

8. Nutzungsentgelt,

9. Zuzahlungen des Arbeitnehmers zu den Anschaffungskosten,

10. Elektromobilität,

11. Anwendungsregelungen.

HINWEIS:

Die OFD Niedersachsen[5] hat ihre Verfügung zur Überlassung eines Pkw durch eine Gesellschaft an ihren Gesellschafter-Geschäftsführer zur privaten Nutzung in aktualisierter Form herausgegeben.

▶ **Erlaubte vertraglich vereinbarte Privatnutzung**

1302 Die erlaubte vertraglich vereinbarte Nutzung stellt grundsätzlich Arbeitslohn beim Geschäftsführer dar. Eine vGA kann vorliegen bei Überschreiten der Angemessenheitsgrenze oder bei fehlender klarer und eindeutiger Vereinbarung der Nutzung im Anstellungsvertrag. Von einer vGA kann ausnahmsweise abge-

---

1 BMF v. 27.8.2004, BStBl 2004 I S. 864 und BMF v. 18.11.2009, BStBl 2009 I S. 1326.
2 OFD Niedersachsen v. 28.2.2017, UR 2017, S. 723 f.
3 BFH v. 5.6.2014 - XI R 2/12, BStBl 2015 II S. 785.
4 BMF v. 4.4.2018 - IV C 5 - S 2334/18/10001, BStBl 2018 I S. 592.
5 OFD Niedersachsen v. 28.2.2017, UR 2017, S. 723 f.

sehen werden, wenn die lohnsteuerlichen Konsequenzen gezogen worden sind.[1]

▶ **Unerlaubte Privatnutzung**

Die nicht vertraglich geregelte Privatnutzung stellt eine vGA dar. 1303

Der Lohnsteuersenat des BFH hat zwar mit Urteil vom 23.4.2009[2] entschieden, dass die unentgeltliche bzw. verbilligte Überlassung eines Dienstwagens durch eine GmbH an einen zu 65 % beteiligten Gesellschafter-Geschäftsführer, der den Pkw nach dem Anstellungsvertrag auch privat nutzen durfte, stets Sachlohn und **keine** verdeckte Gewinnausschüttung darstellt. Dies gelte selbst dann, wenn der Pkw ohne entsprechende Gestattung der Gesellschaft für private Zwecke genutzt wird und die „unbefugte" Nutzung ihre Ursache im Arbeitsverhältnis hat.

Das Gericht stellte darüber hinaus klar, dass es für die Frage, ob ein Gesellschafter-Geschäftsführer als Arbeitnehmer i. S. v. § 1 Abs. 2 Sätze 1 und 2 LStDV zu beurteilen sei, anders als im Sozialversicherungsrecht nicht darauf ankomme, in welchem Verhältnis er an der Kapitalgesellschaft beteiligt sei.

BFH-Urteil vom 23.1.2008 - I R 8/06 (Körperschaftsteuersenat) 1304

Eine vertragswidrige private Pkw-Nutzung durch den Gesellschafter-Geschäftsführer einer Kapitalgesellschaft stellt in Höhe der Vorteilsgewährung eine vGA dar. Der Vorteil ist nicht gem. § 6 Abs. 1 Nr. 4 Satz 2 EStG mit 1 % des Bruttolistenpreises, sondern nach Fremdvergleichsmaßstäben mit dem gemeinen Wert der Nutzungsüberlassung zzgl. eines angemessenen Gewinnaufschlags zu bewerten.[3]

Nach Auffassung der Verwaltung[4] ist nur diejenige Nutzung eines betrieblichen Kfz durch einen Gesellschafter-Geschäftsführer betrieblich veranlasst, welche durch eine fremdübliche Überlassungs- oder Nutzungsvereinbarung abgedeckt wird. Die ohne eine solche Vereinbarung erfolgende oder darüber hinausgehende oder einem ausdrücklichen Verbot widersprechende Nutzung ist hingegen durch das Gesellschaftsverhältnis zumindest mitveranlasst. Sie führt sowohl bei einem beherrschenden als auch bei einem nicht beherrschenden Gesellschafter-Geschäftsführer zu einer vGA.

---

1 Siehe a. Lohnsteuersenat des BFH v. 19.12.2003 - VI B281/01, BFH/NV 2004, S. 488.
2 BFH v. 23.4.2009 - VI R 81/06, NWB JAAAD-24104.
3 Bestätigung des BFH-Urteils v. 23.2.2005 - I R 70/04, BStBl 2005 II S. 882.
4 BMF v. 3.4.2012, BStBl 2012 I S. 478.

1305 Der BFH weicht damit nicht mehr grundsätzlich von der Auffassung der Finanzverwaltung ab, denn auch die Finanzverwaltung stellt nunmehr klar, dass die vGA bei der Kapitalgesellschaft mit der erzielbaren Vergütung[1] zu bemessen ist und nur im Ausnahmefall die 1 %-Regelung zur Bewertung herangezogen werden kann. Beim Gesellschafter-Geschäftsführer hingegen ist die vGA stets mit den Sachbezugswerten nach § 8 Abs. 2 EStG zu bewerten.[2] Dies auch oder insbesondere unter Berücksichtigung der Anwendung des § 32a Abs. 1 KStG. Beim Gesellschafter ist die vGA mit dem Vorteil den der Gesellschafter aus der gesellschaftsrechtlich veranlassten Nutzung eines betrieblichen Wirtschaftsguts zu bemessen.

Hier wird nochmals deutlich, dass die vGA zwar dem Grunde nach aber nicht zwingend der Höhe nach beim Anteilseigner übernommen werden muss. Es gibt keine Bindung zwischen den körperschaftsteuerlichen und den einkommensteuerlichen Feststellungen, weder dem Grunde noch der Höhe nach

1306 Nach Auffassung des Lohnsteuersenats kommt es bzgl. der Einschätzung der Ernsthaftigkeit des Privatnutzungsverbots darauf an, ob der Arbeitgeber die Einhaltung dieses Verbots auch tatsächlich überwacht.[3]

1307 **Skizze: Private Kfz Nutzung des Gesellschafter-Geschäftsführer**

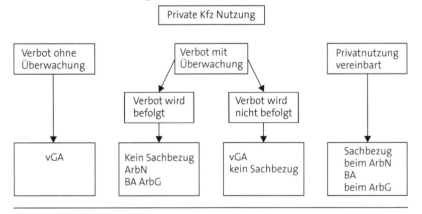

1308 Der Lohnsteuersenat des BFH[4] hat seine bisherige Rechtsprechung weiter entwickelt und nunmehr zur Anwendung der 1 %-Regelung entschieden, dass die

---

1 Siehe auch BFH v. 28.2.1990, BStBl 1990 II S. 649; H 8.6 (Nutzungsüberlassungen) KStH.
2 BMF v. 3.4.2012, BStBl 2012 I S 478.
3 BFH v. 7.11.2006 - VI R 19/05, GmbHR 2007, S. 110.
4 BFH v, 21.3.2013 - VI R 31/10, BStBl 2013 II S. 700.

unentgeltliche oder verbilligte Überlassung eines Fahrzeugs vom Arbeitgeber an den Arbeitnehmer zur privaten Nutzung auch dann zu einem steuerpflichtigen Vorteil führt, wenn der Arbeitnehmer das Fahrzeug tatsächlich nicht privat nutzt. Der Nutzungsvorteil bemisst sich nach der 1 %-Regelung soweit kein ordnungsgemäßes Fahrtenbuch geführt wird. Bisher wurde die tatsächliche private Nutzung lediglich vermutet. Die Vermutung konnte unter engen Voraussetzungen widerlegt werden. Diese Möglichkeit besteht nicht mehr.

Die Anwendung der 1 %-Regel auf der Grundlage des Bruttolistenneupreises ist verfassungsrechtlich unbedenklich.[1]

Bei Fahrzeugen mit Antrieb durch Elektromotoren oder Hybridelektrofahrzeug ist die Regelung des § 6 Abs. 1 Nr. 4 Satz 3 EStG i. d. F. des AmtshilfeRLUmsG;[2] ab dem 1.1.2013 anzuwenden. § 52 Abs. 16 Satz 11 EStG ist zu beachten.

HINWEIS AUF DIE AB DEM 1.1.2019 GELTENDEN NEUREGELUNGEN FÜR ELEKTROFAHRZEUGE:

- § 3 Nr. 37 EStG[3] – Steuerbefreiung für Vorteile aus der Überlassung von (Elektro-)Fahrrädern;
- steuerfrei sind vom Arbeitgeber zusätzlich zum ohnehin geschuldeten Arbeitslohn gewährte Vorteile für die Überlassung eines betrieblichen Fahrrads, das kein Kraftfahrzeug ist;
- Anwendung: ab 1.1.2019, letztmals für den VZ 2021;
- § 6 Abs. 1 Nr. 4 Satz 2 Nr. 2 EStG;[4]
- Herabsetzung der Besteuerung der privaten Nutzungsentnahme bei neu erworbenen oder geleasten Elektrofahrzeugen, Elektrofahrrädern (welche verkehrsrechtlich als Kraftfahrzeug einzuordnen sind) und extern aufladbaren Hybridelektrofahrzeugen.

In zwei weiteren Urteilen vom 21.3.2013[5] hat der BFH nochmals klargestellt, dass die 1 %-Regelung nur zur Anwendung komme, wenn feststehe, dass der Arbeitgeber dem Arbeitnehmer tatsächlich einen Dienstwagen zur privaten Nutzung arbeitsvertraglich oder doch zumindest auf Grundlage einer konkludent getroffenen Nutzungsvereinbarung überlassen hat. Die Überlassung eines Dienstwagens durch den Arbeitgeber an den Arbeitnehmer für dessen Pri-

---

1 BFH v. 13.12.2012 - VI R 51/11, BStBl 2013 II S. 385.
2 AmtshilfeRLUmsG v. 26.6.2013, BGBl 2013 I S. 1809.
3 § 3 Nr. 37 EStG eingefügt durch Gesetz zur Vermeidung von Umsatzsteuerausfällen beim Handel mit Waren im Internet und zur Änderung weiterer steuerlicher Vorschriften v. 11.12.2018, BGBl 2018 I S. 2338.
4 § 6 Abs. 1 Nr. 4 Satz 2 EStG geändert durch Gesetz zur Vermeidung von Umsatzsteuerausfällen beim Handel mit Waren im Internet und zur Änderung weiterer steuerlicher Vorschriften v. 11.12.2018. Anzuwenden ab 15.12.2018, BGBl 2018 I S. 2338.
5 BFH v. 21.3.2013 - VI R 46/11, BStBl 2013 II S. 1044 und VI R 42/12, BStBl 2013 II S. 918.

vatnutzung führt damit unabhängig von den tatsächlichen Nutzungsverhältnissen zu einer Bereicherung des Arbeitnehmers.[1] Denn der Vorteil aus der Nutzungsüberlassung umfasst das Zurverfügungstellen des Fahrzeugs selbst sowie die Übernahme sämtlicher damit verbundener Kosten wie Steuern, Versicherungsprämien, Reparatur-, Wartungs- und Treibstoffkosten und damit nutzungsabhängiger und -unabhängiger Kosten.

1308a Eine Überlassungs- oder Nutzungsvereinbarung kann auch durch eine – ggf. vom schriftlichen Anstellungsvertrag abweichende – mündliche oder konkludente Vereinbarung zwischen der Kapitalgesellschaft und dem Gesellschafter-Geschäftsführer erfolgen, wenn entsprechend dieser Vereinbarung tatsächlich verfahren wird.[2] Für einen außen stehenden Dritten muss dabei zweifelsfrei zu erkennen sein, dass das Kfz durch die Kapitalgesellschaft aufgrund einer entgeltlichen Vereinbarung mit dem Gesellschafter überlassen wird.

Erfolgt die Überlassung im Rahmen eines Arbeitsverhältnisses, muss die tatsächliche Durchführung der Vereinbarung – insbesondere durch zeitnahe Verbuchung des Lohnaufwands und Abführung der Lohnsteuer (und ggf. der Sozialversicherungsbeiträge) – durch die Kapitalgesellschaft nachgewiesen sein. Erfolgt die Überlassung nicht im Rahmen des Arbeitsverhältnisses, sondern im Rahmen eines entgeltlichen Überlassungsvertrags, muss auch hier die Durchführung der Vereinbarung – etwa durch die zeitnahe Belastung des Verrechnungskontos des Gesellschafter-Geschäftsführers – dokumentiert sein. Diese zeitnahe Nachweispflicht der tatsächlichen Durchführung der vertraglichen Vereinbarung gilt sowohl für den beherrschenden Gesellschafter als auch für den nicht beherrschenden Gesellschafter und **sollte unbedingt zur Vermeidung einer vGA beachtet werden.**

1309 Nach einer Entscheidung des FG Berlin-Brandenburg[3] lassen sich die bei der privaten Pkw-Nutzung möglicherweise auftretenden Probleme wie folgt konkretisieren:

▶ Die ohne eine Vereinbarung erfolgende oder darüber hinausgehende oder einem ausdrücklichen Verbot widersprechende (also unbefugte) Nutzung des betrieblichen Pkw durch den beherrschenden Gesellschafter-Geschäftsführer einer Kapitalgesellschaft hat keinen Lohncharakter und führt zu vGA.

---

1 BFH v. 21.3.2013 - VI R 31/10, BFHE 241, S. 167, BStBl 2013 II S. 700; VI R 46/11, BFHE 241, S. 175; VI R 42/12, BFHE 241, S. 180; v. 18.4.2013 - VI R 23/12, BFHE 241, S. 276, m.w.N.
2 BFH v. 24.1.1990 - I R 157/86, BStBl 1990 II S. 645.
3 Urteil v. 3.9.2013 – 6 K 6154/10, EFG 2013, S. 1955.

- ▶ Verdeckte Gewinnausschüttungen liegen auch dann vor, wenn ein Verbot der privaten Nutzung besteht, dieses aber von der Kapitalgesellschaft nicht überwacht und durchgesetzt wird.
- ▶ Nach der allgemeinen Lebenserfahrung nutzt ein Gesellschafter-Geschäftsführer ein ihm zur Verfügung stehendes Betriebs-Fahrzeug auch für private Fahrten. Dies gilt insbesondere, wenn es sich um ein repräsentatives Fahrzeug handelt und der Gesellschafter-Geschäftsführer über keinen weiteren privaten Pkw verfügt. Dieser Anscheinsbeweis kann z. B. durch ein ordnungsgemäßes Fahrtenbuch widerlegt werden.
- ▶ Die aktuelle Rechtsprechung des VI. Senats des BFH zur Kfz-Überlassung an Angestellte lässt sich auf einen alleinigen Gesellschafter-Geschäftsführer einer GmbH nicht übertragen.
- ▶ Die durch die Kraftfahrzeugüberlassung ausgelöste vGA ist nicht mit dem lohnsteuerrechtlichen Wert (1 % des Listenpreises des Fahrzeugs) zu bewerten. Der Vorteil ist vielmehr ausschließlich nach Fremdvergleichsmaßstäben zu bewerten, was in der Regel zum Ansatz des gemeinen Wertes führt und damit einen angemessenen Gewinnaufschlag einbezieht.
- ▶ Eine vGA nach § 8 Abs. 3 Satz 2 KStG wird außerhalb der Steuerbilanz hinzugerechnet und berührt daher keinen Bilanzansatz. Sie kann daher die Rechtsfolge des § 4 Abs. 2 Satz 2 EStG nicht herbeiführen.

Zusammenfassung der Anwendungsfälle Pkw-Nutzung Gesellschafter-Geschäftsführer

1310

- ▶ **Anstellungsvertrag mit eindeutiger Genehmigung zur Privatnutzung eines betrieblichen Pkw**

Es ist von einer Überlassung des Pkws im Rahmen eines Arbeitsverhältnisses auszugehen, d. h. es liegt regelmäßig steuerpflichtiger Arbeitslohn in Höhe des geldwerten Vorteils vor. Die Höhe bestimmt sich bei Anwendung der Vereinfachungsregel nach § 8 Abs. 2 Satz 2 i.V. m. § 6 Abs. 1 Nr. 4 Satz 2 EStG. Kann das Fahrzeug auch zu Fahrten zwischen Wohnung und Arbeitsstätte und/oder zu Familienheimfahrten genutzt werden, erhöht sich der geldwerte Vorteil entsprechend.

- ▶ **Anstellungsvertrag mit Verbot der privaten Nutzung**

Der Vertragswortlaut spricht gegen eine private Nutzung. Der Beweis des ersten Anscheins kann eine Tatsachenfeststellung nicht ersetzen.[1]

---

1 BFH v. 21.3.2013, BFH/NV 2013, S. 1302 und BFH v. 18.4.2013, BFH/NV 2013, S. 1316.

Wurde jedoch eine Überlassung zur Nutzung festgestellt, kann in dem vereinbarten Nutzungsverbot keine ernsthafte Vereinbarung gesehen werden. Liegt ggf. eine von dem Verbot abweichende mündliche/konkludente Vereinbarung vor, kann wieder ein geldwerter Vorteil und damit Arbeitslohn vorliegen. Fehlt es an einer entsprechenden Vereinbarung/tatsächlichen Übung liegt eine verdeckte Gewinnausschüttung vor, da die einem ausdrücklichen Verbot widersprechende Nutzung durch das Gesellschaftsverhältnis zumindest mit veranlasst ist.

Die Überwachung des Nutzungsverbots durch den Arbeitgeber erfolgt üblicherweise in Form eines ordnungsgemäß geführten Fahrtenbuchs.

Es kann keine private Nutzung angenommen werden, wenn nach den Umständen des Einzelfalls eine Privatnutzung unwahrscheinlich erscheint.

▶ **Anstellungsvertrag enthält keine eindeutige Regelung zu einer privaten Nutzung**

Unter Berücksichtigung der Umstände des Einzelfalls kann eine Überlassung zur privaten Nutzung vorliegen. Der Beweis des ersten Anscheins kann eine Tatsachenfeststellung nicht ersetzen.[1]

Unklare Vereinbarungen sind stets auslegungsfähig. Grundsätzlich erfolgt die Auslegung auf der Grundlage der tatsächlichen Übung. Die Deutung der unklaren Vereinbarung erfolgt damit anhand des gelebten Sachverhalts, nur hieraus lässt sich ableiten, wie die beteiligten Personen die Vereinbarung verstanden und einvernehmlich umgesetzt haben.

1311–1315 *(Einstweilen frei)*

9.7.4 Nahe stehenden Personen

1316 Die Grundsätze der vGA gelten aber nicht nur für Gesellschafter-Geschäftsführer, sondern auch für dem Gesellschafter nahe stehende Personen. Nach der Rechtsprechung[2] zählen zum Kreis der dem Gesellschafter nahe stehenden Personen sowohl natürliche als auch juristische Personen, unter Umständen auch Personenhandelsgesellschaften. Nach BFH vom 2.3.1988[3] können auch Ehegatten als nahe stehende Personen angesehen werden. Jedenfalls kann es nicht grundsätzlich ausgeschlossen werden.

---

1 BFH v. 21.3.2013, BFH/NV 2013, S. 1302 und BFH v. 18.4.2013, BFH/NV 2013, S. 1316.
2 BFH v. 1.10.1986, BStBl 1987 II S. 459.
3 BStBl 1988 II S. 786.

Zur Begründung des „Nahestehens" reicht jede Beziehung eines Gesellschafters der Kapitalgesellschaft zu einer anderen natürlichen oder juristischen Person aus, die den Schluss zulässt, sie habe die Vorteilszuwendung der Kapitalgesellschaft an die andere Person beeinflusst. 1317

Beziehungen, die ein Nahestehen begründen, können 1318
- familienrechtlicher,
- gesellschaftsrechtlicher,
- schuldrechtlicher oder auch
- rein tatsächlicher Art sein.[1]

(Einstweilen frei) 1319–1325

9.7.5 Wirksamkeitsvoraussetzungen des Anstellungsvertrages

Anstellungsvertrag muss zivilrechtlich wirksam sein

Gesellschaftsrechtlich kann jemand Geschäftsführer sein, der keinen Anstellungsvertrag hat, da man zivilrechtlich Geschäftsführer durch Bestellung und nicht durch Anstellung wird. Im Hinblick auf das Steuerrecht, aber auch auf das Erfordernis einer klaren und nachweisbaren Regelung empfiehlt sich jedenfalls immer der Abschluss eines **Anstellungsvertrages**. Zur Vermeidung einer vGA muss der Anstellungsvertrag zivilrechtlich wirksam sein. Zivilrechtliche Wirksamkeit bedeutet nicht unbedingt Schriftlichkeit. Theoretisch ist also auch ein mündlicher Anstellungsvertrag möglich. Für die Praxis ist aber im Hinblick auf eine Nachweisbarkeit unbedingt zu raten, den Anstellungsvertrag schriftlich abzuschließen. Bei mündlich abgeschlossenen Verträgen trägt insbesondere der beherrschende Gesellschafter das Risiko des Nachweises. Bei Alleingesellschaftern ist für einen wirksamen Vertragsschluss darüber hinaus eine satzungsmäßige Befreiung vom Verbot des Selbstkontrahierens (§ 181 BGB) erforderlich. 1326

Unbedingt beachtet werden muss, dass der Anstellungsvertrag auch tatsächlich durchgeführt wird, da andernfalls unterstellt wird, dass die schuldrechtliche Vereinbarung nicht ernsthaft gewollt ist und lediglich die gesellschaftsrechtlich veranlassten Leistungen verdecken soll. Dies bedeutet, dass insbesondere der Gesellschafter-Geschäftsführer eine vergütungsfähige Geschäftsführertätigkeit erbringen muss, die sich an den getroffenen Vereinbarungen orientiert.

---

1 BFH v. 18.12.1996, BStBl 1997 II S. 301.

Bei beherrschenden Gesellschafter-Geschäftsführern sind die Anforderungen an die zu treffenden Vereinbarungen besonders hoch. Beherrschender Gesellschafter ist, wer seinen Willen in der GmbH allein oder im Zusammenwirken mit anderen durchsetzen kann. Dies kann gegeben sein, wenn ein Gesellschafter über die Mehrheit der Stimmrechte verfügt oder aber auch wenn mehrere Gesellschafter gemeinsam über die Mehrheit der Stimmrechte verfügen und eine gleichgerichtete Interessenlage haben.

Die besonderen Anforderungen an Vereinbarungen mit beherrschenden Gesellschaftern sehen vor, dass insbesondere die Vergütungsvereinbarung vor Beginn des Wirtschaftsjahres, für das die Leistung erbracht wird, klar und eindeutig vereinbart sein muss. Das heißt, es besteht ein Rückwirkungsverbot. Besonders wichtig ist daneben, dass die Vereinbarungen mit dem beherrschenden Gesellschafter-Geschäftsführer auch tatsächlich durchgeführt werden müssen. Hieraus ergeben sich in der Praxis vor allem immer dann Probleme, wenn z. B. ein Gesellschafter-Geschäftsführer wegen finanzieller Schwierigkeiten der Gesellschaft zeitweise auf werthaltige Gehaltsforderungen für die Vergangenheit verzichtet.

Vertrag zwischen Geschäftsführer und Gesellschafterversammlung

1327   Zuständiger Vertragspartner für den Abschluss des Anstellungsvertrages ist die Gesamtheit der Gesellschafter (Gesellschafterversammlung) und der (künftige) Geschäftsführer. Nicht nur für den Abschluss, sondern auch für die Änderung des Anstellungsvertrages ist die Gesellschafterversammlung zuständig.[1] Die Finanzverwaltung hat mit BMF-Schreiben vom 16.5.1994[2] zu den Auswirkungen des o. g. BGH-Urteils Stellung genommen und bestimmt, dass keine vGA für vor dem 1.1.1996 gezahlte Beträge angenommen wird. Die betroffenen Gesellschaften bzw. Geschäftsführer hatten daher bis zum 31.12.1995 Zeit, den Anstellungsvertrag an die verschärften Anforderungen des BGH-Urteils vom 25.3.1991 anzupassen.

1328   Neben dem Beschluss der Gesellschafter ist auch – wie schon oben erwähnt – der Abschluss des Anstellungsvertrages erforderlich, wobei der Beschluss selbst den Vertragsabschluss beinhalten kann. Die Gesellschafter können einen bisher vorhandenen Geschäftsführer oder einen GmbH-Gesellschafter zum Vertragsabschluss bevollmächtigen.

---

1 BGH v. 25.3.1991, GmbHR 1991, S. 363.
2 BStBl 1994 I S. 868; s. a. *Grönwoldt*, DB 1996, S. 752.

▶ **Formulierungsbeispiel:**[1]
„Protokoll der Gesellschafterversammlung vom …: Die Gesellschafter beschließen einstimmig, mit dem Geschäftsführer Ruben Lichtenberg den als Anlage beigefügten Geschäftsführervertrag abzuschließen. Die Gesellschafter bevollmächtigen Nathalie Lichtenberg insoweit zum Abschluss des Vertrags mit Ruben Lichtenberg."
Der Geschäftsführervertrag wäre dann von Nathalie Lichtenberg und Ruben Lichtenberg zu unterzeichnen.

▶ **Schriftformklauseln**
Es besteht für den Abschluss und die Änderung des Anstellungsvertrages grundsätzlich kein Formzwang. Auch mündlich getroffene Vereinbarungen sind wirksam. In der Praxis enthalten jedoch viele Anstellungsverträge Schriftformklauseln, die diese grundsätzliche Formfreiheit beschränken. Hinsichtlich der Schriftformklauseln differenziert der BFH zwischen einfachen und qualifizierten.

1329

Die **einfache Schriftformklausel** lautet z. B.: „Änderungen und Ergänzungen des Vertrages bedürfen zur Rechtswirksamkeit der Schriftform." Diese Klausel ist mündlich abänderbar, weil davon auszugehen ist, dass die Vertragsparteien die Bindung an die Schriftform aufheben wollten.[2] Es liegt dann ggf. keine vGA vor.

1330

Anders ist es bei den sog. **qualifizierten Schriftformklauseln.** Eine solche Klausel hat zum Inhalt, dass die Änderung

1331

„Befreiung von der Schriftform durch mündliche Vereinbarung" unwirksam ist. Ein Anstellungsvertrag mit qualifizierter Schriftformklausel ist daher mündlich nicht änderbar.[3] Zwar kann auch eine sog. „qualifizierte Schriftformklausel", mündlich aufgehoben werden. Die vertragliche Aufhebung einer solchen Schriftformklausel setzt allerdings einen – zumindest konkludenten – Aufhebungswillen voraus.[4] Ein solcher Aufhebungswille muss feststellbar sein.[5]

▶ **Konkludenter Aufhebungswille**
Der BFH hatte einen Fall zu entscheiden, in dem u. a. bestimmt war, dass „Änderungen und Ergänzungen des Vertrages zu ihrer Rechtswirksamkeit der

1332

---

1 Nach *Schwedhelm*, GmbH-StB 1997, S. 144.
2 BFH v. 24.1.1990, BStBl 1990 II S. 645.
3 Siehe auch BFH v. 31.7.1991, BStBl 1991 II S. 933.
4 BFH v. 24.7.1996 - I R 115/95, BStBl 1997 II S. 138.
5 Vgl. FG Düsseldorf v. 3.2.2009 – 6 K 2686/07 K, G, EFG 2010, S. 1531; nachgehend: BFH v. 27.7.2009 - I B 45/09, BFH/NV 2009, S. 2005.

schriftlichen Vertragsform" bedurften. Mit Urteil vom 24.7.1996[1] hat er entschieden, dass die vertragliche Aufhebung einer solchen Schriftformklausel einen – zumindest konkludenten – Aufhebungswillen voraussetzt. Schwedhelm[2] ist der Auffassung, dass der BFH mit dieser Entscheidung seine bisherige Differenzierung hinsichtlich der einfachen bzw. qualifizierten Schriftformklausel aufgegeben hat. Meines Erachtens erscheint dies zumindest zweifelhaft, weil der BFH[3] ausführt, dass die Entscheidung des Finanzgerichts, wonach sich im Streitfall die Parteien des Anstellungsvertrages an die dort **vereinbarte Schriftformklausel** stets gebunden fühlten, revisionsrechtlich nicht zu beanstanden ist. Man wird daher die weitere BFH-Rechtsprechung dazu abzuwarten haben. Im Zweifel sollte man sich nicht durch qualifizierte Schriftformklauseln zusätzlich einengen.

Bei einer „Einpersonen-GmbH" sind fehlende schriftliche Dokumentationen über mündlich getroffene Vereinbarungen allein kein hinreichendes Indiz für das Fehlen klarer und eindeutiger Vereinbarungen, weil von einer solchen Dokumentation ohnehin nur diejenigen Personen erfahren würden, die am Abschluss der Vereinbarung beteiligt waren.[4] Allerdings ist bei einer „Einpersonen-GmbH" über mündliche Gesellschafterbeschlüsse nach § 35 Abs. 4 Satz 2 GmbHG umgehend nach der Beschlussfassung eine Niederschrift zu fertigen, die gem. § 48 Abs. 3 GmbHG der eigenhändigen Unterschrift des Gesellschafters bedarf.[5] Auch wenn ein Verstoß gegen das Dokumentationserfordernis oder die Unterzeichnungspflicht nach herrschender Meinung nicht zur zivilrechtlichen Unwirksamkeit des Gesellschafterbeschlusses führt[6] und daher nicht allein deshalb von einer vGA ausgegangen werden kann, dürfte dieser Verstoß gegen zivilrechtliche Erfordernisse zumindest ein gewichtiges Anzeichen gegen das Vorliegen einer eindeutigen Vorabvereinbarung sein.

PRAXISHINWEIS: VERZICHT AUF SCHRIFTFORMKLAUSEL BEI EINPERSONEN-GMBH

Einpersonen-Gesellschaften sollten auf Schriftformklauseln ganz verzichten, denn der Alleingesellschafter-Geschäftsführer der GmbH kann die Geschäfte der GmbH ganz in seinem Sinne lenken und braucht sich weder durch eine einfache noch durch eine qualifizierte Schriftformklausel unnötig einzuengen. Im Übrigen ist bei Einpersonen-GmbHs auf § 35 Abs. 4 GmbHG und § 48 Abs. 3 GmbHG zu achten (es ist die Änderung des Anstellungsvertrages zu unterscheiden von der Niederschrift). Rechtsgeschäfte zwi-

---

1 BFH v. 24.7.1996 - I R 115/95, BStBl 1997 II S. 138.
2 GmbH-StB 1997, S. 144 f.
3 BFH v. 24.7.1996 - I R 115/95, BStBl 1997 II S. 139.
4 Vgl. BFH v. 11.12.1991 - I R 49/90, BStBl 1992 II S. 434.
5 Nach *Staats* in Lippross/Seibel, Basiskommentar Steuerrecht, 114.1. Lfg. 8/2019, § 8 KStG.
6 Vgl. *Baumbach/Hueck*, GmbH-Gesetz, § 48 GmbHG Rz. 29 m.w.N.

9.7 Verdeckte Gewinnausschüttung

schen der Einpersonen-GmbH und dem Alleingesellschafter sind gem. § 35 Abs. 4 Satz 2 GmbHG unverzüglich nach ihrer Vornahme in eine Niederschrift aufzunehmen. Die fehlende Niederschrift führt zwar nach Auffassung der OFD Frankfurt/M.[1] nicht zu einer vGA, wird jedoch im Rahmen einer Gesamtwürdigung des Falles seitens der Finanzverwaltung negativ gewertet. Nach Auffassung des FG Hamburg müssen die Niederschriften im Original aufbewahrt werden, Fotokopien reichen nicht aus.[2]

Skizze:

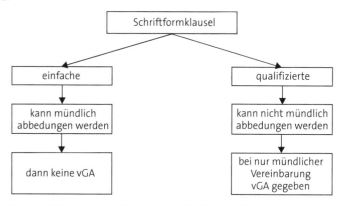

Weiterhin bedarf es nach der Rechtsprechung bei einem beherrschenden Gesellschafter neben der **zivilrechtlichen Wirksamkeit** einer klaren und im Voraus abgeschlossenen Vereinbarung. Fehlt diese, so ist der betreffende Sachverhalt als vGA zu werten.

1333

> **BEISPIEL:** Ruben Lichtenberg ist beherrschender Gesellschafter-Geschäftsführer der Ruben Lichtenberg-GmbH. Im August 2018 stellt er fest, dass die Gewinnsituation im Jahr 2018 für die GmbH sehr günstig ist. Er trifft mit der GmbH eine Vereinbarung, dass er rückwirkend ab 1.1.2018 eine monatliche Vergütungserhöhung von 1.000 € erhält. Er lässt sich die restlichen ausstehenden 8.000 € unter Einbehalt und Abzug der darauf entfallenen Lohnsteuer auf sein Privatkonto überweisen.

Zivilrechtlich ist eine **rückwirkende Vereinbarung** möglich. Steuerrechtlich ist eine solche jedoch nicht anzuerkennen, da nur Vereinbarungen, die im Voraus klar und eindeutig abgeschlossen worden sind, steuerliche Wirksamkeit entfalten. Es bestünde sonst nach Auffassung des BFH[3] wegen des fehlenden Interessengegensatzes zwischen der Gesellschaft und dem beherrschenden Gesell-

1334

---

1 Verfügung v. 26.4.1994, KSt-Kartei OFD-Ffm, § 8 KStG Karte B 9.
2 FG Hamburg v. 8.11.1990, EFG 1991, S. 564.
3 BFH v. 2.2.1994, BStBl 1994 II S. 479.

schafter die Möglichkeit, den Gewinn der Gesellschaft mehr oder weniger beliebig festzusetzen und ihn zugunsten des Gesellschafters und zuungunsten der Gesellschaft zu beeinflussen.

1335–1340   *(Einstweilen frei)*

9.7.6 Höhe der Gesamtausstattung und die regelmäßige Zahlung

Literatur: *Böth*, Die Angemessenheitsprüfung bei Gesellschafter-Geschäftsführer-Vergütungen, StBp 2002, S. 134; *Zimmermann*, Prüfung der Angemessenheit der Vergütung von (Gesellschafter-)Geschäftsführern in kleineren GmbHs, GmbHR 2002, S. 353; *Janssen*, Angemessenheit der Gesamtvergütung von Gesellschafter-Geschäftsführern, DStZ 2007, S. 483; *Rath/Zimmers*, Gehaltsgradmesser 2009, GmbH-Steuerpraxis 2009, S. 10.

1341   Die Zahlung einer unangemessen hohen Gesamtausstattung stellt eine vGA dar. Für die Frage, was eine **angemessene Gesamtausstattung** ist, gibt es **keine festen Regeln**. Solche festen Regeln kann es auch nicht geben, da die Bemessung der Gesamtausstattung von Branche zu Branche völlig unterschiedlich ist.

Nach Ansicht des FG Berlin-Brandenburg müssen das Finanzamt und ihm folgend das Finanzgericht im Wege der Schätzung beurteilen,[1] ob und inwieweit die im konkreten Einzelfall zu beurteilende Vergütung des Gesellschafter-Geschäftsführers einer GmbH einem Fremdvergleich standhält. Bei der Ermittlung der angemessenen Gesamtvergütung der Höhe nach handelt es sich um eine Schätzung, für die es keine festen Grenzen gibt; erforderlich ist daher eine Gesamtwürdigung aller Umstände des konkreten Einzelfalles.

Unangemessen im Sinne einer vGA sind nur die Bezüge, die den oberen Rand der Bandbreite angemessener Vergütungen übersteigen. Die in einem externen Fremdvergleich ermittelte Angemessenheit der Geschäftsführervergütung bezieht sich regelmäßig auf die Gesamtgeschäftsführung. Bei Bestellung mehrerer Geschäftsführer müssen deswegen ggf. entsprechende Vergütungsabschläge gemacht werden, auch wenn die Geschäftsführer sich zwar die Aufgabengebiete geteilt haben, jedoch jeder von ihnen die Gesamtverantwortung getragen hat.

Bei zwei Geschäftsführern erscheint ein Abschlag von jeweils 25 % von der für die Gesamtgeschäftsführung angemessenen Vergütung jedenfalls nicht als zu hoch.

---

1 FG Berlin-Brandenburg v. 12.12.2007 - 12 K 8396/05 B, EFG 2010, S. 517.

Es kommt damit immer auf die besonderen **Umstände des Einzelfalles** an.

Anhaltspunkte gibt es allerdings durch verschiedene Gehaltsstudien für Geschäftsführer (z. B. BBE-Dokumentation „Welche Vergütungen GmbH-Geschäftsführer erhalten"). Bei der Bemessung der Gesamtausstattung kann man als allgemeine Grundregel sagen, dass der Geschäftsführer bei seiner Vergütung auf Angemessenheit achten sollte. Es ist zwar nicht zu verkennen, dass der Geschäftsführer mehr Verantwortung hat als ein Angestellter der GmbH und er die Verantwortung in rechtlicher und wirtschaftlicher Hinsicht für die Gesellschaft hat. Dies darf jedoch nicht dazu führen, dass der Geschäftsführer sich exorbitante Vergütungen zuweist, die den Geschäftsrahmen der GmbH völlig sprengen. Häufig ist auch in der Praxis – nach der BFH-Rechtsprechung – die Tendenz zu beobachten, dass die Geschäftsführervergütungen jedes Jahr steigen und es der GmbH im Gegensatz dazu finanziell immer schlechter geht.

Die Summe der Vorteile – die Gesamtausstattung –, die eine Kapitalgesellschaft einem Geschäftsführer, der in einem Näheverhältnis zu einem ihrer Gesellschafter steht, zahlt, kann eine vGA sein. Das ist der Fall, wenn die Gesamtausstattung – dem Grunde und/oder der Höhe nach – nicht dem entspricht, was ein ordentlicher und gewissenhafter Geschäftsleiter der Kapitalgesellschaft deren Geschäftsführer als Tätigkeitsentgelt zuwenden würde. Der nicht an der Kapitalgesellschaft beteiligte Geschäftsführer, der einem Gesellschafter aber nahesteht, ist insoweit für die Prüfung der Angemessenheit der Gesamtausstattung einem Gesellschafter-Geschäftsführer gleichzustellen.[1] 1341a

Bei Mehrfach-Geschäftsführung ist eine zusätzliche Geschäftsführertätigkeit bei der Bestimmung des angemessenen Gehalts i. d. R. vergütungsmindernd zu berücksichtigen.[2] Nach Auffassung des BFH bezieht sich die – im Rahmen eines externen Fremdvergleichs ermittelte – Angemessenheit der Geschäftsführervergütung regelmäßig auf die Gesamtgeschäftsführung. Danach sind bei Bestellung mehrerer Gesellschafter-Geschäftsführer insbesondere bei sog. kleineren GmbH ggf. Vergütungsabschläge vorzunehmen, die auch von den Unterschieden in den Aufgabenstellungen abhängen können. 1341b

Bei der dem Finanzgericht im Rahmen der vGA-Prüfung obliegenden Feststellung der Angemessenheit der Gesamtausstattung kann es bei Vorhandensein mehrerer Gesellschafter-Geschäftsführer sachgerecht sein, einen für die Ge-

---

1 Vgl. u. a. BFH v. 4.6.2003 - I R 24/02, BFHE 202, S. 494, BStBl 2004 II S. 136.
2 Vgl. hierzu FG des Saarland v. 26.1.2011 – 1 K 1509/07, NWB BAAAD-87571; BFH v. 9.10.2013 - I B 100/12, NWB HAAAE-52223 sowie BFH v. 15.12.2004 - I R 61/03, NWB EAAAB-52794.

samtgeschäftsführung ermittelten Wert im Ausgangspunkt durch die Zahl der Geschäftsführer zu dividieren. Das gilt namentlich dann, wenn die Gesellschaft in oder nahe der Verlustzone operiert.[1]

Eine neben der Geschäftsführungstätigkeit ausgeübte **Nebentätigkeit** muss im Anstellungsvertrag dem Grunde und dem Umfang nach vereinbart werden.

1342 *Niehues*[2] teilt die **Vergütungen der Geschäftsführer in drei Klassen** ein:

▶ Geschäftsführervergütungen, die sich an Arbeitnehmerentlohnungen orientieren,

▶ Geschäftsführervergütungen, die sich an Durchschnittsgehältern orientieren,

▶ Geschäftsführervergütungen, die sich am Erfolg orientieren.

1343 Er empfiehlt: Die Geschäftsführer der ersten Gruppe, die sich ähnlich wie Arbeitnehmer nach **Zeitaufwand** bezahlen lassen, sollten konsequent sein und nicht geschäftsführerspezifische Gehaltsbestandteile vereinbaren. Die Geschäftsführer der zweiten Gruppe, die ein durchschnittliches Unternehmen führen, sollten sich an den per Gehaltsumfragen ermittelten **Durchschnittsvergütungen** orientieren. Bei der dritten Gruppe, den erfolgsorientierten Geschäftsführern, sei die Gesamtvergütung im Wesentlichen von der **Tantieme** abhängig.

1344 Die OFD Karlsruhe[3] hat bereits im Jahr 2009 eine Tabelle zur Prüfung der Angemessenheit der Gesamtausstattung von Gesellschafter-Geschäftsführern von Kapitalgesellschaften erstellt. Diese Tabelle wurde seinerzeit auch in der Fachliteratur veröffentlicht. In der Praxis hat sich diese Tabelle bewährt. Sie bietet einen Orientierungsmaßstab sowohl für die Finanzämter als auch für die Angehörigen der steuerberatenden Berufe und trägt damit zur Rechtssicherheit im Besteuerungsverfahren von Körperschaften bei. Dies gilt unabhängig davon, dass zur Prüfung der Angemessenheit der Geschäftsführerbezüge in streitigen Einzelfällen die Heranziehung einer ausführlicheren Gehaltsstrukturuntersuchung erforderlich sein kann.

1345 Die allgemeinen Regelungen für die Angemessenheitsprüfung und zur Anwendung der Tabelle sind dem BMF-Schreiben vom 14.10.2002 zu entnehmen.[4]

---

1 BFH v. 9.2.2011 - I B 111/10, BFH/NV 2011, S. 1396.
2 DStR 1997, S. 1157.
3 OFD Karlsruhe v. 3.4.2009 – S 2742/84 – St 221.
4 BStBl 2002 I S. 972.

Die in der Verfügung der OFD Karlsruhe genannten Zahlen beruhen auf Auswertungen offizieller Geschäftsführer-Vergleichsstudien[1] und zusätzlich aus eigenem finanzamtsinternem statistischem Material. Die **Geschäftsführerbezüge** bestehen im Allgemeinen aus **mehreren Bestandteilen**. In die Beurteilung der Angemessenheit werden **alle** Bestandteile einbezogen. Insbesondere sind dies: 1346

▶ das Festgehalt,

▶ zusätzliche feste jährliche Einmalzahlungen (z. B. Urlaubsgeld, Weihnachtsgeld),

▶ variable Gehaltsbestandteile (Tantieme, Gratifikationen usw.),

▶ Pensionszusagen (fiktive Jahresnettoprämie),

▶ Sachbezüge (z. B. Fahrzeugüberlassung, private Telefonnutzung).

Die Gesamtausstattung, d. h. die Summe der einzelnen Vergütungsbestandteile müssen angemessen sein. Auch wenn die Ausstattung insgesamt angemessen ist, können einzelne Bestandteile unangemessen sein. Ein Ausgleich zwischen einzelnen Bestandteilen ist insoweit regelmäßig nicht möglich. Zur Angemessenheit vgl. auch FG Münster vom 11.12.2012,[2] nachfolgend BFH.[3] Die Annahme einer VGA kann nicht ausgeschlossen werden, wenn die unangemessene Vergütung der Zustimmung eines bei einer GmbH gesellschaftsvertraglich errichteten und jederzeit auflösbaren Beirats bedarf. 1347

Die vom BFH im Zusammenhang mit den Bezügen eines die AG beherrschenden Vorstands aufgestellten (strengeren) Grundsätze zur Beurteilung einer gesellschaftsrechtlichen Veranlassung von Leistungsbeziehungen sind nicht auf die Rechtsbeziehungen zwischen einer GmbH mit Beirat zu übertragen, auch wenn der Beirat für die Bemessung der Geschäftsführer-Gehälter allein zuständig ist.

Beurteilungskriterien für die Angemessenheit der Gesamtausstattung sind u. a. Art und Umfang der Tätigkeit.

Ausschlaggebend für die Höhe der Bezüge eines Geschäftsführers ist vor allem die Größe des Unternehmens, wobei auf die Zahl der Beschäftigten und die Höhe des Umsatzes abzustellen ist. Zudem spielt auch die jeweilige Branche eine bestimmende Rolle für die Höhe eines angemessenen Gehalts. Sind mehrere Geschäftsführer bestellt, wird eine sachgerechte Kürzung erforderlich, wo- 1347a

---

1 *Kienbaum*, BBE-Unternehmensberatung.
2 FG Münster v. 11.12.2012 – 13 K 125/09, NWB LAAAE-32462.
3 BFH v. 22.10.2015 - IV R 7/13, BStBl 2016 II S. 219.

bei jedoch nicht zwingend durch die Anzahl der Geschäftsführer zu dividieren ist.[1]

1348 **Beurteilungskriterien für die Angemessenheit** sind insbesondere:
- ▶ Art und Umfang der Tätigkeit,
- ▶ die künftigen Ertragsaussichten des Unternehmens,
- ▶ das Verhältnis des Geschäftsführergehaltes zum Gesamtgewinn und zur verbleibenden Kapitalverzinsung sowie
- ▶ Art und Höhe der Vergütungen, die gleichartige Betriebe an Geschäftsführer für entsprechende Leistungen gewähren.

1349 Art und Umfang der Tätigkeit werden vorrangig durch die **Größe des Unternehmens** bestimmt. Je größer ein Unternehmen ist, desto höher kann das angemessene Gehalt des Geschäftsführers liegen, da mit der Größe eines Unternehmens auch Arbeitseinsatz, Anforderung und Verantwortung steigen.[2] Die Unternehmensgröße ist vorrangig anhand der Umsatzhöhe und der Beschäftigtenzahl zu bestimmen.

1350 Der Nachweis wird für das Finanzamt damit leichter: Liegt das Gehalt am oberen Ende der Tabelle der OFD Karlsruhe oder darüber, hat das Finanzamt bereits seinen Nachweis erbracht, dass ein nicht angemessenes Gehalt vorliegt.

1351 Grundsätzlich gilt die Verfügung im OFD-Bezirk Karlsruhe, faktisch ist sie jedoch abgelöst worden durch das **BMF-Schreiben vom 14.10.2002**,[3] das auf den Einzelfall abstellt und auf betragsmäßige Unter- oder Obergrenzen verzichtet.

Nach dem BMF-Schreiben ergibt sich Folgendes:

Prüfungsschema für die Angemessenheit der Gesamtausstattung eines Gesellschafter-Geschäftsführers:

1. Schritt: Überprüfung der einzelnen Gehaltsbestandteile (z. B. Tantieme, Pensionszusage u. a.), ob sie dem **Grunde** nach durch das Gesellschaftsverhältnis veranlasst sind.

2. Schritt: Überprüfung der verbleibenden Gehaltsbestandteile, ob sie der **Höhe** nach durch das Gesellschaftsverhältnis veranlasst sind.

---

1 BFH v. 9.2.2011 - I B 111/10, BFH/NV 2011, S. 1396.
2 Vgl. z. B. *Tänzer*, GmbHR 2000, S. 596.
3 BStBl 2002 I S. 972.

3. Schritt: Überprüfung der verbleibenden (nicht durch das Gesellschaftsverhältnis veranlassten) Vergütung, ob sie in der Summe als angemessen angesehen werden kann.

Kritisch zur Festlegung von Gehaltsobergrenzen ist das FG Baden-Württemberg in seinem Urteil vom 8.3.2001.[1]

1352

Im dritten Leitsatz führt es aus:

„Die Finanzverwaltung ist nicht befugt, durch eine allgemeine Verfügung für die Gehälter eines Gesellschafter-Geschäftsführers eine absolute Obergrenze ohne Berücksichtigung des Einzelfalles festzulegen."

Der BFH hat zur Objektivierung der Frage, ob eine vGA vorliegt, die Rechtsfigur des ordentlichen und gewissenhaften Geschäftsleiters kreiert.[2] In seiner Entscheidung vom 17.5.1995[3] hat er jedoch diesen Ansatz insofern modifiziert, als er daneben einen Fremdvergleich fordert, weil der ordentliche und gewissenhafte Geschäftsleiter grundsätzlich jeder Vereinbarung zustimmt, die für die Kapitalgesellschaft vorteilhaft ist. Der Fremdvergleich erfordere daher auch die Einbeziehung der Interessen des Vertragspartners.[4] Nach Auffassung des BFH sei daher der Maßstab des Handels eines ordentlichen und gewissenhaften Geschäftsführers nur ein Teilaspekt des Fremdvergleichs. Meines Erachtens hilft diese Denkfigur des ordentlichen und gewissenhaften Geschäftsleiters zur Lösung der Probleme nicht weiter, weil sie den Umständen des Einzelfalles häufig nicht gerecht wird.

1353

Der BFH gelangt hinsichtlich des vorstehenden Sachverhalts in seinem Urteil vom 27.2.2003[5] zu folgender Differenzierung:

1354

1. Verspricht eine Kapitalgesellschaft ihrem Gesellschafter-Geschäftsführer eine Gewinntantieme, so führt dies zu einer vGA, soweit die Gesamtausstattung des Gesellschafter-Geschäftsführers unter Berücksichtigung der Tantiemeleistungen unangemessen hoch ist.

2. Die Angemessenheit der Gesamtausstattung eines Gesellschafter-Geschäftsführers muss grundsätzlich anhand derjenigen Umstände und Erwägungen beurteilt werden, die im Zeitpunkt der Gehaltsvereinbarung vorgelegen haben und angestellt worden sind.

---

1 EFG 2001, S. 851.
2 BFH v. 16.3.1967, BStBl 1967 III S. 626; BFH v. 2.2.1994, BStBl 1994 II S. 479.
3 BStBl 1996 II S. 204.
4 Siehe a. *Wassermeyer*, DB 1994, S. 1105.
5 BFH v. 27.2.2003 - I R 46/01, BStBl 2004 II S. 132.

3. Die Höhe der angemessenen Bezüge ist im Einzelfall durch Schätzung zu ermitteln. Dabei ist zu berücksichtigen, dass der Bereich des Angemessenen sich auf eine Bandbreite von Beträgen erstrecken kann. Unangemessen sind nur diejenigen Bezüge, die den oberen Rand dieser Bandbreite übersteigen.

4. Die Entscheidung darüber, wie ein ordentlicher Geschäftsleiter eine gewinnabhängige Vergütung bemessen und ggf. nach oben begrenzt hätte, obliegt im gerichtlichen Verfahren grundsätzlich dem FG. Dessen Würdigung ist im Revisionsverfahren nur eingeschränkt überprüfbar.

5. Steht im Zeitpunkt des Vertragsschlusses ein sprunghafter Gewinnanstieg ernsthaft im Raum, so kann es bei Vereinbarung einer gewinnabhängigen Vergütung geboten sein, diese auf einen bestimmten Höchstbetrag zu begrenzen.

6. Arbeitet ein Gesellschafter-Geschäftsführer zusätzlich für weitere Unternehmen, so ist dies bei der Bestimmung des angemessenen Gehalts i. d. R. mindernd zu berücksichtigen.

7. Ist die Gesamtausstattung eines Gesellschafter-Geschäftsführers angemessen, so muss nicht schon deshalb eine vGA vorliegen, weil die Vergütung zu mehr als 25 % aus variablen Anteilen besteht.

1355 Liegt die Gesamtausstattung der zwei hälftig beteiligten Geschäftsführer einer GmbH innerhalb der Bandbreite von Fremdvergleichswerten und verbleibt der GmbH nach Abzug der gezahlten Geschäftsführervergütungen ein angemessener Gewinn beziehungsweise eine angemessene Kapitalausstattung, kann eine vGA nicht mit einer sog. Gewinnabsaugung durch überhöhte Geschäftsführerbezüge begründet werden. Die Ansicht des FA, dass der Kapitalgesellschaft nach Abzug der Geschäftsführervergütung mindestens ein Gewinn (vor Ertragsteuern) in Höhe der gezahlten Geschäftsführervergütung verbleiben müsse und dass die darüber hinausgehenden Beträge als vGA zu qualifizieren seien, ist nicht haltbar und im Übrigen auch nicht durch den Wortlaut des BMF-Schreibens vom 14.10.2002[1] gedeckt.[2]

1356 *Böth*[3] kommt zu folgenden **zusammenfassenden Ergebnissen**:

„1. Für die Beurteilung der Angemessenheit der Bezüge eines Gesellschafter-Geschäftsführers gibt es keine festen Regeln. Die obere Grenze ist im Einzelfall

---

1 BStBl 2002 I S. 972.
2 So auch FG Berlin-Brandenburg v. 16.1.2008 – 12 K 8312/04 B, NWB ZAAAC-73815; Sächsisches FG v. 14.11.2013 – 6 K 701/12, NWB YAAAE-50512.
3 StBp 2002, S. 134, 142.

durch Schätzung zu ermitteln. Innerbetriebliche und außerbetriebliche Merkmale können einen Anhaltspunkt für die Schätzung bieten.

2. *Stärkster Bestimmungsfaktor für die Vergütungshöhe ist die Unternehmensgröße, die anhand des Umsatzes und der Beschäftigtenzahl messbar ist.*
3. *Für die Vergütung von „Freiberufler-Geschäftsführern" gibt es grundsätzlich kein Sonderrecht. Die herausragenden persönlichen Leistungsmerkmale können mit einem Zuschlag von bis zu 50 % auf die Durchschnittsgehälter abgegolten werden.*
4. *Sind bei kleineren GmbHs mehrere Geschäftsführer bestellt, sind wegen der aufgeteilten Verantwortung und Arbeitsbelastung Abschläge von den üblichen Geschäftsführerbezügen gerechtfertigt.*
5. *Übt der Gesellschafter außerhalb seiner Geschäftsführerfunktion noch anderweitige Tätigkeiten aus, so deckt sich die Angemessenheitsgrenze bei der betreffenden Gesellschaft mit dem Umfang, in dem er jeweils für die konkrete Gesellschaft tätig ist. Er kann in diesem Fall nicht seine gesamte Arbeitskraft der Kapitalgesellschaft zur Verfügung stellen, was in aller Regel eine Kürzung des Gehaltes zur Folge hat.*
6. *Die Ertragslage eines Unternehmens ist neben der Unternehmensgröße der wesentlichste Bestimmungsfaktor für die Gehaltshöhe. Firmen mit überdurchschnittlichen Gewinnen honorieren auch ihre Geschäftsführer überdurchschnittlich.*
7. *Das Verhältnis zwischen dem Gehalt des Gesellschafter-Geschäftsführers und dem der Kapitalgesellschaft verbleibenden Gewinn muss auf längere Sicht im Regelfall ausgewogen (50:50) sein. Bei stark personenbezogenen Gesellschaften kann der Gesellschafter-Geschäftsführer maximal $^3/_4$ des Geschäftserfolgs beanspruchen, mindestens $^1/_4$ des Geschäftserfolges muss bei der Gesellschaft verbleiben.*
8. *Die absolut unterste Grenze für den der Kapitalgesellschaft verbleibenden Gewinn ist eine auf Dauer gesehen angemessene Verzinsung (10 %) des eingesetzten Kapitals.*
9. *Maßstab für den anzustellenden Fremdvergleich ist der Fremdgeschäftsführer."*

Für die Praxis bleibt daher der traurige Befund, dass es immer und allein **auf die Umstände des Einzelfalles ankommt**, wobei der Arbeits- und Risikoeinsatz des Geschäftsführers angemessen zu berücksichtigen ist. Gerade die Frage, was angemessen ist, ist häufig zwischen GmbH bzw. Geschäftsführer und Finanzverwaltung strittig. Eine kleine Hilfestellung können die Gehaltsreports zu GmbH-Geschäftsführern und ggf. im Einzelfall auch die örtliche Industrie-

und Handelskammer geben. So hat z. B. die OFD Karlsruhe[1] eine Angemessenheitstabelle herausgegeben.

GmbH-Gesellschafter-Geschäftsführer, Tantiemevereinbarung

Angemessenheit der Geschäftsführergehälter ab 2017 (Quelle: OFD Karlsruhe)[2]

Branchengruppe	Umsatz < 2,5 Mio. Euro Mitarbeiter: < 20
Industrie/Produktion	170.000 – 220.000 Euro
Großhandel	194.000 – 239.900 Euro
Einzelhandel	148.000 – 183.000 Euro
Freiberufler	192.000 – 275.000 Euro
Sonstige Dienstleistungen	164.000 – 220.000 Euro
Handwerk	123.000 – 175.000 Euro

Branchengruppe	Umsatz 2,5 – 5 Mio. Euro Mitarbeiter: 20 – 50
Industrie/Produktion	214.000 – 284.000 Euro
Großhandel	209.000 – 286.000 Euro
Einzelhandel	158.000 – 212.000 Euro
Freiberufler	279.000 – 329.000 Euro
Sonstige Dienstleistungen	227.000 – 278.000 Euro
Handwerk	164.000 – 231.000 Euro

Branchengruppe	Umsatz 5 – 25 Mio. Euro Mitarbeiter: 51 – 100
Industrie/Produktion	271.000 – 314.000 Euro
Großhandel	239.000 – 310.000 Euro
Einzelhandel	212.000 – 257.000 Euro
Freiberufler	326.000 – 393.000 Euro
Sonstige Dienstleistungen	257.000 – 320.000 Euro
Handwerk	220.000 – 286.000 Euro

---

1 OFD Karlsruhe v. 3.4.2009, S 2742/84 – St 221.
2 Aus „Impulse" Online-Version.

9.7 Verdeckte Gewinnausschüttung

Branchengruppe	Umsatz 25 – 50 Mio. Euro Mitarbeiter: 101 – 500
Industrie/Produktion	337.000 – 533.000 Euro
Großhandel	314.000 – 544.000 Euro
Einzelhandel	256.000 – 531.000 Euro
Freiberufler	337.000 – 578.000 Euro
Sonstige Dienstleistungen	292.000 – 555.000 Euro
Handwerk	248.000 – 440.000 Euro

Alternativ lässt sich die BBE-Studie „GmbH-Geschäftsführer-Vergütungen", die jährlich erscheint und für die knapp 3.000 Geschäftsführer zu ihrer aktuellen Verdienstsituation und der Zusammensetzung ihrer Vergütung befragt werden, als Vergleich heranziehen. Folgende Gehälter sind ein erster Anhaltspunkt für ein angemessenes Geschäftsführergehalt:

Jahresgesamtbezüge nach Wirtschaftszweigen (Durchschnitt)	
Industrie	237.496 Euro
Handwerk	145.592 Euro
Großhandel	185.682 Euro
Einzelhandel	154.985 Euro
Dienstleister	164.172 Euro

Jahresgesamtbezüge nach Umsatzgrößen (Durchschnitt)	
Umsatz bis 1 Mio. Euro	114.949 Euro
über 1 Mio. Euro bis 2,5 Mio. Euro	140.524 Euro
über 2,5 Mio. Euro bis 5 Mio. Euro	162.693 Euro
über 5 Mio. Euro bis 10 Mio. Euro	194.716 Euro
über 10 Mio. Euro bis 25 Mio. Euro	249.235 Euro
über 25 Mio. Euro	344.709 Euro

Quelle: BBE-Studie „GmbH-Geschäftsführer-Vergütungen 2018"[1]

Den Unwägbarkeiten bei der Bemessung der angemessenen Geschäftsführergehälter wird dadurch Rechnung getragen, dass sich die Beurteilung der Ange-

---

1 Aus „Impulse" Online Version.

messenheit durch das Finanzamt im Regelfall an den **oberen Angaben** der Übersicht orientiert. Das rechtfertigt es allerdings auch bei sehr ertragsstarken Gesellschaften nicht, die Vergütungen unbegrenzt zu steigern. Die jeweilige Obergrenze muss nach den Umständen des Einzelfalls bestimmt werden. Hierbei ist vor allem auf die Unternehmensgröße abzustellen. Die Orientierungshilfen für die Bemessung des zu ermittelnden Höchstbetrags aus den Gehaltsstrukturuntersuchungen für die jeweilige Branche und Größenklasse tragen auch dem Umstand Rechnung, dass der Unternehmenserfolg maßgeblich von der Leistung des Geschäftsführers und von dessen hohen Arbeitseinsatz abhängt sowie dass sich das Unternehmen in einem Ballungsgebiet mit hohem Gehaltsniveau befindet, hinreichend Rechnung.

Bei sehr ertragsschwachen oder verlustbehafteten Gesellschaften greift das Finanzamt im Regelfall auf die unteren Werte zurück. Denn bei diesen Unternehmen ist davon auszugehen, dass auch ein Fremdgeschäftsführer selbst in Verlustjahren nicht auf ein angemessenes Gehalt verzichten würde. Das Unterschreiten einer Mindestverzinsung des eingesetzten Kapitals führt daher nicht zwangsläufig zu einer vGA. Vielmehr kann von einer angemessenen Ausstattung der Gesamtbezüge des Gesellschafter-Geschäftsführers dann ausgegangen werden, wenn er Gesamtbezüge erhält, die sich am unteren Ende des entsprechenden Vergleichsmaßstabs befinden.

Im Übrigen ist zu berücksichtigen, dass nach der Rechtsprechung des BFH bei einer nur geringfügigen Überschreitung der Angemessenheitsgrenze noch keine vGA vorliegt. Eine vGA ist danach jedenfalls dann anzunehmen, wenn die Angemessenheitsgrenze um mehr als 20 % überschritten wird.[1]

1358 Werden die vereinbarten Gehälter an die Gesellschaftergeschäftsführer nicht wie im Geschäftsführervertrag geregelt, monatlich ausgezahlt, liegt eine verdeckte Gewinnausschüttung vor, wenn die Gesellschaftergeschäftsführer beherrschende Gesellschafter sind.[2]

An einer tatsächlichen Durchführung von Gehaltsvereinbarungen kann es u. a. dann fehlen, wenn fällige Gehaltsansprüche nicht zeitnah erfüllt werden.[3] In der Regel werden Gehaltsansprüche durch Überweisung des Nettogehalts auf ein Bankkonto des Geschäftsführers oder durch Barauszahlung des Nettogehalts und Abführung der Lohnsteuer und etwaiger Sozialversicherungsbei-

---

[1] BFH v. 28.6.1989 - I R 89/85, BStBl 1989 II S. 854.
[2] FG Hamburg v. 12.9.2012 - 6 K 110/10, NWB DAAAE-22347.
[3] Vgl. etwa BFH v. 13.11.1996 - I R 53/95, BFH/NV 1997, S. 622; BFH v. 21.3.2001 - I B 31/00, BFH/NV 2001, S. 1149, m.w.N.

träge erfüllt. Für Monatsgehälter gilt der Grundsatz, dass sie auch monatlich ausbezahlt werden. Selbst kurzfristige Verzögerungen in der Auszahlung können steuerlich nur anerkannt werden, wenn sie ihren Grund in den Besonderheiten des Einzelfalles haben und üblich sind.[1]

Zuschläge für Sonn- und Feiertag 1359

Die Zahlung von Sonntags-, Feiertags- und Nachtzuschlägen führt zur Annahme verdeckter Gewinnausschüttungen, wenn für die Zahlungen keine überzeugenden betrieblichen Gründe geltend gemacht werden können, die die Vermutung für eine Veranlassung durch das Gesellschaftsverhältnis entkräften.

Basiert der wirtschaftliche Erfolg des Betriebs wesentlich auf dem Import von Waren aus Asien (China) und erfordert ein reibungsloser und ressourcenschonender Ablauf des Wareneinkaufs damit besondere Arbeitszeiten, hätte ein ordentlicher Kaufmann dies bereits bei der Bemessung des Geschäftsführergehalts berücksichtigt. Eine betriebliche Notwendigkeit zur Zahlung steuerfreier Sonntags-, Feiertags- und Nachtzuschläge an den Gesellschafter-Geschäftsführer einer GmbH ist dann nicht gegeben.[2]

Zuschläge für Sonntagsarbeit und Feiertagsarbeit des Gesellschafter-Geschäftsführers

Das Finanzgericht München[3] sieht eine Ausnahme von der grundsätzlichen Behandlung der Zahlung von Zuschlägen für Sonn-, Feiertags- und Nachtarbeit an Gesellschafter-Geschäftsführer zusätzlich zu ihrem Festgehalt als vGA. Für das Finanzgericht München kommt eine vGA dann nicht in Betracht, wenn eine derartige Vereinbarung nicht nur mit dem Gesellschafter-Geschäftsführer, sondern auch mit vergleichbaren gesellschaftsfremden Personen abgeschlossen worden ist (betriebsinterner Fremdvergleich). Dieser Umstand kann gegen eine gesellschaftliche Veranlassung der Vereinbarung mit dem Gesellschafter-Geschäftsführer sprechen, da eine derartige Gestaltung darauf hinweist, dass die Vereinbarung speziell in dem betroffenen Unternehmen auf betrieblichen Gründen beruht.

---

1 BFH v. 13.11.1996 - I R 53/95, BFH/NV 1997, S. 622; s. hierzu auch *Gosch*, KStG § 8, Rz. 827.
2 FG Münster v. 14.4.2015 – 1 K 3431/13 E, NWB WAAAE-91202.
3 FG München v. 14.5.2018 – 7 K 1099/17, NWB QAAAH-03144. Nichtzulassungsbeschwerde eingelegt (Az. des BFH: I B 47/18). Die Nichtzulassungsbeschwerde wurde als unzulässig verworfen (BFH-Beschluss v. 25.2.2019 - I B 47/18, nicht dokumentiert).

Die Zahlung von Sonntags-, Feiertags- und Nachtzuschlägen führt bei fehlenden betrieblichen Gründen auch beim faktischen Geschäftsführer einer GmbH einer zu vGA.[1]

1360–1370 (Einstweilen frei)

9.7.7 VGA als freigebige Zuwendung

1371 Der Annahme einer freigebigen Zuwendung einer Kapitalgesellschaft an ihren Gesellschafter bzw. an eine diesem nahe stehende Person steht u. a. entgegen, dass es im Verhältnis einer Kapitalgesellschaft zu ihren Gesellschaftern neben betrieblich veranlassten Rechtsbeziehungen lediglich offene und verdeckte Gewinnausschüttungen sowie Kapitalrückzahlungen gibt.[2] Im Verhältnis einer Kapitalgesellschaft zu ihren Gesellschaftern oder zu den Gesellschaftern einer an ihr beteiligten Kapitalgesellschaft gibt es neben betrieblich veranlassten Rechtsbeziehungen lediglich offene und verdeckte Gewinnausschüttungen sowie Kapitalrückzahlungen, aber keine freigebigen Zuwendungen.[3]

1372 Im Nachgang zur Entscheidung des FG Münster hat der BFH mit Urteil vom 27.8.2014[4] die Auffassung des FG Münster bestätigt.

Gemäß § 7 Abs. 1 Nr. 1 ErbStG gilt als Schenkung unter Lebenden jede freigebige Zuwendung unter Lebenden, soweit der Bedachte durch sie auf Kosten des Zuwendenden bereichert wird. Vermögensvorteile, die ein Steuerpflichtiger durch eine auf Einkünfteerzielung am Markt, also auf einen Hinzuerwerb von Einkommen gerichtete Erwerbshandlung erzielt und die deshalb bei ihm der Einkommensteuer unterliegen, werden von der Vorschrift nicht erfasst.[5]

Es fehlt in einem solchen Fall an der Freigebigkeit.

Ein Vermögensvorteil, den der Verkäufer eines GmbH-Anteils über den vom Erwerber gezahlten Kaufpreis hinaus erhält, ist demnach beim Anteilsverkäufer allein von ertragsteuerrechtlicher Bedeutung, wenn der Vorteil zum Veräußerungspreis i. S. d. § 17 Abs. 2 Satz 1 EStG zählt und somit bei der Ermittlung des der Einkommensteuer unterliegenden Veräußerungsgewinns i. S. d. § 17 Abs. 1

---

1 FG Münster v. 27.1.2016 – 10 K 1167/13 K, G, F; EFG 2016, S. 671.
2 Anschluss an BFH v. 30.1.2013 - II R 6/12, BStBl 2013 II S. 930; entgegen gleichlautende Erlasse der obersten Finanzbehörden der Länder v. 14.3.2012, BStBl2012 I S. 331; FG Münster v. 24.10.2013 – 3 K 103/13 Erb, NWB BAAAE-53275.
3 Bestätigung der Rechtsprechung gegen Nichtanwendungserlass vom 5.6.2013, BStBl 2013 I S. 1465; BFH, Beschluss v. 2.9.2015 - II B 146/14, NWB WAAAF-04535.
4 BFH v. 27.8.2014 - II R 44/13, BStBl 2015 II S. 249.
5 BFH v. 12.9.2011 - VIII B 70/09, BFH/NV 2012, S. 229.

Satz 1 EStG anzusetzen ist. Eine zusätzliche Erfassung des Vorteils als der Schenkungsteuer unterliegende freigebige Zuwendung an den Anteilsverkäufer ist auch dann ausgeschlossen, wenn der Veräußerer den Vorteil nicht vom Anteilserwerber, sondern von einem Dritten erhalten hat. Die Anteilsveräußerung ist nämlich auch insoweit eine auf Einkünfteerzielung am Markt, also auf einen Hinzuerwerb von Einkommen gerichtete Erwerbshandlung. Es kommt dabei nicht darauf an, ob die Leistung an den Anteilsverkäufer bei der Festsetzung der Einkommensteuer als Veräußerungspreis i. S. d. § 17 Abs. 2 Satz 1 EStG erfasst wurde. Entscheidend ist vielmehr, dass die Leistung bei zutreffender Beurteilung zum Veräußerungspreis zählt.

Die Zahlung überhöhter vertraglicher Entgelte durch eine GmbH an eine dem Gesellschafter nahestehende Person ist keine gemischte freigebige Zuwendung der GmbH i. S. d. § 7 Abs. 1 Nr. 1 ErbStG an die nahe stehende Person, wenn der Gesellschafter beim Abschluss der Vereinbarung zwischen der GmbH und der nahe stehenden Person mitgewirkt hat. In einem solchen Fall beruht die Vorteilsgewährung auf dem Gesellschaftsverhältnis zwischen der GmbH und dem Gesellschafter. Diese Rechtsgrundsätze gelten entsprechend, wenn mehrere Gesellschafter an der GmbH beteiligt sind, von denen zumindest einer bei der Vereinbarung zwischen der GmbH und der ihm nahe stehenden Person mitgewirkt hat.[1]

1373

Soweit der BFH im Urteil vom 7.11.2007[2] eine gemischte freigebige Zuwendung der GmbH an die dem Gesellschafter nahe stehende Person für möglich gehalten hat, wird an dieser Auffassung für Sachverhalte, in denen die überhöhten Entgelte an die nahe stehende Person unter Mitwirkung des Gesellschafters und damit auf gesellschaftsrechtlicher Grundlage geleistet wurden, nicht mehr festgehalten. Schenkungsteuerrechtlich erfasst wird nicht nur die reine, sondern auch eine gemischte freigebige Zuwendung. Sie ist dann gegeben, wenn einer höherwertigen Leistung eine Gegenleistung von geringerem Wert gegenübersteht und die höherwertige Leistung neben Elementen der Freigebigkeit auch Elemente eines Austauschvertrags enthält, ohne dass sich die höherwertige Leistung in zwei selbständige Leistungen aufteilen lässt.

Über eine – teilweise – Unentgeltlichkeit und die Frage einer Bereicherung ist dabei nach zivilrechtlichen Grundsätzen zu entscheiden. Bei einer gemischten Schenkung unterliegt der Schenkungsteuer nur der (unselbständige) freigebige Teil der Zuwendung.

---

1 BFH v. 13.9.2017 - II R 32/16, BStBl 2018 II 296.
2 II R 28/06, BFHE 218, S. 414, BStBl 2008 II S. 258.

1374 Schenkungsteuerrechtlich erfasst wird nicht nur die reine, sondern auch eine gemischte freigebige Zuwendung. Sie ist dann gegeben, wenn einer höherwertigen Leistung eine Gegenleistung von geringerem Wert gegenübersteht und die höherwertige Leistung neben Elementen der Freigebigkeit auch Elemente eines Austauschvertrags enthält, ohne dass sich die höherwertige Leistung in zwei selbständige Leistungen aufteilen lässt. Über eine – teilweise – Unentgeltlichkeit und die Frage einer Bereicherung ist dabei nach zivilrechtlichen Grundsätzen zu entscheiden. Bei einer gemischten Schenkung unterliegt der Schenkungsteuer nur der (unselbständige) freigebige Teil der Zuwendung. Hinsichtlich des subjektiven Tatbestands der freigebigen Zuwendung reicht bei Unausgewogenheit gegenseitiger Verträge regelmäßig das Bewusstsein des einseitig benachteiligten Vertragspartners über den Mehrwert seiner Leistung aus; auf die Kenntnis des genauen Ausmaßes des Wertunterschieds kommt es hingegen nicht an.

1375 Im Verhältnis einer Kapitalgesellschaft zu ihren Gesellschaftern gibt es neben betrieblich veranlassten Rechtsbeziehungen lediglich offene und verdeckte Gewinnausschüttungen sowie Kapitalrückzahlungen, aber keine freigebigen Zuwendungen. Gewinnausschüttungen an den Gesellschafter erfolgen nicht freigebig, und zwar unabhängig davon, ob sie offen oder verdeckt vorgenommen werden. Eine freigebige Zuwendung der GmbH an den Gesellschafter liegt ebenfalls nicht vor, wenn der Gesellschafter in Ausübung des ihm zustehenden Entnahmerechts Geld oder andere Gegenstände aus dem Vermögen der GmbH entnimmt.

Damit scheint eine Grundsatzfrage geklärt, die von der Finanzverwaltung bisher nicht abschließend beantwortet wurde. Wenn der Gesellschafter an der Vorteilsgewährung der GmbH an eine ihm nahe stehende Person mitwirkt, handelt es sich ebenso wie bei einer unmittelbaren offenen oder verdeckten Ausschüttung an den Gesellschafter wegen der gesellschaftsrechtlichen Veranlassung nicht um eine Schenkung der GmbH.

Der BFH hat in der Urteilsbegründung aber darauf hingewiesen, dass eine Schenkung des Gesellschafters an die nahe stehende Person vorliegen kann und dazu seine Aussagen im Urteil v. 7.11.2007[1] relativiert.

In den ebenfalls am 13.9.2017 ergangenen Entscheidungen II R 32/16 und II R 42/16 hat der BFH klargestellt, dass dasselbe gilt, wenn mehrere Gesellschafter vorhanden sind.

---

1 II R 28/06, BStBl 2008 II S. 258.

Ist ein Gesellschafter über eine Muttergesellschaft an der GmbH beteiligt, gelten die Rechtsgrundsätze entsprechend, wenn er an dem Vertragsabschluss zwischen der GmbH und der ihm nahestehenden Person mitgewirkt hat.[1]

1375a

Nach Auffassung der Verwaltung[2] liegt ein schenkungsteuerpflichtiger Vorgang vor. Zahlt eine Kapitalgesellschaft auf Veranlassung eines Gesellschafters einer diesem nahe stehenden Person, die nicht Gesellschafter ist, überhöhte Vergütungen, liegt regelmäßig keine freigebige Zuwendung der Gesellschaft an die nahe stehende Person vor.[3] Das Gleiche gilt, wenn auf Veranlassung eines Gesellschafters eine diesem nahestehende Person an die Kapitalgesellschaft für eine erbrachte Leistung eine zu geringe oder keine Vergütung zahlt.

Hierbei handelt es sich regelmäßig um verdeckte Gewinnausschüttungen an den Gesellschafter. In diesen Fällen liegt regelmäßig eine freigebige Zuwendung i. S. d. § 7 Abs. 1 Nr. 1 ErbStG zwischen dem Gesellschafter und der nahestehenden Person vor. Kommen mehrere Gesellschafter als Schenker in Betracht (z. B. Vater und Onkel des Begünstigten), kann eine quotale Zuwendung der Gesellschafter angenommen werden. Ausnahmsweise liegt keine freigebige Zuwendung i. S. d. § 7 Abs. 1 Nr. 1 ErbStG zwischen dem Gesellschafter und der nahestehenden Person vor, wenn nach der Ausgestaltung der zwischen ihnen bestehenden Rechtsbeziehung eine Gegenleistung für die überhöhte, zu geringe oder fehlende Vergütung vorliegt.

9.7.8 Befreiung vom Selbstkontrahierungsverbot

Literatur: *Hildesheim*, Das Selbstkontrahierungsgebot nach § 181 BGB in der neueren Rspr. des BFH und der FG zur verdeckten Gewinnausschüttung, DStZ 1998, S. 741.

Die Bestimmung des § 181 BGB verbietet grundsätzlich den Abschluss von In-sich-Geschäften. Allerdings ist eine **Befreiung vom Selbstkontrahierungsverbot möglich**. Eine solche Befreiung ist nur wirksam, wenn sie in der Satzung geregelt und in das Handelsregister eingetragen worden ist.[4] Ist eine solche Befreiung dem Gesellschafter-Geschäftsführer einer mehrgliedrigen GmbH erteilt worden, bleibt diese Befreiung auch wirksam, wenn sich die GmbH in eine Einpersonen-GmbH verwandelt.[5]

1376

---

1 BFH v. 13.9.2017 - II R 42/16, BStBl 2018 II S. 299.
2 Gleichlautende Ländererlasse v. 20.4.2018 (Auszug).
3 BFH v. 30.1.2013 - II R 6/12, BStBl 2013 II S. 930, und v. 13.9.2017 - II R 42/16, II R 54/15 und II R 32/16.
4 BFH v. 17.9.1992, BStBl 1993 II S. 141.
5 BFH v. 13.3.1991, BStBl 1991 II S. 597.

1377 Ist keine Befreiung vom Selbstkontrahierungsverbot erteilt worden, so indiziert dies eine vGA, da Voraussetzung für die steuerrechtliche Anerkennung einer Vereinbarung zwischen dem Geschäftsführer und der vom ihm vertretenen GmbH ein zivilrechtlich wirksames Geschäft ist.

1378 Früher konnte die Befreiung von § 181 BGB nicht nachträglich vereinbart werden. Es galt ein striktes Rückwirkungsverbot. Der **BFH** hat jedoch **seine Rechtsprechung insoweit gelockert.** So hat der BFH im Urteil vom 23.10.1996[1] entschieden, dass der Alleingesellschafter-Geschäftsführer einer GmbH rechtswirksam von den Beschränkungen des § 181 BGB befreit ist, wenn die Befreiung nach Abschluss von In-sich-Geschäften in der Satzung geregelt und in das Handelsregister eingetragen wird. Die In-sich-Geschäfte sind – so der BFH – dann als nachträglich genehmigt anzusehen. Das steuerrechtliche Rückwirkungsverbot steht dem nicht entgegen, vorausgesetzt, den In-sich-Geschäften liegen klare und von vornherein abgeschlossene Vereinbarungen zugrunde. Die Befreiung vom Selbstkontrahierungsverbot wirkt zugleich als Genehmigung von davor abgeschlossenen In-sich-Geschäften, und die zivilrechtliche Rückwirkung hat damit auch zumindest partiell für das Steuerrecht Geltung. Es kommt nicht zu einer vGA.

1379–1385 *(Einstweilen frei)*

9.7.9 Gehaltsstundung und Gehaltsverzicht

1386 Längerfristige Stundungen erheblicher Gehaltsansprüche von Gesellschafter-Geschäftsführern ohne zeitliche Befristungen oder Festlegung von Überprüfungszeiträumen nebst Maßstäben stellen verdeckte Gewinnausschüttungen dar:[2]

Geht es der GmbH finanziell nicht gut, so kann es in der Praxis vorkommen, dass die Gesellschafter-Geschäftsführer zur Liquiditätsverbesserung eine **Gehaltsstundung** bzw. einen **Gehaltsverzicht** mit der GmbH vereinbaren. Solche Vereinbarungen sind aber vGA-gefährdet.

1387 Der BFH verlangt beim beherrschenden Gesellschafter-Geschäftsführer, dass die **Zahlungen monatlich** erfolgen müssen, wenn im Anstellungsvertrag eine monatliche Gehaltszahlung vereinbart worden ist.[3] Geschieht dies nicht, wird von der Rechtsprechung angenommen, dass der Vertrag nicht ernsthaft voll-

---

1 BStBl 1999 II S. 35.
2 FG Hamburg v. 28.6.2012 – 2 K 199/10, EFG 2016, S. 753-755.
3 BFH v. 2.7.1988, BFH/NV 1990, S. 64.

zogen wird. Werden die vereinbarten Gehälter an die Gesellschaftergeschäftsführer nicht wie im Geschäftsführervertrag geregelt, monatlich ausgezahlt, liegt eine verdeckte Gewinnausschüttung vor, wenn die Gesellschaftergeschäftsführer beherrschende Gesellschafter sind.[1]

Nur in ganz wenigen Fällen lässt der BFH[2] Ausnahmen zu. Der bloße Hinweis auf finanzielle Schwierigkeiten reicht aber nicht aus. Durch **geeignete Unterlagen** (z. B. einen Liquiditätsstatus) muss dargelegt werden, dass sich die GmbH zum Zeitpunkt der Gehaltszahlungen in einer Liquiditätskrise befindet und auch sämtliche Möglichkeiten der Fremdmittelaufnahme erschöpft sind. Weiterhin ist es erforderlich, dass die Entgeltforderung in der Bilanz ausgewiesen wird.

Die folgende **Rechtsprechung trifft nicht nur den beherrschenden, sondern auch den nicht beherrschenden Gesellschafter-Geschäftsführer.** Der BFH[3] hat die Ernsthaftigkeit einer getroffenen Vereinbarung in dem Fall eines Stehenlassens der Vergütung eines nicht beherrschenden Gesellschafter-Geschäftsführers über einen Zeitraum von mehr als elf Jahren verneint. Bei seiner Argumentation stellte der BFH nicht nur auf den ordentlichen und gewissenhaften Geschäftsleiter ab, sondern sah den Fall aus dem Blickwinkel eines Arbeitnehmers. Nach Auffassung des BFH würde sich ein **fremder Dritter** auf eine solche einseitig die Kapitalgesellschaft begünstigende Vereinbarung nicht einlassen. Im Urteil vom 13.11.1996[4] hat der BFH seine bisherige Rechtsprechung dazu bestätigt. Er führte aus, dass tatsächlich **fehlende oder nur unregelmäßige Gehaltszahlungen einer Kapitalgesellschaft** an ihren beherrschenden Gesellschafter tendenziell gegen die Ernsthaftigkeit der mit dem Gesellschafter getroffenen Vereinbarungen sprechen.

1388

Die Vereinbarung – so der BFH – über die **„Stundung" einer Gehaltszahlung** ist steuerlich nur dann anzuerkennen, wenn sie den Anforderungen entspricht, die an einen **Fremdvergleich** zu stellen sind. Ein fremder Arbeitnehmer würde einer Stundung seines Gehalts nur im Notfall und auch nur dann zustimmen, wenn keine andere Lösung in Betracht käme. Er würde angemessene Abschlagszahlungen verlangen und ständig den Fortbestand der Liquiditätskrise des Arbeitgebers prüfen. Diese Entscheidung des BFH ist zwar zum beherrschenden Gesellschafter-Geschäftsführer ergangen, gilt jedoch auch für den nicht beherrschenden Gesellschafter-Geschäftsführer.

1389

---

1 FG Hamburg Urteil v. 12.9.2012 – 6 K 110/10, NWB DAAAE-22347.
2 BFH v. 5.10.1977, BStBl 1978 II S. 234.
3 BFH v. 6.12.1995, DStR 1996, S. 703.
4 GmbHR 1997, S. 414, der Fall betraf einen beherrschenden Gesellschafter-Geschäftsführer.

Längerfristige Stundungen erheblicher Gehaltsansprüche von Gesellschafter-Geschäftsführern ohne zeitliche Befristungen oder Festlegung von Überprüfungszeiträumen nebst Maßstäben stellen verdeckte Gewinnausschüttungen dar.[1] Der Verzinsung des gestundeten Betrags kommt auch eine erhebliche Bedeutung zu, denn, ein fremder Geschäftsführer hätte bei der Stundung eine Verzinsung der ausstehenden Gehaltsbestandteile und ggf. Sicherheiten verlangt, um seine finanziellen Nachteile abzufedern sowie zu sichern.[2]

PRAXISHINWEIS:

Die bloße Einbehaltung und Abführung von Lohnsteuer ändert grundsätzlich nichts an der Annahme einer vGA.

1390 Einem **Gehaltsverzicht** begegnet die Rechtsprechung des BFH auch mit Skepsis. Dabei ist zu unterscheiden, ob ein Verzicht sich nur auf die Zukunft oder auch rückwirkend auf die Vergangenheit bezieht.

1391 Der BFH[3] sieht in einem vollständigen Verzicht des Gesellschafter-Geschäftsführers auf sein Gehalt – trotz angespannter Liquiditätslage der GmbH – ein Indiz für die mangelnde Ernsthaftigkeit der Vergütungsvereinbarung und nimmt eine vGA an. Meines Erachtens muss **für die Zukunft ein Gehaltsverzicht grundsätzlich möglich sein.** Bedenklich wird es allerdings dann, wenn der Gehaltsverzicht zurückgenommen und wieder mit der Gehaltsauszahlung begonnen wird. Noch problematischer wird es, wenn ein auch auf lange Zeit ständiger Wechsel zwischen Gehaltszahlung und Gehaltsverzicht vorliegt. Dann liegt die Vermutung nahe, dass die Verzichtserklärung wohl nur zur Steuerung der Gewinnsituation der GmbH benutzt wird.

1392 Bei einem **Gehaltsverzicht für die Vergangenheit** gelten die oben gemachten Ausführungen grundsätzlich entsprechend. Auch hier wird die Finanzverwaltung Zweifel an der Ernsthaftigkeit des durchgeführten Anstellungsvertrages haben und damit eine vGA annehmen. Hinzu kommt jedoch noch, dass der rückwirkende Gehaltsverzicht i. d. R. eine verdeckte Einlage ist, die nach dem Beschluss des Großen Senats des BFH vom 9.6.1997[4] mit dem Teilwert der Forderung zu bewerten ist. Es kommt also auf die Werthaltigkeit der Forderung an.

---

1 FG Hamburg v. 28.6.2012 – 2 K 199/10, BB 2012, S. 2594.
2 Vgl. dazu BFH v. 13.11.1996 - I R 53/95, BFH/NV 1997, S. 622.
3 BFH v. 20.3.1994, BFH/NV 1995, S. 164.
4 DB 1997, S. 1693; s. dazu *Förster/Aertker*, SteuerStud 1998, S. 457; *Hoffmann*, DStR 1997, S. 1625; *List*, NWB Fach 3, S. 10211; *Neumann*, FR 1997, S. 925.

Ist der Nennwert der auszubuchenden Verbindlichkeit höher als der Teilwert der Forderung, erzielt die GmbH einen außerordentlichen Ertrag. Es gilt beim rückwirkenden Gehaltsverzicht dann das Gleiche wie bei dem Verzicht auf eine Darlehnsforderung, die der Gesellschafter-Geschäftsführer gegen seine GmbH hat. Bei der GmbH fällt nach Auffassung des Großen Senats des BFH ein außerordentlicher Ertrag an soweit die Forderung nicht werthaltig ist. 1393

Für die Praxis bleibt festzuhalten, dass **Gehaltsstundung bzw. Gehaltsverzicht stark vGA-gefährdet** sind. Nur in Ausnahmefällen wird man eine vGA verneinen können. Es müssen dann aber besondere Umstände des Einzelfalles vorliegen. Der BFH operiert mit dem Fremdvergleich, d. h. mit der Frage, ob ein Fremder bzw. ein angestellter Arbeitnehmer sich in dieser Situation genauso verhalten hätte. In der Vielzahl der Fälle ist dies jedoch zu verneinen. 1394

(Einstweilen frei) 1395–1400

9.7.10 Tantieme

Literatur: *Flore/Schmidt*, Checkbuch Geschäftsführervergütungen, 2. Aufl. 2002; *Dahlbender*, Tantieme für (Fremd-)Geschäftsführer – Musterklauseln für den Anstellungsvertrag, GmbH-StB 2004, S. 119; *Maute*, Tantieme des GmbH-Gesellschafter-Geschäftsführers. Kritische Durchleuchtung der BMF-Prüfungsschemata, EStB 2004, S. 256; *Schmidt*, Die Tantieme des beherrschenden Gesellschafter-Geschäftsführers, Hinweise zur steuerorientierten Vertragsgestaltung, GmbH-StB 2004, S. 242; *Neumann*, vGA und verdeckte Einlagen, 2. Aufl. 2006, S. 458 ff. „Tantiemevereinbarungen mit dem Gesellschafter-Geschäftsführer"; *Schwedhelm*, Vermeidung von verdeckten Gewinnausschüttungen bei der Gestaltung von Geschäftsführer-Verträgen, GmbHR 2006, S. 281.

9.7.10.1 Umsatztantiemen

Literatur: *Neumann*, Tantiemevereinbarungen mit dem beherrschenden Gesellschafter-Geschäftsführer, GmbHR 1996, S. 740; *Schlackheck*, Steuerliche Behandlung von Umsatztantiemen, StBp 1997, S. 152; *Zimmers*, Umsatztantieme, GmbH-Steuerpraxis 1998, S. 249; *Engers*, Zur steuerlichen Anerkennung von Umsatztantiemen, DB 2003, S. 116; *Schuhmann*, Die Umsatztantieme – Ein Dauerbrenner? GmbHR 2005, S. 921 ff.; *Hoffmann*, Umsatztantiemen als verdeckte Gewinnausschüttungen, GmbH-StB 2006, S. 185.

Dem Geschäftsführer wird im Hinblick auf einen Leistungsanreiz neben seinem Festgehalt oftmals eine Tantieme gezahlt. Bei einer Tantieme ist zu unterscheiden zwischen einer Umsatz- und Gewinntantieme. Bei einer Umsatztantieme ist die erfolgsabhängige Vergütung an das Erreichen bestimmter Umsatzziele gekoppelt. Grob gesagt ist bei einer Umsatztantieme Bemessungsgrundlage der Umsatz, während bei einer Gewinntantieme Bemessungs- 1401 grundlage der Gewinn ist und Gewinn ist erwirtschaftet, aber Umsatz generiert nicht zwangsläufig Gewinn.

1402 Die Rechtsprechung steht der Umsatztantieme daher sehr skeptisch gegenüber. Schon mit Urteil vom 5.10.1977[1] hat der BFH entschieden, dass **Umsatztantiemen nur ausnahmsweise zu gewähren** sind, nämlich dann, wenn besondere Gründe dafür vorliegen. In seiner Entscheidung vom 28.6.1989[2] führt der BFH aus, dass die GmbH die Gründe darzulegen hat, weshalb die angestrebten Unternehmensziele mit einer gewinnabhängigen Vergütung nicht zu erreichen sind. Der BFH steht einer Umsatztantieme deshalb besonders kritisch gegenüber, weil er die Gefahr der Gewinnabsaugung sieht. Nach Auffassung des BFH[3] ist durch die Rechtsprechung geklärt, dass die Vereinbarung von Umsatztantiemen für den Gesellschafter-Geschäftsführer einer Kapitalgesellschaft regelmäßig als vGA zu beurteilen ist.

Die Gefahr einer Gewinnabsaugung durch eine Umsatztantieme besteht nach Auffassung des FG Berlin-Brandenburg[4] nicht, wenn der Prozentsatz der Umsatztantieme gering ist (hier: 0,5 % pro Gesellschafter-Geschäftsführer), der Umsatz und der verbleibende Restgewinn aus den Umsatz- bzw. Gewinndaten der beiden Vorjahre zuverlässig prognostiziert werden können, wenn durch eine Kombination von niedrigen Grundgehältern, niedrigen Umsatztantiemen von jeweils 0,5 % mit einer dem Prozentsatz nach höheren Gewinntantieme von jeweils 7 % dafür gesorgt ist, dass die Geschäftsführer kein Interesse an einem wirtschaftlich nachteiligen „Hochpushen" der Umsätze ohne gleichzeitige Ertragsteigerung haben, weil in diesem Fall den Geschäftsführern der Vorteil aus der 7 %igen Gewinntantieme verloren geht, und wenn schließlich auch die positive Gewinnentwicklung der GmbH in den Folgejahren belegt, dass es durch die gewählte Vergütungsgestaltung tatsächlich nicht zu einer Gewinnabsaugung gekommen ist.

In der Rechtsprechung ist geklärt,[5] dass die Vereinbarung von Umsatztantiemen für den Gesellschafter-Geschäftsführer grundsätzlich dem eigenen Gewinnstreben der Kapitalgesellschaft entgegensteht, mit dem Risiko einer Gewinnabsaugung verbunden und daher regelmäßig als vGA i. S. d. § 8 Abs. 3

---

1 BStBl 1978 II S. 234.
2 BStBl 1989 II S. 854.
3 BFH v. 12.10.2010 - I B 70/10, BFH/NV 2011, S. 301 = NWB YAAAD-58632.
4 FG Berlin-Brandenburg v. 8.4.2014 – 6 K 6216/12, EFG 2014, S. 1332.
5 BFH v. 12.10.2010 - I B 70/10, BFH/NV 2011, S. 301.

Satz 2 KStG zu beurteilen ist.¹ Eine umsatzbezogene Zusatzvergütung kann aber ausnahmsweise steuerrechtlich anzuerkennen sein, wenn die mit der Vergütung angestrebte Leistungssteigerung des Begünstigten durch eine Gewinntantieme nicht zu erreichen wäre, so etwa in einer ertragsschwachen Aufbauphase des Unternehmens.² Es ist des Weiteren geklärt, dass die an einen Gesellschafter-Geschäftsführer gezahlten Umsatzprovisionen, die weder zeitlich noch der Höhe nach beschränkt sind, auch dann regelmäßig vGA darstellen, wenn die Provisionen nur für die von ihm selbst abgeschlossenen Geschäfte geleistet werden.³

Früher hat der BFH für die Anerkennung einer Umsatztantieme auf die Branchenüblichkeit (z. B. bei Maklern) abgestellt. Die BFH-Rechtsprechung der neunziger Jahre⁴ sieht in der Branchenüblichkeit aber keine zwingende Voraussetzung für eine Anerkennung. Sollte jedoch ausnahmsweise eine Umsatztantieme anerkannt werden, z. B. gerechtfertigt durch besondere betriebliche Gründe oder weil sich die GmbH in einer Aufbauphase befindet, so müssen trotzdem die zivilrechtlichen Voraussetzungen gegeben sein. Dies bedeutet, dass die Vereinbarung mit der GmbH schriftlich und im Voraus getroffen sein muss (Beispiel: Vereinbarung im Dezember 2018 mit Wirkung ab 1.1.2019; unzulässig ist eine Vereinbarung im August 2019 mit Wirkung ab 1.1.2019).

1403

Eine in Form einer Umsatztantieme gewährte Erfolgsbeteiligung ist dann keine vGA i. S. d. § 8 Abs. 3 Satz 2 KStG, wenn überzeugende betriebliche und/oder unternehmerische Gründe für die Gewährung einer Umsatz- statt einer Gewinntantieme an den Gesellschafter-Geschäftsführer vorliegen. Bei einer nach der Aufgabenverteilung im Innenverhältnisses ausschließlichen Vertriebszuständigkeit des tantiemebegünstigten Geschäftsführers ist eine Umsatztantieme auch dann steuerlich anzuerkennen, wenn sie weder zeitlich noch höhenmäßig begrenzt ist und im Zusammenwirken mit den übrigen Lohnbestandteilen nicht zu einer unangemessenen Gehaltsausstattung führt:⁵

---

1 Z. B. BFH v. 19.2.1999 - I R 105-107/97, BFHE 188, S. 61, BStBl 1999 II S. 321 und v. 6.4.2005 - I R 10/04, BFH/NV 2005, S. 2058.
2 BFH v. 20.9.1995 - I R 130/94, BFH/NV 1996, S. 508.
3 BFH v. 28.6.2006 - I R 108/05, BFH/NV 2007, S. 107.
4 BFH v. 19.5.1993, BFH/NV 1994, S. 124; BFH v. 30.8.1995, BFH/NV 1996, S. 256.
5 FG Baden-Württemberg v. 21.4.2015 – 6 K 867/12, EFG 2015, S. 2213.

Wird eine **Umsatztantieme aus besonderen betrieblichen Gründen** vereinbart, so sollte die Vereinbarung nur eine zeitlich beschränkte Geltungsdauer haben und eine feste Tantiemeobergrenze betragsmäßig beinhalten.[1]

1404 *Zimmers*[2] empfiehlt folgende Formulierung:

▶ Der Geschäftsführer erhält eine Tantieme i. H. v. … % der im Geschäftsjahr erzielten Umsätze.

▶ Der Tantiemehöchstbetrag wird auf … festgelegt.

▶ Ein Anspruch besteht nur bis zum Jahr …

1405 *Neumann*[3] postuliert folgende allgemeine **Rechtsgrundsätze für die Anerkennung von Umsatztantiemen:**

▶ Nach wie vor sollen Umsatztantiemen nur dann ausnahmsweise vereinbart werden, wenn eine Gewinntantieme aus unternehmerischer Sicht nicht zum Erfolg führt.

▶ Die Begründung hierfür ist von demjenigen darzulegen, der die steuerliche Anerkennung begehrt.

▶ Umsatztantiemen werden insbesondere während einer Aufbau- oder Umstellungsphase vereinbart (bessere Anreizwirkung als Gewinntantieme).

▶ Hier ist bereits bei Vertragsabschluss sicherzustellen, dass die Zahlung der umsatzabhängigen Vergütung auf die Dauer der Aufbauphase beschränkt bleibt.

▶ Durch geeignete Regelungen (Höchstbeträge) muss sichergestellt werden, dass die besonderen Risiken der Umsatztantieme (Gewinnabsaugung) kalkulier- und steuerbar bleiben.

▶ Die Umsatztantieme darf i. d. R. nur an Geschäftsführer gezahlt werden, die ausschließlich für den Vertrieb (allein-)verantwortlich sind. Gesamtgeschäftsführer sollen Gewinntantiemen erhalten.

▶ Die Branchenüblichkeit ist lediglich ein Beweisanzeichen.

1405a Zur Zulässigkeit einer Umsatztantieme bei ausschließlicher Zuständigkeit für den Vertrieb vgl. FG Baden Württemberg vom 21.4.2015.[4] Nach Auffassung des FG ist eine in Form einer Umsatztantieme gewährte Erfolgsbeteiligung dann keine vGA i. S. d. § 8 Abs. 3 Satz 2 KStG, wenn überzeugende betriebliche

---

1 Zur Abgrenzung zwischen Umsatztantieme und Festvergütung BFH v. 5.6.2002 - I R 69/01, BStBl 2003 II S. 329.
2 GmbH-Stpr. 1998, S. 249, 253.
3 GmbHR 1996, S. 740 ff., 822, 824.
4 FG Baden Württemberg v. 21.4.2015 – 6 K 867/12, NWB LAAAF-06928.

und/oder unternehmerische Gründe für die Gewährung einer Umsatz- statt einer Gewinntantieme an den Gesellschafter-Geschäftsführer vorliegen. Dem ist zuzustimmen.

Bei einer nach der Aufgabenverteilung im Innenverhältnisses ausschließlichen Vertriebszuständigkeit des tantiemebegünstigten Geschäftsführers ist eine Umsatztantieme auch dann steuerlich anzuerkennen, wenn sie weder zeitlich noch höhenmäßig begrenzt ist und im Zusammenwirken mit den übrigen Lohnbestandteilen nicht zu einer unangemessenen Gehaltsausstattung führt.

PRAXISHINWEIS:
Der BFH[1] ist der Auffassung, dass eine Rohgewinntantieme nicht wie eine Umsatztantieme zu behandeln ist.[2]

Der **BFH hat** mit Urteil vom 2.4.2008[3] **seine bisherige Auffassung zur Umsatztantieme bestätigt.** Der Leitsatz lautet: *„Ein ordentlicher und gewissenhafter Geschäftsleiter wird im Regelfall eine Vergütung in Form einer Gewinn-, nicht hingegen in Form einer Umsatztantieme gewähren. Eine Umsatzbeteiligung, die unabhängig von der Erzielung von Erträgen zu gewähren ist, steht dem eigenen Gewinnstreben der Kapitalgesellschaft entgegen und ist mit dem Risiko einer Gewinnabsaugung verbunden. Umsatzbeteiligungen führen daher regelmäßig zu verdeckten Gewinnausschüttungen. Ausnahmen gelten dann, wenn die mit der variablen Vergütung angestrebte Leistungssteigerung durch eine Gewinntantieme nicht zu erreichen wäre, z. B. in der Aufbauphase eines Unternehmens. Jedoch sind auch in diesem Falle Höchstgrenzen festzulegen und ist die Umsatztantieme zeitlich zu beschränken."*

1406

Negativ Tantieme

1407

Die Vereinbarung einer erfolgsabhängigen Gehaltskomponente im Rahmen der Geschäftsführervergütung ist üblich und daher im Regelfall auch steuerrechtlich anzuerkennen, wenn die Bemessungsgrundlage für die Tantieme durch die Vereinbarung eindeutig festgelegt wird.[4]

Dies gilt auch dann, wenn Verlustrückträge in die Bemessungsgrundlage der Gewinntantieme miteinbezogen werden und die negative Tantieme von den schon erdienten, aber einbehaltenen und noch nicht an die Geschäftsführer ausbezahlten Tantiemeanteilen in Abzug gebracht werden. Lässt sich der In-

---

1 BFH v. 25.10.1995, BFHE 179, S. 270.
2 Kritisch dazu *Neumann*, a. a. O., S. 824; BMF v. 1.2.2002, DStR 2002, S. 219, sub Ziff. 4 behandelt die Rohgewinntantieme wie eine Gewinntantieme.
3 BFH v. 2.4.2008 - I B 208/07, NWB BAAAC-80267.
4 FG Baden-Württemberg v. 5.5.2015 – 6 K 3640/13, NWB SAAAF-06930.

halt eines Vertrages zweifelsfrei durch Auslegung ermitteln, sind die Voraussetzungen für eine vGA wegen unklarer Vertragsregelungen nicht erfüllt.

1408–1410 *(Einstweilen frei)*

9.7.10.2 Gewinntantiemen

Literatur: *Neumann*, Tantiemevereinbarungen mit dem beherrschenden Gesellschafter-Geschäftsführer einer GmbH, GmbHR 1996, S. 740; *Skok*, Tantiemeklausel, GmbH-Steuerpraxis 2001, S. 75; *Derlien*, Die steuerliche Anerkennung von Tantiemezusagen an Gesellschafter-Geschäftsführer, DStR 2002, S. 622.

1411 Im Gegensatz zur Umsatztantieme kommt die Gewinntantieme in der Praxis häufiger vor. Für die Anwendung der unterschiedlichen Verfahren zur Feststellung der Angemessenheit von Gehaltsbestandteilen ist die Gewinntantieme von einem zusätzlichen Festgehaltsanspruch abzugrenzen.[1] Ist nach der Vereinbarung das Erreichen der Bezugsgröße Gewinn lediglich Auslöser für die Leistung eines zusätzlichen Festbetrages, ist die als Tantieme bezeichnete Vergütung für die Beurteilung ob eine vGA vorliegt, nur im Rahmen der Prüfung der Angemessenheit der Gesamtausstattung zu berücksichtigen, d. h., zunächst ist zu prüfen, ob es sich bei der getroffenen Vereinbarung tatsächlich um eine Tantiemevereinbarung (variabler Vergütungsbestandteil) handelt.

Die Angemessenheit der Gesamtausstattung eines Gesellschafter-Geschäftsführers sowie die Angemessenheit einer Gewinntantieme müssen grundsätzlich anhand derjenigen Umstände und Erwägungen beurteilt werden, die im Zeitpunkt der Gehaltsvereinbarung vorgelegen haben bzw. angestellt worden sind. Die Deckelung einer Gewinntantieme in zeitlicher oder betragsmäßiger Hinsicht ist im Zeitpunkt der Vereinbarung lediglich dann geboten, wenn ein sprunghafter Gewinnanstieg ernsthaft im Raum stand. Die Zahlung einer Gewinntantieme zu Gunsten eines Gesellschafter-Geschäftsführers ist insoweit, als sie 50 % des Jahresgewinns übersteigt, in der Regel vGA; Bemessungsgrundlage dieser Regelvermutung ist der steuerliche Gewinn vor Abzug der Steuern und der Tantieme.[2]

1412 Bei Tantiemevereinbarungen für Gesellschafter-Geschäftsführer muss die Bemessungsgrundlage klar geregelt sein und bei einer unterjährig vereinbarten Tantieme eine zeitanteilige Kürzung vorgenommen werden.

---

1 BFH v. 5.6.2002 - I R 69/01, BStBl 2003 II S. 329.
2 FG Hamburg v. 29.11.2016 – 2 V 285/16, DStRE 2018, S. 356 (Leitsatz und Gründe).

Nach einer Entscheidung des FG Berlin-Brandenburg vom 4.11.2014,[1] muss die Bemessungsgrundlage so bestimmt sein, dass allein durch Rechenvorgänge die Höhe der Vergütung ermittelt werden kann, ohne dass es noch der Ausübung irgendwelcher Ermessensakte der Geschäftsführung oder der Gesellschafterversammlung bedarf.

Im Hinblick auf eine vGA ist die Gewinntantieme beim Fremdgeschäftsführer kein Problem (Ausnahme: Es handelt sich bei diesem um eine sog. nahe stehende Person).

Die Tantiemevereinbarung muss 1413

▶ klar und eindeutig,

▶ zivilrechtlich wirksam,

▶ ernsthaft,

▶ üblich,

▶ angemessen in Bezug auf

– Gesamtausstattung,

– Tantiemeprozentsatz,

– Verhältnis zum Festgehalt

sein und entsprechend der Vereinbarung durchgeführt werden.

Die **Rechtsprechung hat** für die Anerkennung von Gewinntantiemevereinbarungen **hohe Hürden aufgebaut**. Dahinter steht die Befürchtung, dass allzu leichtfertig von den Gesellschafter-Geschäftsführern der Gewinn der GmbH abgesaugt werden kann. In seinem grundlegenden Urteil vom 5.10.1994[2] hat der BFH hinsichtlich der Angemessenheit der **Gewinntantieme zwei Hürden** aufgestellt. Zum einen darf das Tantiemeversprechen den Satz von **50 % des Jahresüberschusses** nicht übersteigen, zum anderen sind die Jahresgesamtbezüge aufzuteilen: Das **Festgehalt** muss **mindestens 75 %** und die **Gewinntantieme** darf **höchstens 25 %** betragen. Die Tantieme ist dabei anlässlich jeder Gehaltsanpassung, spätestens jedoch nach Ablauf von drei Jahren, auf ihre Angemessenheit zu überprüfen. 1414

Das BFH-Urteil vom 5.10.1994[3] hat zu großer Aufregung in den Fachkreisen geführt, weil man dem BFH eine zu große Einengung der Gestaltungsfreiheit 1415

---

1 FG Berlin-Brandenburg v. 4.11.2014 – 6 K 6153/12, NWB RAAAE-86245, Nichtzulassungsbeschwerde eingelegt, Az. des BFH: I B 137/14 und zurückgenommen, Beschluss v. 10.3.2015.
2 BStBl 1995 II S. 549.
3 BStBl 1995 II S. 549.

in diesem Bereich vorwirft. Gerade viele Gesellschafter-Geschäftsführer erhalten ein relativ niedriges Festgehalt und eine hohe Gewinntantieme. So ist es in der Praxis und in bestimmten Branchen nicht unüblich, ein Festgehalt i. H. v. 40 – 60 % der Jahresgesamtbezüge zu vereinbaren und den Restbetrag als Tantieme auszuweisen. Die Finanzverwaltung hat sich zu diesem Urteil im BMF-Schreiben vom 5.1.1998[1] geäußert. Danach ist Bemessungsgrundlage für die 50 %-Grenze der handelsrechtliche Jahresüberschuss vor Abzug der Gewinntantieme und der ertragsabhängigen Steuern. Diese BMF-Schreiben sind durch das BMF-Schreiben vom 1.2.2002[2] aufgehoben worden. Die Finanzverwaltung hatte das BFH-Urteil vom 27.3.2001,[3] in dem eine Nur-Gewinntantieme nicht anerkannt wurde, zum Anlass genommen, sich grundsätzlich zur Anerkennung von Tantiemezusagen zu äußern. Das **BMF-Schreiben vom 1.2.2002**[4] hat sinngemäß folgenden Inhalt:

„Mit dem Urteil vom 27.3.2001 (a. a. O.) hat der BFH zu Grundsätzen bei der körperschaftsteuerlichen Anerkennung von Tantiemezusagen (insbesondere von Nur-Tantiemezusagen) an den Gesellschafter-Geschäftsführer Stellung genommen. Nach dem Ergebnis einer Erörterung mit den obersten Finanzbehörden der Länder sind künftig ergänzend zu R 8.8 KStR (unbesetzt) nachfolgende Grundsätze bei der Anerkennung von Tantiemezusagen an Gesellschafter-Geschäftsführer anzuwenden:

1. Verhältnis der Tantieme zum verbleibenden Jahresüberschuss

Nach R 8.8 (Tantiemen) KStR (unbesetzt) können Tantiemezusagen an mehrere Gesellschafter-Geschäftsführer, die insgesamt die Grenze von 50 % des Jahresüberschusses übersteigen, zu einer verdeckten Gewinnausschüttung führen. Diese Grenze ist auch bei Tantiemezusagen an einen Gesellschafter-Geschäftsführer maßgebend. Bemessungsgrundlage für die 50 %-Grenze ist der handelsrechtliche Jahresüberschuss vor Abzug der Gewinntantieme und der ertragsabhängigen Steuern.

2. Verhältnis der Tantieme zu sonstigen Bestandteilen der Gesamtbezüge

Bei Tantiemezusagen an den Gesellschafter-Geschäftsführer zu beachten, dass die Bezüge im Allgemeinen wenigstens zu 75 % aus einem festen und höchstens zu 25 % aus erfolgsabhängigen Bestandteilen (Tantieme) bestehen. Bei der Er-

---

1 BStBl 1998 I S. 90.
2 DStR 2002, S. 219; dazu *Altendorf*, NWB Fach 4, S. 4613; *Derlien*, DStR 2002, S. 622.
3 BStBl 2002 II S. 111.
4 BStBl 2002 I S. 219.

9.7 Verdeckte Gewinnausschüttung

mittlung des der Höhe nach angemessenen Teils der Tantieme ist von der angemessenen Gesamtausstattung des Gesellschafter-Geschäftsführers auszugehen.

BEISPIEL: Ein Gesellschafter-Geschäftsführer soll eine angemessene Gesamtausstattung von 400.000 € erhalten, die sich wie folgt zusammensetzt:

Festgehalt	150.000 €
Tantieme	250.000 €

Der durchschnittlich erzielbare Jahresüberschuss vor Abzug der Tantieme und der ertragsabhängigen Steuern wird mit 1,6 Mio. € angenommen.

Die angemessene Tantieme beträgt 25 % von 400.000 € = 100.000 €. Es ergibt sich eine verdeckte Gewinnausschüttung in Höhe von 150.000 € (250.000 € abzgl. 100.000 €).

Der sich aus der Aufteilung ergebende absolute Betrag der angemessenen Tantieme ist in eine Beziehung zu dem durchschnittlich erzielbaren Jahresüberschuss vor Abzug der Tantieme und der ertragsabhängigen Steuern (im Beispielsfall 1,6 Mio. €) zu setzen. Aus diesem Vergleich ergibt sich der angemessene Tantiemesatz durch folgende Rechnung:

100.000 × 100/1,6 Mio. € = 6,25 %

Dieser angemessene Tantiemesatz ist bis zum nächsten Zeitpunkt der Überprüfung der Angemessenheit der gezahlten Tantieme (maßgebend.

3. Vereinbarung einer Nur-Tantieme

Die Vereinbarung einer Nur-Tantieme ist grundsätzlich nicht anzuerkennen (BFH-Urteil vom 27.3.2001, a.a.O.). Als Ausnahmefälle kommen insbesondere die Gründungsphase der Gesellschaft, Phasen vorübergehender wirtschaftlicher Schwierigkeiten oder Tätigkeiten in stark risikobehafteten Geschäftszweigen in Betracht. In derartigen Ausnahmefällen ist es auch zulässig, bei der 75/25 %-Grenze zugunsten des Tantiemeanteils abzuweichen. Liegt ein Ausnahmefall vor, ist die Tantieme dem Grund nach allerdings nur anzuerkennen, wenn die Vereinbarung die Grundsätze der Textziffer 1 beachtet und ausdrücklich zeitlich begrenzt ist und bei Wegfall der Ausnahmesituation zwingend durch eine Vereinbarung einschließlich fester Vergütungsbestandteile bzw. mit angemessenem Verhältnis dieser Bestandteile zueinander ersetzt wird. Ein Ausnahmefall liegt dagegen nicht vor, wenn der Gesellschafter-Geschäftsführer bei zwei Schwestergesellschaften tätig ist und mit der einen eine Nur-Tantieme und mit der anderen ein Festgehalt vereinbart hat.

4. Nur-Rohgewinntantieme

Die vorstehenden Ausführungen gelten für eine Nur-Rohgewinntantieme entsprechend.

5. Wegfall bisheriger BMF-Schreiben und Anwendung

Dieses Schreiben tritt an die Stelle der BMF-Schreiben vom 3.1.1996 (BStBl 1996 I S. 53), vom 13.10.1997 (BStBl 1997 I S. 900) und vom 5.1.1998 (BStBl 1998 I S. 90); Übergangsregelungen in diesen Schreiben bleiben hiervon unberührt. Soweit dieses Schreiben bezogen auf den BFH-Beschluss vom 26.1.1999 (BStBl 1999 II S. 241) von in der Vergangenheit im Einzelfall vertretenen Grundsätzen zur Nur-Tantieme abweicht, ist es erstmals für den Veranlagungszeitraum 2003 anzuwenden; im Übrigen sind die Grundsätze dieses Schreibens in allen offenen Fällen anzuwenden."

Die vorstehenden Grundsätze hat die Verwaltung unter Berücksichtigung der Rechtsprechung wie folgt modifiziert (H 8.8 KStH Stichwort „Grundsätze"):

„Nach der sog. 75/25-Regelvermutung ist zu beachten, dass die Bezüge im Allgemeinen wenigstens zu 75 % aus einem festen und höchstens zu 25 % aus erfolsabhängigen Bestandteilen (Tantiemen) bestehen. Übersteigt der variable Anteil der Vergütung diese Grenze, ist im Einzelfall zu ermitteln, ob die gewählte Gestaltung betrieblich oder gesellschaftsrechtlich veranlasst ist (BFH vom 27.2.2003 – BStBl 2004 II S. 132 und vom 4.6.2003 – BStBl 2004 II S. 136)."

HINWEIS:

R 8.8 (Tantiemen) KStR und H 8.8 KStH.

1415a Ist jedoch die Gesamtausstattung eines Gesellschafter-Geschäftsführers insgesamt als angemessen anzusehen, so muss abweichend von der Verwaltungspraxis nicht schon deshalb eine verdeckte Gewinnausschüttung vorliegen, weil die Gesamtvergütung zu mehr als 25 % aus variablen Anteilen besteht. Diese 25/75-Grenze wird durch die Rechtsprechung des BFH relativiert und der Feststellung eines absoluten Höchstbetrages einer angemessenen Gesamtausstattung zu Recht der Vorzug gegeben.

Die Rechtsprechung des BFH hat für die Feststellung einer gesellschaftlichen Veranlassung bei Vereinbarung einer Tantieme deshalb im Jahre 2003 folgende Grundsätze aufgestellt:

1. Verspricht eine Kapitalgesellschaft ihrem Gesellschafter-Geschäftsführer eine Gewinntantieme, so führt dies zu einer vGA, soweit die Gesamtausstattung des Gesellschafter-Geschäftsführers unter Berücksichtigung der Tantiemeleistungen unangemessen hoch ist.

2. Die Angemessenheit der Gesamtausstattung eines Gesellschafter-Geschäftsführers muss grundsätzlich anhand derjenigen Umstände und Er-

wägungen beurteilt werden, die im Zeitpunkt der Gehaltsvereinbarung vorgelegen haben und angestellt worden sind.

3. Die Höhe der angemessenen Bezüge ist im Einzelfall durch Schätzung zu ermitteln. Dabei ist zu berücksichtigen, dass der Bereich des Angemessenen sich auf eine Bandbreite von Beträgen erstrecken kann. Unangemessen sind nur diejenigen Bezüge, die den oberen Rand dieser Bandbreite übersteigen.

4. Die Entscheidung darüber, wie ein ordentlicher Geschäftsleiter eine gewinnabhängige Vergütung bemessen und ggf. nach oben begrenzt hätte, obliegt im gerichtlichen Verfahren grundsätzlich dem FG. Dessen Würdigung ist im Revisionsverfahren nur eingeschränkt überprüfbar.

5. Steht im Zeitpunkt des Vertragsschlusses ein sprunghafter Gewinnanstieg ernsthaft im Raum, so kann es bei Vereinbarung einer gewinnabhängigen Vergütung geboten sein, diese auf einen bestimmten Höchstbetrag zu begrenzen.

6. Arbeitet ein Gesellschafter-Geschäftsführer zusätzlich für weitere Unternehmen, so ist dies bei der Bestimmung des angemessenen Gehalts in der Regel mindernd zu berücksichtigen.

7. Ist die Gesamtausstattung eines Gesellschafter-Geschäftsführers angemessen, so muss nicht schon deshalb eine vGA vorliegen, weil die Vergütung zu mehr als 25 v. H. aus variablen Anteilen besteht.

Auf die betroffenen GmbHs bzw. deren Gesellschafter-Geschäftsführer kommt grundsätzlich, um Streit mit der Finanzverwaltung zu vermeiden, eine erhöhte Sorgfaltspflicht bei der Abfassung von Tantiemevereinbarungen zu.

Neumann[1] schlägt folgende Tantiemevereinbarung vor:

„§ ... Geschäftsführerbezüge

Abs. ... Tantieme

Der Geschäftsführer erhält eine jährliche Tantieme i. H. v. (variabel) $\times \%$[2] des maßgeblichen Gewinns.

Maßgeblicher Gewinn ist der Jahresüberschuss lt. Handelsbilanz vor Abzug des Tantiemeaufwandes sowie des Körperschaftsteuer- und Gewerbesteueraufwandes, aber nach Abzug etwaiger Verlustvorträge.

---
[1] GmbHR 1996, S. 740, 742.
[2] Der Tantiemeprozentsatz muss berücksichtigen, dass die Tantieme nach der Prognose für die nächsten drei Jahre voraussichtlich 25 % der Gesamtbezüge nicht übersteigt.

Die Tantieme ist nach Ablauf von drei Wirtschaftsjahren (spätestens zum...) aufgrund einer neuen Gewinnprognose im Rahmen der Anpassung der Gesamtvergütung so neu zu bemessen, dass sie $33^1/_3$ % der Festbezüge (Brutto-Festgehalt zzgl. der fiktiven Jahresnettoprämie für die Pensionszusage zzgl. sozialer Leistungen) voraussichtlich nicht übersteigt.

Im Falle des Ausscheidens des Geschäftsführers besteht der Anspruch in dem betreffenden Jahr nur anteilig entsprechend der Zeitdauer seiner aktiven Tätigkeit.

Die Gewinntantieme ist bis zum Monatsende der Feststellung des Jahresabschlusses durch die Gesellschafterversammlung fällig."

► **Einbeziehung von Jahresfehlbeträgen in die Bemessungsgrundlage einer Gewinntantieme**

1418 Der BFH hat mit Urteil vom 18.9.2007[1] wie folgt entschieden:

► Verspricht eine Kapitalgesellschaft ihrem Gesellschafter-Geschäftsführer eine Gewinntantieme, die an den in der Handelsbilanz ausgewiesenen Jahresüberschuss anknüpft, ist dies im Allgemeinen steuerlich nur anzuerkennen, wenn unter der (Mit-)Verantwortung des Gesellschafter-Geschäftsführers angefallene oder noch anfallende Jahresfehlbeträge laut Handelsbilanz ebenfalls in die Bemessungsgrundlage der Tantieme einbezogen werden.[2]

► Die Jahresfehlbeträge müssen hierbei regelmäßig vorgetragen und durch zukünftige Jahresüberschüsse ausgeglichen werden; eine vorhergehende Verrechnung mit einem etwa bestehenden Gewinnvortrag lt. Handelsbilanz darf i. d. R. nicht vorgenommen werden.

► Hiervon abweichende Tantiemevereinbarungen führen regelmäßig zu einer verdeckten Gewinnausschüttung, und zwar in Höhe des Differenzbetrags zwischen der tatsächlich zu zahlenden Tantieme und derjenigen, die sich bei Berücksichtigung der noch nicht ausgeglichenen Jahresfehlbeträge aus den Vorjahren ergeben hätte.[3]

1419 Eine „Herausnahme" der Verluste für eine Tantiemeberechnung ist daher nicht zulässig.[4]

---

1 BFH v. 18.9.2007 - I R 73/06, NWB JAAAC-68441.
2 Anschluss an BFH v. 17.12.2003 - I R 22103, BStBl 2004 II S. 524.
3 NWB Fach 1, S. 28.
4 Siehe a. den Formulierungsvorschlag von *Neumann*: „... aber nach Abzug etwaiger Verlustvorträge ...".

9.7 Verdeckte Gewinnausschüttung

▶ **Nachträgliche Stundung einer Tantieme**

Der Anspruch auf Tantiemen wird mit Feststellung des Jahresabschlusses fällig, sofern nicht zivilrechtlich wirksam und fremdüblich eine andere Fälligkeit vertraglich vereinbart ist.[1] 1420

Der BFH[2] hat zur lohnsteuerlichen Behandlung bestimmter Gehaltsbestandteile eines Gesellschafter-Geschäftsführers einer Kapitalgesellschaft Stellung genommen, die im Anstellungsvertrag vereinbart, tatsächlich aber nicht ausgezahlt wurden. Nach dem Ergebnis der Erörterungen mit den obersten Finanzbehörden der Länder sind die Entscheidungen vom 3.2.2011[3] unter Berücksichtigung der Entscheidung vom 15.5.2013[4] auszulegen. Dem beherrschenden Gesellschafter fließt eine eindeutige und unbestrittene Forderung gegen „seine" Kapitalgesellschaft bereits mit deren Fälligkeit zu.[5] Ob sich der Vorgang in der Bilanz der Kapitalgesellschaft tatsächlich gewinnmindernd ausgewirkt hat, etwa durch die Bildung einer Verbindlichkeit, ist für die Anwendung dieser sog. Zuflussfiktion unerheblich, sofern eine solche Verbindlichkeit nach den Grundsätzen ordnungsmäßiger Buchführung hätte gebildet werden müssen.[6]

Das FG München hat mit rechtskräftigem Beschluss vom 2.6.2008[7] entschieden, dass die **Stundung einer Tantieme** nicht den Rückschluss auf das Fehlen einer von Anfang an ernstlich gewollten Tantiemezusage rechtfertigt, wenn die Stundung als Beitrag zur Gesellschafterfinanzierung zu qualifizieren ist und für den Gesellschafter Einkommensverwendung darstellt, d.h. die Tantieme ist dem Gesellschafter Geschäftsführer (fiktiv) zugeflossen und er hat der Gesellschaft den Betrag (fiktiv) als Fremdkapital zurückgewährt. 1420a

Zusammenfassend lässt sich feststellen, dass der BFH und ihm folgend die Finanzverwaltung die Vereinbarungen für eine Gewinntantieme stark eingeschränkt haben. Die 75/25 %-Regelung scheint zu dirigistisch und mehr der Plan- als der sozialen Markwirtschaft entnommen. Daher hat der BFH diese Rechtsprechung für die betroffenen Wirtschaftskreise auch nicht ohne Grund erleichternd modifiziert. Der Verstoß gegen die 75/25 Regel führt nur dann zu 1421

---

1 BFH v. 3.2.2011 - VI R 66/09, BStBl 2014 II S. 491.
2 Urteile v. 3.2.2011 - VI R 4/10, BStBl 2014 II S. 493 und VI R 66/09, BStBl 2014 II S. 491 sowie vom 15.5.2013 - VI R 24/12, BStBl 2014 II S. 495.
3 VI R 4/10, BStBl 2014 II S. 493 und VI R 66/09, BStBl 2014 II S. 491
4 VI R 24/12, BStBl 2014 II S. 495.
5 BFH v. 3.2.2011 - VI R 66/09, BStBl 2014 II S. 491.
6 BMF v. 12.5.2014 - IV C 2 - S 2743/12/10001, BStBl 2014 I S. 860.
7 FG München v. 2.6.2008 – 6 V 523/08, EFG 2009, S. 38.

einer vGA, wenn die gewählte Gestaltung gesellschaftsrechtlich veranlasst ist.[1]

1422 So hat er in mehreren Entscheidungen aus dem Jahr 2003[2] klargestellt, dass allein ein Verstoß gegen die 75/25 %-Regel noch keine vGA bei der GmbH begründet, solange die Gesamtausstattung angemessen ist.

1423 Die Finanzverwaltung ist dem gefolgt.[3]

1424 **Kostendeckende Vermietung I**

Das FG Baden-Württemberg[4] stellt in seiner Entscheidung zunächst fest, dass die Tatsache, dass der Mieter lediglich zu 5 % an der vermietenden Kapitalgesellschaft beteiligt ist, grundsätzlich nicht gegen eine vGA wegen der verbilligten Überlassung von Wohnraum spricht. Im Rahmen von Vermietungsverhältnissen zwischen einer Kapitalgesellschaft und ihren Gesellschaftern ist dann von einer vGA auszugehen, wenn die Gesellschaft als Vermieter ein unangemessen niedriges Entgelt verlangt. Weiter führt das FG aus, dass grundsätzlich darauf abzustellen ist, ob die GmbH die Wohnung dem Gesellschafter zu einem kostendeckenden Preis überlässt.

Ist jedoch die Kostenmiete in dem betreffenden Ort und in dem betreffenden Zeitraum auch von einem ordentlichen und gewissenhaften Geschäftsführer unter keinen denkbaren Umständen zu erzielen, ist hinsichtlich der Frage, ob eine verbilligte Überlassung vorliegt, auf die Vergleichsmiete am Markt abzustellen. Bei dieser konkreten Situation ist der bei der GmbH eingetretene Verlust durch die verbilligte Überlassung des Wohnraums an den Gesellschafter nicht durch das Gesellschaftsverhältnis bedingt.

Nach Ansicht des BFH[5] würde ein ordentlicher und gewissenhafter Geschäftsleiter einer Kapitalgesellschaft nur dann bereit sein, die laufenden Aufwendungen für den Ankauf, den Ausbau und die Unterhaltung eines Einfamilienhauses zu (privaten) Wohnzwecken – also im privaten Interesse – eines Gesellschafters der Kapitalgesellschaft zu tragen, wenn der Gesellschaft diese Aufwendungen in voller Höhe erstattet werden und sie zudem einen angemesse-

---

1 BFH v. 27.2.2003, BStBl 2004 II S. 132 und BFH v. 4.6.2003, BStBl 2004 II S. 136.
2 BFH v. 27.2.2003, BStBl 2004 II S. 132; BFH v. 27.3.2003 - I 46/01, GmbHR 2003, S. 1214; BFH v. 4.6.2003, BStBl 2004 II S. 136.
3 OFD Düsseldorf v. 17.6.2004, GmbHR 2004, S. 1114; R 8.8 KStR (unbesetzt) und H 8.8 KStH (Stichwort „Grundsätze").
4 FG Baden-Württemberg v. 5.8.2014 – 6 K 24/13, Rev., Az. des BFH: I R 8/15, NWB SAAAE-88556.
5 BFH v. 27.7.2016 - I R 8/15, BStBl 2017 II S. 214.

nen Gewinnaufschlag erhält.[1] Eine Vermietung zu marktüblichen, aber nicht kostendeckenden Bedingungen würde er (ausnahmsweise) in Betracht ziehen, wenn er bezogen auf den jeweils zu beurteilenden Veranlagungszeitraum bereits von der Erzielbarkeit einer angemessenen Rendite ausgehen kann.

Grundlage der Berechnung der Kostenmiete ist die II. BV, wobei steuerliche Vorteile, die der Kapitalgesellschaft unabhängig von der Vorteilszuwendung an den Gesellschafter zustehen (etwa AfA für Baudenkmäler gem. § 7i EStG), hiervon abweichend nicht zu berücksichtigen sind, soweit sie die reguläre AfA (§ 7 EStG) übersteigen. Einzubeziehen ist jedoch eine Verzinsung des eingesetzten Eigenkapitals.

Im Gegensatz zum FG Baden-Württemberg kommt das FG Köln[2] zu der Überzeugung, dass eine vGA vorliegt, wenn eine GmbH ihrem Gesellschafter-Geschäftsführer ein Einfamilienhaus zu einem nicht kostendeckenden Preis zur Nutzung überlässt.

Für die Beurteilung der vGA ist für das FG Köln unerheblich, ob das Einfamilienhaus „normal" oder „aufwändig" gestaltet ist.

Der BFH hat sich für eine vGA ausgesprochen, wenn und soweit eine GmbH ihrem Gesellschafter ein Wohnhaus zu einem nicht kostendeckenden Preis zur Nutzung überlassen hat. Denn im Rahmen des Fremdvergleichs sei zu berücksichtigen, dass ein ordentlicher und gewissenhafter Geschäftsführer nur dann bereit sei, die laufenden Aufwendungen für den Ankauf, den Ausbau und die Unterhaltung eines Einfamilienhauses zu (privaten) Wohnzwecken – also im privaten Interesse – des Gesellschafters der Kapitalgesellschaft zu tragen, wenn der Gesellschaft diese Aufwendungen in voller Höhe erstattet werden. Anzusetzen sei deswegen nicht die Marktmiete, sondern die sog. **Kostenmiete**.

Die Frage der Totalgewinnprognose über einen 30-jährigen Betrachtungszeitraum, der üblicherweise im Bereich der Einkünfte aus Vermietung und Verpachtung zum Tragen komme, soll sich nach Auffassung des BFH im Zusammenhang mit der Prüfung einer vGA ausdrücklich nicht stellen.[3] Die von der Klägerin vertretene Differenzierung zwischen „aufwändig gestalteten" und

---

1 Bestätigung des Senatsurteils v. 17.11.2004 - I R 56/03, BFHE 208, S. 519.
2 FG Köln v. 20.8.2015 – 10 K 12/08, NWB DokID: NWB AAAAF-05669, Rev., Az. des BFH: I R 71/15, NWB GAAAF-47726.
3 BFH v. 17.11.2004 - I R 56/03, BFHE 208, S. 519, DB 2005, S. 749, BFH/NV 2005, S. 793.

"normalen" Einfamilienhäusern nimmt der BFH in seiner Entscheidung ausdrücklich nicht vor. Das FG Köln schließt sich diesen Erwägungen an.[1]

Das FG Köln folgt ausdrücklich nicht dem Urteil des FG Baden-Württemberg vom 5.8.2014.[2]

Nach Ansicht des FG Köln verkennt das FG Baden-Württemberg, dass es nicht (nur) darauf ankommt, ob die Gesellschaft als Vermieterin ein unangemessen niedriges Entgelt verlangt. Die gesellschaftsrechtliche Veranlassung der Vermietung liegt bereits darin, dass es regelmäßig nicht zum Geschäftsfeld der Gesellschaft gehört, Einfamilienhäuser zu erwerben und zu privaten Wohnzwecken zu vermieten.

Der BFH[3] hat die Revision als unbegründet zurückgewiesen (§ 126 Abs. 2 FGO). Das FG ist im Ergebnis zutreffend davon ausgegangen, dass das Einkommen der Klägerin in den Streitjahren bezogen auf die Vermietung des Einfamilienhauses an C um vGA in Höhe der Differenz zwischen der um einen Gewinnaufschlag von 5 % erhöhten Kostenmiete und dem von C gezahlten Nutzungsentgelt zu erhöhen war.

1425–1430 *(Einstweilen frei)*

9.7.11 Wettbewerbsverbot

Literatur: *Lange*, Überlassung von Geschäftschancen als verdeckte Gewinnausschüttung, NWB Fach 4, S. 4179; *Thiel*, Die verdeckte Gewinnausschüttung im Spannungsfeld zwischen Zivil- und Steuerrecht, DStR 1993, S. 1801; *Gosch*, Wettbewerbsverbot, Geschäftschancenlehre und verdeckte Gewinnausschüttung: Checkliste und Prüfungsschema, DStR 1997, S. 444; *Müller*, Vertragliches Wettbewerbsverbot des GmbH-Gesellschafters und verdeckte Gewinnausschüttung in der jüngeren Rechtsprechung des BFH, BB 1997, S. 1441; *Wassermeyer*, Die neuere BFH-Rechtsprechung zu Verstößen gegen ein Wettbewerbsverbot durch den Gesellschafter-Geschäftsführer einer GmbH, DStR 1997, 681; *Weisser*, Wahrnehmung von Geschäftschancen des Unternehmens durch Alleingesellschafter-Geschäftsführer als verdeckte Gewinnausschüttungen, GmbHR 1997, S. 429; *Walter*, Verdeckte Gewinnausschüttung und Wettbewerbsverbot, Heidelberg 1998.

1431 **Bis Mitte der achtziger Jahre galt die sog. Abgrenzungsrechtsprechung.** Der BFH nahm eine vGA nur dann an, wenn der Geschäftsbereich der Gesellschaft

---

[1] Vgl. bereits FG Köln v. 14.3.2014 – 10 K 2606/12, EFG 2014, S. 1141 und v. 22.1.2015 – 10 K 3204/12, NWB BAAAE-88887, mit Anm. Hollatz in DB, Steuerrecht kompakt, Rev., Az. des BFH: I R 12/15, NWB EAAAE-88552.
[2] FG Baden-Württemberg v. 5.8.2014 – 6 K 24/13, Rev., Az. des BFH: I R 8/15, NWB SAAAE-88556.
[3] Urteil v. 27.7.2016 - I R 71/15, NWB QAAAF-85885.

9.7 Verdeckte Gewinnausschüttung

und der eigenwirtschaftliche Bereich des beherrschenden Gesellschafters nicht eindeutig und klar gegeneinander abgegrenzt waren.[1] Dieser Rechtsprechung lag der Gedanke zugrunde, dass es dem beherrschenden Gesellschafter nicht erlaubt sein sollte, das jeweilige Geschäft der GmbH bzw. seinem eigenen Betrieb im Nachhinein zuzuordnen.

> **BEISPIEL:** Makler M ist zu 75 % Inhaber einer Makler-GmbH; die übrigen 25 % der GmbH-Anteile besitzt seine Ehefrau. Weiterhin ist er in eigener Person auch als Makler tätig. M tätigt ein erfolgreiches Grundstücksgeschäft. Nach dieser Tätigkeit kommt er zu der Auffassung, dass er dieses Geschäft für eigene Rechnung und nicht für Rechnung der GmbH gemacht hat.
>
> Fehlt von vornherein eine klare Abgrenzung, so ist der Gewinn aus diesem Grundstücksgeschäft eine vGA der Makler-GmbH.

Diese BFH-Rechtsprechung ist kritisiert worden mit dem Hinweis, dass § 8 Abs. 3 Satz 2 KStG nicht die Zuordnung eines erzielten Gewinns regelt, sondern lediglich die Ermittlung der Höhe des Gewinns der Kapitalgesellschaft. Für die dogmatische Absicherung seiner Rechtsprechung „entdeckte" der BFH das **zivilrechtliche Wettbewerbsverbot**. Dem Gesellschafter wurde das Ergebnis seiner eigenwirtschaftlichen Tätigkeit steuerlich selbst zugerechnet. Die Annahme einer vGA wurde damit begründet, dass in den betreffenden Fällen die GmbH gegen den Gesellschafter einen zivilrechtlichen Schadensersatzanspruch besaß, den sie nicht geltend gemacht hatte.[2] 1432

Der BFH nahm unter folgenden Voraussetzungen eine vGA an: 1433

▶ Der Gesellschafter-Geschäftsführer hat das Wettbewerbsverbot verletzt,

▶ die Gesellschaft hat einen Anspruch auf Schadensersatz oder Gewinnherausgabe,

▶ die Gesellschaft hat auf Erfüllung dieses Anspruchs wegen des Gesellschaftsverhältnisses verzichtet.

Durch diese Rechtsprechung wurde nunmehr das Institut des zivilrechtlichen Wettbewerbsverbots in den Blickpunkt der Steuerrechtsprechung gerückt. Der BFH glaubte wohl, dass das Wettbewerbsverbot im Zivilrecht keine Probleme aufwirft. Leider stellte sich dies als Trugschluss heraus, weil im Zivilrecht über das Bestehen und den Umfang eines Wettbewerbsverbots keine sicheren Grundlagen vorliegen. Dies gilt insbesondere bei der GmbH, weil hier eine gesetzliche Regelung des Wettbewerbsverbots fehlt. 1434

---

[1] BFH v. 30.9.1970, BStBl 1971 II S. 68; BFH v. 9.2.1983, BStBl 1983 II S. 487.
[2] BFH v. 11.2.1987, BStBl 1987 II S. 461; BFH v. 26.4.1989, BStBl 1989 II S. 673; BFH v. 28.2.1990, BStBl 1990 II S. 596.

1435 Wie ungeeignet das zivilrechtliche Wettbewerbsverbot zur Lösung von vGA-Problemen ist, zeigt das Beispiel der **Einpersonen-GmbH**. Dass der Alleingesellschafter einer Einpersonen-GmbH dieser gegenüber einem Wettbewerbsverbot unterliegt, mag schon deshalb zweifelhaft sein, weil es an einer Interessenkollision fehlt. Selbst wenn man ein Wettbewerbsverbot annehmen würde, stellt sich die Frage, ob die Einpersonen-GmbH ihren Alleingesellschafter deshalb verklagen würde. Der BGH[1] hat bei der Einpersonen-GmbH ein Wettbewerbsverbot verneint. Konsequenterweise müsste dann eine vGA bei Einpersonen-GmbHs verneint werden. Dies ist aber ein Ergebnis, das weder der BFH noch die Finanzverwaltung will.

1436 Die **Finanzverwaltung** hat auf diese Rechtsprechung mit **BMF-Schreiben vom 4.2.1992**[2] reagiert. Nach dieser Verwaltungsanweisung unterliegt dem Wettbewerbsverbot der beherrschende Gesellschafter, der Gesellschafter-Geschäftsführer, der Geschäftsführer, der im Verhältnis zum beherrschenden Gesellschafter nahe stehende Person ist. Keinem Wettbewerbsverbot unterliegt danach der Minderheitsgesellschafter. Zum Umfang des Wettbewerbsverbots hat die Finanzverwaltung in diesem Schreiben keine Stellung genommen. Allerdings können vGA durch eine Befreiung des Betroffenen vom Wettbewerbsverbot vermieden werden. In der Folgezeit ist in der Praxis der Satzungszweck geändert bzw. enger gefasst worden, um eine Kollision der Eigengeschäfte mit dem satzungsmäßigen Geschäftsumfang der GmbH zu vermeiden. Weiterhin sind Befreiungen vom Wettbewerbsverbot ausgesprochen worden, wobei für diese Befreiungen grundsätzlich Entgelte bezahlt wurden.

1437 Die Rechtsprechung zum Wettbewerbsverbot wurde weiterhin heftig kritisiert, woraufhin der BFH mit seinen Urteilen vom 30.8.1995[3] und vom 22.11.1995[4] seine Rechtsprechung erneut geändert hat. Schlagwortartig kann man diese Rechtsprechungsänderung mit den Worten bezeichnen: „**Weg vom Wettbewerbsverbot, hin zur Geschäftschance.**"

1438 Eine vGA kann nur dann angenommen werden, wenn der Gesellschafter eine konkrete Geschäftschance der GmbH ausnutzt oder sich eine Information der GmbH zu Nutze macht (sog. Geschäftschancenlehre-Rechtsprechung des BFH). Nach der Rechtsprechung **kommt es nicht mehr darauf an, ob** zwischen Gesellschaft und Gesellschafter-Geschäftsführer **eine Abgrenzungsvereinbarung besteht**. Ist zivilrechtlich ein Wettbewerbsverbot gegeben, so reicht dessen

---

1 BGH v. 10.5.1993, BGHZ 122, S. 333.
2 BStBl 1992 I S. 137.
3 BFHE 178, S. 371.
4 BFH/NV 1996, S. 645.

Verletzung nach der neuen Rechtsprechung nicht aus, um eine vGA anzunehmen. Erforderlich ist vielmehr die Ausnutzung einer konkreten Geschäftschance der GmbH durch den Gesellschafter-Geschäftsführer. Der Umstand, dass der BFH zum Teil noch auf das zivilrechtliche Wettbewerbsverbot abstellt, ist wohl daraus zu erklären, dass er einen totalen Bruch mit der bisherigen Rechtsprechung vermeiden will.

Hat eine Gesellschaft aufgrund eines Vertrages mit einem Dritten eine konkrete Geschäftschance, so ist nach dem Maßstab eines ordentlichen und gewissenhaften Geschäftsleiters darüber zu entscheiden, ob die Gesellschaft die Gewinnchance selbst wahrnehmen muss oder ob sie einen anderen beauftragen darf. Dabei müssen die Geschäftschancen der Gesellschaft, soweit sie Anlass zur Annahme einer verdeckten Gewinnausschüttung sein sollen, durch einen Vertragsschluss oder durch sonst greifbare Anhaltspunkte konkretisiert sein. Es muss aus den Umständen des Einzelfalles erkennbar sein, dass die fragliche Geschäftschance in den Geschäftsbereich der Gesellschaft fällt (etwa wegen der ersten Kontaktaufnahme durch die Gesellschaft, wegen Aufwendungen der Gesellschaft in dieser Sache oder wegen des besonderen Know-Hows der Gesellschaft bezüglich derartiger Geschäfte). Soweit hiernach eine verdeckte Gewinnausschüttung dem Grunde nach zu bejahen ist, ist sie der Höhe nach unter Zugrundelegung des Betrages zu beziffern, den ein fremder Dritter für die Überlassung der Geschäftschance gezahlt hätte, nicht hingegen durch den Gewinn, den der Gesellschafter oder die Schwestergesellschaft durch die Wahrnehmung der Chance erzielt.

9. Der GmbH-Geschäftsführer im Einkommen- und Körperschaftsteuerrecht

1439 Nach *Gosch* ergibt sich das folgende Prüfungsschema:[1]

Skizze 1:

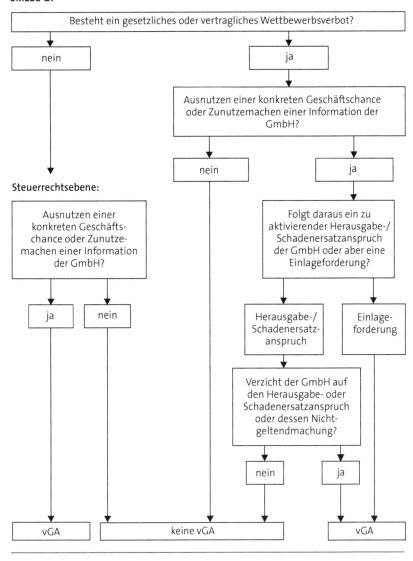

[1] Siehe Skizze 1; *Gosch*, DStR 1997, S. 444.

9.7 Verdeckte Gewinnausschüttung

Meines Erachtens kann das Schema in der Weise vereinfacht werden, dass man nur fragt, ob eine **konkrete Geschäftschance** besteht oder nicht. Besteht eine solche konkrete Geschäftschance und wird sie vom GmbH-Geschäftsführer ausgenutzt, so liegt eine vGA vor.[1]

1440

Skizze 2:

1441

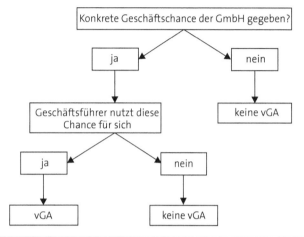

Insgesamt lässt sich sagen, dass sich die Rechtsprechung mit dem Begriff der Geschäftschance auch ins Zivilrecht begeben hat und damit versucht, vom Zivilrecht Lösungen zu erlangen, die es nicht geben kann. In der Praxis wird es schwer sein festzustellen, ob eine Geschäftschance sich schon konkretisiert hat oder nicht.

1442

Wenn sich der Kapitalgesellschaft – etwa wegen besonderer geschäftlicher Kontakte ihres Geschäftsführers – die Möglichkeit bietet, Räume zu einem niedrigeren als dem ortsüblichen Entgelt zu mieten, dann würde ein ordentlicher und gewissenhafter Geschäftsleiter diese Gelegenheit nutzen und den vorteilhaften Vertrag abschließen. Nimmt stattdessen der Gesellschafter-Geschäftsführer diese Geschäftschance, die der Kapitalgesellschaft gebührt, als Eigengeschäft wahr oder zieht er in anderer Weise Erkenntnisse der Gesellschaft über geschäftliche Möglichkeiten tatsächlicher oder rechtsgeschäftlicher Art an sich und nutzt sie für eigene Rechnung, kann dies nach der Rechtsprechung des Senats als vGA zu beurteilen sein.[2]

---

[1] Siehe Skizze 2.
[2] BFH v. 17.12.2003 - I R 25/03, BFH/NV 2004, S. 819 = NWB CAAAB-20236; BFH v. 20.8.2008 - I R 16/08 (NV), BFH/NV 2009, S. 49.

1443 Welche abwartende Haltung zu dieser Rechtsfrage die Finanzverwaltung einnimmt, kann man schon daraus sehen, dass sie das BMF-Schreiben vom 4.2.1992[1] nicht aufgehoben und es auch nicht der neuen Rechtsprechung zur Geschäftschancenlehre angepasst hat. Für die Gestaltungspraxis ist dies alles wenig erfreulich, weil sie nicht weiß, wie der BFH entscheiden wird, wenn der einzelne konkrete Fall beim BFH zur Entscheidung ansteht. In die gleiche Richtung geht auch die Bemerkung von *Weber-Grellet*,[2] der allgemein für die Entwicklungen im Bereich der vGA ausführt: „Die Rechtsprechung steht – bildlich – zwar nicht mehr am Anfang, aber das Ende und der Abschluss der Entwicklung sind noch lange nicht erreicht."

1444 Die Finanzgerichte[3] wenden nun die vom BFH vorgegebene **Geschäftschancenlehre** an.[4] In beiden Urteilen wurde eine verdeckte Gewinnausschüttung angenommen. Für die Praxis entscheidend ist die Beantwortung der Frage, ob eine „**konkretisierbare Geschäftschance**" vorlag. Das Streitpotenzial liegt in der in der Praxis schwierig zu treffenden Unterscheidung zwischen „bloßer Geschäftschance" und „konkretisierbarer Geschäftschance". Damit zeigt sich auch das Problem in der Praxis, denn zwischen „bloß" und „konkretisierbar" ist nur sehr schwer zu unterscheiden.

Nach Ansicht des FG Baden-Württemberg[5] kann eine vGA nach der Rechtsprechung des BFH darin zu sehen sein, dass der Gesellschafter-Geschäftsführer Geschäftschancen, die der Kapitalgesellschaft gebühren, ohne Gegenleistung als Eigengeschäft wahrnimmt oder Kenntnisse der Gesellschaft über geschäftliche Möglichkeiten tatsächlicher oder rechtsgeschäftlicher Art an sich zieht und für eigene Rechnung nutzt.[6]

1445–1450 *(Einstweilen frei)*

9.7.12 Pensionszusage

Literatur: *Doetsch*, Steuerliche Behandlung von Versorgungszusagen an (Gesellschafter-) Geschäftsführer einer GmbH, Karlsruhe 1997; *Harle*, Die Pensionszusage des Gesellschafter-Geschäftsführers einer GmbH, StBp 1998, S. 207; *Beck/Henn*, Pensionszusage – richtig gemacht, 1. Aufl. 2001; *Hieb/Leser*, Pensionszusagen an den Gesellschafter-

---

1 BStBl 1992 I S. 137.
2 DStZ 1998, S. 357, 368.
3 Siehe FG München v. 23.3.2015 – 7 K 780/13, NWB HAAAF-04861, zur Geschäftschancenlehre.
4 FG München v. 18.12.2000, GmbHR 2001, S. 587, aufgehoben durch BFH v. 30.1.2002 - I R 13/01, BFH/NV 2002, S. 1172; FG Saarland v.31.5.2001, EFG 2001, S. 1165.
5 FG Baden-Württemberg v. 11.12.2008 – 3 K 178/05, NWB IAAAD-47980.
6 Siehe z. B. BFH v. 30.1.2002 - I R 13/01, BFH/NV 2002, S. 1172.

Geschäftsführer, GmbHR 2001, S. 453; *Langohr-Plato,* Die Versorgung geschäftsführender Gesellschafter von Kapitalgesellschaften, Stbg 2002, S. 393, 458; *Harle/Kulemann,* Pensionszusagen an den Gesellschafter-Geschäftsführern, GmbHR 2005, S. 1275; *Hoffmann,* Abfindung des Pensionsanspruchs eines Gesellschafter-Geschäftsführers, GmbH-StB 2005, S. 314; *Paus,* Pensionszusagen und Abfindungsklauseln, GmbHR 2005, S. 975; *Prost,* Bilanzsteuerrechtliche Berücksichtigung von Abfindungsklauseln in Pensionszusagen nach § 6a EStG, DB 2005, S. 2321; *Schmidt/Alt,* Bewertung von Pensionsverpflichtungen – Auswirkungen des neuen Näherungsverfahrens zur Berücksichtigung der Sozialversicherungsrente, BB 2006, S. 296; *Pradl,* „Die zehn schwersten Beratungsfehler", GStB 2015, S. 248.

ARBEITSHILFEN ONLINE:
Haas, Pensionszusagen an Gesellschafter-Geschäftsführer, NWB MAAAB-92850.

9.7.12.1 Allgemeines

Ist der Geschäftsführer Arbeitnehmer i. S. d. Sozialversicherungsrechtes, unterliegt er der gesetzlichen Rentenversicherung und ist damit zumindest dem Grunde nach im Alter gesichert. Gesellschafter-Geschäftsführer unterliegen – insbesondere wenn sie eine beherrschende Stellung haben – nicht der gesetzlichen Rentenversicherung (s. dazu im Einzelnen Kapitel „GmbH und Sozialversicherung"). 1451

Für ihre Altersversorgung bieten sich folgende Möglichkeiten an: 1452

▶ freiwillige, ggf. private Rentenversicherung, ggf. mit Zuschuss des Arbeitgebers (beschränkt steuerfrei nach § 3 Nr. 62 EStG) oder als Direktversicherung (§ 4b EStG, § 40b EStG),

▶ eine Lebensversicherung, ggf. als Direktversicherung oder

▶ eine Pensionszusage (§ 249 HGB i.V.m. § 5 Abs. 1 EStG i.V.m. § 8 Abs. 1 KStG; § 6a EStG i.V.m. § 8 Abs. 1 KStG).

In der Praxis wird häufig eine **Pensionszusage** erteilt. Der **Vorteil liegt** für das Unternehmen **in einem Liquidationseffekt.** Es kann in der Bilanz eine Rückstellung für ungewisse Verbindlichkeiten bilden, hat aber tatsächlich noch keinen finanziellen Aufwand für die erteilte Pensionszusage, da die Zahlungspflicht erst mit Eintritt des Versorgungsfalls entsteht. Die gebildeten Rückstellungen mindern ab dem Zeitpunkt der Erteilung der Pensionszusage den Gewinn der Kapitalgesellschaft. Konsequenzen lohn- bzw. einkommensteuerrechtlicher Art entstehen für den Gesellschafter-Geschäftsführer erst, wenn nach Eintritt des Versorgungsfalls eine Pension gezahlt wird. Erst mit dem Zeitpunkt der Zahlung erfolgt beim Geschäftsführer ein Zufluss, der als Arbeitslohn besteuert wird. Für den gesamten Zeitraum der Rückstellungsbildung ergibt sich damit für die GmbH ein **Steuerstundungseffekt und damit für die GmbH ein Li-** 1453 quiditätsvorteil. Dieser Liquiditätsvorteil wird jedoch dann geschmälert, wenn gleichzeitig für die Pensionszusage aus Gründen der Anspruchssicherung eine Rückdeckungsversicherung abgeschlossen wurde.

1454 Ein Nachteil ergibt sich jedoch beim beherrschenden Gesellschafter-Geschäftsführer dadurch, dass die ihm erteilte Pensionszusage **keine Insolvenzsicherung durch den Pensions-Sicherungs-Verein VVaG (PSVaG) erfährt**, da beherrschende Gesellschafter-Geschäftsführer keine Arbeitnehmer i. S. d. § 17 Abs. 1 BetrAVG sind.[1]

1455 **Skizze:**

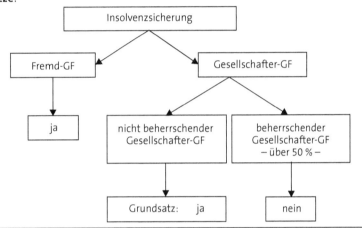

1456–1459 *(Einstweilen frei)*

9.7.12.2 Formelle Voraussetzungen für die Bildung einer Pensionszusage

1460 Systematik der zweistufigen Prüfung[2]

Die steuerrechtliche Prüfung einer unmittelbaren Pensionszusage an einen GmbH-Geschäftsführer unterliegt einer ganz speziellen Systematik, die es im Rahmen einer Auseinandersetzung mit der Fach-BP zu berücksichtigen gilt. So hat die Prüfung stets zweistufig zu erfolgen.

---

1 BGH v. 28.4.1980, BB 1980, S. 1046.
2 Nach GStB 2015, S. 244. Siehe auch R 8.7 KStR v. 6.4.2016, a. a. O.

9.7 Verdeckte Gewinnausschüttung

Zweistufiges Prinzip

Prüfung gemäß	Prüfungsgegenstand	Rechtsfolge
1. Stufe § 6a Abs. 1 EStG	Bildung einer Pensionsrückstellung	Bilanzinterne Korrektur der Pensionsrückstellung
2. Stufe § 8 Abs. 3 Satz 2 KStG	Betriebliche bzw. gesellschaftsrechtliche Veranlassung der Zusage	Bilanzexterne Hinzurechnung der vGA

In der ersten Stufe erfolgt grundsätzlich eine formelle Prüfung nach zivilrechtlichen und steuerrechtlichen (§ 6a Abs. 1 EStG) Voraussetzungen, ob und in welchem Umfang eine Rückstellung gebildet werden darf. Ist eine Pensionszusage bereits zivilrechtlich unwirksam, ist die Pensionsrückstellung in der Handelsbilanz erfolgswirksam aufzulösen, dies ist maßgeblich für die steuerrechtliche Gewinnermittlung. Steuerrechtlich müssen die Voraussetzungen des § 6a EStG erfüllt sein; sind sie nicht erfüllt, ist die Pensionsrückstellung insoweit innerhalb der steuerrechtlichen Gewinnermittlung erfolgswirksam aufzulösen.

Die Regelungen in R 6a EStR sind für den Ansatz der Pensionsrückstellungen in der steuerrechtlichen Gewinnermittlung dem Grunde und der Höhe nach zu berücksichtigen.[1] Sind die dort definierten Grundvoraussetzungen erfüllt und handelt es sich beim Versorgungsberechtigten um einen Gesellschafter-Geschäftsführer, ist in der zweiten Prüfungsstufe das Vorliegen einer vGA gem. § 8 Abs. 3 Satz 2 KStG auszuschließen.[2] Bei dieser Prüfung sind insbesondere die Aspekt Ernsthaftigkeit, Erdienbarkeit und Angemessenheit zu prüfen.

Die Unterscheidung und die Prüfung der zwei Stufen ist deswegen von Bedeutung, weil ein Verstoß gegen § 6a EStG (erste Stufe) die Korrektur der Bilanz, eine vGA (zweite Stufe) jedoch lediglich eine außerbilanzielle Hinzurechnung der im jeweiligen Veranlagungszeitraum eingetretenen Minderung des Unterschiedsbetrags nach § 4 Abs. 1 Satz 1 EStG zur Folge hat.

HINWEIS:

Die Rechtsfolgen der beiden Prüfungsstufen sind klar zu trennen. Keinesfalls darf zugelassen werden, dass z. B. ein Verstoß auf der zweiten Prüfungsstufe mit der Auflösung der Pensionsrückstellung geahndet wird.

---

1 Vgl. R. 8.7 Sätze 1 bis 4 KStR 2015 v. 6.4.2016, a. a. O.
2 R. 8.7 KStR 2015 v. 6.4.2016, a. a. O.

1461 In § 6a EStG ist geregelt, unter welchen Voraussetzungen eine Pensionszusage gebildet werden darf. Der Geschäftsführer muss gem. § 6a Abs. 1 Nr. 1 EStG einen **Rechtsanspruch auf die Pensionszusage** haben. Dies setzt eine zivilrechtlich wirksame Erteilung der Pensionszusage voraus. Weiterhin darf die Pensionszusage gem. § 6a Abs. 1 Nr. 2 EStG keinen schädlichen Vorbehalt enthalten. Der Grund ist darin zu sehen, dass der Rechtsanspruch des Geschäftsführers nicht durch weitgehende Vorbehalte entwertet werden soll. Als Reaktion auf das BFH-Urteil vom 9.11.1995[1] ist mit dem Jahressteuergesetz 1997 § 6a Abs. 1 Nr. 2 EStG dahin gehend ergänzt worden, dass die Höhe der Pensionsleistungen nicht von künftigen gewinnabhängigen Bezügen abhängig sein darf. Weiterhin muss gem. § 6a Abs. 1 Nr. 3 EStG die Pensionszusage **schriftlich** erteilt werden.

PRAXISHINWEISE:

Finanzverwaltung und Rechtsprechung stellen unterschiedliche Voraussetzungen auf. Nach Verwaltungsauffassung muss der Zusagezeitpunkt fixiert sein; weiterhin bedarf es eindeutiger und präziser Angaben zu Art, Form, Voraussetzungen und Höhe der in Aussicht gestellten künftigen Leistungen und schließlich auch versicherungsmathematischer Angaben zur Ermittlung der Höhe der Versorgungsverpflichtung wie z. B. Rechnungszinsfuß oder Ausscheidewahrscheinlichkeit.[2] Nach BFH-Urteil vom 24.3.1999[3] reicht es dagegen aus, wenn wesentliche Bestandteile auch durch Auslegung anhand außerhalb des Vertrages liegender Umstände ermittelt werden können.

1462 Diese Voraussetzungen gelten nicht nur für Gesellschafter-Geschäftsführer, sondern sind allgemeine Voraussetzungen für die Bildung einer Pensionszusage, haben aber in der Praxis insbesondere für den Gesellschafter-Geschäftsführer Bedeutung.

1463 Durch das Gesetz zur Anpassung der Regelaltersgrenze an die demografische Entwicklung und zur Stärkung der Finanzierungsgrundlagen der gesetzlichen Rentenversicherung (RV-Altersgrenzenanpassungsgesetz) vom 20.4.2007[4] werden die Altersgrenzen in der gesetzlichen Rentenversicherung in Abhängigkeit vom Geburtsjahrgang der Versicherten stufenweise heraufgesetzt. Diese Neuregelung wirkt sich auf die Festlegung des Pensionsalters aus. Nach dem BMF Schreiben vom 5.5.2008[5] gilt hierzu Folgendes:

---

1 BStBl 1996 II S. 589.
2 Siehe auch BMF v. 28.8.2001, DB 2001, S. 2018.
3 DB 1999, S. 1783.
4 BGBl 2007 I S. 554.
5 BMF v. 5.5.2008, BStBl 2008 I S. 569 (Pensionsalter); H 6a (11) EStH 2015. Nach dem BMF Schreiben v. 9.12.2016 - IV C 6 - S 2176/07/10004:003, Rz. 2, BStBl 2016 I S. 1427 ist das BMF Schreiben v. 5.5.2008 weiterhin anzuwenden.

Bei der Ermittlung des Teilwertes einer Pensionsanwartschaft ist weiterhin grundsätzlich das vertraglich vereinbarte Pensionsalter zugrunde zu legen. Sofern in der Pensionszusage als vertragliches Pensionsalter auf die Regelaltersgrenze der gesetzlichen Rentenversicherung verwiesen wird, sind grundsätzlich die folgenden gerundeten Pensionsalter zu verwenden (vgl. §§ 35 und 235 SGB VI):

Geburtsjahrgänge	Pensionierungsalter
bis 1952	65 Jahre
ab 1953 bis 1961	66 Jahre
ab 1962	67 Jahre

Für die Bildung von Pensionsrückstellungen für beherrschende Gesellschafter-Geschäftsführer von Kapitalgesellschaften ist zu unterstellen, dass die Jahresbeträge nach § 6a Abs. 3 Satz 2 Nr. 1 Satz 3 EStG vom Beginn des Dienstverhältnisses bis zur vertraglich vorgesehenen Altersgrenze, mindestens jedoch bis zum o. g. geburtsjahrabhängigen Pensionsalter aufzubringen sind:

Als Beginn des Dienstverhältnisses gilt der Eintritt in das Unternehmen als Arbeitnehmer. Das gilt auch dann, wenn der Geschäftsführer die Pensionszusage erst nach Erlangung der beherrschenden Stellung erhalten hat.

Für anerkannt schwer behinderte Menschen kann geburtsjahrabhängig eine vertragliche Altersgrenze wie folgt zugrunde gelegt werden:[1]

für Geburtsjahrgänge	Pensionsalter
bis 1952	60
ab 1953 bis 1961	61
ab 1962	62

Das BMF[2] hat ein Schreiben zur Anwendung der neuen „Heubeck-Richttafeln 2018 G" herausgegeben:

1. Steuerliche Anerkennung der „Heubeck-Richttafeln 2018 G",

2. Zeitliche Anwendung,

3. Verteilung des Unterschiedsbetrages nach § 6a Abs. 4 Satz 2 EStG,

4. Andere Verpflichtungen, die nach § 6a EStG bewertet werden).

1464

---

[1] R 6a (8) EStR.
[2] BMF v. 19.10.2018 - IV C 6 - S 2176/07/10004:001, BStBl 2018 I S. 1107.

Bei der Bewertung von Pensionsrückstellungen sind u. a. die anerkannten Regeln der Versicherungsmathematik anzuwenden (§ 6a Abs. 3 Satz 3 EStG). Sofern in diesem Zusammenhang bislang die „Richttafeln 2005 G" von Professor Klaus Heubeck verwendet wurden, ist zu beachten, dass diese durch die „Heubeck-Richttafeln 2018 G" ersetzt wurden.

Das BMF-Schreiben vom 16.12.2005 (BStBl 2005 I S. 1054) nimmt unter Bezugnahme auf das BMF-Schreiben vom 13.4.1999 (BStBl 1999 I S. 436) zum Übergang auf neue oder geänderte biometrische Rechnungsgrundlagen bei der Bewertung von Pensionsrückstellungen Stellung. Unter Berücksichtigung der in diesen Schreiben dargelegten Grundsätze ergibt sich für die Anwendung der neuen „Heubeck-Richttafeln 2018 G" in der steuerlichen Gewinnermittlung nach Abstimmung mit den obersten Finanzbehörden der Länder Folgendes:

1. Steuerliche Anerkennung der „Heubeck-Richttafeln 2018 G"

1 Die „Heubeck-Richttafeln 2018 G" werden als mit den anerkannten versicherungsmathematischen Grundsätzen im Sinne von § 6a Abs. 3 Satz 3 EStG übereinstimmend anerkannt.

2. Zeitliche Anwendung

2 Die „Heubeck-Richttafeln 2018 G" können erstmals der Bewertung von Pensionsrückstellungen am Ende des Wirtschaftsjahres zugrunde gelegt werden, das nach dem 20.7.2018 (Tag der Veröffentlichung der neuen Richttafeln) endet. Der Übergang hat einheitlich für alle Pensionsverpflichtungen und alle sonstigen versicherungsmathematisch zu bewertende Bilanzposten des Unternehmens zu erfolgen. Die „Richttafeln 2005 G" können letztmals für das Wirtschaftsjahr verwendet werden, das vor dem 30.6.2019 endet.

3. Verteilung des Unterschiedsbetrages nach § 6a Abs. 4 Satz 2 EStG

3 Nach § 6a Abs. 4 Satz 2 EStG kann der Unterschiedsbetrag, der auf der erstmaligen Anwendung der „Heubeck-Richttafeln 2018 G" beruht, nur auf mindestens drei Wirtschaftsjahre gleichmäßig verteilt der jeweiligen Pensionsrückstellung zugeführt werden (Verteilungszeitraum). Die gleichmäßige Verteilung ist sowohl bei positiven als auch bei negativen Unterschiedsbeträgen erforderlich. Bei einer Verteilung des Unterschiedsbetrages auf drei Wirtschaftsjahre gilt Folgendes:

a) Zuführungen am Ende des Wirtschaftsjahres, für das die „Heubeck-Richttafeln 2018 G" erstmals anzuwenden sind (Übergangsjahr)

4 Am Ende des Wirtschaftsjahres, für das die neuen Rechnungsgrundlagen erstmals anzuwenden sind (Übergangsjahr), ist die jeweilige Pensionsrückstellung zunächst auf der Grundlage der bisherigen Rechnungsgrundlagen (z. B. „Richttafeln 2005 G") nach § 6a Abs. 3 und Abs. 4 Satz 1 und 3 bis 5 EStG zu ermitteln.

Anschließend ist zu demselben Stichtag die so ermittelte Rückstellung um ein Drittel des Unterschiedsbetrages zwischen dem Teilwert der Pensionsverpflichtung am Ende des Übergangsjahres nach den „Heubeck-Richttafeln 2018 G" und den bisher verwendeten Rechnungsgrundlagen zu erhöhen oder – bei negativem Unterschiedsbetrag – zu vermindern. Ist die Pensionsrückstellung, die sich nach Satz 1 ergibt (Ist-Rückstellung auf Grundlage der bisherigen Rechnungsgrundlagen), niedriger als der Teilwert der Pensionsverpflichtung gemäß § 6a Abs. 3 EStG nach den bisherigen Rechnungsgrundlagen (Soll-Rückstellung), kann ein negativer Unterschiedsbetrag insoweit gekürzt werden (entsprechend R 6a Abs. 22 Satz 3 EStR 2012).

5 Die Verteilungsregelung gilt auch für Versorgungszusagen, die im Übergangsjahr erteilt werden; das insoweit beim Bundesfinanzhof anhängige Verfahren (Aktenzeichen XI R 34/16) bleibt abzuwarten.

b) Zuführungen im Folgejahr

6 In dem auf das Übergangsjahr folgenden Wirtschaftsjahr (Folgejahr) ist die Pensionsrückstellung zunächst auf Grundlage der „Heubeck-Richttafeln 2018 G" nach § 6a Abs. 3 und Abs. 4 Satz 1 und 3 bis 5 EStG zu ermitteln. Die so berechnete Pensionsrückstellung ist um ein Drittel des Unterschiedsbetrages gemäß Randnummer 4 zu vermindern oder zu erhöhen.

7 Wird in einem Folgejahr eine Pensionszusage neu erteilt oder erhöht sich bei einer bestehenden Zusage die Verpflichtung, sind insoweit die Pensionsrückstellungen in vollem Umfang auf der Basis der „Heubeck-Richttafeln 2018 G" ohne Verteilung eines Unterschiedsbetrages zu bewerten.

c) Zuführungen im zweiten Folgejahr

8 In dem auf das Übergangsjahr folgenden zweiten Wirtschaftsjahr (zweites Folgejahr) ist die Pensionsrückstellung auf Grundlage der „Heubeck-Richttafeln 2018 G" gemäß § 6a Abs. 3 und Abs. 4 Satz 1 und 3 bis 5 EStG zu ermitteln. Eine Kürzung der Rückstellung unterbleibt.

d) Arbeitgeberwechsel

9 Die Grundsätze der Randnummern 4 bis 8 gelten auch bei einem Übergang des Dienstverhältnisses im Übergangsjahr und Folgejahr auf einen neuen Arbeitgeber aufgrund gesetzlicher Bestimmungen, z. B. nach § 613a BGB. In Fällen eines Arbeitgeberwechsels im Sinne von § 5 Abs. 7 Satz 4 EStG im Übergangsjahr oder in vorherigen Jahren hat der neue Arbeitgeber die Grundsätze der Randnummern 4 bis 8 entsprechend zu berücksichtigen. e) Billigkeitsregelung

10 Aus Billigkeitsgründen ist es nicht zu beanstanden, wenn der Unterschiedsbetrag für sämtliche Pensionsverpflichtungen eines Betriebes anstelle der Berech-

nung nach den Randnummern 4 bis 9 insgesamt als Differenz zwischen den Teilwerten nach den „Heubeck-Richttafeln 2018 G" und den bisherigen Rechnungsgrundlagen am Ende des Übergangsjahres ermittelt und dieser Gesamtunterschiedsbetrag in unveränderter Höhe auf das Übergangsjahr und die beiden folgenden Wirtschaftsjahre gleichmäßig verteilt wird, indem von der Summe der Pensionsrückstellungen nach den „Richttafeln 2018 G" am Ende des Übergangsjahres zwei Drittel und am Ende des Folgejahres ein Drittel dieses Gesamtunterschiedsbetrages abgezogen werden.

11 Hat sich der Bestand der Pensionsberechtigten im Folgejahr durch einen Übergang des Dienstverhältnisses aufgrund einer gesetzlichen Bestimmung verändert, ist das für dieses Wirtschaftsjahr zu berücksichtigende Drittel des Gesamtunterschiedsbetrages entsprechend zu korrigieren.

12 Wird der maßgebende Unterschiedsbetrag über mehr als drei Wirtschaftsjahre gleichmäßig verteilt, gelten die Regelungen der Randnummern 4 bis 11 unter Berücksichtigung der veränderten Zuführungsquoten und Übergangszeiträume entsprechend.

5. Andere Verpflichtungen, die nach § 6a EStG bewertet werden

13 Die Grundsätze dieses Schreibens gelten für andere Verpflichtungen, die nach den Grundsätzen des § 6a EStG zu bewerten sind (z. B. Vorruhestandsleistungen), entsprechend.

1465–1475 *(Einstweilen frei)*

9.7.12.3 Checkliste: Erlaubt die Pensionszusage die Bildung einer Rückstellung (§ 6a EStG)?[1]

1476	Tatbestand	geprüft?
	Schriftform (§ 6a Abs. 1 Nr. 3 EStG)	
	Keine schädlichen Klauseln (§ 6a Abs. 1 Nr. 2 EStG) – freies Widerrufsrecht des Arbeitgebers: freiwillig und ohne Rechtsanspruch; - jederzeitiger Widerruf vorbehalten; - kein Rechtsanspruch auf die Leistung; - Leistungen sind unverbindlich.	

---

1 *Haas*, NWB MAAAB-92850.

Anpassungsklauseln sind unschädlich formuliert (§ 6a Abs. 1 Nr. 2 EStG)	

- Abfindungsklausel bezieht sich auf den Barwert und nicht auf den Teilwert.
- Anpassungsklausel sieht eine Kürzung oder Aufhebung des Pensionsanspruchs bei geänderten Verhältnissen nur nach billigem Ermessen unter Abwägung der berechtigten gegenseitigen Interessen vor.
Beispiele:
- „Die Firma behält sich vor, die Leistungen zu kürzen oder einzustellen, wenn die bei Erteilung der Pensionszusage maßgebenden Verhältnisse sich nachhaltig so wesentlich geändert haben, dass der Firma die Aufrechterhaltung der zugesagten Leistung unter objektiver Beachtung der Belange des Pensionsberechtigten nicht mehr zugemutet werden kann."
- „Die Firma behält sich vor, die zugesagten Leistungen zu kürzen oder einzustellen, wenn
  a) die wirtschaftliche Lage des Unternehmens sich nachhaltig so wesentlich verschlechtert hat, dass ihm eine Aufrechterhaltung der zugesagten Leistung nicht mehr zugemutet werden kann, oder
  b) der Personenkreis, die Beiträge, die Leistung oder das Pensionierungsalter bei der gesetzlichen Sozialversicherung oder anderen Versorgungseinrichtungen mit Rechtsanspruch sich wesentlich ändert, oder
  c) die rechtliche, insbesondere die steuerliche Behandlung der Aufwendungen, die zur planmäßigen Finanzierung der Versorgungsleistungen von der Firma gemacht werden oder gemacht worden sind, sich so wesentlich ändern, dass der Firma die Aufrechterhaltung der zugesagten Leistungen nicht mehr zugemutet werden kann, oder
  d) der Pensionsberechtigte Handlungen begeht, die in grober Weise gegen Treu und Glauben verstoßen oder zu einer fristlosen Entlassung berechtigen würden."	

9. Der GmbH-Geschäftsführer im Einkommen- und Körperschaftsteuerrecht

Keine Überversorgung des Geschäftsführers (§ 6a Abs. 3 Satz 2 Nr. 1 Satz 4 EStG) Die Gesamtversorgung des Geschäftsführers aus der Pensionszusage und den Rentenanwartschaften aus der gesetzlichen Rentenversicherung ist nicht größer als 75 % der Aktivbezüge.

9.7.12.4 Weitere Voraussetzungen für die Erteilung der Pensionszusage

1477 Die Anforderungen an Pensionszusagen gegenüber Gesellschafter-Geschäftsführern lassen sich wie folgt zusammenfassen:

► nicht zu früh,
► nicht zu spät und
► nicht zu hoch.

1478 Hinter diesen von der Rechtsprechung aufgestellten Voraussetzungen steht die Befürchtung, dass sonst der Gewinn der GmbH unzulässigerweise abgesaugt bzw. verfälscht wird.

1479 Nach § 6a Abs. 2 Nr. 1 EStG darf eine Pensionsrückstellung erstmals gebildet werden

1. vor Eintritt des Versorgungsfalls für das Wirtschaftsjahr, in dem die Pensionszusage erteilt wird, frühestens jedoch für das Wirtschaftsjahr, bis zu dessen Mitte der Pensionsberechtigte bei

   a) erstmals nach dem 31.12.2017 zugesagten Pensionsleistungen das 23. Lebensjahr vollendet,

   b) erstmals nach dem 31.12.2008 und vor dem 1.1.2018 zugesagten Pensionsleistungen das 27. Lebensjahr vollendet,

   c) erstmals nach dem 31.12.2000 und vor dem 1.1.2009 zugesagten Pensionsleistungen das 28. Lebensjahr vollendet,

   d) erstmals vor dem 1.1.2001 zugesagten Pensionsleistungen das 30. Lebensjahr vollendet

oder bei nach dem 31.12.2000 vereinbarten Entgeltumwandlungen i. S. v. § 1 Absatz 2 des Betriebsrentengesetzes für das Wirtschaftsjahr, in dessen Verlauf die Pensionsanwartschaft gem. den Vorschriften des Betriebsrentengesetzes unverfallbar wird.

HINWEIS:
Die Altersgrenze muss zur Mitte des Jahres erreicht sein (§ 6a Abs. 2 Nr. 1 EStG).

Nach dem BFH-Urteil vom 15.10.1997[1] reicht bei Erteilung der Pensionszusage ein Zeitraum von fünf Jahren aus, um die Eignung, Befähigung und fachliche Leistung eines Geschäftsführers als Voraussetzung für die Erteilung einer Pensionszusage zu prüfen. Dabei muss diese Probezeit bzw. **Wartefrist** (der Begriff „Wartezeit" sollte in diesem Zusammenhang nicht benutzt werden, weil er „versicherungstechnisch besetzt" ist) **von fünf Jahren** nicht nur bei der GmbH abgeleistet worden sein, sondern die Zeit bei einem Einzelunternehmen, das später in eine Kapitalgesellschaft umgewandelt wird, wird angerechnet.[2]

1480

Die Rechtsprechung nimmt einen **Fremdvergleich** vor: Würde man einem Fremden solche Konditionen andienen? Als Beispiel sei genannt, dass ein 32-Jähriger eine Einpersonen-GmbH gründet, selbst Geschäftsführer dieser GmbH ist und sich nach einem halben Jahr eine Pensionszusage erteilt. Einem Dritten würde man höchstwahrscheinlich in dieser Zeitkürze keine Pensionszusage geben.

1481

Weiterhin darf die Pensionszusage nicht zu spät erteilt werden. Damit ist das Merkmal der **Erdienbarkeit** der Pensionszusage angesprochen. Hinsichtlich der Erdienbarkeit ist zwischen dem beherrschenden und dem nicht beherrschenden Gesellschafter-Geschäftsführer zu unterscheiden.

1482

Bei einem **beherrschenden Gesellschafter-Geschäftsführer** kann die Pension noch erdient werden, wenn zwischen Zusagezeitpunkt und dem vorgesehenen Zeitpunkt des Eintritts in den Ruhestand **mindestens zehn Jahre** liegen. Der regelmäßige Erdienungszeitraum für Versorgungszusagen an beherrschende Gesellschafter-Geschäftsführer beträgt daher auch bei ab Januar 2001 erteilten Versorgungszusagen – unabhängig von der Verkürzung der Unverfallbarkeitsfrist im BetrAVG durch Einfügung des § 1b Abs. 1 Satz 1 BetrAVG durch das Gesetz zur Reform der gesetzlichen Rentenversicherung und zur Förderung eines kapitalgedeckten Altersvorsorgevermögens – Altersvermögensgesetz – v. 26.6.2001[3] auf fünf Jahre – weiterhin zehn Jahre, wobei die Erteilung der Versorgungszusage und der vorgesehene Eintritt des Versorgungsfalles zur Bestimmung der Frist maßgeblich sind.[4]

1483

---

1 BB 1998, S. 628.
2 So BFH v. 29.10.1997, DB 1998, S. 706.
3 BGBl 2001 I S. 1310.
4 Anschluss an BFH v. 19.11.2008 - I B 108/08, NWB DAAAD-09854.

1483a **Erdienung einer Pensionszusage bei Weiterbeschäftigung des beherrschenden Gesellschafter-Geschäftsführers**

Auch bei der Vereinbarung einer höheren Pensionsleistung zum Ausgleich einer erst später einsetzenden Auszahlung der Pension wegen Weiterbeschäftigung des beherrschenden Gesellschafter-Geschäftsführers über den vorgesehenen Pensionszeitpunkt hinaus sind der Erdienenszeitraum von zehn Jahren und die Altersgrenze von 60 Jahren zu beachten. Eine erst im oder kurz vor dem Zeitpunkt des vereinbarten Pensionseintrittsalters getroffene Barwertausgleichsvereinbarung widerspricht daher den Erdienbarkeitsgrundsätzen.[1]

Bezieht der Altgesellschafter einer GmbH nach der Übertragung seiner GmbH-Anteile von der GmbH neben seiner Rente aufgrund fortgesetzter Geschäftsführertätigkeit ein laufendes Gehalt, bedingt dies auch dann eine vGA, wenn die Gehaltszahlungen erheblich reduziert erfolgen und an der Angemessenheit der insgesamt erfolgten Zahlungen keine Zweifel bestehen.[2]

1483b **Sog. Erdienensdauer bei einer Unterstützungskassenzusage**

Der von der Rechtsprechung zu Direktzusagen entwickelte Grundsatz, nach dem sich der beherrschende Gesellschafter-Geschäftsführer einer Kapitalgesellschaft einen Anspruch auf Altersversorgung regelmäßig nur erdienen kann, wenn zwischen dem Zusagezeitpunkt und dem vorgesehenen Eintritt in den Ruhestand noch ein Zeitraum von mindestens zehn Jahren liegt, gilt auch bei einer mittelbaren Versorgungszusage in Gestalt einer rückgedeckten Unterstützungskassenzusage. Kann die sog. Erdienensdauer vom beherrschenden Gesellschafter-Geschäftsführer nicht mehr abgeleistet werden, ist prinzipiell davon auszugehen, dass ein ordentlicher und gewissenhafter Geschäftsleiter im Interesse der Gesellschaft von der (mittelbaren) Versorgungszusage abgesehen hätte. Die von der Gesellschaft als Trägerunternehmen an die Unterstützungskasse geleisteten Zuwendungen sind dann regelmäßig nicht als Betriebsausgaben abziehbar.[3]

1483c Scheidet der beherrschende Gesellschafter-Geschäftsführer einer GmbH, dem im Alter von 58 Jahren auf das vollendete 68. Lebensjahr von der GmbH vertraglich eine monatliche Altersrente zugesagt worden ist, bereits im Alter von 63 Jahren aus dem Unternehmen als Geschäftsführer aus, wird der Versor-

---

1 FG Köln, Urteil v. 6.4.2017 – 10 K 2310/15, EFG 2017, S. 1537.
2 FG Köln, Urteil v. 26.3.2015 – 10 K 1949/12, EFG 2015, S. 1220. Das Revisionsverfahren wurde nach Rücknahme der Revision eingestellt (BFH-Beschluss v. 31.10.2016 - I R 32/15, nicht dokumentiert).
3 BFH v. 20.7.2016 - I R 33/15, BStBl 2017 II S. 66.

9.7 Verdeckte Gewinnausschüttung

gungsvertrag tatsächlich nicht durchgeführt. Die jährlichen Zuführungen zu der für die Versorgungszusage gebildeten Rückstellung stellen deswegen regelmäßig vGA dar.[1] Anders verhielte es sich nur dann, wenn für die verkürzte Laufzeit plausible betriebliche Gründe des Einzelfalls erkennbar oder vorgebracht worden wären.[2]

Dies gilt nicht nur für eine erstmalige Zusage, sondern auch für nachträgliche Änderungen oder Erhöhungen der Zusage.[3] Der BFH hat mit Urteil vom 23.9.2008[4] entschieden, dass diese Frist auch für die nachträgliche Erhöhung einer bereits erteilten Zusage gilt. Um eine nachträgliche Erhöhung kann es sich auch handeln, wenn ein endgehaltsabhängiges Pensionsversprechen infolge einer Gehaltsaufstockung mittelbar erhöht wird und das der Höhe nach einer Neuzusage gleichkommt. Maßgebend bei der Ermittlung des Erdienenszeitraums ist der in der Pensionszusage vereinbarte frühestmögliche Zeitpunkt des Pensionsbezuges.[5]

Nach Ansicht des BFH[6] scheidet eine Erdienbarkeitsprüfung aus, wenn bestehende Gehaltsansprüche des Gesellschafter-Geschäftsführers in eine Anwartschaft auf Leistungen der betrieblichen Altersversorgung umgewandelt werden. In diesem Fall scheitert die steuerrechtliche Anerkennung der Versorgungszusage regelmäßig nicht an der fehlenden Erdienbarkeit. Wird bei einer bestehenden Versorgungszusage lediglich der Durchführungsweg gewechselt (wertgleiche Umstellung einer Direktzusage in eine Unterstützungskassenzusage), so löst allein diese Änderung ebenfalls keine erneute Erdienbarkeitsprüfung aus.

Bei einem nicht beherrschenden Gesellschafter-Geschäftsführer wird Erdienbarkeit angenommen, wenn im vorgesehenen Zeitpunkt des Eintritts in den Ruhestand der Beginn der Betriebszugehörigkeit mindestens zwölf Jahre zurückliegt und die Zusage für mindestens drei Jahre bestanden hat. Zuführungen zur Pensionsrückstellung zugunsten eines nicht beherrschenden Gesellschafter-Geschäftsführers einer GmbH stellen immer dann vGA dar, wenn der Begünstigte zum Zeitpunkt der Pensionszusage bereits das 62. Lebensjahr vollendet hat und somit den Pensionsanspruch bis zum frühestmöglichen Ausscheiden mit Vollendung des 65. Lebensjahres nicht mehr „erdienen" kann.

1484

---

1 BFH v. 25.6.2014 - I R 76/13, BFH/NV 2014, S. 1672.
2 So. z. B. BFH v. 30.1.2002 - I R 56/01, BFH/NV 2002, S. 1055.
3 FG des Landes Sachsen-Anhalt v. 23.5.2012 – 3 K 877/07, NWB AAAAE-23923.
4 BFH v. 23.9.2008 - I R 62/07, BStBl 2013 II S. 39.
5 BFH v. 20.5.2015 - I R 17/14, BFH/NV 2015, S. 1521.
6 BFH v. 7.3.2018 - I R 89/15, BStBl 2019 II S. 70.

9. Der GmbH-Geschäftsführer im Einkommen- und Körperschaftsteuerrecht

1484a Nach Ansicht des Thüringer FG,[1] ist angesichts einer gestiegenen Lebenserwartung in der Bundesrepublik Deutschland, einer zwischenzeitlich höheren Leistungsfähigkeit älterer Jahrgänge und einer partiellen Anhebung des Renteneintrittsalters auf nunmehr 67 Jahre dem BFH die Frage zur Klärung zu stellen, ob auch weiterhin für die steuerrechtliche Anerkennung von Pensionszusagen i. d. R. darauf abgestellt werden soll, ob diese den Gesellschafter-Geschäftsführern vor der Vollendung ihres 60. Lebensjahres gegeben worden sind.[2]

Der BFH bestätigt in seiner Entscheidung vom 11.9.2013, dass nach ständiger Rechtsprechung des BFH ein Pensionsanspruch nicht mehr erdient werden kann, wenn der Gesellschafter-Geschäftsführer im Zeitpunkt der Pensionszusage das 60. Lebensjahr überschritten hat. Ob es sich um einen beherrschenden oder einen nicht beherrschenden Gesellschafter-Geschäftsführer handelt, ist insoweit nicht von Belang. Diese typisierende Betrachtungsweise führt nicht zu einer gegen Art. 3 Abs. 1 GG verstoßenden Altersdiskriminierung. Dass eine Pensionszusage bei fortschreitendem Alter nicht mehr erdient werden kann, ist ein sachliches Kriterium, das die Ungleichbehandlung rechtfertigen kann. Die Anhebung der Regelaltersgrenze auf 67 Jahre gebietet jedenfalls dann keine Modifizierung der bisherigen Rechtsprechung, wenn der Gesellschafter-Geschäftsführer, dem die Pensionszusage erteilt worden ist, vor dem 1.1.1947 geboren ist und zudem im Zeitpunkt der Erteilung der Pensionszusage das 60. Lebensjahr bereits um mehr als zwei Jahre überschritten hat.

1485 Wird eine Pensionszusage nach Vollendung des 60. Lebensjahres erteilt und ist sie auf ein höheres als das 70. Lebensjahr gerichtet, so stellt diese Pensionszusage eine vGA dar.[3]

PRAXISHINWEIS:

Fehlende Rückdeckungsversicherung unschädlich

In der Praxis ist bei beherrschenden Gesellschafter-Geschäftsführern bei fehlender Rückdeckungsversicherung die Ernsthaftigkeit der Pensionszusage bezweifelt und eine vGA angenommen worden. Der BFH hat in seinen Urteilen vom 15.10.1997[4] und 29.10.1997[5] klargestellt, dass sich aus dem Fehlen einer Rückdeckungsversicherung für eine Pensionszusage allein noch nicht ergibt, dass die Zusage eine vGA ist. Er begründet

---

1 Thüringer FG v. 16.2.2012 – 1 K 368/11, DStRE 2012, S. 1519.
2 BFH v. 11.9.2013 - I R 26/12, NWB HAAAE-60349.
3 BFH v. 5.4.1995, BStBl 1995 II S. 478.
4 BB 1998, S. 628.
5 DB 1998, S. 706.

dies damit, dass fremde Arbeitnehmer auch häufig Pensionszusagen erhalten, die nicht durch eine Rückdeckungsversicherung abgesichert sind.[1]

Die Aussage, dass die Pensionszusage „nicht zu hoch" sein darf, beinhaltet zwei Aspekte:

▶ zum einen den Aspekt der **Überversorgung**,

▶ zum anderen denjenigen der **Gesamtausstattung** (Angemessenheit der Gesamtbezüge unter Einbeziehung der sog. fiktiven Jahresnettoprämie).

Nach der BFH-Rechtsprechung ist eine **Pensionszusage nur betrieblich veranlasst**, soweit diese zu **keiner Überversorgung** führt. Nach dem BFH-Urteil vom 17.5.1995[2] liegt eine Überversorgung vor, soweit die Leistungen aus der Pensionszusage zusammen mit einer zu erwartenden Sozialversicherungsrente höher sind als 75 % der Aktivbezüge.[3] Der BFH hat sich dabei wohl von den Richter- bzw. Beamtenpensionen leiten lassen. Auch wenn diese Rechtsprechung in der Literatur kritisiert wurde, ist sie doch für die Praxis zu beachten. Die Verwaltung hat sich dazu im Schreiben vom 3.11.2004[4] und vom 13.12.2012[5] geäußert.

Die Grundsätze des BFH zur Überversorgung (§ 6a EStG) sind – auch bei der Zusage von Festbeträgen – weiterhin anzuwenden.[6] Nach Auffassung des BFH[7] sind fest zugesagte prozentuale Renten- oder Anwartschaftserhöhungen zwar keine ungewissen Erhöhungen i. S. des § 6a Abs. 3 Satz 2 Nr. 1 Satz 4 EStG. Hieraus folgt jedoch nicht, dass jedwede Renten- oder Anwartschaftsdynamisierungen bei der Prüfung einer sog. Überversorgung unbeachtlich sind. Eine über 3 % liegende jährliche Steigerungsrate kann bei der Prüfung der Überversorgung beachtlich sein.

Liegt die zugesagte Versorgung bereits ohne Berücksichtigung der Dynamisierung deutlich über 75 % des letzten Aktivgehalts am Bilanzstichtag, kann ein zusätzlicher Ausgleich künftig ansteigender säkularer Einkommenstrends um einen festen Prozentsatz nur in einem moderaten Umfang anerkannt werden. Er darf die Überversorgung rechnerisch nur unwesentlich beeinflussen und

---

1 Siehe a. o. V., Pensionszusage ohne Rückdeckungsversicherung als verdeckte Gewinnausschüttung, GmbHR 1998, S. 632.
2 BStBl 1996 II S. 420.
3 Siehe a. BFH v. 31.3.2002 - I R 70/03, BStBl 2004 II S. 937.
4 BStBl 2004 I S. 1043.
5 BStBl 2013 I S. 35.
6 FG Köln v. 29.4.2015 – 13 K 2435/09, NWB FAAAE-98088, gegen FG Berlin-Brandenburg v. 2.12.2014 – 6 K 6045/12, NWB MAAAE-82651.
7 BFH v. 31.7.2018 - VIII R 6/15, BStBl 2019 II S. 197.

deshalb in Grenzbereichen jedenfalls nicht mehr als 3 % jährlich betragen. Dementsprechend nehmen Renten- bzw. Anwartschaftsdynamisierungen im Rahmen angemessener jährlicher Steigerungen von regelmäßig max. 3 % keinen Einfluss auf das Vorliegen einer Überversorgung.

Nach Auffassung FG Berlin-Brandenburg[1] ist die typisierende Ansicht des BFH[2] und des sich anschließenden BMF-Schreibens[3] abzulehnen, dass eine Überversorgung, die zur Kürzung der Pensionsrückstellung führt, anzunehmen ist, wenn die betriebliche Versorgungsanwartschaft zusammen mit der Rentenanwartschaft aus der gesetzlichen Rentenversicherung 75 % der am Bilanzstichtag bezogenen Aktivbezüge übersteigt.

Das Urteil des FG wurde vom BFH[4] aufgehoben. Der BFH hält an den Grundsätzen der sog. Überversorgungsprüfung bei der stichtagsbezogenen Bewertung von Pensionsrückstellungen fest.[5] Auch wenn bei der Prüfung stichtagsbezogen auf die „aktuellen Aktivbezüge" des Zusageempfängers abzustellen ist, kann es bei dauerhafter Herabsetzung der Bezüge geboten sein, den Maßstab im Sinne einer zeitanteiligen Betrachtung zu modifizieren.[6] Die „aktuellen Aktivbezüge" umfassen auch variable Gehaltsbestandteile, die im Rahmen einer Durchschnittsberechnung für die letzten fünf Jahre zu ermitteln sind.[7] Ansprüche aus der gesetzlichen Rentenversicherung prägen das – durch die betriebliche Altersversorgung zu ergänzende – Versorgungsniveau auch dann, wenn sie im Wesentlichen auf eigenen Beitragsleistungen beruhen

1487a Der Versorgungsgrad i. H. v. 75 % ist oftmals schwierig zu ermitteln; unklar ist häufig, welche Gehaltsbestandteile zum sog. Aktivbezug gehören, welche Rentenanwartschaften in die Vergleichsberechnung einzubeziehen sind (Anwartschaften aus jahrzehntelangen Zahlungen eines in der DDR pflichtversicherten selbständigen Handwerksmeisters in die Rentenversicherung der DDR sowie aus dem Beitritt zur freiwilligen Zusatzrentenversicherung der Sozialversicherung der DDR). Hinzu kommen Unsicherheiten bei der Bewertung der Rentenanwartschaft z. B. aus anderen Staaten der EU.

---

1 Urteil v. 2.12.2014 – 6 K 6045/12, NWB MAAAE-82651.
2 Zuletzt v. 28.4.2010 - I R 78/08, BStBl 2013 II S. 41.
3 BMF v. 3.11.2004, BStBl 2004 I S. 1045.
4 BFH v. 20.12.2016 - I R 4/15, BStBl 2017 II S. 678.
5 Ständige Rechtsprechung seit BFH-Urteil v. 13.11.1975 - IV R 170/73, BFHE 117, S. 367, BStBl 1976 II S. 142; zuletzt Senatsurteil v. 26.6.2013 - I R 39/12, BFHE 242, S. 305, BStBl 2014 II S. 174.
6 Gl. A. BMF-Schreiben v. 3.11.2004, BStBl 2004 I S. 1045, Rz. 19.
7 Gl. A. BMF-Schreiben in BStBl 2004 I S. 1045, Rz. 11.

9.7 Verdeckte Gewinnausschüttung

Im Hinblick auf die Schwierigkeit, die letzten Aktivbezüge und die zu erwartenden Sozialversicherungsrenten zu schätzen, hat der BFH[1] zur Prüfung einer möglichen Überversorgung auf die vom Arbeitgeber während der aktiven Tätigkeit des Begünstigten im jeweiligen Wirtschaftsjahr tatsächlich erbrachten Arbeitsentgelte abgestellt.[2] Die Aktivbezüge werden im Übrigen nicht ausschließlich durch die Festbezüge bestimmt. Einzubeziehen sind – wie auch im BMF-Schreiben in BStBl 2004 I S. 1045 Rz. 11 vorgesehen – ebenfalls variable Gehaltsbestandteile; maßgebend hierfür ist eine Durchschnittsberechnung, die sich – in Anlehnung an § 34 Abs. 1 EStG und mit Blick auf die verwaltungsmäßige Handhabbarkeit – auf die vergangenen fünf Jahre beziehen kann.[3]

Die Versorgungsprüfung des BFH ist in Fällen der Altersteilzeit mindestens schwierig anwendbar. 1487b

Wird das **laufende Gehalt** z. B. wegen schlechter wirtschaftlicher Lage **vermindert**, so müssen **auch die Versorgungsansprüche angepasst** werden. Bei Nicht- 1488

---

1 BFH v. 20.12.2016 - I R 4/15, BStBl 2017 II S. 678.
2 Ständige Rechtsprechung seit BFH-Urteil v. 13.11.1975 - IV R 170/73, BFHE 117, S. 367, BStBl 1976 II S. 142; zuletzt Senatsurteile v. 31.3.2004 - I R 70/03, BFHE 206, 37, BStBl 2004 II S. 937; v. 15.9.2004 - I R 62/03, BFHE 207, S. 443, BStBl 2005 II S. 176; v. 9.11.2005 - I R 89/04, BFHE 211, S. 287, BStBl 2008 II S. 523; v. 28.4.2010 - I R 78/08, BFHE 229, S. 234, BStBl 2013 II S. 41; v. 27.3.2012 - I R 56/11, BFHE 236, S. 74, BStBl 2012 II S. 665; v. 26.6.2013 - I R 39/12, BFHE 242, S. 305, BStBl 2014 II S. 174; s. a. Senatsbeschluss v. 4.4.2012 - I B 96/11, BFH/NV 2012, S. 1179; BFH, Beschluss v. 12.12.2013 - III B 55/12, BFH/NV 2014, S. 575 [die dagegen erhobene Verfassungsbeschwerde war erfolglos, s. Beschluss des Bundesverfassungsgerichts v. 28.1.2016 - 2 BvR 623/14, n.v.]; Sächsisches FG, Urteil v. 28.3.2012 – 8 K 1159/11, GmbHR 2012, S. 1024; FG Köln, Urteil v. 29.4.2015 – 13 K 2435/09, EFG 2015, S. 1563; FG Düsseldorf, Urteil v. 10.11.2015 – 6 K 4456/13 K, EFG 2016, S. 111 s. aber Revision BFH, Urteil v. 21.5.2017 – I R 91/15, NWB UAAAG-61380]). Die Finanzverwaltung folgt dem (Schreiben des BMF v. 3.11.2004, BStBl 2004 I S. 1045; H 6a Abs. 17 EStH 2015 „Überversorgung", ebenso der überwiegende Teil der Literatur (z. B. *Gosch* in Kirchhof, EStG, 15. Aufl., § 6a Rz. 19; *Gosch*, KStG, 3. Aufl., § 8 Rz. 1128; *Schmidt/Weber-Grellet*, EStG, 35. Aufl., § 6a Rz. 21, 57; *Blümich/Rengers*, § 8 KStG Rz. 735; *Neumann* in Rödder/Herlinghaus/Neumann, KStG, § 8 Rz. 1010; *Lang* in Dötsch/Pung/Möhlenbrock, Die Körperschaftsteuer, § 6a Abs. 3 Teil D Rz. 577 f.; *Höfer*, BB 1996, S. 42; *Veit*, BB 2015, S. 619; *Otto* in Blomeyer/Rolfs/Otto, Betriebsrentengesetz, 6. Aufl., StR A Rz. 475; *Uckermann/Fuhrmanns/Ostermayer/Doetsch*, Das Recht der betrieblichen Altersversorgung, 2014, Kap. 21 Rz. 46 ff.; wohl auch *Höfer* in Höfer/Veit/ Verhuven, Betriebsrentenrecht, Band II Kap. 2 Rz. 402 ff. [allerdings mit Kritik an der Höhe der Typisierungsgrenze in Rz. 406 ff.]; grundsätzlich a. A. z. B. *Briese*, Verdeckte Gewinnausschüttung unter besonderer Berücksichtigung von Pensionszusagen, 2005, S. 93 f.; *ders.*, StuB 2008, S. 857; *ders.*, GmbHR 2013, S. 463, und GmbHR 2015, S. 635, 637 ff.; *Dommermuth* in Herrmann/Heuer/Raupach, § 6a EStG Rz. 115; *Wenzler*, GmbHR 2012, S. 760, jeweils m.w.N.). Das Überschreiten der dort angeführten Grenze deutet regelmäßig auf einen Verstoß gegen § 6a Abs. 3 Satz 2 Nr. 1 Satz 4 EStG hin (s. a. BFH-Beschlüsse v. 13.6.2007 - X B 34/06, BFH/NV 2007, S. 1703; in BFH/NV 2014, S. 575; BMF-Schreiben v. 24.8.2005, GmbHR 2006, S. 560 [„widerlegbarer Anhaltspunkt"]).
3 So im Ergebnis BMF-Schreiben in BStBl 2004 I S. 1045 Rz. 11; s. a. *Gosch*, a.a.O., § 8 Rz. 1129; *Blümich/Rengers*, § 8 KStG Rz. 735; *Lang* in Dötsch/Pung/Möhlenbrock, a.a.O., § 8 Abs. 3 Teil D Rz. 581).

anpassung der Versorgungszusage ändert sich das Verhältnis der Aktivbezüge zu den Ruhestandsleistungen. Dadurch kann die vom Bundesfinanzhof postulierte **75 %-Grenze** überschritten werden.

Der BFH[1] hat zur sog. Überversorgung bei dauerhafter Reduzierung der Aktivbezüge entschieden:

1. Sind Versorgungsbezüge in Höhe eines festen Betrages zugesagt, der im Verhältnis zu den Aktivbezügen am Bilanzstichtag überhöht ist (sog. Überversorgung), so ist die nach § 6a EStG 2002 zulässige Rückstellung für Pensionsanwartschaften nach Maßgabe von § 6a Abs. 3 Satz 2 Nr. 1 Satz 4 EStG 2002 unter Zugrundelegung eines angemessenen Vomhundertsatzes der jeweiligen letzten Aktivbezüge zu ermitteln. Eine Überversorgung ist hiernach regelmäßig anzunehmen, wenn die Versorgungsanwartschaft zusammen mit der Rentenanwartschaft aus der gesetzlichen Rentenversicherung 75 % der am Bilanzstichtag bezogenen Aktivbezüge übersteigt (Bestätigung der ständigen Rechtsprechung des BFH).

2. Eine Überversorgung ist aus steuerrechtlicher Sicht regelmäßig auch dann gegeben, wenn die Versorgungsanwartschaft trotz dauerhaft abgesenkter Aktivbezüge unverändert beibehalten und nicht ihrerseits gekürzt wird. Darauf, ob die Kürzung der Anwartschaft nach arbeitsrechtlichen Maßgaben zulässig ist, kommt es nicht an.

1489 Es ist noch nicht höchstrichterlich entschieden, welche Folgerungen in diesen Fällen sanierungsbedingter Gehaltsabsenkungen zu ziehen sind. Das BMF vertritt dazu mit Schreiben vom 24.8.2005[2] folgende Auffassung:

▶ Die 75 %-Grenze kann in begründeten Einzelfällen überschritten werden, da sie nur einen Anhaltspunkt für eine Überversorgung darstellt.

▶ Problematisch sind in jedem Fall aber dauerhafte Gehaltskürzungen ohne Anpassung der Versorgungszusage.

▶ Es ist auf die Umstände des Einzelfalls abzustellen und dabei zu fragen, ob ein fremder Geschäftsführer zum jeweiligen Verzichtpunkt auf seine Pensionszusage verzichten würde.

1490 Die „Nur-Pension" wird vom BFH[3] als vGA angesehen. Man versteht darunter den Fall, dass dem Gesellschafter-Geschäftsführer neben einer Pensionszusage

---

[1] BFH v. 27.3.2012 - I R 56/11, BStBl 2012 II S. 665 und H 6a Abs. 17 Stichwort Überversorgung EStH 2015.
[2] BMF v. 24.8.2005, NWB GAAAD-53580.
[3] Urteil v. 17.5.1995, BStBl 1996 II S. 204.

9.7 Verdeckte Gewinnausschüttung

kein laufendes Gehalt gezahlt wird. Mit Urteil vom 21.2.1974[1] hat der BFH zunächst diese Gestaltung anerkannt. Im Hinblick auf die Rechtsprechung zu Ehegattenarbeitsverhältnissen hat er jedoch diese Gestaltung nicht mehr anerkannt.[2]

Durch das o. g. BFH-Urteil vom 17.5.1995[3] hat sich der BFH nunmehr für den Bereich der Kapitalgesellschaften dieser Rechtsprechung angeschlossen. Verkürzt kann man sagen: So etwas tut man nicht. Bemerkenswert ist jedoch die Begründung des BFH. Im Rahmen des Fremdvergleichs ist nach Auffassung des BFH die Sorgfalt eines ordentlichen und gewissenhaften Geschäftsleiters für alle Fälle als (einziger) Beurteilungsmaßstab geeignet. Er muss ergänzt werden durch die Einbeziehung des Vertragspartners. Ein Dritter hätte eine solche Vereinbarung mit der für die Gesellschaft vorteilhaften Regelung nicht abgeschlossen, sondern ein laufendes Gehalt verlangt. Aus diesem Grunde – so der BFH – halte die Nur-Pension einem Fremdvergleich nicht stand. 1491

Ergänzend weist der BFH noch darauf hin, dass die Nur-Pension zu einer Überversorgung i. H. v. 100 % führt. Im Hinblick auf diese ergänzende Aussage des BFH erscheint es zweifelhaft, ob die Vereinbarung einer Nur-Pension durch eine Rückdeckungsversicherung gerettet werden kann. 1492

PRAXISHINWEIS:

Trotz Kritik der Literatur an diesem Urteil sollte man von einer Nur-Pensionsregelung in der Praxis absehen.

▶ BMF-Schreiben zur Nur-Pension

Im **BMF-Schreiben vom 28.1.2005**[4] setzt sich die Verwaltung mit dem BFH-Urteil vom 17.5.1995[5] auseinander und trifft folgende Aussagen: 1493

Für Zusagen einer Nur-Pension, die nach dem 26.4.1996 erteilt worden sind, gelten die Grundsätze des BMF-Schreibens vom 28.5.2002:[6]

▶ Bei Altzusagen vor dem 27.4.1996 sind Zuführungen zur Pensionsrückstellung bis zum Ende des ersten nach dem 26.4.1996 endenden Wirtschaftsjahres nicht als vGA zu behandeln. Für spätere Zuführungen gelten die Grundsätze des genannten BMF-Schreibens vom 28.5.2002.

▶ Gleichartiges gilt für die bezogenen Leistungen aus der Zusage.

---

1 BStBl 1974 II S. 363.
2 BFH v. 23.2.1984, BStBl 1984 II S. 551; bestätigt durch BFH v. 27.7.1995, BStBl 1996 II S. 153.
3 BStBl 1996 II S. 204.
4 BStBl 2005 I S. 387.
5 BStBl 1996 II S. 204.
6 BStBl 2003 I S. 603.

- ▶ Wurde bzw. wird die Zusage einer Nur-Pension im Hinblick auf das BFH-Urteil vom 17.5.1995 aufgehoben, ist die Pensionsrückstellung in vollem Umfang gewinnerhöhend aufzulösen (Möglichkeit der Verteilung auf fünf Jahre).
- ▶ Erhält der Gesellschafter-Geschäftsführer im Gegenzug zur aufgehobenen Zusage einer Nur-Pension eine Neuzusage, die nach den Grundsätzen des BFH-Urteils vom 17.5.1995 nicht durch das Gesellschaftsverhältnis veranlasst ist, dann sind für die Frage der Erdienbarkeit die Verhältnisse maßgebend, die im Zeitpunkt der ursprünglich zugesagten Nur-Pension vorlagen.

1494 Der BFH hat mit Urteil vom 9.11.2005[1] entschieden, dass die Zusage einer sog. Nur-Pension zu einer sog. Überversorgung führt, wenn dieser Vereinbarung keine Entgeltumwandlung zugrunde liegt. In diesen Fällen könne keine Pensionsrückstellung nach § 6a EStG gebildet werden.

1495 Der BFH hat mit Urteil vom 28.4.2010[2] abermals entschieden, dass die Zusage einer sog. Nur-Pension zu einer sog. Überversorgung führt, wenn dieser Verpflichtung keine ernsthaft vereinbarte Entgeltumwandlung zugrunde liegt. In diesen Fällen könne keine Pensionsrückstellung nach § 6a EStG gebildet werden.

Nach Abstimmung mit den obersten Finanzbehörden der Länder ist dieser Grundsatz über den entschiedenen Einzelfall hinaus in allen noch offenen Fällen anzuwenden. Das hiervon abweichende BMF-Schreiben vom 16.6.2008[3] wird aufgehoben.[4]

1496 Da bei Nur-Pensionszusagen kein laufendes Gehalt gezahlt werde, könne es auch keine Vorwegnahme künftiger Lohnentwicklungen geben, Pensionsrückstellungen seien daher unter den entsprechenden Voraussetzungen (§ 6a EStG) anzuerkennen und in der Steuerbilanz auszuweisen. Dabei mache es keinen Unterschied, ob die Zusage auf einer Entgeltumwandlung beruht oder nicht.

---

1 BFH v. 9.11.2005 - I R 89/04, NWB NAAAB-73112; BMF v. 13.12.2012, BStBl 2013 I S. 35.
2 BStBl 2013 II S. 41.
3 BStBl 2008 I S. 681.
4 BMF v. 13.12.2012, BStBl 2013 I S. 35.

9.7 Verdeckte Gewinnausschüttung

▶ **Angemessenheit der Gesamtbezüge: Fiktive Jahresnettobezüge sind einzubeziehen**

Hinsichtlich der **Angemessenheit der Gesamtbezüge der Höhe nach** ist auch die erteilte Pensionszusage einzubeziehen. Der Wert der Pensionszusage ist mit einer sog. **fiktiven Jahresnettoprämie** anzusetzen. Unter der fiktiven Jahresnettoprämie versteht man eine Prämie, die die GmbH jährlich an eine Versicherung zahlen müsste, um von dieser die zugesagten Leistungen zu bekommen, wobei die Berechnung nach dem Alter des Gesellschafter-Geschäftsführers zum Zeitpunkt der Zusage erfolgt, abzüglich etwaiger Abschluss- und Verwaltungskosten. Ob eine vGA gegeben ist, entscheiden dann die **Umstände des einzelnen Falles**. 1497

(Einstweilen frei) 1498–1510

9.7.12.5 Weitere BFH-Rechtsprechungen zur Finanzierbarkeit von Pensionszusagen

Nach ständiger BFH-Rechtsprechung und auch Verwaltungsauffassung **muss eine Pensionszusage finanzierbar sein**, denn eine GmbH muss immer dann, wenn sie ihrem Gesellschafter-Geschäftsführer eine Pension zusagt, wirtschaftlich dazu in der Lage sein, bei Eintritt des Versorgungsfalls den Pensionsanspruch erfüllen zu können.[1] 1511

Die Anforderungen an die Finanzierbarkeit werden von Verwaltung und Rechtsprechung unterschiedlich beurteilt.[2] 1512

Probezeit BMF vom 14.12.2012, BStBl 2013 I S. 58[3] 1513

Für die steuerliche Beurteilung einer Pensionszusage ist regelmäßig eine Probezeit von zwei bis drei Jahren als ausreichend anzusehen. Die Erteilung der Pensionszusage an den Gesellschafter-Geschäftsführer unmittelbar nach der Anstellung und ohne die unter Fremden übliche Erprobung ist in der Regel nicht betrieblich, sondern durch das Gesellschaftsverhältnis veranlasst.[4] Als Probezeit ist der Zeitraum zwischen Dienstbeginn und der erstmaligen Vereinbarung einer schriftlichen Pensionszusage (zusagefreie Zeit) zu verstehen. Der

---

1 Siehe u. a. BFH v. 11.2.1998, BFH/NV 1998, S. 1262 = NWB BAAAB-39738.
2 Siehe a. *Gosch*, DStR 2001, S. 882.
3 Nr. 1088 der Positivliste des BMF Schreibens v. 18.3.2019 - IV A 2 - O 2000/18/10001, BStBl 2019 I S. 270.
4 BFH v. 15.10.1997 - I R 42/97, BStBl 1999 II S. 316; BFH v. 29.10.1997 - I R 52/97, BStBl 1999 II S. 318; BFH v. 24.4.2002 - I R 18/01, BStBl 2002 II S. 670; BFH v. 23.2.2005 - I R 70/04, BStBl 2005 II S. 882 und BFH v. 28.4.2010 - I R 78/08, BStBl 2013 II S. 41.

Zeitraum zwischen der Erteilung einer Pensionszusage und der erstmaligen Anspruchsberechtigung (versorgungsfreie Zeit) zählt nicht zur Probezeit. Ein ordentlicher und gewissenhafter Geschäftsleiter einer neu gegründeten Kapitalgesellschaft wird einem gesellschaftsfremden Geschäftsführer erst dann eine Pension zusagen, wenn er die künftige wirtschaftliche Entwicklung und damit die künftige wirtschaftliche Leistungsfähigkeit der Kapitalgesellschaft zuverlässig abschätzen kann (ständige Rechtsprechung des BFH, a. a. O.). Hierzu bedarf es in der Regel eines Zeitraums von wenigstens fünf Jahren.

Eine unter Verstoß gegen eine angemessene Probezeit erteilte Pensionszusage ist durch das Gesellschaftsverhältnis veranlasst und führt nach den Grundsätzen des BMF-Schreibens vom 28.5.2002[1] zu verdeckten Gewinnausschüttungen i. S. d. § 8 Abs. 3 Satz 2 KStG. Ausschlaggebend ist die Situation im Zeitpunkt der Zusage, so dass die Anwartschaft auch nach Ablauf der angemessenen Probezeit nicht zu einer fremdvergleichsgerechten Pensionszusage wird.[2] Das gilt auch dann, wenn die Pensionszusage in der Folgezeit geändert, also z. B. erhöht wird.

Die Möglichkeit einer Aufhebung der ursprünglichen und des Abschlusses einer neuen Pensionszusage nach Ablauf der angemessenen Probezeit bleibt hiervon unberührt.

Führt eine GmbH die Tätigkeit der zehn Jahre zuvor von ihren Geschäftsführern gegründeten und insolventen GmbH fort, kann die GmbH die wirtschaftlichen Fähigkeiten der beiden Geschäftsführer beurteilen, so dass den unmittelbar nach Gesellschaftsgründung gegenüber den Geschäftsführern erteilten Pensionszusagen nicht mangels ausreichender Erprobung die steuerliche Anerkennung zu versagen ist und die Pensionsrückstellungen nicht als vGA zu beurteilen sind.

Die Finanzierbarkeit rückgedeckter Pensionszusagen ist bei Kapitalgesellschaften, die (vorübergehend) Verluste erwarten, erst dann zu verneinen, wenn die Beitragspflicht der Kapitalgesellschaft zu einer Zahlungsunfähigkeit führen würde.[3]

Nach Auffassung des FG Köln führt das Unterschreiten des sog. Erdienenszeitraums nicht zwangsläufig zur Annahme einer vGA: Aufgrund der besonderen Umstände des Einzelfalls kann aus dem Unterschreiten des sog. Erdienenszeit-

---

1 BStBl 2002 I S. 603.
2 BFH v. 28.4.2010 - I R 78/08, BStBl 2013 II S. 41.
3 FG Berlin-Brandenburg v. 3.12.2013 – 6 K 6326/10, NWB CAAAE-55223.

raums nicht auf eine gesellschaftliche Mitveranlassung einer Pensionszusage geschlossen werden.[1]

(Einstweilen frei) 1514–1515

9.7.12.6 Einheitlichkeit der Pensionszusage

Nach früherer Verwaltungsauffassung waren alle Bestandteile einer Pensionszusage (z. B. Alters-, Invaliden- und Witwenrente) als einheitliches Wirtschaftsgut anzusehen[2] und dementsprechend zu bilanzieren (sog. Einheitsbetrachtung). 1516

Die Rechtsprechung[3] folgt der Betrachtungsweise nicht und hält eine getrennte Betrachtung für zulässig. Dem hat sich die Verwaltung[4] angeschlossen. 1517

(Einstweilen frei) 1518–1520

9.7.12.7 Bilanzsprungrisiken

Die Finanzverwaltung hält eine Pensionszusage für unzulässig, wenn bei einem unmittelbar nach dem Bilanzstichtag eintretenden Versorgungsfall der Barwert der künftigen Versorgungsleistungen am Ende des Wirtschaftsjahres – nach der Berücksichtigung der Ansprüche aus einer evtl. Rückdeckungsversicherung – zu einer bilanziellen Überschuldung führen würde. 1521

Der BFH vom 15.10.1997[5] hält demgegenüber eine Pensionszusage für finanzierbar, wenn eine Passivierung des gegenwärtigen Barwerts der Versorgungsverpflichtung (= „Anwartschaftsbarwert" i. S. d. § 6a Abs. 3 Satz 2 Nr. 2 EStG) nicht zu einer Überschuldung der GmbH führen würde. 1522

(Einstweilen frei) 1523–1525

9.7.12.8 Prüfungszeitpunkte

Die Verwaltung prüft die Finanzierbarkeit im Zeitpunkt der Zusageerteilung, auch bei jeder wesentlichen Zusageänderung sowie im Falle einer wesentlichen Verschlechterung der wirtschaftlichen Verhältnisse der GmbH.[6] 1526

---

1 FG Köln v. 14.11.2013 – 10 K 3244/10, NWB MAAAE-79100.
2 BMF v. 14.5.1999, BStBl 1999 I S. 512.
3 BFH v. 20.12.2000, BFH/NV 2001, S. 1147 = DB 2001, S. 1119; BFH v. 31.3.2004, BStBl 2005 II S. 664.
4 BMF v. 6.9.2005 - IV B 7 – S 2742 – 69/05, BStBl 2005 I S. 875. Nr. 1086 der Positivliste des BMF Schreibens v. 18.3.2019 - IV A 2 - O 2000/18/10001, BStBl 2019 I S. 270.
5 BStBl 1999 II S. 316, DB 2001, S. 1119.
6 BMF v. 14.12.2012, BStBl 2013 I S. 58.

9. Der GmbH-Geschäftsführer im Einkommen- und Körperschaftsteuerrecht

1527 Der BFH vom 7.11.2001[1] führt eine Finanzierbarkeitskontrolle grundsätzlich nur im Zusagezeitpunkt durch.

PRAXISHINWEIS:
Damit gewinnt die Überschuldungsprüfung nach § 19 InsO eine erhöhte Bedeutung. Die Verwaltung verweigert entgegen der Auffassung in der Literatur[2] bei der fiktiven Überschuldungsprüfung den Ansatz eines selbstgeschaffenen Firmenwertes.[3] Der BFH[4] bezieht den Firmenwert bei der Finanzierbarkeitsprüfung jedoch mit ein.

1528 Die Leitsätze des **BFH-Urteils vom 7.11.2001**[5] lauten:

„1. Sagt eine Kapitalgesellschaft ihrem Gesellschafter-Geschäftsführer eine Alters- und/oder eine Invaliditätsversorgung zu, so ist diese Zusage im Gesellschaftsverhältnis veranlasst, wenn die Versorgungsverpflichtung im Zeitpunkt der Zusage nicht finanzierbar ist. In diesem Fall stellen die Zuführungen zu der zu bildenden Pensionsrückstellung vGA dar (Bestätigung des Senatsurteils vom 20.12.2000, I R 15/00, BFHE 194, S. 191).

2. Eine Versorgungszusage ist nicht finanzierbar, wenn die Passivierung des Barwerts der Pensionsverpflichtung zu einer Überschuldung der Gesellschaft im insolvenzrechtlichen Sinn führen würde.

3. Auch bei der Beurteilung der Finanzierbarkeit einer im Invaliditätsfall eintretenden Versorgungsverpflichtung ist nur deren im Zusagezeitpunkt gegebener versicherungsmathematischer Barwert (§ 6a Abs. 3 Satz 2 Nr. 2 EStG) anzusetzen. Es ist nicht von demjenigen Wert auszugehen, der sich bei einem alsbaldigen Eintritt des Versorgungsfalls ergeben würde (Bestätigung des Senatsurteils in BFHE 194, 191).

4. Ist eine Versorgungsverpflichtung in ihrer Gesamtheit nicht finanzierbar, so ist im Allgemeinen davon auszugehen, dass ein ordentlicher und gewissenhafter Geschäftsleiter statt der unfinanzierbaren eine finanzierbare Verpflichtung eingegangen wäre."

Nach Auffassung des FG Berlin-Brandenburg muss die Finanzierbarkeit einer Pensionszusage davon abhängen, ob die Passivierung des Anwartschaftsbarwerts der Pensionsverpflichtung (§ 6a Abs. 3 Satz 2 Nr. 2 EStG) im Zusagezeitpunkt zur Überschuldung der Gesellschaft im insolvenzrechtlichen Sinne führen würde. Dabei ist jedoch eine (teilkongruente) Rückdeckungsversicherung

---

1 FR 2002, S. 207.
2 *Kallmeyer*, GmbHR 1999, S. 16; *Neumann*, GmbH-StB 2000, S. 49.
3 BMF v. 14.5.1999, BStBl 1999 I S. 512.
4 BFH v. 7.11.2001, FR 2002, S. 207.
5 FR 2002, S. 207.

zu berücksichtigen. Statt des Anwartschaftsbarwerts kann die Kapitalgesellschaft den niedrigeren Teilwert gem. § 6a Abs. 3 Satz 2 Nr. 1 EStG ansetzen, wenn sie diesen nachweist. Damit ist nur der vom Arbeitnehmer erdiente Teil der Zusage anzusetzen, nicht aber der zukünftig zu erdienende Teil. Besteht die Pensionszusage aus einer Alterszusage, einer Invaliden- sowie einer Hinterbliebenenversorgungszusage, ist die Finanzierbarkeit für jeden einzelnen Versorgungsteil gesondert zu prüfen.[1]

HINWEIS:

Bei nicht betrieblicher Veranlassung einer Pensionszusage gegenüber dem Gesellschafter-Geschäftsführer (hier: wegen fehlender Erdienbarkeit) – ist auch der Abschluss einer Lebensversicherung zur Rückdeckung der Pensionsansprüche als nicht betrieblich veranlasst zu qualifizieren, wenn die Rückdeckungsversicherung ohne Pensionszusage nicht abgeschlossen worden wäre.[2]

Grundsätzlich stellen jedoch der Rückdeckungsanspruch einerseits und die Pensionsverpflichtung andererseits unabhängig voneinander zu bilanzierende Wirtschaftsgüter dar.[3]

Posdziech[4] fasst die **Entwicklung in vier BFH-Leitlinien** zusammen: 1529

▶ Passivierung des Barwerts darf nicht zur Überschuldung führen;

▶ selbst ein Firmenwert zählt als Aktivposten mit;

▶ Finanzierbarkeitskontrolle grundsätzlich im Zusagezeitpunkt;

▶ die Aufteilung der Pensionszusage in einen finanzierbaren und einen nicht finanzierbaren Teil stellt kein Problem dar.

Die **Finanzverwaltung hat sich** der BFH-Rechtsprechung im BMF-Schreiben vom 6.9.2005[5] **angeschlossen**.   1530

Gemäß § 6a Abs. 4 Satz 1 EStG darf eine **Pensionsrückstellung** in einem Wirtschaftsjahr höchstens um den Unterschied zwischen dem Teilwert der Pensionsverpflichtung am Schluss des Wirtschaftsjahrs und am Schluss des vorangegangenen Wirtschaftsjahrs erhöht werden. Die Regelung ist unter dem Begriff des sog. **Nachholverbots** geläufig.   1531

---

1 FG Berlin-Brandenburg v. 12.1.2010 – 6 K 11136/07, NWB IAAAD-39841.
2 FG Münster v. 20.11.2014 – 12 K 3758/11 G;F, NWB TAAAE-82225, Rev., Az. beim BFH: IV R 48/14. Das Revisionsverfahren wurde nach Rücknahme der Revision eingestellt, BFH v. 17.3.2015 - IV R 48/14.
3 BFH v. 25.2.2004 - I R 54/02, BStBl 2004 II S. 654.
4 GmbH-Stpr. 2002, S. 221.
5 BMF v. 6.9.2005, BStBl. I 2005, S. 875. Nr. 1086 der Positivliste des BMF Schreibens v. 18.3.2019 - IV A 2 - O 2000/18/10001, BStBl 2019 I S. 270.

1532 Mit Urteil vom 13.2.2008[1] hat der BFH sein striktes und formalrechtliches Gesetzesverständnis bestätigt.

1533 Wurde die Bildung einer Pensionsrückstellung ganz oder teilweise unterlassen, dann lässt sich das grundsätzlich nicht mehr korrigieren. Die Regelung in § 6a Abs. 4 Satz 1 EStG ist eindeutig und unmissverständlich[2] und greift auch bei Rechtsirrtümern und bei Rechtsunkenntnis.

1534 **Ausnahmen** gibt es nur in wenigen Fällen, nämlich

1. bei Änderung der höchstrichterlichen Rechtsprechung und

2. dann, wenn das FA einen anderweitigen Bilanzansatz in der Vergangenheit erzwungen hat.

1535 *Gosch*[3] weist zutreffend auf Folgendes hin:

Das Nachholverbot gem. § 6a Abs. 4 Satz 1 EStG betrifft nur die Frage, um welchen Betrag eine zum Schluss eines Wirtschaftsjahrs gebildete Pensionsrückstellung – bei inhaltlich unverändert gebliebener **Versorgungsverpflichtung** – in der Bilanz für das nachfolgende Wirtschaftsjahr erhöht werden kann. Es geht also um die Frage der Aufstockung einer Pensionsrückstellung in der Folgebilanz.

Anders liegen die Dinge jedoch, wenn die Rückstellung mit einem zu niedrigen Wert gebildet wurde und sie im Weg der Bilanzberichtigung gewissermaßen ex ante an die zutreffenden Werte angepasst werden soll. Dann ist die Wertberichtigung nachzuholen. Das **Nachholverbot** greift nicht, weil die Grundsätze des formellen Bilanzzusammenhangs vorgehen. Dazu ist auf den BFH-Beschluss vom 13.6.2006[4] zu verweisen.

Wurde eine **Rückdeckungsversicherung** abgeschlossen, dann sind daraus erwachsende Ansprüche zu aktivieren.[5] Die Ansprüche stehen „neben" den Pensionsanwartschaften; eine wechselseitige Saldierung scheidet aus. Das Nachholverbot ändert daran nichts.

1536 Ein GmbH-Geschäftsführer war gleichzeitig alleiniger GmbH-Anteilseigner. Mit Vollendung des 65. Lebensjahres stand ihm ein Pensionsanspruch zu.

---

1 BFH v. 13.2.2008 - I R 44/07, NWB SAAAC-81443.
2 Siehe auch R 6a Abs. 20 EStR und H 64 Abs. 20 EStH 2015.
3 BFH/PR 2008, S. 340.
4 BFH v. 13.6.2006 - I R 58/05, BFH/PR 2006, S. 389.
5 Siehe BFH v. 25.2.2004 - I R 54/02, BStBl 2004 II S. 654; BFH v. 9.8.2006 - I R 11/06, BStBl 2006 II S. 762.

9.7 Verdeckte Gewinnausschüttung

Die Vereinbarung sah vor, dass der Geschäftsführer wählen konnte, ob er anstatt einer laufenden Rentenzahlung nicht lieber eine sofortige einmalige Barabfindung seiner Pension in Anspruch nehmen wollte. Da der Gesellschafter-Geschäftsführer nach Vollendung des 65. Lebensjahres nicht in den Ruhestand wechselte, sondern unter Beibehaltung seiner Bezüge weiterhin für die Gesellschaft tätig blieb, entschied er sich für die **sofortige Barabfindung seiner Pension**.

Das Finanzamt sah in dieser Wahlmöglichkeit eine vGA und qualifizierte die **Abfindung zum Kapitalwert** der Pension entsprechend um. Der BFH entschied mit Urteil vom 5.3.2008,[1] dass im Ergebnis – zumindest teilweise – vGA vorliegt.

Nach Auffassung des BFH hätte es nicht zu einer ungekürzten Abfindungszahlung des Barwertes der Pension bei gleichzeitiger Weiterbeschäftigung kommen dürfen, da dies zwischen Fremden nicht üblich sei. Gegenüber einem Fremden wäre der Barwert der Pension um den kapitalisierten Wert der weiteren künftig ausgezahlten Geschäftsführergehälter gekürzt worden. 1537

Für die Praxis ergeben sich aus diesem Urteil wichtige Klarstellungen. Danach gilt:[2] 1538

- **Wahlrecht** des im Ruhestand weiter arbeitenden Gesellschafter-Geschäftsführers zwischen laufender Rentenzahlung und einer Abfindung des Versorgungsrechts,
- **Anrechnung** der laufenden Bezüge des weiter arbeitenden Gesellschafter-Geschäftsführers auf die Versorgungsleistungen bzw.
- **Ausschluss der** gleichzeitigen Zahlung von vollen Geschäftsführerbezügen und Versorgungsbezügen,
- vGA insoweit, als die laufenden Bezüge bei der Ermittlung des Barwerts der Versorgungsleistungen unberücksichtigt blieben.

(Einstweilen frei) 1539–1550

9.7.12.9 Verzicht auf eine Pensionszusage

Literatur: *Götz*, Unentgeltlicher Verzicht auf eine Pensionszusage, NWB Fach 3, S. 13815; *Arteaga*, Steuerliche Auswirkungen des Verzichts auf eine Pensionszusage durch einen GmbH-Gesellschafter, BB 1998, S. 977; *Cramer*, Verdeckte Einlage aus Verzicht auf Pensionszusage, DStR 1998, S. 1083; *Gebhardt*, Lohnsteuerliche Probleme

---

1 BFH v. 5.3.2008 - I R 12/07, NWB HAAAC-79297.
2 Nach www.rausch-steuerberater.de, GmbH-Check 2008/2009.

beim Verzicht auf Pensionszusagen, DB 1998, S. 1837; *Beck,* Steuerliche Überlegungen zur Pensionszusage des Gesellschafter-Geschäftsführers bei Veräußerung der GmbH, DStR 2002, S. 473.

1551 In der Praxis kommt es mitunter vor, dass Gesellschafter-Geschäftsführer auf die ihnen erteilte **Pensionszusage verzichten**, sei es aus Gründen der Sanierung oder auch aus anderen Gründen (z. B. bei Verkauf der GmbH). Der Verzicht führt handelsrechtlich zu einer Gewinnerhöhung bei der zusagenden GmbH, weil diese von einer Verbindlichkeit befreit wird. Grundsätzlich gilt dies gem. § 8 KStG i. V. m. § 5 Abs. 1 EStG auch für das Steuerrecht.

1552 Der Große Senat des BFH hat sich mit Beschluss vom 9.6.1997[1] allgemein mit der ertragsteuerrechtlichen Behandlung von Forderungsverzichten seitens der Gesellschafter gegenüber ihrer GmbH beschäftigt und ausgeführt, dass sich der Verzicht eines nicht werthaltigen Forderungsbetrags bei der GmbH ertragswirksam auswirkt.

In der Folgezeit hat sich der BFH mit Urteil vom 15.10.1997[2] mit dem Verzicht auf einen Pensionsanspruch eines Gesellschafters gegenüber seiner GmbH beschäftigt. Dabei hatte er den Fall einer unverfallbaren Pensionsanwartschaft zu beurteilen. Hinsichtlich des werthaltigen Teils der Pensionsanwartschaft liegt beim Verzicht durch den Gesellschafter ein Zufluss in Höhe des Teilwerts des Pensionsanspruches vor, der bei den Einkünften aus nichtselbständiger Arbeit (§ 19 EStG) erfasst wird und der Einkommensteuer unterliegt. Die Gesellschaft ist zur Abführung der Lohnsteuer verpflichtet. Des Weiteren erhöhen sich hinsichtlich der Werthaltigkeit der Pensionsanwartschaft die Anschaffungskosten der GmbH-Anteile i. S. d. § 17 EStG. Bei der GmbH ist der werthaltige Teil der Pensionsanwartschaft eine verdeckte Einlage, während sich der nichtwerthaltige Teil erfolgswirksam auswirkt.[3]

Die OFD Frankfurt a. M. hat die Auswirkungen des Verzichts eines Gesellschafter-Geschäftsführers einer GmbH auf eine Pensionszusage, die nach den in R 8.9 KStR und H 8.9 KStH genannten Kriterien zu einer Minderung des Einkommens der GmbH geführt hat, dargestellt (vgl. bereits FinMin Nordrhein-Westfalen 17.12.2009).[4]

---

1 BStBl 1998 II S. 307.
2 BStBl 1998 II S. 305.
3 Siehe zu dieser Problematik auch OFD Hannover v. 15.12.2006: Verzicht des Gesellschafter-Geschäftsführers auf eine finanzierbare Pensionszusage, S 2742 -117 – StO 241, NWB GAAAC-35186.
4 OFD Frankfurt v. 10.9.2010 – S 2742 A - 10 - St 510, NWB UAAAD-54034.

9.7 Verdeckte Gewinnausschüttung

Verzichten Gesellschafter-Geschäftsführer im Zuge einer Anteilsübertragung unter Beendigung ihrer Dienstverhältnisse auf bislang nicht unverfallbare Ansprüche aus Pensionszusagen, führt dies zu einer Einkommenserhöhung bei der Kapitalgesellschaft. Der diese Einkommenserhöhung ausgleichende Ansatz einer verdeckten Einlage kommt nicht in Betracht: Entweder weil man den Einlagebegriff als nicht erfüllt ansieht (kein einlagefähiges Wirtschaftsgut oder keine Veranlassung durch das Gesellschaftsverhältnis) oder weil eine Einlagebewertung mit Null erfolgt.[1]

MERKE:

Im Verzicht liegt der Zufluss. Der Zufluss unterliegt der Besteuerung (§ 19 EStG). Es findet damit eine Besteuerung statt, ohne dass ein Geldzufluss erfolgt. Die Nicht-Weiterbelastung der Lohnsteuer an den Gesellschafter könnte selbst zur vGA führen.

PRAXISHINWEIS:

Nach dem BMF-Schreiben vom 6.9.2005[2] führt der Verzicht auf eine Pensionszusage dann zu keinem Eintrag bei der GmbH und zu keinem Zufluss beim Gesellschafter, wenn der Verzicht zur Abwendung der Insolvenz erfolgt.

Findet eine GmbH die einem Gesellschafter-Geschäftsführer erteilte Zusage auf eine einmalige Kapitalleistung entgegen der zugrundeliegenden Versorgungsvereinbarung vor der Beendigung des Dienstverhältnisses in einem Einmalbetrag durch Auszahlung der fälligen Beträge aus einer Rückdeckungsversicherung ab, indiziert das die im Gesellschaftsverhältnis liegende Veranlassung der Kapitalabfindung. Die Kapitalabfindung führt bei der GmbH auch dann zu einer Vermögensminderung als Voraussetzung einer verdeckten Gewinnausschüttung, wenn zeitgleich die für die Pensionszusage gebildete Pensionsrückstellung aufgelöst wird. Es gilt insofern eine geschäftsvorfallbezogene, nicht aber eine handelsbilanzielle Betrachtungsweise.[3]

1552a

Nach Ansicht des FG Köln kommt es zu einer vGA gleichzeitiger (angemessener) Rentenzahlung und gleichzeitiger Vergütung für die aktive Geschäftsführertätigkeit selbst bei erheblicher Gehaltsreduzierung.[4]

1553

Angemessene Pensionszahlungen einer GmbH an ihren Gesellschafter-Geschäftsführer sind gleichwohl dann als vGA zu qualifizieren, wenn der Gesell-

---

1 BFH v. 8.6.2011 - I R 62/10, BFH/NV 2011, S. 2117 = NWB HAAAD-93378.
2 BStBl 2005 I S. 875.
3 Anschluss an Senatsurteile v. 14.3.2006 - I R 38/05, BFH/NV 2006, S. 1515, und v. 5.3.2008 - I R 12/07, BStBl 2015 II S. 409; Klarstellung des Senatsurteils v. 28.4.2010 - I R 78/08, BFHE 229, S. 234, BStBl 2013 II S. 41; BFH v. 23.10.2013 - I R 89/12, BStBl 2014 II S. 729.
4 FG Köln v. 26.3.2015 - 10 K 1949/12, EFG 2015, S. 1220. Das Revisionsverfahren wurde beim BFH unter dem Az. I R 32/15 geführt und ist mittlerweile erledigt durch Zurücknahme der Revision.

schafter-Geschäftsführer neben den Pensionszahlungen für eine reduzierte Betätigung als Geschäftsführer weiterhin ein angemessenes Geschäftsführergehalt durch die GmbH bezieht.

Das FG Köln hat zur Klärung der Frage, ob die Grundsätze des BFH Urteils vom 23.10.2013 auch dann gelten, wenn die Vergütung für die Geschäftsführung erheblich reduziert wurde und an der Angemessenheit von Pensions- und Vergütungszahlung insgesamt keine Zweifel bestehen, die Revision zugelassen.

Es ist aus steuerrechtlicher Sicht nicht zu beanstanden, wenn die Zusage der Altersversorgung nicht von dem Ausscheiden des Begünstigten aus dem Dienstverhältnis als Geschäftsführer mit Eintritt des Versorgungsfalls abhängig gemacht wird. In diesem Fall würde ein ordentlicher und gewissenhafter Geschäftsleiter zur Vermeidung einer verdeckten Gewinnausschüttung allerdings verlangen, dass das Einkommen aus der fortbestehenden Tätigkeit als Geschäftsführer auf die Versorgungsleistung angerechnet wird, oder aber den vereinbarten Eintritt der Versorgungsfälligkeit aufschieben, bis der Begünstigte endgültig seine Geschäftsführerfunktion beendet hat. Dass der Gesellschafter-Geschäftsführer seine Arbeitszeit und sein Gehalt nach Eintritt des Versorgungsfalls reduziert, ändert daran grundsätzlich nichts.[1]

1554 Unter Bezugnahme auf das BMF-Schreiben vom 26.10.2006[2] zur Anwendung der Regelungen in § 4d Abs. 3 EStG und § 4e Abs. 3 EStG i.V.m. § 3 Nr. 66 EStG im Zusammenhang mit der Übertragung von Versorgungsverpflichtungen und Versorgungsanwartschaften auf Pensionsfonds hat das BMF zur Berechnung des auf Antrag zu verteilenden Betriebsausgabenabzuges nach Abstimmung mit den obersten Finanzbehörden der Länder Stellung genommen.[3]

Die Neuregelung ist in allen offenen Fällen anzuwenden. Der bisherige mögliche Ansatz der bereits erdienten Versorgungsanwartschaften mit dem höheren steuerlich ausfinanzierten Teil zum Auslagerungszeitpunkt wurde letztmals für Versorgungsanwartschaften zugelassen, die vor dem 1.1.2016 auf einen Pensionsfonds übertragen wurden.

Steuerpflichtiger Arbeitslohn bei Übertragung einer Versorgungszusage auf einen Pensionsfonds – Kein Verstoß gegen das Übermaßverbot

1555 Überträgt ein Arbeitgeber eine dem Arbeitnehmer erteilte Versorgungszusage auf einen Pensionsfonds und entsteht hierbei für den Arbeitnehmer ein unent-

---

[1] Bestätigung und Fortführung des Senatsurteils v. 5.3.2008 - I R 12/07, BFHE 220, S. 454, BStBl 2015 II S. 409; BFH v. 23.10.2013 - I R 60/12, BStBl 2015 II S. 413.
[2] BStBl 2006 I S. 709.
[3] BMF v. 10.7.2015, BStBl 2015 I S. 544.

ziehbarer Anspruch auf die Versorgungsleistungen gegen den Pensionsfonds, ist ein Zufluss von Arbeitslohn i. S. d. § 19 Abs. 1 Nr. 1 EStG anzunehmen. Stimmt ein Steuerpflichtiger entsprechend § 415 Abs. 1 BGB der Übertragung einer ihm erteilten Versorgungszusage zu, ohne dabei die Bedingung zu stellen, dass der Arbeitgeber einen Antrag nach § 4e Abs. 3 EStG stellt, damit er die Steuerbefreiung nach § 3 Nr. 66 EStG in Anspruch nehmen kann, kann er hinsichtlich der daraufhin entstehenden Steuerlast keinen Verstoß gegen das Übermaßverbot geltend machen.[1] Gegen die Entscheidung des FG Köln ist vom Steuerpflichtigen Revision eingelegt worden. Der BFH muss nun über die folgende Rechtsfrage entscheiden:

„Führt die Übertragung der bei einer GmbH zu Gunsten ihres beherrschenden Gesellschafter-Geschäftsführers entstandenen Pensionsverpflichtung auf einen Pensionsfonds zu einem Zufluss von Arbeitslohn? – Falls ja, ist der zugeflossene Arbeitslohn nach § 3 Nr. 66 EStG insoweit steuerfrei, als er den Aufwand des Arbeitgebers übersteigt, für den dieser keinen Antrag nach § 4e Abs. 3 EStG gestellt hat?"

Zufluss von Arbeitslohn bei Schuldübernahme einer Pensionsverpflichtung durch einen Dritten   1555a

Die Ablösung einer vom Arbeitgeber erteilten Pensionszusage führt beim Arbeitnehmer zwar dann zum Zufluss von Arbeitslohn, wenn der Ablösungsbetrag auf Verlangen des Arbeitnehmers zur Übernahme der Pensionsverpflichtung an einen Dritten gezahlt wird (Bestätigung der Rechtsprechung). Hat der Arbeitnehmer jedoch kein Wahlrecht, den Ablösungsbetrag alternativ an sich auszahlen zu lassen, wird mit der Zahlung des Ablösungsbetrags an den die Pensionsverpflichtung übernehmenden Dritten der Anspruch des Arbeitnehmers auf die künftigen Pensionszahlungen (noch) nicht wirtschaftlich erfüllt. Ein Zufluss von Arbeitslohn liegt in diesem Fall nicht vor.[2]

Die Finanzverwaltung nimmt in einem BMF-Schreiben[3] zu der Entscheidung des BFH Stellung: 1555b

Das o. g. BFH-Urteil vom 18.8.2016 ist zum speziellen Fall der Ablösung einer vom Arbeitgeber erteilten Pensionszusage eines beherrschenden Gesellschafter-Geschäftsführers, der nicht unter das Betriebsrentengesetz fällt, ergangen. Es ist in gleichgelagerten Fällen anzuwenden. Führt danach die Zahlung des Ablösungsbetrags an den die Pensionsverpflichtung übernehmenden Dritten nicht zu

---

1 FG Köln, Urteil v. 27.9.2018 – 6 K 814/16, EFG 2019, S. 19; Rev., Az. des BFH: VI R 45/18.
2 BFH v. 18.8.2016 - VI R 18/13, BStBl 2017 II S. 730.
3 BMF, 4.7.2017 - IV C 5 -S 2333/16/10002, BStBl 2017 I S. 883 = NWB AAAAG-50057.

einem Zufluss von Arbeitslohn beim Gesellschafter-Geschäftsführer, liegt Zufluss von Arbeitslohn im Zeitpunkt der Auszahlung der späteren (Versorgungs-)Leistungen vor (§ 24 Nr. 2, § 2 Abs. 1 Satz 1 Nr. 4 und § 19 Abs. 1 Satz 1 Nr. 2 EStG). Der übernehmende Dritte hat die Lohnsteuer dann einzubehalten und alle anderen lohnsteuerlichen Arbeitgeberpflichten zu erfüllen.

Anders als in dem mit o. g. BFH-Urteil vom 18.8.2016 entschiedenen Fall fließt einem Arbeitnehmer allerdings dann Arbeitslohn zu, wenn der Durchführungsweg nach dem Betriebsrentengesetzes von einer Pensions-/Direktzusage oder von einer Versorgungszusage über eine Unterstützungskasse auf einen Pensionsfonds, eine Pensionskasse oder eine Direktversicherung gewechselt wird und der Arbeitgeber in diesem Zusammenhang einen Ablösungsbetrag zahlt (§ 19 EStG).

Dies steht im Einklang mit der ständigen Rechtsprechung des BFH, wonach bei Zukunftssicherungsleistungen dann von Arbeitslohn auszugehen ist, wenn die Leistung des Arbeitgebers an einen Dritten (Versicherer) erfolgt und sich der Vorgang – wirtschaftlich betrachtet – so darstellt, als ob der Arbeitgeber dem Arbeitnehmer die Mittel zur Verfügung gestellt und der Arbeitnehmer sie zum Zweck seiner Zukunftssicherung verwendet hat.[1] Der Ablösungsbetrag kann in diesem Fall nur unter den entsprechenden Voraussetzungen des § 3 Nr. 66 oder § 3 Nr. 63 EStG steuerfrei bleiben. Von einem steuerpflichtigen Ablösungsbetrag hat der Arbeitgeber Lohnsteuer einzubehalten (§ 38 EStG).

9.7.12.10 Rechtsfolgen bei der Verletzung der Regeln für die Erteilung einer Pensionszusage

1556 Die Auffassungen zwischen Rechtsprechung und Finanzverwaltung gingen auseinander, was die Rechtsfolgenbehandlung einer vGA betraf. Während die Finanzverwaltung nach dem Grundsatz des Bilanzenzusammenhangs die vGA auch für bestandskräftige Veranlagungszeiträume gewinnerhöhend korrigierte, erfolgte nach BFH-Auffassung eine Korrektur außerhalb der Bilanz.

1557 Zu welchen zahlenmäßigen Unterschieden es dabei kam, zeigt dabei anschaulich das nachfolgende Beispiel.[2]

> **BEISPIEL:** ▶ Eine GmbH hat ihrem Gesellschafter-Geschäftsführer im Jahre 01 eine Pension zugesagt, dafür eine Rückstellung i. H. v. 100 gebildet und dieser Rückstellung in den Jahren 02–08 jeweils 20 zugeführt.
>
> Eine Bp. für die Jahre 06–08 beanstandet die Pensionszusage; die Steuerbescheide 01–05 sind bestandskräftig.

---

1 So u. a. BFH v. 5.7.2012 - VI R 11/11, BStBl 2013 II S. 190.
2 Nach *Bucziek*, Stbg 2002, S. 1.

9.7 Verdeckte Gewinnausschüttung

Lösung der Finanzverwaltung (bisher), anders BMF-Schreiben vom 28.5.2002:[1]
Grundsatz des Bilanzenzusammenhangs

Rückstellung in 06 aufzulösen		+ 300
Zuführung in 07 und 08 rückgängig machen	2 × 20 =	+ 40
		+ 340

Lösung BFH:
außerbilanzielle Gewinnkorrektur

01 – 05 unverändert		
06 – 08 „neutralisieren"	3 × 20 =	+ 60

Die Finanzverwaltung hat sich lange gesträubt, die Rechtsprechungsänderung des BFH seit 1994[2] zur Kenntnis zu nehmen. *Wassermeyer* hat daher zu Recht die Verwaltung kritisiert. In seinem Aufsatz „Verdeckte Gewinnausschüttung – Bundesfinanzhof versus Finanzverwaltung"[3] gelangt er zu folgendem Fazit: 1558

„Der BFH ist in der Rechtsentwicklung der vGA sehr viel weiter als die Finanzverwaltung dies wahrhaben möchte. Deshalb müssen nicht alle BFH-Entscheidungen richtig sein. Die Finanzverwaltung wird sich jedoch zunächst einmal mit der BFH-Konzeption auseinandersetzen müssen. Soweit sie dieselbe nicht anerkennen will, wird sie darlegen müssen, welche andere Konzeption aus welchen anderen Gründen sie favorisiert. Tatsache ist, dass die Finanzverwaltung in den letzten 7 1/2 Jahren an der Fortentwicklung der vGA nicht teilgenommen hat. Sie darf sich deshalb auch nicht wundern, wenn der BFH immer häufiger Entscheidungen trifft, die von den in den KStR bzw. in BMF-Schreiben vertretenen Auffassungen abweichen. Die Finanzverwaltung steht heute in Bezug auf die vGA auf dem Stand von vorgestern. Sie sollte diesem Zustand alsbald abhelfen."   1559

(Einstweilen frei)   1560–1565

9.7.12.11 Checkliste für Pensionszusagen an Gesellschafter-Geschäftsführer

1. Schriftliche und zivilrechtlich wirksame Vereinbarung, also: wirksamer Anstellungsvertrag sowie eine klare und im Voraus gegebene schriftliche Zusage, die ernsthaft gewollt, erdienbar, finanzierbar und angemessen ist;   1566

PRAXISHINWEIS:

Gesellschafterbeschluss über Pensionszusageerteilung und bei Einpersonengesellschaften Befreiung vom Selbstkontrahierungsverbot (§ 181 BGB).

---

1 NWB Fach 4, S. 4615.
2 BFH v. 29.6.1994, DStR 1994, S. 1802.
3 GmbHR 2002, S. 1, 5.

2. richtige Bemessung der Rückstellung;
3. Pensionszusage darf nicht zu früh erteilt werden;
4. Pensionszusage darf nicht zu spät erteilt werden;
5. das Verhältnis zwischen Pensionszusage und Aktivbezügen muss angemessen sein (Stichwort: keine Überversorgung; betriebliche Altersrente und ggf. Rente aus der gesetzlichen Rentenversicherung darf nicht höher als 75 % der Aktivbezüge betragen);
6. Verstoß gegen die Erdienbarkeit, Ernsthaftigkeit, tatsächliche Durchführung der Vereinbarung;
7. die Gesamtausstattung muss angemessen sein (Hinweis: Wert einer Pensionszusage mit der sog. fiktiven Jahresnettoprämie einbeziehen).

1567–1600 *(Einstweilen frei)*

9.8 Darlehensgewährung der GmbH an den Gesellschafter-Geschäftsführer

1601 In der Praxis kommt es nicht selten vor, dass die GmbH „ihrem" Geschäftsführer ein Darlehen gewährt. Häufig ist der Geschäftsführer auch gleichzeitig Gesellschafter der GmbH. Bezogen auf diesen Sachverhalt stellen sich zwei Fragen:

▶ Ist die Darlehensgewährung an sich eine vGA?
▶ Liegt eine verbilligte Darlehensgewährung vor?

1602 Mit der **ersten Frage** hat sich das FG Baden-Württemberg mit seinem rechtskräftigen Beschluss vom 11.11.2005[1] befasst.

1603 Im Streitfall hatte der Gesellschafter-Geschäftsführer einer GmbH in mehreren Schritten Gelder der Gesellschaft entnommen und dazu eine Vereinbarung über einen **Kontokorrentrahmen – ohne Absicherung** der Darlehensforderungen – abgeschlossen. Die Zinsen wurden nicht bezahlt, sondern jeweils als Forderung gegen den Gesellschafter aktiviert. Bei dem Gesellschafter-Geschäftsführer war kein Vermögen vorhanden, die entnommenen Gelder wurden zur Bestreitung des laufenden Lebensunterhalts verwendet.

1604 Das FG sah bereits bei der Darlehensgewährung eine **Vermögensminderung** bei der Gesellschaft und bejahte eine vGA, wenn folgende Merkmale kumulativ vorlagen:

---

1 FG Baden-Württemberg v. 11.11.2005 – 10 V 27/05, DStRE 2006, S. 534 = NWB PAAAB-74426.

- Es steht der Darlehensgewährung kein entsprechender Gegenwert gegenüber und die Gesellschaft weiß von der Wertlosigkeit der Darlehensforderung oder müsste zumindest davon wissen,
- der Darlehensanspruch ist unbesichert und
- es liegen auch keine überwiegend betrieblichen Gründe für die Darlehensgewährung vor.

Ergänzend führt das FG aus, dass das spätere Verhalten der GmbH Indizcharakter für eine vGA haben könne, nämlich wenn die GmbH bei Darlehensausfall nichts weiter unternimmt und keine gerichtlichen Durchsetzungsmöglichkeiten prüft.

Hinsichtlich der **zweiten Frage** ist Folgendes anzumerken:

Zinsvorteile, die aus zinslosen oder zinsverbilligten Arbeitgeberdarlehen resultieren, sind als **geldwerter Vorteil** zu versteuern. Für die Ermittlung des geldwerten Vorteils ist zwischen einer Bewertung nach § 8 Abs. 2 EStG und § 8 Abs. 3 EStG zu unterscheiden. Nach § 8 Abs. 2 EStG erfolgt die Bewertung, wenn der Arbeitgeber (die GmbH) nicht originär Bankgeschäfte betreibt. Dagegen greift § 8 Abs. 3 EStG ein, wenn der Arbeitgeber Darlehen gleicher Art und zu gleichen Konditionen (mit Ausnahme des Zinsgesetzes) an überwiegend betriebsfremde Personen vergibt und der geldwerte Vorteil nicht pauschal nach § 40 EStG besteuert wird.

Das Bundesfinanzministerium[1] hat ein neues Schreiben zur steuerlichen Behandlung von Arbeitgeberdarlehen herausgegeben:

1. Anwendungsbereich,
2. Ermittlung des Zinsvorteils,
2.1 Bewertung nach § 8 Abs. 2 EStG,
2.2 Bewertung nach § 8 Abs. 3 EStG,
2.3 Wahlrechte zwischen den Bewertungsmethoden nach § 8 Abs. 2 und Abs. 3 EStG,
3. Zufluss von Arbeitslohn,
4. Versteuerung in Sonderfällen,
4.1 Versteuerung bei fehlender Zahlung von Arbeitslohn,
4.2 Versteuerung bei Ausscheiden aus dem Dienstverhältnis,

---

1 BMF v. 19.5.2015 - IV C 5 - S 2334/07/0009, BStBl 2015 I S. 484.

5. Sicherheitenbestellung,
6. Aufzeichnungserleichterungen für Kreditinstitute,
7. Anrufungsauskunft,
8. Zeitliche Anwendung.

Dieses Schreiben ersetzt die BMF-Schreiben vom 15.4.1993, BStBl 1993 I S. 339 sowie vom 1.10.2008, BStBl 2008 I S. 892, und ist in allen offenen Fällen anzuwenden.

BEISPIEL AUS BMF: Ein Arbeitnehmer erhält im März 2015 ein Arbeitgeberdarlehen von 30.000 € zu einem Effektivzinssatz von 2 % jährlich (Laufzeit vier Jahre mit monatlicher Tilgungsverrechnung und monatlicher Fälligkeit der Zinsen). Der bei Vertragsabschluss im März 2015 von der Deutschen Bundesbank für Konsumentenkredite mit anfänglicher Zinsbindung von über einem Jahr bis zu fünf Jahren veröffentlichte Effektivzinssatz (Erhebungszeitraum Januar 2015) beträgt 4,71 %. Nach Abzug des pauschalen Abschlags von 4 % ergibt sich ein Maßstabszinssatz von 4,52 % (Ansatz von zwei Dezimalstellen – ohne Rundung). Die Zinsverbilligung beträgt somit 2,52 % (4,52 % abzüglich 2 %). Danach ergibt sich im März 2015 ein Zinsvorteil von 63 € (2,52 % von 30.000 € x 1/12). Dieser Vorteil ist – da die 44 €-Freigrenze überschritten ist – lohnsteuerpflichtig. Der Zinsvorteil ist jeweils bei Tilgung des Arbeitgeberdarlehens für die Restschuld neu zu ermitteln.

1608 Das FG Baden-Württemberg hat sich in seinem rechtskräftigen Urteil vom 10.11.2005[1] mit der Frage der **Ermittlung eines angemessenen Zinssatzes** beschäftigt. Im Streitfall hat das FG eine vGA verneint, weil durch die vereinbarte Verzinsung des von der GmbH gewährten Darlehens eine Mehrung des Einkommens der GmbH im Streitfall nicht aus gesellschaftsrechtlichem Anlass verhindert wurde (§ 8 Abs. 3 Satz 2 KStG). Unter den seinerzeit vorliegenden Verhältnissen war die vereinbarte und erhaltene Verzinsung des Darlehens nicht unangemessen niedrig, sondern entsprach den zwischen fremden Vertragspartnern unter sonst gleichen Umständen üblichen Bedingungen.

1609 Vorrangig, so das Finanzgericht, ist auf die **Umstände des Einzelfalls** abzustellen. Bei der Angemessenheit des Zinssatzes sind folgende Kriterien zu berücksichtigen:

▶ Ausfallrisiko im Kontext mit der Werthaltigkeit etwaiger Sicherheiten,

▶ das „sonstige Anlageverhalten" der Gesellschaft,

▶ der aktuelle Finanzierungsbedarf des Darlehensnehmers (Geschäftsführers) sowie

---

[1] FG Baden-Württemberg v. 10.11.2005 – 3 K 353/05, EFG 2006, S. 594 = DStRE 2006, S. 845.

- Zweck und Laufzeit des Kredits und
- Dauer einer etwaigen Zinsfestschreibung.

Exkurs: Hingabe eines zinslosen Darlehens

Wird dem Gesellschafter-Geschäftsführer ein zinsloses Darlehen gewährt, so liegt in den entgangenen Zinsen eine vGA vor. Die Darlehensforderung ist wegen ihrer Unverzinslichkeit in der Handels- und Steuerbilanz mit ihrem Barwert anzusetzen.[1]

1610

(Einstweilen frei) 1611–1615

9.9 GmbH-Geschäftsführer und Arbeitszeitkonten

Literatur: *Ziegenhagen/Schmidt*, DB 2006, S. 181; *Husken/Siegmund*, StuB 2007, S. 969; *Skudlarek*, GmbH-Steuerpraxis 8/2012, S. 231; *Wellisch/Quiring*, Zeitwertkonten für Organe-Neubewertung nach dem Urteil des FG Düsseldorf vom 21.3.2012, BB 2012, S. 2029.

Bei Arbeitszeitkonten verzichtet in der ersten Phase der Arbeitnehmer gegenüber dem Arbeitgeber auf die Auszahlung eines bestimmten Teils seines Gehalts bei gleichbleibender Arbeitszeit. Der Arbeitgeber erfasst die Mehrarbeitszeit auf einem Arbeitszeitkonto (Zeitwertkonto) und schreibt sie dem Arbeitnehmer gut. Die Gutschrift wird in einen Geldbetrag umgerechnet und entspricht dem Gehaltsverzicht des Arbeitnehmers. In der zweiten Phase nimmt der Arbeitnehmer sein Zeitwertguthaben dergestalt in Anspruch, dass er unter Fortzahlung der Bezüge von der Arbeitsleistung freigestellt ist. Ein Anspruch auf Barauszahlung besteht in der Regel nicht (Ausnahmen: z. B. Erreichen der Altersgrenze, Auszahlung an Erben im Todesfall).

1616

Ob diese Regelungen auch für den Gesellschafter-Geschäftsführer, der lohnsteuerrechtlich grundsätzlich Arbeitnehmer ist, auch gelten, wird kontrovers diskutiert.

1617

Die Finanzverwaltung ist folgender Auffassung:

1618

Der Aufbau eines Arbeitszeitkontos ist mit den besonderen Verhältnissen eines beherrschenden Gesellschafter-Geschäftsführers nicht vereinbar. Die Vereinbarung eines Arbeitszeitkontos und Einstellung eines Wertguthabens führt beim beherrschenden Gesellschafter-Geschäftsführer einer GmbH daher zum

---

[1] Ausführlich dazu *Bohne*, DStR 2008, S. 2444; zur Abzinsung im umgekehrten Fall (Gesellschafter-Geschäftsführer gewährt seiner GmbH ein unverzinsliches Darlehen) s. FG Berlin-Brandenburg v. 8.9.2008 – 12 V 12115/07, rkr., EFG 2008, S. 1947.

lohnsteuerlichen Zufluss. Eine solche Vereinbarung ist beim beherrschenden Gesellschafter-Geschäftsführer aus steuerlicher Sicht als ein Vermögensanlagemodell zu werten, welches keine Verschiebung des Zuflusszeitpunkts auslöst. Ein Bestandsschutz soll nicht gewährt werden.[1]

1619 *(Einstweilen frei)*

1620 Diese Auffassung wird in der Literatur[2] heftig kritisiert; eine Kritik, die in der provokanten Frage mündet: Darf ein Gesellschafter-Geschäftsführer in Deutschland keine Förderungen mehr erhalten?

1621 Für die Praxis bleibt festzuhalten, dass die Finanzverwaltung Arbeitszeitkonten bei beherrschenden Gesellschafter-Geschäftsführern nicht anerkennt. Wird hier anders verfahren, ist gerichtlicher Streit vorprogrammiert.

Allerdings sah die Finanzverwaltung eine Übergangs- bzw. Vertrauensschutzregelung vor: Für bereits eingerichtete und aus Vertrauensschutzgründen steuerlich anzuerkennende Zeitwertkonten-Modelle ist eine Übergangsregelung bis zum 31.1.2009 vorgesehen. Dies bedeutet im Ergebnis, dass sich die steuerliche Behandlung der Zuführungen bei Zeitwertkonten von Organen ab diesem Zeitpunkt von einer „nachgelagerten" in eine „vorgelagerte" Besteuerung ändert. Die bis zum 31.1.2009 aufgebauten Wertguthaben bleiben unverändert bestehen und werden erst bei Auszahlung besteuert. Alle ab 1.2.2009 erfolgenden neuen Zuführungen sind hingegen direkt bei Gutschrift zu besteuern und bei Auszahlung aus dem Konto erfolgt ggf. dann nur noch eine Besteuerung von Zinsen und Erträgen.[3]

1622 In neuerer Zeit haben einige Finanzgerichte der Auffassung der Finanzverwaltung widersprochen.[4]

Neben dem FG Düsseldorf und dem Hessischen FG hat sich das FG Münster zu dieser Thematik geäußert und entschied, dass Gutschriften auf einem Zeitwertkonto auch beim beherrschenden Gesellschafter-Geschäftsführer nicht zum Zufluss von Arbeitslohn führen.[5] Dem Fall lag folgender Sachverhalt zugrunde:[6]

---

1 So RD in *Harder-Buschner*, BMF, am 19.8.2008 bei einer Seminarveranstaltung in Berlin; ebenso Kurzinformation OFD Koblenz vom 31.7.2008 – S 2333A-St42-3; FinMinNW-Erlass v. 10.7.2008 – S 2332-81-V B 3; BMF v. 17.6.2009, BStBl 2009 I S. 1286.
2 *Pradl/Uckermann*, a. a. O.
3 Nach *Harder-Buschner*, NWB 7/2009, S. 443.
4 Z. B. Hessisches FG v. 19.1.2012 – 1 K 250/11, NWB TAAAE-15915; BFH v. 8.11.2012 - VI R 25/12, NWB YAAAE-24093; FG Düsseldorf v. 21.3.2012 – 4 K 2834/11 AO.
5 FG Münster v. 13.3.2013 – 12 K 3812/10 E, NWB NAAAE-35477.
6 Nach Newsletter FG Münster, 2013, S. 2.

9.9 GmbH-Geschäftsführer und Arbeitszeitkonten

Die Klägerin, eine GmbH, möchte ihren Arbeitnehmern flexible Arbeitszeitmodelle anbieten, bei denen in der ersten Phase ein Teil des Gehalts nicht ausbezahlt wird. Stattdessen soll die Mehrarbeitszeit auf einem Zeitwertkonto gutgeschrieben werden. In der zweiten Phase sollen die teilnehmenden Arbeitnehmer von der Arbeit unter Fortzahlung der Bezüge freigestellt werden.

Das Finanzamt erteilte der Klägerin auf Antrag eine Anrufungsauskunft (§ 42e EStG) des Inhalts, dass Gutschriften auf den Zeitwertkonten nicht zum Lohnzufluss führen. Entgegen des Antrags versah es die Auskunft allerdings mit der Einschränkung, dass dies nicht für die beherrschenden Gesellschafter-Geschäftsführer gelte. Die Klägerin begehrt demgegenüber die Erteilung der Auskunft ohne diese Einschränkung.

Das Gericht gab der Klage statt. Gutschriften auf einem Zeitwertkonto führten bei den Arbeitnehmern erst in der Freistellungsphase zu einem Lohnzufluss, da sie erst dann über die entsprechenden Beträge wirtschaftlich verfügen könnten. Dies gelte auch für die Geschäftsführer. Sie hätten es zwar aufgrund ihrer Stellung in der Hand, sich fällige Beträge auszahlen zu lassen. Der beabsichtigte Abschluss der zivilrechtlich wirksamen Vereinbarungen über das Arbeitszeitmodell führe gerade dazu, dass die Fälligkeit hinausgeschoben werde.

Das Revisionsverfahren war beim Bundesfinanzhof unter dem Aktenzeichen VI R 23/13 anhängig.

Der BFH hob mit Urteil vom 27.2.2014[1] die Entscheidung des FG Münster auf.[2]

1623

Die Klägerin habe vom beklagten Finanzamt keine Lohnsteueranrufungsauskunft mit dem von ihr begehrten Inhalt verlangen können. Die Auffassung des Finanzamtes, dass Gutschriften von Arbeitszeit auf einem Zeitwertkonto bei GmbH-Geschäftsführern zu Einnahmen führen, widerspräche weder ersichtlich dem Gesetz, noch – da diese Frage bisher höchstrichterlich nicht geklärt sei – der höchstrichterlichen Rechtsprechung. Das FG könne eine Lohnsteueranrufungsauskunft nur darauf überprüfen, ob sie – was vorliegend nicht der Fall ist – evident fehlerhaft ist. Die zugrunde liegende Rechtsfrage, ob Gutschriften von Arbeitszeit auf einem Zeitwertkonto auch bei GmbH-Geschäftsführern zu Einnahmen führen, war damit allerdings weiterhin offen.

Diese Frage hat nun der I. Senat des BFH mit Urteil vom 11.11.2015 entschieden und Arbeitszeitkonten für Gesellschafter-Geschäftsführer einer GmbH missbilligt – wie aus folgendem Wortlaut der Pressemitteilung hervorgeht:[3]

---

1 BFH v. 27.2.2014 - VI R 23/13, BStBl 2014 II S. 894.
2 Zitiert nach www.deloitte-tax-news.de.
3 BFH, PM 27/2016 v. 23.3.2016 zu dem Urteil v. 11.11.2015 I R 26/15, NWB QAAAF-69701.

BFH missbilligt Arbeitszeitkonto für Gesellschafter-Geschäftsführer einer GmbH

1624 „*Mit dem Aufgabenbild eines GmbH-Geschäftsführers ist es nicht vereinbar, dass er durch die Führung eines Arbeitszeitkontos auf seine unmittelbare Entlohnung zu Gunsten später zu vergütender Freizeit verzichtet, wie der Bundesfinanzhof (BFH) mit Urteil vom 11.11.2015 - I R 26/15 entschieden hat.*"

Im Streitfall hatte der alleinige Gesellschafter und Geschäftsführer (Geschäftsführer) einer GmbH mit dieser vereinbart, dass ein Teil seines Gehalts auf ein „Investmentkonto" abgeführt werden konnte, das für den Geschäftsführer bei einer Bank eingerichtet wurde. Mit dem Guthaben sollte ein vorgezogener Ruhestand oder die Altersversorgung des Geschäftsführers finanziert werden. Die GmbH zahlte monatlich 4.000 € auf das Investmentkonto ein. Die GmbH bildete in Höhe dieser Zahlungen eine einkommensmindernde Rückstellung für ein „Zeitwertkonto". Lohnsteuer wurde insoweit nicht einbehalten. Der Geschäftsführer erhielt nur noch ein entsprechend gemindertes lohnsteuerpflichtiges Gehalt.

Der BFH folgte dem nicht. Im Klageverfahren der GmbH entschied der BFH, dass eine verdeckte Gewinnausschüttung (vGA) vorliege, die das Einkommen der GmbH nicht mindert. Ein ordentlicher und gewissenhafter Geschäftsleiter würde mit einem Fremdgeschäftsführer kein Arbeitszeit- oder Zeitwertkonto vereinbaren.

Der BFH begründet dies mit der sog. Allzuständigkeit des GmbH-Geschäftsführers, die ihn verpflichte, Arbeiten auch dann zu erledigen, wenn sie außerhalb der üblichen Arbeitszeiten oder über diese hinaus anfallen. Damit nicht vereinbar sei ein Verzicht auf unmittelbare Entlohnung zu Gunsten später zu vergütender Freizeit. Ansonsten käme es zu einer mit der Organstellung nicht vereinbaren Abgeltung von Überstunden.

1625 **Neuere Rechtsprechung**

▶ **BFH-Urteil vom 22.2.2018 - VI R 17/16, NWB JAAAG-85050**

Gutschriften auf einem Wertguthabenkonto eines Fremd-GmbH-Geschäftsführers einer GmbH sind kein gegenwärtig zufließender Arbeitslohn und deshalb erst in der Auszahlungsphase zu versteuern.

▶ **FG Berlin-Brandenburg, Urteil vom 14.11.2017 – 9 K 9235/15, EFG 2018 S. 190**

Im Fall eines Minderheitsgesellschafter-Geschäftsführers sieht das FG Berlin-Brandenburg keinen Zufluss von Arbeitslohn. In der Entscheidung heißt es:

„Auf einer wirksamen schriftlichen Vereinbarung beruhende Wertgutschriften auf einem Zeitwertkonto zugunsten des Minderheitsgesellschafter-Geschäftsführers einer GmbH führen noch nicht zum Zufluss von Arbeitslohn, wenn die Beträge aus der Entgeltumwandlung bei einem Dritten angelegt werden und der Gesellschafter-Geschäftsführer zunächst keinen Anspruch auf die Auszahlung der Versicherungssumme hat, sondern nach den getroffenen Vereinbarungen grundsätzlich erst in der späteren Freistellungsphase sowie nach der Vereinbarung eines Auszahlungsplans mit der GmbH über die eingelegten Beträge verfügen kann."

▶ FG Münster, Urteil vom 5.9.2018 – 7 K 3531/16 L, EFG 2018 S. 1799

Das FG hat entschieden, dass die Vereinbarung zwischen einer GmbH und ihrem alleinigen Gesellschafter-Geschäftsführer über die Ansammlung von Wertguthaben auf Zeitwertkonten durch das Gesellschaftsverhältnis veranlasst ist und zu einer verdeckten Gewinnausschüttung führt.

Neues BMF-Schreiben vom 8.8.2019 1626

Die Finanzverwaltung hat sich zu der Thematik mit BMF-Schreiben vom 8.8.2019 – IV C 5 – S 2332/07/0004:004 geäußert:[1]

Vereinbarungen über die Einrichtung von Zeitwertkonten bei Arbeitnehmern, die zugleich als Organ einer Körperschaft bestellt sind, sind lohn- bzw. einkommensteuerlich grundsätzlich anzuerkennen, wenn der Arbeitnehmer nicht an der Körperschaft beteiligt ist (**z. B. Fremd-Geschäftsführer einer GmbH**).

Für Geschäftsführer, die an der GmbH beteiligt sind, aber keine beherrschende Stellung innehaben (z. B. **Minderheits-Gesellschafter-Geschäftsführer einer GmbH**), ist nach den allgemeinen Grundsätzen zu prüfen, ob eine verdeckte Gewinnausschüttung vorliegt. Ist diese nicht gegeben, sind Vereinbarungen über die Einrichtung von Zeitwertkonten lohn- bzw. einkommensteuerlich auch hier grundsätzlich anzuerkennen.

Bei beherrschenden **Gesellschafter-Geschäftsführern** liegt regelmäßig eine verdeckte Gewinnausschüttung vor. Hier werden Vereinbarungen über Zeitwertkonten steuerlich nicht anerkannt.

---

[1] BStBl 2019 I S. 874.

1627

Zeitwertkonto
BMF-Schreiben vom 8.8.2019

anzuerkennen	ggfs.	nicht anzuerkennen
GF nicht an GmbH beteiligt (z.B. Fremd-GmbH-GF)	GF an GmbH-Minderheitsbeteiligung u. keine Beherrschung ↓ prüfen, ob vGA gegeben; falls nicht, ist das Zeitwertkonto anzuerkennen	GF an GmbH beteiligt und beherrscht diese; dann vGA, Zeitwertkonto nicht anzuerkennen

1628–1645 *(Einstweilen frei)*

9.10 Abgeltungsteuer

Literatur: *Schmitt*, Die neue Besteuerung der Kapitalerträge, Stbg 2009, S. 55, 101; *Zimmermann*, Abgeltungsteuer in mittelständischen Unternehmen, BBK 2009, S. 380; *Engelberth*, Die Abgeltungswirkung des Kapitalertragsteuerabzugs, NWB 2014, S. 1887; *Möller*, Die Besteuerung von Kapitalanlagen, Berlin 1. Aufl. 2016; *Sikorski*, Korrektur von Steuerbescheiden bei einbehaltener Abgeltungsteuer, NWB 2016, S. 621; *Spieker*, Überarbeitetes Anwendungsschreiben zur Abgeltungssteuer, DB 2016, S. 197.
Verwaltungsanweisung: BMF-Schreiben vom 18.1.2016, BStBl 2016 I S. 85.[1]

9.10.1 Allgemeines

1646 Im Rahmen der Unternehmensteuerreform 2008 wurde auch die Abgeltungsteuer eingeführt. Dieser Abgeltungsteuer i. H.v. 25 % werden ab dem Veranlagungszeitraum 2009 Einkünfte aus Kapitalvermögen, die im Privatvermögen erzielt werden, unterworfen. Hierzu werden die Tatbestände, die dem Kapitalertragsteuerabzug unterliegen, erweitert. Der Steuersatz für bestimmte Kapitalerträge und die Kapitalertragsteuer werden auf 25 % festgesetzt. Nach § 32d Abs. 1 EStG beträgt die Einkommensteuer für Einkünfte aus Kapitalvermögen, die nicht unter § 20 Abs. 8 EStG fallen 25 %. Im Fall der Kirchensteuer-

---

[1] Zuletzt geändert durch BMF Schreiben v. 10.5.2019 - IV C 1 - S 2252/08/10004:026, BStBl 2019 I S. 464. Siehe hierzu auch OFD Frankfurt am Main v. 14.5.2019 – S 2252 A-104-St 24, FMNR24b310019, juris.

pflicht ermäßigt sich die Steuer nach § 32d Abs. 1 Satz 1 und 2 EStG um 25 % der auf die Kapitalerträge entfallenden Kirchensteuer.

Hintergrund der Gesetzesänderung ist das sog. Zinsurteil des BVerfG vom 27.6.1991,[1] mit dem das BVerfG eine gleichheitswidrige Besteuerung festgestellt hat, wenn die Erklärung des Steuerpflichtigen durch die Finanzbehörden nicht ausreichend geprüft werden kann. Dabei hat das BVerfG neben der Einführung von Kontrollmitteilungen und der Abschaffung des Bankgeheimnisses auch die Einführung einer Abgeltungsteuer als mögliche Lösung vorgeschlagen. Außerdem will der Gesetzgeber dadurch das Besteuerungsverfahren vereinfachen.

1647

9.10.2 Erweiterung des § 20 EStG

Der Anwendungsbereich der Abgeltungsteuer wurde durch einen neu gefassten und umfangreicheren Katalog der Einnahmen aus Kapitalvermögen erweitert. Bisher erstreckt sich der Anwendungsbereich des § 20 EStG grundsätzlich nur auf das Entgelt für die Überlassung von Kapital zur Fremdnutzung. Ab dem VZ 2009 gehören zu den Einkünften aus Kapitalvermögen i. S. d. § 20 EStG auch Veräußerungsgewinne, insbesondere aus Wertpapieren. Diese waren bisher lediglich im Rahmen der privaten Veräußerungsgeschäfte nach § 23 EStG steuerpflichtig, wenn die Veräußerung innerhalb eines bestimmten Zeitraums nach der Anschaffung stattfand (innerhalb eines Jahres). In § 20 Abs. 2 EStG wurde ein Katalog dieser Veräußerungstatbestände aufgenommen.

1648

Eine abschließende Definition des Begriffs der Kapitaleinkünfte erhält § 20 EStG nicht. Allerdings sollen die § 20 Abs. 1 Nr. 7 und Abs. 2 Nr. 7 EStG nach dem Willen des Gesetzgebers weiterhin als Auffangtatbestände fungieren.

1649

9.10.3 § 32d EStG – die Zentralnorm für die Abgeltungsteuer

§ 32d EStG regelt, in welchen Fällen der besondere Steuersatz von 25 % für Kapitaleinkünfte anzuwenden ist und wie sich dieser berechnet.

1650

Zunächst regelt § 32d Abs. 1 Satz 1 EStG, dass die Einkommensteuer für Einkünfte aus Kapitalvermögen grundsätzlich 25 % beträgt.

PRAXISHINWEIS

Für die Abgeltungsteuer maßgebend sind die Bruttoerträge. Daher findet in diesem Zusammenhang kein Werbungskostenabzug (mehr) statt.

1651

---

1 BVerfG v. 27.6.1991 – 2 BvR 1493/89, BStBl 1991 II S. 654.

9. Der GmbH-Geschäftsführer im Einkommen- und Körperschaftsteuerrecht

BEISPIEL: Privater Ertrag aus Kapitalanlagen (z. B.: 100.000 €)

Kapitalertrag	100.000 €

Im Fall der Kirchensteuerpflicht ermäßigt sich die Steuer um 25 % der auf die Kapitalerträge entfallenden Kirchensteuer. Die Einkommensteuer beträgt damit

$$\frac{e - 4q}{4 + k}$$

Dabei sind „e" die nach den Vorschriften des § 20 EStG ermittelten Einkünfte, „q" die nach Maßgabe des § 32d Abs. 5 EStG anrechenbare ausländische Steuer und „k" der für die Kirchensteuer erhebende Religionsgesellschaft (Religionsgemeinschaft) geltende Kirchensteuersatz.

$$\frac{100.000}{4 + 0,9}$$

Pauschalsteuer 24,45 %	24.450,00 €
+ SolZ (5,5 %)	1.344,75 €
+ KiSt (9 %)	2.200,00 €
Steuerbelastung	27.994,75 €

1652 § 32d EStG regelt außerdem, dass diese Steuer nicht für solche Kapitalerträge gilt, die aufgrund der Subsidiaritätsregel des § 20 Abs. 8 EStG zu den Einkünften aus Land- und Forstwirtschaft, aus Gewerbebetrieb, aus selbstständiger Arbeit oder aus Vermietung und Verpachtung gehören.

1653 Nach § 32d Abs. 1 Satz 2 EStG mindert sich die Abgeltungsteuer um die nach Maßgabe des § 32d Abs. 5 EStG anrechenbare ausländische Quellensteuer. In den Fällen des § 32d Abs. 3 und 4 EStG ist bei unbeschränkt Steuerpflichtigen, die mit ausländischen Kapitalerträgen in dem Staat, aus dem die Kapitalerträge stammen, zu einer der deutschen Einkommensteuer entsprechenden Steuer herangezogen werden, die auf ausländische Kapitalerträge festgesetzte und gezahlte und um einen entstandenen Ermäßigungsanspruch gekürzte ausländische Steuer, jedoch höchstens 25 % ausländische Steuer auf den einzelnen Kapitalertrag, auf die deutsche Steuer anzurechnen.

1654 Im Fall einer Kirchensteuerpflicht ermäßigt sich die Kapitalertragsteuer um 25 % der auf die Kapitalerträge entfallenden Kirchensteuer. § 32b Abs. 1 Satz 4 und 5 EStG gilt entsprechend.

1655 Der Steuerpflichtige muss bei seiner Bank angeben, ob und welcher Religionsgemeinschaft er angehört. Dadurch soll die gezahlte Kirchensteuer, die grundsätzlich als Sonderausgabe abziehbar ist, bereits im Rahmen der gesonderten

Steuerfestsetzung des § 32d EStG pauschal berücksichtigt werden. Der unbeschränkte Abzug der Kirchensteuer als Sonderausgaben entfällt.

In § 32d Abs. 1 Satz 4 und 5 EStG ist eine besondere Formel für die Berechnung der Abgeltungsteuer enthalten. Dies ist erforderlich, weil der Steuerabzug der Kirchensteuer einen Minderungseffekt bei der Kirchensteuer hat. Denn die Bemessungsgrundlage der Kirchensteuer ist die Einkommensteuer. Wird diese Bemessungsgrundlage durch die gezahlte Kirchensteuer gemindert, verringert sich somit auch die Kirchensteuer.

1656

PRAXISHINWEIS:

Die Kapitaleinkünfte beeinflussen bei einer Abgeltungsteuer nicht mehr die Steuerprogression anderer Einkünfte.

1657

9.10.4 Ausnahmen von der Abgeltungsteuer

§ 32d Abs. 2 EStG regelt Ausnahmefälle, in denen die Kapitalerträge nicht unter den Abgeltungssteuersatz von 25 % fallen, sondern gemeinsam mit den übrigen Einkünften dem progressiven Einkommensteuertarif unterliegen.

1658

Die Abgeltungsteuer gilt nicht,

1659

- ▶ wenn Gläubiger und Schuldner einander nahe stehende Personen sind,
- ▶ wenn die Zinsen von einer Kapitalgesellschaft oder Genossenschaft an einen Anteilseigner gezahlt werden, der zu mindestens 10 % an der Gesellschaft oder Genossenschaft beteiligt ist oder der Gläubiger der Kapitalerträge eine dem Anteilseigner nahe stehende Person ist,[1]
- ▶ soweit ein Dritter die Kapitalerträge schuldet, der seinerseits Kapital an einen Betrieb des Gläubigers überlassen hat.

Dabei handelt es sich um die Fälle der so genannten back to back Finanzierung, wie sie im Rahmen der Gesellschafter-Fremdfinanzierung diskutiert wurden. In den Fällen, in denen z. B. der Gesellschafter oder eine ihm nahe stehende Person bei einer Bank eine Einlage unterhält und die Bank in gleicher Höhe einen Kredit an die Gesellschaft gibt, sollen die Zinseinkünfte aus der Einlage dem progressiven Einkommensteuersatz unterliegen, sofern die Bank auf den Gesellschafter oder die nahe stehende Person aufgrund eines rechtlichen Anspruchs (z. B. Bürgschaft) oder einer dinglichen Sicherheit wie z. B. Grundschuld zurückgreifen kann.

---

1 Gegenüber der ursprünglichen Planung ist die Mindestbeteiligung vom Finanzausschuss von 1 % auf 10 % angehoben worden, um dem Gedanken Rechnung zu tragen, dass das Gesetz von einem steuerschädlichen gestalterischen Mitwirken des Steuerpflichtigen ausgeht.

1660 Durch diese Ausnahmen sollen Gestaltungen verhindert werden, bei denen wegen der Spreizung des Steuersatzes betriebliche Gewinne in Form von Darlehenszinsen abgesaugt werden.

1661 Da für die in § 32d Abs. 2 Nr. 1 EStG angeführten Kapitaleinkünfte der Abgeltungssteuersatz von 25 % keine Anwendung findet und sie deswegen dem allgemeinen Steuertarif unterfallen, gelten für diese Einkünfte abweichend von § 20 Abs. 6 EStG die allgemeinen einkommensteuerrechtlichen Regelungen über den Verlustausgleich und die Verlustverrechnung. Außerdem sind die allgemeinen einkommensteuerrechtlichen Regelungen zum Abzug von Werbungskosten zu beachten, so dass die Regelungen des Sparer-Pauschbetrages gem. § 20 Abs. 9 EStG nicht anzuwenden sind.

9.10.5 Günstigerprüfung

1662 Nach § 32d Abs. 6 Satz 1 EStG hat der Steuerpflichtige die Wahlmöglichkeit, seine Einkünfte aus Kapitalvermögen abweichend von § 32d EStG den allgemeinen einkommensteuerrechtlichen Regelungen zur Ermittlung der tariflichen Einkommensteuer zu unterwerfen. Damit wird für Steuerpflichtige, deren persönlicher Steuersatz niedriger ist als der Abgeltungssteuersatz, die Möglichkeit geschaffen, ihre Einkünfte aus Kapitalvermögen diesem niedrigeren Steuersatz unterwerfen zu lassen.

1663 Der Steuerpflichtige muss diese Wahlmöglichkeit im Rahmen seiner Veranlagung geltend machen. Das Finanzamt prüft von Amts wegen, ob die Anwendung der allgemeinen Regelungen zu einer niedrigeren Steuer führt.

9.10.6 Teileinkünfteverfahren

1664 Das bisherige Halbeinkünfteverfahren wurde für private Anleger abgeschafft. Der Abgeltungsteuer unterliegen daher 100 % der Kapitaleinkünfte. Für betriebliche Anleger wird das bisherige Halbeinkünfteverfahren durch das Teileinkünfteverfahren abgelöst. Steuerfrei sind nach § 3 Nr. 40 EStG nur noch 40 % der Einnahmen. Das Teileinkünfteverfahren gilt nur im betrieblichen Bereich von Personenunternehmen sowie bei Veräußerung von Anteilen an Kapitalgesellschaften i. S. v. § 17 EStG. In der Körperschaftsteuer sind Dividenden gem. § 8b KStG weiterhin zu 95 % steuerfrei.

Nach § 52a Abs. 3 EStG[1] ist die Ersetzung des Halbeinkünfteverfahrens durch das Teileinkünfteverfahren im Rahmen der Abgeltungsteuer ab dem VZ 2009 anzuwenden. Allerdings bleibt es dabei, dass bei privaten Veräußerungsgeschäften mit Wertpapieren, die vor dem 1.1.2009 angeschafft wurden und die daher unter die bisherige Regelung des § 23 EStG mit der einjährigen Verjährungsfrist fallen, weiterhin das Halbeinkünfteverfahren Anwendung findet. Diese Einkünfte unterfallen weiterhin dem progressiven Einkommensteuertarif. Insoweit findet gem. § 52a. Abs. 3 Satz 2 EStG die Regelung der bisherigen Fassung des § 3 Nr. 40 Satz 1 Buchst. j EStG weiterhin Anwendung.

1665

9.10.7 GmbH Gesellschafter-Geschäftsführer und Abgeltungsteuer

Durch § 32d Abs. 2 Nr. 3 EStG wird dem Anteilseigner ein Optionsrecht gewährt. Der GmbH-Gesellschafter kann auf die Anwendung der Abgeltungsteuer verzichten, wenn er

1666

a) zu mindestens 25 % an der GmbH beteiligt ist oder

b) zu mindestens 1 % an der Kapitalgesellschaft beteiligt ist und durch eine berufliche Tätigkeit für diese maßgeblichen unternehmerischen Einfluss auf deren wirtschaftliche Tätigkeit nehmen kann.[2]

Seine Kapitalerträge unterliegen dann dem progressiven Einkommensteuertarif unter Anwendung des Teileinkünfteverfahrens. Dieses Optionsrecht ist dann bedeutsam, wenn der GmbH-Gesellschafter seine Beteiligung i.S.d. § 17 EStG fremdfinanziert erworben hat. Es besteht dann die Möglichkeit, im Rahmen des Teileinkünfteverfahrens 60 % der Zinsaufwendungen als Werbungskosten geltend zu machen.

1667

BEISPIEL:[3] A ist beruflich für die X-GmbH tätig. Am 1.4.2012 tritt A in die X-GmbH als Gesellschafter mit einer Beteiligung von 10 % ein und hat eine Einlage von 25.000 € zu leisten. Da A über keine Barmittel in dieser Höhe verfügt, nimmt er bei der B-Bank ein verzinsliches Darlehen i.H.v. 25.000 € auf. Die Ausschüttungen auf die Beteiligung an der X-GmbH führen bei A zu Einkünften i.S.d. § 20 Abs. 1 Nr. 1 EStG.

---

1 Zur zeitlichen Anwendung vgl. § 52a EStG **bis 2014**. Aufgehoben durch Gesetz zur Anpassung des nationalen Steuerrechts an den Beitritt Kroatiens zur EU und zur Änderung weiterer steuerlicher Vorschriften v. 25.7.2014.
2 Buchst. b geändert durch Gesetz zur Umsetzung der Änderungen der EU-Amtshilferichtlinie und von weiteren Maßnahmen gegen Gewinnkürzungen und -verlagerungen v. 20.12.2016. Zur Anwendung vgl. § 52 Abs. 33a. Anzuwenden ab 1.1.2017.
3 In Anlehnung an *Jachmann/Strohm*, Abgeltungsteuer, 4. Aufl. 2012, S. 117.

A hat nun folgende Möglichkeiten:
Er kann einen Antrag auf Veranlagung nach § 32d Abs. 2 Nr. 3 EStG stellen. Dies ermöglicht ihm, die Darlehenszinsen als Werbungskosten bei den Einkünften i. S. d. § 20 Abs. 1 Nr. 1 EStG zu 60 % abzuziehen. Die Ausschüttungen unterliegen dann allerdings zu 60 % abzüglich der Werbungskosten dem normalen Einkommensteuertarif. Verzichtet A auf einen Antrag nach § 32d Abs. 2 Nr. 3 EStG, können die Darlehenszinsen nicht abgezogen werden. Die Ausschüttungen unterliegen dann jedoch dem besonderen Abgeltungsteuertarif von lediglich 25 %. Welche Alternative für A günstiger ist, hängt von der Höhe der Darlehenszinsen und der Höhe seines individuellen Steuersatzes ab. Im Regelfall wird aber der Antrag nach § 32d Abs. 2 Nr. 3 EStG die bessere Wahl sein.

1668 **Antragsfrist**[1]

Der Antrag ist spätestens zusammen mit der Abgabe der erstmaligen Einkommensteuererklärung für den jeweiligen Veranlagungszeitraum zu stellen. Hierbei handelt es sich um eine Ausschlussfrist, wobei es auf die erstmalige Abgabe der Steuererklärung für das jeweilige Jahr ankommt. Eine Nachholung ist nur unter den Voraussetzungen des § 110 AO möglich.[2] Ein Widerruf des Antrags kann auch für das Erstjahr bis zur Bestandskraft erklärt werden. Nach Eintritt der Bestandskraft kommt ein wirksamer Widerruf allenfalls in Betracht, soweit die Steuerfestsetzung verfahrensrechtlich geändert werden kann.

1669 **BFH zum Antrag auf Anwendung der tariflichen Einkommensteuer**[3]

Der BFH hat entschieden, dass Ausschüttungen aus Beteiligungen an Kapitalgesellschaften auf Antrag nach der tariflichen Einkommensteuer besteuert werden können, auch wenn der Steuerpflichtige als Anteilseigner einer Kapitalgesellschaft (mindestens zu 1 %) aufgrund seiner beruflichen Tätigkeit für die Kapitalgesellschaft keinen maßgeblichen Einfluss auf die Geschäftsführung derselben ausüben kann.[4]

Die im Streitfall erzielten Kapitaleinkünfte sind, da sie nicht unter § 20 Abs. 8 EStG fallen, gem. § 32d Abs. 1 EStG grundsätzlich nach dem gesonderten Tarif für Einkünfte aus Kapitalvermögen i. H. v. 25 % abgeltend zu besteuern (sog. Abgeltungsteuer). Dies gilt jedoch nach § 32d Abs. 2 Nr. 3 Satz 1 Buchst. b EStG nicht, wenn der Steuerpflichtige im Veranlagungszeitraum, für den der Antrag erstmals gestellt wird, unmittelbar oder mittelbar zu mindestens 1 % an der Kapitalgesellschaft beteiligt und beruflich für diese tätig ist.

---

1 BMF v. 18.1.2016, BStBl 2016 I S. 85, Rz. 141.
2 BFH v. 28.7.2015 - VIII R 50/14, BStBl 2015 II S. 894.
3 BFH, Pressemitteilung Nr. 68/2015, NWB AAAAF-12596.
4 BFH v. 25.8.2015 - VIII R 3/14, BStBl 2015 II S. 892.

Die Klägerin war zu 5 % an einer GmbH beteiligt und dort als Assistentin der Geschäftsleitung sowie im Bereich der Lohn- und Finanzbuchhaltung beruflich tätig. Aus ihrer Beteiligung an der GmbH erzielte sie Kapitalerträge, die mit dem Abgeltungsteuersatz i. H.v. 25 % besteuert wurden. In ihrer Einkommensteuererklärung stellte sie den Antrag auf Besteuerung nach der niedrigeren tariflichen Einkommensteuer (§ 32d Abs. 2 Satz 1 Nr. 3 Satz 1 Buchst. b EStG), da sie an der GmbH zumindest 1 % beteiligt und für diese beruflich tätig war. Das Finanzamt lehnte dies ab: Für diese Option sei ein maßgeblicher Einfluss des Anteilseigners auf die Kapitalgesellschaft erforderlich. Der BFH gab, wie zuvor schon das Finanzgericht, der Klägerin Recht.

Hierzu führte der BFH weiter aus:

- Die Klägerin hat im Streitfall den Antrag auf Besteuerung nach der tariflichen Einkommensteuer in der Anlage KAP der Einkommensteuererklärung gestellt, somit innerhalb der Frist des § 32d Abs. 2 Nr. 3 Satz 4 EStG.
- Die Klägerin hat auch die Tatbestandsvoraussetzungen des § 32d Abs. 2 Nr. 3 Satz 1 Buchst. b EStG erfüllt. Sie war an der GmbH zu mehr als 1 % beteiligt und beruflich für diese tätig.
- Aus dem Wortlaut der gesetzlichen Regelung ergeben sich weder qualitative noch quantitative Anforderungen an die berufliche Tätigkeit des Anteilseigners für die Kapitalgesellschaft. Ein maßgeblicher Einfluss des Anteilseigners auf die Kapitalgesellschaft ist dem Gesetz nicht zu entnehmen.
- Aufgrund dieser Entscheidung des BFH wurde das Gesetz[1] geändert. Ab 1.1.2017 ist § 32d Abs. 2 Nr. 3 Buchst. b EStG in der folgenden Fassung anwendbar:

… wenn der Steuerpflichtige …

… zu mindestens 1 % an der Kapitalgesellschaft beteiligt ist und durch eine berufliche Tätigkeit für diese maßgeblichen unternehmerischen Einfluss auf deren wirtschaftliche Tätigkeit nehmen kann.

Problemfall verdeckte Gewinnausschüttung und Antragstellung nach § 32d Abs. 2 Nr. 3 EStG.

1670

Eine vGA wird vom Finanzamt meist erst festgestellt und festgesetzt, nachdem der Gesellschafter seine Einkommensteuererklärung eingereicht hat. Obwohl eigentlich klar ist, dass er hier die Antragsvoraussetzung zur Nutzung

---

[1] Buchst. b geändert durch Gesetz zur Umsetzung der Änderungen der EU-Amtshilferichtlinie und von weiteren Maßnahmen gegen Gewinnkürzungen und -verlagerungen v. 20.12.2016. Zur Anwendung vgl. § 52 Abs. 33a. Anzuwenden ab 1.1.2017.

des Teileinkünfteverfahrens gar nicht erfüllen kann, beharrt die Finanzverwaltung trotzdem auf der Abgeltungsteuer.

Das FG München[1] ist ihr jetzt entgegengetreten und hat die nachträgliche Antragstellung erlaubt.

Zum Antrag auf Anwendung des Teileinkünfteverfahrens bei nachträglich festgestellter verdeckte Gewinnausschüttung hat der BFH[2] entgegen der Auffassung des FG München entschieden.

1. Der Antrag auf Besteuerung der Kapitaleinkünfte aus einer unternehmerischen Beteiligung an einer Kapitalgesellschaft nach der tariflichen Einkommensteuer unter Anwendung des Teileinkünfteverfahrens ist spätestens zusammen mit der Einkommensteuererklärung für den jeweiligen Veranlagungszeitraum zu stellen (§ 32d Abs. 2 Nr. 3 Satz 4 EStG). Ein entsprechender Antrag kann auch vorsorglich gestellt werden (Anschluss an das Senatsurteil v. 28.7.2015 - VIII R 50/14, BFHE 250, S. 413, BStBl 2015 II S. 894, Rz. 20, 31, 33).

2. Die Antragsfrist des § 32d Abs. 2 Nr. 3 Satz 4 EStG gilt auch, wenn Kapitalerträge in Gestalt verdeckter Gewinnausschüttungen aus einer unternehmerischen Beteiligung erst durch die Außenprüfung festgestellt werden und der Steuerpflichtige in der unzutreffenden Annahme, keine Kapitalerträge aus der Beteiligung erzielt zu haben, in seiner Einkommensteuererklärung keinen Antrag gemäß § 32d Abs. 2 Nr. 3 EStG gestellt hat (Rz. 23 und 26).

3. Kennt der Steuerpflichtige das Antragsrecht gemäß § 32d Abs. 2 Nr. 3 Satz 1 Buchst. a EStG, stellt aber gleichwohl keinen entsprechenden Antrag, weil er wegen eines Irrtums über die zutreffende Qualifikation seiner Einkünfte annimmt, keine Kapitalerträge in Gestalt verdeckter Gewinnausschüttungen aus der Beteiligung zu erzielen, liegt darin kein Fall höherer Gewalt i. S. v. § 110 Abs. 3 AO (Rz. 41 und 42).

Orientierungssatz

1. Das gesetzliche Merkmal der „Einkommensteuererklärung" ist durch die Rechtsprechung des BFH geklärt. Die Abgabe der Steuererklärung ist losgelöst von ihrer inhaltlichen Richtigkeit und Vollständigkeit zu beurteilen.

---

[1] FG München, Urteil v. 15.6.2016 – 9 K 190/16, EFG 2016, S. 1503 (red. Leitsatz und Gründe). Revision beim BFH eingelegt. Das Verfahren mit dem Az. VIII R 20/16 ist erledigt – neues Az.: VII R 20/16.
[2] BFH v. 14.5.2019 - VIII R 20/16, NWB SAAAH-28616.

Dies folgt im Umkehrschluss aus § 153 AO, denn die dort vorgeschriebene Berichtigung einer Steuererklärung setzt voraus, dass eine unrichtige Erklärung vorliegt (Rz. 24).

2. § 32d Abs. 2 Nr. 3 Satz 4 EStG erweist sich auch für die Fälle, in denen der Steuerpflichtige – wie im Streitfall – von ihm erzielte Einkünfte zunächst rechtsirrig nicht den Einkünften aus Kapitalvermögen zuordnet und aus diesem Grunde keinen Anlass für eine Antragstellung sieht, nicht als planwidrig unvollständig (vgl. Ausführungen zur Auslegung der Rechtsnorm) (Rz. 29, 30, 31).

PRAXISHINWEIS ZUR ZEITLICHEN ANWENDUNG:

Grundsätzlich gilt die Neuregelung ab dem 1.1.2009. § 23 Abs. 1 Satz 1 Nr. 2 EStG gilt gem. § 52 a Abs. 10 Satz 1 EStG[1] für einen GmbH-Altanteil über den 1.1.2009 fort. Sofern die Spekulationsfrist von einem Jahr abgelaufen ist, können diese Altanteile auch nach dem 1.1.2009 steuerfrei veräußert werden.

(Einstweilen frei) 1671–1690

9.11 GmbH-Geschäftsführer und § 17 EStG

9.11.1 Allgemeines

Die Vorschrift des § 17 EStG zählt die GmbH-Anteilsveräußerung zu den Einkünften aus Gewerbebetrieb, wenn der Veräußerer innerhalb der letzten fünf Jahre am Kapital der Gesellschaft unmittelbar oder mittelbar zu mindestens 1 % beteiligt war. Früher, bis einschließlich VZ 1998, betrug die **Beteiligungsquote** mehr als 25 %, ab VZ 1999 mindestens 10 % und grundsätzlich ab VZ 2002 mindestens 1 %. 1691

Der frühere Begriff der wesentlichen Beteiligung wurde aufgegeben. 1692

Der **Veräußerungsgewinn/-verlust** ermittelt sich wie folgt: 1693

    Veräußerungspreis
./. Veräußerungskosten
./. Anschaffungskosten
./. nachträgliche Anschaffungskosten
=   steuerpflichtiger Veräußerungsgewinn/-verlust
    bei den Einkünften aus Gewerbebetrieb

---

1 Zur zeitlichen Anwendung vgl. § 52a EStG bis 2014. Aufgehoben durch Gesetz zur Anpassung des nationalen Steuerrechts an den Beitritt Kroatiens zur EU und zur Änderung weiterer steuerlicher Vorschriften v. 25.7.2014.

> **PRAXISHINWEIS:**
>
> Gemäß § 17 Abs. 4 EStG wird die Auflösung einer Kapitalgesellschaft und die Ausschüttung aus dem steuerlichen Einlagekonto der Kapitalgesellschaft (§ 27 KStG) der Anteilsveräußerung gleichgestellt.

1694–1695 *(Einstweilen frei)*

9.11.2 Anschaffungskosten bei § 17 EStG

1696 Häufig wird eine GmbH liquidiert bzw. geht in Insolvenz. Die vom Gesellschafter-Geschäftsführer gegebenen Darlehen verfallen meist ersatzlos, und er will sie im Rahmen der „17-er Berechnung" voll als nachträgliche Anschaffungskosten geltend machen. Auf der Grundlage der BFH-Rechtsprechung[1] hat die Verwaltung[2] Folgendes bestimmt:

Darlehensart	Bewertung der Forderung
Krisendarlehen	Nennwert
krisenbestimmtes Darlehen	Nennwert
stehengelassenes Darlehen	gemeiner Wert[3]
Finanzplandarlehen	Nennwert

1697 In der Praxis ist der Fall des stehen gelassenen Darlehens sehr häufig, wobei der gemeine Wert der Forderungen zu 0 € tendiert. Jedenfalls sind die zu diesem Komplex ergangenen Urteile zahlreich.

1698 Wird das Darlehen nach dem 31.12.2008 gewährt, fällt dieses unter § 20 Abs. 2 Satz 1 Nr. 7 EStG, wenn § 17 EStG keinen Vorrang vor § 20 EStG hat.

1699–1715 *(Einstweilen frei)*

9.12 Rangrücktrittsvereinbarung[4]

Literatur: *Hamminger*, Neues zu Voraussetzungen und Rechtsfolgen qualifizierter Rangrücktrittsvereinbarungen, NWB 2015, S. 2231,2236; *Kahlert*, Steuerbilanzielle Behand-

---

1 BFH, BStBl 1999 II S. 348, 724.
2 BMF v. 8.6.1999, BStBl 1999 I S. 545.
3 Es wird auf den Zeitpunkt abgestellt, in dem der Gesellschafter mit Rücksicht auf das Gesellschaftsverhältnis das Darlehen nicht abzieht.
4 Nach *Rux*, aus dem PROTOKOLL über die Sitzung der Arbeitsgruppe „Steuern" beim IDW Berlin/Brandenburg am Mittwoch, den 15.4.2015. Siehe hierzu *Kahlert*, , DStR 2015 S. 734; *K. Schmidt*, Rangrücktritt insolvenzrechtlich/Rangrücktritt steuerrechtlich, DB 2015, S. 600; *Taplan,/G. Baumgartner/E. Baumgartner*, GmbHR 2015, S. 347; s. auch *Schmidt-Hern*, DB 2015, S. 1153.

lung des Rangrücktritts nach dem Konzept des IX. Senats des BGH, DStR 2015, S. 734; *Schmidt-Hern*, Anforderungen an Rangrücktrittsvereinbarungen DB 2015, S. 1153; *Taplan/G. Baumgartner/E. Baumgartner*, Die Rangrücktrittsvereinbarung im Insolvenz- und Steuerrecht, GmbHR 2015, S. 347; *Wälzholz*, Mehr Sicherheit beim Rangrücktritt: Beiträge für die Beratungspraxis, GmbH-StB 2015, S. 259.

Arbeitshilfen online: *Hamminger*, Rangrücktrittserklärung, NWB YAAAE-05664.

Der Rangrücktritt ist ein beliebtes Mittel, um in der Praxis die Überschuldung zu vermeiden. Beim Rangrücktritt erklärt der Gläubiger (vorliegend der GmbH-Gesellschafter-Geschäftsführer) sinngemäß, er wolle wegen der Forderung erst nach Befriedigung sämtlicher anderer Gläubiger der Gesellschaft und auch nicht vor, sondern nur zugleich mit den Einlagenrückgewährungsansprüchen der Gesellschafter berücksichtigt werden. 1716

Mit **Urteil vom 5.3.2015**[1] hat der **IX. Senat des BGH** eine für die Sanierungspraxis grundlegende Entscheidung zum Rangrücktritt gefällt. Mit einem Rangrücktritt wird bekanntlich das Ziel verfolgt, die Passivierung der betreffenden Verbindlichkeit in der Überschuldungsbilanz und damit eine Insolvenzantragspflicht zu vermeiden. Der IX. Senat des BGH hat nicht nur mehrere praktisch bedeutsame Streitfragen entschieden, sondern ein **einheitliches Konzept sowohl** für den vor MoMiG[2] erforderlichen **sog. qualifizierten Rangrücktritt** als auch für den nach MoMiG **erforderlichen Rangrücktritt gem. § 19 Abs. 2 Satz 2 InsO** entwickelt. 1717

Das **Konzept des BGH** stellt sich im Überblick wie folgt dar:[3] 1718

Eine Verbindlichkeit ist nur dann nicht in der Überschuldungsbilanz zu passivieren, wenn sich aus der Auslegung der zwischen Gesellschaft und Gesellschafter oder Nichtgesellschafter geschlossenen Rangrücktrittserklärung ergibt, dass

▶ **vor Insolvenzeröffnung** über das Vermögen der Gesellschaft
  – eine Zahlung auf die Verbindlichkeit nicht erfolgen darf, wenn die Gesellschaft zahlungsunfähig oder überschuldet ist oder durch die Zahlung auf die Verbindlichkeit die Zahlungsunfähigkeit oder Überschuldung der Gesellschaft droht und
  – eine Aufhebung der vorstehenden Vereinbarung und somit eine Zahlung auf die Verbindlichkeit als Vertrag zugunsten der Gläubiger (§ 328 BGB) nur dann ohne deren Mitwirkung zulässig ist, wenn eine Insolvenzreife

---

[1] BGH v. 5.3.2015 - IX ZR 133/14, DB 2015, S. 767.
[2] BGBl 2008 I S. 2026.
[3] Siehe *Kahlert*, DStR 2015 S. 734.

nicht vorliegt oder die Insolvenzreife der Gesellschaft beseitigt worden ist und

▶ nach **Insolvenzeröffnung** über das Vermögen der Gesellschaft eine Zahlung auf die Verbindlichkeit auf die letzte Rangstelle im Rang des § 39 Abs. 2 a. F. oder nach § 19 Abs. 2 Satz 2 InsO auf den Rang nach § 39 Abs. 1 Nr. 1 bis 5 InsO vereinbart ist.

1719 Nach dem IX. Senat des BGH sind gegen eine solche Rangrücktrittsvereinbarung verstoßende Zahlungen als Folge der Einordnung des Rangrücktritts als Schuld- oder Schuldänderungsvertrag

▶ ohne Rechtsgrund i. S. d. § 812 Abs. 1 Satz 1 Fall 1 BGB erfolgt und vorbehaltlich § 814 BGB (Rz. 43 ff.) zurückzugewähren und

▶ als unentgeltliche Leistungen nach § 134 InsO anfechtbar und nach § 143 InsO zurückzugewähren (Rz. 46 ff.).

Nach diesem Konzept erfordert die Nichtberücksichtigung einer Verbindlichkeit in der Überschuldungsbilanz sowohl die Vereinbarung der vorstehend dargestellten Auszahlungssperre vor Insolvenzeröffnung als auch die Vereinbarung des vorstehend dargestellten Rangrücktritts nach Insolvenzeröffnung.

1720 Zahlungen auf die Verbindlichkeit, die danach vor Insolvenzeröffnung erfolgen dürfen, bezeichnet der IX. Senat des BGH als aus dem ungebundenen Vermögen bzw. freien Vermögen geleistet.

Damit wird das Vermögen beschrieben, das die Gesellschaft zur Zahlung auf die Verbindlichkeit verwenden kann, ohne dass dadurch ihre Zahlungsunfähigkeit oder Überschuldung ausgelöst werden könnte.

1721 In diesem Zusammenhang sind auch die **steuerlichen Folgen** zu beachten, denn bei fehlerhafter Ausgestaltung ist die Verbindlichkeit aus der Steuerbilanz auszubuchen und regelmäßig ein bloßer Buchgewinn zu versteuern. Ein entsprechender Liquiditätsentzug würde zusätzlich krisenverschärfend wirken.

1722 Nach ständiger Rechtsprechung des BFH ist eine Verbindlichkeit in der Handelsbilanz nur zu passivieren,

(1) wenn der Unternehmer zu einer dem Inhalt und der Höhe nach bestimmten Leistung verpflichtet ist,

(2) diese vom Gläubiger erzwungen werden kann und

(3) eine wirtschaftliche Belastung darstellt.

1723 **Zu (1) und (2):** Nach dem Konzept des IX. Senats des BGH ist der Rangrücktritt nicht als Forderungsverzicht zu beurteilen und der Gläubiger kann seine Forde-

9.12 Rangrücktrittsvereinbarung

rung auf Grundlage des Rangrücktritts durchsetzen, solange der Schuldner ohne die Gefahr einer Insolvenz über hinreichende finanzielle Mittel zur Tilgung der Verbindlichkeit verfügt. Der IX. Senat des BGH stellt ausdrücklich klar, dass durch den Rangrücktritt nur die Rangfolge, nicht aber der Bestand der Forderung geändert wird. Damit liegen die ersten beiden Voraussetzungen für die Passivierung der Verbindlichkeit in der Handelsbilanz, nämlich die Verpflichtung zu einer bestimmten Leistung und die Durchsetzbarkeit durch den Gläubiger, auch bei einem Rangrücktritt nach dem Konzept des IX. Senats des BGH (weiterhin) vor.

Zu (3): Die dem Rangrücktritt nach dem Konzept des IX. Senats des BGH zugrunde liegende Verbindlichkeit muss (weiterhin) eine wirtschaftliche Belastung darstellen. Auch diese Voraussetzung ist sowohl vor als auch nach Insolvenzeröffnung erfüllt. 1724

Nach der Rechtsprechung des BFH ist § 5 Abs. 2a EStG, der die ertragswirksame Auflösung der zugrunde liegenden Verbindlichkeit fordert, nicht anwendbar, wenn die Verbindlichkeit nicht nur aus zukünftigen Gewinnen, sondern auch aus dem „die sonstigen Verbindlichkeiten übersteigenden Vermögen zu bedienen sind. Nach BFH ist das sonstige freie Vermögen (das die sonstigen Verbindlichkeiten übersteigende Vermögen) ein Maßstab zur Bestimmung der wirtschaftlichen Belastung der Verbindlichkeit. Ist die Verbindlichkeit jedenfalls aus dem sonstigen freien Vermögen zu befriedigen, so ist dies wirtschaftlich belastend und somit in der Handel- bzw. Steuerbilanz zu passivieren. 1725

Nach dem **IX. Senat des BGH** beschreibt das **freie Vermögen** die Mechanik der **vorinsolvenzlichen Auszahlungssperre**, wonach das Vermögen nicht nur zur Tilgung der Verbindlichkeit verwendet werden darf, wenn die Auszahlung zur Zahlungsunfähigkeit oder Überschuldung führen könnte. **Auch nach Insolvenzeröffnung** kommt es aufgrund der mit dem Rangrücktritt verbundenen Änderung der Rangfolge gem. § 19 Abs. 2 Satz 2 InsO auf den Rang nach § 39 Abs. 1 Nr. 1 bis 5 InsO nicht zu einer ertragswirksamen Auflösung der Verbindlichkeit nach § 5 Abs. 2a EStG. Dies deshalb, weil die Vorschrift auf diesen Fall keine Anwendung findet. Es geht nämlich im Insolvenzverfahren i. S. d. § 5 Abs. 2a EStG nicht um Verpflichtungen, die nur zu erfüllen sind, soweit künftig Einnahmen oder Gewinne anfallen. Vielmehr sind die Forderungen zur Tabelle anzumelden (§§ 174 ff. InsO) und werden im Rahmen der Verteilung aus der Insolvenzmasse (§§ 187 ff. InsO) – wenn auch nachrangig – befriedigt. Die Erfüllung der Verbindlichkeit kann somit im Insolvenzverfahren nicht von zukünftigen Gewinnen oder Einnahmen abhängig sein. 1726

1727

PRAXISHINWEIS:

Dem folgenden Formulierungsvorschlag von Taplan/G. Baumgartner/E. Baumgartner[1] liegt die Annahme zugrunde, dass eine natürliche Person als Gesellschafter einer GmbH zum Zeitpunkt einer auftretenden Unternehmenskrise mit dieser einen Rangrücktritt über ihr Gesellschafterdarlehen vereinbart.

Rangrücktrittsvereinbarung

Zwischen Herr/Frau ... – nachfolgend „Darlehensgeber" –

und

der ... GmbH – nachfolgend „Gesellschaft" –

§ 1 Präambel

(1) Der Darlehensgeber ist Gesellschafter der Gesellschaft mit Sitz in ..., eingetragen im Handelsregister des Amtsgerichts .... unter der HRB-Nr. ....

(2) Mit dem Darlehensvertrag vom ... hat der Darlehensgeber der Gesellschaft ein Darlehen in Höhe von EUR ..., verzinslich mit ... % Zinsen p. a. gewährt. Der Darlehensvertrag ist dieser Vereinbarung als Anlage beigefügt.

§ 2 Rangrücktritt

Der Darlehensgeber tritt hiermit mit sämtlichen Ansprüchen aus dem in § 1 genannten Darlehen gemäß § 19 Abs. 2 Satz 2 InsO im Rang hinter sämtliche Forderungen anderer Gläubiger in der Weise zurück, dass Tilgung, Verzinsung und Kosten des Darlehens nur nachrangig nach allen anderen Gläubigern im Rang des § 39 Abs. 1 Nr. 1 bis 5 InsO, also im Rang des § 39 Abs. 2 InsO aus sonstigem freien Vermögen, künftigen Jahresüberschüssen oder aus einem Liquidationsüberschuss verlangt werden können.

§ 3 Kein Verzicht

Der Darlehensgeber erklärt hierdurch weder eine Stundung noch einen Verzicht auf Rückzahlung des Darlehens.

§ 4 Gerichtsstand, Salvatorische Klausel

Ort, Datum, Unterschriften

1728 Nach Auffassung des BFH[2] unterliegt eine Verbindlichkeit, die nach einer im Zeitpunkt der Überschuldung getroffenen Rangrücktrittsvereinbarung nur aus einem zukünftigen Bilanzgewinn und aus einem etwaigen Liquidationsüberschuss zu tilgen ist, dem Passivierungsverbot des § 5 Abs. 2a EStG 2002.[3] Beruht der hierdurch ausgelöste Wegfallgewinn auf dem Gesellschaftsverhältnis, ist er durch den Ansatz einer Einlage in Höhe des werthaltigen Teils der betroffenen Forderungen zu neutralisieren.[4]

---

1 GmbHR 2015, S. 347, 353.
2 BFH v. 15.4.2015 - I R 44/14, BStBl 2015 II S. 769.
3 Insoweit Bestätigung des Senatsurteils v. 30.11.2011 - I R 100/10, BFHE 235, S. 476, BStBl 2012 II S. 332.
4 Insoweit Abkehr vom Senatsurteil in BFHE 235, S. 476, BStBl 2012 II S. 332.

9.12 Rangrücktrittsvereinbarung

Der BFH hat bisher die Auffassung vertreten, dass Darlehen, die aus künftigen Gewinnen zu tilgen sind, nicht die Funktion von zusätzlichem Eigenkapital zukommt.[1] Hieran ist nach Auffassung des BFH jedoch nicht mehr festzuhalten. Maßgeblich für diese Rechtsprechungskorrektur ist nach Auffassung des BFH zum einen, dass der Einlagetatbestand durch die Zuführung eines Wirtschaftsguts gekennzeichnet ist (§ 4 Abs. 1 Satz 5 EStG) und hierzu nach ständiger Rechtsprechung nicht nur der Ansatz oder die Erhöhung eines Aktivpostens, sondern auch der Wegfall oder die Verminderung eines Passivpostens zu rechnen ist.[2] Zum anderen kommt hinzu, dass der steuerrechtliche Einlagebegriff nicht dem Maßgeblichkeitsgrundsatz unterliegt, sondern mit Rücksicht auf seine eigenständigen Regelungszwecke über diesen hinausgeht.[3]

1729

Da zu diesen Regelungszwecken aber insbesondere auch gehört, den Steuerbilanzgewinn um die nicht betrieblich veranlassten Mehrungen des steuerrechtlichen Betriebsvermögens zu mindern, umfasst der hierauf abgestimmte steuerrechtliche Einlagebegriff (sog. Funktionsbegriff) auch die durch einen Rangrücktritt i. V. m. § 5 Abs. 2a EStG ausgelöste Ausbuchung von Verbindlichkeiten, vorausgesetzt, die Vereinbarung zur Subordination der Verbindlichkeit ist durch das Gesellschaftsverhältnis veranlasst.

Demnach ist es für den Eigenkapitalausweis unerheblich, dass der Rangrücktritt nicht zum Erlöschen der Darlehensforderungen geführt hat. Es kommt auch nicht darauf an, dass die Verbindlichkeiten bei Anfall eines zukünftigen (Bilanz-)Gewinns oder Liquidationsüberschusses wieder zu erfüllen waren. Auch dies kann die Annahme einer Einlage nicht hindern, weil auch in Fällen des Forderungsverzichts gegen Besserungsschein der Eintritt des Besserungsfalls zu einer erneuten Umqualifikation des Darlehens (in Fremdkapital) führt und damit bis zu diesem Zeitpunkt davon auszugehen ist, dass dem Schuldner (temporär) Eigenkapital zur Verfügung stand.[4]

Der BFH[5] hat seine Auffassung bestätigt:

Der Senat hält daran fest, dass eine Verbindlichkeit, die nach einer im Zeitpunkt der Überschuldung getroffenen Rangrücktrittsvereinbarung nur aus ei-

---

1 Siehe BFHE 235, S. 476, BStBl 2012 II S. 332; zustimmend z. B. *Baschnagel*, Die Unternehmensbesteuerung 2014, S. 769, 771.
2 BFH v. 7.5.2014 - X R 19/11, BFH/NV 2014, S. 1736; BFH v. 6.11.2003 - IV R 10/01, BFHE 204, S. 438, BStBl 2004 II S. 416; BFH v. 22.11.1983 - VIII R 133/82, BFHE 140, S. 69.
3 BFH v. 29.5.1996 - I R 118/93, BFHE 180, S. 405, BStBl 1997 II S. 92.
4 BFH v. 12.7.2012 - I R 23/11, BFHE 238, S. 344, m.w. N.
5 BFH v. 10.8.2016 - I R 25/15, BStBl 2017 II S. 670. Die Entscheidung wurde nachträglich zur Veröffentlichung bestimmt; sie war seit dem 21.12.2016 als NV-Entscheidung abrufbar.

nem zukünftigen Bilanzgewinn und aus einem etwaigen Liquidationsüberschuss zu tilgen ist, dem Passivierungsverbot des § 5 Abs. 2a EStG unterliegt und der hierdurch ausgelöste Wegfallgewinn, sofern er auf dem Gesellschaftsverhältnis beruht, durch den Ansatz einer Einlage in Höhe des werthaltigen Teils der betroffenen Forderungen zu neutralisieren ist.[1]

1730 Skizze:[2] Rangrücktritt[3]

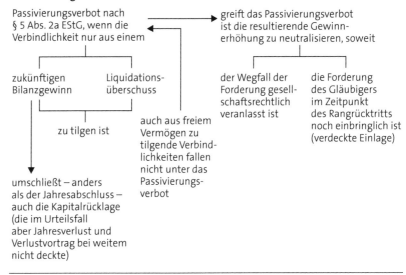

1731 *Hamminger*[4] kommt hinsichtlich des BGH-Urteils vom 5.3.2015 - IX ZR 133/14 zu folgendem Fazit:

„Der BGH hat mit seiner Entscheidung wesentliche Fragestellungen zu den Voraussetzungen einer qualifizierten Rangrücktrittserklärung beantwortet und geklärt. Die Qualifizierung als verfügender Schuldänderungsvertrag, der eine Durchsetzungssperre der Forderung zur Folge hat, ermöglicht eine sachgerechte Einordnung in die gesetzlich geregelten Vertragsarten des BGB. Die Entscheidung enthält weiter Hinweise für die Formulierung einer Rangrücktrittsvereinbarung und beinhaltet zudem den Hinweis, dass es keine Verpflichtung zur Verwendung

---

1 Bestätigung des Senatsurteils v. 15.4.2015 - I R 44/14, BFHE 249, S. 493, BStBl 2015 II S. 769.
2 Nach *Dr. Strahl*.
3 BFH v. 15.4.2015 - I R 44/14, BStBl 2015 II S. 769.
4 NWB 2015, S. 2231, 2236.

eines einheitlichen Vertragsmusters gibt und dass die allgemeinen Auslegungsgrundsätze anzuwenden sind. Daraus kann der Schluss gezogen werden, dass die bestehenden Rangrücktrittsvereinbarungen, soweit sie den in der Entscheidung dargestellten Anforderungen genügen, nicht geändert bzw. angepasst werden müssen. Weiter wird klargestellt, dass eine Rangrücktrittsvereinbarung auch mit einem Nichtgesellschafter abgeschlossen werden kann."

Muster 1:[1] **Rangrücktrittserklärung (mit Passivierung)** 1732

zwischen

.... – nachfolgend „Gesellschafter/Gläubiger" genannt –

und

.... – nachfolgend „Gesellschaft/Schuldner" genannt.

Zur Vermeidung einer etwaigen Überschuldung tritt der Gesellschafter/Gläubiger hierdurch mit seiner Forderung aus .... gegen die Gesellschaft/ den Schuldner mit Stand vom .... in Höhe von .... im Range gegenüber allen derzeitigen und künftigen Forderungen nebst Zinsen und eventuellen weiteren Nebenforderungen sämtlicher Gläubiger der Gesellschaft/des Schuldners zurück.

Die Forderung des Gesellschafter/Gläubigers soll entsprechend § 39 Abs. 2 InsO im Insolvenzverfahren über das Vermögen der Gesellschaft/des Schuldners erst nach den Forderungen der nachrangigen Insolvenzgläubiger im Sinne des § 39 Abs. 1 Nr. 1 bis 5 InsO berücksichtigt werden [soweit die anderen Gläubiger nicht ebenfalls den Nachrang ihrer Forderungen vereinbart haben; mit ebenfalls zurückgetretenen Gläubigern besteht Gleichrang].

Der Gesellschafter/Gläubiger verpflichtet sich, seine nachrangigen Forderungen gegenüber der Gesellschaft/ dem Schuldner so lange nicht geltend zu machen, wie die teilweise oder vollständige Befriedigung dieser Forderungen zu einer Überschuldung der Gesellschaft im Sinne des § 19 InsO oder zur Zahlungsunfähigkeit m Sinne des § 17 InsO führen würde.

Tilgung, Zinsen und Kosten der im Rang zurückgetretenen Forderungen kann der Gesellschafter/Gläubiger außerhalb eines Insolvenzverfahrens nur verlangen, soweit die Gesellschaft/der Schuldner die Leistung aus künftigen Bilanzgewinnen oder aus weiterem ungebundenem, alle anderen Schulden der Ge-

---

[1] *Hamminger*, NWB YAAAE-05664.

sellschaft/des Schuldners übersteigenden freien Vermögen oder einem etwaigen Liquidationsüberschuss möglich ist. Zur Klarstellung wird ergänzt, dass auch erst ab diesem Zeitpunkt eine Änderung, insbesondere Aufhebung, dieser Vereinbarung zulässig ist.

..................., den ....

1733 **Muster 2:**[1] **Rangrücktrittserklärung (ohne Passivierung)**
zwischen

.... – nachfolgend „Gesellschafter/Gläubiger" genannt –

und

.... – nachfolgend „Gesellschaft/Schuldner" genannt.

Zur Vermeidung einer etwaigen Überschuldung tritt der Gesellschafter/Gläubiger hierdurch mit seiner Forderung aus .... gegen die Gesellschaft/ den Schuldner mit Stand vom .... in Höhe von .... im Range gegenüber allen derzeitigen und künftigen Forderungen nebst Zinsen und eventuellen weiteren Nebenforderungen sämtlicher Gläubiger der Gesellschaft/ des Schuldners zurück.

Die Forderung des Gesellschafter/Gläubigers soll entsprechend § 39 Abs. 2 InsO im Insolvenzverfahren über das Vermögen der Gesellschaft/des Schuldners erst nach den Forderungen der nachrangigen Insolvenzgläubiger im Sinne des § 39 Abs. 1 Nr. 1 bis 5 InsO berücksichtigt werden [soweit die anderen Gläubiger nicht ebenfalls den Nachrang ihrer Forderungen vereinbart haben; mit ebenfalls zurückgetretenen Gläubigern besteht Gleichrang].

Der Gesellschafter/Gläubiger verpflichtet sich, seine nachrangigen Forderungen gegenüber der Gesellschaft/dem Schuldner so lange nicht geltend zu machen, wie die teilweise oder vollständige Befriedigung dieser Forderungen zu einer Überschuldung der Gesellschaft im Sinne des § 19 InsO oder zur Zahlungsunfähigkeit m Sinne des § 17 InsO führen würde.

Tilgung, Zinsen und Kosten der im Rang zurückgetretenen Forderungen kann der Gesellschafter/Gläubiger außerhalb eines Insolvenzverfahrens nur verlangen, soweit die Leistung aus künftigen Bilanzgewinnen oder einem etwaigen Liquidationsüberschuss möglich ist. Zur Klarstellung wird ergänzt, dass auch erst ab diesem Zeitpunkt eine Änderung, insbesondere Aufhebung, dieser Vereinbarung zulässig ist

..................., den ....

---

1 *Hamminger*, NWB YAAAE-05664.

9.12 Rangrücktrittsvereinbarung

Ein weiteres Muster[1] 1734

Rangrücktrittsvereinbarung[2]

zwischen

< ... > [Firma] GmbH

< ... > [Straße Hausnr.]

< ... > [Ort]

– Gesellschaft –

und

Herrn < ... > [Vorname] [Name]

< ... > [Straße Hausnr.]

< ... > [Ort]

– Gläubiger–[3]

1. Der Gläubiger ist mit nominell 750.000 € an dem insgesamt 1.000.000 € betragenden Stammkapital der Gesellschaft beteiligt.[4]

2. Er hat der Gesellschaft mit Vertrag vom < ... > [Datum] (nachfolgend „der Darlehensvertrag") 500.000 € geliehen. Das Darlehen ist mit 6 von Hundert p. a. zu verzinsen.

3. Am < ... > [Datum] hat der Abschlussprüfer der Gesellschaft gemeinsam mit deren Geschäftsführung festgestellt, dass die Gesellschaft auch bei Aufstellung einer Überschuldungsbilanz überschuldet ist.[5]

---

1 Nach *Fuhrmann*, GmbH-Handbuch, Muster 104 (152. Lfg. April 2015).
2 Die Rangrücktrittsvereinbarung ist ein Vertrag zu Gunsten Dritter. Sie ist formfrei möglich, sollte aber zu Dokumentationszwecken *unbedingt* schriftlich abgeschlossen werden. Vgl. BGH v. 5.3.2015 - IX ZR 133/14, GmbHR 2015, S. 472; i. Ü. Rz. I 4053 ff. und (steuerlich) Rz. III 2645 ff.
3 Gläubiger ist der Gesellschafter-Darlehensgeber. Sinn und Zweck der Rangrücktrittsvereinbarung ist es, das Darlehen aus dem sog. Überschuldungsstatus zu eliminieren, um die Insolvenzantragspflicht zu beseitigen.
4 Wegen der Beteiligung von mehr als 10 % liegt ein gem. § 39 Abs. 1 Nr. 5 InsO nachrangiges Darlehen vor. Vor diesem Hintergrund sind Rückzahlungen binnen eines Jahres vor Insolvenzeröffnung anfechtbar (§ 135 Abs. 1 Nr. 1 InsO). Auch ein nicht an der GmbH beteiligter Gläubiger kann einen Rangrücktritt erklären (BGH v. 5.3.2015 - IX ZR 133/14, GmbHR 2015, S. 472).
5 Eine Überschuldung im insolvenzrechtlichen Sinne (§ 19 Abs. 2 InsO) liegt nicht schon bei buchmäßiger Überschuldung vor, sondern erst, wenn die Schulden die Summe der Liquidationswerte der aktivierten Vermögensgegenstände übersteigen (sog. Überschuldungsstatus). Besteht eine günstige Fortführungsprognose, so muss gem. § 19 InsO kein Insolvenzantrag gestellt werden.

4. Sofern und soweit dies zur Abwendung einer Überschuldung im insolvenzrechtlichen und bilanziellen Sinn auch vor Eröffnung einer etwaigen Insolvenz erforderlich ist, erklärt der Gläubiger hiermit, dass er mit seinem in Ziff. 2 bezeichneten Darlehensanspruch nebst Zinsen im Rang hinter die Forderungen sämtlicher anderer Gläubiger zurücktritt. Das gilt sowohl vor als auch nach Eröffnung eines evtl. Insolvenzverfahrens. Insbesondere wird vereinbart, dass der Gläubiger mit sämtlichen Ansprüchen aus dem Darlehensvertrag in einem etwaigen Insolvenzverfahren hinter den in § 39 Abs. 1 Nr. 1 bis 5 InsO bezeichneten Forderungen nachrangig ist.[1] Auch im Übrigen wird der Gläubiger bis zur Abwendung der Krise nicht vor, sondern nur zugleich mit den Einlagenrückgewähransprüchen seiner Mitgesellschafter berücksichtigt.[2] Die < ... > [Firma] GmbH nimmt diese Rangrücktrittserklärung an.[3]

5. Demgemäß[4] kann der Gläubiger Erfüllung seines Anspruchs auf Rückzahlung des Darlehens nur nach allen anderen Gläubigern im Rang des § 39 Abs. 1 Nr. 1 bis 5 InsO verlangen.[5]

< ... > [Ort], den < ... > [Datum]

Der Gläubiger[6]   Für die Gesellschaft:[7]

....

< ... > [Vorname] [Name]   < ... > [Vorname] [Name]

---

1 Nach h. M. (vgl. Rz. I 4053) ist es wichtig, genau diese Formulierung in der Vereinbarung zu wählen.

2 Nach dem BGH (BGH v. 1.3.2010 - II ZR 13/09, NZG 2010, S. 701 = GmbHR 2010, S. 752; BGH v. 14.5.2007 - II ZR 48/06, ZIP 2007, S. 1265 = GmbHR 2007, S. 757; BGH v. 8.1.2001 - II ZR 88/99, BGHZ 146, S. 264 = GmbHR 2001, S. 190) bedurfte es nach altem Recht einer sog. qualifizierten Rangrücktrittserklärung, damit ein Darlehen nicht in den Überschuldungsstatus aufgenommen werden musste. „Qualifiziert" hieß, dass der Rangrücktritt auch in der Vorinsolvenzphase gelten musste. Nach BGH v. 5.3.2015 - IX ZR 133/14, GmbHR 2015, S. 472 bedarf es keiner Gleichstellung mit den Einlagenrückgewähransprüchen nicht mehr. Die Formulierung sollte aus Sicherheitsgründen dennoch beibehalten werden.

3 Eine Rangrücktrittsvereinbarung kann nach dem BGH (v. 5.3.2015 - IX ZR 133/14, GmbHR 2015, S. 472) als Vertrag zu Gunsten Dritter nicht nachträglich, d. h. nach Eintritt des Insolvenzfalls, aufgehoben werden (vgl. auch BGH v. 1.3.2010 - II ZR 13/09, GmbHR 2010, S. 752, m. Komm. *Bormann*).

4 Eines sog. qualifizierten Rangrücktritts bedarf es nicht mehr (vgl. Rz. I 4054 und *Haas*, DStR 2009, S. 326). Gleichwohl wird aus Gründen rechtlicher Vorsorge dazu geraten, auch unter Geltung des neuen Rechts die Qualifizierung aufzunehmen.

5 Zur steuerlichen Behandlung vgl. *Weitnauer*, GWR 2012, S. 196 und BFH v. 30.11.2011 - I R 100/10, BStBl 2012 II S. 332 = GmbHR 2012, S. 406.

6 Schriftform ist zwar gesetzlich nicht erforderlich, aber wegen der Beweisfunktion dringend zu empfehlen. Dies gilt auch für eine evtl. Bevollmächtigung Dritter.

7 Die Gesellschaft wird durch Geschäftsführer/Prokuristen in vertretungsberechtigter Anzahl vertreten. § 181 BGB ist zu beachten.

PRAXISHINWEIS:

Der Rangrücktritt ist ein Vertrag und damit ein zweiseitiges Rechtsgeschäft, auch wenn in der Umgangssprache von Rückrücktrittserklärung (= einseitiges Rechtsgeschäft) gesprochen wird.[1]

(Einstweilen frei) 1736–1750

9.13 Veräußerung von GmbH-Anteilen

Bei Veräußerung von GmbH-Anteilen durch eine natürliche Person, soweit die Anteile im Privatvermögen gehalten werden, bildet der 1.1.2009 eine zeitliche Zäsur. Vorher galt das Halbeinkünfteverfahren, danach gelten die Abgeltungsteuer und das Teileinkünfteverfahren.

Für die Veräußerung von Anteilen an einer Kapitalgesellschaft, die zu einem Betriebsvermögen gehören ist der Gewinn nach § 4 oder § 5 EStG zu ermitteln.

Skizze: Veräußerungsgewinn/-verlust

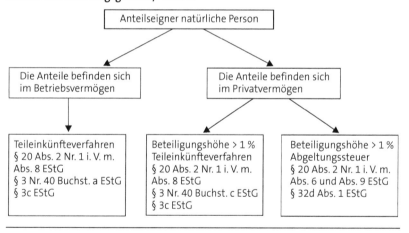

---

[1] Siehe auch: *Wälzholz*, GmbH-StB 2015, S. 259; Gestaltungspraxis nach der BGH-Entscheidung vom 5. 3. 2015 -IX ZR 133/14, GmbHR 2015, S. 472 und der BFH-Entscheidung v. 15. 4. 2015 - I R 44/14, BStBl 2015 II S. 769.

1753–1760 *(Einstweilen frei)*

9.14 Steuerrechtliche Haftung des GmbH-Geschäftsführers

Literatur: *Bartone*, Prüfung von Haftungsbescheiden gegen Geschäftsführer, AO-StB 2003, S. 295; *Korts*, Haftung des Geschäftsführers einer GmbH und UG (haftungsbeschränkt), StBg 2010, S. 315; *Pump/Fittkau*, Die Vermeidung der Haftung des GmbH-Geschäftsführers für Steuerschulden der GmbH, Berlin 2012; *Halaczinsky*, Die Haftung im Steuerrecht, 4. Aufl., Herne 2013, *Nacke*, Ungeklärte Rechtsfragen des steuerlichen Haftungsrechts, DStR 2013, S. 335; *Sonnleitner/Winkelhog*, Unternehmen saniert, Geschäftsführer pleite? – Zur steuerrechtlichen Haftung von Geschäftsführer und Vorstand in der Krise und im Rahmen der vorläufigen Eigenverwaltung, BB 2015, S. 88; *Nacke*, Die Haftung für Steuerschulden, 4. Aufl., Köln 2017; *Dißars/ Dißars*, Haftung und Haftungsbescheid im Steuerrecht, Stuttgart 2018; *Hülsmann*, Die Haftung in einer GmbH mit mehreren Geschäftsführern, NWB 10/2019, S. 659.

1761 Kann eine GmbH ihre Steuern nicht bezahlen, besteht die Möglichkeit, dass sich das Finanzamt an den GmbH-Geschäftsführer wendet, da dieser für die Steuerschulden der GmbH haftet. Haftung bedeutet im Steuerrecht Einstehen für fremde Schuld.

1762 Das materielle Haftungsrecht ist in §§ 69 bis 76 AO i. V. m. §§ 34, 35 AO, das formelle Haftungsrecht in §§ 191, 219 AO geregelt.

1763 **Haupthaftungsnorm** ist § 69 AO. Danach müssen folgende Tatbestandsmerkmale gegeben sein:

Tatbestandsmerkmale	Anmerkungen
1) Handeln einer Person i. S. d. §§ 34, 35 AO	GmbH-Geschäftsführer ist Person i. S. d. § 34 Abs. 1 Satz 1 AO
2) Vorliegen einer Pflichtverletzung	Pflichtverletzung ist dann gegeben, wenn die Pflichten des Erstschuldners gem. §§ 34, 35 AO verletzt werden.
3) Eintritt eines Haftungsschadens	Dem Finanzamt entsteht dann ein Schaden, wenn Steuern und steuerliche Nebenleistungen nicht rechtzeitig und/oder nicht in voller Höhe entwickelt werden. **Beispiel:** Nichtabgabe von Steuererklärungen, Nichtzahlungen von fälligen Steuern.

Tatbestandsmerkmale	Anmerkungen
4) Kausalität der Pflichtverletzung für den Haftungsschaden	Kausalität ist gegeben, wenn der Schaden ohne die Pflichtverletzung nicht eingetreten wäre.
5) Verschulden	Unter Verschulden versteht man Vorsatz und grobe Fahrlässigkeit. **Vorsatz** ist Wissen und Wollen der Tat. **Grob** fahrlässig handelt, wer die Sorgfalt, zu der er nach seinen persönlichen Verhältnissen verpflichtet oder im Stande ist, in ungewöhnlich großem Maße verletzt.

Bei der Höhe der Haftung ist zu beachten, dass nicht alle Steuern in gleichem Umfang getilgt werden müssen. Abzugssteuern wie z. B. die Lohnsteuer sind vorrangig und vollständig abzuführen, während nach ständiger BFH-Rechtsprechung[1] die **Umsatzsteuer** nur anteilig zu tilgen ist (sog. **Grundsatz der anteiligen Tilgung**). Die Tilgungsquote ergibt sich aus dem Verhältnis der bezahlten Verbindlichkeiten zu den Gesamtverbindlichkeiten.

1764

Die Haftung des Geschäftsführers knüpft an seine formale Stellung an, daher gehört auch der Strohmann[2] zu den in § 34 Abs. 1 AO bezeichneten Personen.

1765

Der **sog. faktische Geschäftsführer**, der ohne formale Bestellung wie ein Geschäftsführer agiert, ist Haftungsschuldner i. S. d. § 35 AO.

1766

Bei **mehreren Geschäftsführern** haften grundsätzlich alle Geschäftsführer für die Zahlung der Steuerschulden, auch wenn die Aufgabenverteilung (z. B. kaufmännischer Bereich, technischer Bereich) unterschiedlich ist. Eine klare Aufgabenverteilung kann aber im Einzelfall haftungsmindernd wirken. Für die Praxis empfiehlt sich eine schriftliche Regelung der einzelnen Aufgabenbereiche.[3]

---

[1] Z. B. BFH v. 12.6.1986 - VII R 192/83, BStBl 1986 II S. 657, BFH v. 15.6.2009 - VII B 196/08, BFH/NV 2009, S. 1605 = NWB HAAAD-27719.
[2] Siehe auch BFH v. 8.3.2006 - VII B 233/05; BFH/NV 2006, S. 1252 = NWB AAAAB-82732.
[3] Siehe BGH-Urteil v. 6.11.2018 II ZR 11/17, NWB YAAAH-06478; s. auch *Hülsmann*, NWB 10/2019, S. 659.

1767 **Muster**[1] Protokoll der Gesellschafterversammlung der .... GmbH vom ....

Unter Verzicht auf sämtliche Form- und Fristvorschriften treten die Gesellschafter der ... GmbH zu einer Gesellschafterversammlung zusammen. Sämtliche Anteile sind anwesend oder vertreten.

Die Gesellschafterversammlung beschließt die Geschäftsverteilung unter den Geschäftsführern A, B und C wie folgt:

A betreut die Ressorts: ...

B betreut die Ressorts: ...

C betreut die Ressorts: ...

Für diese Verteilung stimmen ...% der Geschäftsanteile, dagegen stimmten ...% der Geschäftsanteile, ...% der Geschäftsanteile haben sich enthalten.

Die Sitzung endet um ... Uhr.

.............., den ....

..............Gesellschafter

1768 **Exkurs**:

Der BGH hat in seinem Urteil vom 25.1.2011[2] entschieden, dass ein Geschäftsführer gem. § 64 Satz 1 GmbHG nicht haftet, wenn er nach Eintritt der Insolvenzreife innerhalb der maximal dreiwöchigen Sanierungsphase rückständige Umsatz- und Lohnsteuer an das Finanzamt und rückständige Arbeitnehmeranteile zur Sozialversicherung an die Einzugstelle zahlt.

Mit dieser Entscheidung entlastet der BGH den Geschäftsführer bei Steuerzahlungen während der Insolvenzreife.

Das Finanzamt ermittelt die Voraussetzungen für die Haftung von Amts wegen (§ 88 AO) und trägt grundsätzlich die Beweislast.[3] Der Haftungsschuldner ist dabei zur Mitwirkung verpflichtet (§§ 90 ff. AO). Hinsichtlich der Inanspruchnahme steht dem Finanzamt Ermessen zu (§ 191 AO: „kann").

1769 Die Ermessensprüfung erfolgt dabei zweistufig:

▶ Soll der Geschäftsführer überhaupt in Anspruch genommen werden? **Entschließungsermessen**

---

1 Nach *Haas*, GStB 2010, S. 436.
2 BGH v. 25.1.2011 - II ZR 196/09, NWB YAAAD-62056; s. a. Anm. zu diesem Urteil von *Göb/Giedinghagen*, EWiR 2011, S. 257.
3 BFH v. 21.11.1989 - VII R 3/88, BFH/NV 1990, S. 650 = NWB WAAAA-97186.

▶ Wer von mehreren Geschäftsführern soll in Anspruch genommen werden? **Auswahlermessen.**

Der Haftungsbescheid ergeht schriftlich, kann mit dem Einspruch angefochten werden. Korrekturen des Haftungsbescheids erfolgen nach §§ 130, 131 AO und nicht nach §§ 172 ff. AO.

1770

Das Leistungsgebot nach § 219 AO ist nicht Teil des Haftungsbescheids, wird in der Praxis aber häufig mit ihm verbunden. Es stellt einen eigenständigen Verwaltungsakt dar, der ebenfalls mit dem Einspruch angefochten werden kann.

1771

PRAXISHINWEIS:

Ergeht der Haftungsbescheid mit dem Leistungsgebot zusammen, so sollte bei Einspruchseinlegung gegen beide Verwaltungsakte gleichzeitig Aussetzung der Vollziehung gem. § 361 AO beantragt werden, um die Zahlungspflicht zu hemmen.

Die BFH- und FG-Entscheidungen zur Haftung von GmbH-Geschäftsführern sind zahlreich. Die oft vorgetragenen Einwände

1772

▶ der Geschäftsführer verfüge nicht über die erforderlichen steuerrechtlichen Kenntnisse,

▶ er sei gegen seinen Willen in das Amt des Geschäftsführers gedrängt worden oder

▶ er sei nur ein Strohmann gewesen,

sind nicht nur nutzlos, sondern begründen sogar das Verschulden des Geschäftsführers.[1]

PRAXISHINWEIS:

1773

▶ Drittwirkung der Steuerfestsetzung (§ 166 AO)

Der GmbH-Geschäftsführer kann im Einspruchsverfahren gegenüber dem Haftungsbescheid keine inhaltlichen Einwendungen z. B. gegen den KSt-Bescheid der GmbH geltend machen, wenn dieser formell bestandskräftig ist. Dies verbietet ihm die Vorschrift des § 166 AO, denn er hätte als Organ und gesetzlicher Vertreter der GmbH (§ 35 Abs. 1 GmbHG) gegen den KSt-Bescheid innerhalb der Einspruchsfrist Einspruch einlegen können.

Ob die widerspruchslose Anerkennung einer Steuerforderung zur Insolvenztabelle die Wirkungen des § 166 AO auslöst oder nicht, ist in der FG-Rechtsprechung umstritten.[2]

▶ Zur Haftung des ausgeschiedenen GmbH-Geschäftsführers[3]

Auch der ausgeschiedene Geschäftsführer haftet für während seiner Amtszeit begangene Pflichtverletzungen. Maßgeblich ist, ob die Verletzung der steuerlichen Pflicht während der Dauer seiner Geschäftsführerbestellung erfolgte. Das kann der Fall sein,

---

1 So *Bartone*, a. a. O., S. 296.
2 Siehe dazu ausführlich *Kahlert*, NWB 2016, S. 409.
3 Siehe dazu BFH v. 20.5.2014 - VII R 12/12, NWB TAAAF-70369; folgende Ausführungen nach GmbH-Steuerpraxis 2014, S. 374.

9. Der GmbH-Geschäftsführer im Einkommen- und Körperschaftsteuerrecht

wenn der Geschäftsführer ungeachtet der erkennbar bestehenden Steueransprüche für deren spätere Tilgung im Zeitpunkt der Fälligkeit keine Vorsorge trifft. Dabei kann je nach den Umständen des Einzelfalls ein bestimmtes pflichtgemäßes Verhalten auch schon vor der Entstehung der Steuerforderung geboten sein, wenn die Entstehung absehbar war.[1]

PRAXISHINWEIS:

Für die Praxis kann nur der Ratschlag gegeben werden, dass der Geschäftsführer gegenüber dem Finanzamt nicht „abtauchen", sondern bei dem gesamten Verfahren aktiv mitwirken sollte. Selbst nach bestandskräftigem Haftungsbescheid gibt es die Möglichkeit, Zahlungsmodalitäten mit dem Finanzamt auszuhandeln.

1774 **Skizze:**

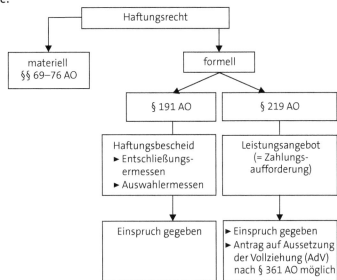

1775 **Neuere Rechtsprechung**

▶ Haftung für Körperschaftsteuer einer GmbH[2]

Der Gesellschafter-Geschäftsführer einer in der Liquidität befindlichen GmbH haftet nach dem Urteil des BFH vom 6.4.2016 (Az. I R 13/14) persönlich für Körperschaftsteuerschulden der GmbH, wenn er keine Vorsorge für die Entrichtung der Steuerschulden durch die GmbH trifft, sondern deren Vermögen auf seine Ehefrau verlagert. Dagegen kommt eine derartige Haftung für den

---

1 Vgl. BFH v. 25.4.2013 - VII B 245/12, BFH/NV 2013, S. 1063 = NWB JAAAE-36809.
2 Nach GmbH-Stpr. 12/2016, S. 372.

Erwerber des Geschäftsbetriebs der GmbH nach den Grundsätzen der Firmenfortführung nicht in Betracht. Der Geschäftsführer hatte Inventar und Waren gegen Ratenzahlung an ein Einzelunternehmen veräußert, das einen bislang von der GmbH betriebenen Shop fortführte, und seiner Ehefrau die Möglichkeit eröffnet, Gebäude der GmbH an das Einzelunternehmen langfristig zu verpachten.

▶ **Geschäftsführerhaftung für Lohnsteuer**[1] 1776

Unanfechtbare LSt- Anmeldungen der GmbH muss ein GmbH- Geschäftsführer gegen sich gelten lassen, wenn er nach Eröffnung des Insolvenzverfahrens über das Vermögen der GmbH im Prüfungstermin keinen wirksamen Widerspruch gegen die (formell bestandskräftigen) Lohnsteuerfestsetzungen erhoben hat.

▶ **Keine Geschäftsführerhaftung für Lohnsteuern während der Eigenverwaltung bei eingeholtem Rechtsrat**[2] 1776a

Mit zwei Urteilen vom 23.6.2017 hat der 3. Senat des Finanzgerichts Münster entschieden, dass Geschäftsführer einer GmbH nicht für während der Eigenverwaltung fällig gewordene Lohnsteuerbeträge haften, die sie aufgrund eines zuvor eingeholten eingehenden Rechtsrats zunächst auf ein Treuhandkonto überwiesen hatten.

Die Kläger der beiden Verfahren waren zum Zwecke der Restrukturierung und der Sanierung einer GmbH als deren Geschäftsführer eingesetzt worden (sog. „Turnaround-Manager"). Ihrem Antrag auf Insolvenz in Eigenverwaltung folgte das Insolvenzgericht und setzte einen vorläufigen Sachwalter ein. Nach Stellung des Insolvenzantrags fällig gewordene Lohnsteuerbeträge zahlten die Kläger auf ein durch eine Rechtsanwaltskanzlei eingerichtetes Treuhandkonto, nachdem sie sich durch diese zuvor eingehend bezüglich der Haftungsfragen hatten beraten lassen. Durch die Überweisung standen auf dem Geschäftskonto der GmbH keine Mittel mehr zur Verfügung, so dass der Lastschrifteinzug durch das Finanzamt scheiterte. Das Finanzamt musste die spätere Zahlung der Lohnsteuer durch den vorläufigen Sachwalter aufgrund einer nach Eröffnung des Insolvenzverfahrens erklärten Insolvenzanfechtung wieder zurückgewähren. Es nahm daraufhin beide Kläger in Haftung.

---

1 Nach *Brinkmeier*, GmbH-StB 01/2017, S. 25; s. a. FG Mecklenburg-Vorpommern v. 4.7.2016 - 2 K 203/16, EFG 2016, S. 1766, Rev. erledigt durch BFH v. 16.5.2017 - VII R 25/16, BStBl 2017 II S. 934.
2 FG Münster v. 23.6.2017 – 3 K 1537/14 L, EFG 2017, S. 1329 und 3 K 1539/14 L, NWB AAAAG-53560.

Die hiergegen erhobenen Klagen hatten in vollem Umfang Erfolg.

Zwar hätten die Kläger gegen ihre Mittelvorsorgepflicht verstoßen, indem sie den Einzug der Lohnsteuer durch die Separierung der Mittel auf dem Treuhandkonto verhindert hätten. Dass eine Zahlung im Insolvenzverfahren anfechtbar gewesen wäre, stehe der Haftung ebenfalls nicht entgegen, weil hypothetische Kausalverläufe unbeachtlich seien.

Allerdings könne den Klägern keine grobe Fahrlässigkeit vorgeworfen werden, weil sie sich an den eingeholten Rechtsrat gehalten und keinen Anlass gehabt hätten, diesen in Zweifel zu ziehen. Mangels eigener steuerlicher Sachkunde seien sie verpflichtet gewesen, fachlichen Rat einzuholen. Nach der Vernehmung zahlreicher Zeugen sei der Senat zu der Überzeugung gelangt, dass die Rechtsanwälte durchgängig die Auffassung vertreten hätten, die Lohnsteuer dürfe nach Antragstellung nicht mehr beglichen werden, da ihre insolvenzrechtlichen Pflichten den steuerrechtlichen Pflichten vorgingen. Selbst wenn man diese Auffassung als hoch risikobehaftet oder sogar falsch ansehen sollte, hätten sich die Kläger hierauf verlassen dürfen. Ob sich die Kläger tatsächlich in einer entschuldigenden Pflichtenkollision aufgrund von im Rahmen der Eigenverwaltung widerstreitenden Pflichten steuerrechtlicher und insolvenzrechtlicher Natur befunden haben, ließ der Senat daher offen.

1777 ▶ **Zur Geschäftsführerhaftung bei Eigenverwaltung**[1]

Das FG Münster[2] hat aktuell entschieden, dass Geschäftsführer grundsätzlich auch für Zeiträume der Eigenverwaltung in Haftung genommen werden können.

Die Eigenverwaltung ist laut Insolvenzordnung die Möglichkeit eines Schuldners, die Insolvenzmasse unter Aufsicht eines Sachwalters selbst zu verwalten und über sie zu verfügen. Der eigenverwaltende Schuldner wird so gleichsam zum Insolvenzverwalter in eigener Sache.

Die Geschäftsführer einer GmbH & Co. KG stellten für die Gesellschaft einen Insolvenzantrag und beantragten die Eigenverwaltung. Das Insolvenzgericht bestellte zunächst einen vorläufigen Sachwalter, der die Aussichten für die Fortführung der KG prüfen sollte. Ein Verfügungsverbot oder einen Zustimmungsvorbehalt ordnete es nicht an. Im Nachgang eröffnete das Gericht das Insolvenzverfahren und ordnete die Eigenverwaltung an.

---

1 Nach AStW, Ausgabe 08/2018, S. 552.
2 Urteil v. 16.5.2018 - 7 K 783/17, EFG 2018, S. 1156 = NWB AAAAG-87840, NZB beim BFH unter Az. VIII B 101/18.

Das Finanzamt nahm später die Geschäftsführer für die im Zeitraum vor Eröffnung des Insolvenzverfahrens fällig gewordenen Umsatzsteuerrückstände der KG in Haftung. Hiergegen erhoben die Geschäftsführer Klage. Sie machten geltend, dass eine Interessenkollision zwischen der Masseerhaltungspflicht und der Steuerzahlungspflicht bestände. Ferner habe der vorläufige Sachwalter der Abführung der Umsatzsteuer mündlich widersprochen.

Die Klage hatte keinen Erfolg. Das FG nahm zunächst Bezug auf seinen in derselben Sache ergangenen AdV-Beschluss vom 6.2.2017, wonach die Geschäftsführer trotz Stellung des Insolvenzantrags und Anordnung der vorläufigen Eigenverwaltung als Geschäftsführer weiterhin zur Zahlung der Steuerrückstände unter Beachtung des Grundsatzes der anteiligen Tilgung verpflichtet gewesen seien.

Eine Kollision mit der Massesicherungspflicht bestehe nicht. Diese Pflicht werde allenfalls dann verletzt, wenn die Geschäftsführer überproportionale Zahlungen auf die Umsatzsteuer geleistet hätten.

Ergänzend führte das FG aus, dass auch der von den Geschäftsführern behauptete mündliche Widerspruch des vorläufigen Sachwalters an der Haftung der Geschäftsführer nichts ändere. Die Verwaltungs- und Verfügungsbefugnis sei vielmehr bei den Geschäftsführern verblieben.

HINWEIS:

Der gleiche Senat hat jedoch auch schon ganz anders entschieden. In einem Beschluss aus 2017 (3.4.2017 - 7 V 492/17 U) sah er bei einem gleich gelagerten Sachverhalt keine Haftung der Geschäftsführer vorliegen.

Allerdings hatte in diesem Fall das Insolvenzgericht angeordnet, dass Steuerzahlungen nur mit Zustimmung des vorläufigen Sachwalters geleistet werden dürfen. Der Sachwalter hatte in diesem Fall der Zahlung der Steuerschulden ausdrücklich nicht zugestimmt.

▶ **Zur Haftung des faktischen Geschäftsführers**[1]

Unterstellt das Finanzamt einer Person, dass sie faktisch Geschäftsführer einer GmbH war und deshalb auch für die Steuern der GmbH haftet, trägt das Finanzamt die Beweislast. Kann es nicht nachweisen, dass eine Person die Unternehmenspolitik in der GmbH mitbestimmt, bei der Personaleinstellung mitgeredet und Entscheidungen in Steuersachen getroffen hat, war sie kein „faktischer" Geschäftsführer. Die Person haftet nicht für Steuerschulden der GmbH, so das FG Köln mit Beschluss vom 15.12.2017.[2] Das Finanzgericht

---

1 Nach SSP 06/2018, 5.
2 Az. 13 V 2969/17, NWB YAAAG-72853.

schränkt damit die weite Auslegung zum Begriff des faktischen Geschäftsführers ein.

▶ Haftung eines „director" einer Limited

Die Bestellung und Abberufung eines „directors" einer britischen Limited richtet sich nach britischem Gesellschaftsrecht. Für die Zeit seiner Organstellung haftet der „director" unter den Voraussetzungen des § 69 AO für die Ansprüche des Fiskus aus dem Steuerschuldverhältnis gegenüber der Limited, so das FG Köln im Urteil vom 19.7.2018.[1]

1779 ▶ **Exkurs: Tax Compliance**

Literatur: *Hindersmann/ Nöcker*, Tax Compliance, Stuttgart 2019; *Kark*, Compliance-Risikomanagement, 2. Aufl. 2019; *Konken*, Tax Compliance bei kleinen und mittelständischen Unternehmen, BBK 2019, 182; *Streck/ Mack/ Schwedhelm*, Tax Compliance, 3. Aufl. 2019; Jahrbuch Tax Compliance, Düsseldorf 2019; Tax Compliance für Handwerksbetriebe, Broschüre, Berlin 2019 (Hrsg. BStK/ ZDH).

Mit Schreiben vom 23.5.2016[2] hat sich die Finanzverwaltung zur Bestimmung des § 153 AO geäußert. § 153 AO regelt die Anzeige- und Berichtigungspflicht, wenn ein Steuerpflichtiger erkennt, dass seine Steuererklärung unrichtig ist. Die Abgrenzung zur Selbstanzeige ist in der Praxis nicht immer einfach vorzunehmen. In diesem Schreiben findet sich kein ausdrücklicher Hinweis auf Tax Compliance, jedoch unter Punkt 2.6 der Satz:

„Hat der Steuerpflichtige ein innerbetriebliches Kontrollsystem eingerichtet, das der Erfüllung der steuerlichen Pflichten dient, kann dies ggf. ein Indiz darstellen, das gegen das Vorliegen eines Vorsatzes oder der Leichtfertigkeit sprechen kann, jedoch befreit dies nicht von einer Prüfung des jeweiligen Einzelfalls."

Dieser Satz der Finanzverwaltung war gleichsam die Initialzündung, sich mit dieser Thematik intensiv zu beschäftigen. Für Konzerne und Großbetriebe ist dies selbstverständlich und leichter umzusetzen als für kleine und mittlere Unternehmen. Diese müssen sich langfristig ebenfalls der Thematik stellen, auch wenn sie die Kosten und den organisatorischen Aufwand scheuen. Die Bundessteuerberaterkammer (BStBK) und der Zentralverband des Deutschen Handwerks (ZDH) haben daher eine 32-seitige Broschüre herausgegeben über die Einrichtung und Dokumentation eines innerbetrieblichen Kontrollsystems („Steuer-IKS"[3]) zur Erfüllung der steuerlichen Pflichten in Handwerksbetrieben.

---

1 Az. 13 K 3142/13, NWB PAAAG-95692.
2 BMF-Schreiben v. 23.5.2016, BStBl 2016 I S. 490 ff. = NWB XAAAF-74527.
3 Das deutsche Wort für Tax Compliance.

9.14 Steuerrechtliche Haftung des GmbH-Geschäftsführers

Für den GmbH-Geschäftsführer bedeutet dies, dass er ein Tax Compliance-System bzw. Steuer-IKS einführen sollte, um seine Haftung zu vermeiden bzw. zu reduzieren. Die Finanzverwaltung wird in der Zukunft immer mehr dazu tendieren, eine grobe Fahrlässigkeit bei einem fehlenden Tax Compliance-System bzw. Steuer-IKS anzunehmen, auch wenn die Finanzverwaltung sich nicht dazu äußert, wie ein solches System konkret auszusehen hat.

Es reicht auch nicht aus, wenn ein solches System in einem Unternehmen „auf dem Papier" steht, es muss auch gelebt werden.

MERKE:

GmbH-Geschäftsführer sollten schon aus Haftungsgründen ein Tax Compliance-System bzw. Steuer-IKS in „ihrer" GmbH einführen. Eine Hilfe bietet auch der 17-seitige Praxishinweis 01/2016 (Stand: 31.5.2017).

(Einstweilen frei) 1780–1790

10. GmbH-Geschäftsführer und Umsatzsteuer

10.1 GmbH-Geschäftsführer als Unternehmer

Literatur: *Widmann,* Wann sind Geschäftsführer von Gesellschaften Unternehmer?, DB 2005, S. 2373; *Lippross,* Umsatzsteuer, 24. Aufl. 2017, S. 157 f., 422 f.

VERWALTUNGSANWEISUNGEN:

OFD Karlsruhe, Verfügung v. 15.1.2013, Behandlung der Geschäftsführungs- und Vertretungsleistungen von Gesellschaftern an die Gesellschaft, MwStR 2013, S. 214. Leistungsaustausch bei Gesellschaftsverhältnissen, Abschn. 1.6 Abs. 1 - 7 UStAE.

1791   Im Regelfall ist der GmbH-Geschäftsführer lohnsteuerrechtlich Arbeitnehmer und nicht Unternehmer i. S. d. § 2 UStG. Mit Urteil vom 10.3.2005[1] hat der BFH seine Rechtsprechung geändert. Danach können die Geschäftsführungsleistungen als selbständig i. S. d. § 2 Abs. 2 Nr. 1 UStG zu beurteilen sein. Der Umstand, dass der Geschäftsführer nach GmbH-Recht gesetzlicher Vertreter der GmbH ist, schließt seinen umsatzsteuerlichen Status als Unternehmer nicht von vornherein aus. Es kommt auf die Umstände des Einzelfalles an.

1792   Als Abgrenzungsmerkmale[2] sind insbesondere zu nennen:

- ▶ Weisungsgebundenheit, hinsichtlich Ort, Zeit und Inhalt der Tätigkeit,
- ▶ Notwendigkeit der engen ständigen Zusammenarbeit mit anderen Mitarbeitern,
- ▶ Eingliederung in den Betrieb,
- ▶ feste Arbeitszeiten,
- ▶ einfachere oder höherwertige Tätigkeit,
- ▶ eigenständige Bestimmung der Organisation und der Arbeitsabläufe,
- ▶ Abhängigkeit der Dienstbezüge von Dauer der Tätigkeit oder vom Leistungserfolg,
- ▶ Urlaubsanspruch,
- ▶ Anspruch auf sonstige Sozialleistungen,

---

1 BFH v. 10.3.2005 - V R 29/03, BStB 2005 II S. 730; BB 2005, S. 1376, mit Anm. von *Buttenhauser.*
2 Nach FG Hamburg v. 10.11.2006 - 1 K 15/06, NWB CAAAC-35585, bestätigt durch BFH v. 23.4.2009 - VI R 81/06, BFH-PM Nr. 2009. Dieses Urteil steht nur scheinbar im Widerspruch zum EuGH-Urteil van der Steen v. 18.10.2007 - C-355/06, NWB AAAAC-65288; DStR 2007, S. 1958, mit Anm. *Küffner/Zugmeier,* da der EuGH im zu entscheidenden Fall Arbeitnehmerschaft annimmt, aber die deutsche Rechtsauffassung, dass der GmbH-Geschäftsführer in aller Regel nichtselbständig ist, bestätigt.

10.1 GmbH-Geschäftsführer als Unternehmer

▶ Fortsetzung der Bezüge im Krankheitsfall,
▶ Überstundenvergütung,
▶ entfällt Entgelt bei Schlechterfüllung,
▶ eigener Kapitaleinsatz.

Das FG Berlin[1] hat aufgrund dieser neuer Rechtsprechung entschieden, dass die Einkünfte eines GmbH-Geschäftsführers lohnsteuerfrei sein können, da der Geschäftsführer wegen des „Beratervertrages" unternehmerisch i. S. d. § 2 UStG tätig ist. Die Finanzverwaltung wendet mit BMF-Schreiben vom 21.9.2005[2] das Urteil an, legt aber Wert darauf, dass die Frage der Selbständigkeit natürlicher Personen für die Umsatz-, Einkommen- und Lohnsteuer nach denselben Grundsätzen zu beurteilen ist.[3]

1793

Einschränkend ist dem bereits zitierten BMF-Schreiben zu entnehmen:

1794

Dies gilt jedoch nicht, wenn Vergütungen für nichtselbständige Tätigkeiten in ertragsteuerlicher Hinsicht aufgrund bestehender Sonderregelungen zu Gewinneinkünften umqualifiziert werden.

BEISPIEL: ▶ Ein bei einer Komplementär-GmbH angestellter Geschäftsführer, der gleichzeitig Kommanditist der GmbH & Co. KG ist, erbringt Geschäftsführungs- und Vertretungsleistungen gegenüber der GmbH.

Wird aus ertragsteuerlicher Sicht unterstellt, dass die Tätigkeit selbständig erbracht wird, werden die aus der Beteiligung in der KG erzielten Einkünfte zu gewerblichen Einkünften i. S. d. § 15 Abs. 1 Satz 1 Nr. 2 EStG umqualifiziert. In umsatzsteuerlicher Hinsicht ist die Frage der Selbständigkeit jedoch in Anwendung der oben genannten allgemeinen Grundsätze zu klären.

MERKE:

Auch wenn der GmbH-Geschäftsführer Unternehmer i. S. d. § 2 UStG sein kann, so stellt dies doch im Geschäftsleben die Ausnahme dar. Regelfall ist die Arbeitnehmereigenschaft im lohnsteuerrechtlichen Sinne des GmbH-Geschäftsführers.

(Einstweilen frei) 1795–1803

---

1 Urteil des Einzelrichters v. 6.3.2006 - 9 K 2574/03, rkr., NWB NAAAB-64647, EFG 2006, S. 1425.
2 BStBl 2005 I S. 936.
3 Siehe auch BMF v. 31.5.2007, BStBl 2007 I S. 503, Tz. 2; dazu *Küffner/Zugmaier*, DStR 2007, S. 1241 ff.

10. GmbH-Geschäftsführer und Umsatzsteuer

Skizze:

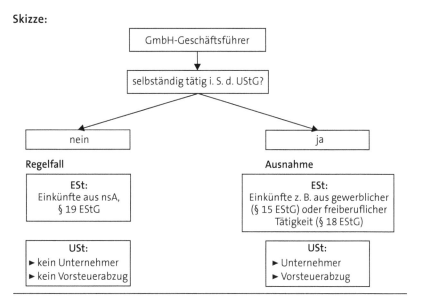

10.2 BFH-Rechtsprechung

10.2.1 GmbH-Geschäftsführer und Vorsteuerabzug bei Pkw-Vermietung

1804 In der Praxis kommt es häufig vor, dass ein Arbeitnehmer (und damit steuerrechtlich auch ein GmbH-Geschäftsführer) seinen Pkw an den Arbeitgeber vermietet.

Mit einem solchen Fall hatte sich der BFH mit Urteil vom 11.10.2007[1] zu befassen.

Ein Angestellter vermietete im Urteilsfall seinen Privatwagen an seinen Arbeitgeber. In der Abrechnung für diese Leistung wies er Umsatzsteuer aus. Im Arbeitsvertrag wurde ein Nachtrag vorgenommen, wonach dem Angestellten ein betrieblicher Pkw zur Verfügung gestellt wird, den er auch privat fahren darf. Für Betriebsfahrten war das Fahrzeug auch anderen Arbeitnehmern zu überlassen.

1805 Der BFH bejahte den Vorsteuerabzug, da der Arbeitnehmer seinen Pkw als Unternehmer vermietet hat. Die Frage der Selbständigkeit ist zwar grundsätzlich

---

1 BFH v. 11.10.2007 - V R 77/05, BStBl 2008 II S. 442 = NWB ZAAAC-70406.

für die Umsatz- und Einkommensteuer nach denselben Grundsätzen zu beurteilen, eine Bindung besteht für das Umsatzsteuerrecht jedoch nicht.

HINWEIS:

Im Fall der Kleinunternehmereigenschaft (§ 19 UStG) muss der Geschäftsführer darauf verzichten, ist dann aber fünf Jahre daran gebunden, was in seltenen Fällen später bei der Ausführung weiterer Leistungen zu Problemen führen kann.

10.2.2 BFH begrenzt Vorsteuerabzug für Unternehmensgründer[1]

Der Gesellschafter einer erst noch zu gründenden GmbH kann im Hinblick auf eine beabsichtigte Unternehmenstätigkeit der GmbH nur dann zum Vorsteuerabzug berechtigt sein, wenn der Leistungsbezug durch den Gesellschafter bei der GmbH zu einem Investitionsumsatz führen soll.[2]

Im Streitfall ging es um einen Arbeitnehmer (Kläger), der über eine von ihm zu gründende GmbH eine unternehmerische Tätigkeit aufnehmen wollte. Die GmbH sollte die Betriebsmittel einer anderen Firma im Rahmen eines Unternehmenskaufs erwerben. Der Kläger wurde hierfür durch eine Unternehmensberatung für Existenzgründer und einen Rechtsanwalt beraten. Letztendlich unterblieben jedoch die GmbH-Gründung und der Unternehmenskauf. Der Kläger ging gleichwohl davon aus, dass er zum Vorsteuerabzug nach § 15 UStG berechtigt sei. Während das FG Düsseldorf dieser Ansicht folgte, verneinte der BFH den Anspruch auf Vorsteuerabzug.

Maßgeblich ist die rechtliche Eigenständigkeit der GmbH. So wäre der Kläger zum Vorsteuerabzug berechtigt gewesen, wenn er beabsichtigt hätte, das Unternehmen selbst zu kaufen, um es als Einzelunternehmer zu betreiben. Dies gilt auch für den Fall einer erfolglosen Unternehmensgründung.

Als Gesellschafter einer – noch zu gründenden – GmbH bestand für den Kläger kein Recht auf Vorsteuerabzug. Zwar kann auch ein Gesellschafter den Vorsteuerabzug in Anspruch nehmen, wenn er Vermögensgegenstände erwirbt, um diese auf die GmbH zu übertragen (Investitionsumsatz). Daher kommt ein Vorsteuerabzug z. B. dann in Betracht, wenn er ein Grundstück erwirbt und dann in die GmbH einlegt. Demgegenüber waren die im Streitfall vom Kläger bezogenen Beratungsleistungen nicht übertragungsfähig.

(Einstweilen frei) 1807–1810

---

1 BFH-PM Nr. 25 v. 16.3.2016, NWB TAAAF-69055.
2 BFH v. 11.11.2015 - V R 8/15, NWB DAAAF-69017.

11. Der GmbH-Geschäftsführer und Sozialversicherung

Literatur: *Arens*, Familiengesellschaften in der familien-, gesellschafts- und steuerrechtlichen Praxis, Bonn 1997, S. 250 ff.; *Gertz*, Der GmbH-Gesellschafter-Geschäftsführer in der Rentenfalle, Die Steuerberatung 1997, S. 341 ff; *Flore*, Die Stellung des GmbH-Geschäftsführers in der Sozialversicherung, GmbH-StB 2002, S. 142 ff.; *Grams*, Der Anspruch auf Insolvenzgeld und Arbeitnehmereigenschaft des GmbH-Fremdgeschäftsführers, GmbHR 2003, S. 29 ff.; *Knepper/Langner*, Keine Rentenversicherungspflicht des selbstständigen GmbH-Geschäftsführers gemäß § 2 Satz 1 Nr. 9 SGB IV, DStR 2006, S. 1283 ff.; *Stück*, Der GmbH-Geschäftsführer im Sozialversicherungsrecht, GmbHR 2007, S. 1099 ff.; *Freckmann*, Der GmbH-Geschäftsführer im Arbeits- und Sozialversicherungsrecht, DStR 2008, S. 52 ff.; *Teigelkötter*, Sozialversicherungspflicht in der GmbH, GmbHR 2009, R 33 f.; *Arens*, Der GmbH-Geschäftsführer im Arbeits-, Sozialversicherungs- und Steuerrecht, DStR 2010, S. 115 ff; *Klose*, Zur Sozialversicherungspflicht des GmbH-Geschäftsführers, GmbHR 2012, S. 1097 ff.; *Meyer*, Das Statusfeststellungverfahren für den GmbH-Fremdgeschäftsführer, GmbH-StB 2012, S. 154; *Bosse*, Zur Sozialversicherungspflicht des GmbH-Geschäftsführers, NWB 2013, S. 2791 ff.; *Arens/Brand*, Arbeits- und Sozialrecht in der Insolvenz, 3. Aufl., Bonn 2014; *Kempermann/Wirtz*, Sozialversicherungspflicht von GmbH-Geschäftsführern, NJW-Spezial 2014, S. 463 f.; *Medem*, Die Auswirkungen einer Stimmbindungsvereinbarung auf die Sozialversicherungspflicht von Gesellschafter-Geschäftsführern, DStR 2014, S. 2027 ff; *Bosse*, GmbH-Geschäftsführer mit Minderheitsbeteiligung und Sozialversicherungspflicht, NWB 2015, S. 1066; *Lohr*, Stimmrechtsregelungen unter dem Blickwinkel der sozialversicherungsrechtlichen Statusbewertung des Gesellschafter-GF, GmbH-StB 2015, S. 177; *Plagemann/Plagemann/Hesse*, Vereinsvorstände – sozialversicherungspflichtig beschäftigt?, NJW 2015, S. 439 ff.; *Steinfeld*, Sozialversicherungsrechtliche Publikation zu GmbH-Geschäftsführern wurde überarbeitet, NWB 2015, S. 46; *Wälzholz*, Stimmbindungsvereinbarungen in der Praxis der GmbH, NWB 2015, S. 3341 ff.; *Bosse*, Stimmbindung und Befreiung von der Sozialversicherungspflicht, NWB direkt, 2016, S. 352 ff.; *Hölscheidt*, Hinweispflicht des Steuerberaters bei Änderung der Rechtsprechung – Hier: BSG zur Sozialversicherungspflicht des nicht-beherrschenden GmbH-Geschäftsführers, NWB 2016, S. 1677 ff.; *von Steinau-Steinrück*, Sozialversicherungspflicht auch für „Kopf und Seele" des Unternehmens, NJW-Spezial 2016, S. 306; *Brand*, Die geänderte Rechtsprechung des BSG zum Status von geschäftsführenden Gesellschaftern einer Familien-GmbH, DStR 2017, S. 728 ff.; *Hartmann*, Zur sozialversicherungsrechtlichen Beurteilung mitarbeitender Gesellschafter einer Kommanditgesellschaft, NWB 2017, S. 1966 ff.; *Peetz*, Rentenversicherungspflicht des GmbH-Geschäftsführers, GmbHR 2017, S. 330 ff.; *Rittmeyer*, Beitragsnachforderungen für geschäftsführende Gesellschafter einer GmbH, DStR 2017, S. 1537 ff.; *Seel*, Der Geschäftsführer mit und ohne Gesellschaftsanteile, NWB 2017, S. 3871 ff.; *Figge*, Sozialversicherungs-Handbuch Beitragsrecht, Köln 2018, S. 2728 Seiten, 2 Ordner; *Hartmann*, Sozialversicherungsrechtlicher Status des Gesellschafter-Geschäftsführers einer Steuerberater-GmbH, NWB 2019, S. 576 ff.

11.1 Allgemeines

Der **Geschäftsführer ist** – wie schon oben ausgeführt – gem. § 35 Abs. 1 GmbHG deren gesetzlicher Vertreter und damit **Organ der GmbH**. Aus dieser Funktionsstellung heraus schließt es sich aus, dass der Geschäftsführer gleichzeitig Arbeitnehmer der GmbH ist. Arbeitnehmer i. S. d. Arbeitsrechts ist derjenige, der eine sozialabhängige Tätigkeit ausübt. Aus diesem Grunde ist es völlig unbestritten, dass der **Geschäftsführer** – insbesondere der Fremd-Geschäftsführer – **kein Arbeitnehmer** i. S. d. Arbeitsrechts ist. Da die Begriffe des Arbeitnehmers i. S. d. Arbeits- und Sozialversicherungsrechts zwar nicht identisch, aber ähnlich sind, scheint die Frage nach der Sozialversicherungspflicht des Geschäftsführers auf den ersten Blick hin überflüssig zu sein.

1811

Verneint man eine Arbeitnehmerschaft im Sinne des Arbeitsrechts beim Geschäftsführer, so müsste man doch wohl gleichzeitig eine Sozialversicherungspflicht verneinen. Die Frage nach der **Sozialversicherungspflicht** des Geschäftsführers erscheint daher zunächst eigenartig; sie ergibt sich aber daraus, dass das Sozialversicherungsrecht eigenen – und damit anderen – Regeln als das Arbeitsrecht folgt. Eine Sozialversicherungspflicht des Geschäftsführers ist daher nicht von vornherein zu verneinen, sondern **anhand der Umstände des einzelnen Falles zu prüfen**. Für den einzelnen Geschäftsführer kann es bei Abschluss seines Anstellungsvertrages sehr wichtig sein zu wissen, ob er sozialversicherungspflichtig ist.

1812

Entfällt nämlich eine Sozialversicherungspflicht, bedarf es eventuell anderer Vereinbarungen der finanziellen Absicherung im Krankheits- und Ruhestandsfall (z. B. freiwillige Krankenversicherung, Abschluss einer Lebensversicherung, Pensionszusage). Bei Bejahung einer Versicherungspflicht hat dies Auswirkung auf die Sozialversicherungspflicht.

1813

Zur **Sozialversicherung** gehören die

1814

- Krankenversicherung,
- Pflegeversicherung,
- Arbeitslosenversicherung,
- Rentenversicherung sowie die
- Unfallversicherung.

Diesen Versicherungen, die als **Pflichtversicherungen** ausgestaltet sind, unterfallen alle Personen, die in einem Beschäftigungsverhältnis stehen und auf

1815

diese Weise abhängige, d.h. nichtselbständige Arbeit leisten (§ 7 Abs. 1 SGB IV). *Marla Steinfeld* schreibt dazu:

"Dieser in § 7 SGB IV normierte sozialversicherungsrechtliche Begriff des Arbeitnehmers gilt grundsätzlich auch für gesetzliche Vertreter juristischer Personen und damit auch für Geschäftsführer einer GmbH. Geschäftsführer – insbesondere Fremdgeschäftsführer – sind oftmals in der Praxis genauso abhängig wie Arbeitnehmer, da sie den Weisungen der Gesellschafterversammlung bzw. des Mehrheitsgesellschafters Folge leisten müssen. Sie haben daher in der Praxis oftmals den Status – obwohl Organ der GmbH – eines leitenden Angestellten."

1816–1820 *(Einstweilen frei)*

11.2 Verlautbarungen der Sozialversicherung

1821 Die Spitzenorganisationen der Sozialversicherung haben sich in Anlage 3 (i. d. F. vom 9.4.2014) des gemeinsamen Rundschreibens „Statusfeststellung von Erwerbstätigen" vom 13.4.2010 mit der versicherungsrechtlichen Beurteilung von Gesellschafter-Geschäftsführern, mitarbeitenden Gesellschaftern und Fremdgeschäftsführern einer GmbH sowie Geschäftsführern einer Familien-GmbH befasst.[1] Auf die neue Rechtsprechung des Bundessozialgerichts (BSG)[2] haben die Spitzenverbände der Sozialversicherungsträger reagiert und die **„Anlage 3** des Gemeinsamen Rundschreibens der Spitzenverbände der Sozialversicherungsträger zur Statusfeststellung von Erwerbstätigen vom 13.4.2010" angepasst.

„Die Überarbeitung der Anlage 3 – „Versicherungsrechtliche Beurteilung von Gesellschafter-Geschäftsführern, Fremdgeschäftsführern und mitarbeitenden Gesellschaftern einer GmbH, sowie Geschäftsführern einer Familien-GmbH" – ist im Rahmen des Besprechungsergebnisses der Sozialversicherungsträger vom 9.4.2014 vorgenommen worden (TOP 1). Die Anlage 3 ist damit inhaltlich erheblich erweitert und die Darstellung zu GmbH-Geschäftsführern/Gesellschaftern in einem Dokument vereinheitlicht dargestellt worden.

*Der **bisherige Anhang 1 zur Anlage 3** („Entscheidungshilfe zur versicherungsrechtlichen Beurteilung von Gesellschafter-Geschäftsführern einer GmbH …") ist mit der Überarbeitung **ersatzlos entfallen.** Der neue Anhang 1 i.d.F. vom 9.4.2014 beinhaltet nunmehr die Rechtsprechungsübersicht (bisheriger Anhang 2), die im Verhältnis zur bisherigen Fassung um die beiden neuen Urteile*

---

1 Abrufbar unter www.deutsche-rentenversicherung-bund.de.
2 BSG v. 29.8.2012 – B 12 R 14/10 R, USK 2012, S. 82; s. dazu *Steinfeld*, NWB 2015, S. 46 ff.

des BSG und ein älteres Urteil aus dem Jahr 2007 erweitert worden ist (Nrn. 34, 35, 36 der Rechtsprechungsübersicht). Der Anhang 2 zur Anlage 3 i. d. F. vom 9.4.2014 ist identisch mit dem bisherigen Anhang 3 (Feststellungsbogen zur versicherungsrechtlichen Beurteilung eines Gesellschafter-Geschäftsführers einer GmbH der Deutschen Rentenversicherung).

Die Versicherungspflicht von GmbH-Geschäftsführern, insbesondere im Rahmen von Familiengesellschaften, ist danach durch die jüngere Rechtsprechung des BSG neu zu bewerten. An einem bisher möglichen Vorrang tatsächlicher „familiärer Verbundenheit" gegenüber fehlender gesellschaftsrechtlicher oder vertraglicher Rechtsmacht soll danach bei Familiengesellschaften im Grundsatz nicht mehr festzuhalten sein. Die familiäre Verbundenheit oder Rücksichtnahme ist bei Gesellschafter-Geschäftsführern, mitarbeitenden Gesellschaftern und Geschäftsführern einer Familien-GmbH grds. nicht mehr geeignet, die Rechtsmacht, wie sie sich nach dem Gesellschaftsrecht ergibt, gänzlich zu negieren und daher ein abhängiges Beschäftigungsverhältnis zur Familien-GmbH auszuschließen.

Das bisherige Kriterium, wonach in den Fällen der gleichmäßigen Beteiligung mehrerer Minderheits-Gesellschafter-Geschäftsführer der im Arbeitgeber-/Arbeitnehmerverhältnis typische Interessengegensatz bei Personenidentität fehlte und es sich somit um eine Tätigkeit im „eigenen Unternehmen" handelte, ist nach der neueren Rechtsprechung nicht (mehr) maßgebend. Sofern eine Stellung als Minderheiten-Gesellschafter-Geschäftsführer vorliegt, handelt es sich daher auch bei gleichmäßig am Kapital beteiligten Gesellschaftern um abhängig Beschäftigte.

Nach Auffassung der Spitzenorganisationen sprechen die Einzelvertretungsbefugnis und die Befreiung vom Selbstkontrahierungsverbot ebenso nicht zwingend für eine selbständige Tätigkeit, da sie bei kleineren GmbH nicht untypisch seien.

Klargestellt wird zudem, dass in einer Unternehmergesellschaft (UG haftungsbeschränkt) die oben dargestellten Grundsätze zur versicherungsrechtlichen Beurteilung von GmbH-Geschäftsführern, Fremdgeschäftsführern und mitarbeitenden Gesellschaftern sowie Geschäftsführern einer Familien-GmbH uneingeschränkt Anwendung finden. Es handele sich bei der UG (haftungsbeschränkt) um keine eigene Rechtsform, sondern um eine Unterform der GmbH."

(Einstweilen frei) 1822–1825

11.3 Fallgruppen: GmbH-Geschäftsführer

1826 Im Wirtschaftsleben erscheint uns der Geschäftsführer in vielen Facetten. Die Bandbreite reicht vom Gesellschafter-Geschäftsführer mit Mehrheits- bzw. Minderheitsbeteiligung über den Treuhandgeschäftsführer bis zum Fremdgeschäftsführer.

Zur besseren Übersicht sollen folgende Fallgruppen gebildet werden:

11.3.1 Fallgruppe: Geschäftsführer mit Mehrheitsbeteiligung

▶ **Beherrschender Gesellschafter-Geschäftsführer**

1827 Ein Geschäftsführer, der mehr als die Hälfte der GmbH-Anteile hält, ist nicht sozialversicherungspflichtig. Durch seine Mehrheitsbeteiligung lenkt er die Geschicke der GmbH und ist daher nicht abhängig im sozialversicherungsrechtlichen Sinne. Im Extremfall kann der Geschäftsführer 100 % der Anteile halten (Fall der Einpersonen-GmbH). Bei dieser Fallgestaltung sieht das Sozialversicherungsrecht nun überhaupt keine Schutzbedürftigkeit, da Inhaber und Geschäftsführer der GmbH identisch sind.

1828 Eine **Mehrheitsbeteiligung** liegt grundsätzlich beim Innehaben von 50,1 % bzw. 51 % der GmbH-Anteile vor.

▶ **Geschäftsführer mit 50 % Anteil**

1829 Ein Geschäftsführer, der „nur" 50 % der GmbH-Anteile hält, wird von den Trägern der Sozialversicherung auch nicht als sozialversicherungspflichtig angesehen, weil er nach Kapitalbeteiligung und Stimmrecht die Gesellschaft beherrscht bzw. einen maßgebenden Einfluss auf die Entscheidungen der Gesellschafter hat, so dass er jeden Beschluss, insbesondere jede ihm nicht genehme Weisung verhindern kann.[1] Dies wird besonders deutlich bei der **Zweipersonen-GmbH**.

> **BEISPIEL:** ▶ A und B halten an der X-GmbH jeweils 50 % der Anteile. Gleichzeitig sind beide gleichberechtigte Geschäftsführer. Durch die paritätische Beteiligung hat zwar kein Gesellschafter die Mehrheit der Stimmrechte und kann daher nicht durch einen Mehrheitsbeschluss seinen Willen dem anderen aufzwingen. Auf der anderen Seite ist jeder Gesellschafter-Geschäftsführer auf die Zustimmung, das Verständnis bzw. das Wohlwollen des anderen Gesellschafter-Geschäftsführers angewiesen, da bei dessen Ablehnung bzw. Verweigerung ein Patt entsteht und jede Entscheidung blockiert werden kann. Aufgrund dieser Rechts- und Sachlage kann der zu 50 % beteilig-

---

1 Siehe auch BSG v. 23.6.1994 – 12 RK 72/92, NJW 1994, S. 2974 und BFH v. 20.10.2010 – VIII R 34/08, GmbHR 2011, S. 313.

te Gesellschafter-Geschäftsführer nicht als Arbeitnehmer i. S. d. Sozialversicherungsrechtes angesehen werden, da er die Macht hat, unangenehme Weisungen zu verhindern.

▶ Treuhand-Gesellschafter-Geschäftsführer[1]

Die treuhänderische Verwaltung von Geschäftsanteilen einer GmbH (z. B. i. H. v. 50 % oder 100 %) beeinträchtigt den maßgeblichen Einfluss eines Gesellschafter-Geschäftsführers nicht, sofern er als Treuhänder auch das seinen Geschäftsanteilen entsprechende Stimmrecht besitzt. Dem Umstand, dass der Treuhänder regelmäßig im Innenverhältnis durch den Treuhandvertrag gebunden ist und die ihm formal zustehenden Gesellschaftsrechte nur im Interesse und nach den Weisungen des Treugebers ausüben darf, kommt insoweit keine Bedeutung zu, da diese Abhängigkeit rein schuldrechtlicher Natur ist und nur zum Treugeber, nicht aber zur Gesellschaft, in der der Treuhänder regelmäßig als im eigenen Namen handelnder Gesellschafter tätig wird, besteht.[2]

1830

Etwas anderes kann allenfalls dann gelten, wenn sich eine nach außen wirkende Abhängigkeit des Treuhänders vom Treugeber unmittelbar aus dem Gesellschaftsvertrag selbst oder seinem Anstellungsvertrag als Geschäftsführer ergibt. Bei einem Treugeber, der sich nicht allein mit einem schuldrechtlichen Weisungsrecht und der Möglichkeit, durch Kündigung des Treuhandverhältnisses das Treugut wieder an sich zu ziehen, zufrieden gibt, sondern sich zusätzliche Befugnisse – insbesondere die persönliche Ausübung des Stimmrechts – unwiderruflich vorbehält, ist ein versicherungs- und beitragspflichtiges Beschäftigungsverhältnis des Treuhänders und Alleingesellschafters zur GmbH nicht von vornherein ausgeschlossen. Ein abhängiges Beschäftigungsverhältnis ist zu bejahen, wenn der Treuhänder-Gesellschafter-Geschäftsführer wie ein Arbeitnehmer in die Gesellschaft eingegliedert ist.[3]

1831

Trotz des in der Regel nicht zur GmbH, sondern zum Treugeber bestehenden und im Treuhandvertrag festgelegten Abhängigkeitsverhältnisses ist ein Beschäftigungsverhältnis zum Treugeber regelmäßig zu verneinen, sofern der Treuhänder sein Entgelt nicht vom Treugeber, sondern von der Gesellschaft erhält und im Verhältnis zum Treugeber nicht bloß eine Arbeitsleistung, sondern einen bestimmten Erfolg seiner Arbeitskraft schuldet. Die Bindungen, denen

1832

---

1 Nach „Selbständige in der Rentenversicherung" (im Folgenden abgekürzt als „SiR"), 11. Aufl. 2018, S. 307 f.
2 Bayerischen LSG v. 9.6.1982 – L 4 Kr 47/81, n.v.
3 BSG v. 8.12.1994 – 11 RAr 49/94.

er unterliegt, sind insoweit die eines Beauftragten (Dienstpflichtigen), der Geschäfte für einen anderen zu besorgen hat.[1]

1833 Eine Vereinbarung, durch welche die Verpflichtung eines Gesellschafters zur Abtretung eines Geschäftsanteils begründet wird (Treuhandvertrag), bedarf der notariellen Form (§ 15 Abs. 4 Satz 1 GmbHG). Ein nicht notariell beurkundeter Treuhandvertrag ist daher nichtig (§ 125 Satz 1 BGB).

1834–1840 *(Einstweilen frei)*

11.3.2 Fallgruppe: Geschäftsführer mit Minderheitsbeteiligung

▶ Minderheits-Gesellschafter-Geschäftsführer

1841 Diese Fallgruppe macht in der Praxis die meisten Schwierigkeiten und beschäftigt die Rechtsprechung am häufigsten.

1842 Die Einordnung erfolgt nach einem Regel-Ausnahme-Verhältnis. In der Regel ist der **Geschäftsführer mit Minderheitsbeteiligung** der Mehrheit der anderen GmbH-Gesellschafter „ausgeliefert" und hat sich deren Weisungen zu fügen. Dies gilt aber nur grundsätzlich, die in der Praxis auftretenden Ausnahmen sind zwar nicht die Regel, kommen aber häufig vor.

> **BEISPIEL:** ▶ Ein Geschäftsführer besitzt zwar nicht die Mehrheit des Stammkapitals, aber mehr als ein Drittel davon.
>
> Die Y-GmbH besteht aus den Gesellschaftern A und B, die beide gleichzeitig Geschäftsführer sind. A besitzt vom Stammkapital i. H. v. 50.000 € einen Anteil von 33.000 €, B hält einen Anteil von 17.000 €. Im Gesellschaftsvertrag ist vereinbart, dass die Gesellschafterbeschlüsse mit einer Zwei-Drittel-Mehrheit zu fassen sind. B hat eine Sperrminorität, da sein Anteil mehr als ein Drittel des Stammkapitals beträgt. Nicht genehme Weisungen kann er daher verhindern. Er ist nicht versicherungspflichtig.

1843 In einem anderen, vom BSG[2] entschiedenen Fall hielt der Gesellschafter-Geschäftsführer 45 %, während seine Ehefrau und sein Bruder zusammen über 55 % der GmbH-Anteile verfügten. Aufgrund der Sperrminorität des Gesellschafter-Geschäftsführers verneinte das BSG eine abhängige Beschäftigung („Der Kläger war mithin im Besitz einer Sperrminorität, die die Annahme einer abhängigen Beschäftigung grundsätzlich ausschließt.").[3]

---

1 Vgl. Besprechungsergebnis der [ehemaligen] Spitzenverbände der Krankenkassen, des [ehemaligen] VDR und der BA über Fragen des gemeinsamen Beitragseinzugs vom 29./30.4.1996 – Punkt 1 der Niederschrift -, veröffentlicht u. a. in: Die Beiträge 1996, S. 482.
2 Urteil vom 6. 2. 1992, Stbg 1992, S. 537.
3 BSG vom 6.2.1992, a. a. O.

11.3 Fallgruppen: GmbH-Geschäftsführer

Ausnahmen davon sieht das BSG allenfalls in den Fällen, in denen der Gesellschafter-Geschäftsführer an der Ausübung der ihm zustehenden Sperrminorität gehindert ist oder in denen ein anderer Gesellschafter das wirtschaftliche Übergewicht besitzt und einsetzt. 1844

▶ **Familiäre Verbundenheit oder Rücksichtnahme (Familien-GmbH)**[1]

Nach der neueren Rechtsprechung des 12. Senats des BSG ist die familiäre Verbundenheit oder Rücksichtnahme in einer Familien-GmbH grundsätzlich nicht (mehr) geeignet, die Rechtsmacht, wie sie sich nach dem Gesellschaftsrecht ergibt, gänzlich zu negieren.[2] 1845

In der Vergangenheit hatte das BSG zwar in seiner Rechtsprechung – überwiegend zu Leistungsansprüchen des Arbeitsförderungs- und Unfallversicherungsrechts – auch für den Fall, dass ein Gesellschafter-Geschäftsführer nicht zumindest über eine Sperrminorität verfügte, eine selbständige Tätigkeit des Betroffenen für möglich gehalten, wenn dessen Tätigwerden innerhalb einer Gesellschaft durch eine besondere Rücksichtnahme aufgrund familiärer Bindungen geprägt war.[3] 1846

Der für das Versicherungs- und Beitragsrecht zuständige 12. Senat hat ohne Geschäftsführerstellung eine – nach den allgemeinen Grundsätzen eigentlich ausgeschlossene – selbständige Tätigkeit für den Fall als gegeben erachtet, dass der in einer GmbH Tätige neben seinem Ehegatten alleiniger oder gleichberechtigter Gesellschafter der GmbH ist. Dabei hat der 12. Senat jedoch maßgebend auf die mit der Gesellschafterstellung verbundene Rechtsmacht und nicht auf eine familiäre Verbundenheit abgestellt.[4] 1847

PRAXISHINWEIS:[5]

Die neuen Urteile des BSG vom 29.8.2012 – B 12 KR 25/10 R und B 12 R 14/10 R – bedeuten eine Abkehr von der bisherigen Rechtsprechung und legen mehr Gewicht auf die formalrechtlich ausgestaltete Rechtsmacht. Die sich aus dem GmbH-Gesellschaftsvertrag ergebende Rechtsmacht kann auch außerhalb einer Familien-GmbH nicht durch „Fiktionen" beseitigt werden, die aus den tatsächlichen Umständen hergeleitet werden.

Es kommt daher nicht (mehr) darauf an, ob ein Gesellschafter-Geschäftsführer, Fremdgeschäftsführer, mitarbeitender Gesellschafter oder Geschäftsführer einer Familien-GmbH „Kopf und Seele" der GmbH ist, alleiniger Branchenkenner ist oder in der GmbH

---

1 Nach SiR, a. a. O., S. 309.
2 BSG v. 29.8.2012 – B 12 KR 25/10 R, NWB GAAAE-22492 und B 12 R 14/ 10 R, NWB KAAAE-29789.
3 Siehe u. a. BSG v. 23.9.1982 – 10 RAr 10/81; v. 14.12.1999 – B 2 U 48/98 R, NWB TAAAE-94103.
4 BSG v. 17.5.2001 – B 12 KR 34/00 R, NWB KAAAC-14939.
5 Ausführungen z. T. nach DRV Baden-Württemberg.

11. Der GmbH-Geschäftsführer und Sozialversicherung

faktisch frei schalten und walten kann, wie er will, weil er die Gesellschafter persönlich und oder wirtschaftlich dominiert.

Die Spitzenverbände der Sozialversicherung haben sich der vom Bundessozialgericht in seinen Urteilen vom 29.8.2012 vertretenen Rechtsauffassung angeschlossen, wonach bei der versicherungsrechtlichen Beurteilung von mitarbeitenden Angehörigen in einer Familien-GmbH die familiäre Verbundenheit oder Rücksichtnahme grundsätzlich nicht geeignet ist, die Rechtsmacht, wie sie sich nach dem Gesellschaftsrecht ergibt, gänzlich zu negieren.

1847a **Neuere Rechtsprechung**[1]

Im Urteil vom 29.7.2015[2] (Az. B 12 KR 23/13 R) hat das BSG seine „Kopf-und-Seele"-Rechtsprechung endgültig aufgegeben. Eine Schönwetter-Selbständigkeit kann es im Sinne einer klaren Abgrenzung zwischen einer abhängigen und einer selbständigen Tätigkeit im Zusammenhang mit § 7 SGB IV nicht mehr geben. Eine Beliebigkeit der Tätigkeit im Rahmen des Status im Sozialrecht ist nicht hinnehmbar.

Der Umstand, dass nach dem Urteil des BSG vom 29.7.2015[3] die sog. „Kopf-und-Seele"-Rechtsprechung im Rahmen von Statusbeurteilungen keine Bedeutung hat, begründet für die Zeit vor dieser Entscheidung des BSG nach der Auffassung des LSG Baden-Württemberg keinen Vertrauensschutz.[4]

1848 Merksätze zur neuen Rechtsauffassung des BSG:

- ▶ Maßgebend sind die vertraglichen Gestaltungen und die damit verbundene „Rechtsmacht".
- ▶ Es ist unbeachtlich, wenn diese „Rechtsmacht" nicht ausgeübt wird.
- ▶ Im Konfliktfall ist alleine entscheidend, was vertraglich vereinbart ist.
- ▶ Es gibt keine bloße „Schönwetter-Selbständigkeit".[5]

PRAXISHINWEIS:

Atypische Sonderfälle[6]
In seinen Urteilen vom 29.8.2012 (B 12 KR 25/10 R und B 12 R 14/10 R) hat das BSG ausdrücklich offen gelassen, ob beschränkt auf gänzlich atypische Sonderfälle besondere Umstände im Einzelfall den Schluss zulassen, es liege keine Weisungsgebundenheit

---

1 Ausführungen z.T. nach Arens, DAI-Skript, Der GmbH-Geschäftsführer, März 2019, S. 304 f.
2 B 12 KR 23/13 R, NWB VAAAF-18726.
3 B 12 KR 23/13 R, NWB VAAAF-18726.
4 LSG Baden-Württemberg v. 22.12.2017 – L 10 R 1637/17; dazu *Richter*, DStR 2018, S. 1870, 1872.
5 *Kalbfleisch*, Das Ende der Schönwetter-Selbständigkeit – die neueste Rechtsprechung des BSG und ihre Auswirkungen auf Poolvereinbarungen in Familien-GmbHs, UVR 2016, S. 115.
6 Nach SiR, a.a.O., S. 317.

11.3 Fallgruppen: GmbH-Geschäftsführer

und damit keine abhängige Beschäftigung vor, weil die tatsächlichen die rechtlichen Verhältnisse überlagern. Sofern dies im Einzelfall vorgebracht wird, ist nach dem Gesamtbild der Arbeitsleistung zu prüfen, ob ausnahmsweise ein solcher gänzlich atypischer Sonderfall vorliegt, bei dem von einer selbständigen Tätigkeit auszugehen ist.

HINWEIS:

In derartigen Fällen wird Auftraggebern und/oder Auftragnehmern empfohlen, eine rechtsverbindliche Entscheidung (Bescheid) bei der Clearingstelle der Deutschen Rentenversicherung Bund (Statusfeststellungsverfahren nach § 7a Abs. 1 Satz 1 SGB IV) zu beantragen.

▶ **Betriebsprüfungen nach § 28p Abs. 1 SGB IV**

Im Rahmen von Betriebsprüfungen nach § 28p Abs. 1 SGB IV setzt die Deutsche Rentenversicherung die vorstehend erwähnten BSG-Entscheidungen folgendermaßen um:

1849

▶ Bei aktuellen und künftigen statusrechtlichen Entscheidungen ist der neueren Rechtsprechung des BSG für den gesamten Beurteilungszeitraum zu folgen.

▶ Entgegenstehende frühere BSG-Rechtsprechung ist überholt, nach der entscheidungserheblich war, ob die zu beurteilende Person „Kopf und Seele" des Betriebes, alleiniger Branchenkenner oder mit den Gesellschaftern familiär verbunden ist oder in der Gesellschaft faktisch „frei schalten und walten" kann.

▶ **Umgang mit Statusentscheidungen im Rahmen der Betriebsprüfung**

▶ Statusrechtliche Entscheidungen auf Selbständigkeit, die auf der bisherigen Rechtsprechung des BSG basierten, stellen grundsätzlich rechtswidrige begünstigende Verwaltungsakte mit Dauerwirkung dar und sind dem Grunde nach gem. § 45 SGB X zurückzunehmen (für die Vergangenheit und für die Zukunft).

1850

▶ Unter dem Aspekt eines „subjektiven" Vertrauensschutzes sind diese Fälle für die Vergangenheit jedoch grundsätzlich nicht zu beanstanden.

PRAXISHINWEIS:

Sollte sich seit der letzten Statusfeststellung in den tatsächlichen Verhältnissen eine Änderung ergeben haben, ist eine neue sozialversicherungsrechtliche Beurteilung unter Beachtung der neueren BSG-Rechtsprechung vorzunehmen.

Dies hat zur Folge, dass dann auch für die Vergangenheit – frühestens ab dem Zeitpunkt der Änderung der tatsächlichen Verhältnisse – Sozialversicherungspflicht eintreten kann.

11. Der GmbH-Geschäftsführer und Sozialversicherung

▶ **Bisher keine Statusentscheidungen**

1851 Wird während der Betriebsprüfung hingegen ein Sachverhalt aufgegriffen, bei dem bisher noch keine sozialversicherungsrechtliche Beurteilung des Status erfolgte, können unter Beachtung der neueren BSG-Rechtsprechung ggf. rückwirkend – im Rahmen der Verjährung – Sozialversicherungsbeiträge nachberechnet werden.

▶ **Arbeitsentgelt i. S. d. Sozialversicherung**

1852 Die Frage der Sozialversicherungspflicht stellt sich nur dann, wenn ein Arbeitsentgelt i. S. d. Sozialversicherungsrechts bezahlt wird. Der Gesellschafter-Geschäftsführer muss also ein Entgelt erhalten. Bekommt er z. B. nur einen monatlichen Vorabgewinn gezahlt, der am Jahresende mit dem Gewinnanteil des Gesellschafters verrechnet wird, so liegt ein Arbeitsentgelt i. S. d. Sozialversicherungsrechtes nicht vor und damit auch **keine Versicherungspflicht** des Geschäftsführers.

1853 Von dieser Frage zu unterscheiden ist der Umstand, ob das Arbeitsentgelt bei einer **Familien-GmbH** auch regelmäßig ausgezahlt wird. Nach Rechtsprechung des BSG[1] kommt es nicht allein entscheidend darauf an, ob z. B. dem Ehegatten tatsächlich das vereinbarte Arbeitsentgelt auch ausgezahlt wurde. Entscheidend ist vielmehr, dass Arbeitnehmer und Arbeitgeber den Willen haben, das Beschäftigungsverhältnis auch ohne Auszahlung des vereinbarten Entgeltes fortzusetzen. Dann – so das BSG – besteht eine Beitragspflicht zur Bundesanstalt für Arbeit fort, aus der sich **Ansprüche aus Arbeitslosengeld** ergeben können.

▶ **Übertragung von GmbH-Anteilen**

1854 Oft findet sich in der Praxis der Versuch, durch Übertragung von GmbH-Anteilen eine Mehrheitsbeteiligung aufzugeben, um als **Gesellschafter-Geschäftsführer mit Minderheitsbeteiligung** in den Genuss der Sozialversicherungspflicht zu kommen.

BEISPIEL:[2] A gründete im Jahr 01 eine GmbH und übernahm 98 % der Gesellschaftsanteile; gleichzeitig war er einziger Geschäftsführer. Ab Juli 05 übernahmen der Gesellschafter B 49 % und A 51 % der Geschäftsanteile. Beide Gesellschafter waren allein vertretungsberechtigt. Die GmbH zahlte für A Beiträge zur Arbeitslosenversicherung. Als die Krankenkasse dies beanstandete, übertrug A 2 % seiner Geschäftsanteile auf seine Ehefrau. Nunmehr nahm die Krankenkasse seine Beträge wieder an. Nach Kündigung seitens der GmbH im Jahre 08 beantragte A Arbeitslosengeld. Die Bundesanstalt für Arbeit lehnte den Antrag mit der Begründung ab, A erfülle die An-

---
1 BSG v. 21.4.1993, NJW 1994, S. 341.
2 Fall nach BSG v. 28.1.1992, Die Beiträge 1992, S. 310.

11.3 Fallgruppen: GmbH-Geschäftsführer

wartschaftszeit nicht, weil er sich die Anteile seiner Ehefrau zurechnen lassen müsse und deshalb nicht Arbeitnehmer sei.

Das BSG hat den Fall nicht durchentschieden, sondern zurückverwiesen. Es hat jedoch ausgeführt, dass die Anteile nicht zwingend zusammenzurechnen sind („denn durch die Übertragung von 2% der Geschäftsanteile des Herrn A auf seine Ehefrau sei eine Verlagerung der Einflussmöglichkeiten nicht ganz auszuschließen"). Entscheidend – so das BSG – ist, ob A weiterhin befugt und tatsächlich in der Lage war, seine Tätigkeit hinsichtlich Zeit, Dauer, Umfang und Ort im Wesentlichen weisungsfrei zu gestalten. Falls die Übertragung des 2-%-Anteils die rechtlichen oder tatsächlichen Bedingungen für den Einsatz der Arbeitskraft des A in konkret feststellbarer Weise verändert hat, könnte Abhängigkeit und damit Sozialversicherungspflicht eingetreten sein.

In einem anderen Fall hatte das BSG beim **Zusammenrechnen von Ehegatten-GmbH-Anteilen** weniger Bedenken. Allerdings kam dort hinzu, dass der Gesellschafter-Geschäftsführer als einziger über die für die Führung des Betriebes notwendigen Branchenkenntnisse verfügte. 1855

BEISPIEL:[1] An der M-GmbH war A mit 51%, seine Ehefrau mit 49% beteiligt. Gleichzeitig war er Geschäftsführer und hatte am 23.9.01 einen Arbeitsvertrag mit der GmbH geschlossen. Am 16.3.03 übertrug A eine Beteiligung von 4% auf seine Ehefrau, so dass er nur noch 47% und seine Frau nunmehr 53% des Gesellschaftskapitals hielt. Über das Vermögen der M-GmbH wurde der Konkurs eröffnet. A beantragte am 17.12.04 beim Arbeitsamt die Gewährung von Konkursausfallgeld für die Zeit vom 1.11. – 12.12.04.

Das BSG verneinte einen Anspruch auf Konkursausfallgeld, weil A kein Arbeitnehmer i. S. d. Sozialversicherungsrechts ist. Der Umstand, dass er nur mit 47% an der GmbH beteiligt ist, spielt keine entscheidende Rolle, denn A hatte nach den Tatsachenfeststellungen der Vorinstanzen die Gesellschaft beherrscht, weil er zusammen mit seiner Ehefrau mehr als 50% der Geschäftsanteile hielt und deshalb mit ihr zusammen alle wesentlichen Entscheidungen der Gesellschaft beeinflussen konnte. Daran änderte sich auch nichts nach Übertragung eines 4%-Anteils an seine Frau. Die GmbH und damit auch seine Frau als Mehrheitsgesellschafterin waren auf ihn angewiesen, da er als einziger über die notwendigen Branchenkenntnisse verfügte.

A ist daher als alleinvertretungsberechtigter Geschäftsführer wie ein Unternehmer und damit als Selbständiger aufgetreten.

▶ **Mitarbeitender Gesellschafter mit Sperrminorität**[2]

Auch ein mitarbeitender Gesellschafter einer GmbH mit Sperrminorität, der nicht zum (stellvertretenden) Geschäftsführer bestellt ist, hat keinen maßgebenden Einfluss auf die Geschicke der Gesellschaft, der ein Beschäftigungsverhältnis von vornherein ausschließt. Seine Rechtsmacht erschöpft sich darin, 1856

---

1 Nach BSG v. 7.9.1988, GmbHR 1989, S. 34.
2 Nach SiR, a. a. O., S. 316.

11. Der GmbH-Geschäftsführer und Sozialversicherung

Beschlüsse der Gesellschafterversammlung zu verhindern. Er kann, da er kein Geschäftsführer ist, den Geschäftsbetrieb weder bestimmen noch als Minderheitsgesellschafter einen maßgebenden gestalterischen Einfluss auf die Gesellschaft nehmen.[1]

▶ **Gleichmäßig beteiligte Gesellschafter-Geschäftsführer**[2]

1857 Die Personenidentität von gleichmäßig bzw. nahezu gleichmäßig beteiligten Gesellschafter-Geschäftsführern einer GmbH (beispielsweise mit jeweils $33\,^1/_3\,\%$ oder 25 % bzw. mit 32 %, 33 % und 35 %) ändert an der Rechtsmacht der Gesellschafter und der Weisungsgebundenheit der Geschäftsführer nichts. Der im Arbeitnehmer-/Arbeitgeberverhältnis angeblich fehlende typische Interessengegensatz bei Personenidentität wird vom BSG nicht (mehr) als geeignetes Abgrenzungskriterium angesehen.[3] Diese Personenidentität legte vormals den Schluss nahe, dass die Geschäftsführer im „eigenen" Unternehmen tätig und damit im sozialversicherungsrechtlichen Sinne Selbständige waren.[4]

1857a Rechtsprechung

Sozialversicherungspflicht von Gesellschafter-Geschäftsführern und Bestandsschutz aus früherer Betriebsprüfung[5]

Sind drei Gesellschafter-Geschäftsführer einer GmbH zu gleichen Teilen (33,33 %) an der Gesellschaft beteiligt, stehen alle drei zu der GmbH in einem abhängigen Beschäftigungsverhältnis, wenn die Beschlüsse in der Gesellschaft mit einfacher Mehrheit gefasst werden und jeder Geschäftsanteil dasselbe Stimmrecht gewährt. Das LSG Baden-Württemberg[6] hat deshalb eine Versicherungs- bzw. Beitragspflicht in der Renten- und Arbeitslosenversicherung bejaht. In der Vergangenheit durchgeführte Betriebsprüfungen, bei denen die Anstellungsverträge der Gesellschafter-Geschäftsführer nicht konkret geprüft wurden, vermittelten auch dann keinen Vertrauensschutz, wenn bei der GmbH vornehmlich nur die Gesellschafter-Geschäftsführer tätig waren und

---

1 BSG v. 5.2.1998 – B 11 AL 71/97 R.
2 Nach SiR a. a. O., S. 297.
3 BSG v. 4.7.2007 – B 11a AL 5/06 R, NWB UAAAC-61408 und B 11a AL 45/06 R, NWB KAAAC-61407.
4 Vgl. dazu BSG v. 24.6.1982 – 12 RK 45/80 – Urteile des Bayerischen LSG v. 18.10.2005 – L 5 KR 213/04 – und v. 24.1.2006 – L 5 KR 99/05 – abrufbar unter www.sozialgerichtsbarkeit.de.
5 Nach DStR 2019, S. XII
6 LSG Baden-Württemberg, Urteil v. 25.6.2019 – L 11 BA 2804/18, vorl. nrkr., NWB IAAAH-22815.

zusätzliche Kräfte nur in geringem Umfang eingesetzt wurden; zur Klärung dieser Frage wurde die Revision zugelassen.

▶ **Stimmrechtsbindungsvertrag**[1]

Mit einem **Stimmrechtsbindungsvertrag** kann der **sozialrechtliche Status** von Gesellschaftern **beeinflusst** werden.[2] Aufgrund der uneinheitlichen Rechtsprechung müssen hier allerdings die Umstände des Einzelfalles in den Blick genommen werden. Die Auswirkungen eines Stimmrechtsbindungsvertrages auf den sozialrechtlichen Status sind bislang **nicht abschließend geklärt**.   1858

Einerseits wird argumentiert, dass ein entsprechender Vertrag **nur Bindungen zwischen den Vertragspartnern** entfalte. Eine dem **Stimmrechtsbindungsvertrag entgegenstehende Abgabe der Stimme** in der Gesellschafterversammlung sei **dennoch wirksam**.[3]   1859

Andererseits wird von einigen Instanzgerichten die Stimmrechtsbindung ausdrücklich anerkannt.[4]

Ein Gesellschafter-Geschäftsführer einer GmbH, der eine **strafbewehrte Stimmbindungsvereinbarung** mit der Mehrheit der Mitgesellschafter getroffen hat, übt nach Auffassung des SG München als Geschäftsführer auch dann eine selbständige Tätigkeit aus, wenn er an der Gesellschaft weniger als 50 % der Anteile hält. Denn er ist in der Lage, unliebsame Weisungen der GmbH ihm gegenüber zu verhindern: Ihm steht im Falle stimmbindungswidrigen Abstimmungsverhaltens der Rechtsweg offen, nämlich mit einer Klage gegen den betreffenden Mitgesellschafter auf stimmbindungskonformes Abstimmungsverhalten und mit der Möglichkeit der anschließenden Zwangsvollstreckung.[5]   1860

Einige Entscheidungen zum Stimmrechtsbindungsvertrag sehen eine **differenzierte Lösung** vor. Stimmrechtsbindungsverträge können demnach dann maßgeblichen Einfluss auf den sozialrechtlichen Status haben, **wenn sich alle Gesellschafter verpflichten**.[6]   1861

---

1 Nach *Arens*, Skript Praxisprobleme des SV-Rechts und der SV-rechtlichen Betriebsprüfungen 2016, März 2016, S. 95 ff.
2 Dazu *Wälzholz*, NWB 2015, S. 3341, 3345; *Bose*, NWB 2015, S. 1066; *von Medem*, DStR 2014, S. 2027.
3 SG Berlin v. 29.1.2013 – S 89 KR 1834/07, juris.
4 LSG Berlin-Brandenburg v. 7.5.2012 – L 1 KR 338/10, NWB EAAAE-13240.
5 SG München v. 5.2.2015 – S 31 R 210/14, DStR 2015, S. 1459.
6 Sächsisches LSG v. 4.3.2014 – L 1 KR 9/11, NWB CAAAE-60919; dazu *Richter*, DStR 2014, S. 2400, 2402; LSG Baden-Württemberg v. 11.6.2014 – L 5 KR 2911/13, nrkr., Az. des BSG: B 12 KR 13/14 R.

11. Der GmbH-Geschäftsführer und Sozialversicherung

1862 Ähnlich argumentiert das LSG Hessen: Ein **(dienst-)vertraglich vereinbartes Veto-Recht** des Geschäftsführers kommt einem Stimmbindungsvertrag gleich. Solche **Stimmbindungsverträge** begründen Abstimmungsverpflichtungen, mit welchen sich die Gesellschafter verpflichten, ihr Stimmrecht in der Gesellschaft nicht frei, sondern in bestimmtem Sinn auszuüben, der entweder in dem Stimmbindungsvertrag inhaltlich festgelegt sein kann oder nach dem Vertrag künftig konkretisiert werden soll. Die Zulässigkeit einer solchen schuldrechtlichen Stimmbindung ist durch Rechtsprechung und Literatur grundsätzlich anerkannt und kann selbst **durch formloses Versprechen** zustande kommen. Haben sich **alle Gesellschafter außerhalb der Satzung** ihren Mitgesellschaftern gegenüber schuldrechtlich verpflichtet, Gesellschaftsbeschlüsse nur einstimmig zu fassen, können nämlich Beschlüsse, die in Übereinstimmung mit der Satzung der Gesellschaft bzw. mit § 47 GmbHG (i. d. R. mit der Mehrheit bzw. einer Zweidrittelmehrheit der Stimmen), jedoch unter **Verstoß** gegen eine alle Gesellschafter bindende schuldrechtliche Verpflichtung ergangen sind, **mit der Klage gegen die Gesellschaft angefochten** werden, da in diesem Falle kein Grund besteht, die vertragswidrig überstimmten Gesellschafter auf den umständlichen Weg einer Klage gegen die Mitgesellschafter zu verweisen, um durch deren Verurteilung zu einer gegenteiligen Stimmabgabe den Beschluss aus der Welt zu schaffen.[1] Verfügt ein Minderheitsgesellschafter-Geschäftsführer über ein solches Veto-Recht bzw. eine Begünstigung aus einer Stimmbindungsvereinbarung, die ihm die Rechtsmacht verschafft, abweichende Gesellschafterbeschlüsse anzufechten, um **ihm nicht genehme Beschlüsse oder Weisungen zu verhindern**, ist er nicht abhängig beschäftigt.[2] Der **alleinvertretungsberechtigte Minderheitsgesellschafter-Geschäftsführer** einer GmbH ist daher nicht abhängig beschäftigt und unterliegt damit nicht der Sozialversicherungspflicht, wenn ihm vertraglich ein **Veto-Recht bei wichtigen Entscheidungen** eingeräumt ist, das einem Stimmbindungsvertrag gleichkommt.

---

[1] BGH v. 20.1.1983 – II ZR 243/81, NJW 1983, S. 1910; bestätigt in BGH v. 27.10.1986 – II ZR 240/85, NJW 1987, S. 1890.
[2] LSG Hessen vom 15. 5. 2014 – L 1 KR 235/13, NZS 2014, S. 703 = DStR 2014, S. 1840 = ZIP 2014, S. 1931; dazu *von Medem*, DStR 2014, S. 2027; *Wälzholz*, NWB 2015, S. 3341, 3345.

Nach der Auffassung des LSG München reicht ein **dienstvertragliches Veto-Recht** nicht aus. Das Veto-Recht bzw. die **Sperrminorität muss auf der Satzung basieren**.[1]

1863

Nach der Auffassung des LSG Hamburg[2] und des LSG München[3] kann auch eine **Stimmrechtsvereinbarung** nichts an dem Beschäftigtenstatus des Geschäftsführers ändern, wenn sie **jederzeit widerruflich** ist und nur das Innenverhältnis zwischen ihm und den Gesellschaftern betrifft. Einen entsprechenden Grundsatz habe das BSG in der Entscheidung vom 18.12.2001[4] bekräftigt.

1864

Eine solche Stimmrechtsvereinbarung begründet auch nach der Auffassung des LSG Thüringen[5] jedenfalls nur eine **schuldrechtliche Verpflichtung** mit der Folge, dass eine **Stimmabgabe** in der Regel auch dann **gültig** ist, wenn sie entgegen einem wirksamen Stimmbindungsvertrag erfolgt. Gesellschaftsrechtliche Auswirkungen kommen ihr mangels entsprechenden Gesellschafterbeschlusses nicht zu.

1865

Nach Überzeugung des SG Duisburg dagegen greifen die Einwände hinsichtlich der fehlenden körperschaftlichen Wirkung und der jederzeitigen Kündbarkeit des Stimmbindungsvertrages nicht durch.[6] Das SG Duisburg wertet die zivilgerichtliche Rechtsprechung, welche zu solchen Stimmbindungsverträgen ergangen ist, die **von allen Gesellschaftern unterschrieben** wurden, so, dass diesen Verträgen ausnahmsweise eine körperschaftliche Wirkung zukommt. So heißt es in der Entscheidung des BGH vom 20.1.1983:[7] *„Verletzt ein Gesellschafter ein solches mit einem Mitgesellschafter getroffenes Abkommen, in dem er abredewidrig abstimmt, so ist zwar der auf diese Weise zustande gekommene Beschluss grundsätzlich nicht anfechtbar, vielmehr der Streit um die Rechtsfolgen des Verstoßes unter den an der Bindung Beteiligten und nicht mit der Gesellschaft auszutragen. Etwas anderes gilt aber dann, wenn der Beschluss gegen eine von allen Gesellschaftern eingegangene Bindung verstößt. Haben alle Gesellschafter eine die Gesellschaft betreffende Angelegenheit unter sich einver-*

1866

---

1 LSG München v. 16.7.2014 – L 16 R 851/13, NWB BAAAE-81836; LSG München v. 19.2.2013 – L 5 R 810/10, DStR 2015, S. 241.
2 LSG Hamburg v. 4.9.2013 – L 2 R 111/12, AuR 2013, S. 412 und v. 7.8.2013 – L 2 R 31/10, DRsp Nr. 2013/23619.
3 LSG München v. 19.2.2013 – L 5 R 810/10, DStR 2015, S. 241; s. a. LSG Rheinland-Pfalz, Urteil v. 18.5.2016 – L 4 R 296/15.
4 BSG v. 18.12.2001 – B 12 KR 10/01 R, NJW 2002, S. 2267 = *Breith.* 2002, S. 474.
5 LSG Thüringen v. 28.1.2014 – L 6 KR 699/11, DRsp Nr. 2014/10068; dazu *Richter*, DStR 2014, S. 2400, 2401; so auch OLG Saarbrücken v. 24.11.2004 – 1 U 202/04, GmbHR 2005, S. 546, m. Anm. *Manger*.
6 SG Duisburg v. 25.3.2014 – S 3 R 904/11.
7 BGH v. 20.1.1983 – II ZR 243/81, NJW 1983, S. 1910.

ständlich geregelt, so ist diese Regelung – auch ohne Bestandteil der Satzung zu sein – zumindest solange zugleich als eine solche der Gesellschaft zu behandeln, als dieser nur die aus der Abrede Verpflichteten angehören."

1867 Wurde die **Stimmrechtsvereinbarung durch alle Gesellschafter unterzeichnet** und sind seitdem neue Gesellschafter nicht hinzugekommen und handelt es sich bei der getroffenen Stimmrechtsvereinbarung auch nicht lediglich um eine allgemeine, präambelartige Klausel,[1] so werden auch in der Literatur abredewidrige Gesellschafterbeschlüsse bei einer solchen Stimmrechtsvereinbarung, die den o. g. genannten Kriterien entspricht, für **anfechtbar** gehalten.[2] Die überstimmten Gesellschafter müssen sich nicht auf eine Klage gegen die abredewidrig stimmenden Gesellschafter verweisen lassen, sondern können den Beschluss vielmehr durch Klage gegen die Gesellschaft selbst anfechten.[3]

1868 Aus Sicht des SG Duisburg greift auch nicht der Einwand durch, die **Stimmbindungsvereinbarung** sei **jederzeit kündbar**. Dies gilt grundsätzlich, allerdings richtet sich die Kündigung einer Stimmrechtsvereinbarung § 723 BGB, nach welcher eine Kündigung **nicht zur Unzeit** geschehen darf. Unzeit liegt vor, wenn der Kündigende zwar nach § 723 Abs. 1 Satz 1 BGB kündigungsberechtigt ist, aber einen Zugangszeitpunkt wählt, der auf die gesellschaftlich relevanten Interessen der Mitgesellschafter keine Rücksicht nimmt.[4] Dies wäre der Fall, wenn der weitere Gesellschafter den Stimmbindungsvertrag etwa unmittelbar vor der Abstimmung in der Gesellschafterversammlung allein deshalb kündigt, weil er befürchtet, eine Position unter Fortgeltung des Stimmbindungsvertrages nicht durchsetzen zu können.

1869 Ein GmbH-Geschäftsführer, der über eine Minderheitsbeteiligung an der Gesellschaft verfügt, ist als abhängig Beschäftigter sozialversicherungspflichtig, wenn er zwar für die Firma wesentliche Fachkenntnisse und Kundenkontakte besitzt, sich jedoch **Arbeitnehmerrechte wie ein leitender Angestellter sichert**. Der Geschäftsführer übt dann eine Beschäftigung i. S. v. § 7 Abs. 1 SGB IV aus. Er hat allein aufgrund seiner Gesellschafterrechte nicht die Möglichkeit, seine Weisungsgebundenheit aufzuheben. Die **Ausgestaltung seines Anstellungsvertrages** mit Gehaltsvereinbarung, **Urlaubsanspruch, Gehaltsfortzahlung im Krankheitsfall und anderen Nebenleistungen** spricht für eine typische Beschäftigung als leitender Angestellter. Dies gilt insbesondere, wenn die Vertragspar-

---

1 Siehe zu dieser Einschränkung OLG Stuttgart vom 7. 2. 2001 – 20 U 52/97, NJOZ 2001, S. 335.
2 *Piehler*, DStR 1992, S. 1654, 1659; *Baumbach/Hueck/Zoeller*, GmbHG § 47, Rz. 118.
3 BGH v. 20.1.1983 – II ZR 243/81, NJW 1983, S. 1910.
4 MüKo/BGB § 723, Rz. 53.

teien Ansprüche des Geschäftsführers aus einem vorangegangenen Arbeitsvertrag fortschreiben.[1]

Ähnlich argumentiert das LSG Rheinland-Pfalz:[2]

1870

Der Gesellschafter einer GmbH steht gleichzeitig in einem Beschäftigungsverhältnis zu dieser, wenn er als Geschäftsführer tätig wird, so dass er grundsätzlich sozialversicherungspflichtig tätig sein kann. Allerdings schließt ein **rechtlich maßgeblicher Einfluss auf die Willensbildung** der Gesellschafter aufgrund der Gesellschafterstellung ein Beschäftigungsverhältnis in diesem Sinne aus, wenn der Gesellschafter **Einzelanweisungen an sich bei Bedarf jederzeit verhindern** kann. Bei einem Gesellschaftsanteil von weniger als 50 % ist dies der Fall, wenn der Geschäftsführergesellschafter nach der Gestaltung seiner vertraglichen Beziehungen zur GmbH bzw. der tatsächlichen Durchführung des Vertrages hinsichtlich Zeit, Dauer, Umfang und Ort der Tätigkeit im Wesentlichen weisungsfrei ist. Kann der Minderheitsgesellschafter aufgrund einer wirksamen **Stimmrechtsbindungsvereinbarung** Gesellschafterentscheidungen gegen seinen Willen verhindern, spricht dies für eine selbständige Tätigkeit des Geschäftsführers.

▶ **BSG-Urteile vom 11.11.2015**

1871

Das Bundessozialgericht hat am 11.11.2015 in drei Fällen[3] entschieden, dass mitarbeitende Gesellschafter und Geschäftsführer einer GmbH, die nur eine Minderheitsbeteiligung halten und nicht über eine **ausdrückliche Sperrminorität** verfügen, nicht selbstständig tätig, sondern abhängig beschäftigt und damit sozialversicherungspflichtig sind.

Außerdem hat das BSG klargestellt, dass auch eine **formlose Stimmbindungsvereinbarung** zwischen den Gesellschaftern oder ein vertraglich (z. B. im Geschäftsführervertrag) **vereinbartes Vetorecht** noch nicht zu einer Selbständigkeit führen können.

Eine Sperrminorität, die dem Minderheitsgesellschafter erlaubt, unliebsame Weisungen zu verhindern, muss danach **im Gesellschaftsvertrag verankert** sein. Vereinbarungen außerhalb des Gesellschaftsvertrages reichen nicht aus, denn jeder Gesellschafter kann solche Vereinbarungen jederzeit, zumindest aus wichtigem Grund, kündigen. Ebenso ist es irrelevant, wenn geltend gemacht wird, trotz fehlender gesellschaftsrechtlicher Befugnisse sei der Minder-

---

1 SG Dortmund v. 21.3.2014 – S 34 R 580/13, ZIP 2014, S. 1681.
2 LSG Rheinland-Pfalz v. 12.11.2014 – L 4 R 556/13, NWB KAAAE-81846.
3 BSG v. 11.11.2015 – B 12 R 2/14 R, NWB QAAAF-71009; B 12 KR 13/14 R, NWB LAAAF-67134; B 12 KR 10/14 R, NWB GAAAF-71008; dazu *Bosse*, NWB 2016, S. 352.

heitsgesellschafter aufgrund seiner Fachkenntnisse und seiner faktischen Stellung „**Kopf und Seele**" der GmbH gewesen. Sozialversicherungsrechtliche und beitragsrechtliche Tatbestände müssen vorhersehbar und schon zu Beginn der Tätigkeit gegeben sein.

Ein abweichender **maßgebender Einfluss** ist also nur dann anzunehmen, wenn der Geschäftsführer aufgrund besonderer Vereinbarung im Gesellschaftsvertrag eine „**Sperrminorität**" besitzt, mit der er die Beschlüsse der anderen Gesellschafter verhindern kann.[1] Das gilt allerdings nicht, wenn der Gesellschafter nicht auch Geschäftsführer ist.[2]

PRAXISHINWEISE:[3]

Nach der BSG-Rechtsprechung vom 11.11.2015 wird sich eine Sozialversicherungspflicht nun wohl nur wirksam ausschließen lassen, wenn die Stimmrechtsbindung direkt im Gesellschaftsvertrag vereinbart ist. Möglich ist es auch, dem Geschäftsführer umfassende Vetorechte im Gesellschaftsvertrag einzuräumen.

Ein Statusfeststellungsverfahren bringt zuvor Sicherheit, birgt aber das Risiko hoher Nachforderungen bei Ablehnung der Sozialversicherungsfreiheit.

1872–1880   *(Einstweilen frei)*

11.3.3   Fallgruppe: Geschäftsführer ohne Kapitalbeteiligung

Literatur: *Poppelbaum,* Zur versicherungsrechtlichen Beurteilung des Fremdgeschäftsführers einer GmbH außerhalb von Familiengesellschaften, NWB F. 27, S. 5553.

1881   Der Geschäftsführer, der keinen Anteil – auch keinen Minianteil – hält, ist sog. **Fremdgeschäftsführer.** Für den Fremdgeschäftsführer gilt grundsätzlich das Gleiche wie für einen leitenden Angestellten.[4]

1882   **PRAXISHINWEIS:**

Übersteigt das Arbeitsentgelt bestimmte Grenzen, führt dies nur in der gesetzlichen Krankenversicherung zur Versicherungsfreiheit (vgl. § 6 Abs. 1 Nr. 1 SGB V), während es in der Rentenversicherung und der Arbeitslosenversicherung bei der Versicherungs- und Beitragspflicht bleibt.

1883   In der Mehrheit der Fälle wird in den Anstellungsverträgen das **Verbot des Selbstkontrahierens** (§ 181 BGB) ausgeschlossen. Diese Abbedingung des Selbstkontrahierungsverbots ist für den Sozialversicherungsträger häufig ein

---

1 So auch schon einmal BSG v. 18.4.1991 – 7 RAr 32/90, GmbHR 1992, S. 172.
2 BSG v. 5.2.1998 – B 11 AL 71/97 R, DStR 1998, S. 1648, m. Anm. *Langguth.*
3 Nach *Krüger/Martens,* Verbandsnachrichten StB-Verband Berlin-Brandenburg, 2016, S. 23 f.
4 Siehe a. BSG v. 18.12.2001, NZG 2002, S. 431.

starkes Indiz dafür, dass eine Versicherungspflicht nicht besteht. Weiterhin ist auch im Einzelfall zu beachten, dass der Fremdgeschäftsführer über vertiefte und einzigartige Branchenkenntnisse verfügt, die ihn für die GmbH als unentbehrlich erscheinen lassen. Wenn er dann aufgrund dieser Umstände „das Herz und die Seele" der GmbH ist, liegt auch keine Versicherungspflicht vor. Dies muss sich aber aus den Umständen des Einzelfalles ergeben.

▶ Exkurs: GmbH-Gesellschafter

Der GmbH-Gesellschafter, angestellt bei der GmbH, aber nicht zum Geschäftsführer bestellt, ist **grundsätzlich sozialversicherungspflichtig**.[1] Dies gilt aber dann nicht, wenn er nach Auffassung des BAG über mehr als 50 % der Stimmrechte verfügt.[2]

1884

Mitarbeitender Minderheits-GmbH-Gesellschafter mit Sperrminorität[3]

1885

Ebenso besitzt ein mitarbeitender Gesellschafter einer GmbH, der – ohne Geschäftsführer zu sein – in einem Umfang von 10 % an der Gesellschaft beteiligt ist und dem im Gesellschaftsvertrag durch einstimmige Beschlussfassung eine Sperrminorität eingeräumt ist, allein aufgrund seiner gesetzlichen Gesellschafterrechte in der Gesellschafterversammlung nicht regelmäßig zugleich auch die Rechtsmacht, seine Weisungsgebundenheit als Angestellter der Gesellschaft nach Belieben aufzuheben oder abzuschwächen; die im Gesellschaftsvertrag eingeräumte Sperrminorität steht demnach einem Beschäftigungsverhältnis nicht entgegen.[4]

(Einstweilen frei) 1886–1895

11.4 Statusfeststellungsverfahren

LITERATUR:

1896

Rinker, Durchführung des Statusfeststellungsverfahren für den geschäftsführenden Gesellschafter, BC 07/2019, S. 338 ff.

---

1 BSG v. 17.5.2001 – B 12 KR 34/00 R, GmbHR 2001, S. 668; LSG Berlin-Brandenburg v. 7.1.2016 – L 9 KR 84/13, GmbHR 2016, S. 164, m. Anm. *Peetz*.
2 BAG-Urteil v. 17.9.2014 – 10 AZB 43/14, ZIP 2015, S. 247, s. a. BSG-Urteil v. 25.1.2006 – B 12 KR 30/04 R, NWB UAAAB-80550.
3 SiR, a. a. O., S. 307.
4 BSG v. 19.8.2015 – B 12 KR 9/14 R, NWB ZAAAF-18729.

11. Der GmbH-Geschäftsführer und Sozialversicherung

Für alle GmbH-Gesellschafter-Geschäftsführer ist seit 1.1.2005 ein **Statusfeststellungsverfahren**[1] obligatorisch und von Amts wegen durchzuführen (§ 7a Abs. 1 Satz 2 SGB IV). Dazu zählen auch Gesellschafter-Geschäftsführer einer Unternehmergesellschaft – UG – haftungsbeschränkt, vgl. Punkt 1 der Niederschrift der Besprechung der Spitzenorganisationen der Sozialversicherung über Fragen des gemeinsamen Beitragseinzugs am 25./26.9.2008. Nicht dazu zählen mitarbeitende Gesellschafter einer englischen Limited. Diese können jedoch ein Anfrageverfahren nach § 7a Abs. 1 Satz 1 SGB IV einleiten.

Die GmbH hat bereits bei der Anmeldung[2] bei der zuständigen Krankenkasse anzugeben, dass es sich um einen Gesellschafter-Geschäftsführer handelt (§ 28a Abs. 3 Satz 2 Nr. 1 Buchst. d und e SGB IV). Die Krankenkasse gibt diese Anmeldung an die Deutsche Rentenversicherung Bund (DRB) zur Durchführung eines Statusfeststellungsverfahrens weiter. Die DRB trifft die Entscheidung über die Statusfeststellung durch Verwaltungsakt, der Bindungswirkung gegenüber allen Trägern der Sozialversicherung[3] entfaltet (§ 336 SGB III).[4]

PRAXISHINWEIS:

Der Antrag (Vordruck) für das optionale Statusfeststellungsverfahren nach § 7a Abs. 1 Satz 1 SGB IV für Gesellschafter/Geschäftsführer einer GmbH (Anlagen 6 und 6 - 2) sowie für das obligatorische Statusfeststellungsverfahren nach § 7a Abs. 1 Satz 2 SGB IV für Gesellschafter-Geschäftsführer einer GmbH (Anlage 3 Anhang 2) sind abrufbar unter www.deutsche-rentenversicherung-bund.de.

1897 Es werden dann mitunter jahrelang **aus Unkenntnis Pflichtbeiträge** gezahlt. Kommt es dann zum Leistungsfall – insbesondere bei der Insolvenz der GmbH – werden Leistungen verweigert, weil der Gesellschafter-Geschäftsführer schon ab Gründung der GmbH oder später die Arbeitnehmereigenschaft i. S. d. Sozialversicherungsrechts verloren hat. Die Betroffenen argumentieren dann oft, dass die widerspruchslose Entgegennahme der Beiträge durch die Krankenkasse einen Leistungsanspruch begründe. Dies ist jedoch nicht der Fall, denn nach der Rechtsprechung des BSG[5] kann der betroffene Gesellschafter-Geschäftsführer aus der fehlerhaften Entrichtung von Beiträgen zur Arbeitslosenversicherung auch keinen Vertrauensschutz herleiten, dass er für den Fall der Arbeitslosigkeit versichert sei, selbst wenn dies durch Verwaltungsakt

---

1 Dazu Hinweis auf die sehr praxisnahen und instruktiven Ausführungen von *Meyer*, Das Status-Feststellungsverfahren für den GmbH-Fremdgeschäftsführer, GmbH-StB 2012 S. 154.
2 Formulare sind online unter www.deutsche-rentenversicherung-bund.de abrufbar.
3 Auch gegenüber der Bundesagentur für Arbeit.
4 Zu den unwillkommenen Rechtsfolgen bei fehlerhafter Statuseinordnung *Steinfeld*, NWB 2014 S. 1511.
5 Urteil v. 27.7.1989 – 11/7 RAr 71/87.

11.4 Statusfeststellungsverfahren

förmlich festgestellt ist.[1] Die **Bundesanstalt für Arbeit** ist an Entscheidungen der Krankenkassen grundsätzlich nicht gebunden. Eine Bindung an den durch die Krankenkasse erlassenen Verwaltungsakt über die Beitragspflicht eines Gesellschafter-Geschäftsführers tritt nur dann ein, wenn die Krankenkasse diesen Verwaltungsakt der Bundesanstalt für Arbeit bekannt gegeben hat. Dies geschieht in der Praxis jedoch häufig nicht.

▶ **Exkurs: Kosten des Statusfeststellungsverfahrens als Werbungskosten**

Aufwendungen im Zusammenhang mit dem Anfrageverfahren nach § 7a SGB IV (sog. Statusfeststellungsverfahren) sind durch das Arbeitsverhältnis veranlasst und deshalb als Werbungskosten bei den Einkünften aus nichtselbständiger Arbeit zu berücksichtigen.[2]   1898

Zu Unrecht entrichtete Beiträge können auf Antrag erstattet werden (§ 210 Abs. 1 SGB VI i.V.m. § 26 Abs. 2 SGB IV). Der **Erstattungsanspruch** verjährt in vier Jahren. Die Verjährungsfrist beginnt mit Ablauf des Kalenderjahres, in dem die Beiträge entrichtet worden sind (§ 27 Abs. 2 SGB IV). Hat der Versicherungsträger die Zahlung der Beiträge beanstandet, beginnt die Verjährung mit Ablauf des Kalenderjahres der Beanstandung.   1899

HINWEIS: 1900

Werden irrtümlich gezahlte Rentenversicherungsbeiträge bewusst nicht zurückgefordert, so gelten sie im vollen Umfang (Arbeitgeber- und Arbeitnehmeranteil) als für die freiwillige Rentenversicherung entrichtet (§ 202 SGB VI). Der Gesellschafter-Geschäftsführer erlangt durch diesen Verzicht auf die Rückforderung der Rentenversicherungsbeiträge dann für die Vergangenheit eine freiwillige Versicherung in der gesetzlichen Rentenversicherung. Für die Zukunft kann er sich darüber hinaus auch freiwillig versichern.

Der **Erstattungsanspruch** der Arbeitgeberanteile bei zu Unrecht gezahlten Rentenversicherungsbeiträgen steht der GmbH und nicht dem Gesellschafter zu.   1901

Ist eine GmbH in **Insolvenz** gegangen, so stehen die zu Unrecht gezahlten Arbeitnehmeranteile der Beiträge zur Kranken- und Rentenversicherung dem ehemaligen Geschäftsführer und nicht der **Insolvenzmasse** zu.[3]   1902

Ist nachträglich Versicherungsfreiheit festgestellt worden, ist die Möglichkeit der Beitragsrückerstattung sorgfältig zu überlegen, da diese gravierende leistungsrechtliche Auswirkungen zur Folge haben kann. Ein in der Vergangenheit   1903

---

1 Siehe dazu die instruktive Entscheidung des BSG v. 6.2.1992, BB 1992, S. 2437.
2 BFH vom 6.5.2010, BStBl 2010 II S. 851.
3 BGH v. 15.2.1990, Die Beiträge 1990, S. 173.

mit z.T. beträchtlichen Mitteln aufgebauter Versicherungsschutz kann gänzlich verloren gehen.

1904 ▶ **Verhältnis von Statusfeststellungs- und Betriebsprüfungsverfahren**

Das BSG hat sich mit Urteil vom 4.9.2018[1] zum Verhältnis von Statusfeststellungs- und Betriebsprüfungsverfahren geäußert. Die nichtamtlichen Leitsätze lauten:

1. Zwischen einem Anfrageverfahren nach § 7a Abs. 1 Satz 1 SGB IV und einem Betriebsprüfungsverfahren nach § 28p Abs. 1 Satz 5 SGB IV besteht ein wechselseitiger Ausschluss nach dem Kriterium der zeitlichen Vorrangigkeit. Die Einleitung eines mit dem Anfrageverfahren nach § 7a SGB IV konkurrierenden Verfahrens zur Feststellung einer Beschäftigung liegt in der Ankündigung einer Betriebsprüfung nach § 28p Abs. 1 und 9 SGB IV i.V.m. § 7 Abs. 1 Satz 1, § 12 Satz 1 Beitragsverfahrensordnung.

2. Dem Leistungserbringerrecht der GKV kommt bezogen auf die sozialversicherungs- und beitragsrechtliche Rechtslage keine übergeordnete Wirkung zu.

3. Die von nichtärztlichen Mitarbeitern erbrachten nichtärztlichen Leistungen, die von einem Arzt gegenüber der gesetzlichen Krankenversicherung abgerechnet werden, können von diesen sowohl in selbständiger Tätigkeit als auch in abhängiger Beschäftigung erbracht werden.

1905 ▶ **Vertretungsbefugnis von Steuerberatern im Statusfeststellungsverfahren**

Das BSG hat entschieden,[2] dass die im Sozialversicherungsrecht „bei Steuerberatern unterstellten und zu erwartenden Rechtskenntnisse hinter denen eines umfassend ausgebildeten und in rechtlichen Angelegenheiten allgemein vertretungsbefugten Rechtsanwalts zurückbleiben", und dem Steuerberater eine Vertretungsbefugnis in Statusfeststellungsverfahren (§ 7a SGB IV) versagt.

1906–1910 *(Einstweilen frei)*

---

1 B 12 KR 11/17 R, NWB TAAAH-03733.
2 Urteil v. 5.3.2014 – B 12 R 4/12 R, NWB HAAAE-72146.

11.5 Neuere Rechtsprechung

▶ Abgrenzung der abhängigen Beschäftigung zur selbständigen Tätigkeit bei einem GmbH-Geschäftsführer[1]

Orientierungssätze[2]   1911

- ▶ Bei der Abgrenzung der abhängigen Beschäftigung zur selbständigen Tätigkeit bei dem Geschäftsführer einer GmbH ist entscheidend darauf abzustellen, ob der Betreffende in den Betrieb eingegliedert ist und dabei einem Weisungsrecht des Arbeitgebers unterliegt.
- ▶ Ist der Geschäftsführer am Kapital der Gesellschaft beteiligt, so sind der Umfang der Kapitalbeteiligung und das Ausmaß des sich daraus für ihn ergebenden Einflusses auf die Gesellschaft ein wesentliches Merkmal.
- ▶ Allein die faktische wirtschaftliche Macht eines Minderheitsgesellschafters aufgrund besonderer fachlicher Kenntnisse, ändert nichts an der abhängigen Stellung des GmbH-Geschäftsführers.

Der nicht an einer GmbH beteiligte Geschäftsführer ist nicht als selbständig Tätiger anzusehen, weil ihm nach seinem Anstellungsvertrag gegen Beschlüsse der Gesellschafterversammlung in bestimmten Fällen ein „Vetorecht" zusteht, er der GmbH Darlehen gewährt sowie er die in seinem Eigentum befindlichen Betriebsgrundstücke an die GmbH verpachtet.   1912

▶ Einbeziehung eines Gesellschafter-Geschäftsführers in die Winterbeschäftigungsumlage des Baugewerbes[3]

Orientierungssätze[4]   1913

- ▶ Die Mittel für die ergänzenden Leistungen nach § 175a SGB III einschließlich der Verwaltungs- und der sonstigen Kosten werden in den nach § 182 Abs. 3 SGB III bestimmten Wirtschaftszweigen durch Umlage aufgebracht. Hierzu zählen die Betriebe des Baugewerbes.
- ▶ Die Höhe der Umlage richtet sich nach einem Prozentsatz der Bruttoarbeitsentgelte der beschäftigten Arbeitnehmer, die ergänzende Leistungen nach § 175a SGB III erhalten können. Bei der Beurteilung, ob eine Beschäftigung als gewerblicher Arbeitnehmer vorliegt, gilt nichts anderes als bei der Beurteilung, ob eine abhängige Beschäftigung gegeben ist.

---

1 LSG Berlin-Brandenburg vom 1.12.2010 – L 9 KR 664/07.
2 Nach www.stotax-first.de.
3 LSG Berlin-Brandenburg v. 13.3.2012 – L 18 AL 26/12 B ER.
4 Nach www.stotax-first.de.

11. Der GmbH-Geschäftsführer und Sozialversicherung

▶ Auf dieser Grundlage ist auch zu beurteilen, ob ein Vertreter einer juristischen Person zu dieser gleichzeitig in einem Beschäftigungsverhältnis steht. Bei einem Geschäftsführer, der zwar zugleich Gesellschafter ist, jedoch weder über die Mehrheit der Gesellschaftsanteile noch über eine sog. Sperrminorität verfügt, ist regelmäßig von einem Beschäftigungsverhältnis auszugehen, vgl. BSG, Urteil vom 25.1.2006.[1]

▶ Damit unterliegt ein Gesellschafter-Geschäftsführer, der ein festes monatliches Entgelt bezieht, Anspruch auf Lohnfortzahlung im Krankheitsfall hat und einen Urlaubsanspruch besitzt, der Winterbeschäftigungsumlage im Baugewerbe.

▶ **Beginn der Verjährung von Beitragsrückerstattungsansprüchen**[2]

1914 Ohne Rechtsgrund (hier: wegen fehlender Versicherungs- und Beitragspflicht) entrichtete Beiträge sind zwar grds. zu erstatten, unterliegen dabei aber der Verjährung von vier Jahren nach Ablauf des Kalenderjahres, in dem die Beiträge entrichtet wurden (§ 27 Abs. 2 SGB IV). Da es hierbei allerdings nicht darauf ankommt, wann der Anspruch entstanden ist, kann die Verjährungsfrist deshalb auch dann bereits beginnen, wenn der Erstattungsanspruch später oder sogar erst noch nach Ablauf der Kalenderfrist entstanden ist. Denn mit der Regelung des § 27 Abs. 2 SGB IV hat der Gesetzgeber eine gegenüber der allgemeinen Regelung des § 45 SGB IV eigenständige Regelung für den Erstattungsanspruch für zu Unrecht entrichtete Beiträge geschaffen.

PRAXISHINWEIS:

Der Senat gibt damit seine frühere Rechtsprechung auf,[3] derzufolge ein Erstattungsanspruch entsteht und nicht verjährt, solange dem Berechtigten gegenüber per Verwaltungsakt nicht verbindlich das Bestehen der Versicherungspflicht festgestellt worden ist. Dies hätte für den Streitfall, in dem durch rechtskräftiges Urteil des Sozialgerichts im Jahr 2009 die fehlende Beitragspflicht des Klägers (als Mitarbeiter im Unternehmen seiner Ehefrau) festgestellt worden war, dazu geführt, dass auf das Jahr 2009 als Verjährungsbeginn abzustellen gewesen wäre. Arbeitgeber sollten von daher bei Zweifeln über den sozialversicherungsrechtlichen Status ihres Mitarbeiters stets zeitnah eine Prüfung durch die Clearingstelle (§ 7a SGB V) bzw. die Einzugsstelle (§ 28h Abs. 2 SGB IV) herbeiführen, denn allein in der Entgegennahme von Beiträgen liegt kein fehlerhaftes Verwaltungshandeln.

---

1 BSG v. 25.1.2006 – B 12 KR 30/04 R, NWB UAAAB-80550.
2 BSG v. 31.3.2015 – B 12 AL 4/13 R, NWB 2015, S. 3726, NWB TAAAE-93572.
3 Vgl. BSG v. 13.9.2006 – B 12 AL 1/05, NWB YAAAC-32293.

11.5 Neuere Rechtsprechung

Die BSG-Urteile vom 14.3.2018[1] 1915

In diesen Urteilen hat das BSG noch einmal die Grundsätze seiner neuen Rechtsprechung zusammengefasst:[2]

1. Geschäftsführer einer GmbH, die nicht am Gesellschaftskapital beteiligt sind (sog. Fremdgeschäftsführer), sind ausnahmslos abhängig beschäftigt.
2. Gesellschafter-Geschäftsführer sind aufgrund ihrer Kapitalbeteiligung nur dann selbständig tätig, wenn sie mindestens 50 v. H. der Anteile am Stammkapital halten oder ihnen bei geringerer Kapitalbeteiligung nach dem Gesellschaftsvertrag eine „echte"/„qualifizierte" Sperrminorität eingeräumt ist.
3. Eine „echte"/„qualifizierte" Sperrminorität setzt voraus, dass sie nicht auf bestimmte Angelegenheiten der Gesellschaft begrenzt ist, sondern uneingeschränkt die gesamte Unternehmenstätigkeit umfasst.
4. Außerhalb des Gesellschaftsvertrags (Satzung) zustande gekommene, das Stimmverhalten regelnde Vereinbarungen (Abreden) sind bei der Bewertung der Rechtsmachtverhältnisse nicht zu berücksichtigen.

Gesellschafter-Geschäftsführer einer Steuerberatungs-GmbH 1916

Das LSG hat sich mit Urteil vom 12.7.2018[3] mit folgendem Sachverhalt[4] befasst:

Steuerberater S ist einer von vier geschäftsführenden Gesellschaftern der A-Steuerberatungsgesellschaft mbH. Auf Grundlage eines Geschäftsführeranstellungsvertrags erhielt er von der Gesellschaft eine monatliche Festvergütung von 4.000 € zuzüglich Tantiemen. S streitet mit der DRV Bund über die Frage, ob er für die Gesellschaft versicherungspflichtig in einem abhängigen Beschäftigungsverhältnis tätig war.

Die Geschäftsanteile der Steuerberatungsgesellschaft sind zwischen den Gesellschaftern ungleich verteilt. Ausweislich der Satzung werden Gesellschafterbeschlüsse grds. mit einfacher Mehrheit der in der Gesellschafterversammlung abgegebenen Stimmen gefasst, wobei sich die Stimmanzahl aber nicht nach dem Umfang der Stammeinlage, sondern nach der Anzahl der Gesellschafter richtet (sog. Abstimmung nach Köpfen).

---

1 B 12 KR 13/17 R, NWB LAAAG-86967, und B 12 R 5/16 R, NWB UAAAG-80253; s. a. GmbHR 2018, S. 903 mit Anm. *Peetz* und *Blattner*, DB 2018, S. 1152 f.
2 Nach *Arens*, DAI-Skript, a. a. O., S. 316.
3 L 14 R 5104/16, s. a. *Hartmann*, NWB 2019, S. 576 ff.
4 Nach *Hartmann*, NWB 2019, S. 576 f.

11. Der GmbH-Geschäftsführer und Sozialversicherung

S schloss mit dem weiteren Gesellschafter V (seinem Vater) eine notariell beurkundete Poolvereinbarung. Darin verpflichteten sich S und V, ihr Stimmrecht gegenüber den nicht gebundenen Gesellschaftern einheitlich auszuüben. Für jede Stimmabgabe in der GmbH sei zunächst ein Beschluss der beiden Mitglieder des Pools darüber herbeizuführen, wie die Stimmrechte in der GmbH auszuüben seien. Innerhalb des Pools richtete sich die Stimmgewichtung nach den Regelungen der GmbH.

Im Rahmen eines von S beantragten Statusfeststellungsverfahrens stellte die DRV Bund fest, die Tätigkeit des S als Gesellschafter-Geschäftsführer bei der A-Steuerberatungsgesellschaft mbH sei im Rahmen eines abhängigen Beschäftigungsverhältnisses erfolgt, und es bestehe Versicherungspflicht nach dem Recht der Arbeitsförderung. In der gesetzlichen Rentenversicherung sei S nicht Pflichtmitglied, da er als Steuerberater von der Versicherungspflicht wegen Mitgliedschaft in der berufsständigen Versorgungseinrichtung befreit sei. In der Krankenversicherung sei er wegen Überschreitens der Jahresarbeitsentgeltgrenze versicherungsfrei.

Der hiergegen gerichtete Widerspruch wurde mit der Begründung zurückgewiesen, S könne keinen maßgebenden Einfluss auf die Geschicke der Gesellschaft ausüben. Er besitze eine von vier Stimmen und habe weder ein Vetorecht noch eine Sperrminorität. Durch die Stimmrechtsbindung in der Poolvereinbarung sei eine Änderung der gesellschaftsvertraglichen Verhältnisse nicht erfolgt.

Das SG München[1] hatte der Klage stattgegeben, das LSG München die Klage zurückgewiesen. Es hält die angegriffenen Bescheide der DRV Bund für rechtmäßig. Nach dem Gesamtbild der Arbeitsleistung sei von einer persönlichen Abhängigkeit des S auszugehen.

Nach Hartmann[2] lässt sich die Entscheidung des LSG München in folgenden Leitsätzen zusammenfassen:

▶ Freiberufler, die einem Versorgungswerk angehören, können aufgrund einer Anstellung als GmbH-Geschäftsführer abhängig beschäftigt sein.

▶ Ein geschäftsführender Gesellschafter steht allerdings nicht in einem Beschäftigungsverhältnis zur GmbH, wenn er Einzelanweisungen an sich jederzeit verhindern kann.

▶ Eine Poolvereinbarung zur Stimmrechtsbindung vermittelt hingegen keine solche Sperrminorität, wenn eine Pattsituation im Pool dazu führt, dass die

---

1 Urteil v. 13.1.2015 – S 27 R 1042/12.
2 NWB 2019, S. 576 ff., 580.

Poolmitglieder ihr Stimmrecht in der GmbH-Gesellschafterversammlung nicht ausüben dürfen.
▶ Und: Die sozialversicherungsrechtliche Statusentscheidung wird nicht durch eine außerhalb des Gesellschaftsvertrags getroffene Stimmrechtsbindungsabrede beeinflusst.

HINWEIS:
Das LSG München hat die Revision zugelassen (Az. des BSG: 12 R 17/18 R).[1]

Kein automatischer Statuswechsel des Gesellschafter-Geschäftsführers in der Insolvenz[2]

SG Leipzig vom 25.4.2017 - S 8 KR 45/17

Mit der Insolvenzeröffnung ist weder eine Änderung der gesellschaftsrechtlichen (Organ-)Stellung des Mehrheits-Gesellschafter-Geschäftsführers der GmbH noch ein Wechsel seines bisher bestehenden sozialversicherungsrechtlichen Status als selbstständig Tätiger verbunden. Der (vorläufige) Insolvenzverwalter wird nur innerhalb eines vom Gesetzgeber vorgegebenen rechtlichen Rahmens in verschiedenen Funktionen wie ein Arbeitgeber tätig, ohne selbst zum Arbeitgeber zu werden.

ANMERKUNG:
Auch wenn der Gesellschafter-Geschäftsführer nur noch „unter Aufsicht" des Insolvenzverwalters weisungsgebunden agieren konnte, zog das SG Leipzig daraus nicht den Schluss, dass er mit Eröffnung des Insolvenzverfahrens seinen sozialversicherungsrechtlichen Status als Selbständiger verloren hatte und ab dem Zeitpunkt als Arbeitnehmer (§ 7 Abs. 1 SGB IV, § 5 Abs. 1 SGB V) zu bewerten war. Einen solchen Automatismus eines Wechsels des sozialversicherungsrechtlichen Status allein infolge der Bestellung eines (vorläufigen) Insolvenzverwalters gebe es nicht.

11.6 Exkurs: Unfallversicherung und Künstlersozialversicherung

11.6.1 Unfallversicherung

LITERATUR:
Plagemann/Stolz, Die Beitragspflicht der Unternehmen in der gesetzlichen Unfallversicherung, NWB 2019, S. 1044ff.

Die Unfallversicherung ist im VII. Buch des SGB geregelt.[3]

---

1 Zum Urteil siehe auch: *Klafke*, DStR 2018, S. 2603; *Pestke*, Stbg 2019, S. 274.
2 Zitiert nach NWB 42/2017, S. 3194.
3 Siehe zu dieser Thematik die informative Website der Deutschen Gesetzlichen Unfallversicherung, www.dguv.de.

11. Der GmbH-Geschäftsführer und Sozialversicherung

1919 Geschäftsführer sind Pflichtmitglieder in der gesetzlichen Unfallversicherung, wenn sie in einem abhängigen Beschäftigungsverhältnis stehen. Gesellschafter, die als selbständige Unternehmer gelten, sind nicht unfallversichert.

BEISPIEL:[1] Die Eheleute A betrieben eine Kfz-Werkstatt in der Rechtsform der GmbH. Der Ehemann war zu 60%, die Ehefrau zu 40% an der GmbH beteiligt. Der Ehemann war alleiniger Geschäftsführer, alleinvertretungsbefugt und als Kfz-Meister handwerklich im Unternehmen tätig. Am 17.9.01 verunglückte er tödlich, nach Angaben seiner Ehefrau bei einer Geschäftsfahrt: Sie – die Ehefrau – sei mit einem Geschäftswagen zu einer Interessentin nach Saarbrücken unterwegs gewesen. Nachdem ein Schaden an ihrem Wagen aufgetreten sei, habe sie ihren Ehemann telefonisch gebeten, zu dem liegengebliebenen Fahrzeug zu kommen, um es wieder fahrtüchtig zu machen. Auf der Fahrt dorthin habe ihr Ehemann einen Verkehrsunfall erlitten, an dessen Folgen er noch an der Unfallstelle verstorben sei.

Die Ehefrau beantragte nun Hinterbliebenenrente aus der gesetzlichen Unfallversicherung. Mit Bescheid vom 2.11.01 lehnte es der Unfallversicherer ab, der Ehefrau Entschädigungsleistungen zu gewähren, weil ihr Ehemann wegen der Höhe seiner Beteiligung am Stammkapital der GmbH als versicherungsfreier Unternehmer anzusehen sei.

Das BSG hat – wie die Vorinstanzen – die Klage abgewiesen, weil der Ehemann aufgrund seiner Kapitalbeteiligung maßgeblichen Einfluss auf die Entscheidungen der Gesellschaft hatte und somit unternehmerähnlich tätig war.

1920 Das Bundessozialgericht hat sich mit Urteil vom 30.6.1999[2] zur Unfallversicherungspflicht in der Berufsgenossenschaft für einen Gesellschafter-Geschäftsführer mit Minderheitsbeteiligung geäußert. Im konkreten Fall hat er eine Unfallversicherungspflicht bejaht im Hinblick auf seine abhängige Beschäftigung. Nach den Ausführungen im Urteil können Gesellschafter-Geschäftsführer mit Minderheitsbeteiligung (< 50%) nicht der gesetzlichen Unfallversicherung unterliegen, wenn nach dem Gesamtbild des Beschäftigungsverhältnisses der Gesellschafter-Geschäftsführer von der Gesellschaft persönlich unabhängig ist.[3]

PRAXISHINWEIS:

Dieses Urteil betrifft nur den Gesellschafter-Geschäftsführer mit Minderheitsbeteiligung (< 50%), nicht jedoch GmbH-Geschäftsführer ohne Beteiligung. Wie das Gericht dann entscheiden wird, erscheint fraglich. Entscheidend sind in solchen Fällen immer die Gesamtumstände des Einzelfalls.

---

1 Nach BSG v. 11.6.1990, BB 1990, S. 2049.
2 BSG v. 30.6.1999 – B 2 U 35/98 R, NZS 2000, S. 147.
3 Siehe auch ausführliche Besprechung dieses Urteils von *Holtstraeter*, HVBG-Info 07/2000 vom 10.3.2000, S. 0676 f., DOK 318:543.1.

Unternehmer, die nicht bereits kraft Gesetzes oder Satzung in der Unfallversicherung versichert sind, können der Versicherung bei der zuständigen **Berufsgenossenschaft** freiwillig beitreten, ebenso zusammen mit ihnen ihre ohne Beschäftigungsverhältnis mitarbeitenden Ehegatten (§ 6 SGB VII); bei einer Ehegattenbeschäftigung besteht Versicherungsschutz schon aufgrund des Beschäftigungsverhältnisses. Ferner können sich als sog. unternehmerähnliche Personen die Personen freiwillig versichern, die in Kapital- oder Personenhandelsgesellschaften wie ein Unternehmer selbständig tätig sind.

1921

PRAXISHINWEIS:

Der Geschäftsführer sollte sich vergewissern, ob er in einer Berufsgenossenschaft pflichtversichert ist. Ist er nicht pflichtversichert, so sollte er einen Antrag auf freiwillige Mitgliedschaft in der gesetzlichen Unfallversicherung stellen.

1922

(Einstweilen frei)

1923–1925

11.6.2 Künstlersozialversicherung

Literatur: *Berndt*, Die Künstlersozialabgaben in der Betriebsprüfung der Rentenversicherungsträger, DStR 2007, S. 1631 ff.; *Holthaus*, Die Künstlersozialabgabe bei grenzüberschreitenden Vergütungen, IWB 2014, S. 654; *Kroß/Sperling*, Die Künstlersozialabgabe bei Medienunternehmen, Zeitschrift für Urheber- und Medienrecht (ZUM) 2014, S. 210; *Michow/Ulbricht*, Die Künstlersozialabgabe, NWB 2014, S. 2862; *Mittelmann*, Künstlersozialabgabe – Ausweitung der Betriebsprüfungen ab 1.1.2015 und weitere Änderungen sowie Entwicklungen seit 2011, DStR 2014, S. 2301; *Datev*, Die Künstlersozialabgabe, Mandanten-Info, Stand Februar 2015; *Zacher*, „ABC der betrieblichen Künstlersozialabgaben", Serie für Entgeltabrechner in „LOHN+GEHALT - Fachmagazin für Entgeltabrechnung aus erster Hand" Nr. 5/2014 bis 1/2016; *Finke/Brachmann/Nordhausen*, Künstlersozialversicherungsgesetz (KSVG), Kommentar, 5. Aufl. 2019; *Jürgensen*, Praxishandbuch Künstlersozialabgabe, 5. Aufl., Kiel 2019; *Sperling*, Die Künstlersozialabgabe – ein hohes Haftungsrisiko für Steuerberater, NWB 2019, S. 1315 ff.

Weblinks: www.kuenstlersozialkasse.Offizielle Website der Künstlersozialkasse; www.bmas.de (http://www.bmas.de/DE/Themen/Soziale-Sicherung/Kuenstlersozialversicherung/inhalt.html): Informationen des Bundesministeriums für Arbeit und Soziales www.kuenstlersozialabgabe-hilfe.de: Informationen zum Thema Künstlersozialabgabe www.kskontra.de: Kritische Auseinandersetzung mit der Künstlersozialabgabe

Die **Künstlersozialversicherung** (KSK) wurde durch das 3. Gesetz zur Änderung des Künstlersozialversicherungsgesetzes (KSVG) und anderer Gesetze (3. KSVG-Novelle) revitalisiert. Die Prüfung ist vom Gesetzgeber verschärft worden. Statt der Künstlersozialkasse (KSK) ist nunmehr die Deutsche Rentenversicherung für die Prüfung zuständig. Die Abgabe beträgt ab 2014 unverändert

1926

11. Der GmbH-Geschäftsführer und Sozialversicherung

5,2 % und ist von jedem Unternehmen, das regelmäßig („nicht nur gelegentlich") künstlerische Leistungen in Auftrag gibt und verwertet, zu zahlen.

1927 Mit dem Gesetz zur Stabilisierung des Künstlersozialabgabesatzes – KSAStabG vom 30.7.2014[1] wurde u. a. folgendes geregelt:[2]

- ▶ Die Prüfung der Künstlersozialabgabe bei den Arbeitgebern durch die Deutsche Rentenversicherung (DRV) wird erheblich ausgeweitet.
- ▶ Die KSK erhält ein eigenes Prüfrecht zur Durchführung von anlassbezogenen und branchenspezifischen Arbeitgeberprüfungen.
- ▶ Die KSK und die DRV arbeiten bei der Prüfung der Künstlersozialabgabe eng zusammen.
- ▶ Die KSK bleibt zuständig für die Prüfung der Ausgleichsvereinigungen. Sie ist weiterhin Einzugsstelle für die Erhebung der Beitragsanteile der Versicherten und für die laufende Erhebung der Künstlersozialabgabe einschließlich der Vorauszahlungen.
- ▶ Es wird eine Geringfügigkeitsgrenze von 450 € eingeführt (§ 24 Abs. 3 KSVG).

Dieses Gesetz ist zum 1.1.2015 in Kraft getreten.

PRAXISHINWEIS:

Im Downloadbereich der KSK (www.kuenstlersozialkasse.de) findet sich ein zweiseitiges instruktives Informationsblatt für Steuerberater (Stand 09/2018).

1928 Die Künstlersozialabgabe-Verordnung 2016 sah vor, dass der Abgabesatz zur Künstlersozialversicherung im Jahr 2016 stabil bei 5,2 % bleibt. Im Jahr 2017 sank der Abgabesatz auf 4,8 %, in 2018 sank er erneut auf 4,2 % und bleibt in dieser Höhe in den Jahren 2019 und 2020 stabil (s. a. BMAS-PM vom 5.7.2019).

Intensivere Prüfungen der Deutschen Rentenversicherung und der Künstlersozialkasse bei den Arbeitgebern, erklärte das Bundesministerium für Arbeit und Soziales (BMAS), sorgten für eine gerechte Lastenverteilung zwischen den Unternehmen und so für eine solide Finanzbasis der Künstlersozialkasse.

1929 Damit gerieten auch GmbH-Geschäftsführer ins Blickfeld der KSK, wie folgender Fall[3] zeigt:

---

1 BGBl 2014 I S. 1311.
2 Informationsschrift Nr. 1 zur Künstlersozialabgabe der KSK.
3 Nach BSG v. 17.6.1999 – B 3 KR 1/98 R, SozR 3-5425; § 25 KSVG Nr. 13.

11.6 Exkurs: Unfallversicherung und Künstlersozialversicherung

> **BEISPIEL:** Ein Diplom-Designer betreibt als alleiniger Gesellschafter-Geschäftsführer eine Ein-Mann-Werbeagentur GmbH. Er entwirft Werbeprospekte und betreibt Öffentlichkeitsarbeit.
>
> Der Diplom-Designer ist als geschäftsführender Alleingesellschafter der GmbH versicherungspflichtig nach dem KSVG. Die künstlerischen Leistungen prägen das Gesamtbild seiner Geschäftsführertätigkeit.

> **PRAXISHINWEIS:**
>
> Erhält der GmbH-Geschäftsführer für seine selbständige künstlerische/publizistische Tätigkeit von der GmbH Zahlungen, gehören diese Zahlungen bei der GmbH zur Bemessungsgrundlage der Künstlersozialabgabe. Die GmbH muss die Zahlungen der KSK melden und die entsprechende Künstlersozialabgabe zahlen.
>
> Wichtig für die Praxis ist daher das Tatbestandsmerkmal „selbständige künstlerische/ publizistische Tätigkeit". Es empfiehlt sich folglich nicht nur, den von der KSK übersandten Fragebogen auszufüllen, sondern auch noch zusätzliche Ausführungen zum o. g. Tatbestandsmerkmal in einer gesonderten Anlage beizufügen.[1]

In der Praxis haben die Auftraggeber häufig die Künstler animiert, eine GmbH und ab dem 1.11.2008 eine UG zu gründen, um die Künstlersozialabgabe zu umgehen.[2] Dies veranlasste die KSK zu einer Stellungnahme, die hier auszugsweise wiedergegeben wird.[3]

„Eine Vermeidung der Künstlersozialabgabe ist im Ergebnis nicht möglich, auch nicht bei Beauftragung einer GmbH. Wo Kunst oder Publizistik angekauft bzw. in Auftrag gegeben und bezahlt wird, fällt Künstlersozialabgabe an. Die Höhe der Abgabe beträgt 4,4 % (2009) bzw. 3,9 % (2010) [ab 2016 unverändert 5,2 %, wie oben schon erwähnt][4] des Entgelts, welches Sie als Künstler oder als Publizistin erhalten.

Zahlungspflichtig ist, wer das Werk oder die Leistung unmittelbar von Ihnen erhält. Führen Sie einen künstlerischen bzw. publizistischen Auftrag aus, so ist Ihr Auftraggeber abgabepflichtig. Wählen Sie die Rechtsform der GmbH, steht die GmbH als juristische Person zwischen Ihnen als Erbringer der künstlerischen oder publizistischen Leistung und dem Auftraggeber.

Abgabepflichtig ist dann die GmbH, für die Sie Ihre künstlerische oder publizistische Leistung erbringen.

---

1 Hinweis auf die Website www.kuenstlersozialkasse.de.
2 Zum Unmut über die Künstlersozialabgabe siehe die Website www.KSKontra.de.
3 Nach www.Kuenstlersozialkasse.de.
4 Anm. des Verfassers.

11. Der GmbH-Geschäftsführer und Sozialversicherung

Der Auftraggeber müsste bei einer solchen Konstruktion nicht nochmals die Abgabe zahlen. Dies mag erklären, warum einige Unternehmen selbständigen Künstlern und Publizisten eine GmbH-Gründung nahe legen.

Aber die Rechnung geht nicht auf. Ein Einspareffekt, der sich auch in der Endabrechnung – also „unter dem Strich" – bemerkbar macht, ist bei der Vergabe künstlerischer bzw. publizistischer Aufträge an eine GmbH nicht erzielbar. Denn die ihrerseits abgabepflichtige GmbH wäre aus wirtschaftlichen Gründen gehalten, die Künstlersozialabgabe in ihre Preiskalkulation einzubeziehen und sie an den Auftraggeber weiterzugeben. Wer Kunst oder Publizistik ankauft oder in Auftrag gibt, kommt somit – unabhängig von der Rechtsform seines Auftragnehmers – letztlich an der Künstlersozialabgabe nicht vorbei."

1931 **PRAXISHINWEISE:**

Die KSK hat zur sozialrechtlichen Beurteilung von Gesellschaftern einer GmbH oder einer Unternehmergesellschaft (haftungsbeschränkt) ein Merkblatt herausgegeben.[1]
In der Literatur[2] wurde die Auffassung vertreten, dass die Künstlersozialabgabe den Charakter einer zweiten Umsatzsteuer habe und gegen EU-Recht verstoße.

1932 Das LSG Berlin-Brandenburg hat mit Urteil vom 14. 1. 2010[3] rechtskräftig entschieden, dass die Erhebung der Künstlersozialabgabe nicht gegen EU-Recht verstößt.

Aus den Gründen:

„Weiterhin liegt auch keine unzulässige gemeinschaftsrechtswidrige mehrwertsteuerähnliche Abgabe im Sinne des Art. 33 Abs. 1 der bis zum 31. 12. 2006 geltenden 6. Richtlinie 77/388/EWG vor. Denn eine solche liegt nur dann vor, wenn die Abgabe auf jeder Produktions- bzw. Vertriebsstufe anfällt (EuGH, Urt. v. 11. 10. 2007 – C-283/06 und C-312/06). § 25 Abs. 1 Satz 2 KSVG in der seit dem 1. 7. 2001 geltenden Fassung, der die Nachfolgeregelung des § 24 Abs. 3 KSVG a. F. darstellt, sieht nunmehr vor, dass nur die Entgelte, die ein nichtabgabepflichtiger Dritter zahlt, abgabepflichtig sind. Insoweit wird ein Anfall der Abgabe auf mehreren Stufen ausgeschlossen. Nichts anderes galt aber bereits unter Geltung des § 24 Abs. 3 KSVG a. F. Denn die Vorschrift ordnete an, dass der nach § 24 Abs. 1 und 2 KVG Abgabepflichtige und der Dritte gesamtschuldnerisch haften. Die Gesamtschuldnerschaft zeichnet sich nach § 421 des Bürgerlichen Gesetzbuchs (BGB) jedoch dadurch aus, dass der Gläubiger zwar von jedem der Gesamtschuldner die Leistung verlangen kann, jedoch insgesamt nur einmal. Da

---

1 Abzurufen auf der Website www.kuenstlersozialkasse.de.
2 *Grohs*, Stbg 2009, S. 14.
3 LSG Berlin-Brandenburg v. 14.1.2010 – L 9 KR 142/03, NWB OAAAD-71020.

aber nur das Entgelt des Dritten der Abgabepflicht unterworfen wird, nicht aber das Entgelt, das der nach Abs. 1 oder 2 Verpflichtete an den Dritten zahlt, wird die KSA auch bei derartigen Fallkonstellationen nur einmal fällig. Darauf, dass das Bundesverfassungsgericht für das nationale Recht entschieden hat, dass die KSA dem Bereich der Sozialversicherung und nicht dem der Steuern zuzuordnen ist (BVerfGE 75,108), dürfte es hingegen nicht ankommen.

Auch im Übrigen verstößt die KSA nicht gegen Regelungen des Gemeinschaftsrechts (EuGH, Urteil v. 8. 3. 2001 – C-68/99)."

Auf der Grundlage dieses Urteils hat die Künstlersozialkasse die ruhenden Widerspruchsverfahren „abgearbeitet".

▶ **Verfahren zur Ermittlung der Künstlersozialabgabe**[1]

Der abgabepflichtige Unternehmer hat einmal im Jahr sämtliche an selbständige Künstler/Publizisten geleisteten Entgelte zu melden. Dies geschieht mit Hilfe der von der KSK zur Verfügung gestellten Meldebogen.

Die gesetzlichen Bestimmungen, wie den Zahlungs- und Meldepflichten nachzukommen ist, lassen sich wie folgt zusammenfassen:

▶ Bis zum 31.3. des Folgejahres ist der Künstlersozialkasse auf dem Meldebogen mitzuteilen, wie hoch im vergangenen Kalenderjahr die Umsätze mit selbständigen Künstlern und Publizisten gewesen sind.

▶ Der abgabepflichtige Unternehmer hat für das laufende Kalenderjahr monatliche Vorauszahlungen zu leisten. Die Höhe der Vorauszahlungen wird von der KSK mitgeteilt, Basis für die Berechnung der Vorauszahlungen, die für die Zeit vom **März** des laufenden Jahres bis zum Februar des Folgejahres in gleicher Höhe zu leisten sind, sind die Entgelte des Vorjahres. Durch Multiplikation eines Zwölftels der Entgeltsumme mit dem in diesem Jahr geltenden Vomhundertsatz ergibt sich die monatliche Vorauszahlung. Für die Monate Januar und Februar eines Jahres sind die Vorauszahlungen weiterhin in Höhe des Betrages zu entrichten, der für den Dezember des Vorjahres zu zahlen war.

▶ Nach der endgültigen maschinellen Abrechnung nach Ablauf des Kalenderjahres sind Überzahlungen und Fehlbeträge, die sich eventuell durch die pauschalen Vorauszahlungen ergeben haben, auszugleichen.

▶ Unternehmer, die ihren Meldepflichten nicht rechtzeitig nachkommen, werden von der KSK eingeschätzt (§ 27 Abs. 1 Satz 3 KSVG); unter Berücksichtigung der Verjährungsfristen gem. § 31 KSVG i.V.m. § 25 SGB IV. Die

---

[1] Nach Künstlersozialkasse, Allgemeine Informationsschrift.

so vorgenommene Schätzung kann nur durch die Abgabe der konkreten Entgeltmeldungen berichtigt werden. Die Verletzung der gesetzlichen Melde- und Aufzeichnungspflichten ist eine Ordnungswidrigkeit, die mit einem Bußgeld geahndet werden kann.

1935 **Neuere Rechtsprechung** LSG Baden-Württemberg vom 26.6.2012:[1]

„Bei der nachträglichen Überprüfung der Einkommensverhältnisse eines Künstlers durch die Künstlersozialkasse nach § 13 KSVG ist auf das vom Künstler erzielte tatsächliche Arbeitseinkommen abzustellen. Lässt sich das tatsächliche Einkommen aus künstlerischer Tätigkeit nicht feststellen, weil der Künstler seinen Mitwirkungspflichten nicht nachgekommen ist, geht die sich daraus ergebende Nichterweislichkeit (non liquet) zu seinen Lasten."

1936 ▶ **Keine Bindungswirkung der Statusfeststellungsentscheidung für Unfallversicherungspflicht des Gesellschafter-Geschäftsführers einer GmbH**[2]

Die Deutsche Rentenversicherung Bund hat i. R. d. § 7a SGS IV – an Stelle der sonst für die Sicherstellung des Gesamtsozialversicherungsbeitrages zuständigen Versicherungsträger – ausschließlich über die Versicherungspflicht in der gesetzlichen Kranken- und Rentenversicherung, der sozialen Pflegeversicherung und nach dem Recht der Arbeitsförderung zu entscheiden, denn nur auf diese Versicherungszweige erstreckt sich der Gesamtsozialversicherungsbeitrag. Damit beschränkt sich auch die Entscheidungsbefugnis der Deutschen Rentenversicherung Bund im Rahmen des § 7a SGB IV auf diese Versicherungszweige und erstreckt sich nicht auf die gesetzliche Unfallversicherung. (*Leitsatz nicht amtl.*)

1937 ▶ **Bundessozialgericht: Künstlersozialabgabe ist nach wie vor verfassungsgemäß (Urteil vom 8.10.2014)**[3]

Das Bundessozialgericht hat im Rahmen seines Urteils vom 8.10.2014[4] ausgeführt, dass die Erhebung der Künstlersozialabgabe weiterhin verfassungsgemäß ist und eine Vorlage des Rechtsstreits zur Prüfung an das Bundesverfassungsgericht nicht in Betracht kommt. Das Finanzierungssystem der Künstlersozialversicherung ist vom Bundesverfassungsgericht ausdrücklich als mit dem Grundgesetz vereinbar beurteilt worden. Die seit 1987 eingetretenen Veränderungen bei der Verwertung künstlerischer oder publizistischer Leistungen rechtfertigen keine andere Beurteilung der Verfassungsmäßigkeit der

---

1 LSG Baden-Württemberg v. 26.2.2012 – L 11 KR 5726/10, NWB TAAAE-14862.
2 LSG Baden-Württemberg v. 21.2.2013 – L 10 U 5019/11 (rkr.), NWB CAAAE-33745.
3 Nach Künstlersozialkasse.
4 BSG v. 8.10.2014 – B 3 KS 1/13 R, NWB NAAAE-81819.

Künstlersozialabgabe. Das Gericht weist zudem darauf hin, dass der Gesetzgeber mit der Änderung des KSVG zum 1.1.2015 durch das KSAStabG[1] die Voraussetzungen dafür geschaffen habe, künftigen verwaltungsmäßigen Vollzugsdefiziten vorzubeugen.

Statusfeststellung: Anspruch auf Durchführung des Verfahrens[2] 1938
BSG v. 12.12.2018 - B 12 R 1/18 R, NWB UAAAH-11704

Die Künstlersozialkasse (KSK) ist weder Einzugsstelle noch ein „anderer Versicherungsträger" i. S. d. § 7a Abs. 1 Satz 1 SGB IV. Hat sie über den sozialversicherungsrechtlichen Status des zu beurteilenden Vertragsverhältnisses entschieden, schließt dies ein nachfolgendes Statusfeststellungsverfahren nicht aus.

ANMERKUNG:

Die Deutsche Rentenversicherung Bund (DRV Bund) ist verpflichtet, auf Antrag ein Statusfeststellungsverfahren durchzuführen, auch wenn die KSK die Künstlereigenschaft und Versicherungspflicht nach dem Künstlersozialversicherungsgesetz (KSVG) festgestellt hat. Die Beteiligten können bei der DRV Bund eine Entscheidung beantragen, ob eine Beschäftigung vorliegt, es sei denn, die Einzugsstelle oder ein anderer Versicherungsträger hatte im Zeitpunkt der Antragstellung bereits ein Verfahren zur Feststellung einer Beschäftigung eingeleitet (§ 7a Abs. 1 Satz 1 und Abs. 2 SGB IV). Der Ausnahmetatbestand („es sei denn") einer vorrangigen Feststellung sei vorliegend nicht erfüllt, meint der Senat. Im Verhältnis zu den Trägern der gesetzlichen Kranken-, Pflege- und Rentenversicherung entscheide die KSK allein darüber, ob ein selbständiger Künstler oder Publizist zum Kreis der nach dem KSVG versicherungspflichtigen Personen zähle oder nicht. Das Verfahren der KSK zur Feststellung der Versicherungspflicht allein in der gesetzlichen Kranken- und Rentenversicherung sowie der sozialen Pflegeversicherung bleibe systematisch hinter den Verfahrensalternativen (Einzugsstellen-, Betriebsprüfungs- und Statusfeststellungsverfahren) zurück. Die KSK treffe keine Entscheidung nach dem Recht der Arbeitsförderung. Damit stelle sich im Verhältnis zur KSK die Gefahr divergierender Statusentscheidungen, die durch die Konkurrenzregelung gerade vermieden werden sollen.

Exkurs: Künstlersozialabgabe bei zwischengeschaltetem 1939
Unternehmen – Costa Cordalis-Fall[3]
BSG, Urteil v. 2.4.2014 - B 3 KS 3/12 R, NWB FAAAE-69790

Ein Künstler muss keine Künstlersozialabgabe an die Künstlersozialkasse zahlen, wenn die Vergütung für eine von ihm geleistete künstlerische Darbietung

---

1 BT-Drucks. 18/1530.
2 Nach NWB 19/2019, S. 1360.
3 Nach www.telemedicus.info/urteile und www.thorsten-blaufelder.de

11. Der GmbH-Geschäftsführer und Sozialversicherung

an ein zwischengeschaltetes Unternehmen gezahlt wird und dieses alleiniger Vertragspartner des Bestellers ist.

Auftraggeber, die einen Künstler engagieren, müssen im Normalfall auf das Honorar Sozialabgaben an die Künstlersozialkasse zahlen. Der Schlagersänger Costa Cordalis hatte jedoch eine Management Gesellschaft gegründet, die ihn, seinen Sohn Lucas und seine Tochter Angeliki vermarktet. Honorare werden nicht an die Schlagersänger, sondern an die Management-Gesellschaft (Kommanditgesellschaft) gezahlt. Die Schlagersänger bekommen für ihre Auftritte keine Gage, sondern sie erhalten als Teilhaber Gewinnzuweisungen ihrer Kommanditgesellschaft.

Wie nun das BSG feststellte, kann die Cordalis-Familie die Abgaben so umgehen. Künstlersozialabgaben würden weder auf Zahlungen an eine Kommanditgesellschaft fällig noch auf deren Gewinnzuweisungen.

„Die Ausnutzung solcher rechtlich nicht verbotenen Gestaltungsmöglichkeiten ist zulässig, auch wenn das zu einer Umgehung der Zielvorstellungen des Künstlersozialversicherungsgesetzes führt", erklärte das BSG. „Eine Änderung dieses Zustandes bleibt dem Gesetzgeber vorbehalten."

Zusammenfassung der versicherungsrechtlichen Beurteilung von Gesellschafter-Geschäftsführern einer GmbH als Checkliste

1940 Zusammenfassend soll die Versicherungspflicht anhand einer Checkliste nochmals veranschaulicht werden:

TAB. 1:	Checkliste zur versicherungsrechtlichen Beurteilung	
1) Kapitalanteil mindestens 50 % oder andere Sperrminoritäten bei besonderer Vereinbarung im Gesellschaftsvertrag? nein ↓	ja →	Von vornherein kein abhängiges Beschäftigungsverhältnis, da maßgeblicher Einfluss auf die Geschicke der Gesellschaft
Da aufgrund des Kapitalanteils ein abhängiges Beschäftigungsverhältnis nicht von vornherein ausgeschlossen ist, sind die allgemeinen Voraussetzungen für ein abhängiges Beschäftigungsverhältnis zu prüfen. Maßgebend sind das Gesamtbild oder die tatsächlichen Verhältnisse		

11.6 Exkurs: Unfallversicherung und Künstlersozialversicherung

2)	Selbstkontrahierung möglich (Abdingung des Selbstkontrahierungsverbots nach § 181 BGB)? nein ↓	ja →	Nach neuerem Verständnis nicht mehr zwingend ein Indiz gegen ein abhängiges Beschäftigungsverhältnis
3)	Branchenkenntnisse (Geschäftsführer verfügt als einziger Gesellschafter über die für die Führung des Betriebes notwendigen Branchenkenntnisse)? nein ↓	ja →	Nach neuerem Verständnis nicht mehr zwingend ein Indiz gegen ein abhängiges Beschäftigungsverhältnis.
4)	Bindung an Zeit, Dauer und Ort der Arbeitsleistung? Es kommt nicht allein darauf an, inwieweit die Sachentscheidungsbefugnis begrenzt ist.	nein →	Kann Indiz für ein abhängiges Beschäftigungsverhältnis sein. Rechtsmacht entscheidend. Die Literatur sieht hier Gestaltungspotential. Soweit der Geschäftsführer kein Gesellschafter der GmbH ist, besteht jedoch regelmäßig Versicherungs- und Beitragspflicht.
5)	Familien-GmbH? nein ↓	ja →	BSG: Keine „Schönwetter-Selbständigkeit". Rechtsmacht entscheidend.
6)	Firmenumwandlung (Geschäftsführer war vor der Umwandlung Alleininhaber einer Einzelfirma)?	ja →	Im Zweifel abhängiges Beschäftigungsverhältnis. Rechtsmacht entscheidend.
7)	Erhebliches Unternehmerrisiko? nein ↓	ja →	Indiz gegen ein abhängiges Beschäftigungsverhältnis. Teilhabe am Arbeitsprozess in diesen Fällen häufig zwar funktionsgerecht, aber nicht „dienender" Natur. Allerdings wird dieses Indiz durch die neue BSG-Rechtsprechung geschwächt.

11. Der GmbH-Geschäftsführer und Sozialversicherung

Abhängiges Beschäftigungsverhältnis		

1941 Weitere Hilfestellung bietet auch die Checkliste von *Bosse*[1] zur Sozialversicherungspflicht des GmbH-Geschäftsführers aus dem Jahr 2013. Hier konnten jedoch die jüngsten wegweisenden Urteile des BSG aus dem Jahr 2015 noch nicht berücksichtigt werden.

---

[1] Vgl. *Bosse*, Zur Sozialversicherungspflicht des GmbH-Geschäftsführers, NWB 2013, S. 2791, NWB SAAAE-42599.

STICHWORTVERZEICHNIS

Die Ziffern verweisen auf die Randnummern.

A

Abberufung
- aus wichtigem Grund 331 ff.
- Einstweiliger Rechtsschutz 317 f.
- Gesellschafterbeschluss 309 ff.
- Gesellschafterstreit 311 ff.
- Grundlagen 306 ff.
- Stimmrecht 309 f.
- wechselseitige Abberufung 315
- Zulässigkeit 306 ff.

Abfindung 1211 ff.

Abgeltungsteuer 1646 ff.

Abmahnung 538 f.

Abstimmung, s. Gesellschafterbeschluss

Abstimmungsverfahren 671 ff.

Altgläubiger 902

Amtsniederlegung 346 ff., 898

Anfechtung von Beschlüssen 701 ff.

Anfechtungsbefugnis 709 f.

Anfechtungsfrist 711

Anfechtungsgründe 705

Anfechtungsklage 708 ff.

Angemessenheitsprüfung 1277, 1341 ff., 1354 ff.
- Grenze 1302

Anstellungsvertrag 371 ff., 1326 ff.
- Abschluss 406 ff.
- Beendigung 521 ff.
- fehlerhafter - 431
- Grundlagen 371 ff.
- Haftungsbeschränkung im - 846 ff.
- im Steuerrecht 1192
- Inhalt 371 ff., 431 ff., 1217
- mit Arbeitnehmer 381 ff., 396 ff.
- mit Dritten 416
- Rangordnung 421 ff.
- Rechtsnatur 381 f.
- Regelungsgehalt 371 ff.
- und Arbeitsrecht 381 f., 386 f.
- und Bestellung 261 f.
- Zuständigkeit 406 ff.

Arbeitslohn 1028 ff., 1071 ff.
- Umfang 1028 ff.

Arbeitszeitkonten 1616 ff.

Arbeitszimmer 1116 ff.

Aufsichtsrat 71 f.
- als Geschäftsführer 235

Aufsichtsratsmitglieder 235

Auskunftserzwingungsverfahren 706, 751

Auskunftsrecht 731 ff.
- Datenschutz 734 f.
- Grundlagen 731 ff.
- Umfang 731 ff.

Auskunftsverweigerung 746

Ausländer 236 f.

Auslagenersatz 476, 1062

Außenhaftung 871 ff.

Auszahlungssperre, vorinsolvenzliche 1726

Auto 1028 ff., 1301 ff.

Autotelefon 1034

B

Beamte als Geschäftsführer 234

Berufsverbot 232 f.

Beschlussfassung 671 ff.

Beschlussfeststellungsklage 704

Bestätigung von Beschlüssen 707

511

VERZEICHNIS Stichwörter

Bestellung
- Dauer 291 ff.
- Durchführung 301
- Gesellschafterbeschluss 281 ff.
- Grundlagen 261 ff.
- in der Satzung 276 ff.
- Kompetenz 266 ff.
- Notgeschäftsführer 351 ff.
- persönliche Voraussetzungen 231 ff.
- Satzungsverstoß 248
- Sonderrecht 276 ff.
- Stimmbindung 283 ff.
- und Anstellungsvertrag 261 ff.
- und Mitbestimmung 269 f.
- Widerruf 306 ff.
- Zeitpunkt 225
- Zuständigkeit 266 ff.
Betriebsveranstaltungen 1031
Beweislastumkehr bei der Innenhaftung 856 ff.
Bezüge 436 ff., 1346, 1357, 1497
- Gehaltsverzicht 1386 ff.
- s. Tantieme
Binnenhaftung 771 ff.
Business Judgement Rule 788 ff.

C

Compliance 789 ff.

D

D & O-Versicherung 981 ff., 1111 ff.
Darlehensgewährung der GmbH, an Geschäftsführer 1601 ff.
Dokumentationspflichten 791
Due Diligence 791
Durchgriffshaftung 85 ff.

E

Eigenkapitalersatz
- Betriebsaufspaltung 202

- Gesellschafterdarlehen 191 ff.
- Gesellschafterstellung 191 ff.
- Kleinbeteiligungen 198 f.
- Nutzungsentgelte 202
- Rechtsprechungsregeln 192 ff.
- Sanierungskredite 199
- Überlassungsverträge 202
Einkommensteuerbescheid
- Änderbarkeit nach § 32a KStG 1251 ff.
Einkünfte, Pauschalierung 1024
Einladungsmangel 656
Einmanngesellschaft
- Gesellschafterversammlung 667
- Gründung 56 ff.
- Insichgeschäft 583 f.
- Kapitalaufbringung 81 ff.
- Schriftformklausel 1329 ff.
- Verzicht auf Schriftformklausel 1332
Ein-Prozent-Regelung 1032 ff.
Einsichtsrecht 734 ff.
Elektrofahrzeuge 1061b
Elektronisches Fahrtenbuch 1045
Entlastung 831 ff.
Erstattungsüberhang 1204
Erste Tätigkeitsstätte, Prüfschema 1063
Euro-Umstellung 45 f.
Existenzgefährdende Eingriffe 87 ff.

F

Fahrräder 1061c
Fahrten Wohnung – Arbeitsstätte 1035 ff., 1053
Fahrtenbuch, elektronisches 1045
Fahrtenbuchmethode 1032 ff.
Fernsprechanlage 1076
Firma 35 ff.
Firmenfeiern 1030
Fremdgeschäftsführer 381 ff., 1013

512

G

Garagenkosten 1048
Geburtstagsfeiern 1029
Gehaltsstundung 1386, 1389, 1394
Generalbereinigung 837
Gesamtschuldner 775
Gesamtverantwortung 619, 797 ff.
Gesamtvertretung 574 ff.
Geschäftsführer 221 ff., 1013, 1017
– Abberufung 306 ff.
– Abfindung 400, 1211 ff.
– Abgeltungsteuer 1646 ff., 1666 ff.
– Amtsbezeichnung 226
– Amtsniederlegung 346 ff.
– Anstellungsvertrag 371 ff.
– Arbeitnehmer 381 f., 1015
– Aufsichtsratsmitglieder 235
– Ausländer 236 f.
– Beamte 234
– Berufsverbot 232 f.
– Bestellung 261 ff.
– Einkunftsarten 1011 ff., 1763 f.
– Funktion 221 ff.
– Geschäftsführungsbefugnis 611 ff.
– Grundlagen 221 ff.
– Haftung 761 ff.
– notwendiges Organ 221
– persönliche Voraussetzungen 231 ff.
– Ressortaufteilung 797 ff.
– Satzungsanforderungen 246 ff.
– Sozialversicherung 1811 ff.
– Stellvertreter 226
– Tantieme 1343, 1346, 1354, 1401 ff.
– Umsatzsteuer 1791 ff.
– Unfallversicherung 1915 ff.
– verdeckte Gewinnausschüttung 1174 ff.
– Vergütung 436 ff.
– Vertretungsbefugnis 571 ff.
– Vorstrafen 233
– Wegfall 224
– Weisungsgebundenheit 74, 611 ff.
Geschäftsführung 611 ff.

Gesellschafterbeschluss
– Anfechtung 701 ff.
– bei Bestellung 281 ff.
– Beschlussantrag 671 ff.
– Einmann-GmbH 667
– fehlerhafter – 691 ff.
– Grundlagen 671 ff.
– Mehrheit 672
– Nichtigkeit 691 ff.
– Stimmbindung 677
– Stimmrecht 673 ff.
– Stimmrechtsausschluss 282 ff., 681 f.
Gesellschafterdarlehen
– eigenkapitalersetzende – 192 ff.
– Zulässigkeit 191 f.
Gesellschafter-Geschäftsführer 447, 1013 ff.
Gesellschafterstreit 311 ff.
Gesellschafterversammlung
– Beschlussfassung 671 ff.
– Durchführung 661 ff.
– Einberufung 651 ff.
– Einberufungskompetenz 651 ff.
– Einmanngesellschaft 667
– Form der Einberufung 651 ff.
– Frist der Einberufung 653
– Grundlagen 651 ff.
– Mängel der Einberufung 655 f.
– Teilnahmerecht 662 ff.
Gesellschaftsorgane 71 ff.
Gesellschaftsvertrag
– Auslegung 32
– Gestaltungsfreiheit 31
– Grundlagen 31 ff.
– Haftungsbeschränkung im - 846 ff.
– Mindestanforderungen 34
– Organisationsvertrag 31 ff.
– und Anstellungsvertrag 421 ff.
Gewinntantieme 1173, 1401, 1411 ff.
– als Vergütungsbestandteil 436 ff., 1173
– im Steuerrecht 1173
Gleichbehandlung 448
GmbH
– als Handelsgesellschaft 18

513

– als juristische Person 16 ff.
– als Kapitalgesellschaft 19 ff.
– als Körperschaft 21 ff.
– Leitungsstruktur 71 ff., 75
– Organe 71 ff., 75
Gründerhaftung 871 ff.
Gründung
– allgemein 56 ff.
– Bargründung 62
– Einmanngründung 56
– Haftung bei – 871 ff.
– Mantelgründung 63
– Sachgründung 62

H

Haftung
– bei Eigenverwaltung 1777
– bei Treuepflichtverletzung 811 ff.
– bei Vermögensvermischung 90
– Beschränkung im Gesellschaftsvertrag 846 ff.
– Beweislast 856 ff.
– der Gründer 871 ff.
– Durchgriffshaftung 81 ff.
– fehlender GmbH-Zusatz 35 ff.
– für Berater 795
– für existenzgefährdende Eingriffe 87 ff.
– für Sozialabgaben 956 ff.
– für Steuerschulden 1761 ff.
– Grundlagen 761 ff.
– Handelndenhaftung 871 ff.
– Insolvenzantragspflicht 896 ff.
– Organisationspflichten 941 ff.
– Risikomanagement 791 ff.
– Störerhaftung 948
– Umwelthaftung 971 ff.
– Unterkapitalisierung 86 ff
– Versicherung 981 ff.
– vor Eintragung 58 ff., 871 ff.
– Wettbewerbsverbot 813 ff.
Handelndenhaftung 871 ff., 882 ff., 986
Hinterbliebenenversorgung 466 ff.
Hybridfahrzeuge 1061b

I

Informationsrecht, s. Auskunftsrecht
Insichgeschäfte 580 ff.
Insolvenzantragspflicht 161 ff., 896 ff.
– Fortbestehensprognose 173 f.
– Frist 180, 897 ff.
– Gesellschafterdarlehen 175 ff.
– Grundlagen 161 ff.
– Haftung bei Verletzung der - 896 ff.
– Überschuldung 161
– Voraussetzungen 161 ff., 896
– Zahlungsunfähigkeit 161 ff.
Insolvenzsicherung 469, 1454 f.

J

Juristische Person 16 ff.

K

Kapitalaufbringung
– Aufrechnung 97
– Bareinlagen 92, 96
– bei Einmanngründung 97
– Grundlagen 81 ff.
– Pflichteinlagen 92
– Sacheinlagen 95 ff., 100 ff.
– Unterkapitalisierung 85
– Unterpari Emission 91
– Verrechnungs-Nebenabreden 112 ff.
– verschleierte Sacheinlagen 111
Kapitalerhaltung
– bei Unterbilanz 145
– Geschäftsführerkredite 152
– Gewinnzuschreibungen 149
– Grundlagen 141 ff.
– Haftung bei Pflichtverletzung 821 ff.
– Reichweite 147
– Strohmannverhältnisse 151
Karenzentschädigung 502
Kommunale GmbH 616

Stichwörter VERZEICHNIS

Kraftfahrzeug
– private Nutzung eines betrieblichen Pkw 1032 ff., 1301 ff.
– Zuzahlungen, Kostenübernahme durch Arbeitnehmer 1048

Kredite
– an Geschäftsführer 152
– eigenkapitalersetzende – 191 ff.

Kündigung
– Abmahnung 538 f.
– fristlose Kündigung 536 ff.
– Grundlagen 521 ff.
– ordentliche Kündigung 526 ff.
– Rechtsfolgen 556
– Verdachtskündigung 540
– Verhältnis zur Abberufung 521, 536

Kündigungserklärungsfrist 544 ff.
Kündigungsfrist 529 ff.
Künstlersozialabgabe 1915 ff.
Künstlersozialversicherung 1915 ff.

L

Leitungspflicht 786 ff.
Lohnsteuer
– Haftung 1764 ff.

M

Managementbeteiligung 1027
Mantelgründung 63
Massevorschuss 916
Mehrfachstimmrecht 673
Missbrauch der Vertretung 572
Mitbestimmung 269

N

Nachschusspflicht 84
Neugläubiger 903
Nichtigkeit von Beschlüssen 691 ff.
Nichtigkeitsgründe 692 f.

Nichtigkeitsklage 694 f.
Normativbestimmungen 59 ff.
Notgeschäftsführer 351 ff.
Nur-Pension 1490 ff.

O

Organe der GmbH 71 ff.

P

Pauschalierung, der Einkünfte 1024
Pensionszusage 1495 ff.
– Checkliste 1566
– Erdienbarkeit 1482, 1484
– Verzicht 1551 ff.
Pfändungs- und Insolvenzschutz 440
Pflichteinlagen 92 ff.
Pkw 1032 ff., 1301 ff.

R

Rangrücktritt 1716 ff.
Rechtsfähigkeit 60
Rechtsformhinweis 36
Rechtsscheinhaftung 36
Ressortaufteilung
– Haftung bei – 797 ff.
– Zulässigkeit – 611 ff.
Risikomanagement 789 ff.
Ruhegehalt 466 ff.

S

Sacheinlagen 100 ff.
– Aufrechnung 97
– Forderungen 102
– Sachgesamtheiten 100
– verschleierte 111 ff.
Sachgründung 62 ff.
– Anmeldung 109
– Grundlagen, s. auch Sacheinlagen 98 ff.

515

– Verfahren 106 ff.
– verschleierte 111
Sachgründungsbericht 62, 108 f.
Sachübernahmen 110 f.
Satzung, s. Gesellschaftsvertrag
Schönwetter-Selbständigkeit 1848, 1938
Schriftformklauseln 1329 ff.
Schweigepflicht, s. Verschwiegenheitspflicht
Selbstkontrahieren, s. Insichgeschäfte
Sitz 38 ff.
Sitztheorie 38
Sitzverlegung 40 f.
Sitzverlegung ins Ausland 41
Sonderrecht 276
Sorgfaltspflicht
– allgemein 791 ff.
– in der Krise 799
Sozialversicherung 1028, 1811 ff.
Spenden 815
Sperrminorität 1842 ff., 1856, 1863, 1870, 1913, 1938
Stammeinlagen 91 ff.
Stammkapital 44
Statusfeststellungsverfahren 1848, 1870, 1896 ff.
Stimmbindung
– allgemein 677 ff.
– bei Bestellung 282 ff.
– einstweiliger Rechtsschutz 285
Stimmrecht 673 ff.
Stimmrechtsausschluss 681 ff.
Stimmrechtsbindungsvertrag 1858 ff.
Stimmrechtsvereinbarung 1864 ff.
Störerhaftung 948

T

Tantieme
– allgemein 437 f., 1217, 1401, 1412 ff.
– im Steuerrecht 1173
Tätigkeitsstätte, erste (Prüfschma) 1063
Treuepflicht 458 f., 486, 680, 811 ff.

U

Überschuldung
– Begriff 161 ff.
– Feststellung 170 ff.
– Gesellschafterdarlehen bei - 175 ff.
– Zahlungsunfähigkeit 166 ff.
Überschuldungsbilanz 170
Umsatztantieme
– allgemein 437 ff., 1402 f., 1406, 1411
– im Steuerrecht 1405
Umwelthaftung 971 ff.
Unfallversicherung 1814, 1915 ff., 1936, 1938
Unterbilanz 145 ff.
Unterbilanzhaftung 878 ff.
Unterkapitalisierung 85 f.
Unterkunft 1026, 1091 ff.
Unternehmensgegenstand 42
Unternehmensteuerreform 1646 ff.
Unternehmergesellschaft (haftungsbeschränkt) 20, 37, 44, 82
Urlaubsanspruch 481

V

Verdachtskündigung 538 ff.
Verdeckte Gewinnausschüttung (vGA)
– Angemessenheit der Gesamtausstattung 1341 ff.
– Befreiung vom Selbstkontrahierungsverbot 1376 ff.
– Begriff der vGA 1241
– Freigebige Zuwendung 1371 ff.
– Gehaltsstundung und Gehaltsverzicht 1386 ff.
– Gewinntantieme 1411
– im Gesellschaftsrecht 155, 449, 1173 ff., 1236 ff., 1251 ff., 1267, 1278, 1327 ff., 1341
– im Steuerrecht 1236 ff.
– Nahe stehende Personen 1316
– Pensionszusage 1451 ff.
– Private Pkw-Nutzung 1301

Stichwörter VERZEICHNIS

– Tantieme 1401 ff.
– Umsatztantieme 1401
– und Unternehmensteuerreform 1246 ff.
– Wettbewerbsverbot 1431 ff.
– Wirksamkeit des Anstellungsvertrages 1326 ff.
Vergütung
– Anpassung 456 ff.
– Besteuerung 1016, 1191, 1270, 1647
– Gleichbehandlung 448
– Grundlagen 436 ff.
– Höhe 446 ff.
– Pfändungs- und Insolvenzschutz 440
– Ruhegehalt 466 ff.
– steuerliche Angemessenheit 1302, 1344 ff., 1348, 1354, 1486
– verdeckte Gewinnausschüttung 449
– Vergütungsanspruch 436 ff.
– Verzicht auf Pensionszusage 1551 ff.
– Zusammensetzung 437
Verjährung
– bei Binnenhaftung 821
– bei Insolvenzantragspflicht 916
– bei Unterbilanzhaftung 866
– bei Wettbewerbsverbot 492
Verlustausgleichspflicht 875
Versammlungsleiter 666
Verschleierte Sacheinlagen 111 ff.
– Anrechnungslösung 118 f.
– Heilung 121
– Rechtsfolgen 117 ff.
Verschulden bei Vertragsschluss 931 f.
Verschwiegenheitspflicht 812
Versicherung 981 ff., 1038
Vertrauenshaftung 933
Vertretung
– Gesamtvertretung 574
– Passivvertretung 575
– und Geschäftsführung 571 ff.
Vertretungsbefugnis
– allgemein 571 ff.
– im Gründungsstadium 873 f.

Vollversammlung 655
Vorgesellschaft
– Grundlagen 871 ff.
– Handelndenhaftung 882 f.
– Parteifähigkeit 60
– Rechtsfähigkeit 60
– Rechtsnatur 58 f.
– Unterbilanzhaftung 878 ff.
– Verlustausgleichspflicht 875
– Vertretungsbefugnis 873

W

Weihnachtsgeld 1028, 1071 f., 1073, 1346
Weisungsgebundenheit 74, 382, 611 ff.
Wertguthabenkonto, Fremd-GmbH-Geschäftsführer 1625
Wettbewerbsverbot
– Befreiung vom – 490
– Grundlagen 486 ff.
– Haftung bei Verletzung 812
– im Steuerrecht
– Karenzentschädigung 502
– nachvertragliches – 501 ff.
– Umfang 487
Wohnung, Zurverfügungstellung 1091 ff. 1102 f.

Z

Zahlungsunfähigkeit
– Begriff 166 ff.
– drohende – 166 ff.
Zeitwertkonten s. Arbeitszeitkonten
Zukunftssicherungsleistungen 1181 ff.
Zurverfügungstellung von Wohnung 1091 ff. 1102
Zuschläge für Sonntags-, Feiertags- oder Nachtarbeit 1161 ff.
Zuschuss 1052, 1452
Zweimann-GmbH 315